BRAZIL CONTEMPORARY

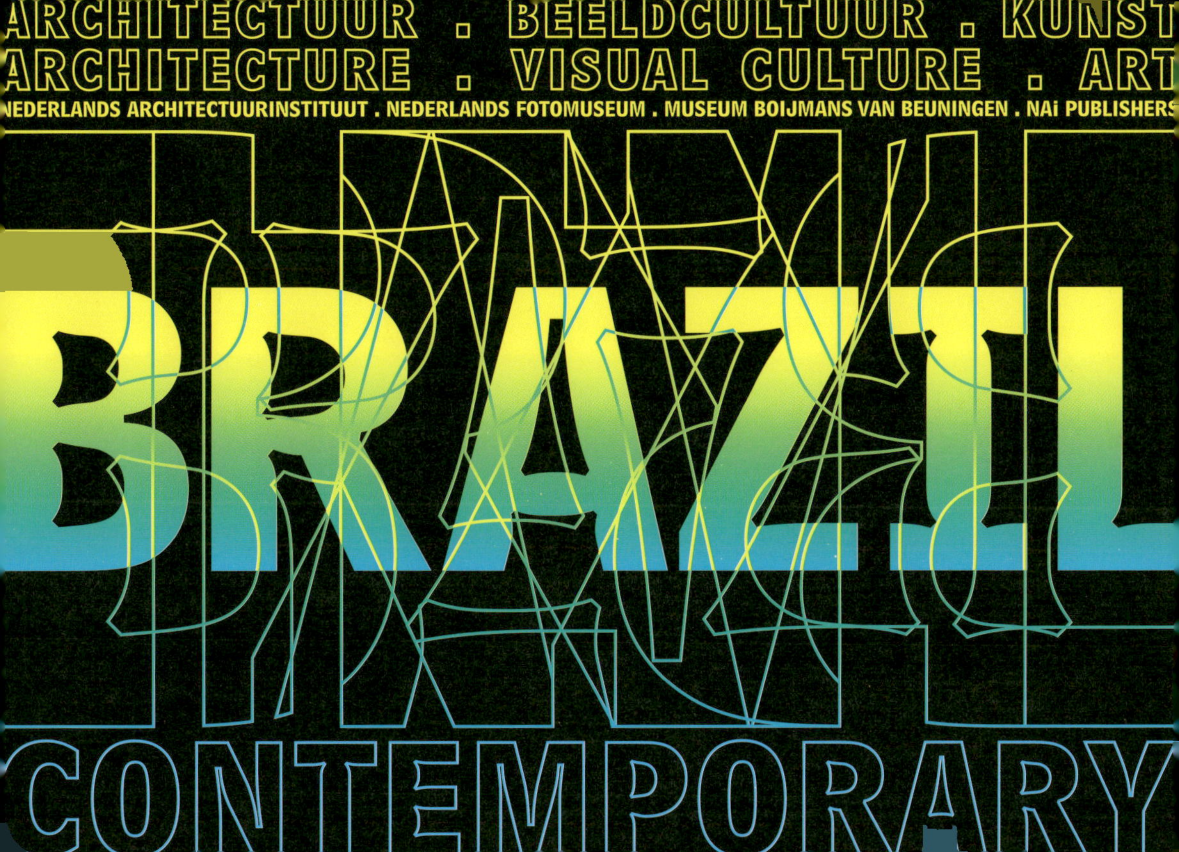

ARCHITECTUUR . BEELDCULTUUR . KUNST
ARCHITECTURE . VISUAL CULTURE . ART
NEDERLANDS ARCHITECTUURINSTITUUT . NEDERLANDS FOTOMUSEUM . MUSEUM BOIJMANS VAN BEUNINGEN . NAi PUBLISHERS
BRAZIL
CONTEMPORARY

**Inhoud
–
Contents**

HET HEDENDAAGSE BRAZILIË

BRAZIL CONTEMPORARY

Brazilië, alleen het woord al. Waar Nederland als begrip zich heeft verbonden met zijn geografische situering als laagland, Amerika met de naam van zijn ontdekker, China met een nieuwe grens, en Israel met het opperwezen, daar kun je Brazilië alleen maar verbinden met het leven zelf, met groei, met cultuur. Een woord dat er om roept met vuur uitgesproken te worden. Een klank die er om vraagt geproefd te worden. Een ritme dat altijd in beweging blijft. Voor verreweg de meeste mensen op aarde staat Brazilië dan ook voor carnaval en sambavoetbal. Iets abstracter gezegd: Brazilië is feest. Een eeuwigdurend en mondiaal cliché dat voldoende dicht bij de waarheid komt om eeuwig en mondiaal te blijven.

Uiteraard kent dit Brazilië van altijd ook een Brazilië van het nu. Een land in razendsnelle ontwikkeling. Het wordt beschouwd als één der economische reuzen van de toekomst, met ongekende bodemschatten en arbeidspotentieel. Het sociale model wordt door velen nagevolgd. President Luiz Inácio Lula da Silva wordt algemeen gezien als een politiek leider die het hele continent op sleeptouw heeft genomen en bijdraagt aan het algehele Latijns-Amerikaanse zelfbewustzijn. Cultureel neemt het een steeds prominentere plaats in op het wereldtoneel. En zet de goddelijke kanaries op het veld, en er blijft altijd, altijd wat te beleven.

Maar dit succesvolle Brazilië, kent ook zijn schaduwzijden. Ook die zijn wereldwijd bekend. De aantasting der regenwouden heeft vormen aangenomen die bedreigend zijn voor de gehele mensheid. De diepe armoede van de sloppenwijken is niet meer te herleiden tot de trek naar de steden die als emancipatiemachines de sterksten en slimsten de weg naar boven biedt, maar als uitzichtloze condities van een neo-liberale economie waar zelfs een sociaal gemotiveerde nationale overheid maar weinig greep op heeft. De ongebreidelde verstedelijking scherpt sociale tegenstellingen aan en maakt ze fysiek voelbaar aan de poorten van de *gated communities* waar de overheid net zo min veel in te brengen heeft. Het mag gerust ironisch worden genoemd dat het culturele succes van een land in het brandpunt van de internationale aandacht, samengaat met het culturele bewustzijn van zijn tegendeel: ontkenning van de keiharde realiteit voor tientallen miljoenen.

Brazil – the word alone. If the Netherlands as a concept is tied to its geographical situation as a lowland country, America to the name of its discoverer, China to a new border and Israel to the supreme being, then you can only associate Brazil with life itself, growth, culture. It is a word that cries out to be uttered with passion, a sound that invites you to taste it, a rhythm that never rests. For the vast majority of people on earth, Brazil stands for carnival and samba football. Put a little more abstractly: Brazil is festivity. It is an eternal, global cliché that comes sufficiently close to reality to remain eternal and global.

Of course, besides this eternal Brazil there is also a Brazil of today, a country that is developing at lightning speed. It is regarded as one of the economic giants of the future, with unparalleled natural resources and labour potential. Its social model is followed by many. The President Luiz Inácio Lula da Silva is generally regarded as a political leader who has taken in tow the entire continent and contributes to the general Latin American self-awareness. Culturally speaking, Brazil occupies an increasingly prominent place on the world stage. And if you put the divine canaries in the field, there is always, always something going on.

However, there is a dark side to this successful Brazil, as is known all over the world. The destruction of the rainforest has assumed forms that pose a threat to the whole of humankind. The extreme poverty of the slums can no longer be seen as the result of the migration to the cities which, as a mechanism of emancipation, offers upward mobility to the strongest and the brightest, but as one of the bleak conditions of a neoliberal economy which evades the control of even a socially motivated national government. The unlimited urbanization sharpens social contradictions and makes them physically tangible at the entrances to the gated communities where the government has little to say either. It can certainly be regarded as ironic that the cultural success of a country in the limelight of international attention is

Misschien is deze dubbelzinnigheid zelf wel typisch Braziliaans. Het land kent niet of dit, of dat. Het gaat uit van de combinatie van de twee, van en-en. En het geheel is altijd meer dan de som der delen. De snelle economische ontwikkeling, met alle gevolgen voor natuur, bevolking en stad, wordt nog altijd met bij uitstek Braziliaanse mentaliteit verwerkt en van nieuwe impulsen voorzien. Natuurlijk, het is er allemaal: distinctiedrang in de mode, monoculturen in de landbouw, gettovorming in de steden. Brazilië is niet voor niets een der BRIC landen en vertoont de trekjes van een samenleving die snel mondialiseert en zich mondiaal profileert. Maar tegelijkertijd is Brazilië het toneel van een ongekend experiment om in weerwil van de uitsluitingmechanismen die bij globalisering horen, uit te blijven gaan van een diepgeworteld vermogen tot combineren en mixen.

Deze combinatiedrang is de onderliggende energie en kan de sleutel tot succes worden genoemd. En daarom is het zo belangrijk om van buitenaf naar dit land te kijken en ervan te leren. Wat auteur Paul Meurs in zijn essay in deze publicatie zegt over het onvermogen van de stedenbouw om woorden te vinden voor de realiteit van de megastad São Paulo, kan over de hele Braziliaanse cultuur worden gezegd. Het land laat categorisering, typering en rubricering nauwelijks toe. Sterker nog, Brazilië lijkt in het algemeen een heel andere interpretatie van het menselijk vermogen tot het maken van onderscheid te hanteren. Of het nu het dagelijks leven in de stad betreft, of de artistieke praktijk der kunstenaars, of de weelderige beeldcultuur, onderscheid lijkt niet bedoeld om zaken te isoleren om ze zo van een eigen identiteit te voorzien, maar juist om het potentieel te ontwaren om er verbindingen mee te maken. En dat gebeurt dan ook voortdurend. Identiteit is altijd tijdelijk en bij voorkeur zo snel mogelijk ingewisseld voor een gemuteerde identiteit. Waarna dat proces wordt herhaald en herhaald. Het gevoel van overdaad aan smaak, aan beeld, aan geur, aan vorm, aan kleur, aan melodie, ontstaat door ons onvermogen daar met dezelfde veranderingssnelheid in mee te gaan.

Wat van het leven kan worden gezegd, geldt dan natuurlijk ook voor de cultuur. Dit vloeiende denken is wat je terugvindt in alle culturele disciplines. Daarom hebben het Museum Boijmans Van

accompanied by the cultural awareness of its opposite: a denial of the bitter reality of life for tens of millions.

Perhaps this ambiguity itself is typically Brazilian. It is not a country of either/or. It assumes the combination of both, of and-and. And the whole is always more than the sum of its parts. The rapid economic development, with all the consequences this entails for nature, the population and the city, is still dealt with by a pre-eminently Brazilian mentality and given new impulses. Of course, they are all there: the urge to stand out in fashion, monocultures in agriculture, the formation of ghettos in the city. It is not for nothing that Brazil is one of the BRIC countries and displays the characteristics of a society that is rapidly globalizing and profiling itself at an international level. At the same time, however, Brazil is the scene of an unprecedented experiment to continue to base itself on a deep-rooted ability to combine and mix in spite of the mechanisms of exclusion that are a part of globalization.

This urge to combine is the underlying energy and can be regarded as the key to success. That is why it is so important for outsiders to observe and learn from this country. What Paul Meurs says in his essay in the present publication about the inability of urban planners to find words for the reality of the megacity São Paulo is true of the whole of Brazilian culture. The country hardly allows itself to be categorized, labelled or classified. In fact, Brazil seems, generally speaking, to apply a very different interpretation of the human ability to draw distinctions. Whether it is about everyday life in the city, artistic practice or the luxuriant visual culture, distinction seems to exist not to isolate things in order to confer upon them an identity of their own, but precisely to discover the potential for combining them. That goes on all the time. Identity is always temporary and preferably exchanged as soon as possible for a mutated identity, after which the process is repeated and repeated. The sense of a profusion of flavours, images, scents, forms, colours and

Beuningen, het Nederlands Architectuurinstituut
en het Nederland Fotomuseum besloten zich in de
zomer van 2009, net als in 2006 in het kader van
'China Contemporary', opnieuw te verenigen voor
een groots portret van de Braziliaanse cultuur. Het
publiek kan zich verheugen op een evenement in
stijl. Een museummix zogezegd, waar disciplines,
tentoonstellingsontwerpen, thema's en – samen met
Rotterdam Festivals – publieksactiviteiten verspreid
over Rotterdam deze stad een Braziliaanse zomer
zullen geven. Rotterdam, misschien wel de meest
Braziliaanse stad van Nederland.

Ole Bouman
Sjarel Ex
Ruud Visschedijk

melodies arises from our inability to keep up
with them at the same rate of change.

What can be said of life can be said, of
course, of culture too. This fluid way of thinking is what you find in all cultural disciplines.
That is why Museum Boijmans Van Beuningen,
the Netherlands Architecture Institute and the
Netherlands Photo Museum decided to join
forces in the summer of 2009, as they did in
2006 in connection with 'China Contemporary',
for a grand portrait of Brazilian culture. The
public can look forward to an event with style,
a museum mix in which disciplines, exhibition
designs and – in collaboration with Rotterdam
Festivals – activities for the public held all over
Rotterdam will give a Brazilian summer to Rotterdam, perhaps the most Brazilian city in the
Netherlands.

Ole Bouman
Sjarel Ex
Ruud Visschedijk

BRAZILIË: MIXEND MULTICULTUREEL WERELDMERK

10   INEKE HOLTWIJK

BRAZIL: THE MULTICULTURAL MIX AS A GLOBAL BRAND

'Niemand houdt dit land meer tegen', zei president Luiz Inácio Lula da Silva in 2008 toen in Brazilië voor de tweede keer in korte tijd een grote voorraad olie in de zeebodem was ontdekt. En als een almachtige sinterklaas beloofde hij dat met de opbrengst het armoedeprobleem zou worden opgelost en het falende openbaar onderwijs opgekrikt. Kortom, de diepzeereserve was goed voor alles. Na het hoezee en het applaus kwamen de typisch Braziliaanse grappen los.

Toen Duitse wetenschappers een groot zwart gat in het heelal ontdekten, grapte een columnist: 'In het presidentieel paleis is paniek uitgebroken. Men vreest dat dit gigantische zwarte gat mogelijk onze diepzee-oliereserve is. Lula heeft opdracht gegeven uit te zoeken waar de zogeheten Melkweg zich bevindt.'

Brazilië is het land van tropisch utopisme. Zomer, zon en iedere dag feest – af en toe een olievondstje – en het komt vanzelf goed. De macht is ook met utopisme besmet. Neem de kreet 'niemand houdt dit land meer tegen'. Dat zeiden de militairen, die in de jaren zestig de macht hadden overgenomen

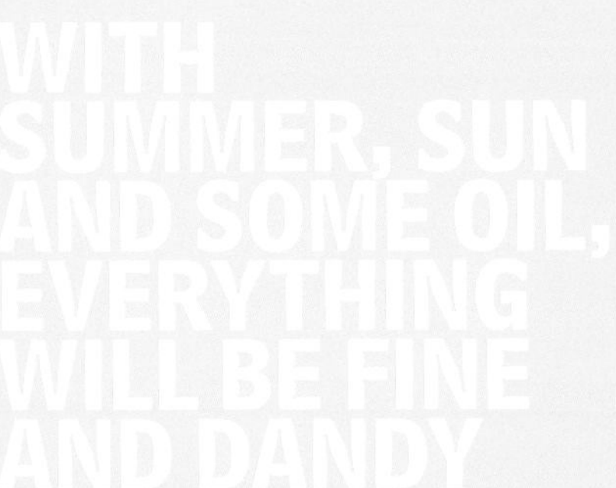

'Nobody can ever hold back this country again,' declared President Luiz Inácio Lula da Silva in 2008 on the discovery of huge deep-sea oil reserves off the Brazilian coast, the second major find in a short space of time. And like an omnipotent Father Christmas he promised that the poverty problem would be eradicated and the failing state education system would be upgraded with the proceeds. The deep-sea reserve was, in short, a panacea. In the wake of the hurrahs and the applause, the typical Brazilian jokes were soon being bandied about.

'Panic has broken out in the presidential palace,' a columnist quipped when German scientists discovered a big black hole in the cosmos. 'They are afraid that this gigantic black hole might be our deep-sea oilfield. Lula has ordered an investigation to discover where the so-called Milky Way is located.'

Brazil is the land of tropical utopianism. With summer, sun and a party every day – along with the occasional oil discovery – everything is sure to be fine and dandy. The government

ook al toen Brazilië klinkende groeicijfers boekte. Om hun droom van een sterke en onafhankelijke wereldmacht te concretiseren, waren ze aan het experimenteren met atoomenergie en met auto's die op suikerriet konden rijden en ze investeerden in een eigen, Braziliaanse computerindustrie.

Tsja, meer dan twee atoomcentrales zijn er niet gekomen. En toen de suiker via de achterdeur naar Paraguay verdween en bij de pomp geen ethanol meer te krijgen was, stapten automobilisten en masse weer over op een benzineauto. En de Braziliaanse computer? Toen de tariefmuren werden geslecht, is die een snelle dood gestorven.

Maar, Brazilianen zijn optimisten. Alles kan, nee alles *moet* en *zal* gebeuren en goed komen. Je geeft pas toe dat het misschien niet kan als de werkelijkheid zich onontkoombaar aan je opdringt. Een Braziliaanse humorist: 'Een Braziliaanse optimist slaapt 's avonds in met de angst dat hij 's ochtends wakker wordt als pessimist.'

Pessimisten zijn een zeldzame soort aan het worden in Brazilië. Het gaat de laatste jaren namelijk echt goed met het land. De export groeit en daarmee de economie, de munt is stabiel, de armen worden rijker, bijna alle kinderen gaan naar school, de kindersterfte daalt, het land is een grote voedselproducent en met de ethanol is het uiteindelijk ook goed gekomen. Brazilië is inmiddels marktleider in biobrandstof en de groene auto.

'Het is niet overdreven te stellen dat Brazilië op het punt staat een wereldmacht te worden', schreef de *Financial Times* halverwege 2008 in zijn Braziliëbijlage. Die quote werd trots ruchtbaar gemaakt op tv-journaals en in kranten. Want het geloof in de grootsheid van de eigen natie – vijfde in omvang ter wereld – gaat raar genoeg nog steeds gepaard met een provinciaals aandoende onzekerheid.

Het oordeel van de *Financial Times* kwam kort voordat het begon te rommelen op Wall Street. Inmiddels voelt ook de bijna-wereldmacht Brazilië de gevolgen van de kredietcrisis. De beurs is ingezakt; de Braziliaanse real geduikeld en als je als baas van een middelgroot bedrijf geld wilt lenen bij een bank, moet je het binnen twee maanden terugbetalen. Vorig jaar kon je zo twaalf maanden krijgen. En de rente die je nu betaalt? Een moordende dertig procent.

is also touched by utopianism. Take that one-liner: 'Nobody can ever hold back this country again.' The military junta which seized power in the 1960s had already made this boast when Brazil achieved outstanding growth figures. To realize its dreams of becoming a robust and independent world power, the government was experimenting with nuclear energy and with cars that ran on sugar cane, and they invested in a home-grown Brazilian computer industry.

Ultimately that resulted in just two nuclear power stations. When the sugar disappeared via the backdoor to Paraguay and there was no more ethanol to fill their tanks, the motorists soon switched back to petrol-guzzling cars en masse. And the Brazilian computer? Once the tariff walls had been levelled it died a swift death.

But Brazilians are optimists. Everything is possible, or rather everything *must* and *will* happen and will turn out just fine and dandy. You only admit that something might be impossible if reality ineluctably forces itself upon you. 'A Brazilian optimist falls asleep at night in the fear that he will wake up in the morning as a pessimist,' to quote a Brazilian comedian.

Pessimists are becoming a rare breed in Brazil, because things have been going really well for the country in recent years. Exports are growing and along with them the economy as a whole, the currency is stable, the poor are getting richer, almost every child attends school, infant mortality is falling, the land is a major food producer and in the end it worked out with the ethanol as well: Brazil is now the world leader in biofuel and environmentally friendly automobiles.

'It is no exaggeration to say that Brazil is on the verge of superpower status,' wrote the *Financial Times* in mid-2008 in a Brazil supplement. The quote was proudly repeated in TV newscasts and in newspapers. Oddly enough, the faith in the greatness of one's own nation – the fifth largest country in the world – still goes hand in hand with an insecurity that seems parochial.

Wie kan dat terugverdienen in een malaise? Niet veel bedrijven en dus worden investeringen uitgesteld. In de exportsector zijn de eerste massa-ontslagen gevallen.

Desalniettemin denkt driekwart van de Brazilianen nog steeds dat hun 2009 beter zal zijn dan 2008, blijkt uit enquêtes. Het zijn optimisten tenslotte.

The opinion of the *Financial Times* came shortly before things started to get rocky on Wall Street. Now even the almost-superpower of Brazil is feeling the bite of the credit crunch. The stock market has slumped, the Brazilian *real* has plunged, and if the proprietors of medium-sized businesses want to borrow money from a bank then they have to repay it within two months. Last year you could easily get a term of twelve months. And today's interest rates? A swingeing 30 per cent.

There are few businesses that can earn enough to repay that in the midst of a downturn, so investments are being postponed. The first mass redundancies have hit the export sector.

This notwithstanding, surveys reveal that some three-quarters of Brazilians continue to believe that things will be better for them in 2009 than in 2008. They are optimists, after all.

'SOFT POWER' DANKZIJ VOETBAL EN THE GIRL FROM IPANEMA

De grootste buitenlandse militaire operatie sinds de Tweede Wereldoorlog is voor Brazilië de VN-vredesmissie in Haïti. Twaalfhonderd Braziliaanse blauwhelmen werden daar in 2004 met gejuich – 'Brésil, Brésil' – in de straten ontvangen. De belangrijkste reden? Het voetbal. Haïtianen willen allen bevriend zijn met landgenoten van Ronaldo en Ronaldinho, die in 2002 WK-kampioen werden. De Braziliaanse blauwhelmen blijken vanwege hun hartelijke omgangsvormen én het voetbal veel populairder dan hun voorgangers uit andere landen. De missie is net weer voor een jaar verlengd. Op verzoek van de commandant organiseren de militairen regelmatig voetbaltoernooitjes met Haïtianen.

Brazilië is geen land van militaire krachtpatserij. In de discussie over *hard* en *soft power* komt Brazilië ongetwijfeld op de lijst van *soft power*.

Brazilië wordt gerespecteerd om zijn cultuur en opvattingen. Cultuur – in de brede zin van het woord – is het visitekaartje van Brazilië.

In de politiek ambieert Brazilië wel een wereldmacht te zijn, maar maakt het niet waar. Als leider van het continent wordt Lula voortdurend voor de

Ineke Holtwijk – Brazilië: mixend multicultureel wereldmerk / **Brazil: The Multicultural Mix as a Global Brand**

'SOFT POWER' THANKS TO FOOTBALL AND THE GIRL FROM IPANEMA

Brazil's biggest overseas military operation since the Second World War is the UN peace-keeping mission in Haiti. In 2004 some 1,200 Brazilian peace-keeping troops were welcomed with cheers in the streets: 'Brésil, Brésil!' The most important reason? Football. Every Haitian wanted to be mates with the fellow-countrymen of Ronaldo and Ronaldinho, who had become World Cup champions in 2002. Thanks to their hearty manner and the football, the Brazilian blue helmets have proven to be much more popular than their predecessors from other countries. Their mission has just been prolonged for another year. On the commander's request the soldiers regularly organize little football tournaments with Haitians.

Brazil is not a country for muscling in militarily. In the discussion about 'hard' and 'soft' power, Brazil undoubtedly belongs on the list of 'soft power'.

Brazil is respected for its culture and outlook. Culture – in the broad sense of the word – is Brazil's visiting card.

voeten gelopen door querulant Chávez, president van Venezuela. Brazilië heeft ondanks een jarenlange lobby geen vaste zetel in de Veiligheidsraad gekregen. En het verzet tegen landbouwsubsidies tijdens de Doha Ronde – door grote ontwikkelingslanden onder aanvoering van Brazilië – leverde veel lawaai en krantenkoppen op maar geen nieuw wereldhandelsakkoord. Om dat akkoord was het allemaal te doen geweest.

Dat is in de sport en met name bij het voetbal wel even anders. Geen enkel land in de wereld heeft als Brazilië vijf WK-titels. Geen enkel land heeft zich zoals Brazilië voor ieder WK weten te classificeren. Mede daarom schreeuwen alle Zuid-Amerikanen als hun nationale ploeg in het WK uitgeschakeld is hun kelen schor voor Brazilië.

Maar vooral in de kunsten en de massacultuur is Brazilië een wereldmacht. Van Sydney tot San Francisco van Stavanger tot Soweto: overal kent men het carnaval van Rio en is er wel iemand die gehoord heeft van bossanova, Tom Jobim, Sérgio Mendes en Bebel Gilberto of die *Garota de Ipanema - The Girl from Ipanema* kan neuriën. De bijna-god van de jazz

Miles Davis kwam naar Rio om pianist en componist Hermeto Pascoal, een van zijn inspiratiebronnen, thuis in een armoedige voorstad te kunnen opzoeken. In China maar ook in de VS kijken ze naar Braziliaanse soaps, de *telenovelas*. Paulo Coelho hoort tot de twintig meest gelezen, nog levende schrijvers in de wereld. Musicus en componist Heitor Villa-Lobos, die in 1959 overleed, hoort tot de meest uitgevoerde moderne componisten in de wereld. En – op de voetballers na – is de beroemdste, nog levende Braziliaan architect Oscar Niemeyer. Sommigen noemen hem 'de Picasso van de architectuur'.

Brazil cherishes the political ambition to be a world power, but fails to live up to it. As a figurehead for the continent as a whole, Lula is constantly being upstaged by the querulous President Chávez of Venezuela. Despite years of lobbying, Brazil has still not secured a permanent seat on the UN Security Council. And the opposition to agricultural subsidies during the Doha round of trade talks – by major emerging industrialized nations led by Brazil – generated plenty of brouhaha and headlines but no new world trade agreement. And that settlement was the whole object of the exercise.

Things are a little different in the sports arena and especially in football. No other country in the world can boast of five World Cup titles. No other country has managed to qualify for every World Cup. That is why – if their own national team has been knocked out of the World Cup – all South Americans yell themselves hoarse for Brazil.

It is, however, primarily in the arts and popular culture that Brazil shines as a super-power. From Sydney to San Francisco and from Stavanger to Soweto: people everywhere are familiar with Rio's carnival and there is always someone who has heard of the bossa nova, Tom Jobim, Sérgio Mendes and Bebel Gilberto or can hum the tune to *Garota de Ipanema – The Girl from Ipanema*. The demigod of jazz, Miles Davis, came to Rio to be able to visit the pianist and composer Hermeto Pascoal, one of his sources of inspiration, at his home in a shabby suburb. People watch Brazilian soap operas, the *telenovelas*, in China as well as in the USA. Paulo Coelho ranks among the 20 most widely read living authors in the world. Musician and composer Heitor Villa-Lobos, who died in 1959, ranks among the world's most frequently performed modern composers. And – the footballers aside – the most famous living Brazilian is the architect Oscar Niemeyer. Some people call him 'the Picasso of architecture'.

Hoe kon de Braziliaanse cultuur zo'n wereldmerk worden? Creativiteit, originaliteit maar ook een grote nieuwsgierigheid naar alles wat van buiten komt, vormen de motor. Cultuur is in Brazilië levenslustig en veelzijdig. Er wordt taboeloos 'geleend' en gemixt. Kijk bijvoorbeeld naar de namen die mensen voor hun kinderen bedenken. Een vorige president heette Itamar: hij werd geboren op het schip *Ita*, dat op zee (*mar* in het Portugees) was. En wat gedacht van Deusarino Venus de Milo? In Deusarino zit *deus* (god) en *dançarino* (danser).

Braziliaanse voetballers van tegenwoordig heten Roberson, Wanderson, Leanderson in plaats van zoals vroeger Pelé, Didi, Telê. De vrolijke tingeltangelnamen zijn uit de mode; men wil nu iets dat buitenlands en krachtig klinkt. Het achtervoegsel 'son' is ongetwijfeld geïnspireerd door Engelse namen. Een voetballer van de voetbal club Palmeiras (uit São Paulo) vertelde dat zijn vader van de letter K houdt en een fan is van ex-Beatle George Harrison. Brazilianen spreken dat uit als Gèrrison. De voetballer werd door zijn vader daarom als Keirrison ingeschreven bij de gemeente.

Ineke Holtwijk – Brazilië: mixend multicultureel wereldmerk / **Brazil: The Multicultural Mix as a Global Brand**

How could Brazilian culture develop into such a global brand? The driving forces are creativity and originality combined with a probing inquisitiveness about everything that comes from outside. Culture in Brazil is full of verve and is multifaceted, allowing 'borrowing' and intermixing without taboo. Consider, for example, the names that people invent for their children. A former president was called Itamar: he was born on the ship *Ita* while it was at sea (*mar* in Portuguese). And how about Deusarino Venus de Milo? The name Deusarino incorporates *deus* – god – and *dançarino* – dancer.

Today's Brazilian footballers are called Roberson, Wanderson and Leanderson instead of the Pelé, Didi and Telê of yesteryear. Jolly honky-tonk names are unfashionable at the moment; nowadays people want something that sounds international and has some umph. The suffix 'son' is doubtless inspired by English names. A player for São Paulo-based football club Palmeiras explained that his father loves the letter K and is a fan of the former Beatle,

Diezelfde vrijheid van vorm, lef en nieuwsgierigheid zie je terug in de muziek en de kunst, met kleine en grote K. Braziliaanse 'rock' heeft weinig meer te maken met wat wij rock noemen. De teksten van Braziliaanse rock zijn meestal poëtisch en worden soms half voorgedragen. Je hoort er behalve dat rap-achtige, ook soul, folkloristische elementen en veel percussie in terug en ja, inderdaad, ook nog wat rock. De reggae werd verbraziliaanst tot sambareggae en Afroreggae. En de lokale rap, die erg populair is in de sloppenwijken, wordt in Brazilië 'funk' genoemd. En de zogeheten *funkeiros* lijken weer op onze punkers. Want ook termen krijgen in Brazilië snel een tweede leven. Ook in de klassieke muziek vindt deze vermenging plaats. Villa-Lobos mixte ongegeneerd elementen van Bach met folklore. De componist organiseerde koren. Dat deed hij niet met honderd maar met tienduizenden kinderen, die hij zelf dirigeerde, in stadions staand op een trap in het midden van de grasmat.

Niemeyer gebruikt net als zijn leermeester Le Corbusier veel kolommen en betonnen lamellen, maar zijn gevels zijn vaak golvend. 'Verticale architectuur vind ik kil. Ik houd van ronde lijnen', zei hij in een interview dat ik jaren geleden met hem had in zijn kantoor in Rio. Als een ervaren marketeer voerde hij mij vervolgens naar het raam en wees met een theatraal gebaar naar het strand van Copacabana beneden en de zee met hier en daar een beboste berg erin. 'Bergen en vrouwenlichamen inspireren mij.'

Sinds de jaren twintig van de vorige eeuw heeft men zich – in ieder geval in de retoriek – afgezet tegen kunst die te veel leek op wat men in Europa deed. Kunstenaars werden aangemoedigd te experimenteren. Het doel van kunst werd het eigene, typisch Braziliaanse in een vorm te vangen. Deze individuele uitingen moesten worden omgesmeed tot een serieuze, collectieve Braziliaanse cultuur. Immers, iedere grootse natie had een eigen cultuur. En dus kreeg ook Niemeyer de vrije hand toen hij eind jaren vijftig alle gebouwen voor de nieuwe hoofdstad moest bedenken. Architectuur werd door de machthebbers beschouwd als kunst.

Poëzie in beton, noemde een van zijn vrienden zijn werk. Ach, soms fantaseerde ik wat, relativeerde de architect toen ik bij hem was. 'Ik zette wat lijnen

George Harrison. Brazilians pronounce 'Harrion' with a strong aspirate, so the soccer-player's father had registered him with the municipality as Keirrison.

You see that same freedom of form, nerve and curiosity in art and music, with or without a capital 'A'. Brazilian 'rock' has little to do with what we call rock. The lyrics of Brazilian rock are usually poetic and are sometimes semi-recited. Besides that rap-like quality, you can also hear echoes of soul and folkloric elements and there is plenty of percussion. And yes, there is also a touch of rock. Reggae was Brazilianized into sambareggae and Afroreggae. And the local rap, which is very popular in the favelas, is known as 'funk' in Brazil, while the so-called *funkeiros* resemble our punk rockers. Even terminology swiftly gains a new lease of life in Brazil. This hybridization is also to be found in classical music. Villa-Lobos unashamedly mixed elements of Bach with folklore. The composer organized choirs, and he did that with tens of thousands of children rather than a mere hundred, conducting them in person in stadiums, standing on stepladders in the middle of the pitch.

Like his master Le Corbusier, Niemeyer uses plenty of columns and concrete *quebra-sóis* (sun-baffles), but his edifices are often sculpturally undulated. 'I find vertical architecture bleak; I like curved lines,' he explained when I interviewed him at his office in Rio many years ago. Like a veteran salesman he then led me to the window and with a theatrical gesture pointed to Copacabana beach and the sea down below, with here and there a forest-covered mountain: 'Mountains and women's bodies inspire me.'

Since the 1920s people have distanced themselves – in their rhetoric, at least – from art that too closely resembled what people were doing in Europe. Artists were encouraged to experiment. The object of art was to capture that typically Brazilian quality in a form. These individual expressions had to be re-forged into a serious and collective Brazilian culture, since every great nation had its own distinctive culture. And

neer en opeens was het een vogel', vertelde hij over een museum in Brasilia dat hij had ontworpen.

Villa-Lobos maakte er meer een punt van. Hij verklaarde nadrukkelijk dat hij zich niets gelegen liet liggen aan conventies en theorieën. Hij haalde zijn kennis niet uit boeken: 'Mijn boek is Brazilië.' Zijn toespraak waarin hij uitlegt dat je als kunstenaar je eigen wereld op een authentieke, vrije manier moet vertalen, wordt nog steeds aangehaald door jonge kunstenaars. Alles in Brazilië en van de Brazilianen inspireerde Villa-Lobos. 'In mijn muziek laat ik de rivieren en de zeeën van dit grootse land zingen. Ik rem of muilkorf de tropische weelderigheid van onze bossen en luchten niet. Ik breng ze intuïtief over in alles wat ik componeer.'

Brazilië was multicultureel, lang voordat het in de mode kwam. Villa-Lobos pikte zijn ideeën ook op straat op, waar in bars zwarte muzikanten speelden. Zanger Caetano Veloso, blank, bekende mij dat hij zich een 'zwarte blanke' voelt omdat zijn vader een *mulato* was. Hij is katholiek opgevoed, maar brengt offers aan een Afrikaanse god. Twee of meer dingen tegelijk zijn, is in Brazilië heel gewoon. Buitenlanders komen niet verder dan de constatering dat Brazilië een racistisch land is. Maar het is anders dan in andere landen. Veloso: 'Jullie denken dat we een land van contrasten zijn. Maar contrasten heb je wanneer dingen niets met elkaar te maken hebben. In Brazilië heeft alles met alles te maken.'

In onze straat zie ik regelmatig blanken kaarsjes onder de bomen zetten met een offer voor Afrikaanse natuurgoden ernaast. In de kunst is de fascinatie van de (blanke) elite met de (gekleurdere) onderkant van de samenleving goed zichtbaar. Fotograaf Miguel Rio Branco, afkomstig uit Braziliës bekendste diplomatenfamilie en zoon van een ambassadeur, hing een halfjaar met zijn camera's rond in het centrum van de stad Salvador. Dat was toen een rokende hel waar messentrekkers, prostituees en drugsdealers tegen de verschimmelde gevels hingen. 'Ik was gegrepen door de naakte hardheid van het leven daar. Maar ook door de levenskracht van armen.'

Cineast Walter Salles, erfgenaam van een van de grootste kapitalen in Brazilië (de bank Unibanco), won een Oscarnominatie met zijn film *Central do Brasil*, over een moederloos migrantenkind uit

at this juncture, the late 1950s, Niemeyer was granted free rein to conceive all the buildings for the country's new capital city. Architecture was regarded as art by the powers that be.

'Poetry in concrete' is how one of Niemeyer's friends described his work. Putting this in perspective, the architect explained that he sometimes allowed his imagination to run wild a little. 'I set down some lines and they were suddenly a bird,' he told me about a museum he had designed for Brasília.

Villa-Lobos made this more of an issue: he emphatically pronounced that he did not care a straw for conventions and theories. He had not derived his knowledge from books: 'My book is Brazil.' The address in which he explained that as an artist you must translate your own world in an authentic, unfettered manner is still seized upon by today's fledgling artists. Everything in Brazil and about the Brazilians inspired Villa-Lobos. 'In my music I let the rivers and the seas of this great land sing. I do not restrain or muzzle the tropical lushness of our forests and skies; I convey them intuitively in everything I compose.'

Brazil was multicultural long before it became fashionable. Villa-Lobos also picked up his ideas on the street, where black musicians played in bars. The singer Caetano Veloso, a white man, confessed to me that he feels like a 'black Caucasian' because his father was a *mulato*. He was raised a Catholic, but makes sacrifices to an African god. Being two or more things simultaneously is perfectly normal in Brazil. Foreigners fail to step beyond the observation that Brazil is a racist country, albeit in a manner dissimilar to other countries. 'You think that we are a land of contrasts,' Veloso noted, 'but you have contrasts when things are not associated with each other, whereas in Brazil everything ties in with everything else.'

In our street I regularly see white people placing candles under the trees alongside their offerings to African animist gods. The fascination of the élite (largely Caucasian) with the underbelly (primarily coloured) of society is

Noordoost-Brazilië en taaie overlevers uit de grauwe voorsteden van Rio. Zijn broer João, een bekroond documentairemaker, maakte meerdere documentaires in een ruige sloppenwijk. De bankierszoon werd zelfs nog veroordeeld tot een alternatieve straf, omdat hij de studie betaalde van een drugsdealer die hij op het rechte pad wilde helpen.

Vraag Braziliaanse kunstenaars naar hun inspiratiebron en ze komen ook meestal met een paar Europese kunstenaars aan. Maar de relatie bleef complex. Te Europees zijn met je kunst was een halve eeuw geleden afkeuringswaardig. Nu zijn 'folkloristisch' of 'exotisch' de taboewoorden. 'Als je Braziliaan bent en je gebruikt een paar felle kleuren, ben je meteen exotisch', klaagde schilder Luiz Zerbini jaren geleden. Hij schildert tegenwoordig abstract maar toen hij dit bekende, schilderde hij grote hyperfiguratieve, kleurrijke en vrolijke doeken waarop vaak vrienden voorkwamen. Rio Branco raakt zeer geïrriteerd als zijn werk 'exotisch' wordt genoemd. Dat vindt hij typisch hokjesdenken van Europeanen. 'Zo'n kwalificatie vloeit voort uit de onmogelijkheid in de ander jezelf te herkennen. Het is het product van koloniaal denken over de wereld. Is niet uiteindelijk alles exotisch? Ja, McDonald's overal - dat is niet exotisch.'

Ook in het gesprek dat ik ooit voerde met João Ubaldo Ribeiro was het precies dat waarover de schrijver zich het meest druk maakte. Een Amerikaanse recensent had over zijn (meest urbane) boek *De glimlach van de hagedis* geschreven dat ze 'dit niet had verwacht van een Latijns-Amerikaanse auteur'. Ribeiro's commentaar was: 'Het liefst zouden jullie willen dat we allemaal indianen zijn. Dat je hier taxi's, flats en moderne dans hebt, begrijpen jullie niet. En dat een schrijver over existentiële twijfels schrijft al helemaal niet'.

Een andere constante is effectbejag. De meeste kunstenaars zeggen expliciet dat zij heftige emoties willen losmaken. Dat correspondeert met de Braziliaanse visie op leven: het enige goede leven is het intens geleefde. Of het nu liefhebben, lachen of lijden is. Zelfs Niemeyer, een aanhanger van het functionalisme, zegt dat architectuur pas goed is als het sterke emoties of sensaties oproept. Daarom bedacht de architect dat de bezoekers van zijn kathedraal in

clearly evident in art. The photographer Miguel Rio Branco, scion of Brazil's most famous family of diplomats and the son of an ambassador, spent half a year hanging out with his cameras in the centre of the city of Salvador. Back then it was a smouldering hell where knife-wielding gangsters, prostitutes and drug dealers lolled against the mouldy edifices. 'I was grabbed by the naked harshness of life there,' he reflects, 'but also by the life-force of the poor.'

The film director Walter Salles, heir to one of the biggest fortunes in Brazil (the Unibanco bank), won an Oscar nomination for his film *Central do Brasil*, which is about a motherless migrant child from north-eastern Brazil and the tough survivors from the grubby suburbs of Rio. Walter's brother, João, a prize-winning documentary maker, filmed several documentaries in a rough favela. The banker's son was actually sentenced to an alternative punishment for paying the college fees of a drug dealer he wanted to help get back onto the straight and narrow.

Ask Brazilian artists about their founts of inspiration and they usually mention a couple of European artists as well. The relationship does, however, remain complex. Being overly European in one's art was frowned upon half a century ago. Now it is 'folkloric' or 'exotic' that are the taboo words. 'If you're Brazilian and you use a couple of bright colours then you're immediately exotic,' lamented the painter Luiz Zerbini many years ago. Nowadays he paints abstract work, but when he acknowledged this he was painting hyperfigurative, brightly coloured and cheerful large-scale canvases in which he often portrayed his friends. Rio Branco becomes extremely irritated if his work is described as 'exotic'. He thinks it reflects the typically parochial mindset of Europeans. 'Such a qualification stems from the impossibility of recognizing yourself in the other. It is the product of colonial thinking about the world. Isn't everything exotic in the end? OK, McDonald's everywhere – that's not exotic.'

Brasilia eerst door een aardedonkere ondergrondse gang moeten lopen. 'Ik wilde dat ze verblind en overweldigd worden door het licht als ze daarna de kathedraal betreden.'

DE NIEUWE
MIDDENKLASSE
ROERT ZICH

In a conversation I once had with João Ubaldo Ribeiro this was exactly what annoyed the author the most. In a review of *The Lizard's Smile*, possibly his most urbane book, an American critic wrote that she 'had not expected this from a Latin American author'. Ribeiro had a ready riposte: 'You would prefer all of us to be indians. You don't understand that there are taxis, apartment complexes and modern dance here. And that an author writes about existential doubts is completely beyond you.'

Another constant is striving after effect. The majority of artists explicitly state that they want to evoke intense emotions. That corresponds with the Brazilian vision of life: the only good life is one that is lived intensely. Whether that is in love, joy or suffering. Even Niemeyer, an adherent of functionalism, states that architecture is good only if it evokes strong emotions or sensations. That is why the architect devised a pitch-black underground passageway which visitors have to walk through before entering his cathedral in Brasília. 'I wanted them to be blinded and overcome by the light when they then enter the cathedral.'

THE NEW
MIDDLE CLASS
RATTLES ITS
SABRE

In 2008 – hij werd toen 101 – kreeg Oscar Niemeyer opdracht voor weer twee overheidsgebouwen in Brasilia: een monument voor ex-presidenten en een monument plus een nieuw Museum voor de Vooruitgang van Brazilië. Niemeyer bedacht voor het Soevereiniteitsplein een monument bestaande uit een obelisk die als een gigantische loopplank schuin de lucht in zou steken. De bevolking vond het niks: er was kritiek op het ontwerp, op de plek en ook op het feit dat het wéér de oude dinosaurus was, alsof er buiten hem geen andere getalenteerde architecten bestonden. Begin dit jaar trok Niemeyer zich terug. Het meest gelezen opinieweekblad zette meteen de hoofdstad Brasilia als 'stijger' in de rubriek 'Stijgers en dalers'. Hoera! 'Oscar Niemeyer heeft afgezien van zijn bouwplan.'

Het incident zegt iets over de maatschappelijke veranderingen. Brasilia werd uit de grond gestampt omdat een utopistische president met meer dan gebruikelijk elan dat in zijn kop had gezet. Het wordt evenwel steeds moeilijker voor een eigenzinnige machthebber om een stedelijk megaproject door te drukken. Brazilië heeft inmiddels een grote mid-denklasse, die weet wat er in de wereld te koop is en zich roert.

De vorige burgemeester van Rio de Janeiro moest bakzeil halen nadat hij al een contract met het Guggenheim in New York had gesloten voor een vestiging in Rio. Zelfs de architect had hij al gecontracteerd. De gevierde Jean Nouvel bedacht op zijn verzoek een onderwater-kunstboulevard voor in de haven. Actiegroepen daagden de burgemeester evenwel voor de rechter. Een tropische *Titanic* noemden ze zijn onderwatermuseum. En als er zo veel geld was, waarom investeerde de gemeente niet in de noodlijdende musea die er waren? Resultaat? Het Gugg-Rio is kopje-onder gegaan in de golven van protest.

Pas sinds 2008 kan Brazilië zich een middenklassenland noemen. Voor het eerst in de geschiedenis heeft meer dan de helft van de gezinnen een gemiddeld inkomen. Dat is een verandering die zich in korte tijd heeft voltrokken. Je kunt het gerust een sociale revolutie noemen; Brazilië was decennia lang koploper in ongelijkheid. Je ziet de toegenomen welstand van de middenklasse overal. Bijvoorbeeld aan

In 2008 – the year he turned 101 – Oscar Niemeyer was commissioned to design another two government structures in Brasília: a memorial to former presidents and a new Museum of the Nation's Progress. For this Plaza of Sovereignty project Niemeyer designed an obelisk that projected into the air at an angle like a gigantic gangplank. People were unimpressed: there was criticism of the design, the location and the fact that it was that same old dinosaur again, as if no other talented architects existed besides him. Niemeyer withdrew earlier this year. The most popular newsmagazine immediately added the capital Brasília to the 'In' column in its 'Ins and Outs' feature. Yippee! Hurrah! 'Oscar Niemeyer has abandoned his construction plan.'

The incident says something about the social changes. Brasília was created from nothing because of a utopian president who had an idea and was ready to pursue it with more than the usual dose of élan. It has, however, become increasingly difficult for a self-willed leader to force through an urban megaproject. Nowadays Brazil has a large middle class, and these people know what money can buy in this world and are rattling their sabres.

The previous mayor of Rio de Janeiro was forced to back-pedal when he had already concluded a contract with the Guggenheim Museum in New York to establish a satellite in Rio. He had even engaged the architect: the eminent Jean Nouvel had at his invitation designed an underwater art boulevard to be realized on the waterfront. Pressure groups hauled the mayor before the courts anyway. They dubbed his underwater museum a tropical *Titanic*. And if there was so much money, then why wasn't the city council investing in the cash-strapped museums that already existed? The outcome? The Gugg-Rio foundered in the barrage of protest.

Brazil has only been able to describe itself as a middle-class country since 2008. For the first time in her history more than half the families enjoyed an average income. That is a shift which has come about within a short space of

het grote aantal flats, winkelcentra en sportclubs dat wordt gebouwd, ook in armere wijken. En aan het snel groeiend aantal auto's en dus files. Brazilië is een van de weinige landen – misschien wel het enige – waar autodealers nog steeds omzetstijging melden. In ieder dorp, zelfs diep in het Amazonegebied, maar ook in sloppenwijken tref je internetcafés. Het internetgebruik stijgt in Brazilië sneller dan in andere landen. En nergens brengen gebruikers zo veel tijd per maand achter de computer door en vind je slimmere hackers. Orkut, een Amerikaanse contactsite, is groot geworden door de Brazilianen.

De nieuwe middenklasse zijn vooral dertigers en veertigers. Mensen krijgen ander gedrag als zij in hun directe levensbehoeftes kunnen voorzien. Dan worden zaken als sociale status (vakantie naar Disneyland, merkspullen) en een goede opleiding voor de kinderen (de particuliere talencursus) belangrijk, maar ook de mening over maatschappelijke kwesties verandert. Men staat losser tegenover religie, krijgt een mening over politiek, waardeert verdiensten meer dan privileges, hecht aan spaarzaamheid en aan persoonlijke inspanning (in plaats van een gezamenlijke) om iets te bereiken.

In de laatste burgemeestersverkiezingen tekende zich het nieuwe politieke bewustzijn al af: corrupte kandidaten hadden het moeilijk. En in Rio de Janeiro ging de middenklasse spontaan de straat op om campagne te voeren voor een aanvankelijk kansloze kandidaat van Groen Links die in zijn campagne bewust folders en betaalde krachten had afgezworen. Hij werd net geen burgemeester.

Betekent de nieuwe middenklasse ook iets voor de kunst en de cultuur? Ja, in ieder geval voor de omzet. Er worden namelijk meer boeken verkocht, meer films bekeken en meer tentoonstellingen bezocht dan ooit tevoren. Twintig jaar geleden was er in Rio de Janeiro (nu zes miljoen inwoners) slechts één goede boekhandel. Nu zijn het er meer dan twintig. Ieder jaar komt er ook minstens een nieuw bioscoopcomplex bij in de stad.

Op een regenachtige zondagmiddag verruilen steeds meer middenklassengezinnen de shopping mall voor een middagje Centro Cultural do Banco do Brasil. Eind jaren tachtig begon de staatsbank Banco do Brasil een cultureel centrum in Rio de Janeiro. Het bleek een doorslaand succes en inmid-

   Ineke Holtwijk – Brazilië: mixend multicultureel wereldmerk / **Brazil: The Multicultural Mix as a Global Brand**

time. It can safely be qualified as a social revolution; Brazil was a leader in inequality for decades. You can see the increased comfort of the middle class everywhere. By the large number of apartment complexes, shopping centres and sports clubs that are being built, for example, even in poorer neighbourhoods. And from the rapidly growing number of cars and the resulting traffic jams. Brazil is one of the few countries – perhaps the only country – where car dealers are still reporting an increase in tur-nover. In every village, even deep in the Amazon, you will find Internet cafés, but also in favelas. Internet use in Brazil is spreading faster than in other countries, and nowhere are there surfers who spend so much time per month behind the computer or smarter hackers. Orkut, an American social networking site, has flourished thanks to Brazilian users.

The new middle class are primarily in their thirties and forties. People behave differently if they can provide for the basic essentials. Then it is matters such as social status (a holiday to Disneyland, branded products) and a good education for the children (the private language course) that become important. Opinions about social questions change simultaneously. People become more relaxed about religion, formulate a political opinion, value merits above privileges, develop a regard for frugality and individual effort (instead of the communal) to achieve something.

This new political awareness was already apparent in the most recent mayoral elections: corrupt candidates had a difficult time. In Rio de Janeiro the middle class took to the streets unprompted to campaign for a left-wing green candidate – initially a non-starter – who had forsworn the use of folders and paid workers in his mayoral campaign. He was pipped at the post.

Does the emergence of a new middle class have implications for art and culture, too? Yes, at least for turnover: more books are being sold, more films watched and more exhibitions visited than ever before. Two decades ago there was just one quality bookshop in Rio de Janeiro, but

dels zijn er nog twee (São Paulo en Brasilia) en is er een reizend cultureel centrum (met tenten), dat dit jaar achttien kleinere steden aandoet. Ook andere bedrijven (het energiebedrijf, de concurrerende banken) zijn inmiddels een cultureel centrum begonnen. Net als in Nederland kunnen bedrijven dit soort sponsoring aftrekken van de belasting.

De multiculturele centra van de Banco do Brasil zijn oases van goede smaak. Dat in combinatie met hun laagdrempeligheid – je kunt zo binnenlopen en er is altijd wat te zien of te doen – maakt ze zo succesvol. Er zijn niet alleen tentoonstellingen, maar ook films, theatervoorstellingen en debatten. Bij de laatste grote publiekstrekker (een tentoonstelling over Braziliaanse barok) kwamen in Rio bijna een miljoen mensen kijken. Dat komt neer op tienduizend bezoekers per dag die overigens geen entree hoefden te betalen. Maar toch. Bij zo'n aantal steekt een Nederlandse topper als 'Rembrandt-Caravaggio' (400.000 bezoekers/vier maanden) pover af.

De nieuwe middenklasse loopt echter niet warm voor eigentijdse kunst. De succesnummers onder de tentoonstellingen zijn exposities met beroemde buitenlandse werken. Tekeningen van Picasso, schilderijen van Monet, kunst uit het Amsterdamse Stedelijk Museum bijvoorbeeld. Brazilianen gaan daar vooral naartoe om oog in oog met een beroemd meesterwerk te hebben gestaan.

De uitzondering is de Biënnale van São Paulo, een mastodont met honderden kunstenaars en meer dan duizend werken. Maar daar gaan mensen vooral naartoe om er geweest te zijn.

now, with a population of six million, there are more than 20. At least one new cinema complex opens in the city every year.

On a rainy Sunday afternoon more and more middle-class families are swapping the shopping mall for an afternoon at the Centro Cultural do Banco do Brasil. In the late 1980s, Banco do Brasil, the central bank, opened a cultural centre in Rio de Janeiro. It proved to be a resounding success and now there are two more centres (in São Paulo and Brasília) as well as a travelling cultural centre (with tents), which will be touring 18 smaller cities this year. Now there are other companies (the power company, competing banks) who have established cultural centres. As in the Netherlands, businesses can deduct this kind of sponsorship from their tax bills.

Banco do Brasil's multicultural centres are oases of good taste. This, in combination with their accessibility – you can simply walk in and there will always be something to see or do – is what makes them such a success. Besides exhibitions there are film screenings, theatre and debates. Almost a million people went to see the last major crowd-puller in Rio (an exhibition about the Brazilian Baroque). That amounts to 10,000 visitors a day, and admission was free. Even a box-office hit in the Netherlands, such as 'Rembrandt-Caravaggio' (400,000 visitors over four months), compares poorly against such visitor numbers.

However, the new middle class is lacking in a genuine enthusiasm for contemporary art. The top exhibitions are shows with renowned foreign works: drawings by Picasso, paintings by Monet or works from Amsterdam's Stedelijk Museum, for example. The primary reason for Brazilians to visit such presentations is to have stood face to face with a renowned masterpiece.

The exception is the São Paulo Biennial, a mastodon of an event with hundreds of artists and more than a thousand works of art. But people visit this event primarily to be able to say they have been.

De Biënnale van São Paulo werd een halve eeuw geleden bedacht met het idee dat Brazilië in het internationale kunstcircuit moest worden opgenomen. Dat is gelukt. Deze tentoonstelling – 'Brazil Contemporary' – is een zoveelste bewijs. Maar eigen initiatief blijft belangrijk. Binnen Brazilië gaat het om doorbreken in Rio de Janeiro of – nog beter – São Paulo, waar het grote geld zit. Door de omvang van het land en de steden is de kunstwereld een eilandenrijk. In de meer afgelegen deelstaten als Pernambuco en Bahia of in steden als Porto Alegre en Belo Horizonte voltrekken zich autonome processen. Soms duurt het jaren voordat een talentvolle regionale kunstenaar wordt opgemerkt in Rio of São Paulo. Wie zich op de videokunst heeft gestort, heeft internet als alternatief netwerk achter zich. Maar wie schildert, beeldhouwt of installaties maakt, is voor zijn succes afhankelijk van een handjevol mensen. Dat zijn rijke kunstliefhebbers en de curatoren van de centra van de Banco do Brasil.

De culturele centra hebben meestal geen eigen collectie. Musea kopen zelden wat. Ze hebben er het geld niet voor. In Brazilië zijn het vermogende

KUNST MET EEN HOOFD‑LETTER K: TOCH EEN ONDERONSJE VAN MECENASSEN

ART WITH A CAPITAL 'A': STILL A CABAL OF PATRONS

The São Paulo Biennial was conceived half a century ago, based on the idea that Brazil had to be integrated into the international art circuit. That has been achieved. This exhibition – 'Brazil Contemporary' – is one of myriad testimonies to this. But personal initiative continues to be important.

Within Brazil the crux is that breakthrough in Rio de Janeiro or – even better – São Paulo, where the megabucks are. The art world is an archipelago due to the scale of the country and its cities. There are autonomous processes taking place in the more remote states such as Pernambuco and Bahia or in cities like Porto Alegre and Belo Horizonte. Sometimes it takes years for a talented regional artist to be noticed in Rio or São Paulo. An artist who has adopted the medium of video art enjoys the advantage of the Internet as an alternative network. But someone who paints, sculpts or makes installations depends on a mere handful of people for personal success, namely the wealthy art-lovers and the curators of the Banco do Brasil's centres.

liefhebbers en mecenassen die de musea van kunstwerken voorzien. Dezelfde gulle gevers zitten doorgaans in het bestuur van het museum en niet zelden
zien ze het als hún museum. Zo bekijken de Brazilianen op exposities vooral wat een handjevol rijken
mooi vindt.

Het Museu de Arte Contemporânea (MAC) in
São Paulo kreeg de gigantische collectie van een
industrieel en mecenas die ruzie met een museum
elders had gekregen en zijn collectie meenam. In Rio
de Janeiro is het Museu de Arte Moderna (MAM)
feitelijk de show van kunstverzamelaar en ex-
diplomaat, Gilberto Chateaubriand. Chateaubriand,
inmiddels hoogbejaard, bezat duizenden kunstwerken, tot voor kort kocht hij er zo'n tweehonderd of
meer per jaar. Als hij puf had ging hij de kunstacade-
mies af. Signaleerde hij een talent, dan reserveerde
hij meteen de nog te maken werken. Dat was ook om
concurrerende verzamelaars die voor hun museum
werk nodig hadden, buiten de deur te houden.

Wie geen museum 'heeft', maakt er een. Zo
besloten cineast Walter Salles en zijn broers na de
dood van hun vader dat de juweeltjes van woonhui-
zen van pa, een miljardair van de Forbeslijst, culturele centra moesten worden. Dus kregen Rio de
Janeiro, Belo Horizonte en São Paulo er elk weer een
museumpje bij.

Het mooiste museum is echter van Bernardo
Paz, een ondernemer die geld maakte met ijzer-
ertsmijnen en staalindustrie in Minas Geraís, het
hart van Brazilië. Hij begon tien jaar geleden eigentijdse kunst te verzamelen. Het contact met kunstenaars vond Paz leuk en interessant. De ondernemer,
het type zenboeddhistische hippie, besloot op een
groot terrein in het binnenland een museumpark te
maken. Het is een indrukwekkend en weelderig park
geworden met vier kunstmatig aangelegde meren
en een studie- en congrescentrum. De kunst is te
zien in tien onder architectuur gebouwde paviljoens
waarvan sommige speciaal voor het tentoongestel-
de werk of de kunstenaar zijn neergezet. De koers
wordt uitgezet door drie curatoren.

Op de ARCO, de internationale kunstbeurs in
Madrid, kennen ze Paz allemaal. Hij koopt soms hele
stands leeg. Vorig jaar werd Paz tijdens de ARCO
uitgeroepen tot de internationale verzamelaar van

**Most of the cultural centres do not possess
their own collection. Museums rarely buy anything, because they don't have the money. In
Brazil it is wealthy art-lovers and patrons who
supply the museums with works of art. These
same generous givers usually sit on the board
of the museum and it is not unusual for them to
see it as *their* museum. At exhibitions the Brazilians are primarily perusing what a handful of
the well-to-do considers beautiful.**

**The Museu de Arte Contemporânea (MAC)
in São Paulo gained the huge collection of an
industrialist and patron who had fallen out
with a museum elsewhere and had taken his
collection with him. The Museu de Arte Moderna (MAM) in Rio de Janeiro is effectively the
showcase of the art collector and ex-diplomat
Gilberto Chateaubriand. Chateaubriand, now
very advanced in years, possesses thousands of
artworks; until recently he was acquiring 200
or more per year. If he had the energy he toured
the art academies. If he spotted a talent then
he immediately reserved works that were still
to be produced, which was a means of staving
off competing collectors who needed work for
their own museums.**

**Anyone who does not 'have' a museum sim-
ply builds one. For example, on the death of
their father, a billionaire who ranked on the
Forbes list, the film director Walter Salles and
his brothers decided that his stunning homes
had to be transformed into cultural centres:
Rio de Janeiro, Belo Horizonte and São Paulo
gained another small museum each.**

**However, the most beautiful museum was
established by Bernardo Paz, a businessman
who made his fortune from mining iron ore
and the steel industry in Minas Geraís, in the
heartland of Brazil. He began collecting contemporary art a decade ago. Paz found his contact with artists pleasurable and fascinating.
This entrepreneur, perhaps best characterized
as a Zen Buddhist hippie, decided to create a
museum park on an extensive site in the interi-
or, the Centro de Arte Contemporânea Inhotim
(CACI). He has developed it into an imposing**

het jaar. 'Ik ben in het bijzonder geïnteresseerd in
kunstenaars die ideeën hebben die verder gaan dan
wat gewone particuliere collecties of die van instellingen kunnen bevatten', zei hij eens in een interview.

De ondernemer is nu bezig met de bouw van een
hotel en een landingsbaan voor Boeings en hoopt
een zestig kilometer lange spoorlijn te reactiveren.
Zijn museumpark ligt namelijk afgelegen in de rim-
boe. Een trein? Een landingsbaan voor een Boeing?
'n Tikje megalomaan? Misschien, naar Nederlands
begrip. Maar Paz is een Braziliaan in Brazilië. Houdt
dat land en die mensen maar es tegen.

and lush estate with four manmade lakes and a
study and conference centre. The art is presented in ten architect-designed pavilions, some of
which were erected especially for the exhibited
work or a particular artist. The centre's policy
is decided by three curators.

Everyone at the ARCO, the international
art fair in Madrid, knows Paz. He sometimes
acquires the entire contents of a stand. Paz was
pronounced International Collector of the Year
during last year's ARCO. 'I am specifically interested in artists who have ideas that go beyond
what a usual private or institutional collection
can contain,' he once explained in an interview.

The businessman is currently building a
hotel and a runway for Boeings and is hoping to
re-open a 60-km railway line, because his museum park lies secluded in the jungle. A train? A
runway for a Boeing? A touch megalomaniac?
By Dutch standards perhaps, but Paz is a Brazilian in Brazil. You just try holding back that
country and her people.

SÃO PAULO METROPOOL: TUSSEN GROEI, KRIMP EN TRANSFORMATIE

PAUL MEURS

SÃO PAULO THE METROPOLIS: EXPANSION, CONTRACTION AND TRANSFORMATION

Zestig jaar geleden was Brazilië modern.[1] De architectuur liep daarbij voorop. Jonge architecten als Lúcio Costa, Affonso Reidy en Oscar Niemeyer kregen wereldfaam, hun werk werd als fris en vernieuwend gezien. De bouw van de nieuwe hoofdstad Brasilia op een afgelegen locatie op de Centrale Hoogvlakte vormde het hoogtepunt van deze periode. Het was een nationaal project zonder weerga. Enkele jaren na de feestelijke opening van de stad in 1960 volgden een staatsgreep en meer dan twee decennia militaire dictatuur. Aan het culturele elan en de voortrekkersrol van de architectuur kwam in die periode een einde.

Tegenwoordig staat Brasilia op de Werelderfgoedlijst van Unesco. De Braziliaanse architectuur wordt gedomineerd door hoogbejaarden. Oscar Niemeyer is inmiddels 101 jaar oud. Hij woont in Rio de Janeiro en ontwerpt nog steeds belangrijke openbare gebouwen in het hele land, zoals theaters en musea. Paulo Mendes da Rocha is de bekendste architect uit São Paulo. Hij is 82 jaar oud en is eveneens nog volop aan het werk. In 2006 won hij de prestigieuze Pritzkerprijs voor Architectuur. Maar welke architecten volgen deze oude meesters op? En voor welke opgaven ziet de Braziliaanse architectuur zich in de nabije toekomst gesteld?

Brazilië is de tiende economie van de wereld en vormt samen met Rusland, India en China de BRIC-landen, de nieuwe wereldmachten. De ontwikkeling van Brazilië vindt in de steden plaats. De uittocht vanuit het platteland naar de stad is achter de rug. Een eeuw geleden woonde 20% van de bevolking in de steden, tegenwoordig is dat ruim 80%. Brazilië heeft 190 miljoen inwoners en telt veertien miljoenensteden.[2] De metropolen zijn vitaal, kennen een grote economische dynamiek, maar kampen ook met een onevenwichtige opbouw en enorme sociale tegenstellingen. Net als in Europa is de transformatie van de stad een grote ruimtelijke en maatschappelijke opgave, zij het anders van aard. Het gaat om het versterken van de economie, het verbeteren van de leefkwaliteit en het wegnemen van brute ongelijkheid.

Deze opgave is nergens beter voelbaar dan in São Paulo, een van de grootste steden ter wereld. In deze metropool wonen meer mensen dan in

Sixty years ago Brazil was modern[1] and architecture led the way. Young architects like Lúcio Costa, Affonso Reidy and Oscar Niemeyer won international renown and their work was seen as fresh and innovative. The construction of the new capital Brasília on a remote site in the Central Highlands formed the climax of this period. It was a national project without equal. A few years after the festive opening of the city in 1960 a coup occurred, leading to more than two decades of military dictatorship. This signalled the end of the cultural vitality and the pioneering function of architecture in Brazil.

Currently Brasília has a place on the World Heritage list of UNESCO. Brazilian architecture is dominated by old men. Oscar Niemeyer is now 101. He lives in Rio de Janeiro and still designs important public buildings throughout the country, such as theatres and museums. Paulo Mendes da Rocha is the best-known architect from São Paulo. He is 82 and is also still fully employed. In 2006 he won the prestigious Pritzker Prize for Architecture. But which architects will succeed these elderly masters? And what tasks will Brazilian architecture be faced with in the near future?

Brazil is the tenth largest economy in the world. With Russia, India and China, it is one of the 'BRIC' countries, the new world powers. Development in Brazil is an urban phenomenon now, with the exodus from the countryside belonging to history. A century ago 20 per cent of the population lived in the cities; now the total has risen to a good 80 per cent. Brazil has a population of 190 million and has 14 cities with a population of over a million.[2] Its metropolises display enormous energy and great economic vitality, but they also suffer from an unbalanced structure and serious social discrepancies. As in Europe, the transformation of the city is a considerable task, both spatially and socially, even if the nature of the problem is different here. In Brazil the most urgent needs are the strengthening of the economy, the improvement of the quality of life and the elimination of blatant levels of inequality.

Nederland. São Paulo is de motor van de Braziliaanse economie en een trefpunt van wereldculturen.
Het stedelijke gebied van São Paulo bestaat uit 39
gemeenten en heeft 19,6 miljoen inwoners – op een
oppervlakte van iets meer dan de provincies Noord-
en Zuid-Holland samen (7.943 km²). Een op de tien
Brazilianen woont in de metropool São Paulo en
ruim 20% van het Bruto Nationaal Product van Brazilië wordt hier gerealiseerd.[3]

STAD ZONDER GEZICHT

CITY WITHOUT A FACE

Nowhere is this task more conspicuous
than in São Paulo, one of the largest cities in
the world. The population of this metropolis is
greater than that of the whole of the Netherlands. It is the motor of the Brazilian economy
and a meeting point for world cultures. The
urban area of São Paulo consists of 39 munici-
palities and is home to 19,600,000 inhabitants
– in a surface area that is a little larger than
the provinces of North and South Holland combined (7,943 km²). One out of ten Brazilians
lives in the metropolis of São Paulo and a good
20 per cent of the Gross National Product of
Brazil is realized here.[3]

In São Paulo, een in Europa relatief onbekende metropool, zijn de potenties, problemen en de vitaliteit van Brazilië terug te vinden. Stedenbouwkundigen hebben er weinig werk gehad. São Paulo kwam grotendeels 'spontaan' tot stand, vergelijkbaar met de negentiende-eeuwse stadsontwikkeling in Europa met stratenplannen, huisbazen en eigenbouwers. Gedurende de twintigste eeuw nam de bevolking zo snel toe, dat de overheid steevast achter de feiten aanliep.[4] De planning beperkte zich vaak noodgedwongen tot de aanleg van hoofdwegen. De netwerken van de waterleiding, riolering, afwatering, verkeerswegen, elektriciteit en vuilinzameling vertonen nog steeds grote hiaten. São Paulo is kort gezegd een rijke stad met een arme stedelijke kwaliteit. De lucht is vervuild, het verkeer is een chaos en er is weinig groen. De stedenbouw krijgt letterlijk geen grip op de stad. Tot enkele jaren geleden was een totaal verouderd stedenbouwkundig plan uit 1971 geldig.[5] São Paulo ontwikkelde zich in feite op basis van laissez faire en incidenten: particuliere initiatieven en losse projecten van de overheid voor bijvoorbeeld de bouw van een viaduct, een tunnel of de herontwikkeling van een stadsdeel.

São Paulo is zo groot dat de vaktaal van architecten en stedenbouwers er nauwelijks woorden voor heeft. Van een compositie van gebouwen en morfologische structuren, waarmee in Europa vaak wordt gewerkt, is geen sprake. Er is geen compositie en op het oog ook geen structuur. Het stadsbeeld van São Paulo is niet te beschrijven als een verzameling individuele gebouwen of een stadssilhouet. Op straat ziet São Paulo er bijna overal verschrikkelijk lelijk uit, maar de stad is prachtig in haar grootsheid. De panorama's vanaf het dak van een wolkenkrabber of vanuit een helikopter zijn opwindend en adembenemend. Enorme gebouwencomplexen, die Europese steden compleet zouden overschaduwen, zijn markant aanwezig in hun directe omgeving, maar vallen weg in de massaliteit van de stad. Een functionele stadsopbouw, met een duidelijk centrum, stadswijken en buitenwijken is evenmin gemakkelijk te herkennen. Van horizon tot horizon bestaat São Paulo uit huizen en torens. In het centrum zijn lege vlaktes van verdwenen fabrieken en in sommige verre buitenwijken zijn centra die in alles op een stadshart lijken.

São Paulo is a relatively unknown metropolis in Europe, and yet it is here above all that one encounters the potential, the problems and the vitality of Brazil. City planners have had few commissions here. São Paulo was mainly built 'spontaneously', in a comparable way to the nineteenth-century urban development of Europe with street layouts, rack-renters and owner-builders. Throughout the twentieth century the population increased at such a pace that the authorities invariably reacted after the event.[4] Planning was perforce often limited to building main roads. The networks of water supplies, sewage systems, traffic arteries, electricity supplies and refuse collection still display great gaps. In short, São Paulo is a wealthy city with a poor urban quality. The air is polluted, the traffic chaotic and there are few green spaces. Urban development literally has no handle on the city. Until a few years ago, the totally out-of-date master plan of 1971 was still in use.[5] São Paulo had in fact been developed on a basis of *laissez faire* and happenstance

– private initiatives and isolated projects by the government, for instance, for the construction of a viaduct, a tunnel or the redevelopment of a neighbourhood.

São Paulo is so huge that the professional jargon of architects and planners hardly has words to describe it. One cannot talk of any composition of buildings or morphological structures, concepts that are often applied in Europe. There is no composition and as far as one can see no structure either. The urban image in São Paulo cannot be described as a collection of individual buildings or as an urban silhouette. In its details the city looks hideous, but in its sheer size it is magnificent. The panoramas from the roof of a skyscraper or a helicopter are breathtaking and thrilling. Enormous groups of buildings, which would put those of any European city completely in the shade, are a striking presence in their immediate surroundings, but fall into insignificance in the massive scale of the city. A functional urban structure, with a clearly defined centre, urban

Waar de vaktaal tekortschiet om een stad te typeren, kunnen termen uit een andere discipline worden geleend. Ruim een eeuw geleden, toen de industrialisatie in Europa en Amerika leidde tot snelle groei van de steden, had de eerste generatie stedenbouwers geen woorden voor wat er aan de hand was en gebruikte de terminologie van de medische wetenschap. De steden werden afgeschilderd als zieke patiënten. Deze vergelijking werd ook in Brazilië gemaakt, zij het dat de stedelijke problematiek aanvankelijk niet het gevolg was van industrialisatie maar van de groei van de exportlandbouw en de afschaffing van de slavernij. De chaotische verstedelijking zorgde voor ongezonde toestanden, met name door het ontstaan van krottenwijken (favela's) en een slechte stedelijke hygiëne vanwege gebrekkige riolering, ventilatie en daglichttoetreding. Geregeld braken besmettelijke epidemieën uit, zoals cholera en gele koorts, die steden als Rio de Janeiro en Santos troffen.[6] De taak voor de stedenbouwer was om de steden 'te genezen' door krotten op te ruimen, straten te verbreden, de groenvoorziening uit te breiden en te investeren in waterleiding en riolering. Hoewel de ontwikkeling van São Paulo rond 1900 vooral een kwestie van modernisering en stadsverfraaiing was, stond ook hier het gezond maken van de stad op de agenda.[7] Nu, ruim een eeuw later, is er nog steeds reden om de metropool als een 'patiënt' te zien. De ziektes van het tegenwoordige São Paulo zijn dengue (knokkelkoorts) en aids. De actuele diagnose voor de 'patiënt' São Paulo zou er niet om liegen: aderverkalking, ernstige verstopping, vervuilde luchtwegen, wild vlees en vreemde gezwellen met uitzaaiingen. Deze patiënt zou allang zijn opgegeven. Voor heelmeesters is er geen eer aan te behalen.

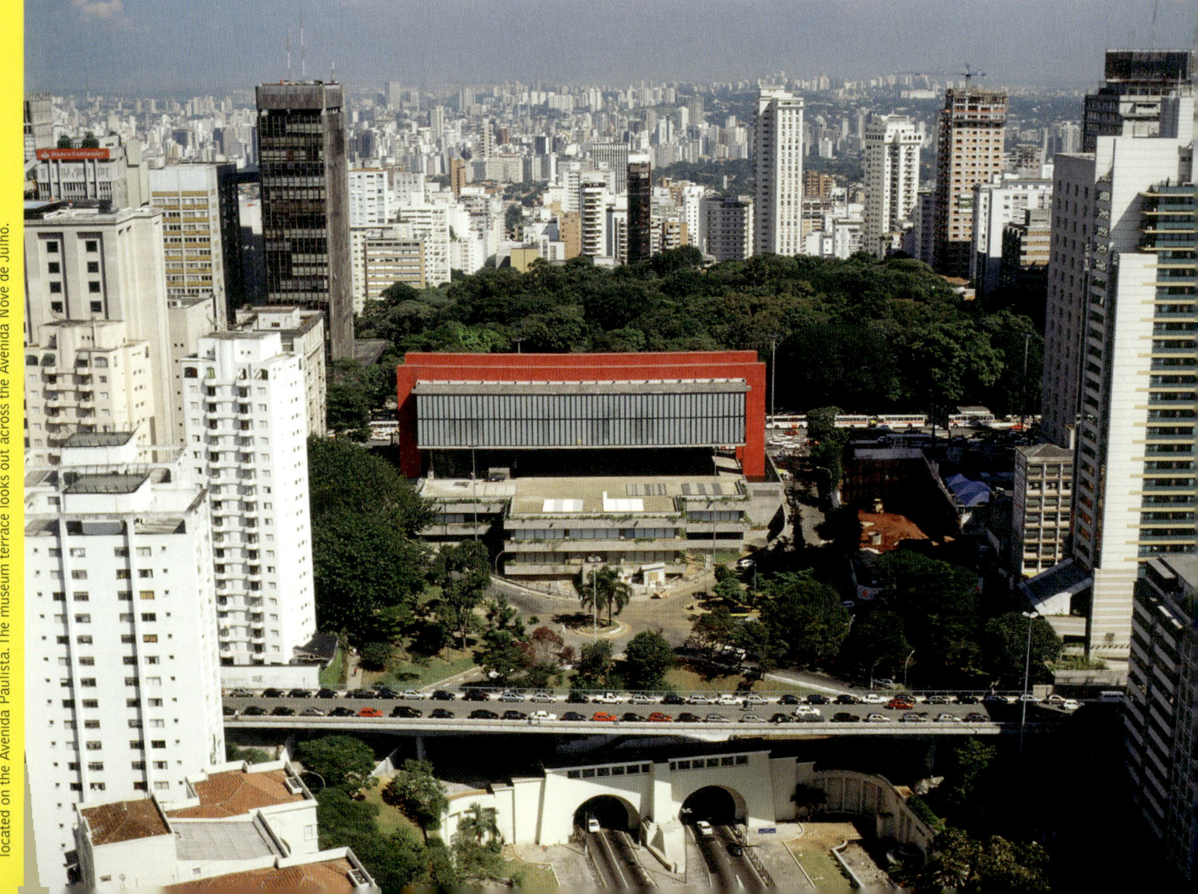

Het museum MASP staat aan de Avenida Paulista. Het terras kijkt uit over de Avenida Nove de Julho. / The museum MASP is located on the Avenida Paulista. The museum terrace looks out across the Avenida Nove de Julho.

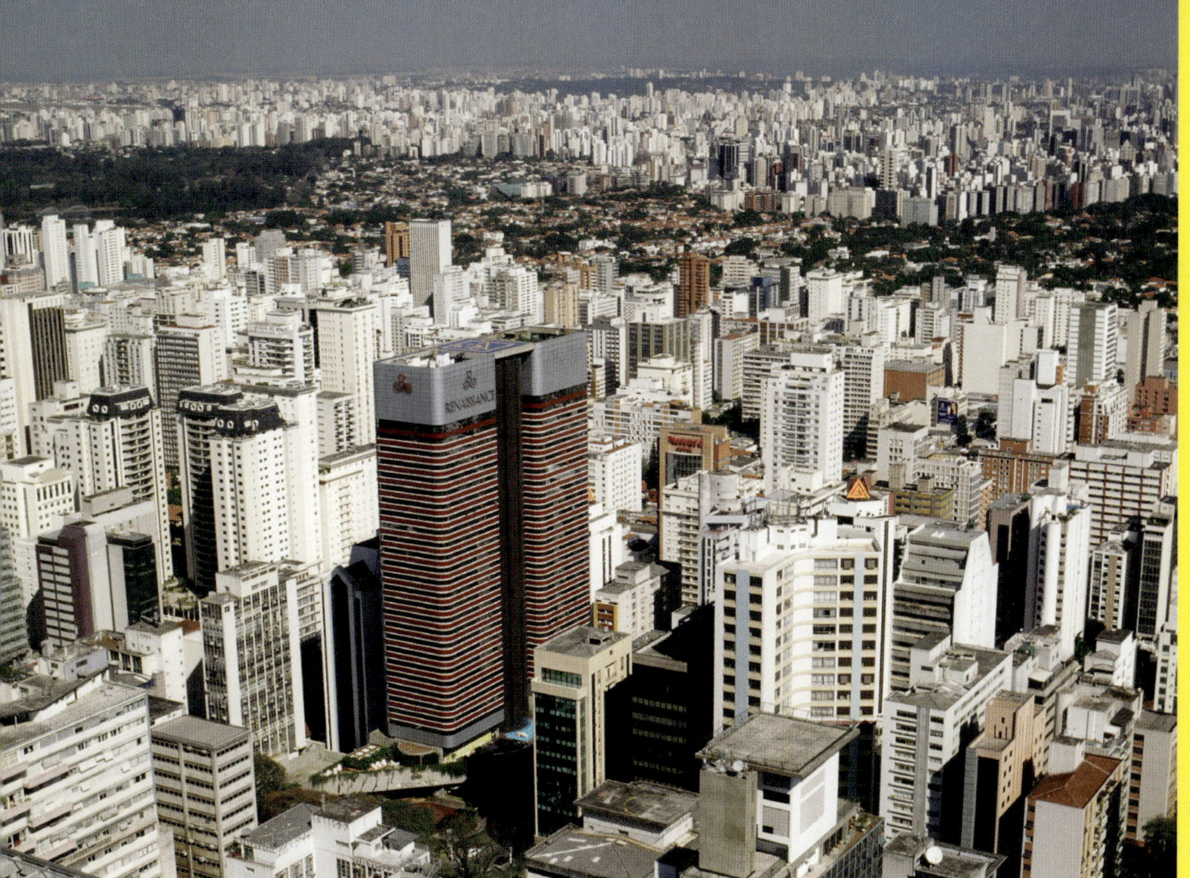

precincts and suburbs, is also hard to identify. From one horizon to another, São Paulo consists of houses and skyscrapers. In the centre there are deserted areas, formerly occupied by factories, and in some distant suburbs there are centres that have all the appearance of a city core.

When the professional jargon is inadequate to define a city, one can borrow terms from another discipline. A good century ago, when industrialization in Europe and America led to rapid urban growth, the first generation of planners also had no words for what was going on and used the terminology of medical science. The cities were depicted as patients. This comparison was also made in Brazil, with the difference that the urban problem was initially not the result of industrialization but of the growth of export agriculture and the abolition of slavery. Chaotic urbanization created unhealthy situations, particularly with the emergence of slum neighbourhoods and a defective urban hygiene (sewer systems, ventilation and light

access). Infectious epidemics such as cholera and yellow fever broke out regularly, affecting cities such as Rio de Janeiro and Santos.[6] The task for planners was to 'cure' the cities by levelling slums, widening streets, increasing green amenities and investing in water mains and sewage systems. Although the development of São Paulo in around 1900 was mainly a question of modernization and urban beautification, making the city healthy was also on the political agenda.[7] Now, a good century later, there is some reason for conceiving of the metropolis as a 'patient'. The typical diseases of present-day São Paulo are dengue and Aids. The current diagnosis for this 'patient' is quite something: blocked arteries, major constipation, polluted airways, proud flesh and malignant tumours, primary and secondary. São Paulo should long ago have been given up as incurable. Being a surgeon here is a thankless task.

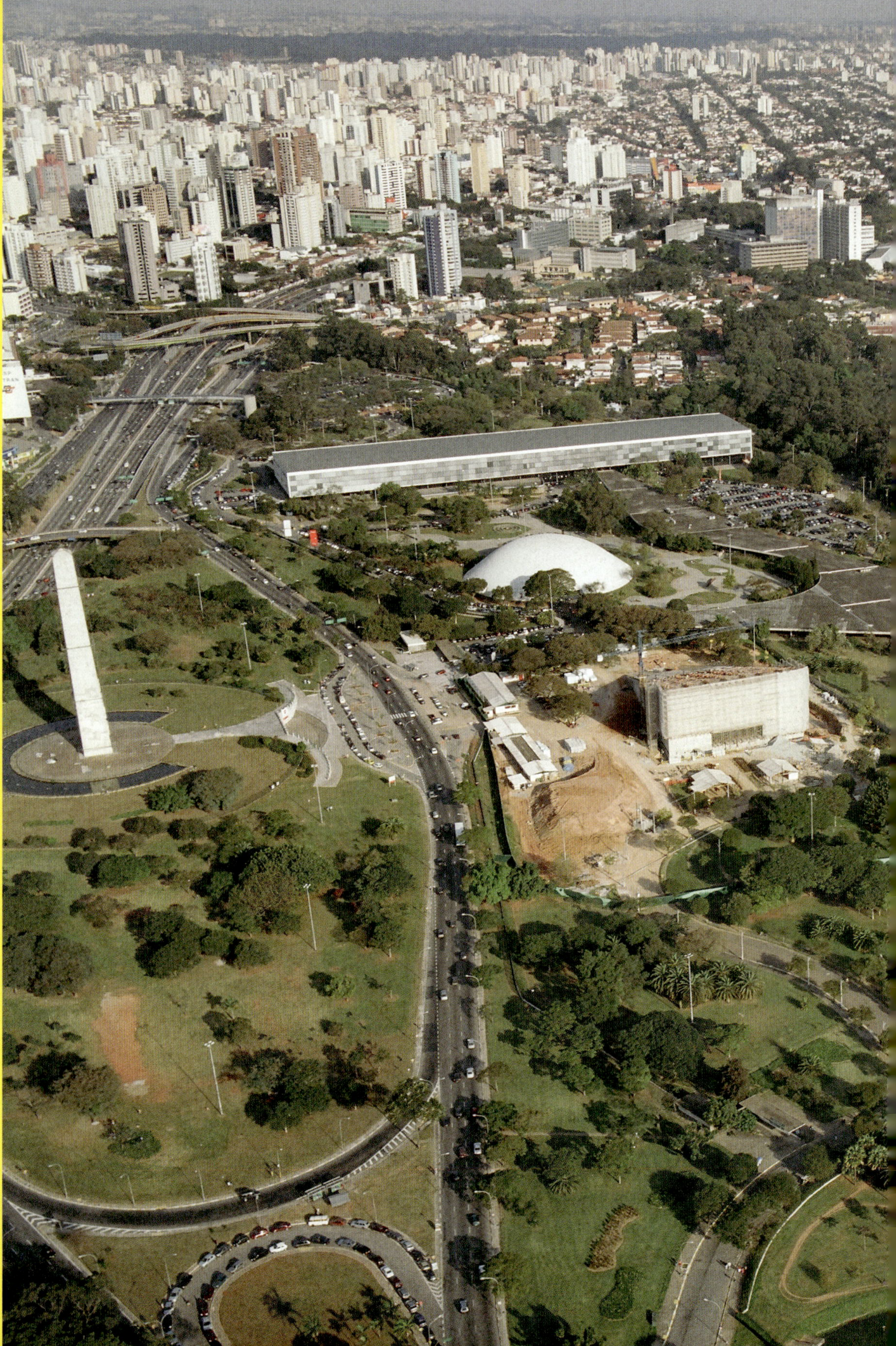

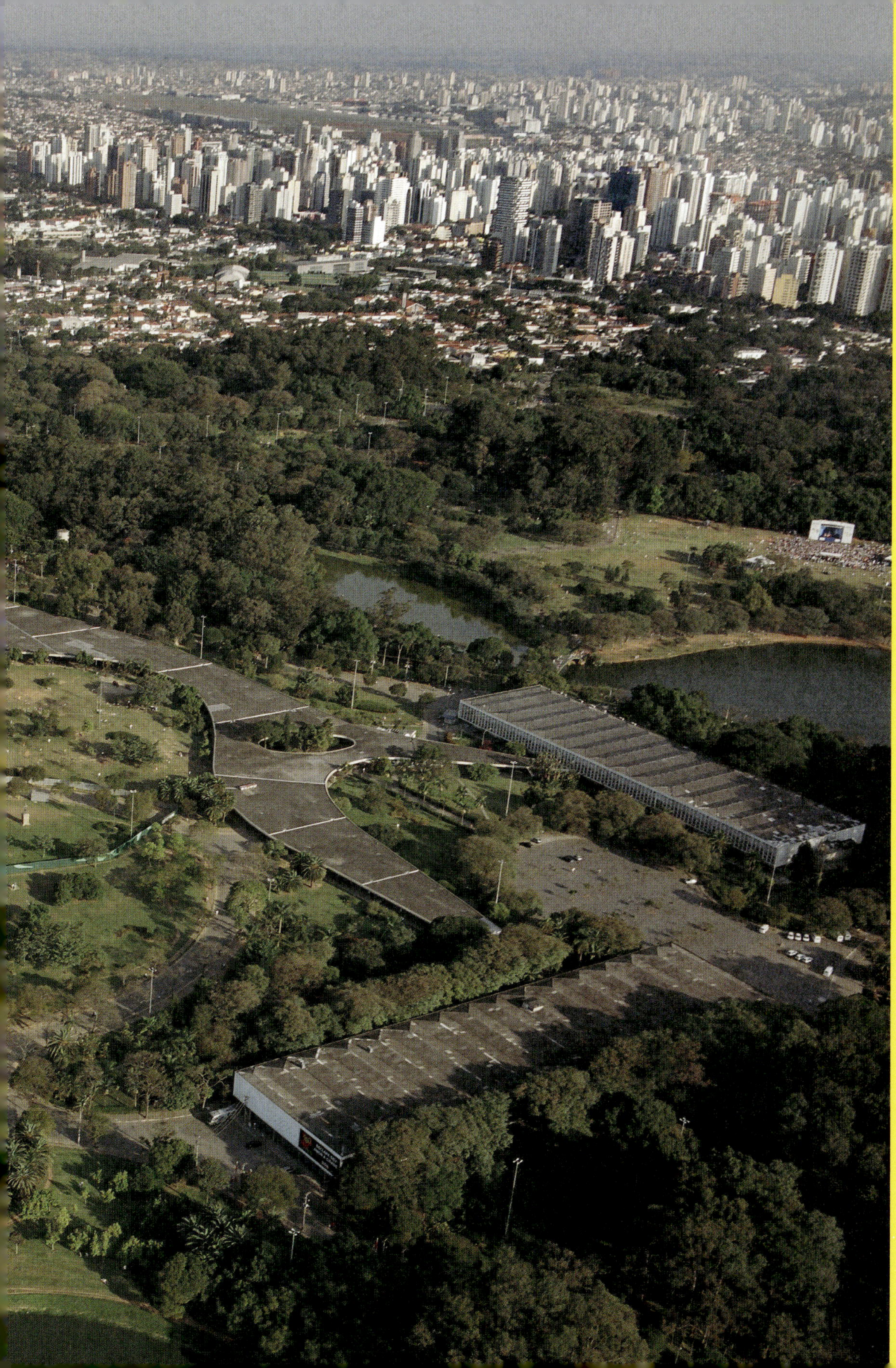

In het Parque do Ibirapuera ontwierp Oscar Niemeyer een reeks paviljoens die door een overdekte promenade (marquise) met elkaar zijn verbonden. /

In the Parque do Ibirapuera Oscar Niemeyer designed a series of pavilions linked by a covered promenade (marquise).

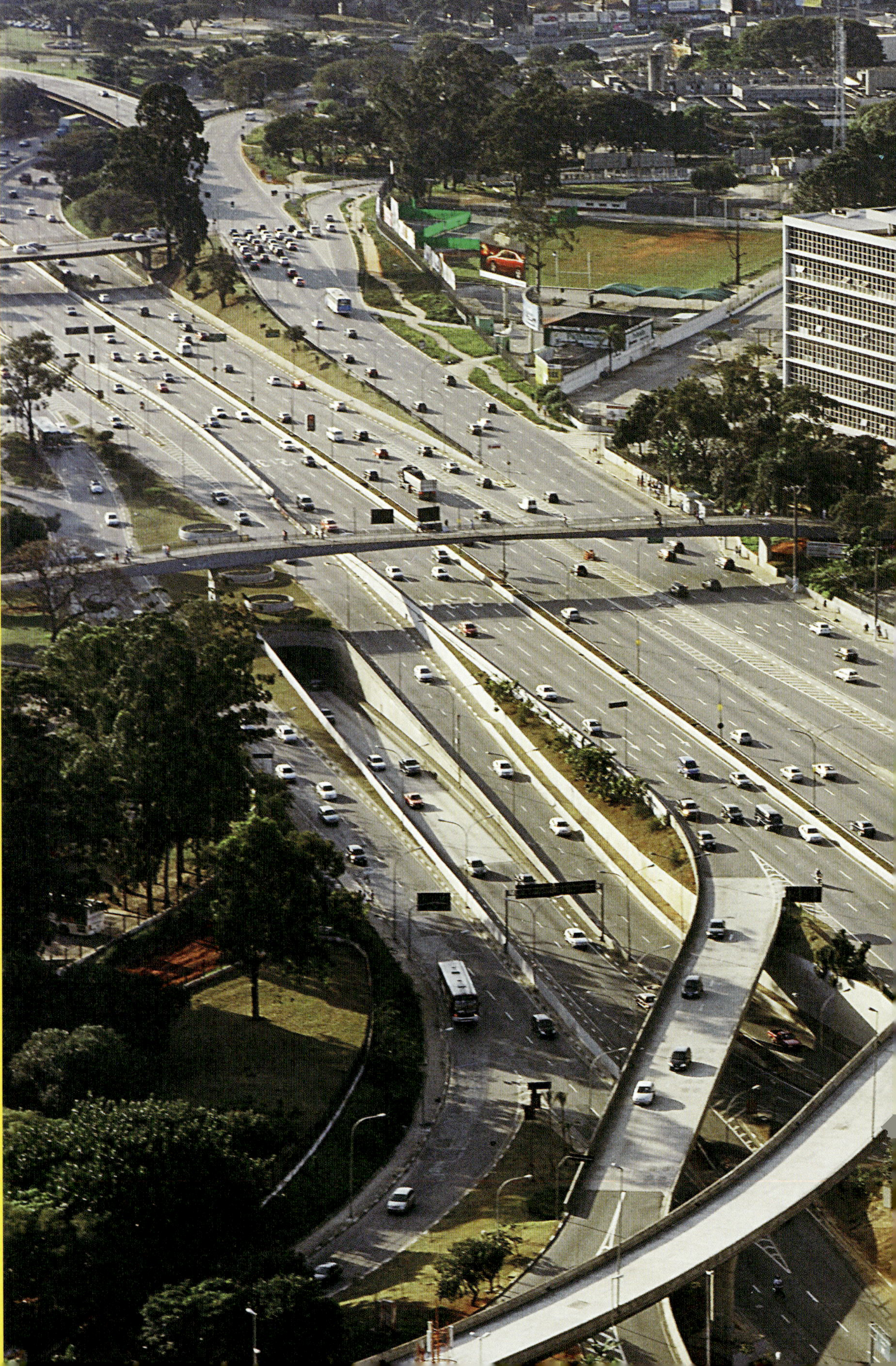

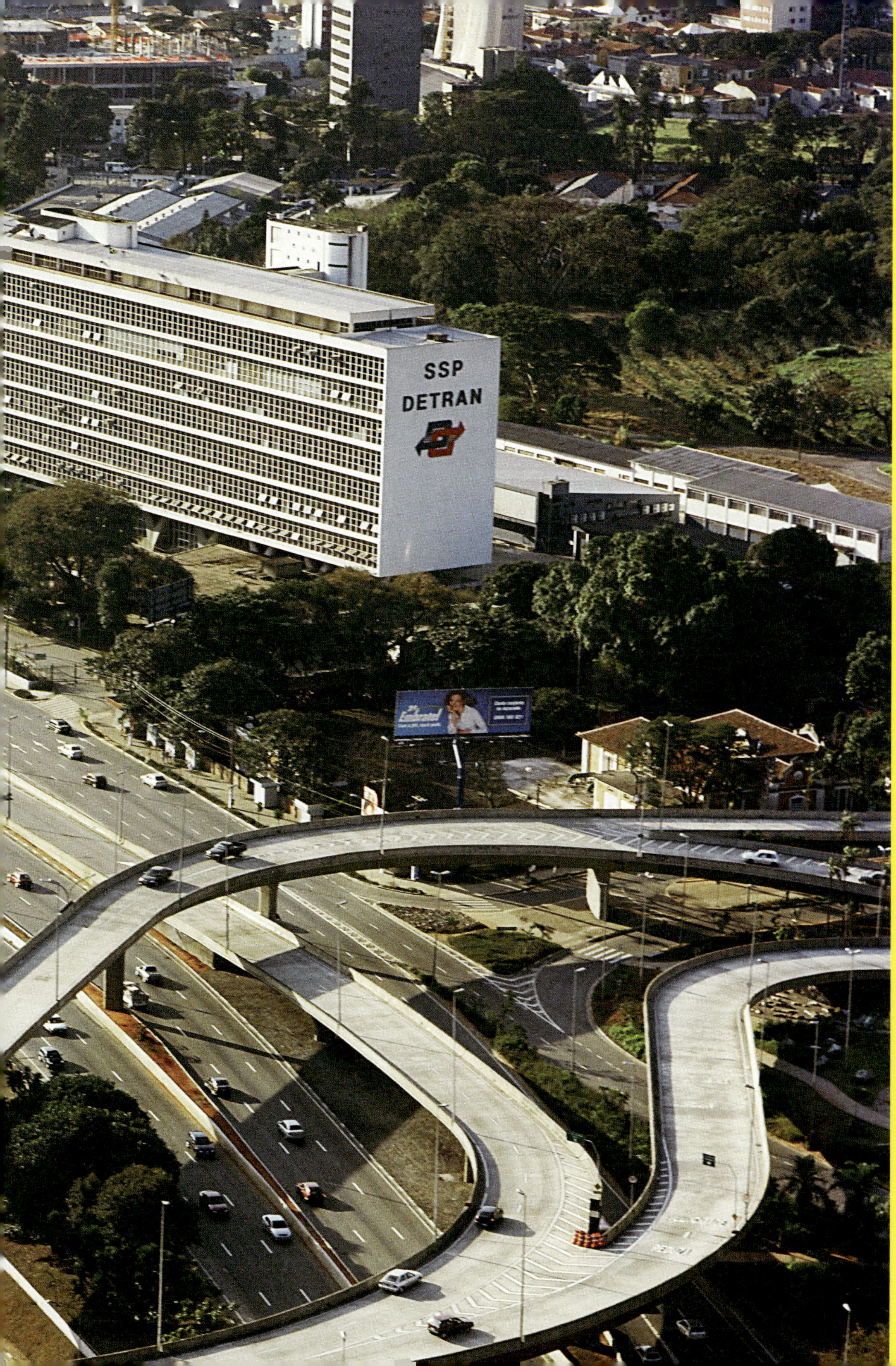

De Avenida 23 de Maio loopt langs het Parque do Ibirapuera. Het gebouw van Detran maakte oorspronkelijk deel uit van de reeks paviljoens van Oscar Niemeyer in het park. / The Avenida 23 de Maio runs alongside the Parque do Ibirapuera. The Detran (city transit authority) building originally formed part of Oscar Niemeyer's series of buildings in the park.

Voor het hedendaagse São Paulo is de vergelijking met de ondoordringbare jungle echter toepasselijker dan die van de zieke patiënt. Vanuit de lucht doet de stad denken aan een oerwoud waar de mens niet aan te pas is gekomen. De stedelijke jungle strekt zich uit tot ver achter de horizon. De woontorens hebben ongeveer de hoogte van de woudreuzen in het Amazonegebied. Ze bieden plaats aan uiteenlopende biotopen, elk met een eigen rijkdom aan mensensoorten die soms een heel groot en soms een heel klein territoir hebben. De stedelijke jungle oogt als een natuurverschijnsel en is als zodanig door de mens niet te controleren of te sturen. Hier gelden de regels van de evolutie en de logica van de *survival of the fittest.* Voor de architect en de stedenbouwkundige kan de vergelijking van een metropool met een oerwoud een nachtmerrie zijn of juist een enorme bevrijding. Het idee van een maakbare stad moet worden opgegeven, maar de ontwerper kan zich aan de stad overgeven.

In de koloniale tijd gold de Braziliaanse natuur als meedogenloos en onmetelijk. Langs de kust bouwden de Portugezen steden die een tegenwicht

EEN JUNGLE VAN BETON

 Paul Meurs – São Paulo Metropool: tussen groei, krimp en transformatie / **São Paulo The Metropolis: Expansion, Contraction and Transformation**

CONCRETE JUNGLE

For present-day São Paulo, however, the comparison with an impenetrable jungle is more apt than that with a sick patient. From the air, the city makes one think of a primeval jungle. This urban jungle stretches out far beyond the horizon. The tower blocks are about the same height as the giant trees in the Amazon region. They provide room for a variety of biotopes, each with its own varieties of humans, sometimes with a very large territory and on other occasions a tiny one. The urban jungle has the appearance of a natural phenomenon and as such it cannot be controlled or even guided by humans. The rules of evolution and the logic of the survival of the fittest apply. For architects and planners, the comparison of a metropolis with a jungle can be seen as either a nightmare or else a huge liberation. If the idea of a perfectible city is abandoned, a designer can immerse himself in the city.

In colonial times the Brazilian countryside was regarded as vast and merciless. The Portuguese built their towns along the coast,

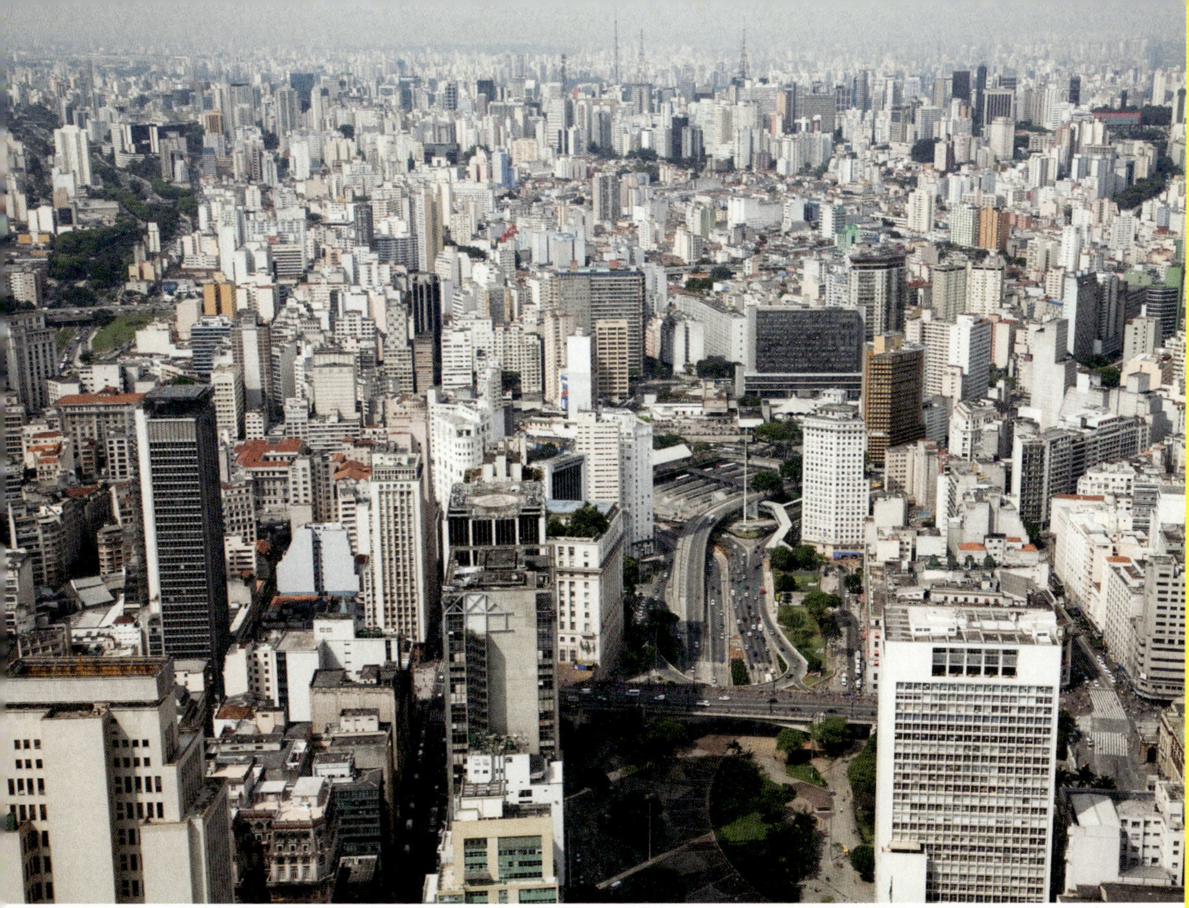

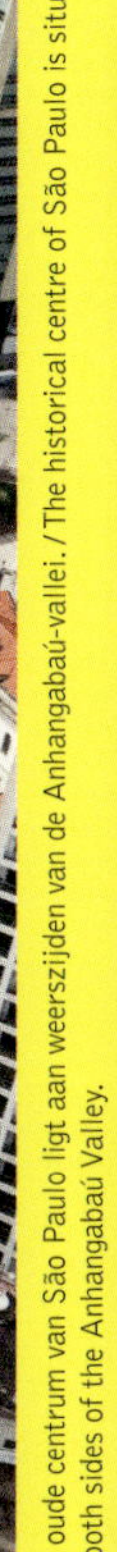

Het centrum is gegroeid van de Vale do Anhangabaú tot aan de Avenida Paulista / The centre has developed from the Vale do Anhanganaú to the Avenida Paulista

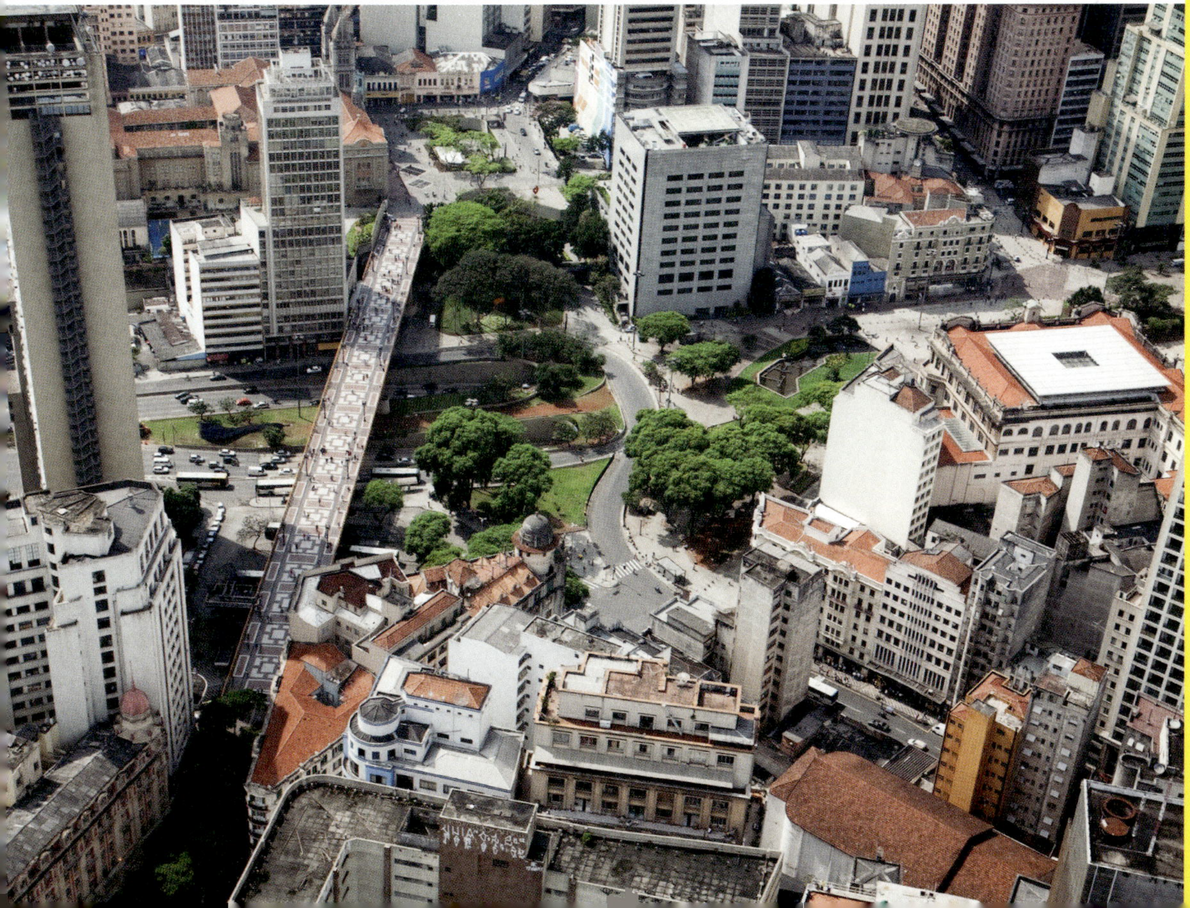

Het oude centrum van São Paulo ligt aan weerszijden van de Anhangabaú-vallei. / The historical centre of São Paulo is situated on both sides of the Anhangabaú Valley.

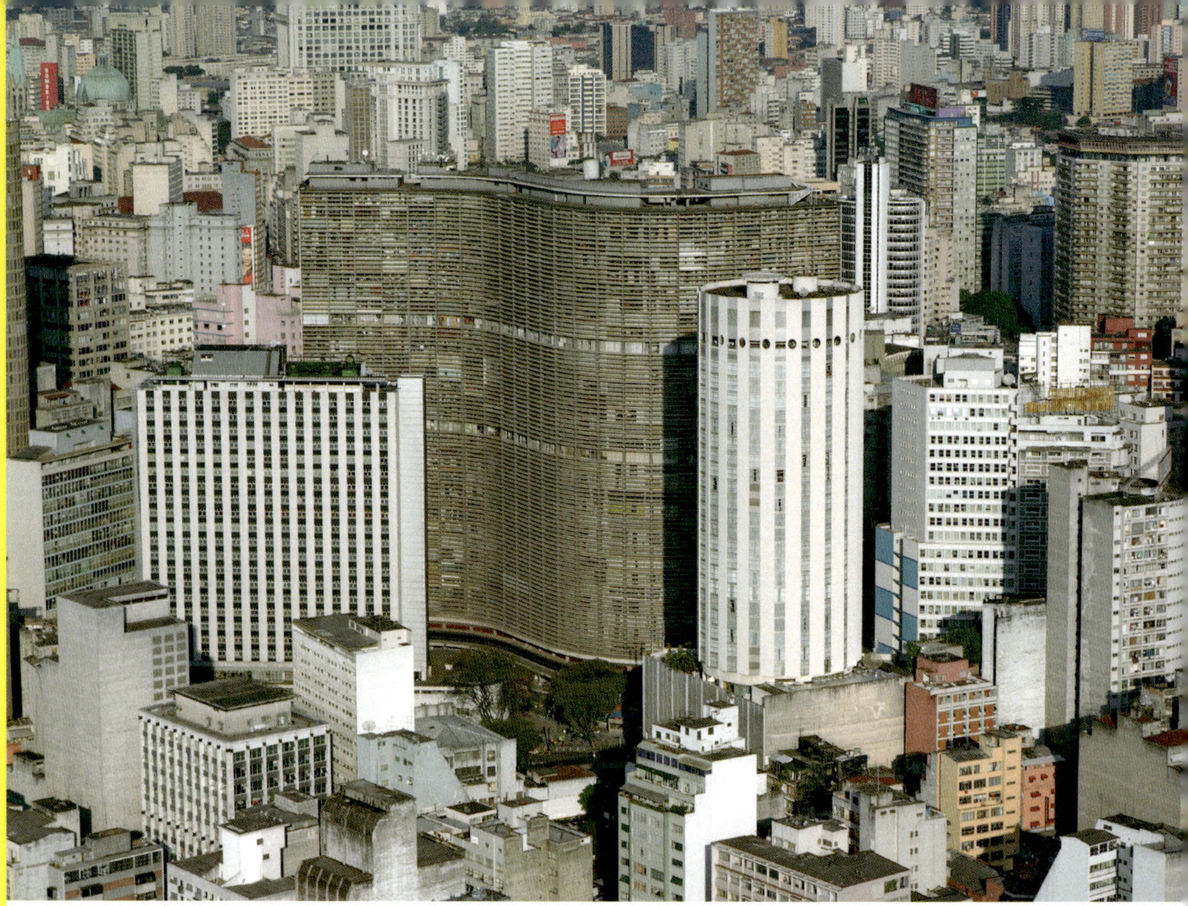

De Avenida Ipiranga met COPAN, een gebouw van Oscar Niemeyer / The Avenida Ipiranga, with Oscar Niemeyer's COPAN building

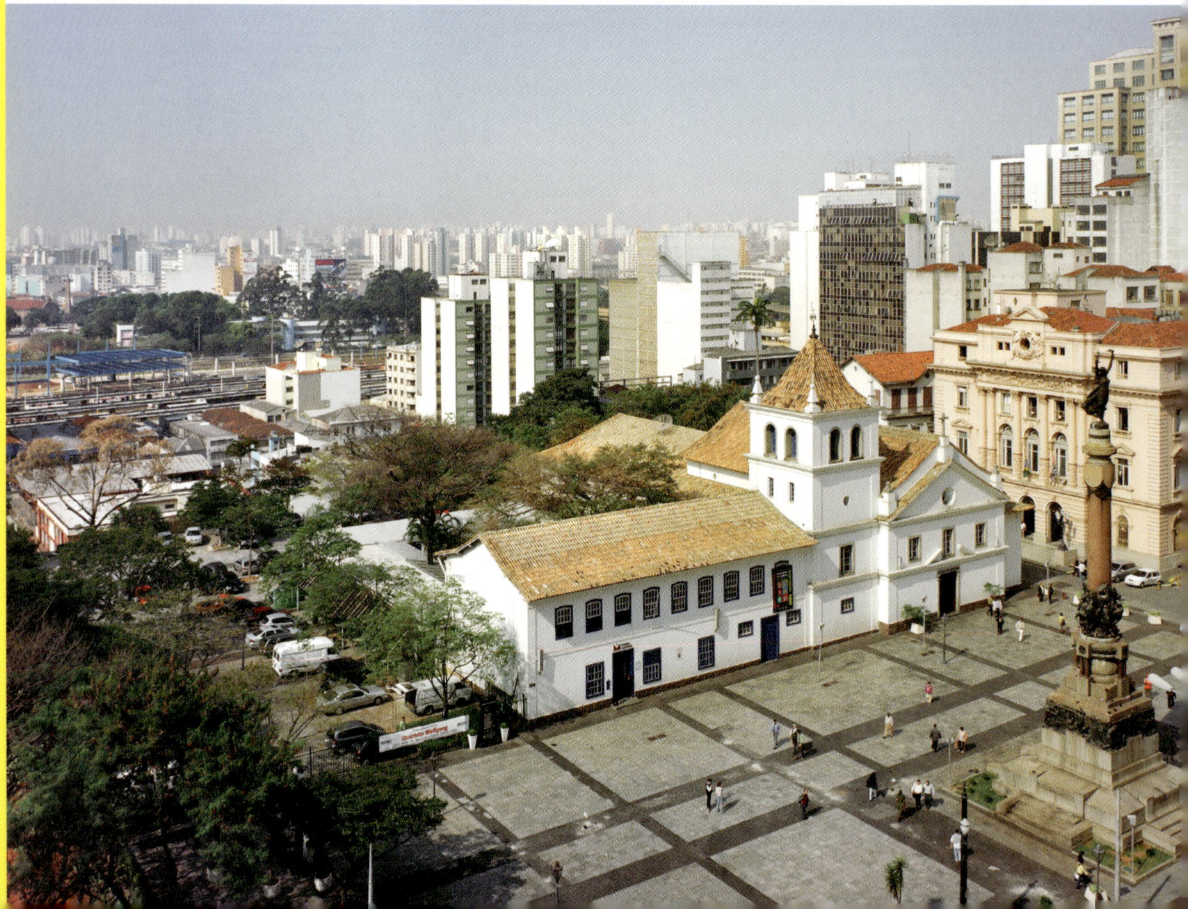

Het jezuïetenklooster Pateo do Colégio herinnert aan de stichting van São Paulo in 1554. / The Jesuit cloister of Pateo do Colégio recalls the founding of São Paulo in 1554.

boden aan de verpletterende natuur. De steden waren bruggenhoofden van de Europese beschaving, waarin de Braziliaanse natuur op afstand bleef.⁸ Zelfs de bomen in de parken waren geïmporteerd uit het buitenland. Vanuit de steden werden al sinds de zestiende eeuw expedities naar het binnenland georganiseerd, met als doel om de wildernis in kaart te brengen en de verborgen rijkdom van het land te ontsluiten. Bij deze missie- en rooftochten speelde São Paulo een belangrijke rol. Van hieruit vertrokken de kolonisten, die *Bandeirantes* werden genoemd, per boot en te paard naar het achterland. Dat tegenwoordig de steden niet langer als veilige haven maar als wildernis worden getypeerd, is voor Brazilianen een schok. Nog steeds bestaat er een overgeleverde nostalgie naar de provinciaalse overzichtelijkheid die de steden tot in de jaren vijftig gehad moeten hebben. Als tegenwicht voor de meedogenloze stedelijke jungle bieden nu alleen de uitgestrekte *gated communities* nog de geconditioneerde leefwereld die ooit het kenmerk was van het hele stedelijke gebied. Deze ommuurde bruggenhoofden van geïmporteerde beschaving en metropolitaans

provincialisme oriënteren zich niet meer op Europa, maar op Noord-Amerika.

which offered a contrast with the overwhelming natural world. The cities were bridgeheads of European civilization, with the Brazilian landscape kept at bay.⁸ Even the trees in the parks were imported from abroad. From the sixteenth century onwards the cities organized expeditions to the interior with the aim of mapping the wilderness and opening up the hidden riches of this vast country. São Paulo played an important role in these journeys in which plunder and missionary work were combined. It was the departure point for the colonists, known as *Bandeirantes,* who travelled by ship or on horseback into the hinterland. That the cities themselves are no longer described as safe havens but as a wilderness comes as a shock to Brazilians. There is still a traditional nostalgia for the simplicity of provincial life that right up to the 1950s was supposed to prevail in the cities. To offset the pitiless urban jungle today, nothing remains but the extensive gated communities that still offer the conditioned existence and lifestyle that was once the hallmark of the

entire urban area. These walled bridgeheads of imported civilization and metropolitan provincialism no longer look to Europe, but to North America as their example.

De Braziliaanse traditie om middels expedities het onontgonnen achterland bloot te leggen en te beschrijven, richt zich nu op een voor de hand liggende nieuwe bestemming: de stad. Daarbij wordt niet zozeer voortgeborduurd op de ontdekkingsreizen uit de koloniale tijd, maar op de wetenschappelijke expedities die vanaf de negentiende eeuw werden georganiseerd. Deze onderzoeksmissies richtten zich onder meer op biodiversiteit, minerale reserves en de sociaal-culturele structuur van het binnenland. Voorbeelden van dat laatste waren de Missão Francesa uit 1935, die de opmaat vormde voor het boek *Tristes Tropiques* van de cultureel antropoloog Claude Lévi-Strauss, en de Missão de Pesquisas Folclóricas uit 1938, waarin de volkscultuur tot in de uithoeken van Brazilië werd onderzocht.[9]

De Braziliaanse krant *Jornal da Tarde* nam in 1985 het initiatief voor een stedelijke expeditie, met als doel om São Paulo te verkennen en de verborgen culturele diversiteit te beschrijven. De aanleiding was de onvoorstelbaar snelle groei in de voorafgaande periode, waarin de bevolking jaarlijks met ruim 5% was toegenomen. Wat voor metropool was

EXPEDITIES NAAR HET BINNENSTE VAN DE STAD

EXPEDITIONS TO THE INTERIOR OF THE CITY

The Brazilian tradition of opening up and describing the virgin hinterland by means of expeditions has now acquired a new destination right in front of our noses – the city. It is not so much a matter of embroidering on the journeys of discovery of the colonial era, but on the scientific expeditions organized from the nineteenth century onward. These research missions were concerned, among other things, with biodiversity, mineral reserves and the sociocultural structure of the interior. Examples of the latter were the Missão Francesa of 1935, which was the prelude to *Tristes Tropiques* by the renowned cultural anthropologist Claude Lévi-Strauss, and the Missão de Pesquisas Folclóricas of 1938, in which popular culture was tracked down to the furthest reaches of Brazil.[9]

In 1985 the Brazilian paper *Jornal da Tarde* launched an urban expedition, with the goal of exploring São Paulo and describing its hidden cultural diversity. The pretext was the inconceivably rapid growth of the city in the preceding period, with the population grow-

São Paulo geworden? Door een diepe duik in het alledaagse leven van de stad te nemen, zouden het stadsbeeld en de stedelijke identiteit ontdekt kunnen worden.[10] De deelnemers aan de expeditie verenigden disciplines als architectuur, stedenbouw, geografie, archeologie, antropologie, sociologie, milieukunde en geschiedenis. De route was ruim 80 kilometer lang en voerde van de voorstad Mogi das Cruzes in het oosten tot Itapevi in het westen. Dagelijks verzamelden de expeditieleden informatie over de gebieden die zij doorkruisten en deden verslag van hun belevenissen in de krant. Het beeld van São Paulo dat uit de reportages opdoemt, is van enorme fragmentatie en diversiteit. Verrassend is de conclusie dat in die metropool de samenbindende krachten zowel het stedelijk geweld als de stedelijke solidariteit zijn. Burgers verenigen zich om voor hun rechten op te komen en elkaar te helpen met de opbouw en verbetering van het dagelijkse leven in de stad.

Ter gelegenheid van het 450-jarig bestaan van de stad organiseerde het Museu da Cidade de São Paulo in 2004 een nieuwe expeditie, 'een reis naar het binnenste van de metropool'.[11] Ditmaal kamden twee teams met in totaal zestig wetenschappers en hun assistenten de stad uit, zowel van oost naar west als van noord naar zuid. De expeditie leverde 58 uur interviews, 80 uur video en ruim 9000 foto's op. Opmerkelijke plekken die werden vastgelegd zijn bijvoorbeeld het huis van Estevão Silva da Conçeição, beter bekend als de 'Gaudí van favela Parisópolis', en de op een hamburgerketen geïnspireerde Mec Favela in Heliópolis. Verrassend is ook het bestaan van honderd indianen van de Guaranistam die proberen om in de periferie van de metropool hun tradities en leefgewoonten overeind te houden.

Het doel van de expeditie was om verder te kijken dan het beeld van bizarre contrasten en fragmentatie, en op zoek te gaan naar de sociale en ruimtelijke systemen die het leven in de metropool organiseren. De specialisten beschrijven, elk vanuit hun eigen perspectief, São Paulo als een hele wereld op zich. Sociale verbanden, economische allianties, lokale initiatieven en bijzondere vormen van collectiviteit fungeren als het cement dat deze gefragmenteerde stad toch enige mate van samenhang verschaft.

ing annually by a good 5 per cent. What sort of metropolis had São Paulo become? The idea was that an in-depth exploration of the everyday life of the city would lead to the discovery of its urban image and identity.[10] The participants combined disciplines such as architecture, city planning, geography, archaeology, anthropology, sociology, environment sciences and history. The route was some 80 km long and led from the suburb of Mogi das Cruzes in the east to Itapevi in the west. Each day the members of the expedition gathered information about the regions they crossed and wrote reports of their experiences in the paper. The image of São Paulo that emerges from the reportages is one of enormous fragmentation and diversity. One surprising conclusion is that the unifying force in this metropolis is urban violence as much as urban solidarity. Citizens come together to fight for their rights and to help each other with structuring and improving everyday life in the city.

On the occasion of the 450th anniversary of the city, the Museu da Cidade de São Paulo organized a new expedition in 2004, 'a journey to the interior of the metropolis'.[11] This time two teams with a total of 60 scientists and their assistants combed the city from east to west and from north to south. The result was 58 hours of interviews, 80 hours of video footage and some 9,000 photos. Striking spots that were recorded were the house of Estevão Silva da Conçeição, better known as the 'Gaudí of the favela of Parisópolis', and the 'McFavela' in Heliópolis inspired by the name of the well-known fast-food chain. Surprising too is the existence of a hundred Indians of the Guarani tribe who struggle to maintain their traditions and way of life in the outskirts.

The aim of the expedition was to look deeper than just the bizarre contrasts and fragmentation, and to go in search of the social and spatial systems that organize life in the metropolis. The specialists, each from his own perspective, describe São Paulo as a world in itself. Social relations, economic alliances, local initiatives and unusual forms of collectivity function as

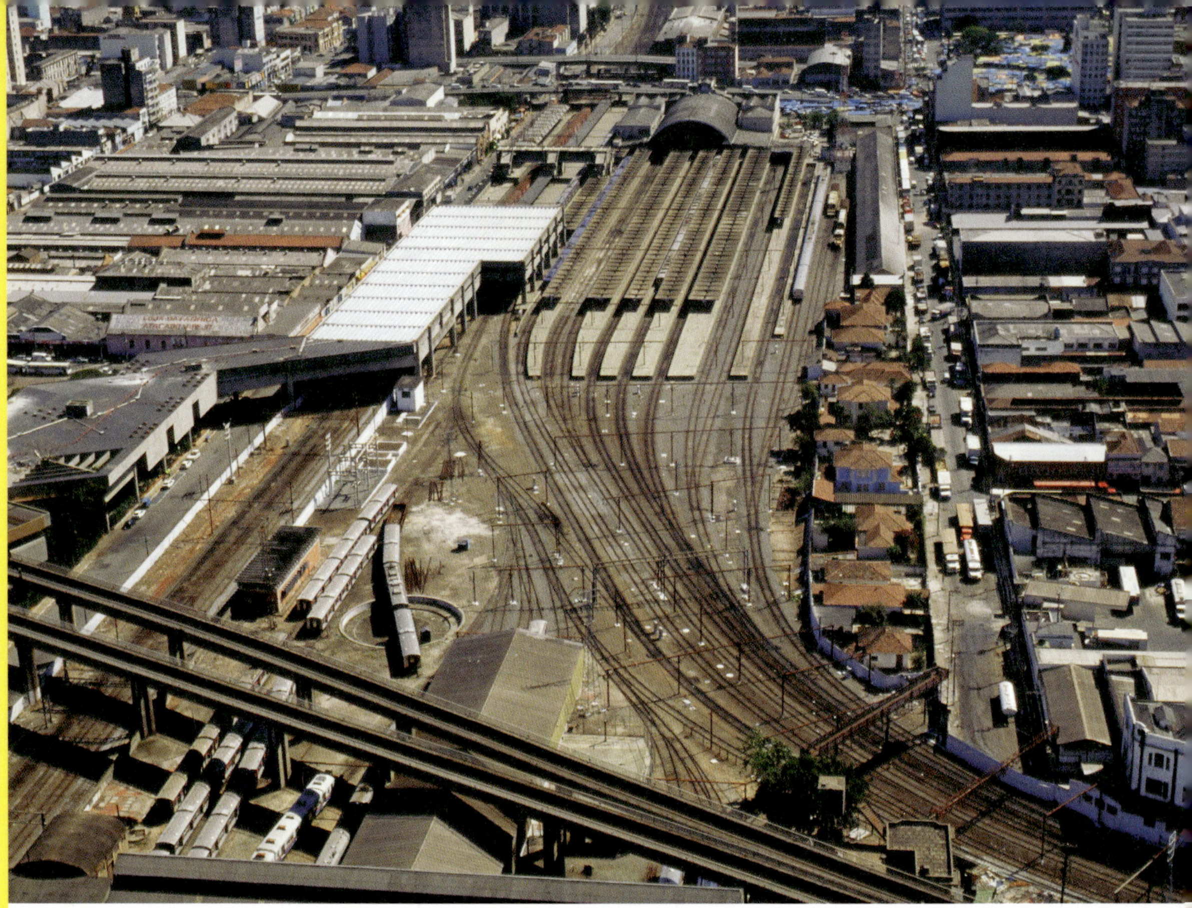

Trein- en metrostation Brás, omgeven door arbeiderswijken en fabrieksterreinen / The railway and underground station of Brás, surrounded by working-class districts and factory terrains

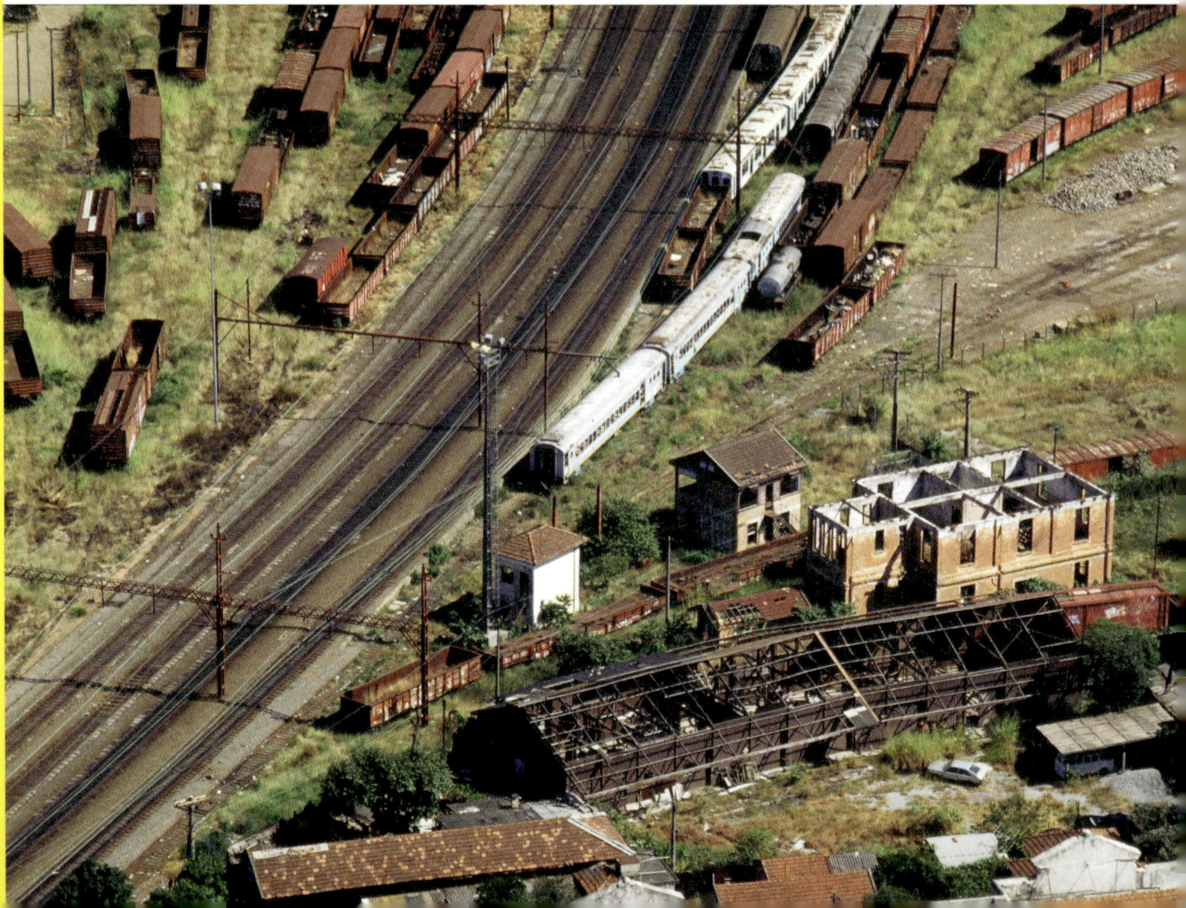

44

Verlaten spoorzone / Disused railway zone

De expedities naar São Paulo illustreren hoe ingewikkeld de stad en het stedelijk leven van de hedendaagse metropool in elkaar zitten. Geleidelijk verandert de oude status quo van een rijk centrum en een arme periferie. De zichtbare contrasten tussen arm en rijk of formeel en informeel zijn vervlochten met een web van sociale, economische, ruimtelijke en culturele relaties die de mêlee van stadsdelen tot een weliswaar archaïsche, maar ook vitale metropool aaneensmeden. Dit systeem is niet door mensen uitgedacht, maar door menselijk handelen in de loop van tientallen jaren tot stand gekomen, als een cultureel ecosysteem. Nog steeds bestaat er een brute economische en sociale ongelijkheid, maar de tweedeling van de samenleving is niet absoluut. De favela blijft onverminderd een plaats van armoede, ontbrekende basisbehoeften en uitsluiting. Maar het is ook de broedplaats van een creatieve klasse en de plek van culturele vernieuwing in de muziek en de beeldende kunst. De shopping mall op zijn beurt is niet langer het domein van uitsluitend de middenklasse, maar bedient ook de lage inkomens. De periferie heeft zich ontwikkeld tot een belangrijke consumentenmarkt, waar veel geld is te verdienen. De armoede verburgerlijkt.

the cement that provides this fragmented city with a degree of cohesion.

The expeditions to São Paulo illustrate how complicated are the relations between the city and the urban life of the present-day metropolis. Gradually the old status quo of a rich centre and a poverty-stricken periphery is changing. The visible contrasts between poor and rich or formal and informal are interwoven in a web of social, economic, environmental and cultural relations that weld the mix of urban precincts into an archaic, but nonetheless vital metropolis. This system was not planned by human beings, but has come into existence as a cultural ecosystem over the course of the years, due to human activity. There remains a brutal degree of economic and social inequality, but the dichotomy in this society is not a total one. The favela remains unabatedly a scene of poverty, a lack of basic essentials and of exclusion. But it is also a breeding ground of a creative class and the scene of cultural innovation in music and the arts. The shopping mall in turn is no longer the domain solely of the middle class; it also services people in the lower income brackets. The outskirts have developed into an important consumer market, where there is plenty of money to be earned. Poverty is becoming middle-class.

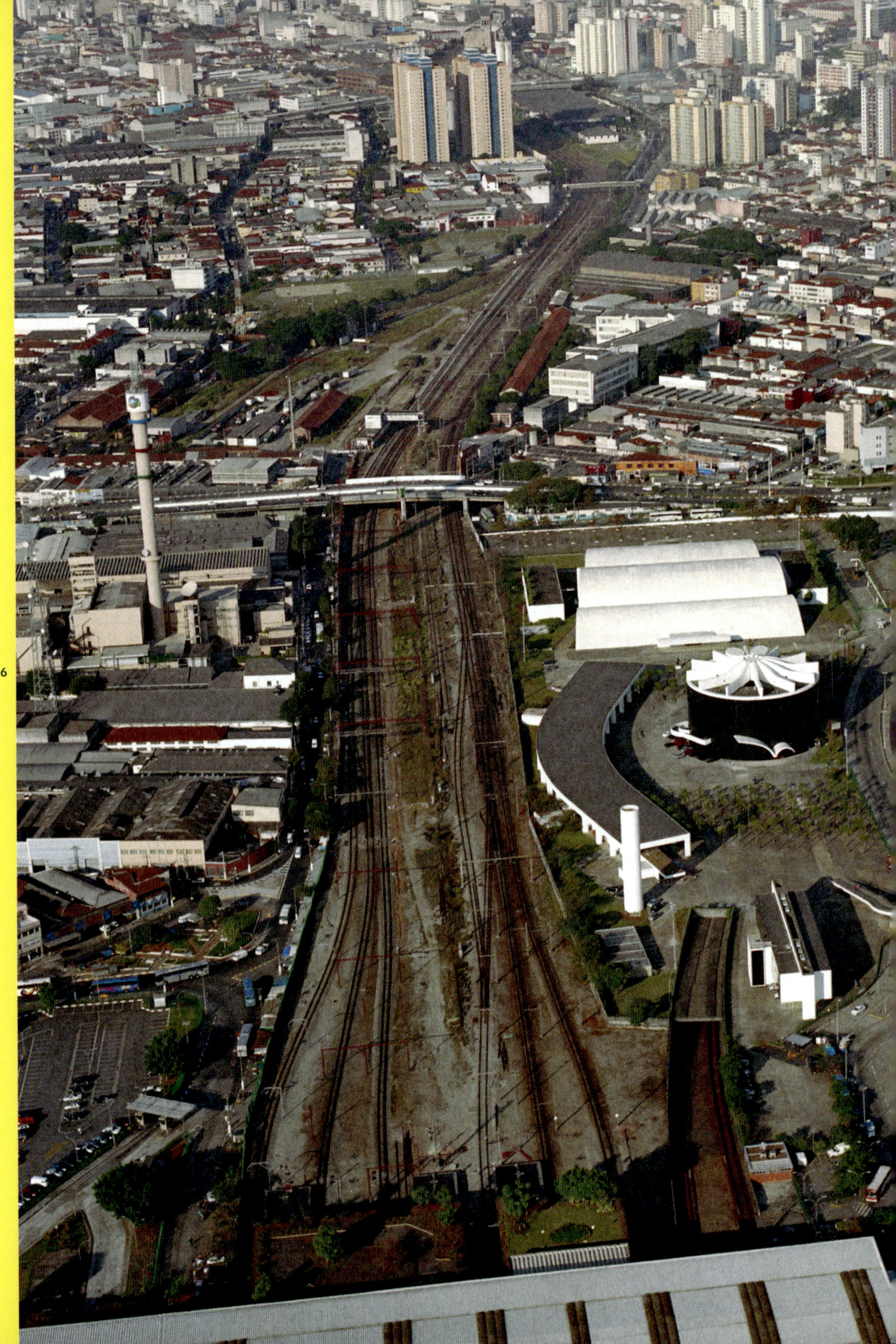

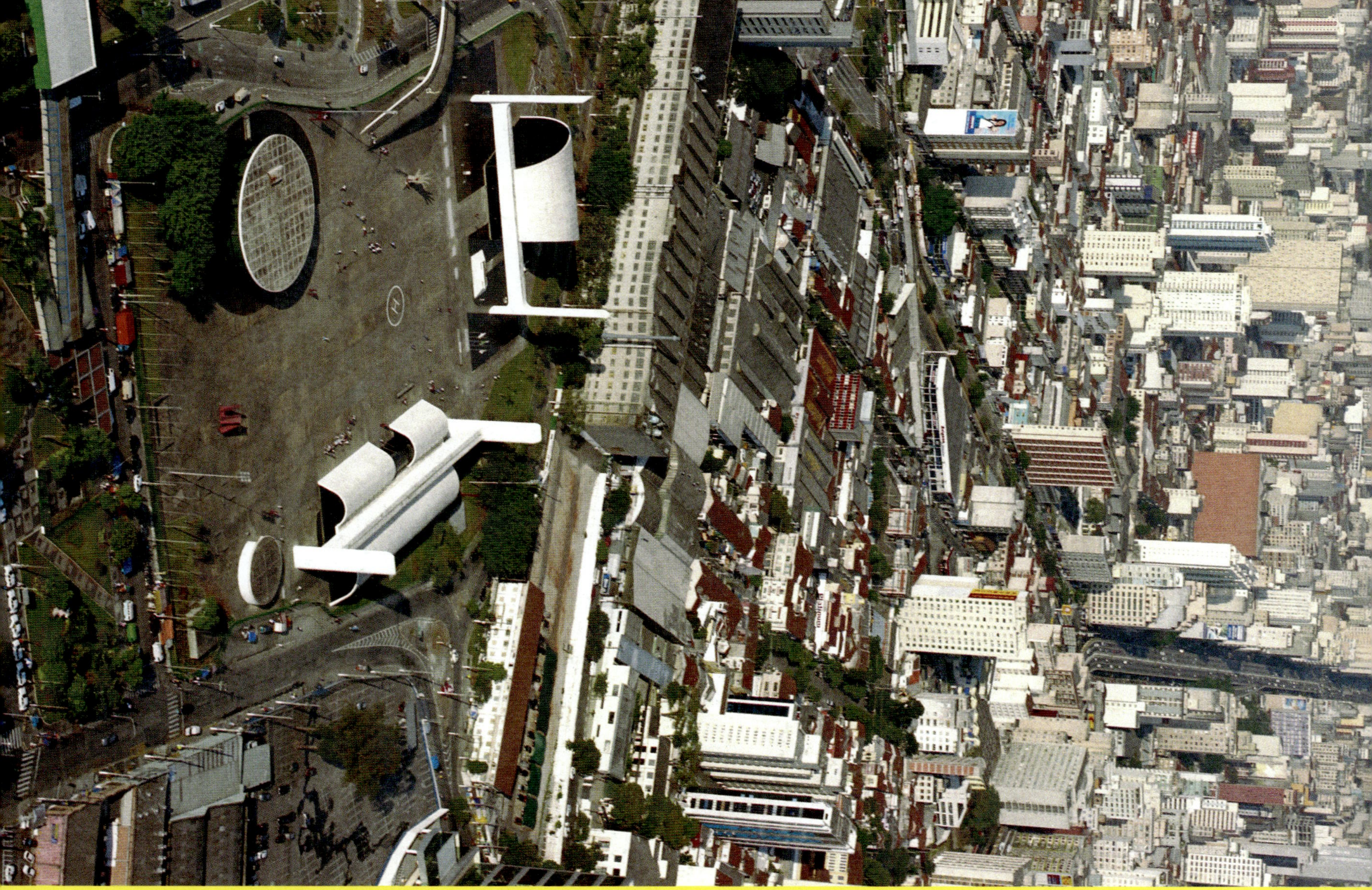

Het Memorial da América Latina, een cultureel centrum dat Oscar Niemeyer in de jaren tachtig ontwierp op de plek van een voormalig fabriekscomplex / The Memorial da América Latina, a cultural centre designed by Oscar Niemeyer in the 1980s on the site of a disused factory complex

In het verlengde van de expedities waarmee onder aanvoering van museologen en journalisten een dwarsdoorsnede van de metropool wordt geschetst, proberen ook stedenbouwkundigen grip op de stad te krijgen. São Paulo is niet uniek. Op alle continenten zijn uit de klauwen gegroeide metropolen te vinden die bestaan uit een mozaïek van stedelijke fragmenten en fungeren als knooppunt van mensen, geld, ideeën en producten in een geglobaliseerde economie. Er zijn allerlei benamingen voor in omloop, zoals de megacity, megalopool, metapolis, technopolis, global city, postmoderne stad of post-industriële stad. Wanneer over dergelijke steden wordt gesproken als een betonnen wildernis, dan zit er voor de vakspecialist weinig anders op dan een vlindernet te pakken en de soortenrijkdom, de biotopen en de ecosystemen in kaart te brengen. Dit wordt *mapping* genoemd: het produceren van kaarten met allerlei soorten informatie, zonder dat deze van tevoren middels interpretaties of vooronderstellingen wordt gefilterd.

Tot diep in de twintigste eeuw waren van de Braziliaanse steden alleen de 'formele' gebieden

MAPPING

 Paul Meurs – São Paulo Metropool: tussen groei, krimp en transformatie / **São Paulo The Metropolis: Expansion, Contraction and Transformation**

MAPPING

As a sequel to the expeditions led by museum specialists and journalists that have traced a cross section of the metropolis, city planners are also involved in a bid to get a handle on the city. São Paulo of course is not unique in this regard; on every continent one finds metropolises that have expanded uncontrollably, existing as a mosaic of sorts of urban environments and functioning as junctions for people, money, ideas and products in a globalized economy. Plenty of names have been devised for this phenomenon – megacity, megalopolis, metapolis, technopolis, global city, postmodern city and post-industrial city. When people, however, insist on referring to cities like this as concrete jungles, the only choice left to the professionals in the field is to grab their butterfly nets and collect as best as they can the diversity of species, the biotopes and ecosystems. This is called *mapping* – producing maps of all kinds of information, without these being filtered in advance by interpretations or presuppositions.

op de kaart zichtbaar. De 'informele' stad was *terra incognita*: de kans was groot dat op de kaart parken, groenzones of rivieroevers waren getekend op plaatsen die in werkelijkheid allang waren volgebouwd met favela's, onrechtmatige verkavelingen en bouwwerken zonder bouwvergunning. Dankzij geavanceerde cartografische technieken, zoals *remote sensing*, is het inmiddels mogelijk om zelfs een stad als São Paulo heel precies uit te tekenen, met inbegrip van de ongeplande, illegale en 'spontaan' ontstane gebieden. Aan het kaartbeeld van deze 'reële stad' kan gedetailleerde statistische informatie worden gekoppeld. Zo ontstaat een geografisch informatiesysteem (GIS), waarmee als het ware een MRI-scan van de stad kan worden gemaakt – om nogmaals een begrip uit de medische wetenschap te lenen.

Van São Paulo zijn de afgelopen jaren honderden thematische kaarten geproduceerd, die steeds een ander aspect van de stad belichten.[12] Hierop is de verspreiding van bijvoorbeeld de economische bedrijvigheid, de verschillende woonmilieus, inkomensgroepen en stedelijke voorzieningen aangegeven. De kaarten laten vele facetten van de mobiliteit zien, belichten de toestand van de infrastructuur, inventariseren de groenvoorziening, het onderwijs, de gezondheidszorg, de milieukwaliteit en het culturele klimaat. Dat laatste gebeurt bijvoorbeeld in aparte overzichten met de locaties van theaters, bioscopen, shopping centers, scholen, vestigingen van McDonald's en videotheken. Door de kaarten te combineren ontstaan weer nieuwe kaarten, met dwarsverbanden die de kenmerkende verschillen en overeenkomsten van stadsdelen inzichtelijk maken. Alle kaarten samen leiden niet tot een eenduidige conclusie of een diagnose, waarmee de politiek en de ontwerpers aan de slag kunnen. De stedenbouw heeft zelf de oplossingen niet meer en laat iedereen zijn eigen conclusies trekken. Wellicht zijn juist hierom stadsatlassen zo populair. Ze geven prachtig inzicht in de complexiteit, de gelaagdheid, de samenhang en de fragmentatie van een stad.

Until deep into the twentieth century only the 'formal' regions of the cities of Brazil were on the map. The 'informal' city was *terra incognita*: the chance was great that the zones depicted on the street plans as parks, green areas or river banks had already long been filled in with favelas, illegal land divisions and construction works without any building permit. Due to advanced cartographical techniques, such as remote sensing, it is possible now to chart even a city like São Paulo very precisely, including the unplanned, illegal and 'spontaneous' developments. To the map of this 'real city' one can add detailed statistical information. This results in a geographical information system (GIS) that allows one to make as it were an MRI scan of the city – if once again one may borrow a notion from medical science.

Hundreds of thematic maps of São Paulo have been published over the past century, each of which sheds light on another aspect of the city.[12] The maps show the distribution for instance of economic activities, the different living environments, income groups and urban amenities. They show many facets of mobility, analyse the infrastructure, survey open space planning, education, health facilities, the quality of the environment and the cultural climate. The latter, for instance, is presented in a series of maps indicating the locations of theatres, cinemas, shopping centres, schools, McDonald's establishments and video shops. Combining the maps creates new maps, with unexpected connections providing insight into the distinctive differences and similarities of urban quarters. Not even a combination of all the maps, however, would lead to any unambiguous conclusion or diagnosis for the whole city that would enable politicians and planners to set to work. Since planning can no longer come up with the solutions, everyone is entitled to draw their own conclusions. Hence the popularity of urban atlases. They give brilliant insights into the complexity, the layeredness and the numerous forms of cohesion and fragmentation of a city.

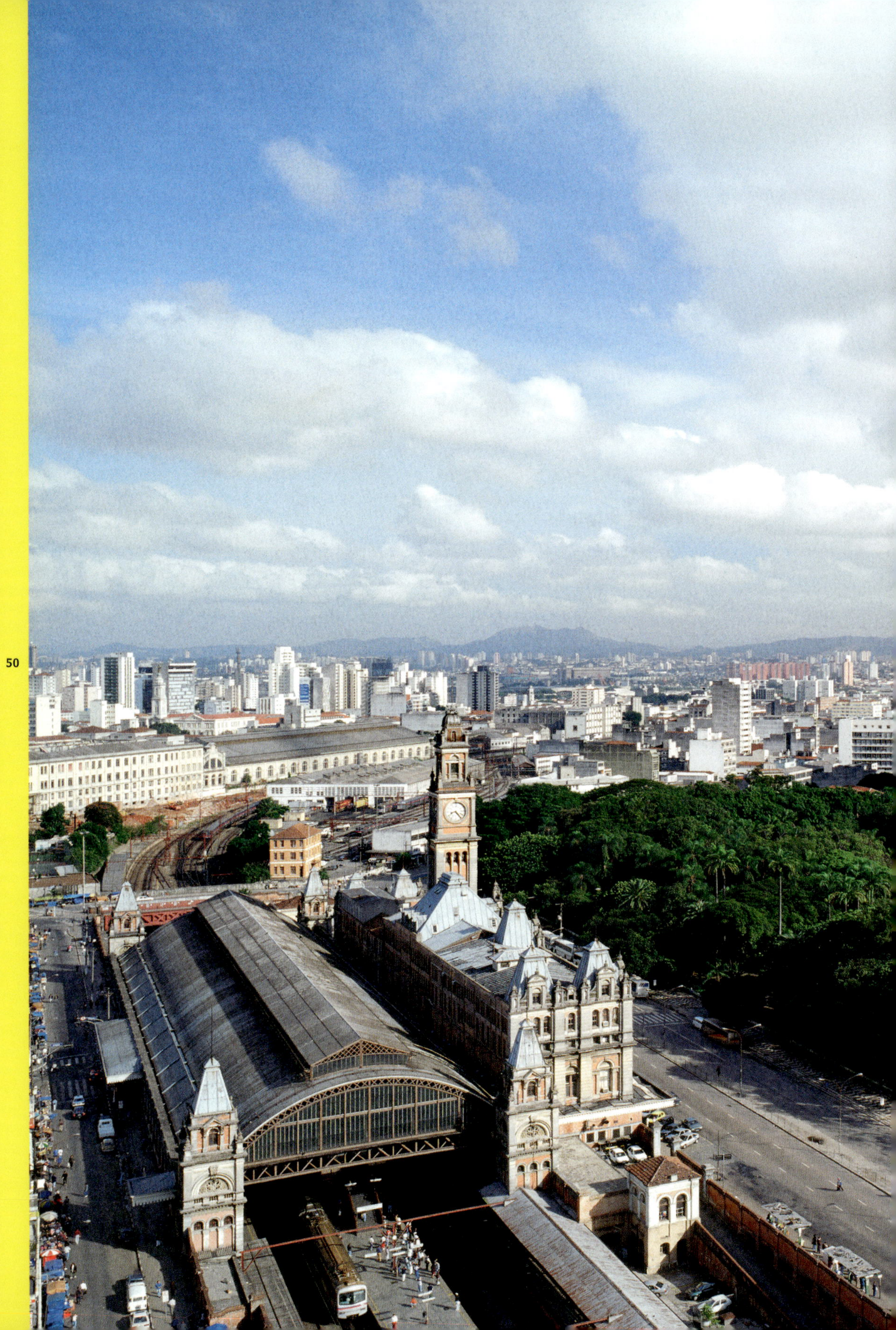

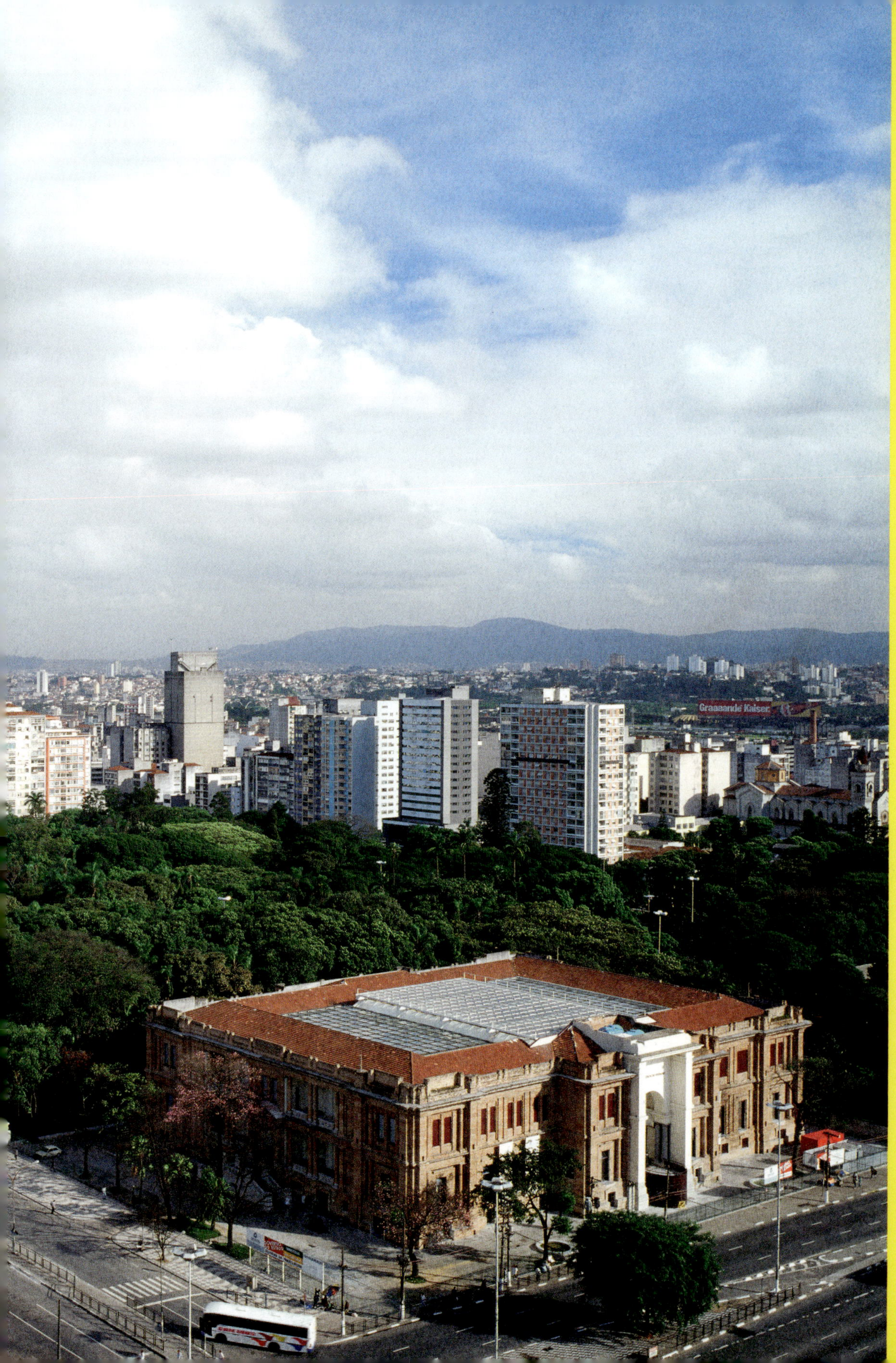

The Estação Luz (left) combines a railway and underground station and the Museum of the Portuguese Language, next door to the Pinacoteca do Estado (right).

Het Estação Luz (links) combineert een trein- en metrostation met het Museum van de Portugese Taal, naast de Pinacoteca do Estado (rechts). /

Door São Paulo te *mappen* ontstaat geen verklaring voor de morfologische structuur van de stad, maar wordt het krachtenveld inzichtelijk dat de stad vormt en vervormt. Zo onbegrijpelijk en onmenselijk groot als de stad er vanuit de lucht uitziet, zo overzichtelijk en rechtlijnig zijn de krachten die richting geven aan haar ontwikkeling: kapitaal, ondernemerschap en sociale netwerken. Door een reeks belangrijke assen en hun omgeving te onderzoeken ontstaat een indruk van dit krachtenveld. In vijf lijnen kan de complexiteit van São Paulo aardig worden geschetst, waarbij elke lijn staat voor een ander thema en eigen stedenbouwkundige logica. Zo is er de as van het geld (Avenida Paulista), van de geschiedenis (Vale do Anhangabaú), van de industrialisatie (ferrovias), van de multinationals (Marginal do Pinheiros) en zijn er vele doe-het-zelf-assen langs de uitvalswegen in de periferie.

Het economisch episch centrum van São Paulo is momenteel de Avenida Paulista, een brede avenue over de hoogste bergrug van de stad. Hier is het financiële centrum van Zuid-Amerika en hebben de grote banken hun kantoren. De avenue, ooit aan-

VIJF LIJNEN IN DE STAD, DE STAD IN VIJF LIJNEN

 Paul Meurs – São Paulo Metropool: tussen groei, krimp en transformatie / **São Paulo The Metropolis: Expansion, Contraction and Transformation**

FIVE LINES IN THE CITY, THE CITY IN FIVE LINES

Mapping São Paulo does not provide us with any explanation for the morphological structure of the city, but it does elucidate the field of influences that shapes and deforms the city. While from the air the city seems so unintelligible and inhumanly large, the forces that set a course for its development are straightforward and easy to grasp – capital, business enterprise and social networks. By studying a series of major axes and their surroundings, one gets an idea of this field of influences. The complexity of São Paulo can be neatly sketched in five lines, with each line representing another theme and possessing its own logic in terms of planning. There is for instance the axis of money (Avenida Paulista), of history (Vale do Anhangabaú), of industrialization (ferrovias), of the multinationals (Marginal do Pinheiros) and there are the many do-it-yourself axes along the arterial roads in the periphery.

At present the economic epicentre of São Paulo is the Avenida Paulista, a broad avenue along the highest ridge in the city. Here is

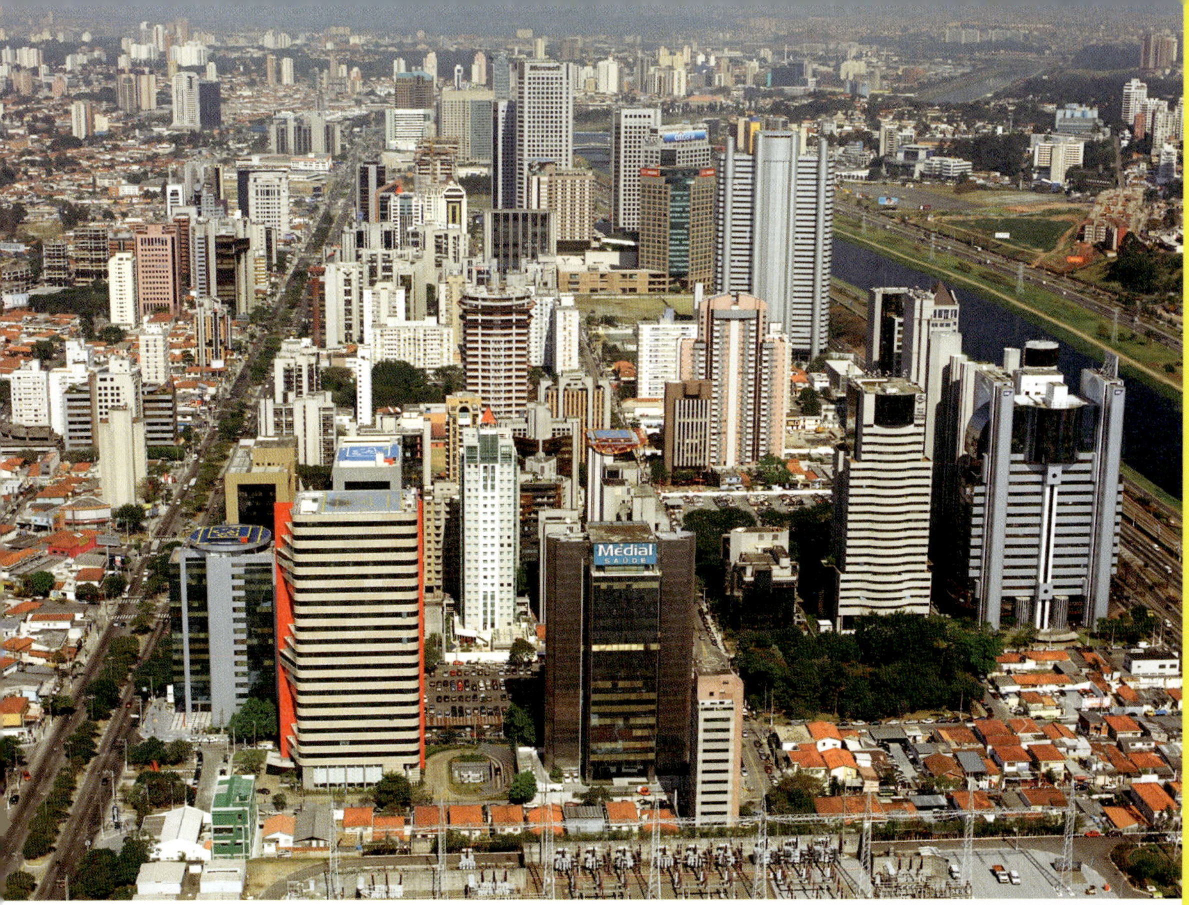

Tussen de Avenida Berrini en de rivier de Pinheiros verrees in de jaren negentig het Central Business District. / Between the Avenida Berrini and the Pinheiros River the Central Business District was developed in the nineties.

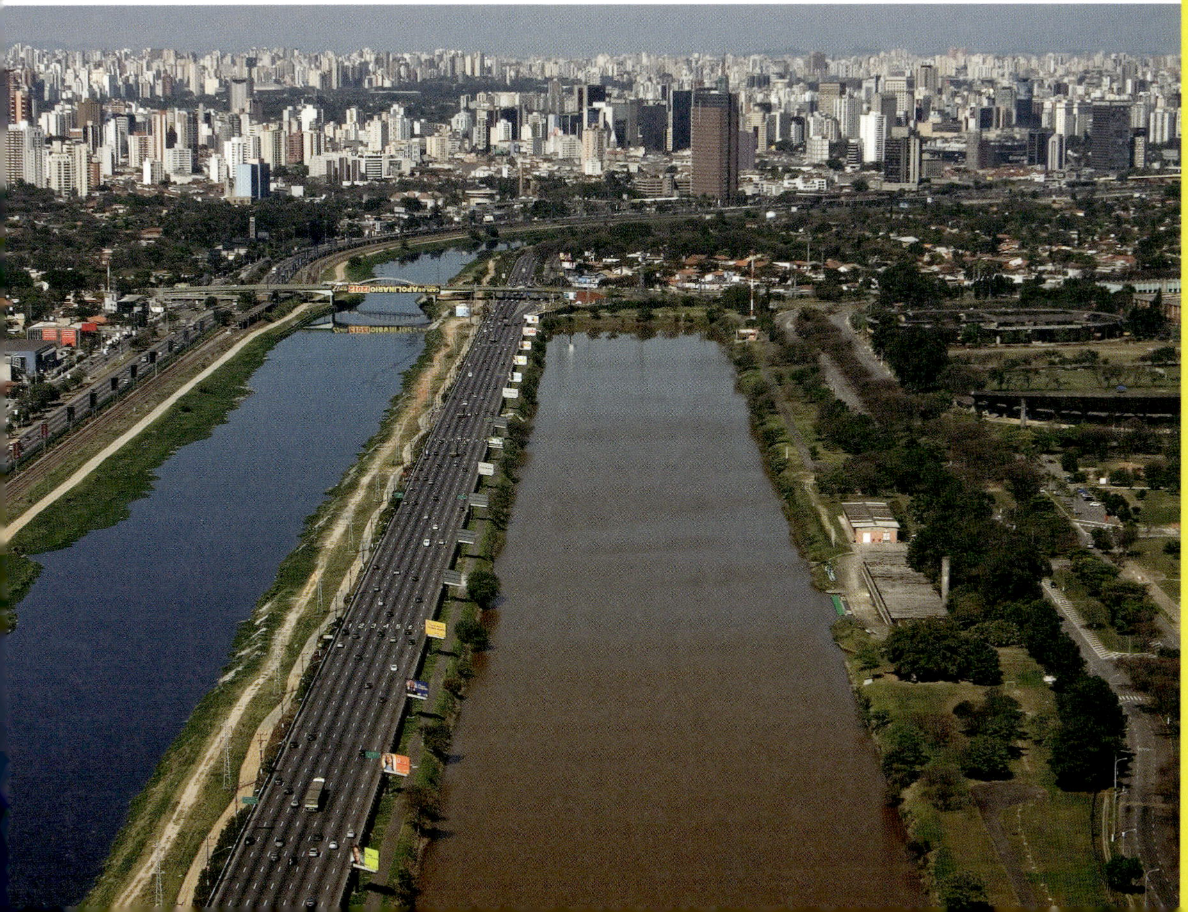

Langs de rivieren Pinheiros en Tiëte is een ringweg van snelwegen. Op de voorgrond de roeibaan van de universiteit. / A motorway ring road runs along the Pinheiros and Tiëte rivers. In the foreground is the rowing course of the University.

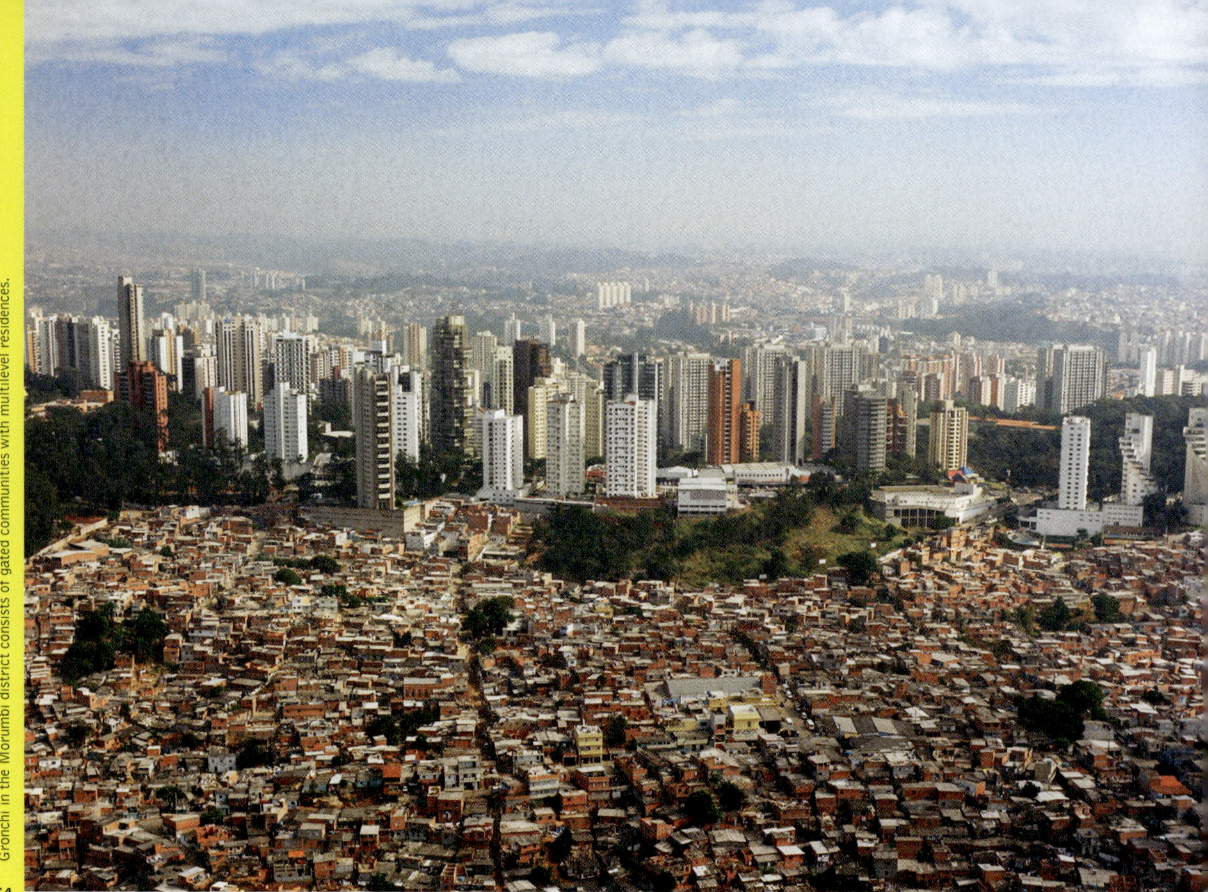

South America's financial centre and it is here that the major banks have their offices. The avenue, once laid out by the coffee barons who built their palaces along it, consists today of a ten-lane highway with the skyscrapers of banks and major organizations on either side. On the rooftops helicopter platforms alternate with TV masts. The immediate surroundings of Avenida Paulista offer a rich variety of cultural amenities, the best restaurants in Brazil, the most expensive shopping streets, residential neighbourhoods and condominiums.

In the vicinity of Avenida Paulista, the best-known architects of Brazil have all left their mark, such as Lina Bo Bardi (the MASP museum), Paulo Mendes da Rocha (the MUBE museum) and Oscar Niemeyer (Parque do Ibirapuera). The public areas near Avenida Paulista are well cared for and beautifully designed. During daylight hours parts of the private domain are also accessible, as one can see from Conjunto Nacional, a colossal 1950s' building. On the ground floor this building cluster contains streets and squares, which literally function as an interior city and connect up with the 'ordinary' public space. South of Avenida Paulista are garden cities (Jardim Europa, Jardim Paulista) that form a rare green lung in the grey city fronting on the Ibirapuera Park. Hundreds of thousands of people come here every week for sports activities and other forms of recreation. One exceptional feature here is the covered esplanade, the *marquise* by Oscar Niemeyer, which connects a series of museums and a theatre and which has become the domain of skateboarders. In all its abundance, its amenities and big city charisma, Avenida Paulista reflects São Paulo's dream that it is the economic and cultural superpower of South America.

The historical city centre lies to the north of Avenida Paulista and is encircled by a ring of traditional immigrant neighbourhoods. It consists of two hilltops with the valley of Anhangabaú in between. There is an Italian quarter (Bexiga), a Japanese quarter (Liberdade) and a Jewish one (Bom Retiro). From the late nine-

gelegd door de koffiebaronnen die er hun paleizen bouwden, bestaat tegenwoordig uit een tienbaansweg met aan weerszijden de wolkenkrabbers van banken en grote instellingen. Op de daken wisselen helikopterplatforms en televisietorens elkaar af. De directe omgeving van Avenida Paulista heeft een rijk aanbod aan culturele voorzieningen, de beste restaurants van Brazilië, de duurste winkelstraten, villawijken en appartementencomplexen.

De bekende architecten van Brazilië hebben in de buurt van Avenida Paulista gebouwd, zoals Lina Bo Bardi (museum MASP), Paulo Mendes da Rocha (museum MUBE) en Oscar Niemeyer (Parque do Ibirapuera). De openbare ruimte in de omgeving van Avenida Paulista is goed verzorgd en mooi ingericht. Overdag zijn delen van de private ruimte ook gewoon toegankelijk, zoals is te zien aan Conjunto Nacional, een kolossaal gebouw uit de jaren vijftig. Op de begane bevat dit complex straten en pleinen, die letterlijk als binnenstad fungeren en aanhaken op de 'gewone' openbare ruimte. Ten zuiden van Avenida Paulista zijn tuinsteden (Jardim Europa, Jardim Paulista) die een schaarse groene long in de grijze stad vormen en uitmonden op het Ibirapuerapark. Hier komen wekelijks honderdduizenden mensen om te sporten en te recreëren. Bijzonder is de overdekte wandelpromenade, de *marquise* van Oscar Niemeyer, die een reeks musea en een theater verbindt en het domein van skaters is geworden. In alle rijkdom, voorzieningen en de grootstedelijke uitstraling weerspiegelt Avenida Paulista de droom van São Paulo als economische en culturele grootmacht van Zuid-Amerika.

Ten noorden van Avenida Paulista ligt het oude stadscentrum, omgeven door een ring van traditionele migrantenbuurten. Zo is er een Italiaanse wijk (Bexiga), een Japanse wijk (Liberdade) en een Joodse wijk (Bom Retiro). Het historische stadscentrum beslaat twee heuveltoppen, met daartussen de vallei van Anhangabaú. Vanaf de late negentiende eeuw maakte de koloniale stad van leem plaats voor een eclectische stad van baksteen en vervolgens voor een moderne stad van beton.[13] Langs de smalle straatjes uit de koloniale tijd staan nu forse kantoortorens uit de jaren dertig en veertig. Drie typologieën zijn kenmerkend: de gesloten betonnen silo's van vol-

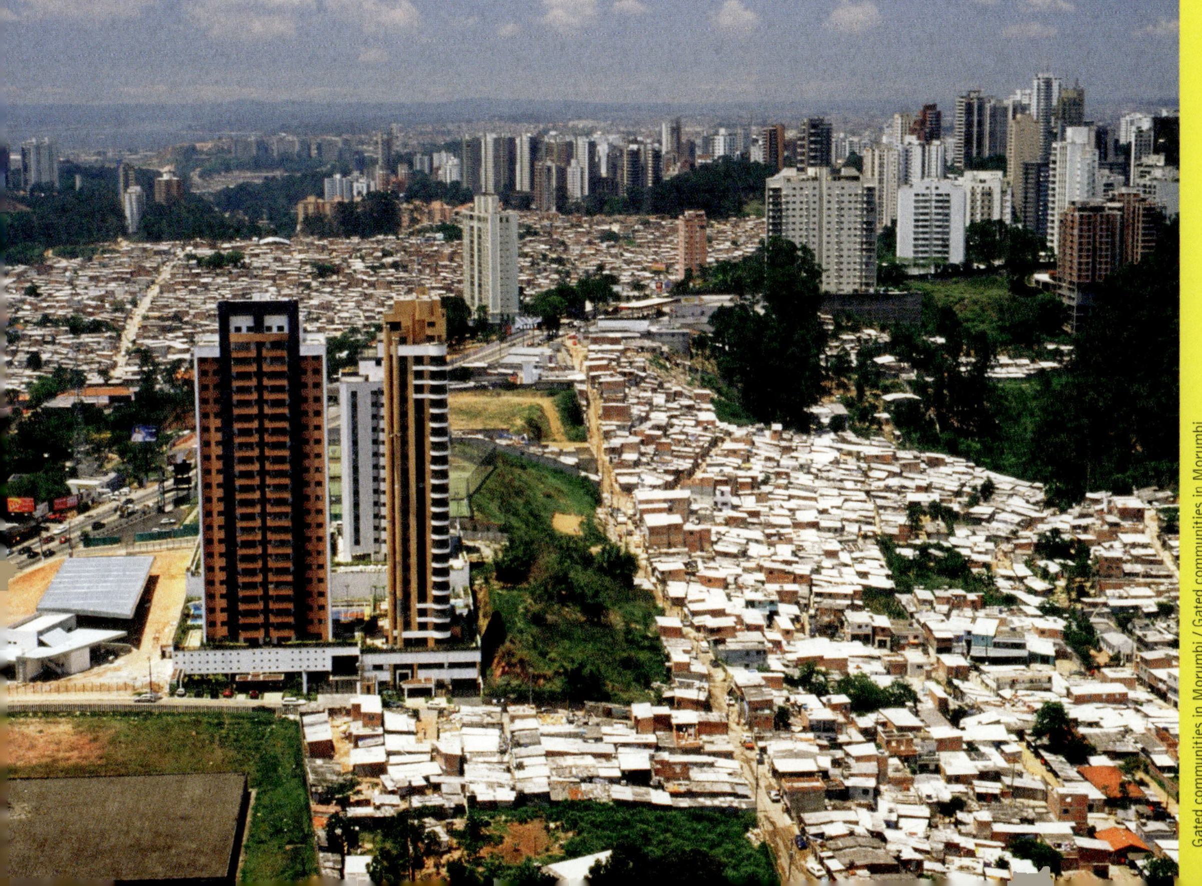

automatische parkeertorens, de inpandige winkel-straten in de blokken, met soms wel vijf lagen winkels boven elkaar, en de grote gebouwen, waar complete woonbuurten in opgaan. Van dat laatste is COPAN, van Oscar Niemeyer, een bekend voorbeeld. In de golvende bovenbouw wonen duizenden mensen, boven op een plint van enkele lagen met winkels, kantoren, restaurants en een bioscoop.

Tot ongeveer 1960 behield het oude stadscentrum zijn rol als hart van São Paulo. Tijdens de militaire dictatuur stopten de investeringen in de binnensteden kwam Avenida Paulista als nieuw economisch centrum tot bloei. Wat in de oude stad resteert aan centrumfuncties zijn overheidsgebouwen, de rechtenfaculteit en de effectenbeurs. De winkelstraten richten zich nu op lagere inkomens. Veel kantoortorens staan leeg. De openbare ruimte wisselt in de loop van de dag van karakter. Tijdens kantooruren ziet het er zwart van de mensen, na sluitingstijd zijn grote delen van de stad uitgestorven.

Pogingen om het oude centrum nieuwe grandeur te geven, waren het overdekken van de snelweg door de Vale do Anhangabaú met een groot plein, de verplaatsing van het stadhuis naar een leegstaand bankgebouw en de vestiging van culturele centra. De ondernemers hebben zich verenigd in 'Viva o centro' ('leve het centrum') en proberen de historische rijkdom en gelaagdheid, de uitstekende bereikbaarheid met binnenkort drie metrolijnen en de gunstige locatie in de stad uit te nutten en het imago van het centrum op te poetsen. Het veranderingsproces gaat echter langzaam. Deels komt dat doordat het gebied wordt gebruikt door mensen met zeer uiteenlopende inkomens, achtergronden en lifestyles. De diversiteit en menging zijn kwaliteiten, maar ook zwakten: het centrum komt moeilijk los van het stigma van armoede en onveiligheid.

Pal langs het oude stadshart lopen de spoorlijnen die werden aangelegd als verbinding tussen de koffieplantages in het achterland en de havenstad Santos. Langs het spoor vond de industriële revolutie van Brazilië plaats. De spoorzone ontwikkelde zich daarbij tot scheidslijn tussen de rijke stad (het centrum en de zuidkant van de stad) en de arme stad (ten noorden en ten oosten van het centrum). De hoogbouw van São Paulo is grotendeels aan de

teenth century onward the colonial city, built of loam, was replaced by an eclectic brick-built city, which in turn made way for a modern one of concrete.[13] The narrow streets of the colonial era are now lined by weighty office blocks of the 1930s and 1940s. Three typologies can be distinguished – the closed concrete silos of the fully automatic multistorey car parks, the internal shopping streets in the blocks, with sometimes as many as five levels of shops and the large buildings, containing complete residential neighbourhoods. COPAN, by Oscar Niemeyer, is a well-known example of the latter. Thousands of people have their homes in the undulating upper storeys, over a plinth of several levels of shops, offices, restaurants and a cinema.

Until about 1960 the old city centre maintained its role as the heart of São Paulo. During the military dictatorship investment in the city centre ceased, and Avenida Paulista began to flourish as the new economic centre. The only remaining central city functions in the historical city are government buildings, the law faculty and the stock exchange. The shopping streets now attract the lower income groups more. Many office towers stand empty. The public space changes character as the day passes. During office hours it is teeming with people but after hours large parts of the city are deserted.

There have, however, been attempts to restore some grandeur to the historical centre. For instance, the freeway through the Vale do Anhangabaú has been covered with a huge square, the town hall has been rehoused in an empty bank building and cultural centres have been set up. The entrepreneurs have formed a group with the name 'Viva o centro' in a bid to exploit the historical riches and layered character of the centre, its superb accessibility with what will soon be three subway lines and its favourable position in the city. Their aim is to brush up the image of the city centre, but the process of transformation has been a slow one. This is partly because the area is used by people

fabriekssteden en arbeiderswijken als Moocá, Brás en Parí voorbijgegaan. Nadat de fabrieken in het laatste kwart van de vorige eeuw hun poorten sloten, omdat ze verouderd raakten, verplaatst werden of failliet gingen, bleef een langgerekt litteken in de stad liggen. Het enorme potentieel voor herontwikkeling en centrumvorming van deze zone wordt onderkend in São Paulo. Vanwege het versnipperde eigendom, de vervuiling, de armoede en de naar elders verplaatste investeringsstromen komen concrete initiatieven voor transformatie echter niet van de grond.

Alleen op het raakvlak van de spoorzone met de rijkere stadsdelen, bij het centrum en in het westen, wordt onder aanvoering van de deelstaat São Paulo geïnvesteerd. De vestiging van culturele voorzieningen in oude gebouwen of op kaalslag-locaties wordt *archipunctuur* genoemd: punctuele investeringen, gericht op het aantrekken van nieuwe doelgroepen, het verbeteren van het imago van vervallen locaties en het aantrekken van particuliere investeringen. Paulo Mendes da Rocha ontwierp twee musea: de Pinacoteca do Estado en het Museu da Lingua Portuguesa in het Estaçao da Luz. Het naburige treinstation Júlio Prestes werd een concertzaal en de Zwitserse architecten Herzog & de Meuron kregen de opdracht voor het ontwerp van een nieuwe opera op een slooplocatie. Enkele kilometers naar het westen veranderde een fabrieksterrein aan het spoor in de Memorial da América Latina (Oscar Niemeyer) en realiseerde Lina Bo Bardi de vrijetijdsfabriek SESC Pompéia.

Ondanks twintig jaar archipunctuur, *city branding* en culturele investeringen valt de culturele economische revival van zowel het oude centrum als de fabriekszone tegen. De verwachting dat culturele innovatie als aanjager voor stedelijke ontwikkeling geldt, is nog niet uitgekomen. Het grote geld is precies de andere kant op gegaan, naar de zuidzijde van Avenida Paulista. Langs de rivier de Pinheiros is in de jaren zeventig een snelweg aangelegd, de Marginal do Pinheiros, die dient als ringweg voor het doorgaande (vracht)verkeer en als hoofdweg in de stad. Sinds het einde van de jaren tachtig zijn grote gebieden aan de rivier veranderd in een nieuw Central Business District. Op de slappe grond van de

with very different incomes, backgrounds and lifestyles. Diversity and a social mix is a positive quality but it also makes the area vulnerable – the centre has difficulty shaking off the stigmas of poverty and danger.

The railway lines, originally laid down to link the coffee plantations in the hinterland with the port city of Santos, run right past the historical centre. Brazil's industrial revolution occurred along the tracks. The zone around the railway thus developed as the dividing line between the wealthy city (the centre and the south side) and the poor city (north and east of the centre). São Paulo's high-rise developments have largely bypassed the manufacturing zones and working-class districts such as Moocá, Brás and Parí. After the factories closed in the last quarter of the previous century because they had become antiquated, had rehoused or gone bankrupt, what remained was an elongated scar. The enormous potential for redevelopment and centre schemes in this zone was ignored by the municipality. Fragmented ownership, pollution, poverty and the investment streams moving elsewhere meant that concrete initiatives for transforming the area didn't get off the ground.

Only on the interface of the railway area and the wealthier districts, in the centre and in the west, was investment carried out under the direction of the federal state of São Paulo. The establishment of cultural facilities in old buildings or on demolition sites was nicknamed *archipuncture*: these were pinpoint investments, aimed at attracting new target groups, improving the image of rundown sites and appealing to private investors. Paulo Mendes da Rocha designed two museums – the Pinacoteca do Estado and the Museu da Lingua Portuguesa in the Estaçao da Luz. The neighbouring railway station of Júlio Prestes was converted into a concert hall and the Swiss architects Herzog & de Meuron were given a commission to design a new opera house on a demolition site. Some kilometres further west, a factory terrain next to the railway lines was transformed into the

rivieroevers is een indrukwekkende verzameling kantoortorens, shopping malls, hotels en zakencentra gebouwd. Het is de zuidas van São Paulo. De bedrijvigheid concentreert zich aan de stadszijde van de rivier, het gebied aan de overkant is een hoogwaardig woonmilieu met gated communities: gestapelde villawijken met strenge beveiliging en allerhande collectieve voorzieningen voor de bewoners.

Pas nadat multinationals en ICT-bedrijven domicilie hadden gekozen aan de zuidas, werd de verbinding van de rivierzone met de rest van de stad urgent. De overheid loopt daarbij achter de particuliere plannen aan. Er is de afgelopen twintig jaar een fortuin besteed aan de aanleg van tunnels (onder het Ibirapuerapark en de rivier door), bruggen en verbindingswegen, die deels dwars door woonwijken van de middenklasse werden aangelegd. Op enkele plaatsen werden favela's geruimd voor wegenaanleg en de bouw van een helikopterterminal. Geleidelijk raakt dit nieuwe economische centrum geconsolideerd. Langs de doorbraken en nieuwe wegen wordt nog volop gebouwd. De openbare ruimte heeft amper betekenis als publiek domein en dient feitelijk alleen het (auto)verkeer. Achter de hekken van de bedrijfsparken, de vrijetijdscentra of wooncomplexen bevinden zich de ontmoetingsplekken van deze stad: goed beveiligd, onderhouden en op specifieke doelgroepen gericht.

Van de oude stad tot aan de Marginal do Pinheiros heeft het economische centrum van São Paulo zich in nog geen vijftig jaar verplaatst over ruim vijftien kilometer. Dit is op te vatten als een stedenbouwkundige brandcultuur, zoals de indianen die in het Amazonegebied kennen: plaatsen worden in cultuur gebracht en na de oogst weer aan hun lot overgelaten. Maar de ontwikkeling kan ook worden geïnterpreteerd als een gestage uitbreiding van het centrale en welvarende deel van São Paulo, in lijn met de groei van de stad en haar toenemende economische macht. In dit verband wordt gesproken van een *centro expandido*, een uitgestrekt centrumgebied.[14] De bloeitijd van ieder subcentrum is weerspiegeld in de architectuur en vooral in de structuur van de openbare ruimte. In het centrum speelt het leven zich gedeeltelijk op straat af. Paulista laat een vermenging zien van het openbare en het private leven.

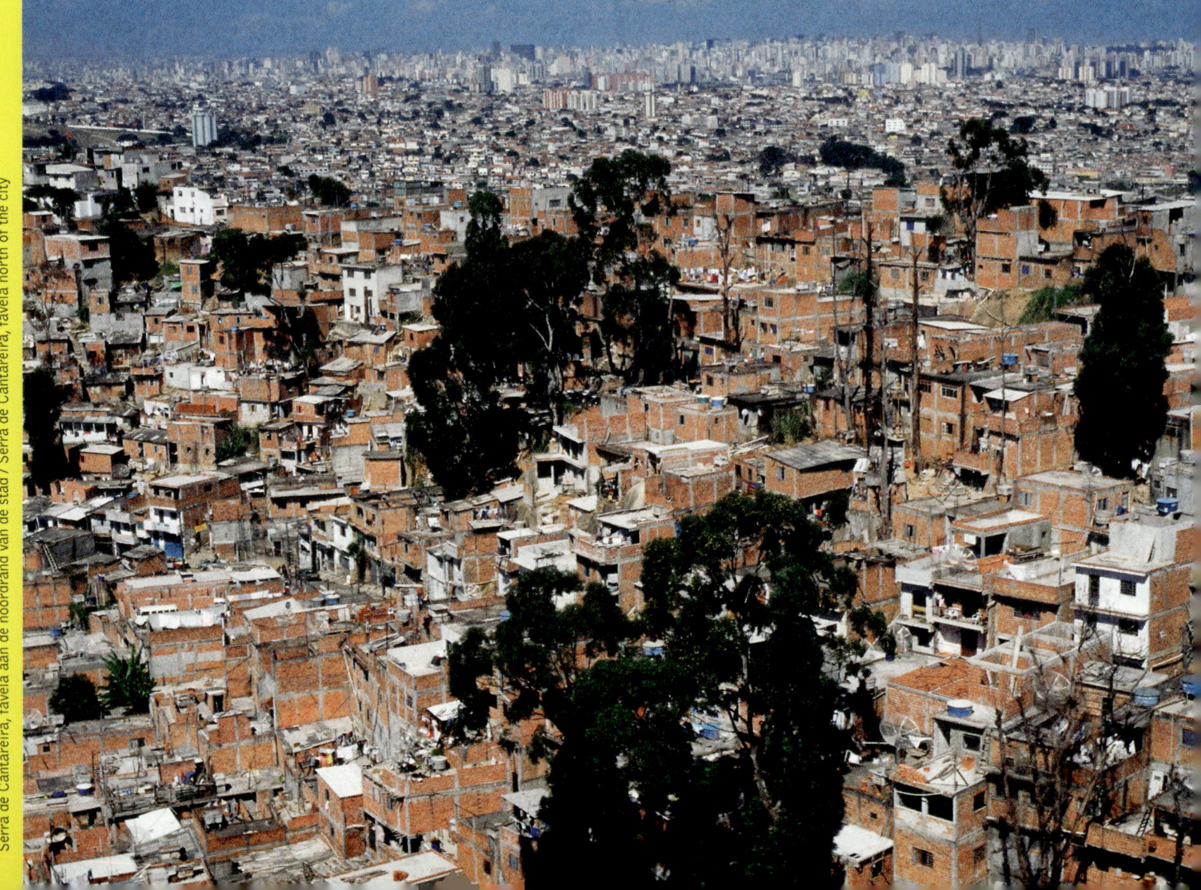

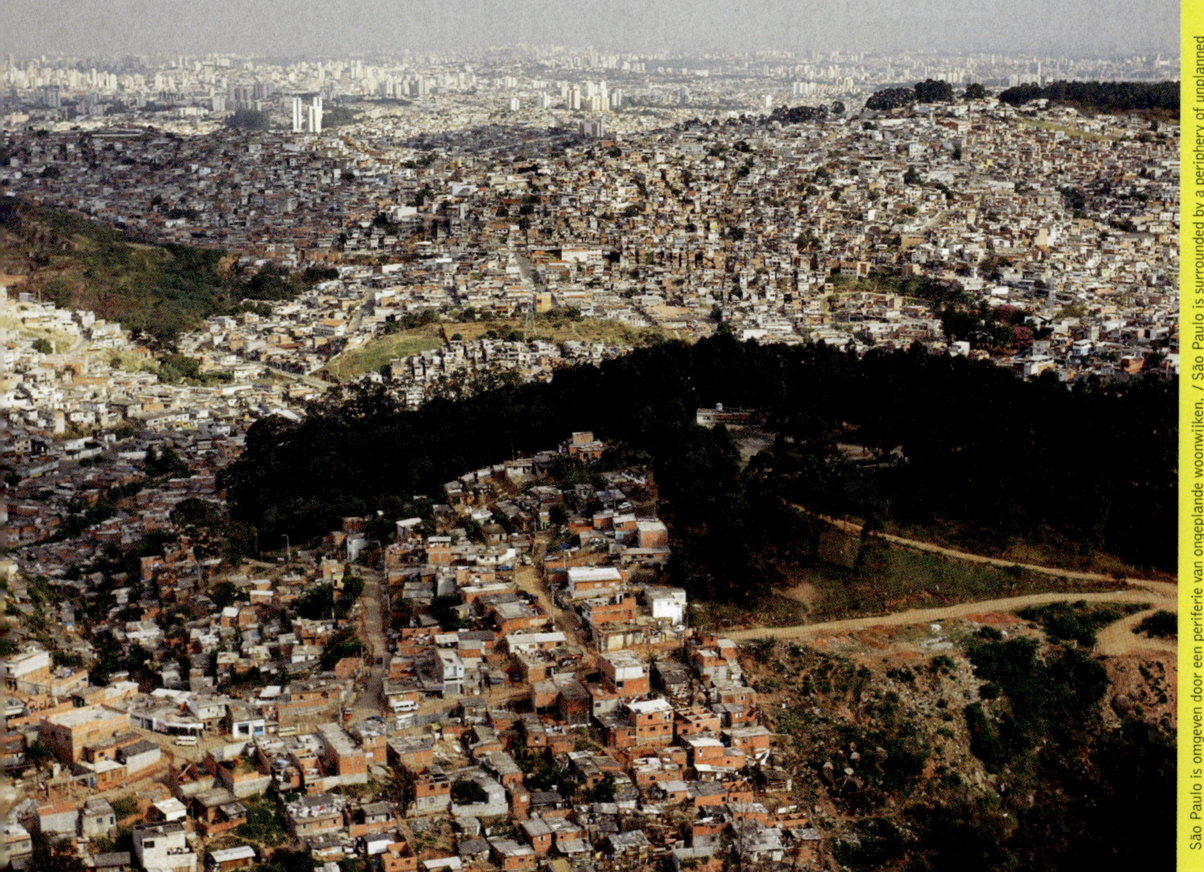

São Paulo is omgeven door een periferie van ongeplande woonwijken. / São Paulo is surrounded by a periphery of unplanned housing developments.

Memorial da América Latina (Oscar Niemeyer) and Lina Bo Bardi designed the leisure centre in the former SESC Pompéia factory.

Despite 20 years of archipuncture, city branding and cultural investment, the results of the cultural and economic revival of both the old city centre and the factory zone are disappointing. The expectation that cultural innovation could be a booster for urban development has not yet been realized. The big money went in precisely the opposite direction, to the south side of Avenida Paulista. Along the De Pinheiros River, a motorway was built in the 1970s, the Marginal do Pinheiros, which serves as a ring road for through traffic, largely freight, and as a main road in the city. Since the end of the 1980s, sizeable areas on the river have been converted into a new Central Business District. On the soft soil of the river banks an impressive collection of office towers, shopping malls, hotels and business centres has been built. This is São Paulo's southern axis. The activity has concentrated on the city side of the river; the area on the far side has been converted into a high-quality living environment with gated communities – stacked residential neighbourhoods with tight security and a wide range of collective amenities for the residents.

Only after multinationals and ICT firms decided to set up shop on the southern axis did the link between the river zone and the rest of the city become urgent. The government, however, is lagging behind the plans of private firms. Over the past 20 years a fortune has been spent on the layout of tunnels (under the Ibirapuera Park and the river), bridges and connecting roads, which cut partially across middle-class residential neighbourhoods. In some spots favelas were demolished to make way for roads and the construction of a heliport. Gradually this new economic centre consolidated. New developments are being built all along the thoroughfares and new roads. Unbuilt-on spaces are not seen as having any potential as public domain and in fact are only convenient for traffic. Behind the fences of the business parks, lei-

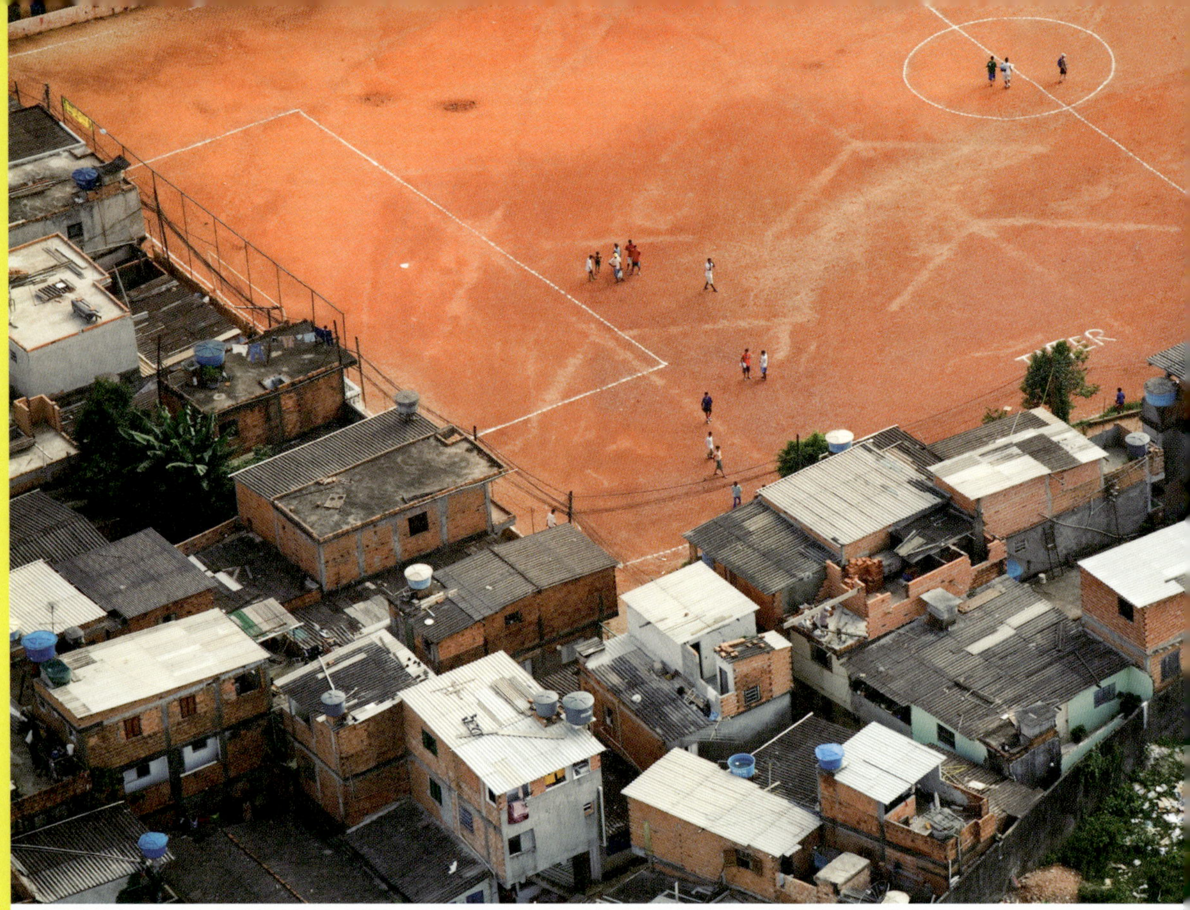

In de favela Paraísópolis is een voetbalveld vrijgehouden. / A football field has been preserved undeveloped in the favela of Paraísópolis.

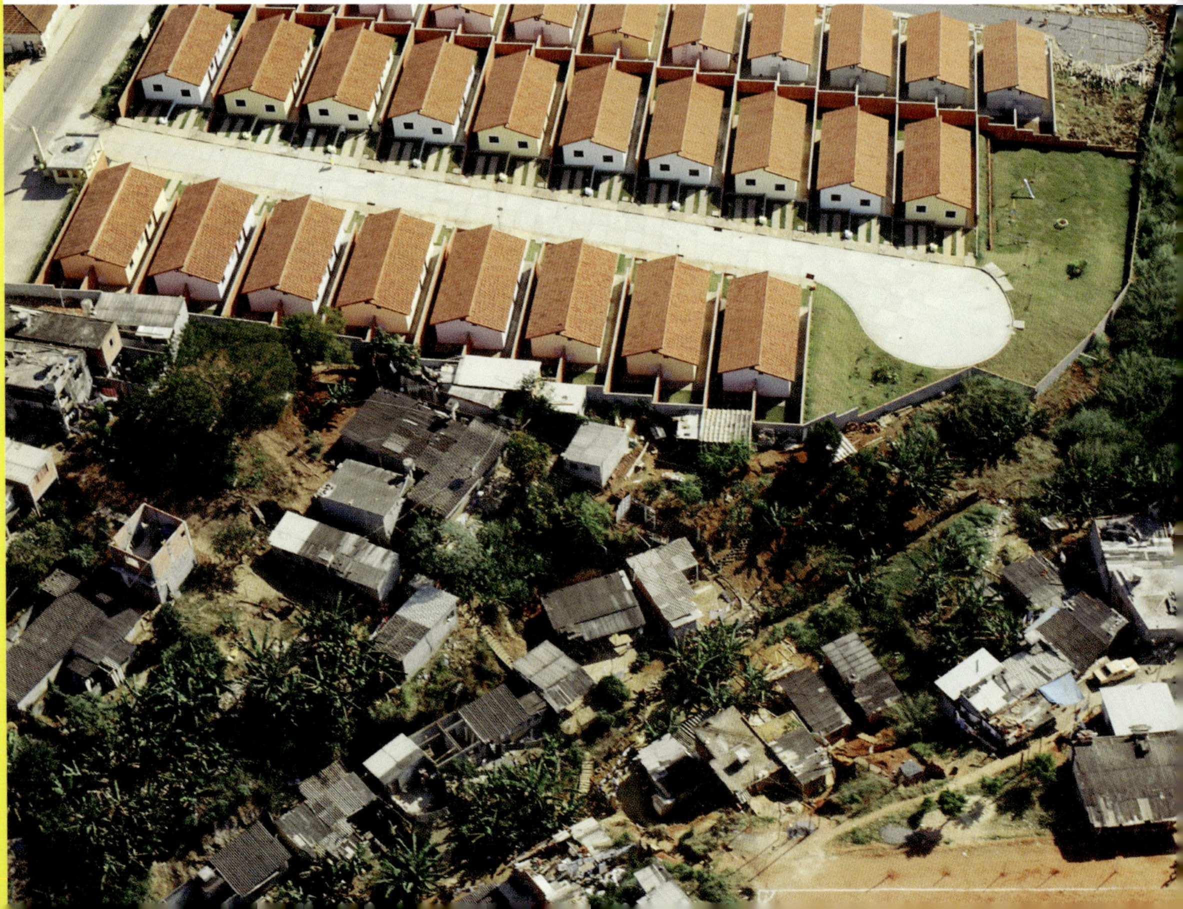

Ommuurde sociale woningbouw en favela op de rivieroever / Walled-in social housing and a favela along the river bank

Bij de Marginal do Pinheiros is de omkering compleet en werd zelfs het openbare leven geprivatiseerd.

Buiten het uitgestrekte centrum bestond vroeger de kenmerkende chaos en bandeloosheid van de periferie: de stad zonder planning, overheid en voorzieningen. Gedeeltelijk klopt dit beeld nog steeds, maar de periferie heeft meerdere gezichten. De uitgestrekte buitenkant van São Paulo herbergt alle contrasten van de stad. Natuurlijk is hier veel gebrek en armoede. Publieke voorzieningen, zoals metro, onderwijs en gezondheidszorg zijn schaars. De rijkdom is deels verborgen en uitgesmeerd over de enorme zee van voorsteden en deels zeer zichtbaar in zwaarbeveiligde gated communities. In de uitgestrekte periferie bestaat de fysieke opgave uit het op orde brengen van de basisinfrastructuur en stedelijke voorzieningen, het versterken van de economische autonomie en het verbeteren van woningen. Doorgaans zijn het de bewoners zelf die het initiatief nemen en de handen ineenslaan.

sure centres and housing estates one finds the places where people meet in this city – they are well maintained, security is tight and they serve specific target groups.

From the historical centre to the Marginal do Pinheiros, the economic centre of São Paulo has shifted a good 15 km in less than 50 years. This can be conceived of as the planning equivalent of slash-and-burn cultivation, something that the Indians in the Amazon region are familiar with – land is brought into tillage and after the harvest it is abandoned to its fate. The development can however also be interpreted as a steady expansion of the central prosperous part of São Paulo, in keeping with the growth of the city and its increasing economic power. In this connection the current phrase is a *centro expandido,* an expanded centre.[14] The flowering of every sub-centre is reflected in the architecture and above all in the structure of the public space. In the centre life is partially carried on in the street. Paulista displays a mixture of public and private life. In the Marginal do Pinheiros the reversal is complete and even public life is conducted in private.

Outside the expanded centre, what one found formerly was the characteristic chaos and lawlessness of the outskirts – the city without any planning or amenities and with the authorities conspicuous in their absence. To a degree this image still holds, but there are more aspects to the periphery than this. The expanded outer areas of São Paulo are home to all the city's contrasts. Obviously there is much poverty here and a lack of basic essentials. Public facilities, such as subway systems, education and health care are scarce. The wealth is in part hidden and spread out over the enormous sea of suburbs and partly extremely visible in the gated communities with their formidable security. In the expanded outskirts the physical task consists of bringing the basic infrastructure and urban facilities up to scratch, reinforcing economic autonomy and improving housing conditions. In most cases it is the residents themselves who join forces and take the initiative.

DE TRANSFOR-MATIEOPGAVE

In de dynamische zones van São Paulo, zoals de rijke zuidas en de arme periferie, is de overheid in de stadsontwikkeling afwezig of loopt ze achter de feiten aan. De toekomst van de stad krijgt hier niet zozeer op de teken- en vergadertafels van de gemeente gestalte, maar in board-rooms en buurthuizen. Dit ondernemerschap en de solidariteit van burgers hebben São Paulo groot gemaakt. De gemeente kon de groei van de stad niet sturen. Tegenwoordig heeft de fase van ongelimiteerde groei en opbouw plaats gemaakt voor een periode van transformatie en kwaliteitsverbetering. Er bestaat in São Paulo een breed gedragen verlangen naar verandering: minder congestie, meer groen, schonere lucht en een gelijkmatiger verdeling van rijkdom. Deze ambitie is te vertalen in een groot aantal grote verbouwingsopgaven, zoals de revitalisatie van het oude centrum, de herontwikkeling van de verlaten spoorzones en de economische versterking en kwalitatieve verbetering van de periferie. Het lijkt onwaarschijnlijk dat een dergelijke structurele verandering louter bottom-up tot stand kan komen, hoeveel ook in het verleden op deze manier is bereikt in São Paulo. Dat komt omdat verandering

THE WORK OF TRANSFOR-MATION

In the dynamic zones of São Paulo, such as the wealthy southern axis and the poor periphery, the government has hardly made its presence felt at all in urban development or else it has only reacted to events. The future of the city takes shape here not so much on the drawing boards or around the municipal conference tables, but in board rooms and neighbourhood centres. It is business enterprise and citizen solidarity that has made São Paulo great. The city authorities were unable to direct the growth of the city. Currently the stage of unlimited growth and development has been replaced by one of transformation and improvement in quality. A widely voiced desire for change prevails in São Paulo – less congestion, more green areas, cleaner air and a more equal distribution of wealth. This ambition can be translated into a large number of major renovation projects, such as that for the revitalization of the historical centre, the redevelopment of the abandoned railway zones and the economic reinforcement and qualitative improvement of the outskirts.

ten koste gaat van bepaalde gevestigde belangen en dit in de vorige fase van groei niet speelde.

São Paulo staat voor een omslag in de bestuurlijke en stedenbouwkundige cultuur, waarbij de overheid zich nadrukkelijker met de ruimtelijke ontwikkeling gaat bemoeien. Tijdens de ambtsperiode van burgemeester Marta Suplicy, van 2000 tot 2004, probeerde haar arbeiderspartij (PT) om met een strategisch masterplan de economische machtsconcentraties in São Paulo te doorbreken en het krachtenveld in de stad radicaal te veranderen.[15] De strategie was om minder te bouwen in het *centro expandido* en meer in de periferie, met name in de verlaten fabriekszone en het oosten van de stad. Zo zou het bestaande centrum worden ontlast en de periferie meer centrum kunnen worden. Het masterplan werd in gewijzigde vorm aangenomen in 2002, voor het eerst in dertig jaar. In het *centro expandido* is het totaal te bouwen volume niet gereduceerd. De plannen voor het realiseren van nieuwe economische centra verspreid door de stad zijn niet geconcretiseerd, behalve de vestiging van een openbare universiteit in het oostelijk stadsdeel.

Los van de politieke discussie over de keuzen die in het masterplan zijn gemaakt, blijft het de vraag hoe de gemeente structurele transformaties in de metropool kan afdwingen. Hiervoor zijn nieuwe vormen van samenwerking tussen burgers, marktpartijen en de overheid nodig. Dat de gemeente zich sterker laat gelden in de stad, illustreert het project Cidade Limpa (Schone Stad), waarmee de huidige burgemeester Gilberto Kassab in één klap de reclame in het stadsbeeld praktisch heeft geëlimineerd. Hoewel dit alleen de visuele 'vervuiling' van reclameborden betreft, was een dergelijke inmenging van het stadsbestuur in de vrijheid van de burgers tot voor kort ondenkbaar. In São Paulo tekent zich een proces af dat tegengesteld lijkt aan wat in Europa gebeurt, namelijk om de greep van de overheid op ruimtelijke ontwikkeling te vergroten. Het doel is niet om een maakbare stad na te streven, maar strategische keuzen te maken en een ruimtelijke koers uit te zetten. Hebben ontwerpers hier een rol? Ze kunnen zich terugtrekken op het niveau van het architectonisch detail en meesterwerken scheppen die als verstopte pareltjes in de stad liggen.

It seems unlikely that a structural transformation such as this could come about purely from below, no matter how much has been achieved like this in São Paulo in the past. This is because the changes called for will be at the expense of certain vested interests, which was not the case with the previous stage of growth.

São Paulo is facing a U-turn in both its administrative and planning culture, with the local authorities intervening more deliberately in spatial development. From 2000 to 2004, when Marta Suplicy was the mayor, her Labour Party (PT) attempted to break through the economic bastions of power in São Paulo with a strategic master plan and to bring about a drastic change in the balance of power in the city.[15] The strategy was to build less in the *centro expandido* and more in the periphery, and especially in the deserted factory zone and the east of the city. This would take the pressure off the existing centre and the outskirts would become more of a centre. The master plan, the first in 30 years, was adopted in altered form in 2002. In the *centro expandido* the total volume to be built has not been reduced. The plans for the realization of new economic centres distributed throughout the city have not been made concrete, except for the establishment of a university in the east of the city.

Apart from the political discussion about the choices that have been made in the master plan, the question remains how far the city council is capable of imposing structural transformations in the metropolis. New forms of partnership between citizens, developers and the local authority are essential if this is to be achieved. The fact that the local council is playing a more forceful role in the city is illustrated by the Cidade Limpa (clean city) project, by which the present mayor Gilberto Kassab has practically eliminated advertising in the urban scene in one fell swoop. While this only relates to the visual pollution of billboards, such an assault by the city fathers on the freedom of its citizens would have been unthinkable until recently. In São Paulo a process is taking shape

Ook kunnen ze voort met *mapping* en het organiseren van expedities in de exotische jungle van beton. Echter, in vergelijking met Europese steden is de urgentie om de samenleving op te bouwen en de ruimtelijke en maatschappelijke gebreken van de stad aan te pakken te groot om afzijdig te blijven. Het is de uitdaging voor de ontwerpende discipline om strategieën te ontwikkelen die structurele verbeteringen van de stad in gang helpen zetten en de kracht van onderop koppelen aan een sturende visie van bovenaf.

1. Lauro Cavalcanti, **When Brazil was Modern. A Guide to Architecture 1928–1960**, Rio de Janeiro 2003.
2. São Paulo (11 miljoen inwoners en samen met de voorsteden 19,6 miljoen), Rio de Janeiro (6), Salvador (3), Brasilia (2,5), Fortaleza (2,5), Belo Horizonte (2,4), Curitiba (1,8), Manaus (1,7), Recife (1,5), Porto Alegre (1,4), Belém (1,4), Guarulhos (1,3), Goiânia (1,2) en Campinas (1). Bron: IBGE (Instituto Brasileiro de Geografia e Estatística).
3. Het Bruto Nationaal Product van Brazilië in 2005 2148 triljoen R$, waarvan 416 in het metropolitane gebied van São Paulo. BRON: IBGE.
4. Nadia Somekh, Candido Malta Campos (org.), **A cidade que não pode parar. Planos urbanísticos de São Paulo no século XX,** São Paulo 2002.
5. Candido Malta Campos, 'PDDI, PMDI e Lei de Zoneamento: a questão imobiliária', in: idem, p. 121-133.
6. Mauricio de Abreu, **Evolução Urbana do Rio de Janeiro,** Rio de Janeiro 1987. De gele koorts heerste rond 1880 wel in Santos en Campinas, maar ging aan São Paulo voorbij. Luiz Ackel, Candido Malta Campos, 'Antecedentes: a modernização de São Paulo' in: Somekh en Malta Campos, op. cit. 'noot 4', p.15.

that seems the opposite of what is occurring in Europe, namely one of extending the control of the public authorities over spatial development. The aim is not to achieve a perfectible city, but to make strategic choices and map out a course for dealing with space. Is there a role for planners here? They can retreat to the level of architectural detail and create masterpieces that lie hidden like pearls in the city. Or else they can continue on the path of 'mapping' and organizing expeditions into the exotic concrete jungle. Compared with European cities, however, the urgency of constructing society and tackling the spatial and social shortcomings in the city is too great for detachment. The challenge that the planners face is to develop strategies that will help get the structural improvements to the city started and to mesh the power from below with a policy concept from above.

1. Lauro Cavalcanti, **When Brazil was Modern, a Guide to Architecture 1928-1960** (Rio de Janeiro, 2003).
2. São Paulo (11 and 19.6 million, including its suburbs), Rio de Janeiro (6), Salvador (3), Brasília (2.5), Fortaleza (2.5), Belo Horizonte (2.4), Curitiba (1.8), Manaus (1.7), Recife (1.5), Porto Alegre (1.4), Belém (1.4), Guarulhos (1.3), Goiânia (1.2) and Campinas (1). Source: IBGE (Instituto Brasileiro de Geografia e Estatística)
3. The Gross National Product of Brazil in 2005 was 2148 trillion R$, with 416 trillions from the metropolitan area of São Paulo. Source: IBGE
4. Nadia Somekh and Candido Malta Campos (eds.), **A cidade que não pode parar. Planos urbanísticos de São Paulo no século XX** (São Paulo, 2002).
5. Candido Malta Campos, 'PDDI, PMDI e Lei de Zoneamento: a questão imobiliária', in: Ibid., 121-133.
6. Mauricio de Abreu, **Evolução Urbana do Rio de Janeiro** (Rio de Janeiro, 1987). Around 1880, there was an epidemic of yellow fever in Santos and Campinas, but São Paulo wasn't affected. Luiz Ackel and Candido Malta Campos, 'Antecedentes: a modernização de São Paulo', in: Somekh and Malta Campos, **A cidade que não pode parar**, op. cit. (note 4), 15.

7. De basis werd gelegd door de civieltechnisch ingenieur Adolfo Augusto Pinto, die in 1890 pleitte voor de aanleg van riolering, betere vuilinzameling, bredere straatprofielen, maatregelen tegen verzilting en erosie van rivieren, afwatering, groenaanleg en een betere basisgezondheidszorg met schoon water, wasgelegenheid en sportvoorzieningen. Hugo Segawa, **Prelúdio da Metrópole, arquitetura e urbanismo em São Paulo na passagem do século XIX ao XX,** São Paulo 2000, p. 46-48.

8. Margareth da Silva Pereira, 'A Arquitetura Brasileiro e o Mito. Notas sobre um Velho Jogo entre "Afirmação-Homem" e "Presença-Natureza"', **Gávea 8, Revista de História da Arte e Arquitetura**, Rio de Janeiro 1990, p. 2-21.

9. Claude Lévi-Strauss, **Tristes Tropiques**, Parijs 1955. Zie ook: Maria Cristina Oliveira Bruno, 'As expediçoes no cenário museal', in: José Guilherme Cantor Magnani (coörd.), **Expedição São Paulo 450 anos: uma viagem por dentro da metrópole**, São Paulo 2004, p. 36-47.

10. Julio Abe Wakahara, 'Expedição São Paulo 1985', in: idem, p. 49.

11. Ibid.

12. Regina Maria Prosperi Meyer, Marta Dora Grostein, Ciro Biderman, **São Paulo Metrópole**, São Paulo 2004.

13. Benedito Lima de Toledo, **São Paulo, três cidades em um século**, São Paulo 2004.

14. Heitor Frúgoli, Centralidade em **São Paulo, Trajetórias, conflitos e negociações na metrópole**, São Paulo 2000.

15. Jorge Wilheim, 'O novo Plano Diretor Estratégico', in: Candido Malta Campos, Lúcia Helena Gama, Vladimir Sacchetta, **São Paulo, Metrópole em trânsito, percursos urbanos e culturais**, São Paulo 2004, p. 225-228.

7. The foundations were laid by the civil engineer Adolfo Augusto Pinto, who campaigned in 1890 for the construction of a proper sewage system, improved refuse collection, wider streets, preventative measures against the silting up and erosion of rivers, and others for the development of drainage schemes, green areas and a better public health system with clean water, bathroom facilitiies and sports amenities. Hugo Segawa, **Prelúdio da Metrópole, arquitetura e urbanismo em São Paulo na passagem do século XIX ao XX** (São Paulo, 2000), 46-48.

8. Margareth da Silva Pereira, 'A Arquitetura Brasileiro e o Mito: Notas sobre um Velho Jogo entre "Afirmação-Homem" e "Presença-Natureza"', **Gávea 8, Revista de História da Arte e Arquitetura**, Rio de Janeiro, 1990, 2-21.

9. Claude Lévi-Strauss, **Tristes Tropiques** (Paris, 1955). See also Maria Cristina Oliveira Bruno, 'As expediçoes no cenário museal', in: José Guilherme Cantor Magnani (ed.), **Expedição São Paulo 450 anos: uma viagem por dentro da metrópole** (São Paulo, 2004), 36-47.

10. Julio Abe Wakahara, 'Expedição São Paulo 1985', in: Ibid., 49.

11. Ibid.

12. Regina Maria Prosperi Meyer, Marta Dora Grostein and Ciro Biderman, **São Paulo Metrópole** (São Paulo, 2004).

13. Benedito Lima de Toledo, **São Paulo, três cidades num século** (São Paulo, 2004).

14. Heitor Frúgoli, **Centralidade em São Paulo, Trajetórias, conflitos e negociações na metrópole** (São Paulo, 2000).

15. Jorge Wilheim, 'O novo Plano Diretor Estratégico', in: Candido Malta Campos, Lúcia Helena Gama and Vladimir Sacchetta, **São Paulo, Metrópole em trânsito, percursos urbanos e culturais** (São Paulo, 2004), 225-228.

São Paulo werd als São Paulo dos Campos de Piratininga in 1549 door jezuïeten gesticht. De stad was een uitvalsbasis voor verkenningen van het achterland, de Bandeiras. Veel rijkdom of reuring leverde dat niet op. Het zwaartepunt van het koloniale Brazilië lag elders, namelijk op de suikerplantages in het noordoosten (Bahia en Pernambuco), in de goudmijnen van Minas Gerais en in de hoofdstad Rio de Janeiro, waar ten tijde van Napoleon zelfs de gehele Portugese hofhouding neerstreek. Ruim drie eeuwen lang was São Paulo weinig meer dan een nietige provinciehoofdstad met een groot achterland, ruim zesmaal groter dan Nederland. Anders dan Rio de Janeiro, Salvador, Recife of Fortaleza ligt São Paulo niet op zeeniveau, maar op 800 meter boven de zeespiegel, slechts 80 kilometer uit de kust. Vanuit de haven van Santos gaat het steil de bergen van het Atlantisch regenwoud op, waarna een honderden kilometers diep achterland opdoemt.

De verbouw van koffie veranderde het lot van São Paulo. In de negentiende eeuw waren vanuit Rio de Janeiro koffieplantages gesticht in de smalle vallei van Paraíba. Zo kwam de koffie richting São Paulo en eenmaal daar aangekomen, kon een continentaal achterland worden volgeplant. Voor de ontwikkeling van São Paulo tot hoofdstad van de koffie waren twee factoren van belang. Ten eerste de aanleg door de Engelsen van een spoorlijn van Santos naar São Paulo en vandaar in vijf rechte lijnen het achterland in. São Paulo werd de spil in het netwerk van verbindingen dat de koffieplantages ontsloot. De tweede factor was de komst van grote aantallen migranten uit Europa en Japan, die de arbeidskracht op de plantages konden leveren die door de afschaffing van de slavernij (1888) was weggevallen. De gevolgen voor São Paulo waren schokkend. Tussen 1890 en 1900 steeg het inwonertal van 35.000 naar 250.000. Gedurende de twintigste eeuw hield de groei aan, lange tijd met meer dan 5% per jaar. De rijke koffiebaronnen woonden in de stad en bouwden er prachtige paleizen. Avenida Paulista werd het symbool van hun rijkdom en macht.

SÃO PAULO GESCHIEDENIS

PAUL MEURS

66

SÃO PAULO HISTORY

São Paulo was founded by the Jesuits in 1549 as São Paulo dos Campos de Piratininga. The city was a base camp for expeditions to the interior, known as the **bandeiras**. These colonizing activities didn't make it a particularly wealthy or vibrant centre. The heartlands of colonial Brazil lay elsewhere – in the sugar plantations in the north-east (Bahia and Pernambuco), the gold mines of Minas Gerais and the capital, Rio de Janeiro, where the entire exiled Portuguese court had settled during the Napoleonic period. For some three centuries São Paulo was little more than an insignificant provincial capital with a huge hinterland, some six times larger than the whole of the Netherlands. Unlike Rio de Janeiro, Salvador, Recife or Fortaleza, it is not situated at sea level but at 800 m, only 80 km from the coast. From the harbour of Santos the route rises steeply into the mountains of the Atlantic jungle, behind which the hinterland stretches out for hundreds of kilometres.

The cultivation of coffee changed the fate of São Paulo. In the nineteenth century, entrepreneurs went from Rio de Janeiro to set up plantations in the narrow valley of Paraíba. The coffee went from there self-evidently in the direction of São Paulo, after which it was possible to cultivate the continental hinterland. Two factors were essential for São Paulo to be transformed into the capital of coffee. First of all, a railway line was built by the English from Santos to São Paulo and from there in five straight routes into the hinterland. São Paulo became the hub in the network of connections that opened up the coffee plantations. The second factor was the arrival of huge numbers of immigrants from Europe and Japan, who supplied the labour force on the plantations that had vanished with the abolition of slavery (1888). The consequences for São Paulo were enormous. Between 1890 and 1900 the population grew from 35,000 to 250,000. This rate of growth continued in the twentieth century, amounting for a long while to more than

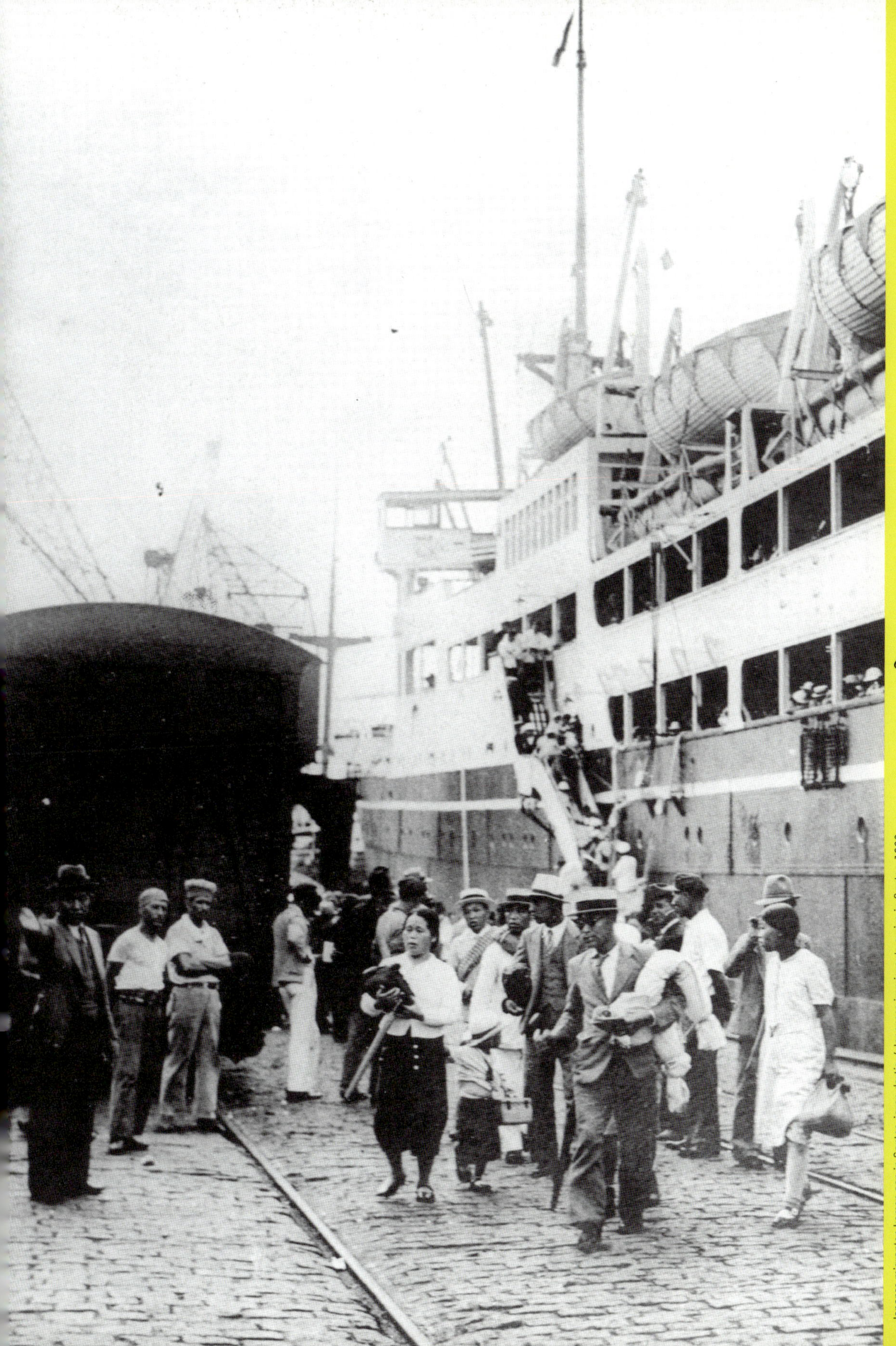

Japanse migranten komen aan in Santos, jaren dertig. / Japanese immigrants arrive in Santos, 1930s.

Dankzij de aanwezigheid van geld en migranten had São Paulo goede papieren om de Braziliaanse industrialisatie aan zich te binden. Daar kwam nog een factor bij: goedkope energie, dankzij de aanleg van waterkrachtcentrales waarin het hoogteverschil tussen São Paulo en de kust werd benut. Ondanks de macht van de hoofdstad Rio de Janeiro kon São Paulo zich opwerken tot industrieel brandpunt van Brazilië. De industrie werd echt belangrijk voor Brazilië tijdens de Tweede Wereldoorlog. Aan de import van producten kwam een abrupt einde en in allerijl werd een importvervangende industrie opgebouwd. Na de oorlog was het besluit van president Kubitschek in 1960 om de automobielindustrie in São Paulo te vestigen van doorslaggevende betekenis. Hierna was het een kwestie van tijd tot São Paulo Rio de Janeiro voorbijstreefde als belangrijkste stad van het land voor wat betreft inwoneraantal, economische betekenis en later ook zelfs de culturele voorzieningen. São Paulo was het hart van de Braziliaanse economie.

Honderd jaar na de koffietijd en de start van de industrialisatie is São Paulo sterk veranderd. De voormalige industriegebieden zijn verouderd en veel fabrieken verdwenen uit de stad. Daar kwamen andere economische activiteiten voor terug, die zijn gebundeld in verschillende zakencentra. Het inwonertal van de stad is gestabiliseerd. De groei is gedeeltelijk verschoven naar het achterland, mede door de slechte leefkwaliteit, congestie en het geweld

5 per cent per year. The wealthy coffee barons lived in the city and built magnificent mansions. Avenida Paulista became the symbol of their wealth and power.

Due to the availability of money and an immigrant labour force São Paulo was well qualified to take on the task of Brazilian industrialization. Another factor also played a role – energy was cheap due to the building of hydro-electric power stations, with the difference in altitude between São Paulo and the coast being exploited to the full. Despite the power of the capital, Rio de Janeiro, São Paulo was able to work its way up to being the industrial heart of Brazil. Industry became really crucial for the country during the Second World War, which also caused an abrupt end to the import of products. Industries were set up in all haste to compensate for the loss of these imports. In 1960, in the post-war period, President Kubitschek made a decisive choice for São Paulo as the base for the automobile industry. After that it was only a matter of time before it overtook Rio de Janeiro as the most important city in the country, in terms of population, economic power and later even cultural amenities. São Paulo became the centre of gravity of Brazil's economic life.

A hundred years after the age of the coffee plantations and the explosion of new industries, São Paulo has changed radically. The former industrial terrains have decayed and many factories have vanished. Other economic activitities, concentrated in various business centres, have come in their

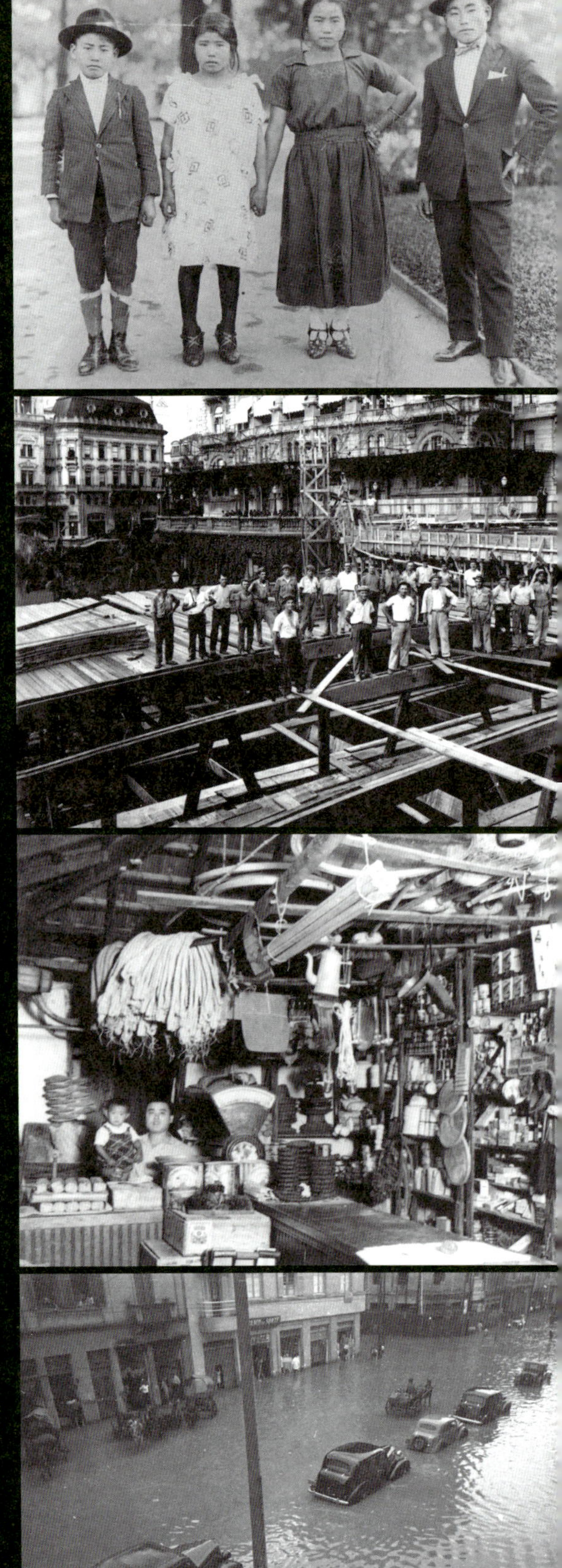

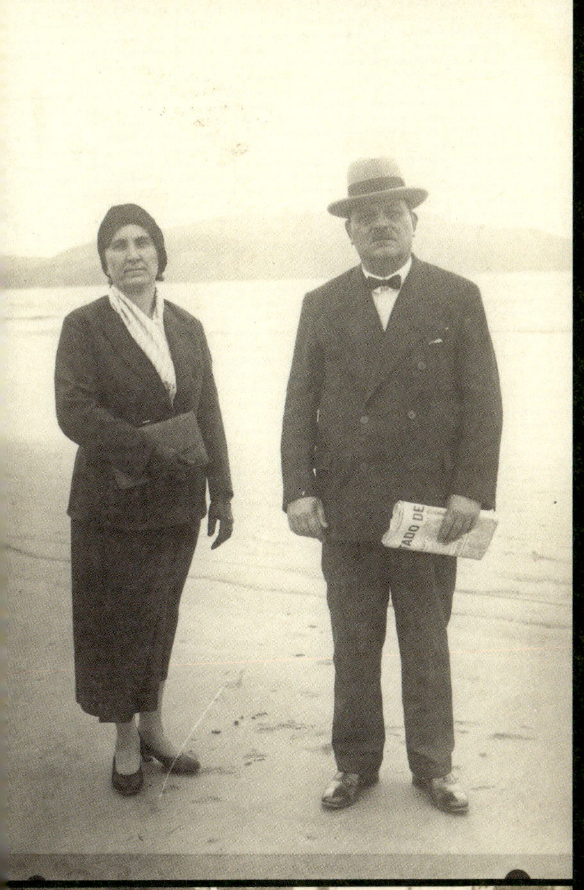

in de São Paulo. De steden die in het verleden tot bloei kwamen vanwege de koffieplantages ontwikkelen zich nu als centra van industrie, handel en dienstverlening. Een voorbeeld hiervan is Botucatu, op 230 kilometer van São Paulo. Hier produceert Embraer vliegtuigen, maar vestigde zich ook een groep eco-vluchtelingen die op het platteland probeert een duurzame samenleving te stichten. De opkomst van het achterland van São Paulo is zo sterk dat de stad São Paulo en het binnenland van São Paulo gelden als de twee belangrijkste consumptiemarkten van Brazilië.

Voor een stad die zo snel is gegroeid van een provinciestad tot een van de grootste metropolen in de wereld, is het eigenlijk verbazingwekkend hoeveel sporen van de geschiedenis bewaard zijn gebleven, met name uit de afgelopen eeuw. In het oude centrum staan gebouwen in allerlei formaten, stijlen en smaken gebroederlijk naast elkaar. Oude fabrieken, stations, woningbouwcomplexen en andere relicten uit de industriële tijd zijn verspreid door de stad te vinden. Veel klassiek geworden voorbeelden van de Braziliaans moderne architectuur werden in São Paulo gerealiseerd. De monumentenzorg van de gemeente, de deelstaat en het rijk hebben veel historische gebouwen en gebieden in São Paulo beschermd. In het architectuuronderwijs is opvallend veel aandacht voor geschiedenis, monumentenzorg en de Braziliaanse architectuur.

Afhankelijk van de plek in de stad hebben de historische gebouwen en structuren van São Paulo een specifieke bete-

69

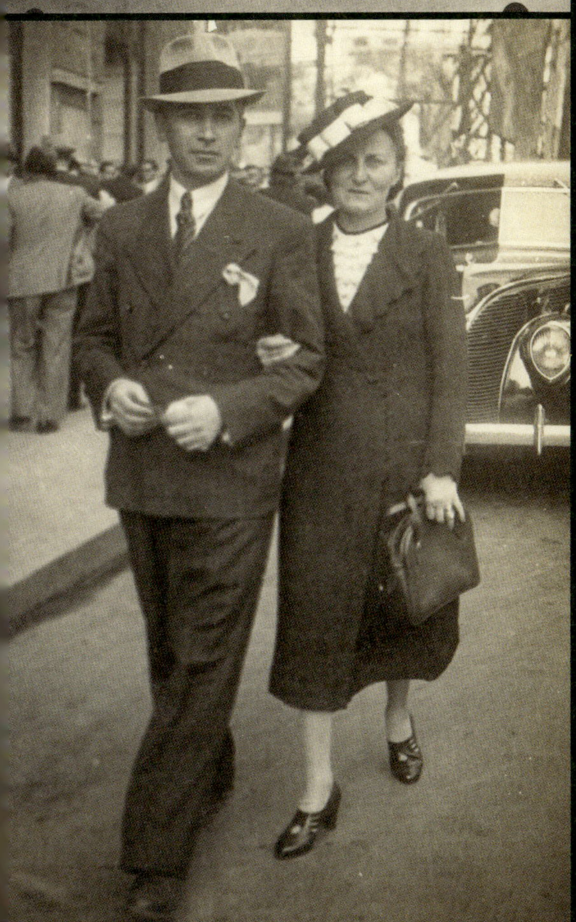

stead. The population of the city has stabilized. Some of the growth has shifted to the hinterland, partly because of the poor quality of life and the congestion and violence of São Paulo. The cities that had flourished in the past due to the coffee plantations are now developing as centres of industry, trade and services. An example is Botucatu, 230 km from São Paulo. Here the firm of Embraer builds aircraft, while at the same time a group of eco-refugees has also settled in an attempt to found an ecologically viable community in the countryside. The hinterland of São Paulo has enjoyed such a boom that the city of São Paulo and its interior now form the two most important consumption markets in Brazil.

For a city that has undergone such rapid growth from a provincial town into one of the largest metropolises in the world, it is surprising how many traces of its history, and particularly that of the previous century, have been preserved. In the historical centre there are buildings of every size, style and taste juxtaposed cosily. Old factories, railway stations, housing developments and other vestiges of the industrial era can be found scattered throughout the city. Many instances of modern architecture in Brazil now regarded as classical examples were built in São Paulo. The municipal conservation department, the federal district and the state have protected many historical buildings and quarters. In architectural education is it striking how much attention is paid to history, conservation and Brazilian architecture.

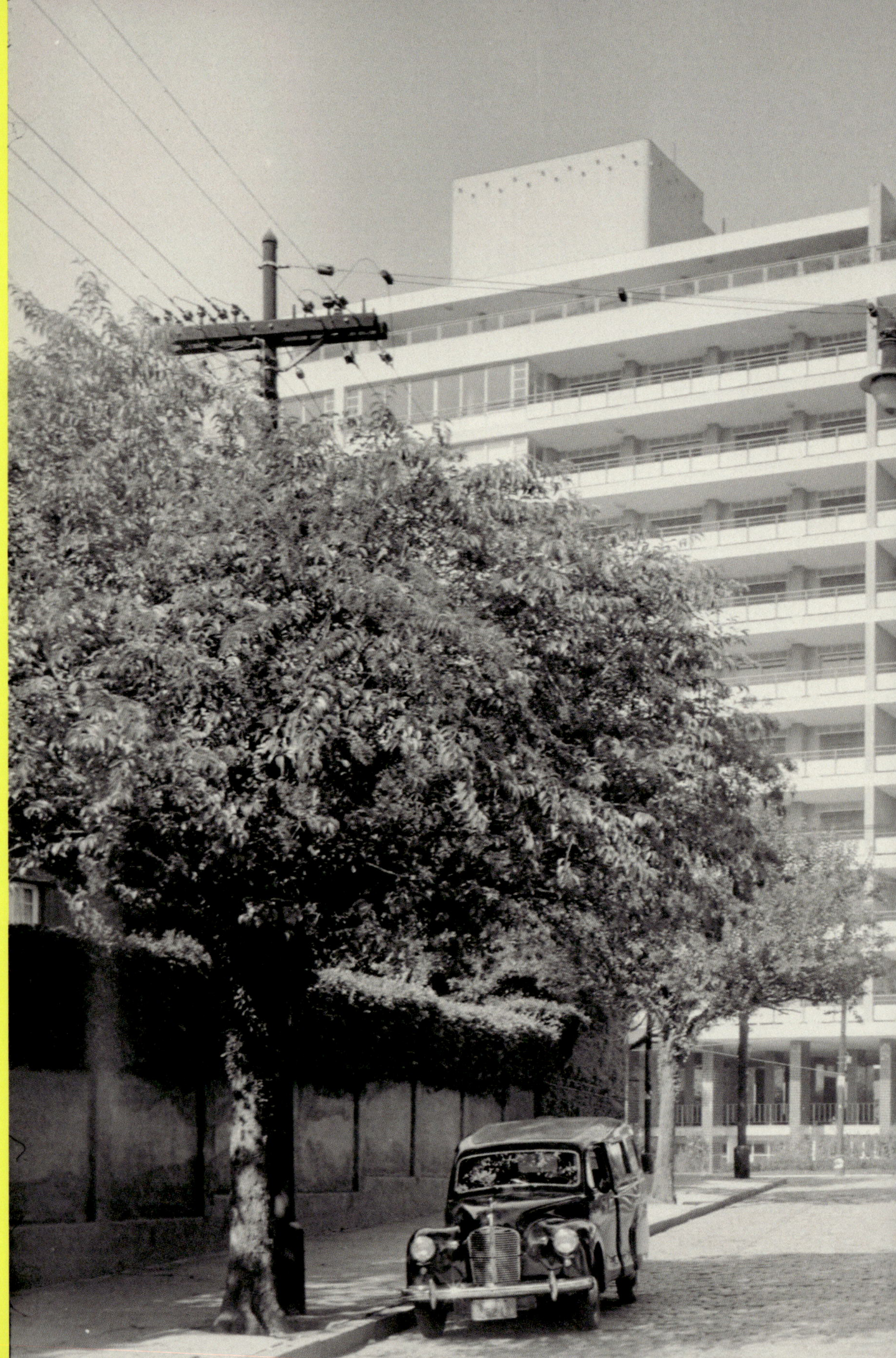

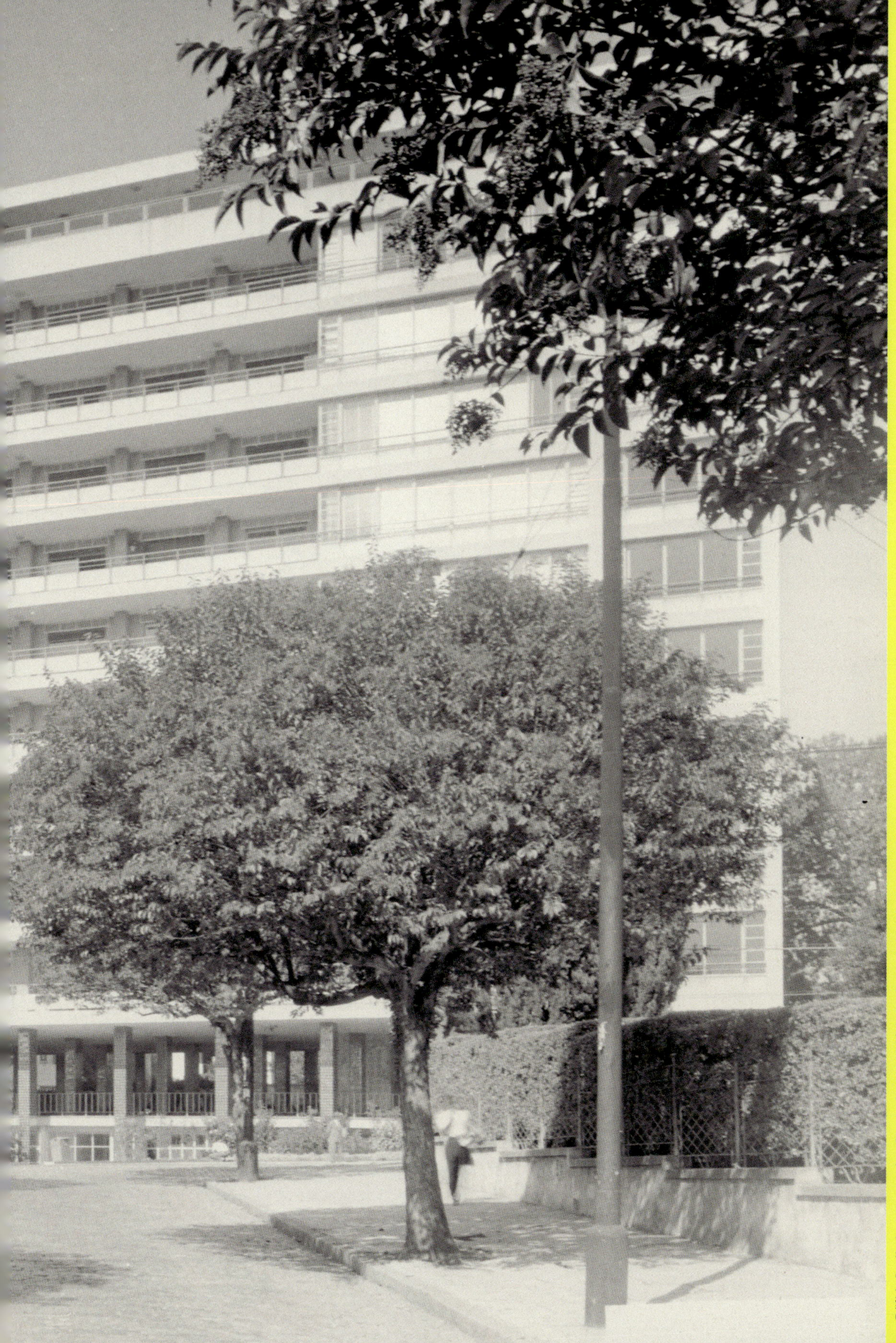

Edifício Prudência, ontworpen door Rino Levi, 1944 / Edifício Prudência, designed by Rino Levi, 1944

kenis voor de hedendaagse stad. De spoorzone en delen van het centrum zijn in verval en wachten op herontdekking. Op de rand van de fabriekszone en de rijkere woonwijken zijn projecten van hergebruik gerealiseerd, die internationaal de aandacht trokken, zoals de vrijetijdsfabriek van Lina Bo Bardi en de vestiging van een concertzaal in een oud station. In de rijke delen van de stad worden vooral openbare gebouwen met liefde en zorg onderhouden en gerestaureerd. De economische druk leidt doorgaans echter tot rücksichtsloze vernieuwing, die past bij het karakter van de stad. Zo was Avenida Paulista honderd jaar geleden beeldbepalend voor São Paulo als een brede en groene avenue vol exorbitante woonpaleizen. Op een enkel gebouw na is hier niets van bewaard gebleven, maar Avenida Paulista behield met alle moderne wolkenkrabbers en musea wel haar status als beeldbepalend element. São Paulo heeft een traditie om vooruit te kijken, nieuwe gebieden in ontwikkeling te brengen en verouderde zones links te laten liggen. Uitgerekend deze traditie maakt dat São Paulo zich nu ontwikkelt tot een stad vol geschiedenis, omdat de doorgaande vernieuwing van de stad niet opkan tegen de veroudering van de relicten en structuren van honderd jaar buitenproportionele groei.

Independently of their urban situation, the historical buildings and structures of São Paulo have a different meaning for the city of today. The railway area and parts of the centre await their rediscovery and are in a state of decay. On the edge of the factory zone and the wealthier residential neighbourhoods, projects for the recycling of buildings have been realized, some of which have attracted international attention. Good examples are the leisure centre by Lina Bo Bardi and the conversion of a former railway station into a concert hall. In the wealthy parts of the city public buildings in particular are maintained and restored with loving care. Economic pressure, however, usually leads to unbridled modernization, in keeping with the character of the city. A hundred years ago Avenida Paulista, as a wide leafy avenue full of extravagant mansions, was iconic for the city. Apart from the odd building, nothing of this has been preserved. Nonetheless Avenida Paulista, with all its modern skyscrapers and museums, has succeeded in preserving its iconic status. São Paulo has a tradition of looking to the future, of launching developments in new areas and bypassing decayed ones. It is precisely this tradition that has meant that São Paulo is now becoming a city that is full of history, because the ongoing transformation of the city is not equal to the decay of the relics and structures of a hundred years of disproportionate growth.

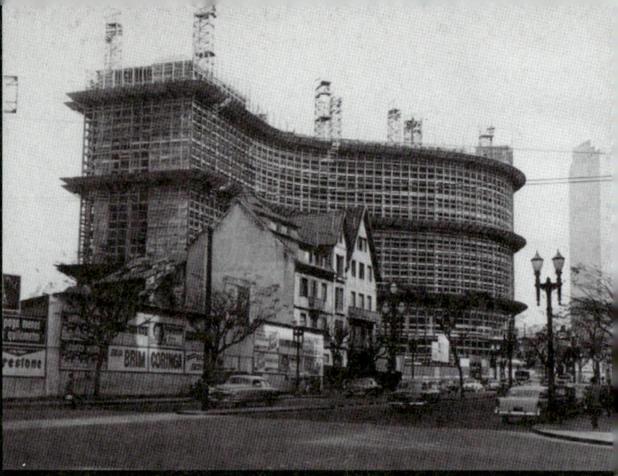

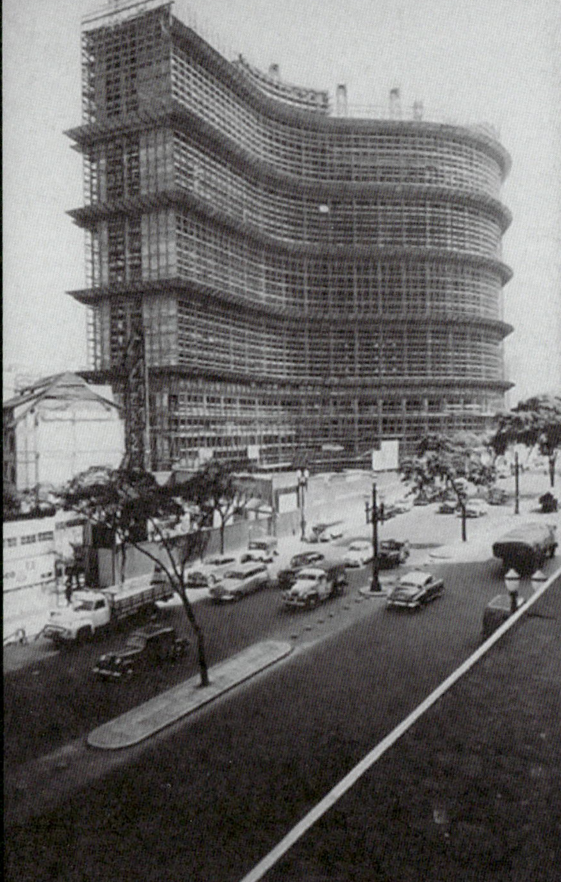

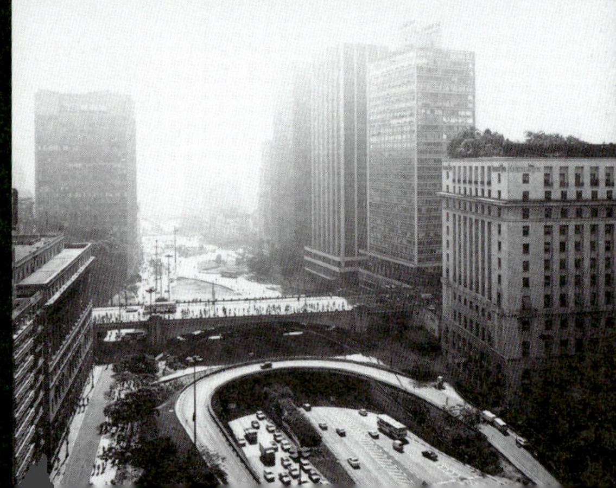

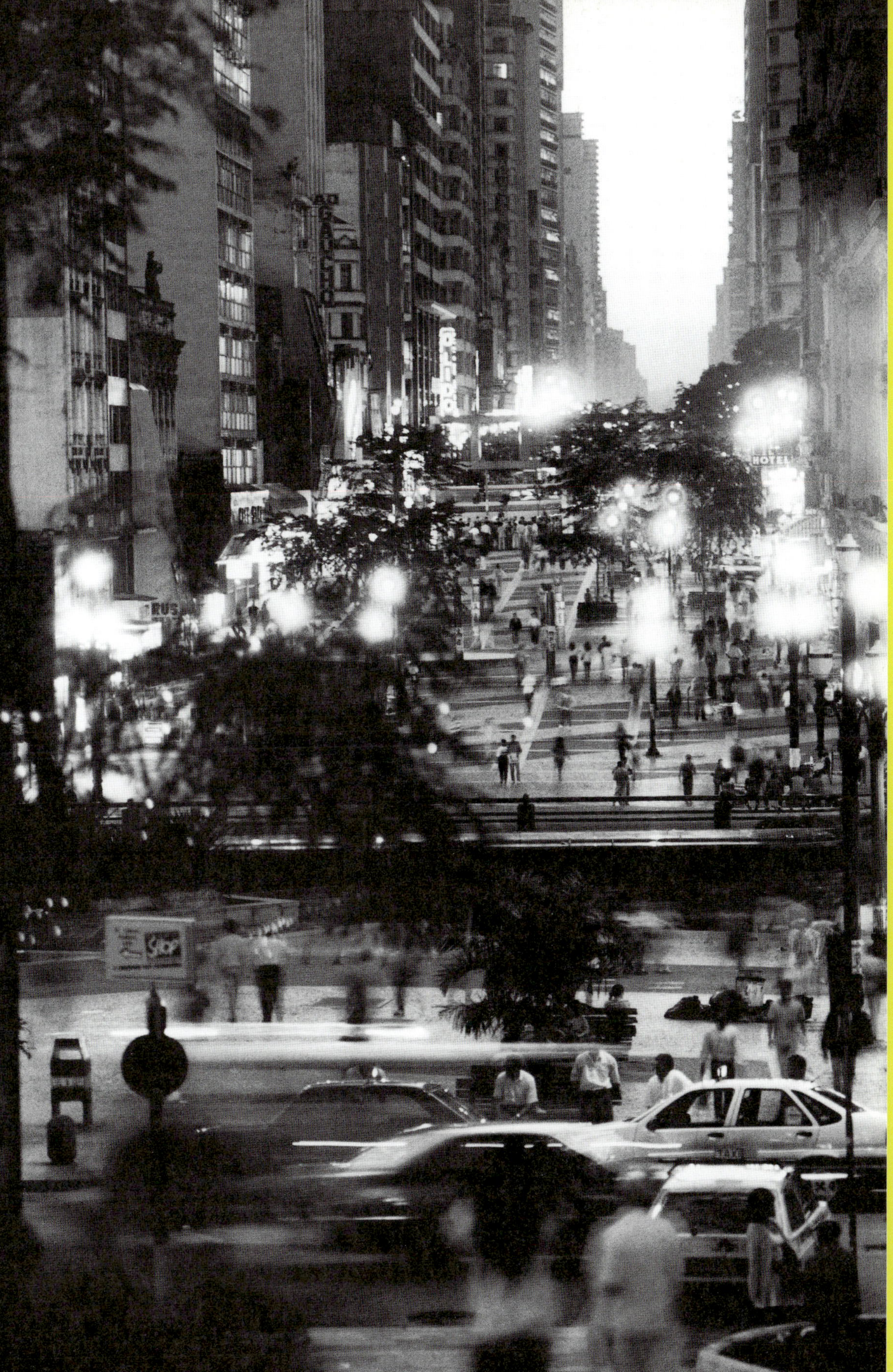

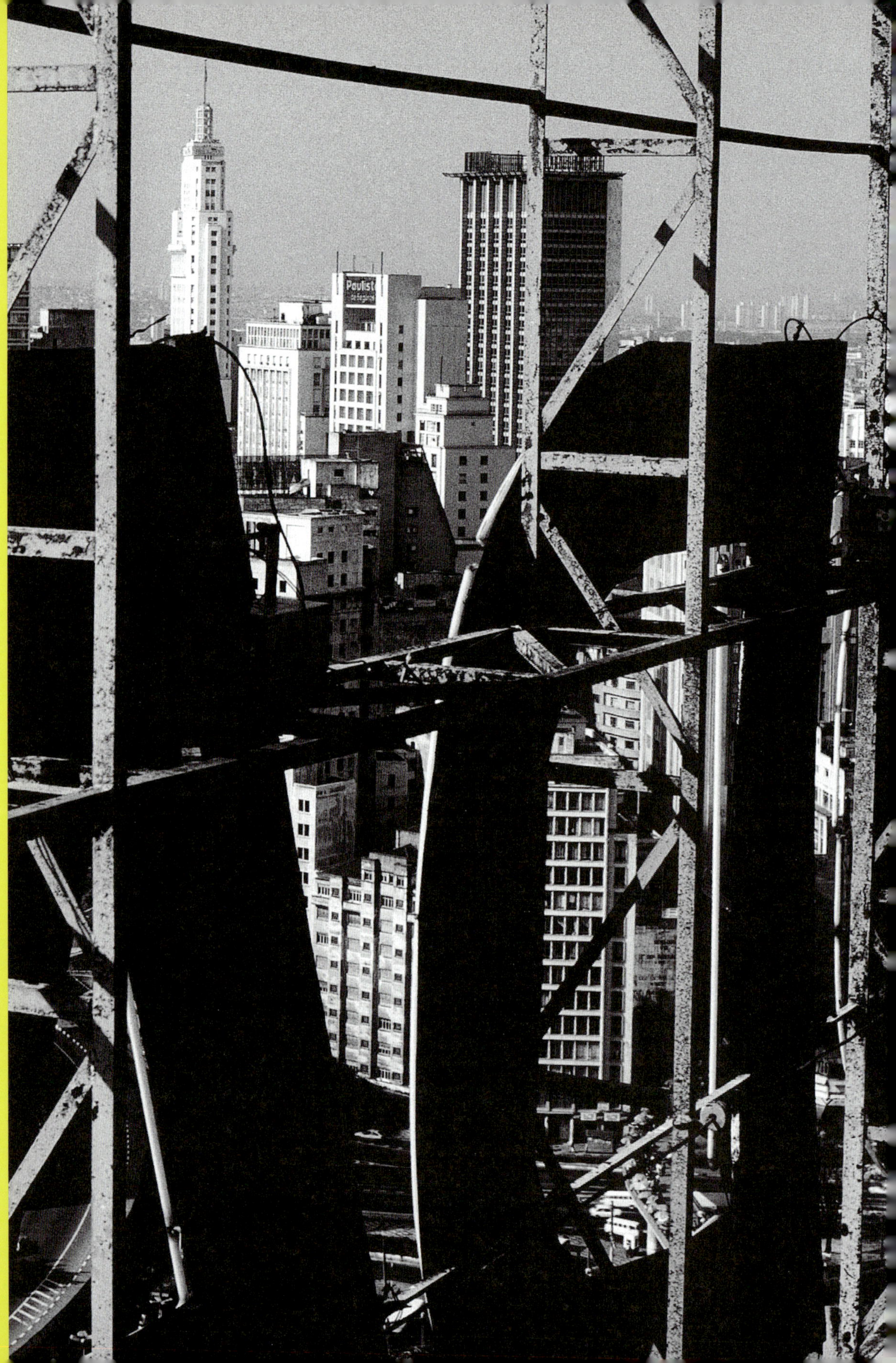

Vale do Anhangabaú, zicht op Banespatoren / Vale do Anhangabaú, view on Banespatower

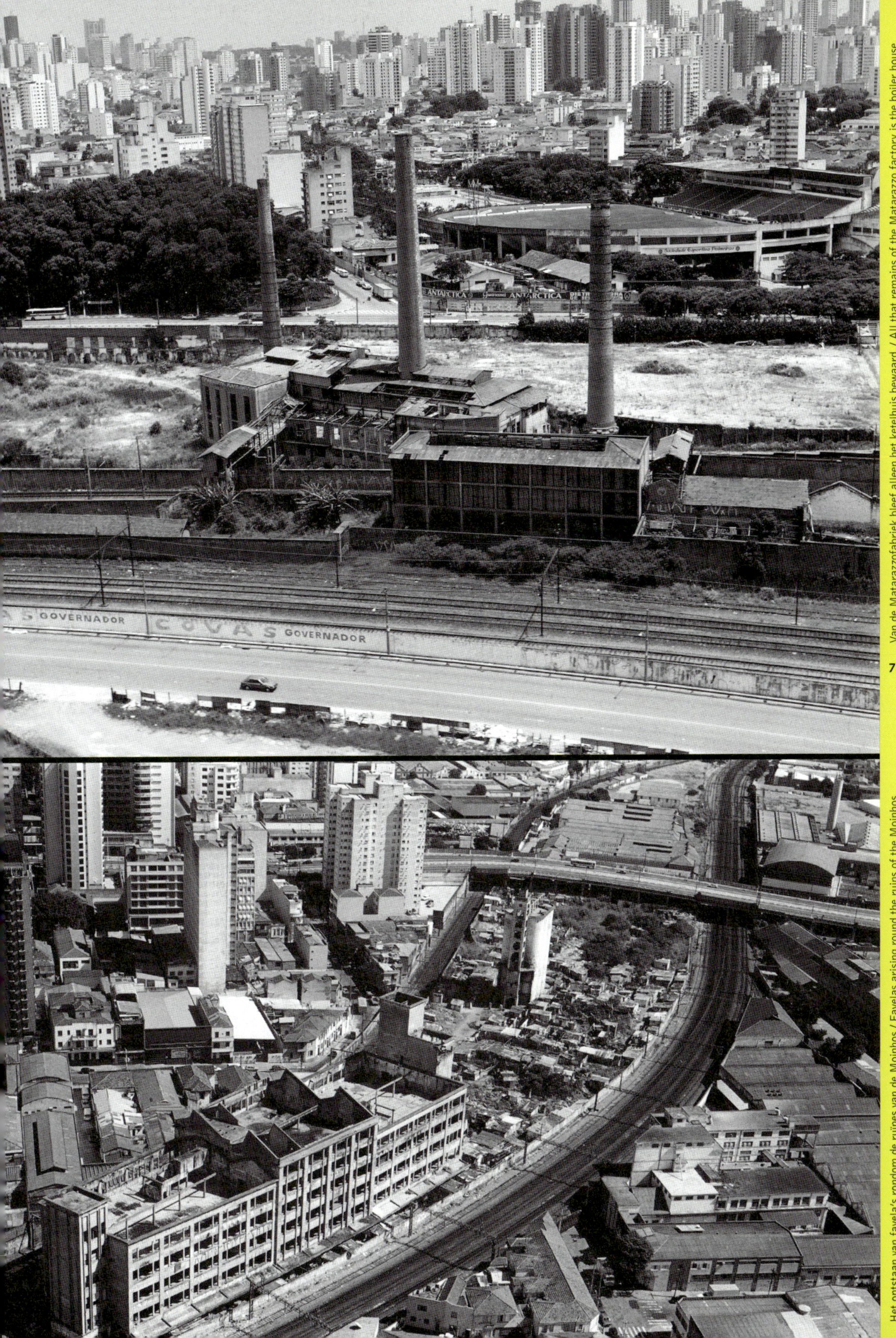

Van de Matarazzofabriek bleef alleen het ketelhuis bewaard. / All that remains of the Matarazzo factory is the boiler house.

75

Het ontstaan van favela's rondom de ruïnes van de Moinhos / Favelas arising round the ruins of the Moinhos

De moderne Braziliaanse architectuur, die vanaf 1940 wereldwijd bekend werd, kwam voornamelijk uit Rio de Janeiro. Daar werkte de groep onder aanvoering van Lúcio Costa en Oscar Niemeyer die eind jaren vijftig de verantwoordelijkheid over de bouw van de hoofdstad Brasilia kreeg. De architecten die in deze periode in São Paulo werkten, waren meest immigranten met een Europese opleiding. Ze kwamen onder meer uit Rusland (Gregori Warchavchik), Polen (Lukjan Korngold), Tsjechië (Franz Heep), Italië (Rino Levi, Lina Bo Bardi) en Frankrijk (Jacques Pilon). Een enkeling werd aan de Politechnische School van São Paulo opgeleid, zoals Oswaldo Bratke en João Vilanova Artigas, die in 1930 respectievelijk 1937 afstudeerden. De bonte verzameling ontwerpers in São Paulo ontwikkelde een architectuur die in Brazilië bekend werd als de Paulistastroming (Linha Paulista).[1] Kennelijk leidden de omstandigheden ertoe dat de vele culturele achtergronden konden versmelten tot een regionale architectuur. Deze is verwant aan de architectuur uit Rio de Janeiro (**Linha Carioca**). Er bestonden tal van banden tussen architecten uit beide steden. Costa was enige tijd geassocieerd met Warchavchik en Niemeyer bouwde veel in São Paulo.

Natuurlijk zijn er in São Paulo gebouwen te vinden die evengoed in andere landen hadden kunnen staan, zoals sommige witte villa's van de modernisten uit de jaren dertig. De ontwikkeling die de stad halverwege de twintigste eeuw doormaakte, stelde de ontwerpers evenwel voor specifieke opgaven die bijzondere oplossingen opleverden. De toenmalige bouwcultuur in São Paulo valt op door compacte verstedelijking, grootschalige architectuur en stoere constructies. De groei van São Paulo ging zo snel, dat de uitbouw van de infrastructuur geen gelijke tred kon houden. Rondom de centrale stad ontstond een gordel van buitenwijken, die verstoken bleef van een goede infrastructuur en voorzieningen als scholen, gezondheidszorg en parken. De welvaart van São Paulo zat tot in de jaren zeventig samengebald in een

SÃO PAULO ARCHITECTUUR

 PAUL MEURS

SÃO PAULO ARCHITECTURE

Modern Brazilian architecture, which achieved world renown in the period after 1940, mainly came from Rio de Janeiro. That is where the group worked led by Lúcio Costa and Oscar Niemeyer, which was put in charge of the construction of the capital Brasília at the end of the 1950s. Most of the architects who worked in São Paulo in this period were immigrants with a European training. They came for instance from Russia (Gregori Warchavchik), Poland (Lukjan Korngold), Czechoslovakia (Franz Heep), Italy (Rino Levi, Lina Bo Bardi) and France (Jacques Pilon). A few received their training at the Polytechnic School of São Paulo, like Oswaldo Bratke and João Vilanova Artigas, for instance, who graduated in 1930 and 1937 respectively. This chequered collection of designers in São Paulo developed an architecture known in Brazil as the Paulista tendency (**Linha Paulista**).[1] Circumstances permitted these various cultural backgrounds to blend into a regional architecture. It resembled the architecture of Rio de Janeiro (**Linha Carioca**) and there were plenty of links between architects from the two cities. Costa was for some time associated with Warchavchik and Niemeyer built a great deal in São Paulo.

Obviously, buildings can be found in São Paulo that could equally well have been built in other countries, such as some of the white mansions of the modernists from the 1930s. The evolution that the city underwent halfway through the twentieth century also confronted the designers with specific tasks that led to remarkable solutions. The architectural practice of São Paulo at that time is distinguished by compact urbanization, large-scale architecture and eye-catching structures. The growth of São Paulo was so rapid that the infrastructure was unable to keep pace with it. Round the city centre was a belt of suburbs, which were devoid of a good infrastructure and amenities such as schools, health services and parks. Right up to the 1970s, welfare in São Paulo was concentrated in a substantial city

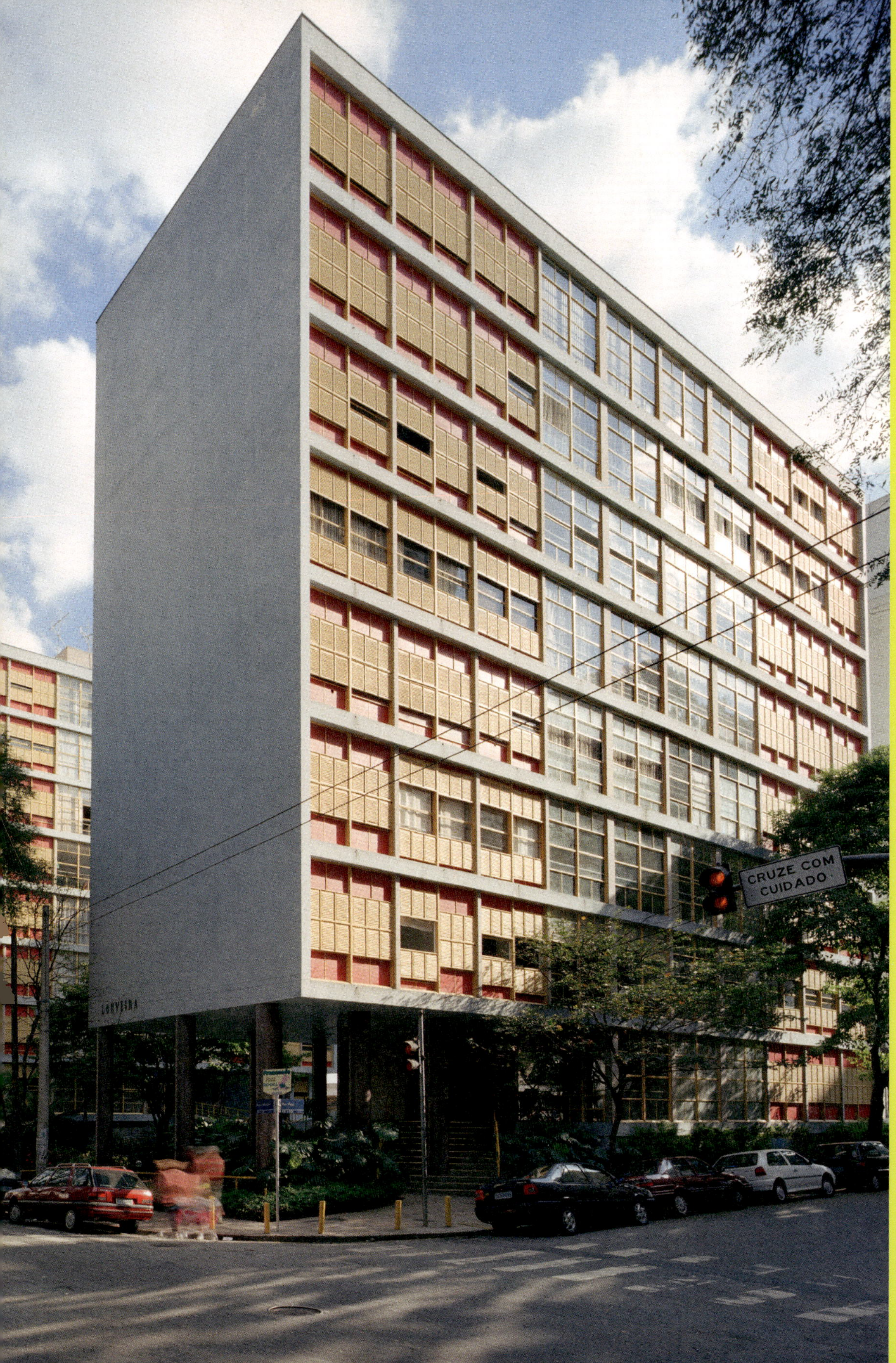

João Vilanova Artigas Edifício Louveira, 1946

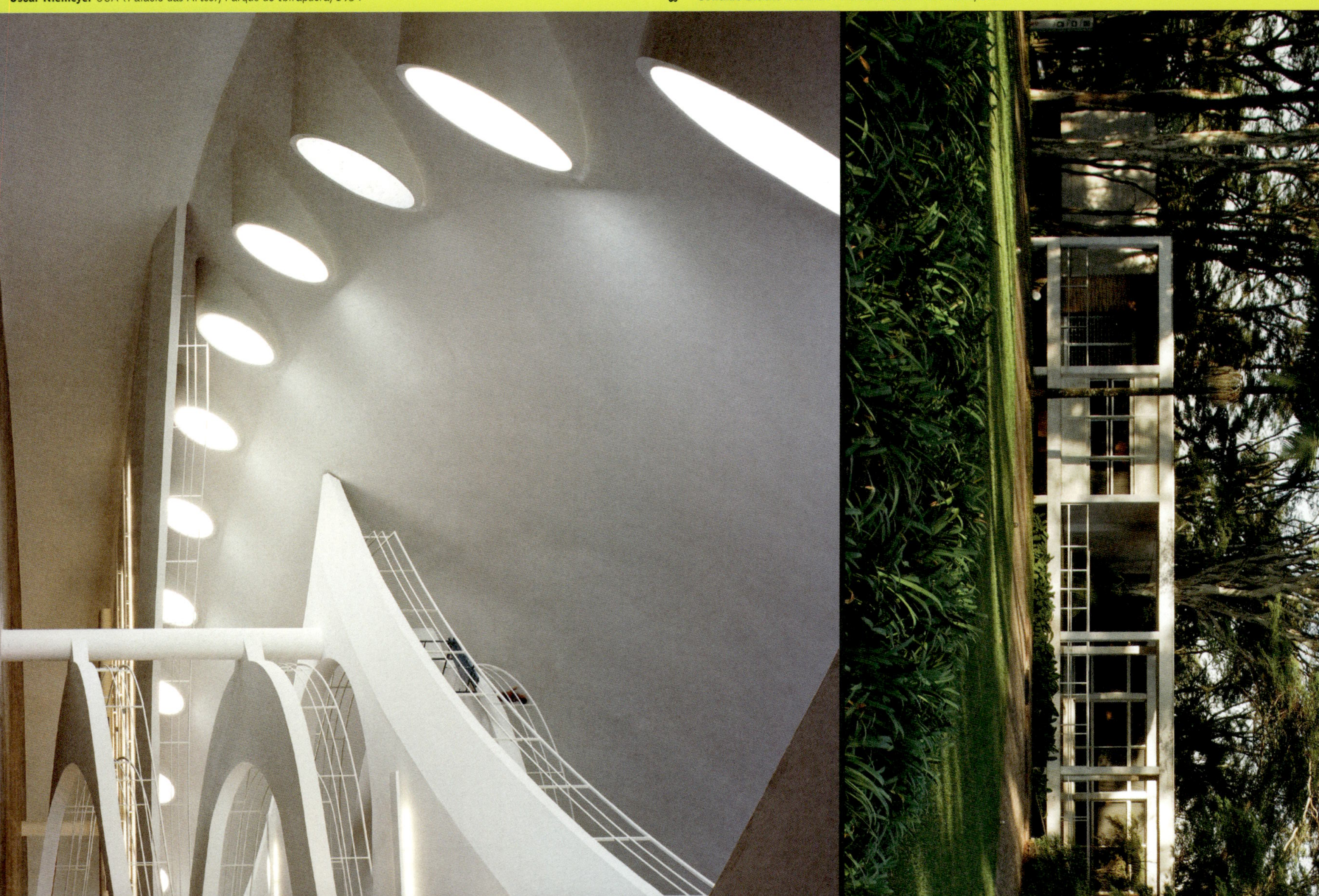

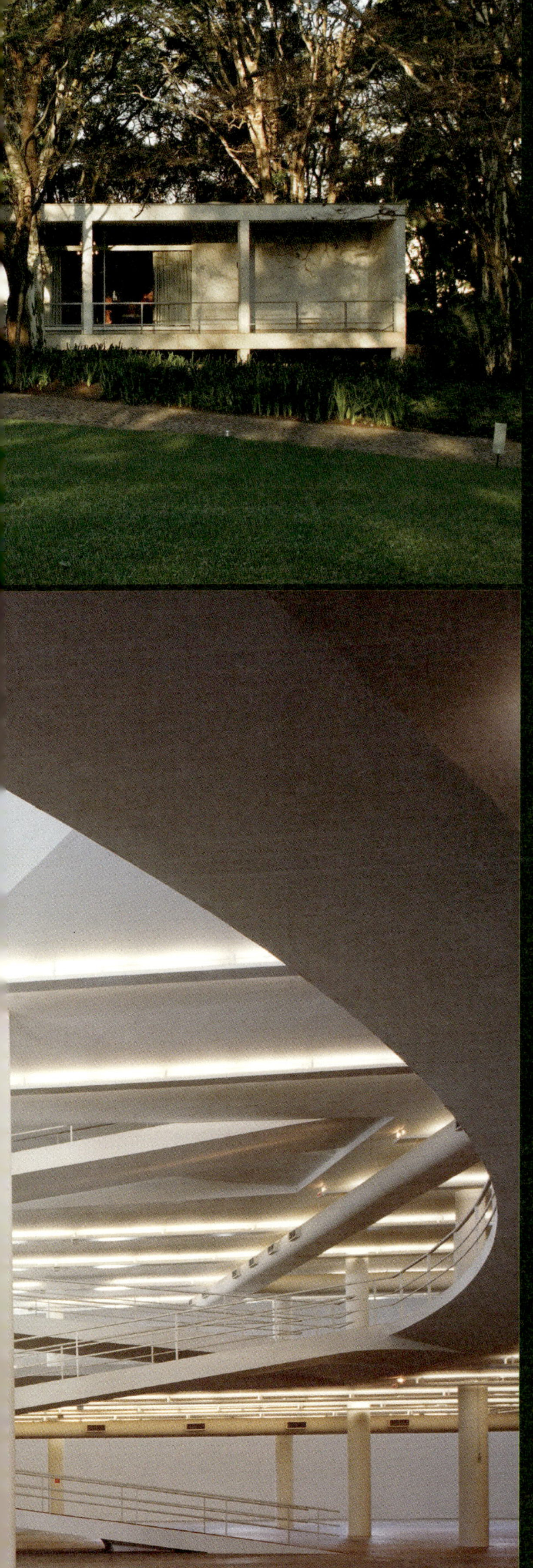

fors centrumgebied, waar de voorzieningen op orde waren. Anders dan in Europa kende São Paulo hoegenaamd geen rijke satellietsteden, groenzones of villadorpen voor forensen. Er bestond een geconcentreerde rijkdom en een verspreide armoede.

Zestig jaar geleden waren de architecten in São Paulo bezig met het ontwikkelen van concepten voor wat nu 'meervoudig ruimtegebruik' wordt genoemd. In de wijk Higienópolis en bij Avenida Paulista verrezen luxe appartementengebouwen die konden wedijveren met villawijken. De kracht van deze woonmilieus schuilt niet zozeer in een enkel uitzonderlijk project, maar in de kwaliteit van de grote aantallen. Straat na straat zijn de woningen ruim, de gevels strak en de gemeenschappelijke tuinen en speelplaatsen organisch op de openbare ruimte aansloten. Tegenwoordig behoren deze wijken tot de schaarse gebieden in de stad met een architectonische samenhang.

Behalve stapelingen van luxe appartementen, ontstonden in het centrum en langs de grote avenues stapelingen van achtereenvolgens winkelstraten, auto's en woonbuurten. Binnen de bouwblokken werden soms tot wel vijf winkelstraten boven elkaar gebouwd, die met roltrappen en vides onderling verbonden zijn. Deze **galerias** kunnen worden gezien als voorloper van de shopping mall. Voor parkeergarages met hellingbanen was in de binnenstad nauwelijks plek, er kwamen hoge gesloten parkeersilo's waar de auto's met een

centre, where such amenities were up to scratch. Unlike Europe, São Paulo had hardly any wealthy satellite cities, green areas or residential commuter villages. There was a compact wealthy district, in contrast with widely scattered areas of poverty.

Sixty years ago the architects in São Paulo were involved in developing concepts for what is currently called 'mixed-use space'. In the neighbourhood of Higienópolis and along Avenida Paulista, luxurious apartment buildings were erected that could compete in quality with residential neighbourhoods. The power of these living environments lies not so much in any single outstanding project, but in their quality and numbers. Street after street the houses are generous in size, the façades are taut and the communal gardens and playgrounds fit organically into the public space. Today these neighbourhoods are among the rare areas of the city that have some architectural cohesion.

In addition to the stacking of luxury apartments, multilevel shopping streets, car lanes and residential areas were built in the centre and along the great avenues. Inside the blocks as many as five shopping streets were sometimes built on top of each other and linked with escalators and light wells. These **galerias** can be seen as the forerunners of the shopping mall. In the city centre there was hardly any room for multistorey car parks with ramps; instead, high closed parking silos were built where cars could be

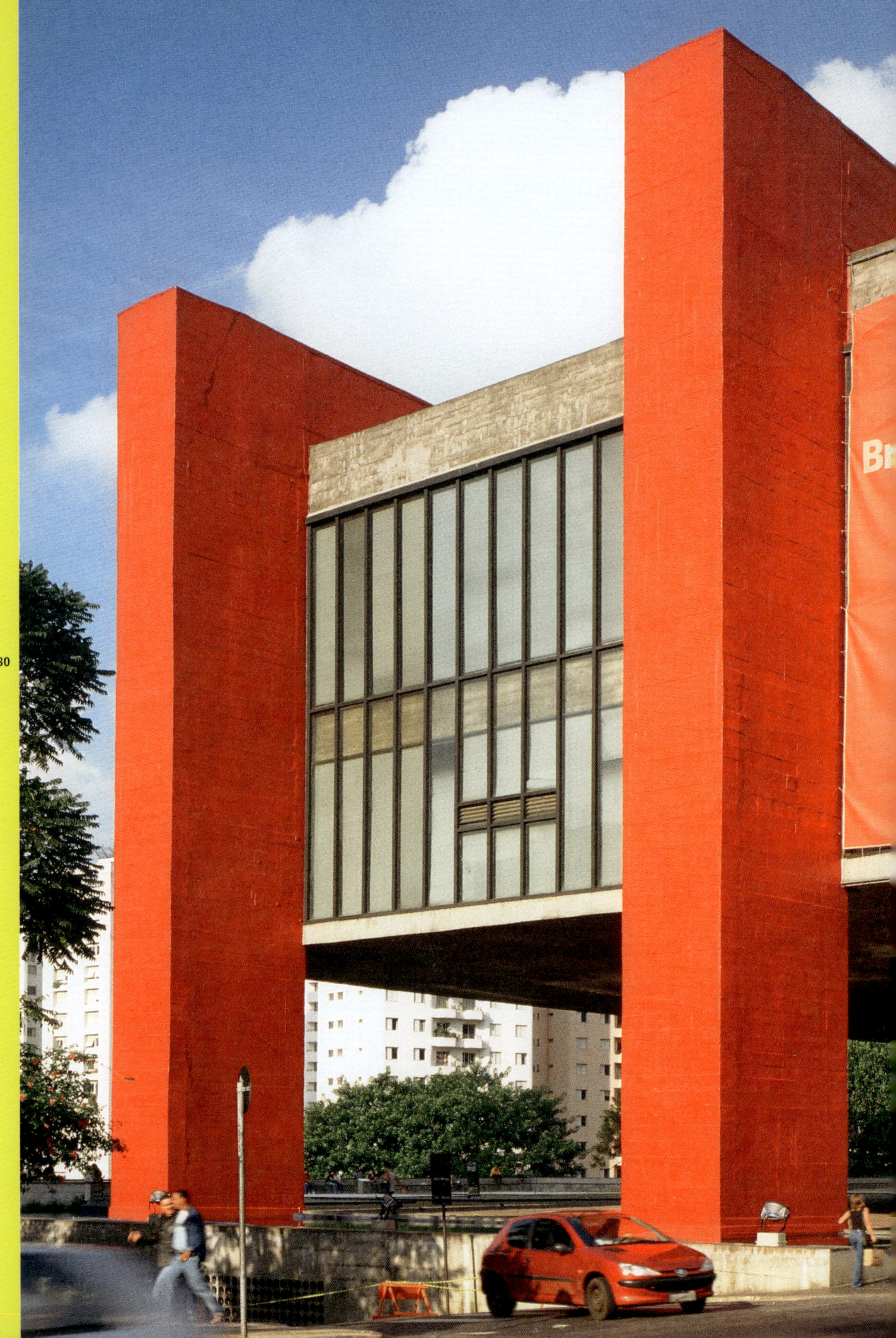

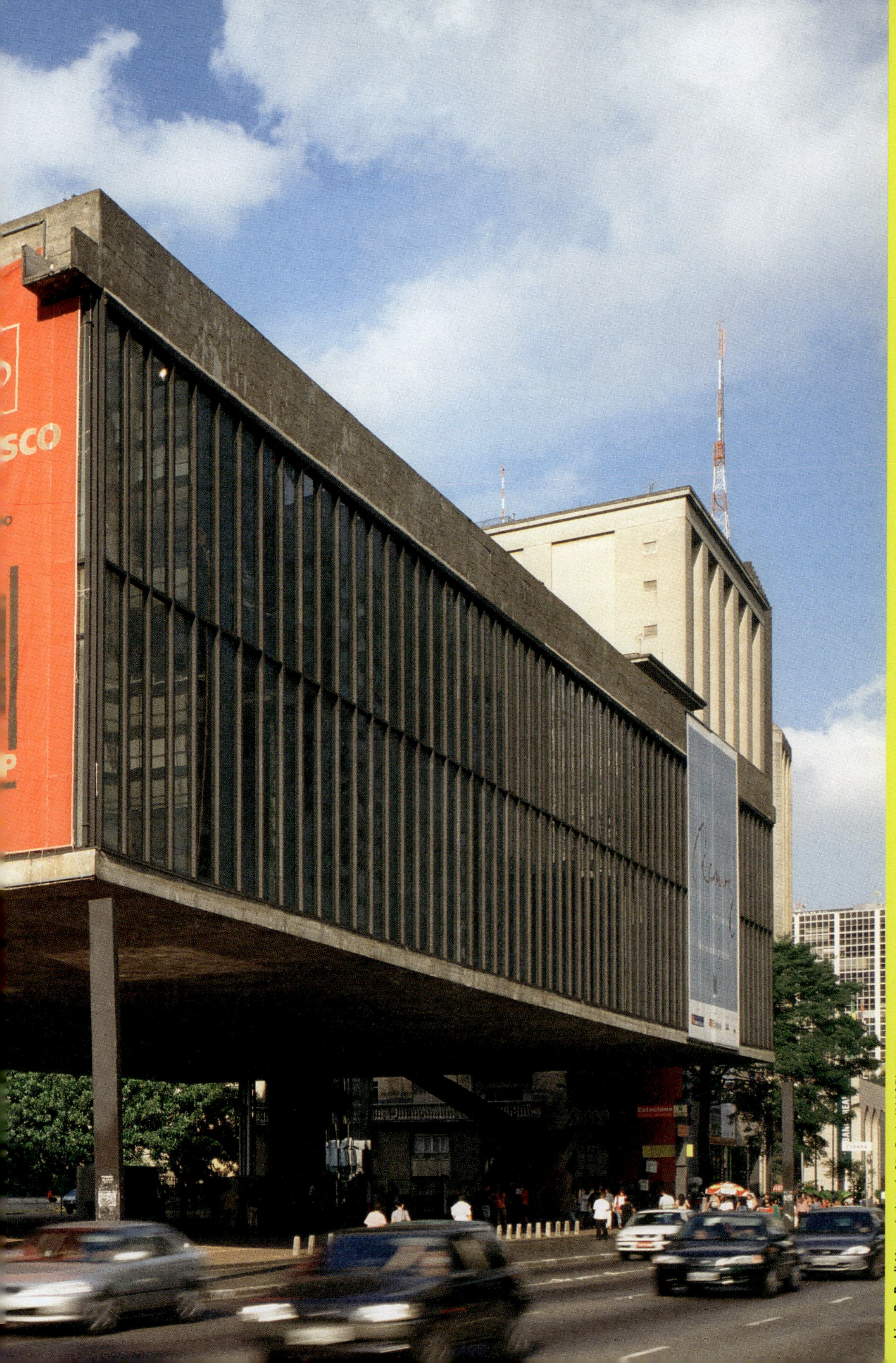

Lina Bo Bardi Museu de Arte de São Paulo (MASP), 1957

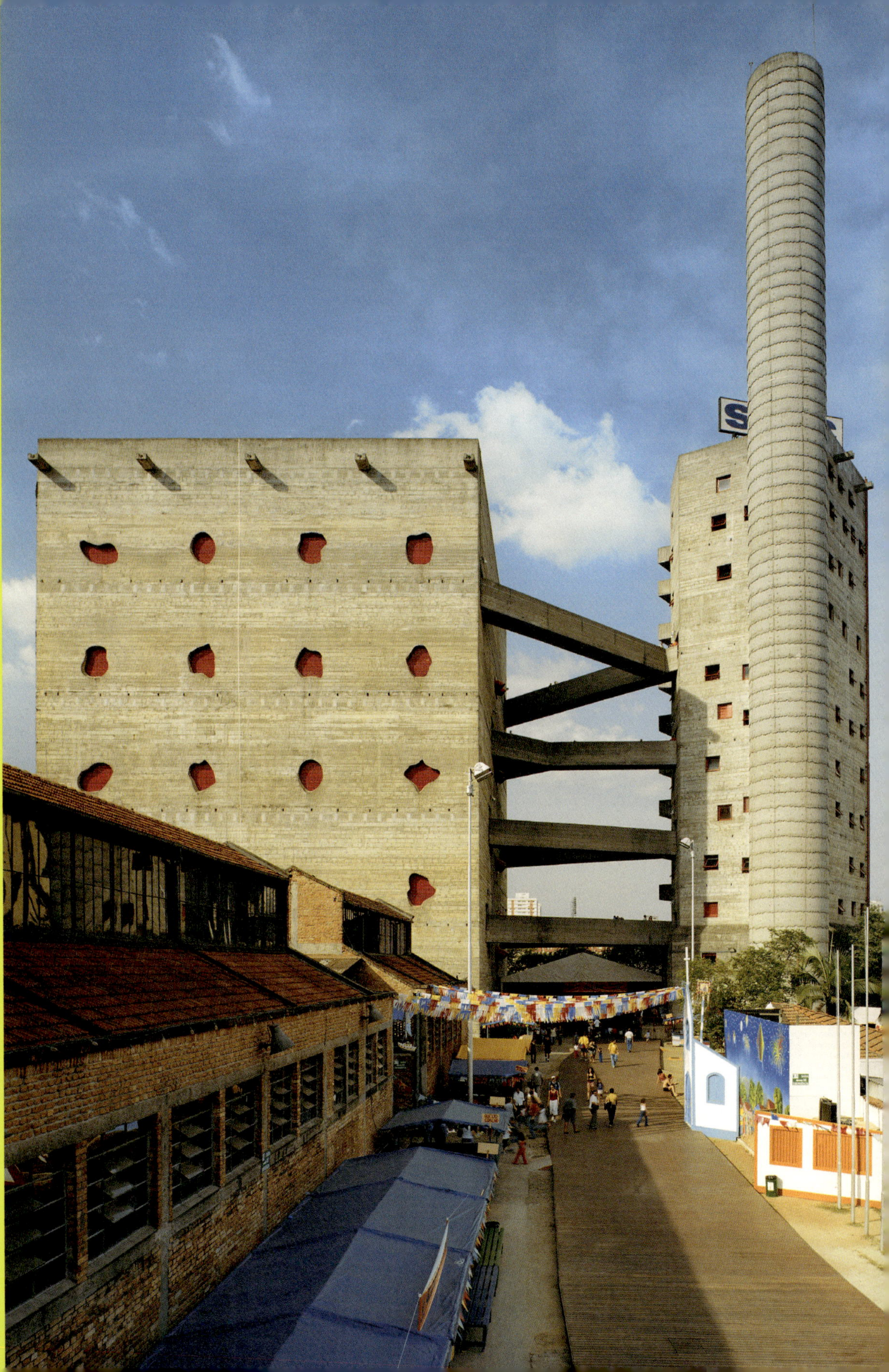

Lina Bo Bardi sportaccommodaties vrijetijdsfabriek / sports facilities leisure centre, SESC Pompéia, 1977

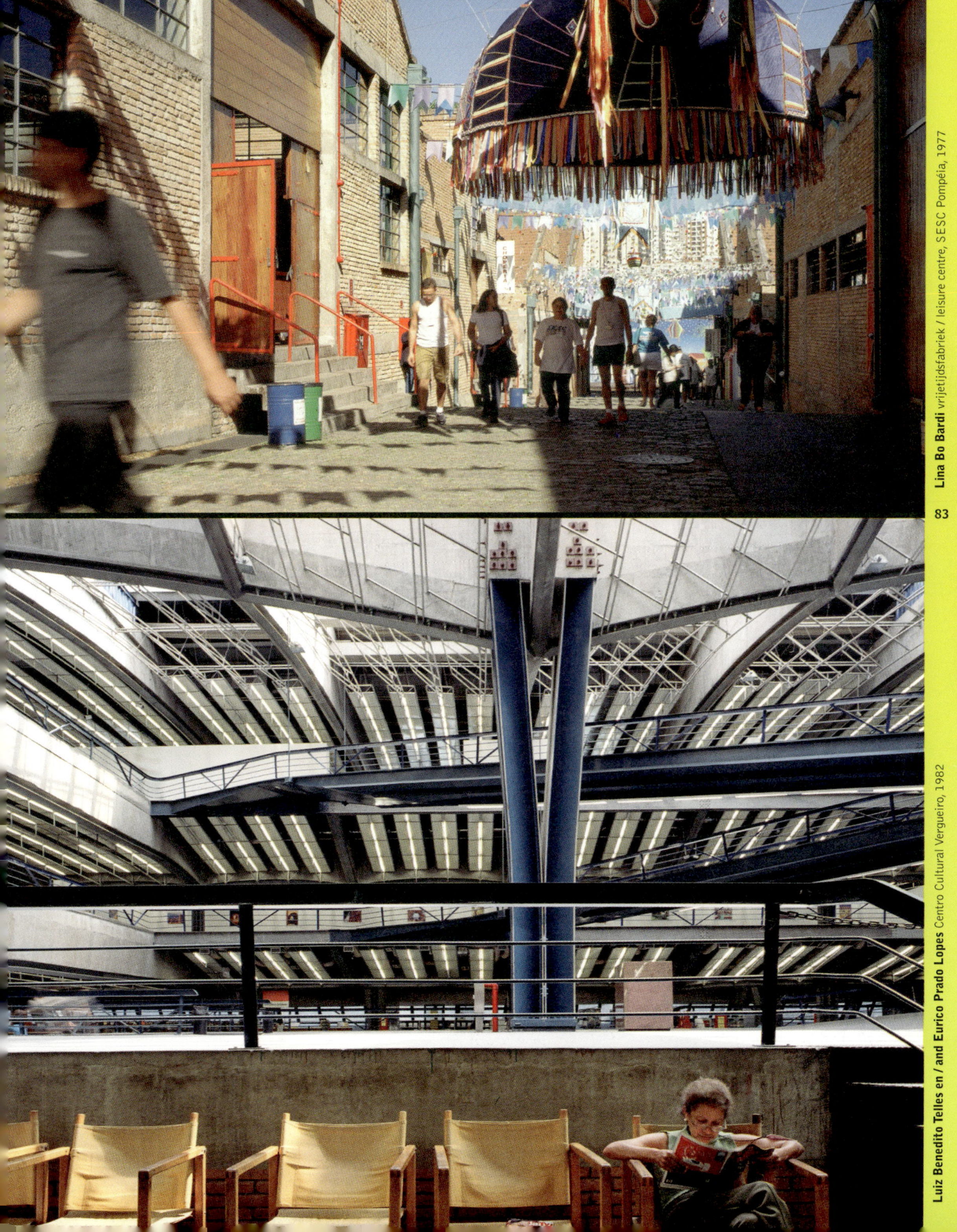

Lina Bo Bardi vrijetijdsfabriek / leisure centre, SESC Pompéia, 1977

83

Luiz Benedito Telles en / and Eurico Prado Lopes Centro Cultural Vergueiro, 1982

automatisch liftsysteem worden weggezet. Het bekendste voorbeeld van een complete woonbuurt in een enkel gebouw is COPAN, het golvende gebouw met een gevel van lamellen dat Oscar Niemeyer ontwierp. Het complex bestaat uit een hoge schijf van dertig verdiepingen met appartementen in vele soorten en maten. Daaronder zijn enkele lagen met winkels, kantoren, restaurants en een bioscoop. Deze typologie komt veel voor in São Paulo. Op het dak van de onderbouw is soms een parkje met speelvoorzieningen voor de bewoners toegevoegd.

De grote schaal van de bouwprojecten, die werd ingegeven door de snelle groei van de stad, vormde de opmaat voor een architectuur die niet alleen op grote aantallen was gericht, maar ook het grote gebaar niet schuwde. De bouwtraditie van São Paulo valt op door het ingenieursvernuft, dat soms doorschoot in architectonisch exhibitionisme. De wil om indrukwekkende overspanningen of grote overstekken te maken, ging de oplossingen dan overheersen. Kenmerkend waren grote maten, grove materialisaties en een verfijnde detaillering. Dergelijke gebouwen voegen zich in de schaal van de metropool, terwijl ze in de afwerking en de elegante routes en hellingbanen ook op de menselijke schaal aansluiten.

Bij het ontstaan van de architectuurfaculteit van de universiteit van São Paulo (FAU USP) in de jaren zestig speelde João Vilanova Artigas een prominente rol. Hij pleitte voor

parked with an automatic lift system. The best-known example of a complete residential quarter in a single building is COPAN, the serpentine building with a façade of timber slats designed by Oscar Niemeyer. The complex consists of a 30-storey-high S-shaped slice with many sorts and sizes of apartments. Below are some levels with shops, offices, restaurants and a cinema. This building typology is one that is frequently found in São Paulo. On the roof of the base a pocket-sized park with play facilities for the residents is sometimes added.

The huge scale of the construction projects, made necessary by the rapid growth of the city, was the prelude to an architecture that was not only concerned with large quantities, but was also not shy of making dramatic gestures. The construction tradition of São Paulo is distinguished by the brilliance of its engineering, which sometimes goes too far and turns into architectural exhibitionism. In such cases the determination to create imposing spans or huge cantilevers ends up dwarfing the solutions. Typical of this architecture were the large sizes, crude materializations and a refined detailing. Buildings like this fit in with the scale of the metropolis, while in their details and their elegant routes and ramps they are also adapted to the human scale.

João Vilanova Artigas played a prominent role in founding the faculty of architecture at São Paulo University

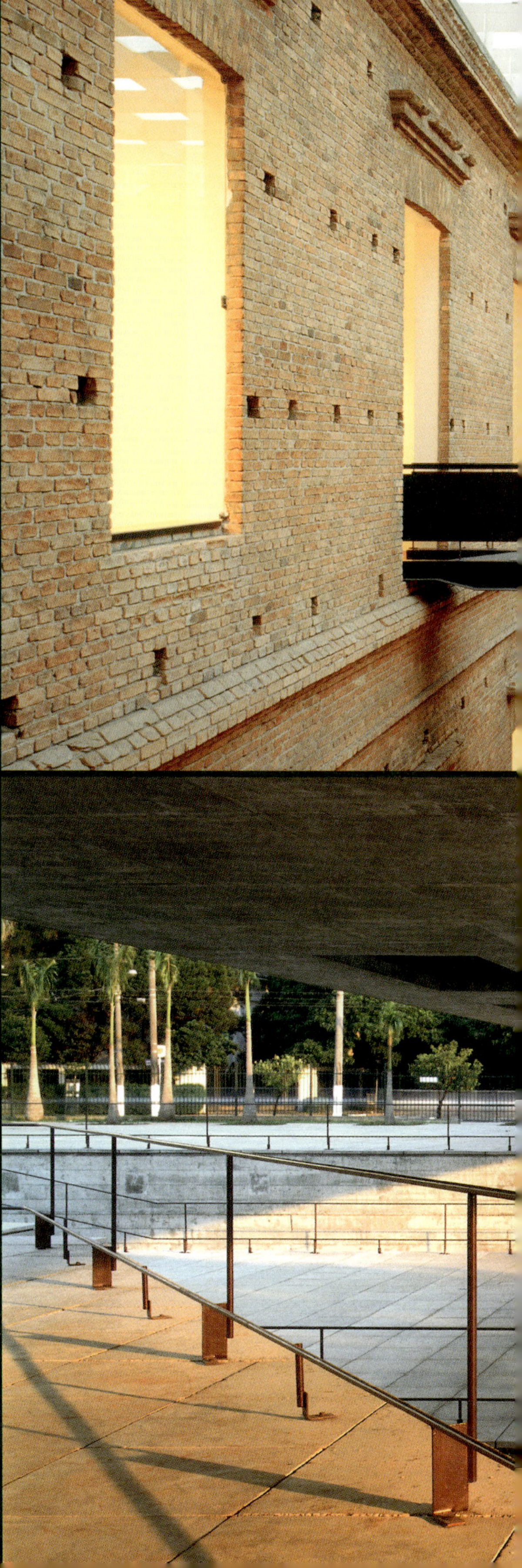

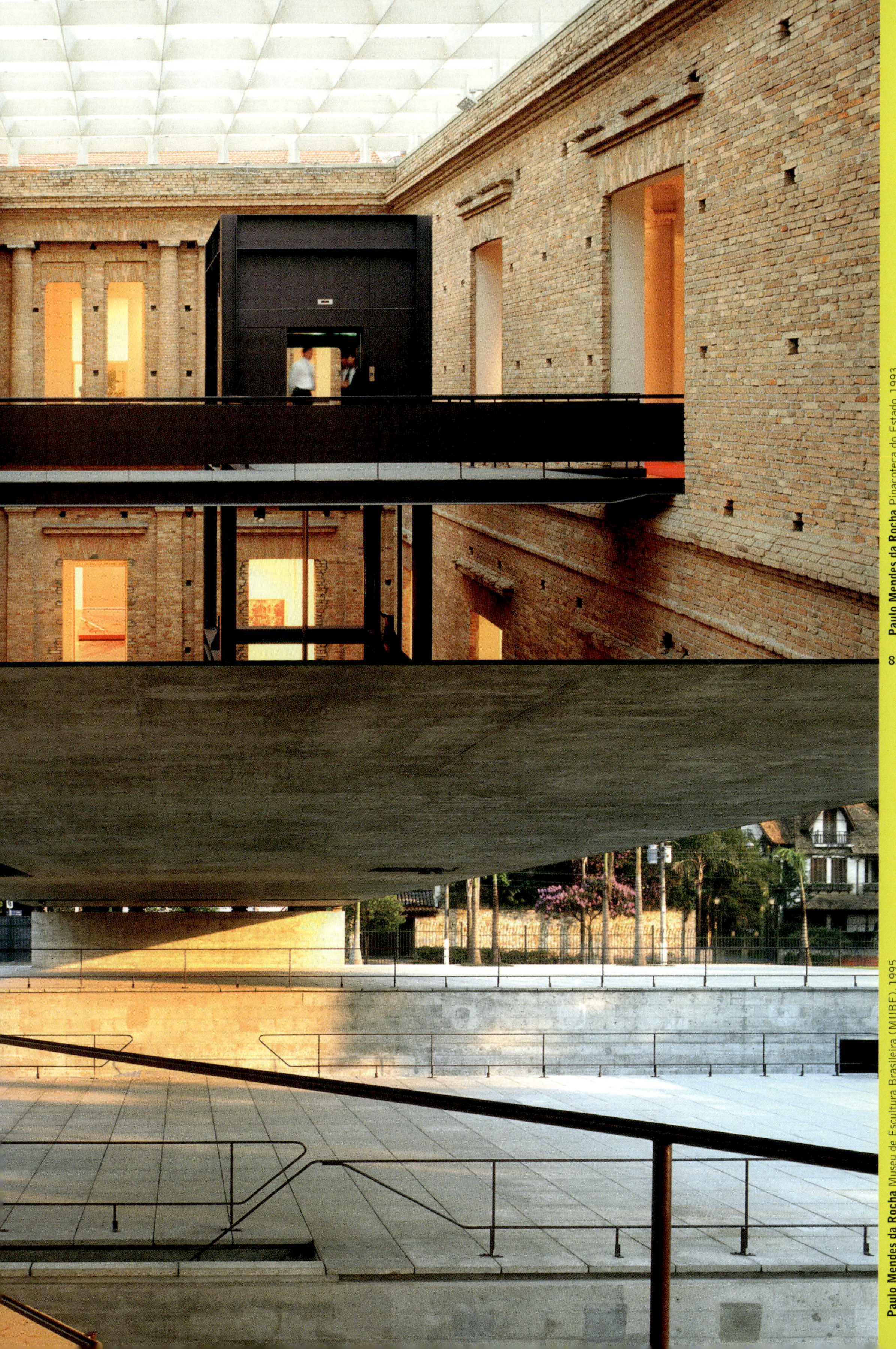

Paulo Mendes da Rocha Pinacoteca do Estado, 1993

Paulo Mendes da Rocha Museu de Escultura Brasileira (MUBE), 1995

projectonderwijs met een sterke politieke en ideologische grondslag.² Tijdens de dictatuur kwam de architectuur in een isolement. Op de scholen ontstond een Braziliaanse variant van het onderwijzersmodernisme, gericht op het doceren van louter een esthetische vormentaal. Het maatschappelijk engagement verdween naar de achtergrond. Pas in de jaren tachtig begon de situatie langzaam te veranderen. Sindsdien is een volgende generatie in opkomst, die zich uitgebreid heeft kunnen oriënteren op zowel de Braziliaanse als de buitenlandse architectuur. De werken en woorden van Artigas zijn van grote invloed op de huidige generaties ontwerpers.

In projecten uit de afgelopen periode is de lange lijn van de **Linha Paulista** terug te zien in de nadruk op constructie, detaillering en soms in maatschappelijk engagement. Het sociale gezicht van de architectuur is met name in de woningbouw te vinden. In plaats van megaprojecten wordt gezocht naar maatwerk, bijvoorbeeld door krottenwijken te verbeteren, de bewoners zelf te laten meebouwen (**mutirão**) of hun technische ondersteuning te geven. De bouw van openbare scholen kreeg een impuls van tientallen brede scholen (Centros Educacionais Unificados, CEUs) die door verschillende architecten in de periferie van São Paulo zijn gerealiseerd. De actuele architectuur spiegelt zich aan wat vijftig jaar terug gebeurde.³ De ontwikkeling die de stad nu doormaakt, van groei naar consolidatie, stelt de ontwerpers voor specifieke opgaven die bijzondere oplossingen

(FAU USP) in the 1960s. He argued for a project-based training with a firm political and ideological foundation.² Architecture went into a state of isolation during the dictatorship. In the schools a Brazilian version of educational modernism came about, aimed at teaching a purely aesthetic formal idiom. Social commitment faded into the background. It was not until the 1980s that the situation gradually began to change. Since then another generation has emerged, which has felt free to draw extensively on both Brazilian and foreign architecture. The works and words of Artigas have been of great influence on current generations of designers.

The long tradition of the **Linha Paulista** can be seen again in the emphasis on structure and detail and sometimes also in social commitment. The social face of architecture is particularly evident in residential buildings. Instead of designing mammoth projects, the aim has been to achieve made-to-measure designs, for instance by improving slum developments, allowing the residents themselves to take part in the work of construction (**mutirão**) or giving them technical support. The building of public schools was given a stimulus with dozens of community schools (Centros Educacionais Unificados, CEUs) being built by different architects in the periphery of São Paulo. Contemporary architecture reflects what occurred 50 years ago.³ The evolution the city is now experiencing, from growth to con-

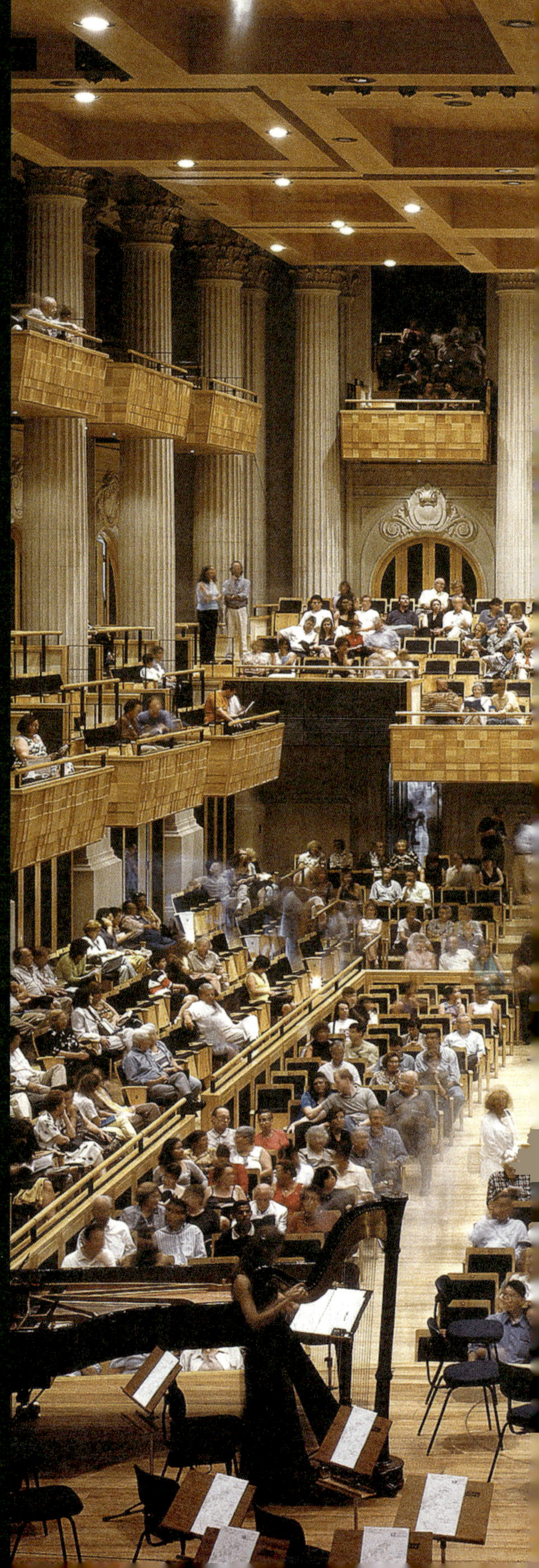

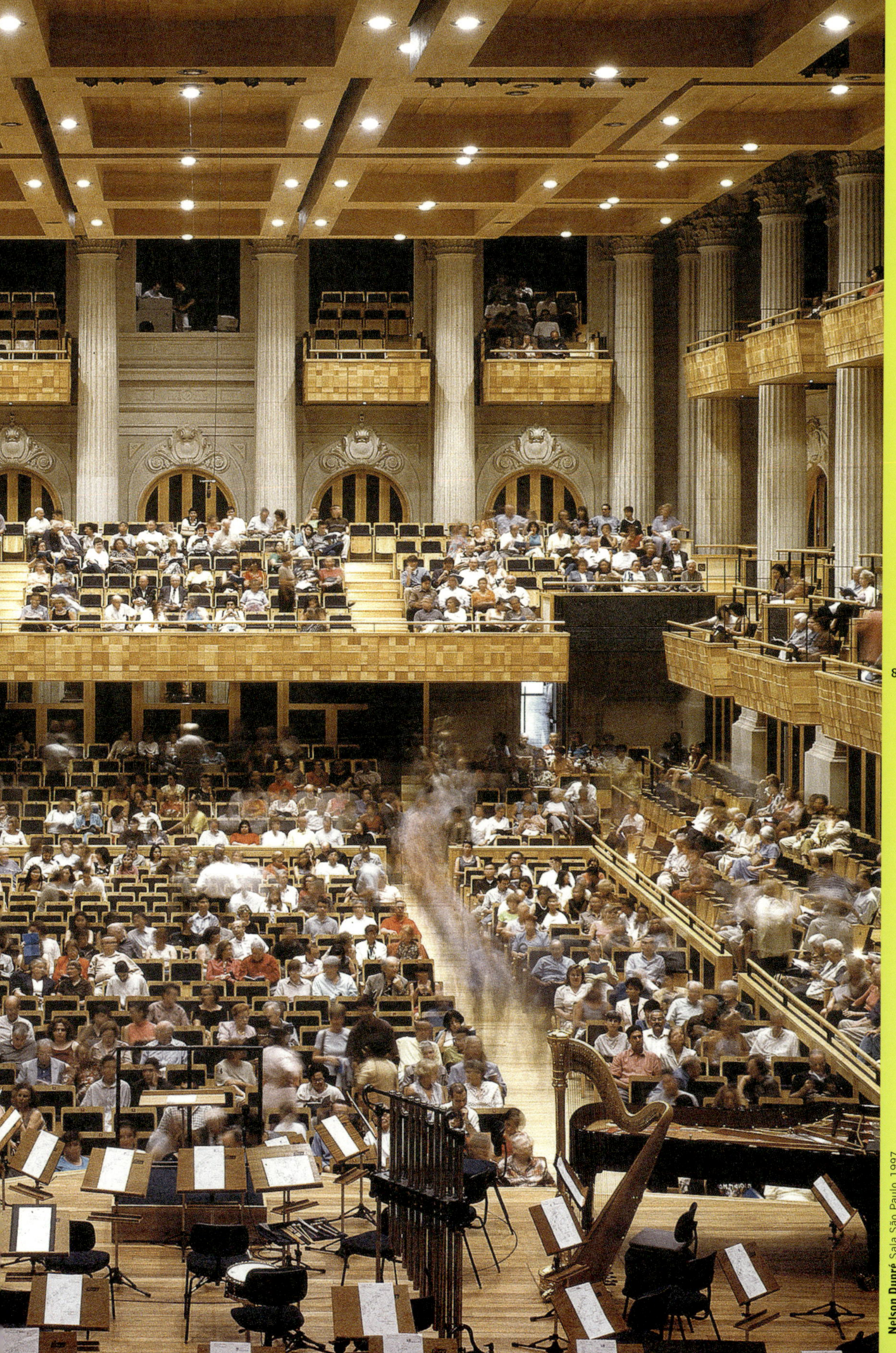

Nelson Dupré Sala São Paulo, 1997

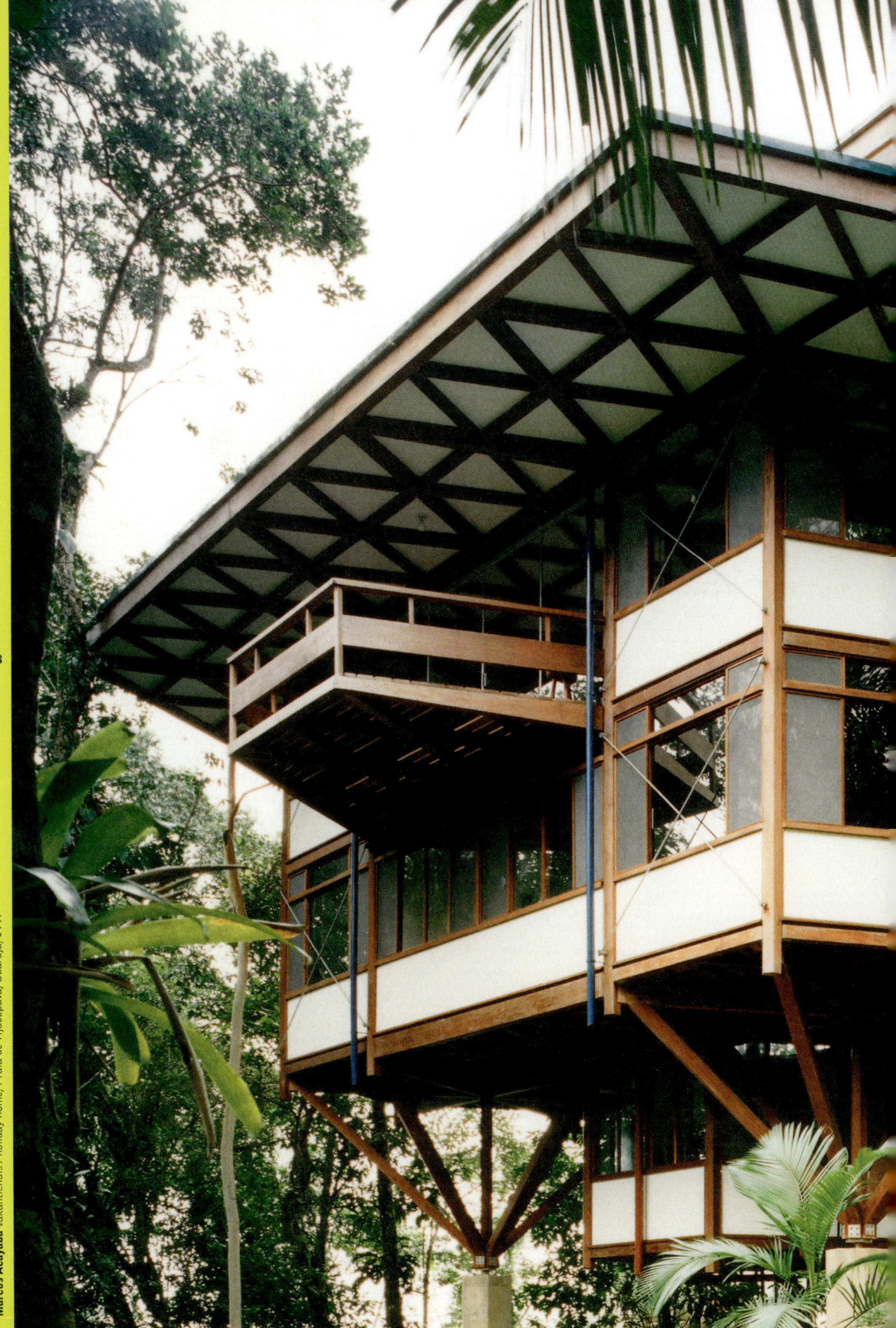

Marcos Acayaba vakantiehuis / holiday home, Praia de Tijucopava, Guarujá, 1997

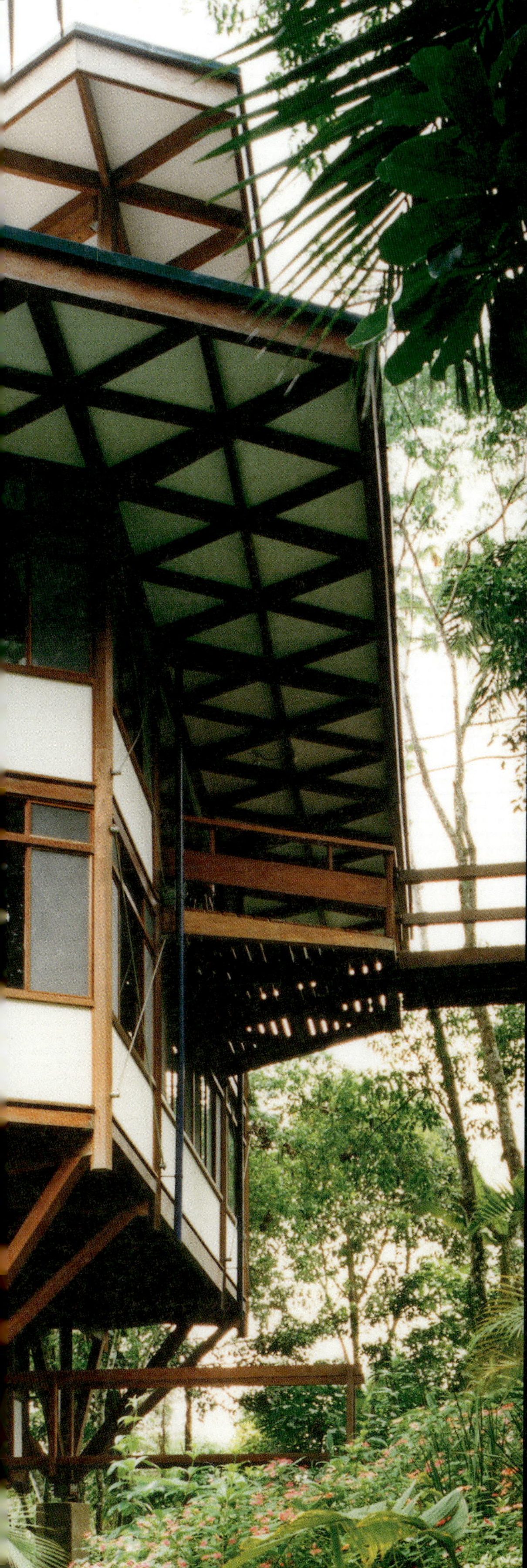

vragen op het gebied van duurzaamheid, leefkwaliteit, openbare ruimte en historische gelaagdheid. Vanuit de schaduw van Niemeyer en Artigas kan de volgende generatie deze uitdaging aangaan.

1. Hugo Segawa, **Arquiteturas no Brasil 1900-1990**, São Paulo 1997, p. 134-139.
2. João Batista Vilanova Artigas, **Caminhos da Arquitetura**, São Paulo 1986.
3. Letterlijk gebeurt dat met de scholenbouw. Tegelijkertijd verschenen twee kloeke boeken, met een documentatie van de scholenbouw uit de jaren vijftig/zestig en negentig. Avany de Francisco Ferreira en Mirela Geigner de Mello (org.), **Arquitetura Escolar Paulista, anos 1950 e 1960**, São Paulo 2006; Avany de Francisco Ferreira, Mirela Geigner de Mello (org.), **FDE, estruturas pré-fabricada, Arquitetura Escolar Paulista**, São Paulo 2006.

solidation, confronts designers with specific tasks that call for exceptional solutions in the field of sustainability, quality of life, public space and historical stratification. With Niemeyer and Artigas as their departure point, the next generation will be able to take on this challenge.

1. Hugo Segawa, **Arquiteturas no Brasil 1900-1990** (São Paulo, 1997), 134-139.
2. João Batista Vilanova Artigas, **Caminhos da Arquitetura** (São Paulo, 1986).
3. That occurs literally with school building. Two handsome books were published simultaneously that contain documentation of the schools built in the 1950s/1960s and the 1990s. Avany de Francisco Ferreira, Mirela Geigner de Mello (eds.), **Arquitetura Escolar Paulista, anos 1950 e 1960** (São Paulo, 2006); Avany de Francisco Ferreira and Mirela Geigner de Mello (eds.), **FDE, estruturas pré-fabricada, Arquitetura Escolar Paulista** (São Paulo, 2006).

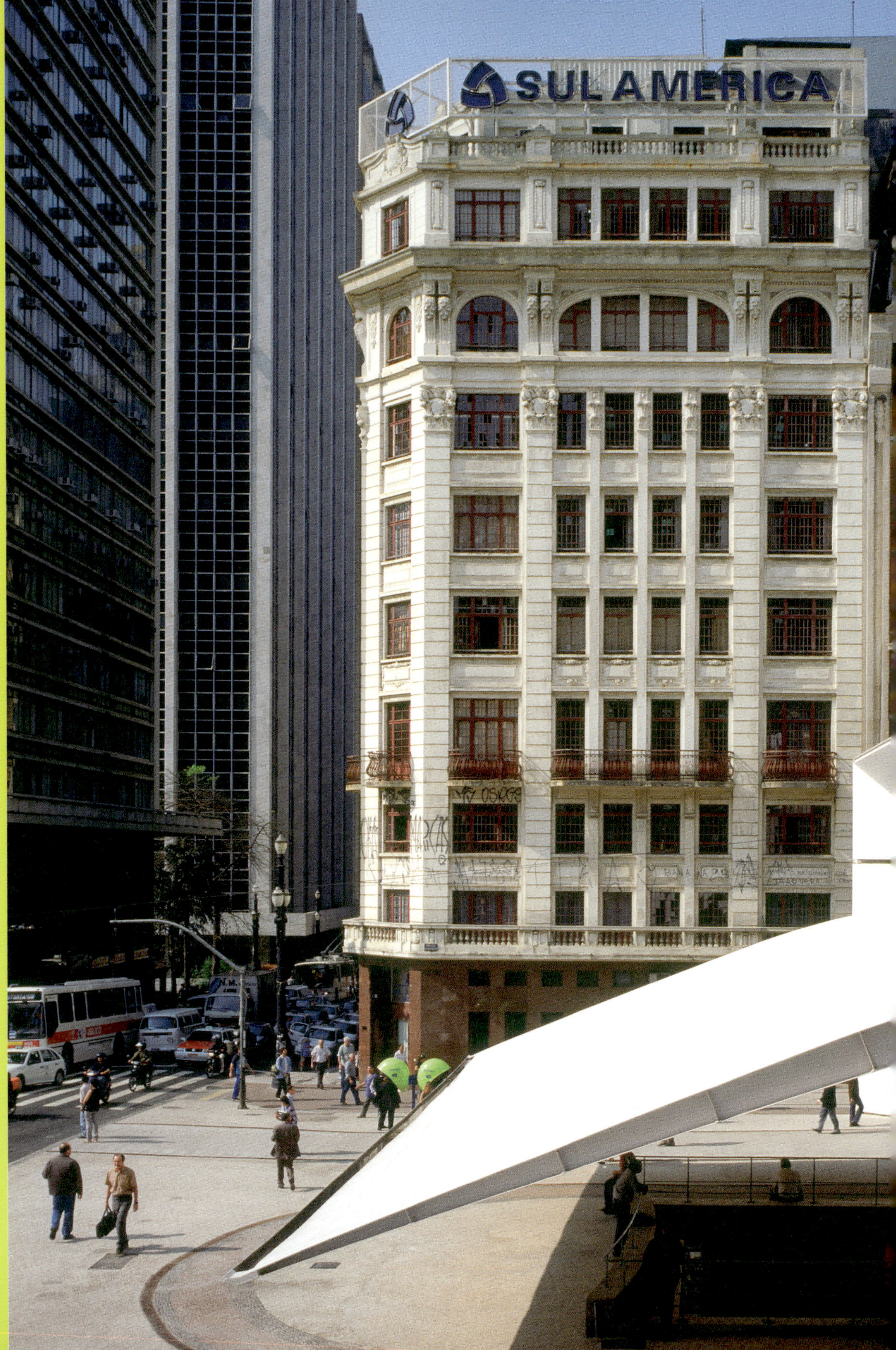
SUL AMERICA

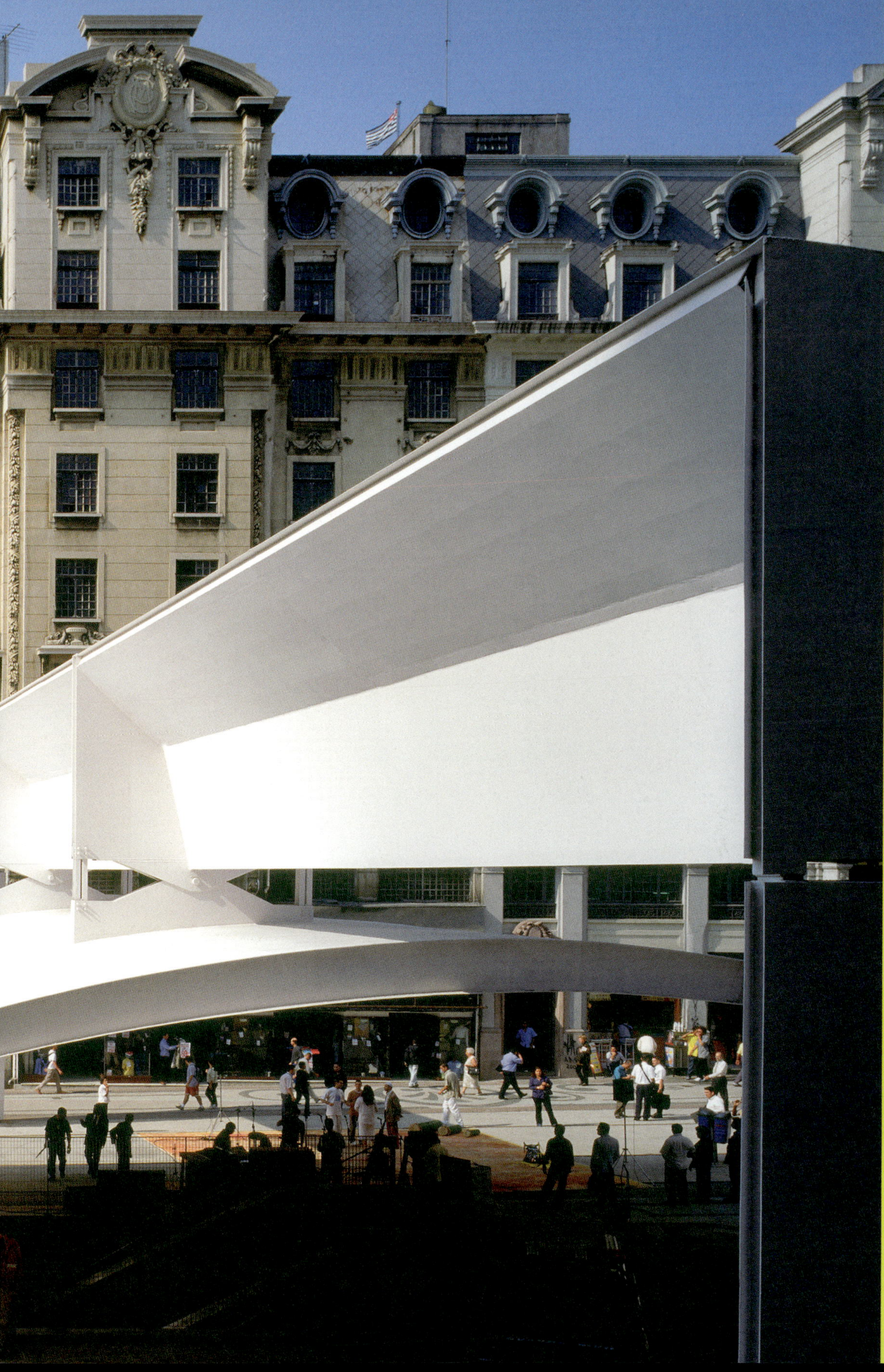

Paulo Mendes da Rocha Largo do Patriarca, 2002

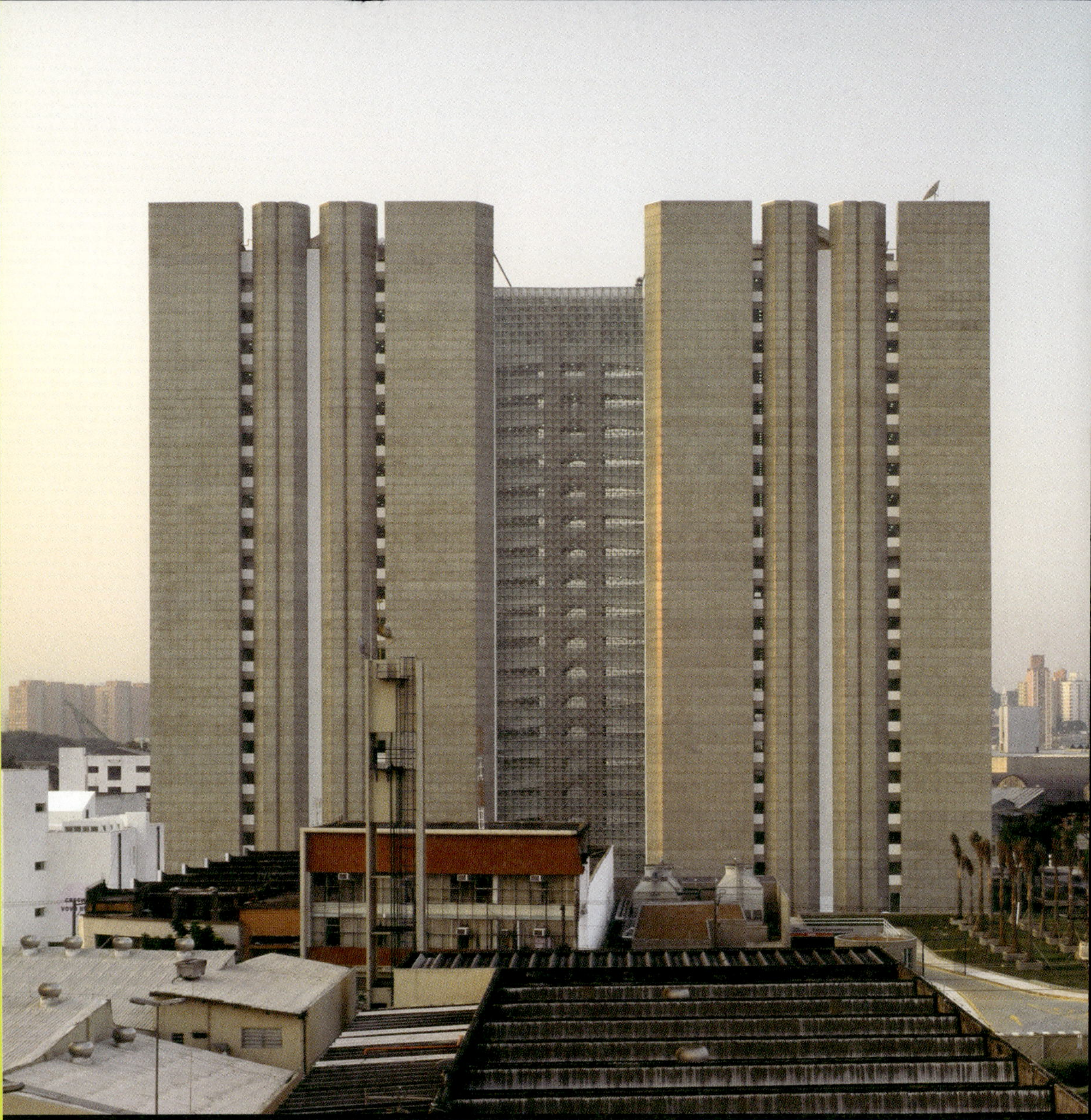

Décio Tozzi Forum Trabalhalista, 2004

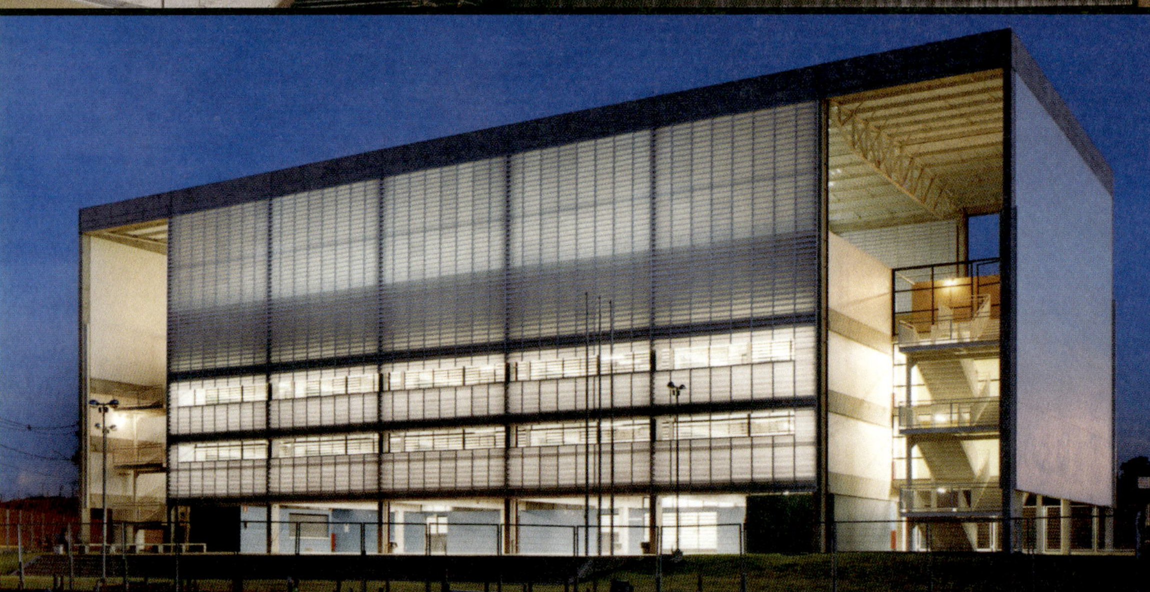

Una Arquitetos FDE-school, Telêmaco Paioli Melges, Campinas/SP, 2004

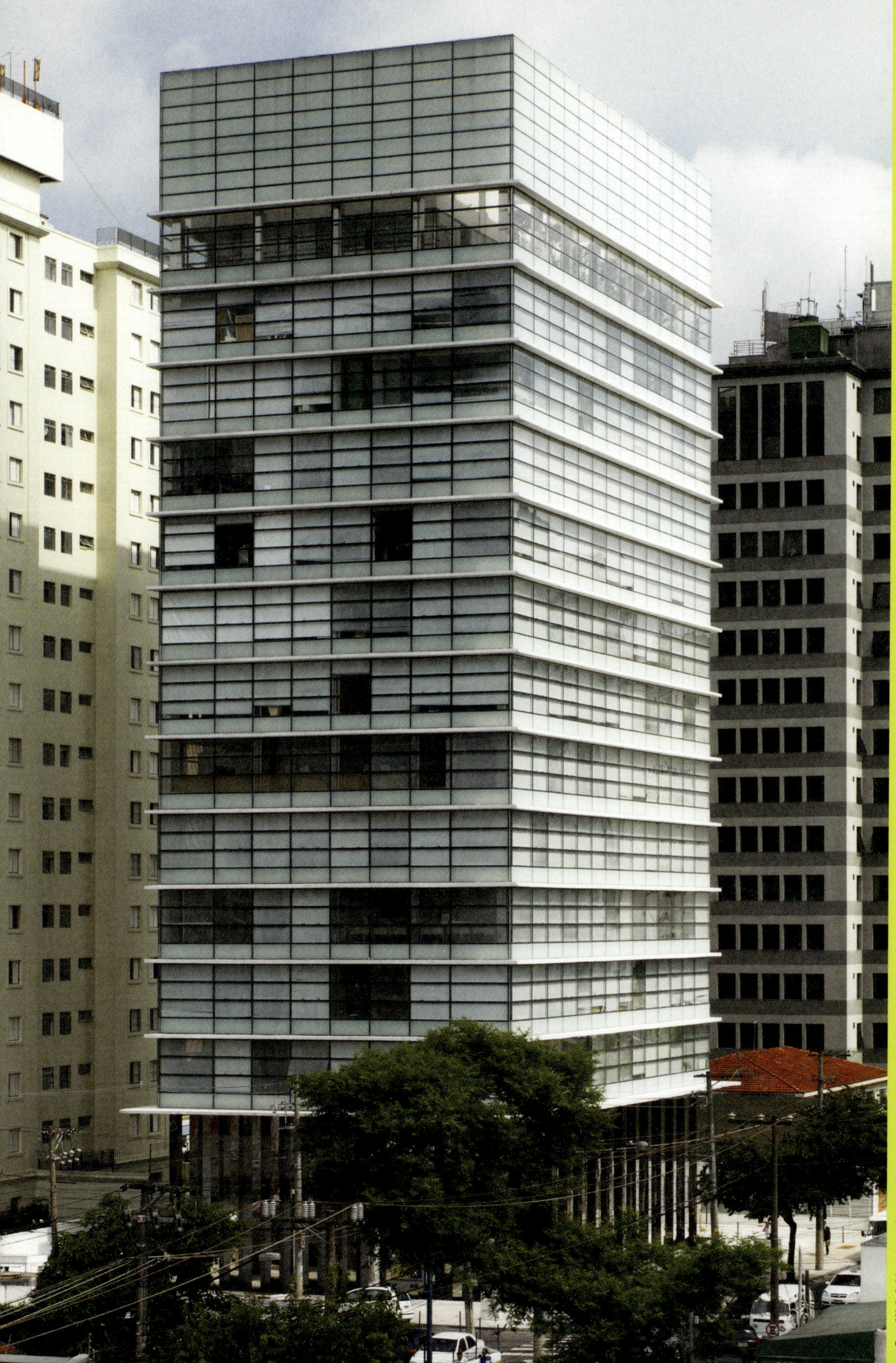

Isay Weinfeld en / and Marcio Kogan Edifício Minneapolis, São Paulo, 2004

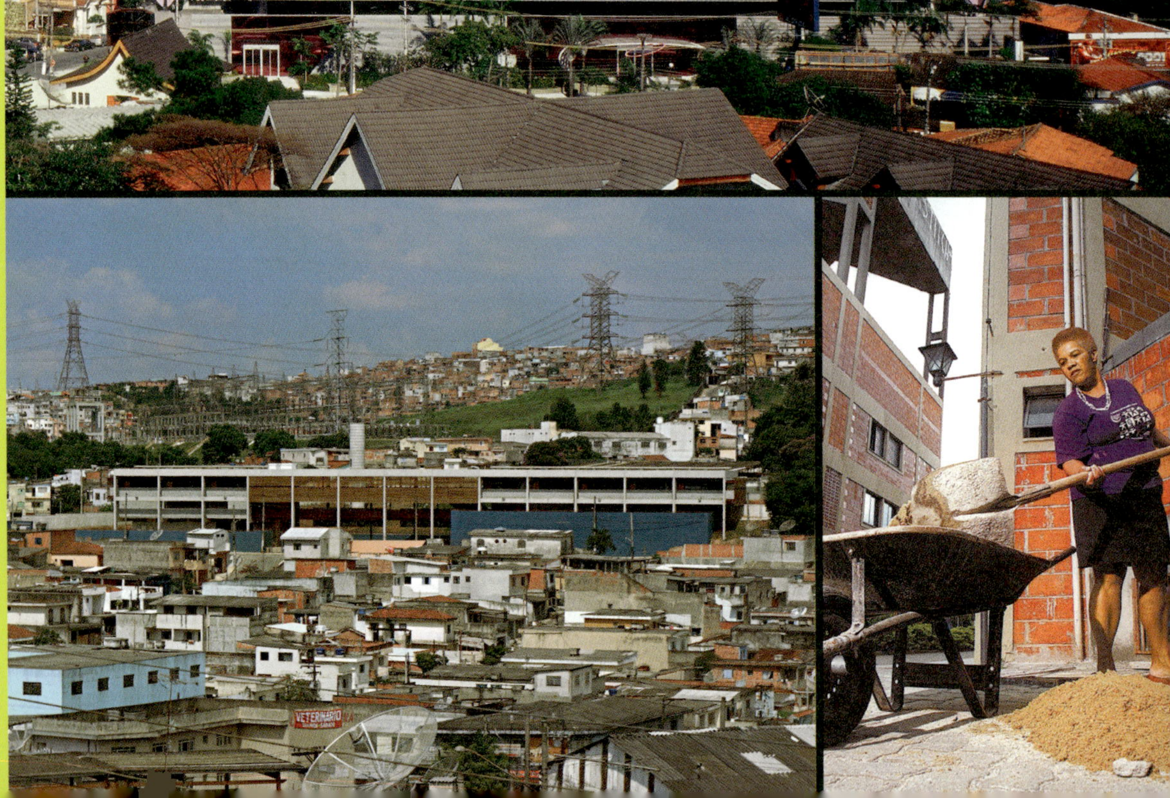

1. **Alvaro Puntoni en / and Angelo Bucci** FDE-school, Jardim Ataliba Leonel, São Paulo, 2005
2. **Mutirão:** doe-het-zelf woningbouwproject / DIY housing project

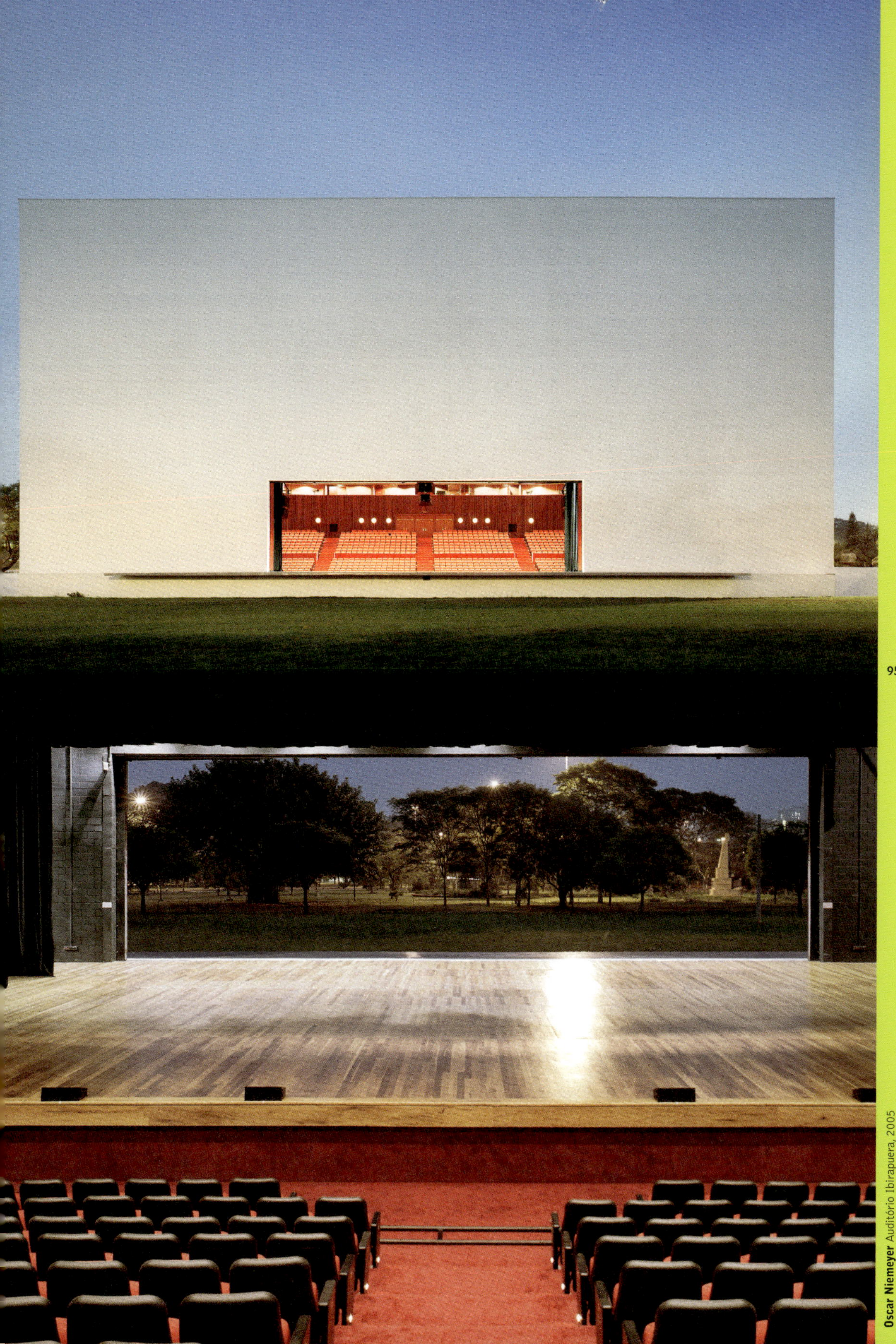

Oscar Niemeyer Auditório Ibirapuera, 2005

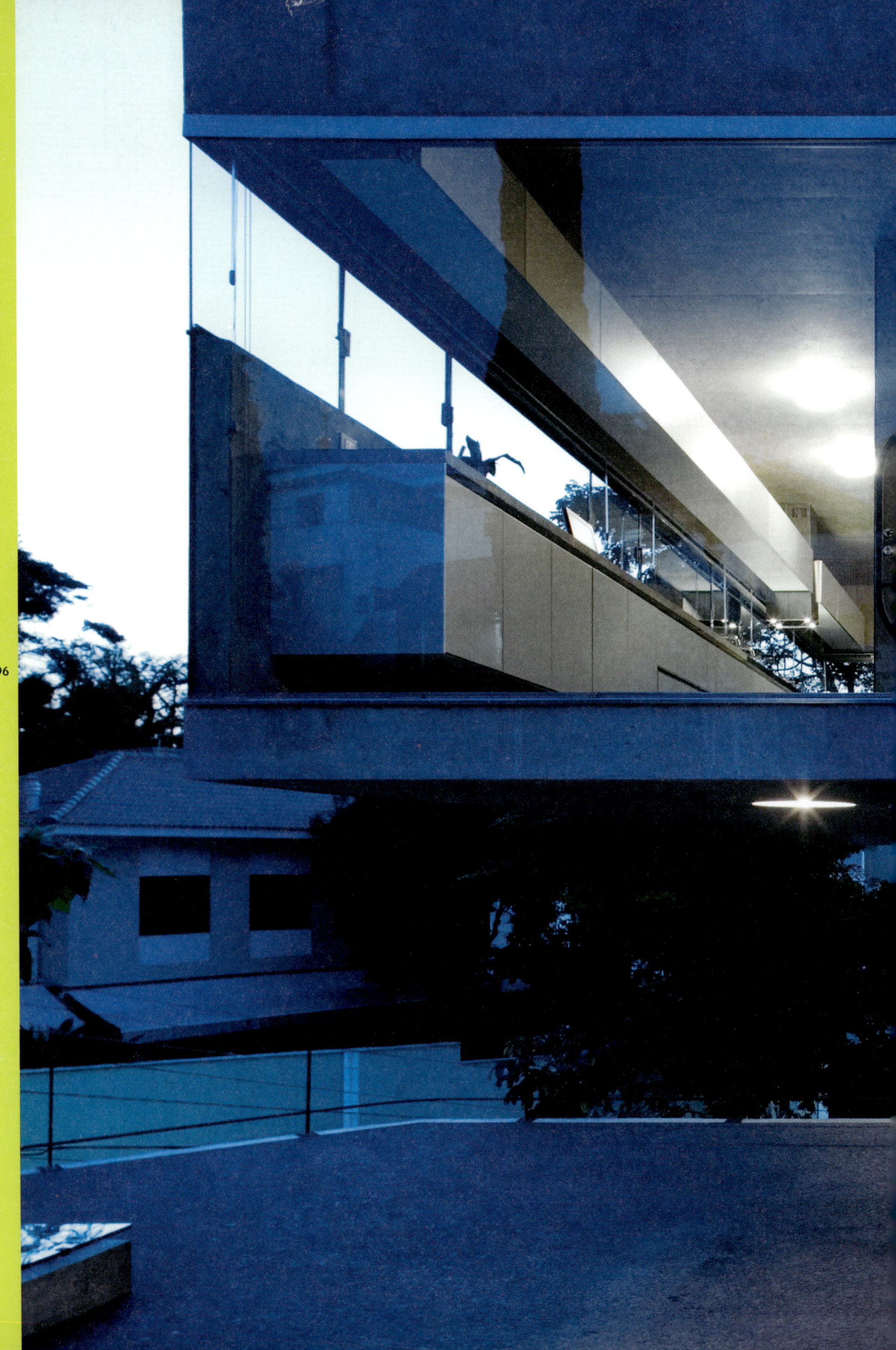

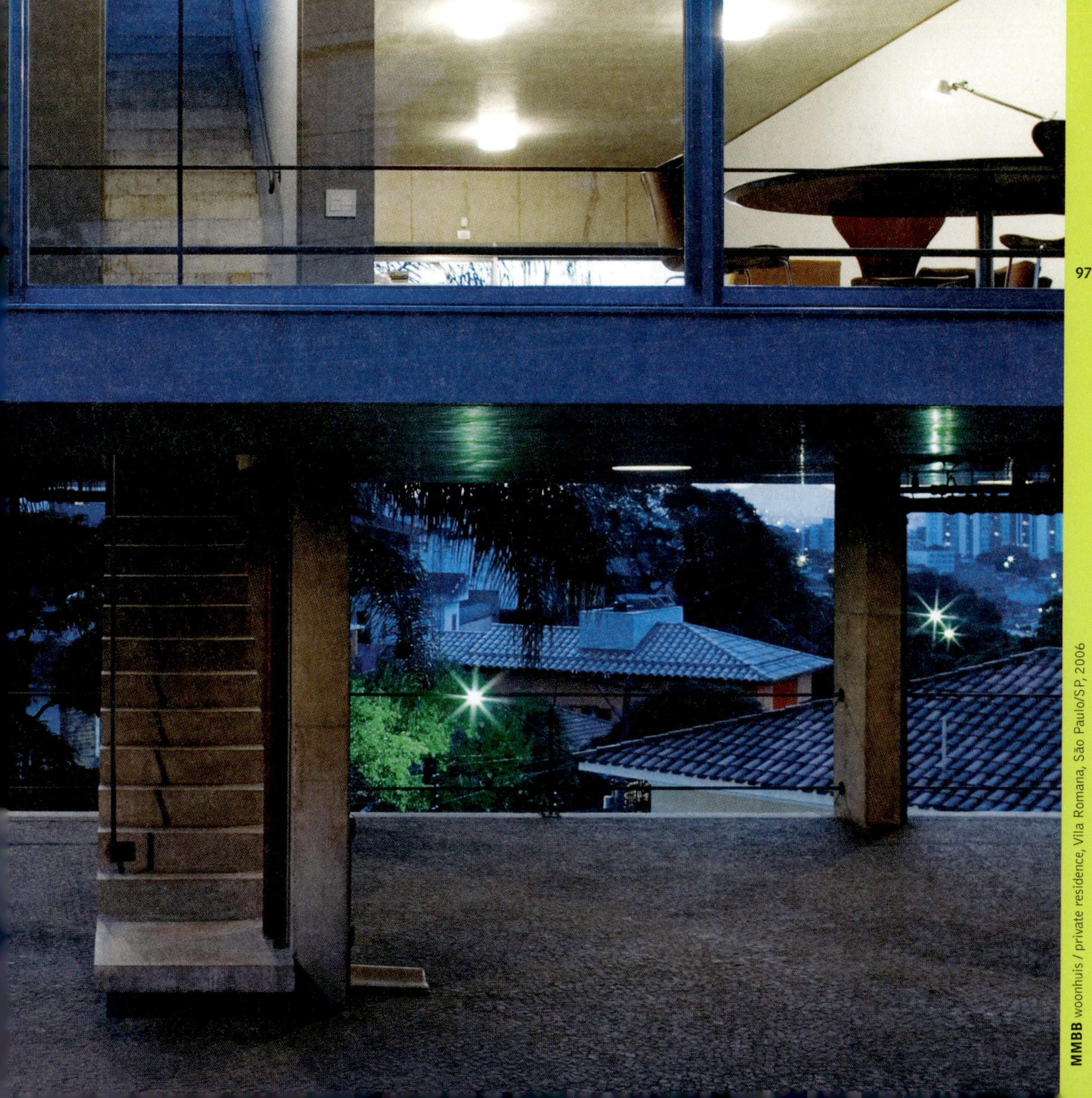

MMBB woonhuis / private residence, Vila Romana, São Paulo/SP, 2006

Brasil Arquitetura Museu Rodin, Salvador, 2006

98

Andrade Morettin vakantiehuis / holiday home, Praia R R, Ubatuba, 2007

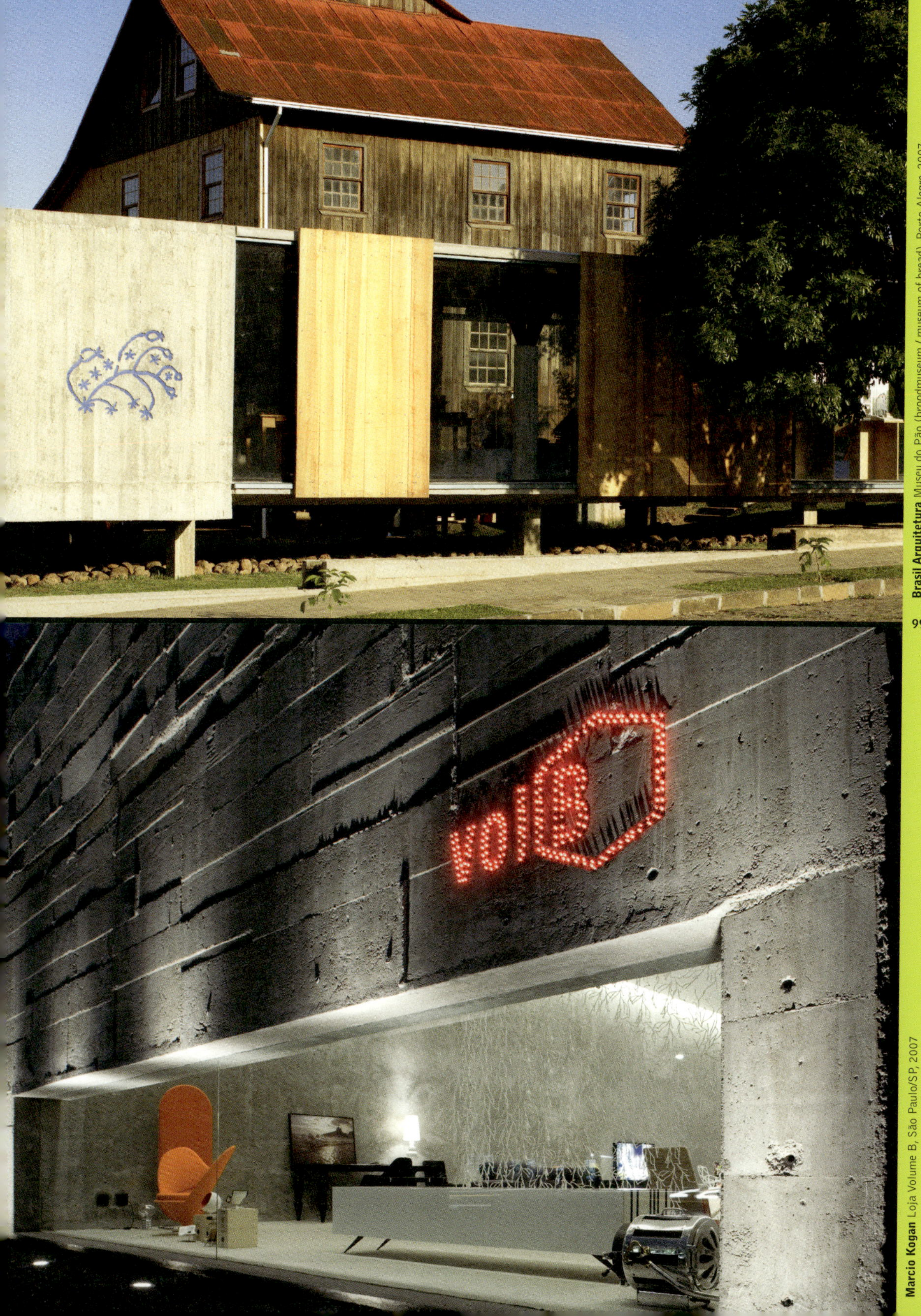

Brasil Arquitetura Museu do Pão (broodmuseum / museum of bread), Porto Alegre, 2007

Marcio Kogan Loja Volume B, São Paulo/SP, 2007

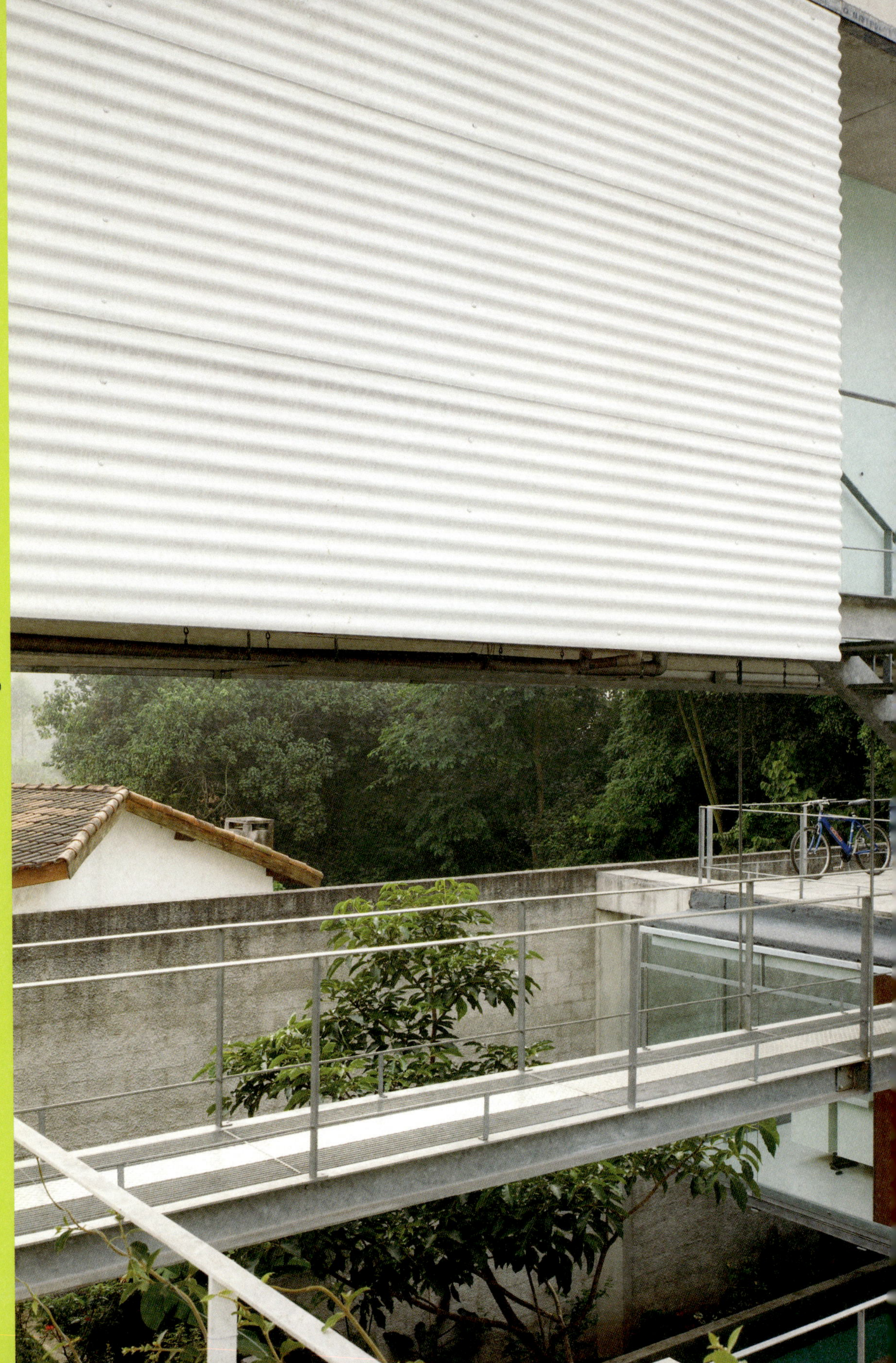

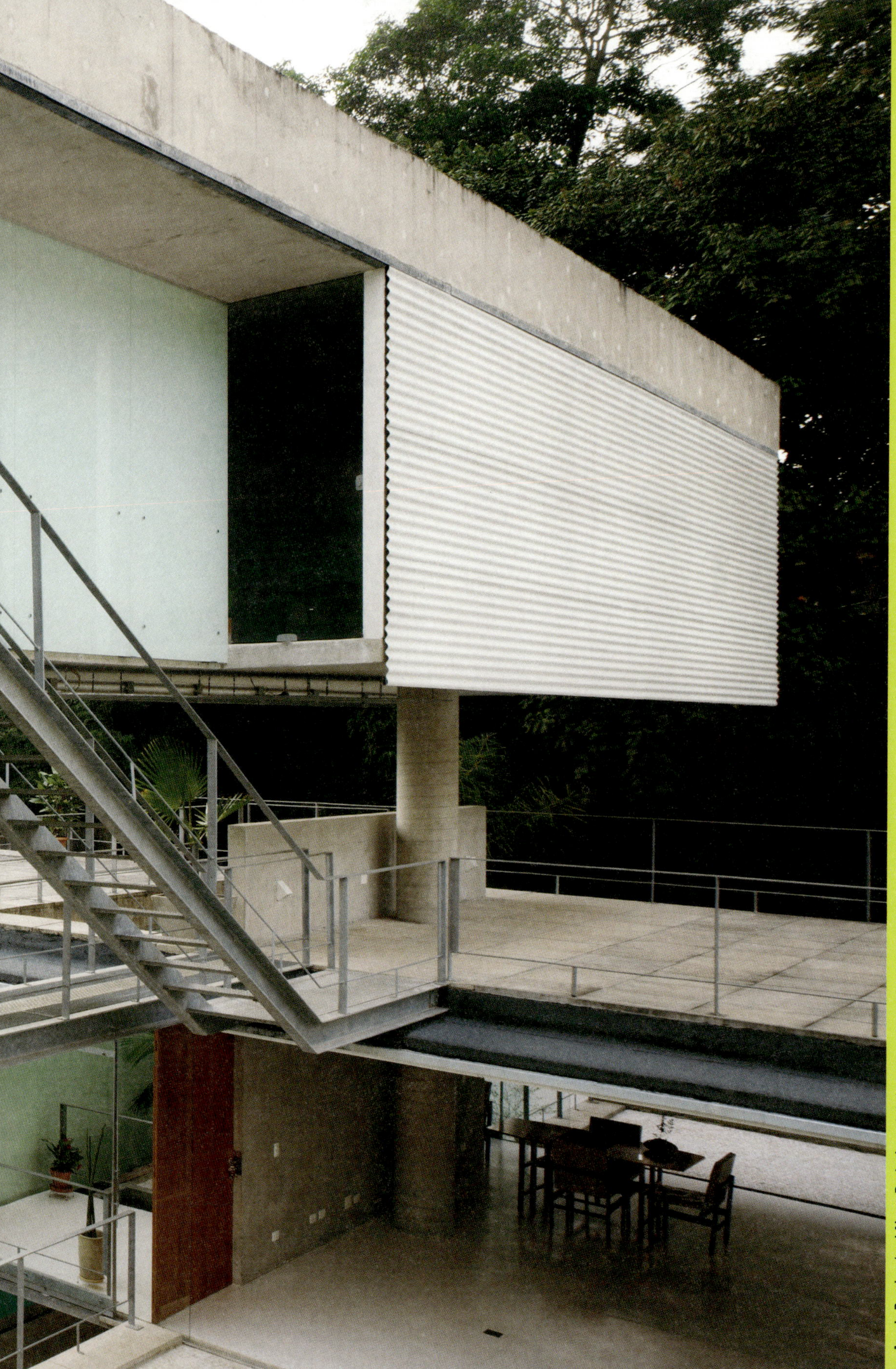

Angelo Bucci en / and Alvaro Puntoni woonhuis / private residence, Carapicuíba, 2008

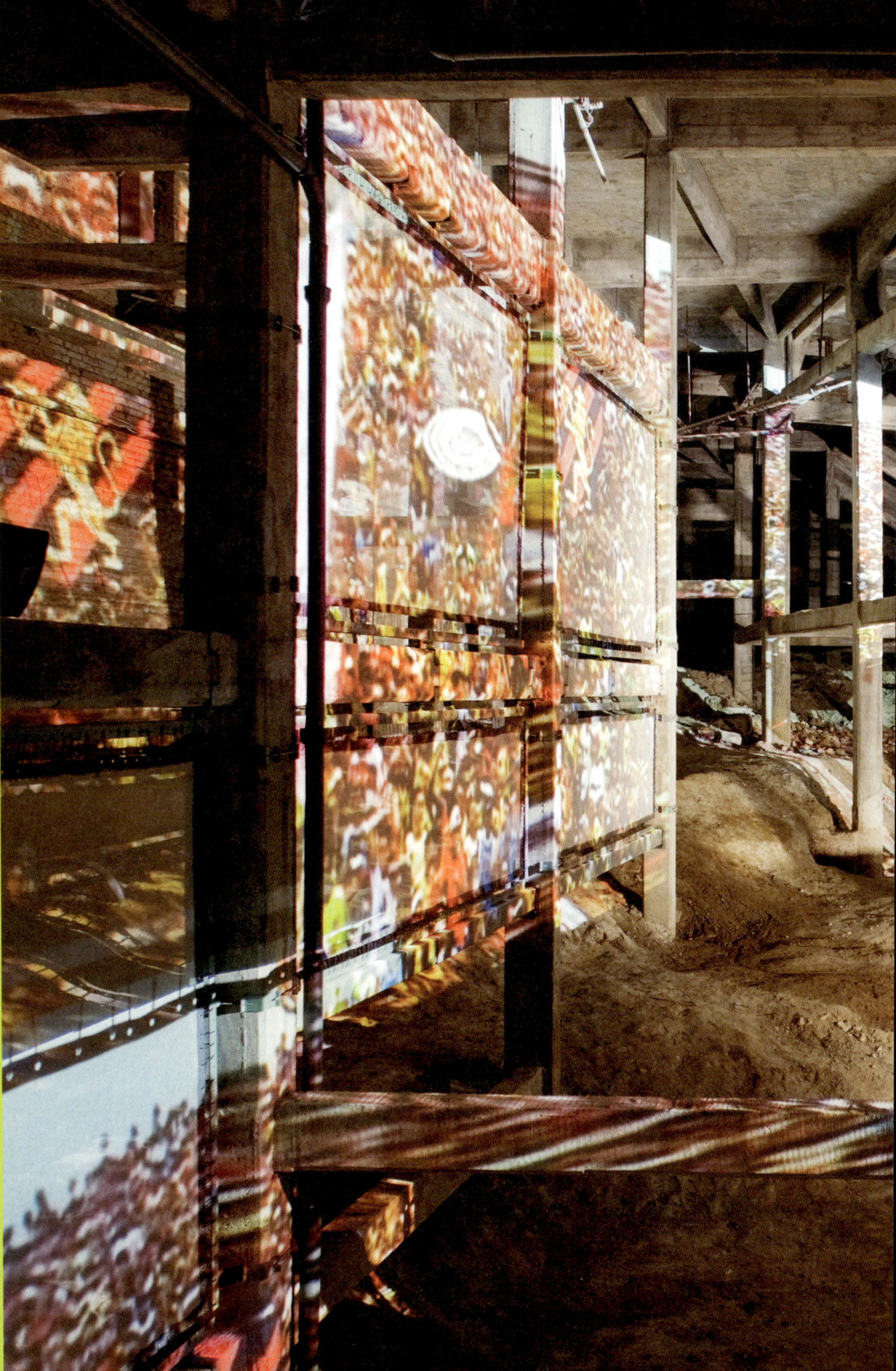

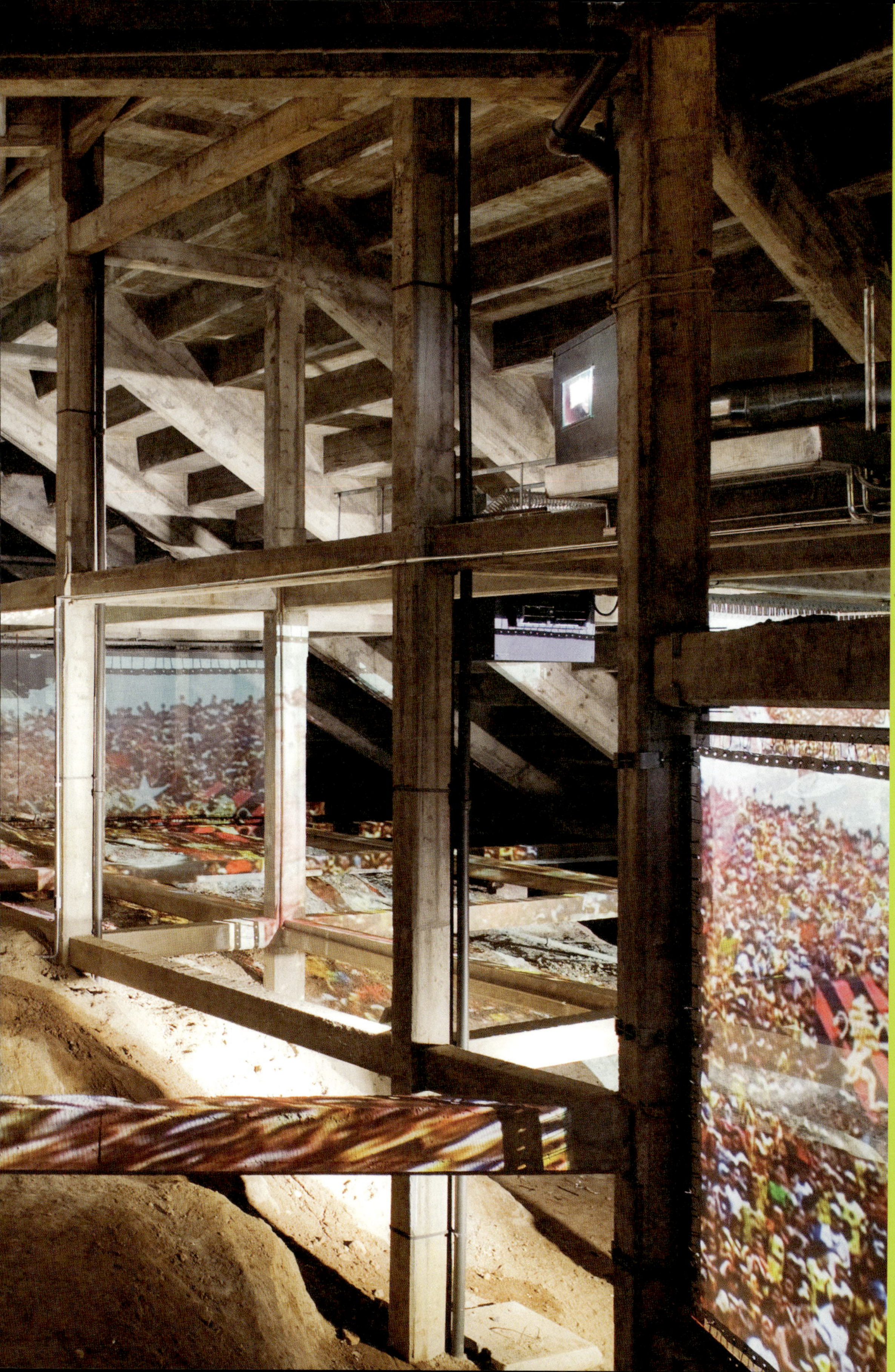

Mauro Munhoz Museu do Futebol, Pacaembu, São Paulo/SP, 2008

De sociale en economische contrasten van de Braziliaanse samenleving zijn terug te vinden in de sterk gesegregeerde openbare ruimte van São Paulo. De rijke wijken zijn goed beveiligd. Er wordt gepatrouilleerd door particuliere bewakingsfirma's en op straat zijn geblindeerde bewakingscabines te zien. Om huizen, flatgebouwen en soms zelfs om hele woonbuurten staan indrukwekkende hekken en hoge muren. In de periferie is het straatbeeld niet veel anders. Het is in São Paulo de gewoonste zaak van de wereld dat in een doorsnee woongebouw 24 uur per dag een portier aanwezig is, die in een apart hokje achter het hek zit en de straat in de gaten houdt. Bezoekers moeten zich via de intercom bij hem melden en pas wanneer de bewoner toestemming geeft, mag het hek aan de straat open en kan de gast een bewakingssluis binnen. Het volgende hek gaat pas open als het vorige hek gesloten is.

Met alle hekken, bewakers, muren en camera's ontstaat gemakkelijk het beeld van een door angst gedicteerd leven in São Paulo.[1] Televisieprogramma's als **Cidade Alerta** ('Waakzame Stad') geven hier extra voeding aan, door dagelijkse reportages uit te zenden over het stedelijk geweld, de bandeloosheid van de periferie en gewelddadige berovingen in het verkeer en de middenklassebuurten. Ondanks de angst kent São Paulo echter ook een straatleven dat ontspannen genoemd kan worden, zolang tenminste de sociale codes in acht worden genomen en op bepaalde uren bepaalde plaatsen worden gemeden. In de onmetelijkheid van de metropool fungeren de muren en hekken als handige hulpmiddelen om de luwte te creëren die het openbare leven van de stad in banen kan leiden. Tussen de geheel openbare ruimte, die van iedereen is maar daardoor soms nauwelijks wordt gebruikt of toegeëigend, en de geheel private ruimte, waar buitenstaanders niet binnenkomen, bestaat in São Paulo een breed spectrum van collectieve ruimten in allerlei gradaties van openbaar naar privé. Ze maken uiteenlopende vormen van ontmoeting tussen gelijkgestemden en mensen met verschillende lifestyles mogelijk.

SÃO PAULO PUBLIEKE RUIMTE

PAUL MEURS

SÃO PAULO THE PUBLIC DOMAIN

Social and economic contrasts in Brazil are reflected in the sharply segregated public space of São Paulo. The wealthy quarters have excellent security. They are patrolled by private security companies and on the street there are blacked-out security booths. Imposing-looking fences and high walls surround houses, blocks of flats and even entire neighbourhoods. The street scene in the periphery is not so different. It is the commonest thing in the world for there to be a porter on duty 24 hours a day in an ordinary residential building in São Paulo, sitting in a separate box behind the gate and keeping his eye on the street. Visitors have to announce themselves through the intercom and the gate on the street only opens to admit the visitor to a security enclosure after the resident has given the go-ahead. The next gate opens once the first one has closed.

With all the gates and fences, security personnel, walls and cameras one might easily get the picture that life in São Paulo is dictated by fear.[1] TV programmes like **Cidade Alerta** ('the vigilant city') fuel this notion, by broadcasting daily reports about urban violence, the lawlessness of the periphery and violent robberies in traffic or middle-class neighbourhoods. Despite the fear, however, São Paulo also has a street life one could call relaxed, at any rate as long as social codes are respected and certain places are avoided at certain times of the day. In the immensity of the metropolis the walls and gates function as convenient aids to create a sheltered space, which allows public life in the city to be channelled in orderly fashion. In between the entire area of the public domain that belongs to everybody, but which is therefore hardly used or appropriated, and the entire private domain where outsiders may not enter, there is a broad spectrum of collective spaces in São Paulo covering every stage between public and private. They make it possible for a wide range of forms of encounter to flourish both between compatible individuals and others with different lifestyles.

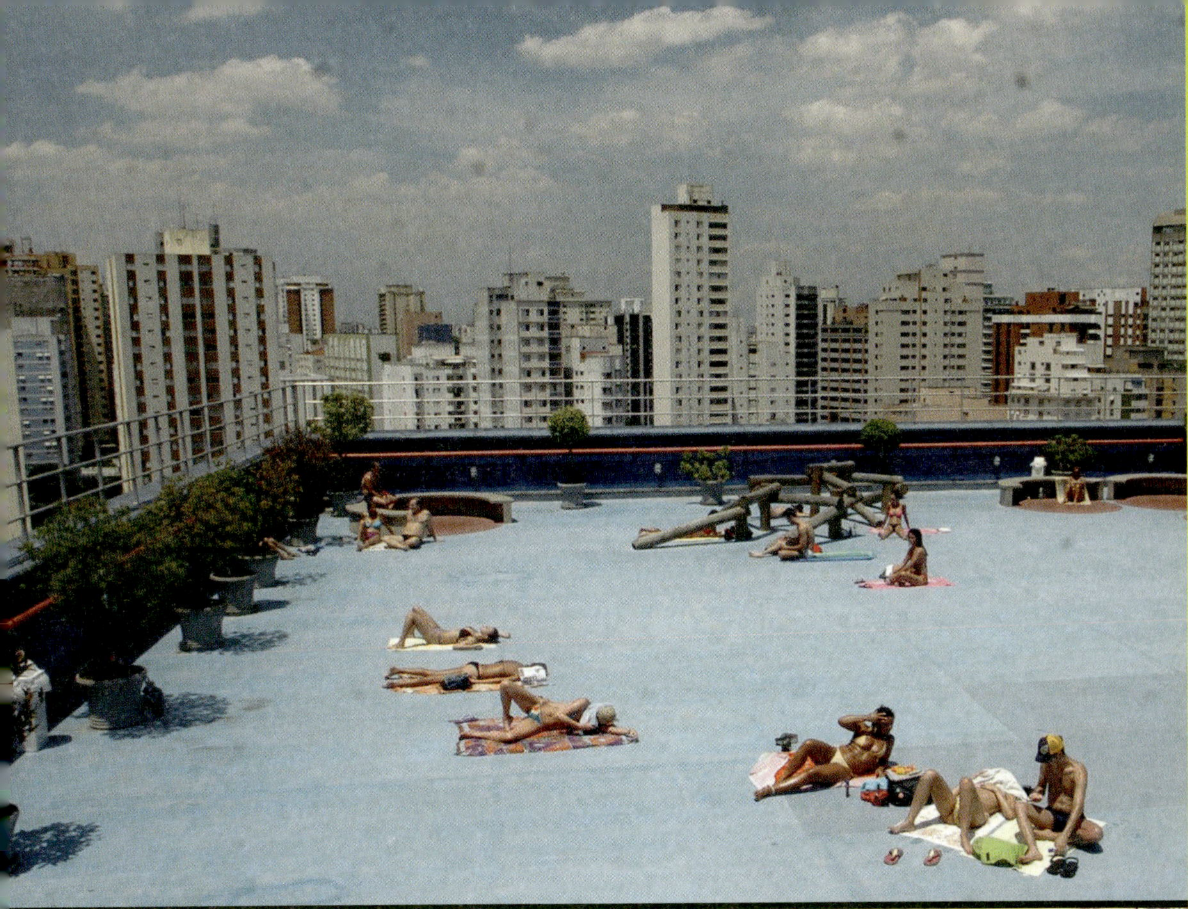

Zonnebadende mensen op het dak van Sesc Vila Mariana / Sunbathing on the roof of Sesc Vila Mariana

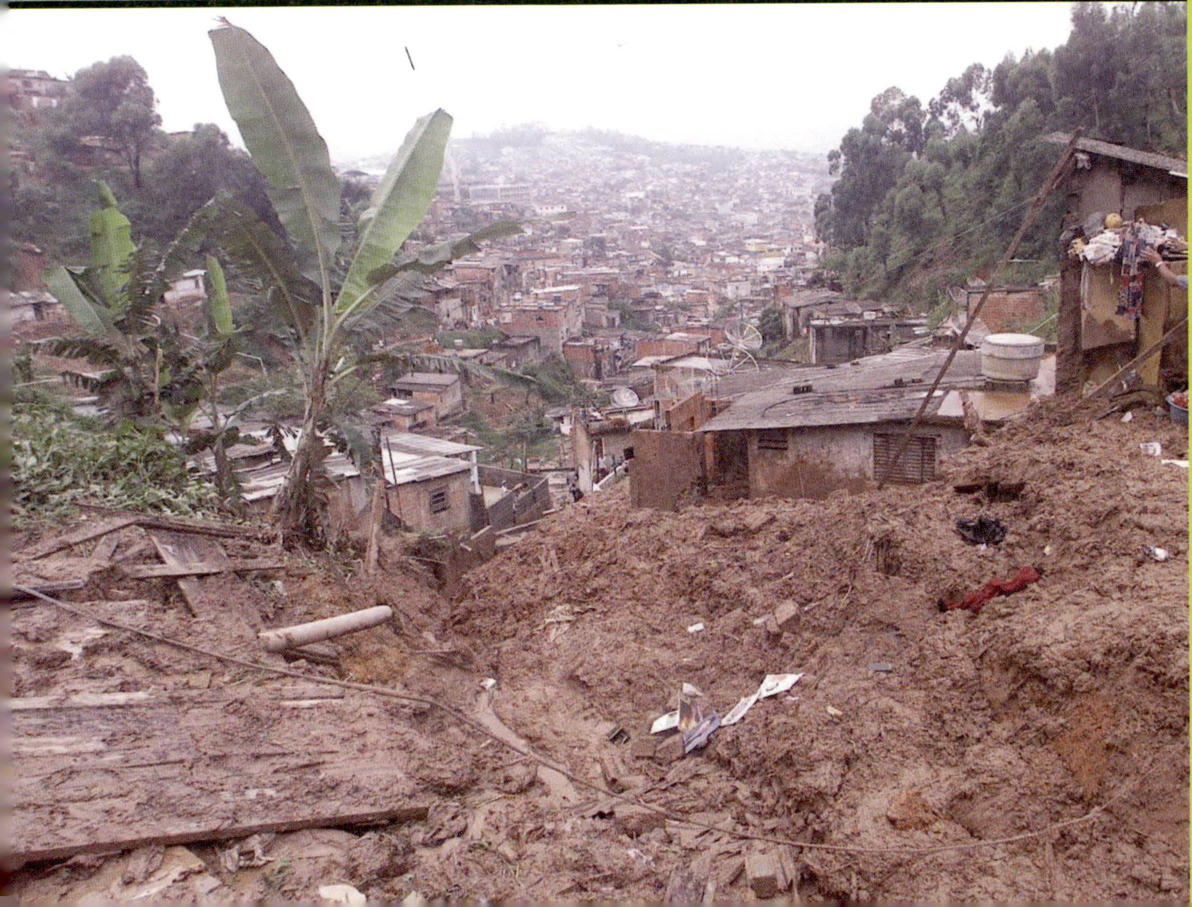

Verzakkingen na heftige regenval in een favela / Subsidence after heavy downpour in a favela

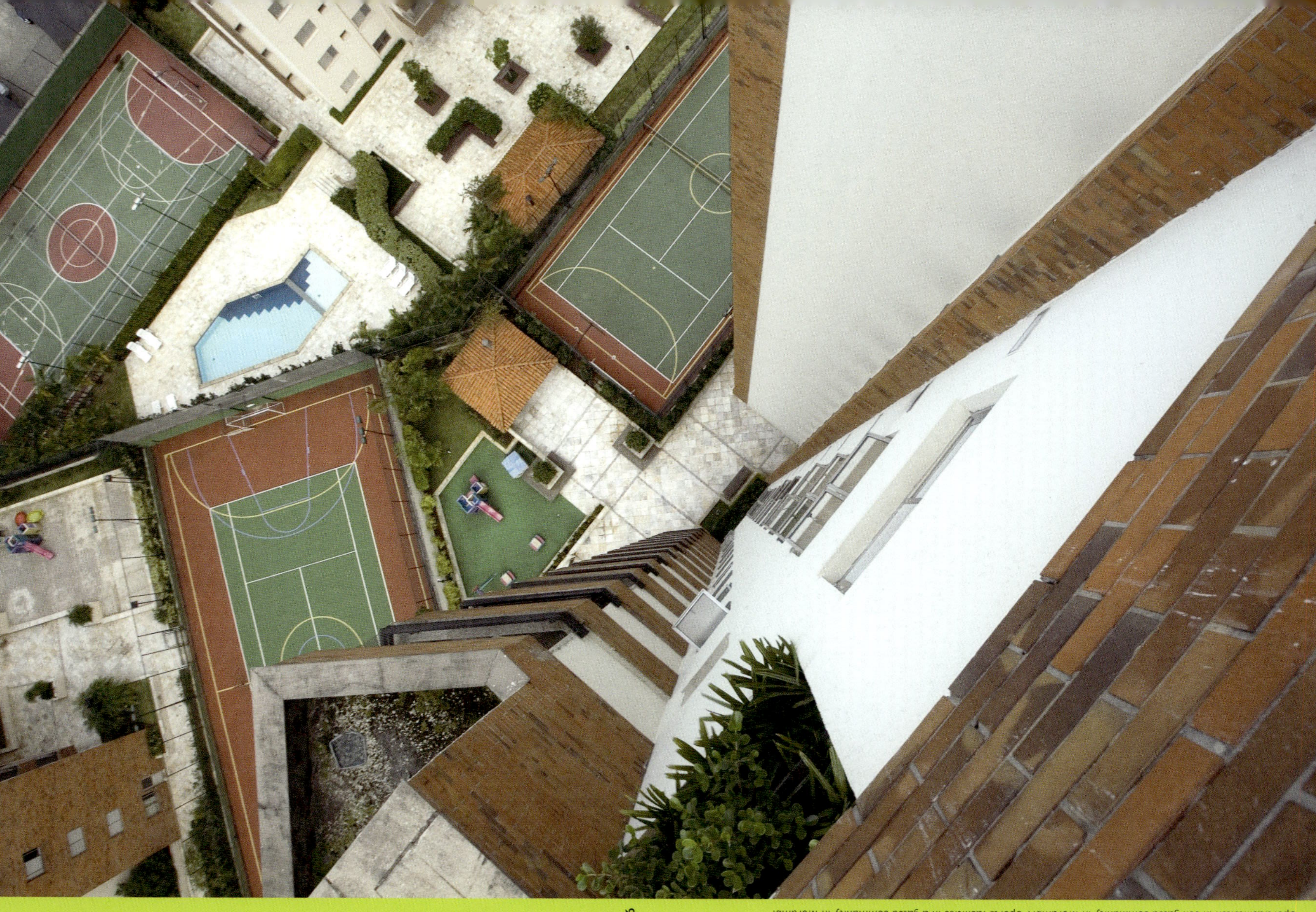

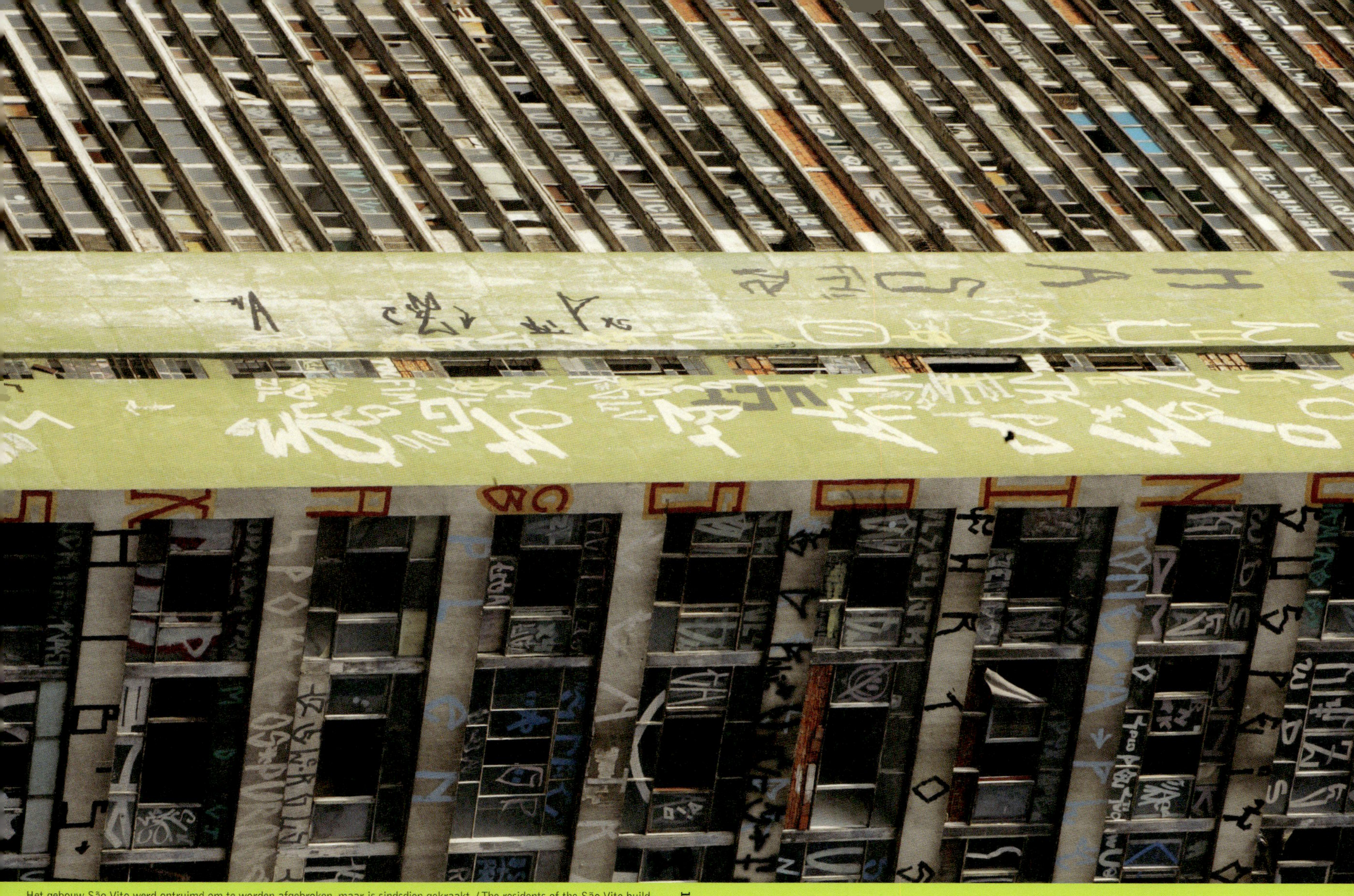

Het gebouw São Vito werd ontruimd om te worden afgebroken, maar is sindsdien gekraakt. / The residents of the São Vito building were evicted prior to demolition, but squatters moved in instead.

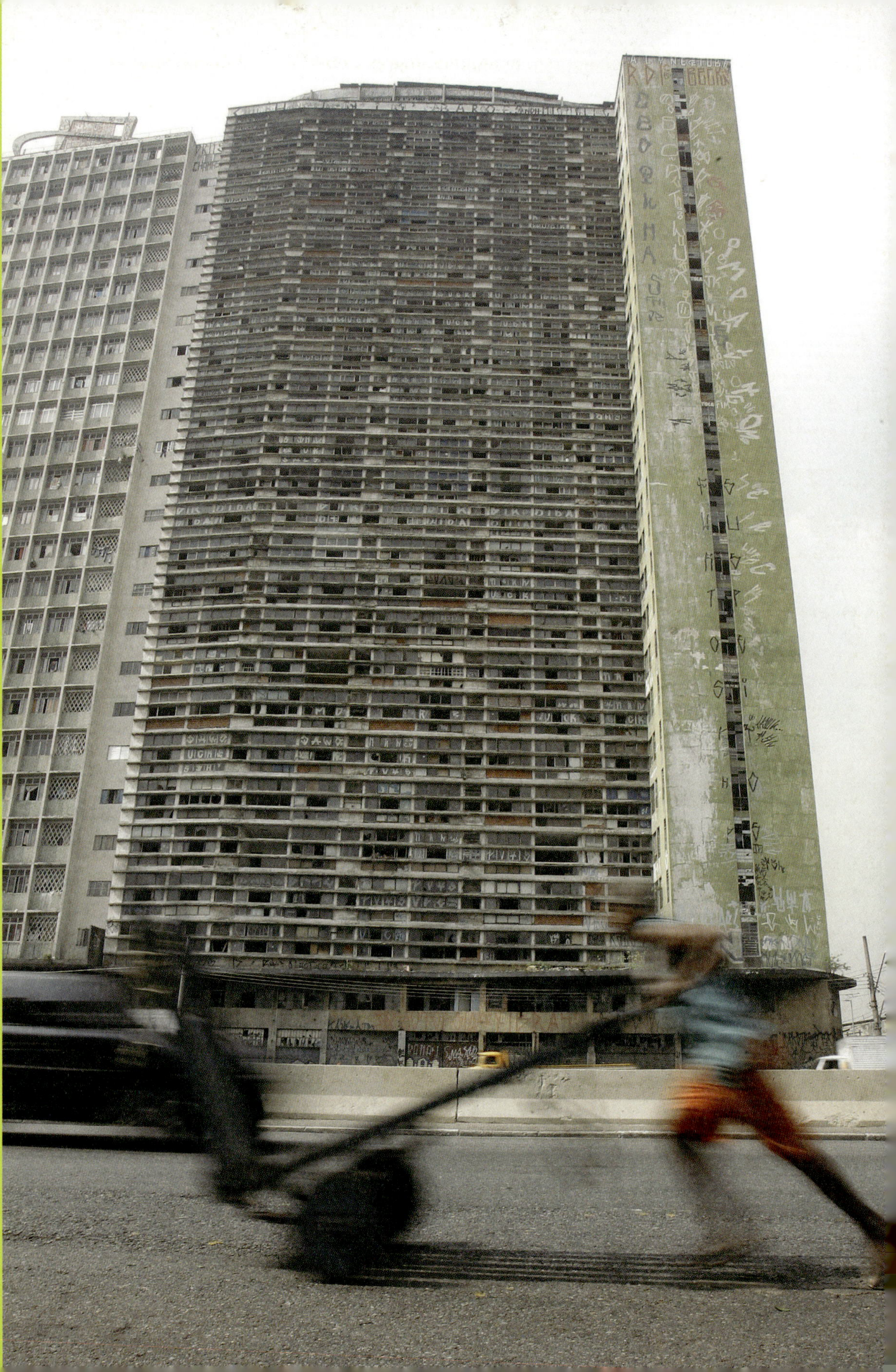

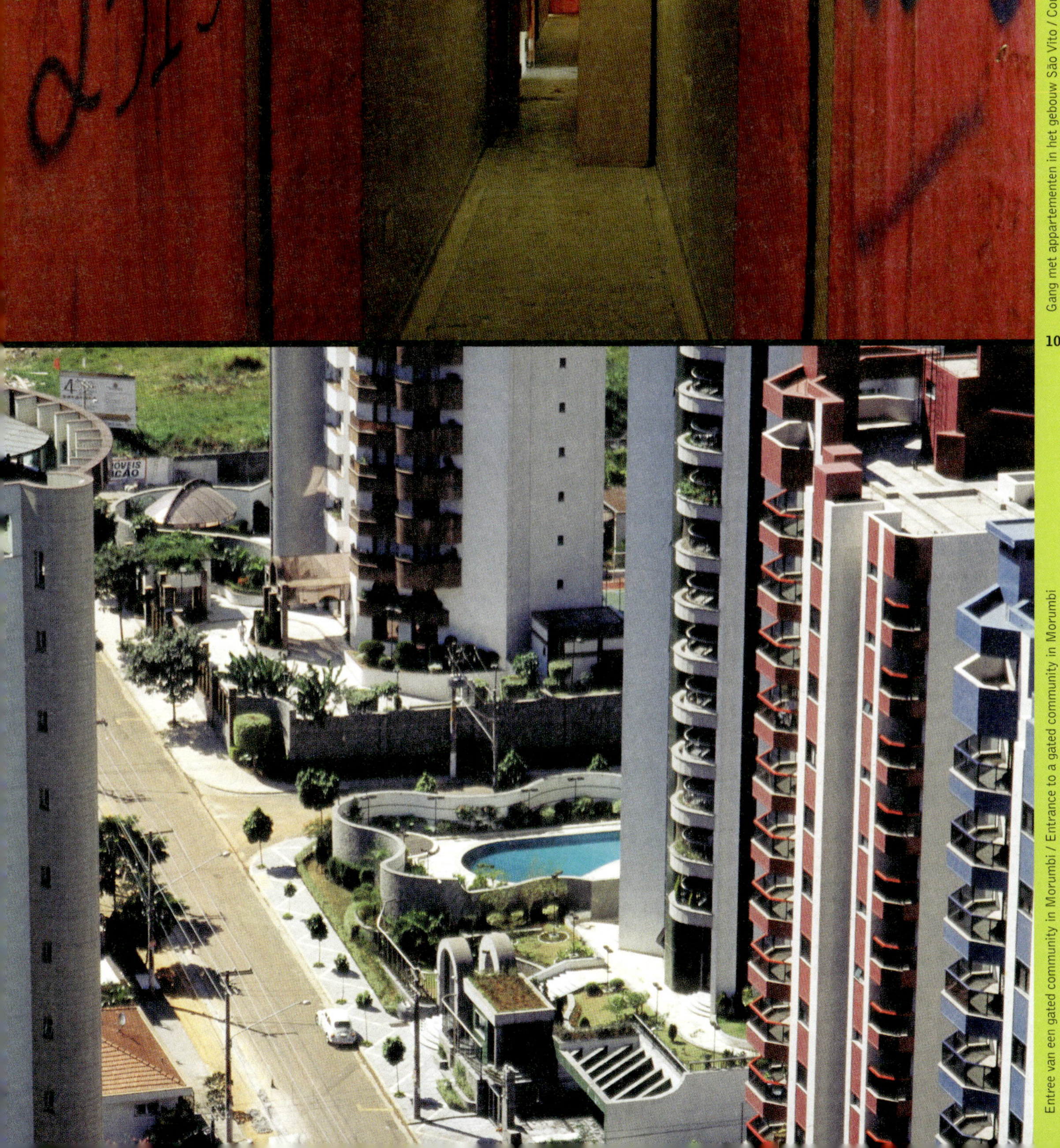

Gang met appartementen in het gebouw São Vito / Corridor with flats in the São Vito building

Entree van een gated community in Morumbi / Entrance to a gated community in Morumbi

De openbare ruimte van São Paulo is discontinu. Het centrum is een publieke plek tijdens kantooruren, maar verandert gedeeltelijk in een niemandsland als de beroepsbevolking naar huis is. Straten met veel passanten zijn betrekkelijk veilig, terwijl achteraf gelegen straten ook overdag een slechte reputatie kunnen hebben. De Paulistanos coachen elkaar door de stad. Zo zullen zelfs in de verre periferie buurtbewoners ingrijpen als iemand de onzichtbare grens van het publieke gebied dreigt te overschrijden: 'ga daar niet heen, daar zijn vreemde mensen!' De dagelijkse verkeersinfarcten en periodieke overstromingen in de stad worden met een opmerkelijke berusting ondergaan. Ondanks de drukte wint de hoffelijkheid in het verkeer het nog steeds van de agressie.

De knooppunten van het sociale leven in São Paulo zijn al decennia geleden verplaatst naar de collectieve ruimte van de shopping malls.[2] Vanaf de jaren zestig begonnen ze schoorvoetend aan een opmars. Aanvankelijk had São Paulo enkele malls, met gratis parkeren en dure winkels voor rijke burgers. Het prestige van de shopping malls als Iguatemi, Morumbi en Eldorado maakte ze het logisch trefpunt voor verschillende (sub)culturen, zoals welgestelde pubers. Hoewel rijke hangjongeren meer overlast dan omzet creëren, worden zij door het management gedoogd als zijnde de toekomstige klanten. Het was een verrassing toen bleek dat in São Paulo ook shopping malls voor lagere inkomens econo-

misch succes konden hebben. Shopping Center Norte, gelegen naast de interlokale busterminal, was lange tijd zelfs de grootste mall in de stad. De tientallen shopping malls verspreid door de hele stad, met inbegrip van de periferie, hebben de rol van de ontmoetingsplek van de oude binnenstad met succes overgenomen. In zeker opzicht hebben shopping malls de publieke ruimte geëmancipeerd en centrumkwaliteit naar alle uithoeken van de stad gebracht.

De shopping malls zijn er in veel varianten, voor verschillende doelgroepen, lifestyles en welvaartsniveaus. Het winkelen is bijzaak geworden, het gaat om vermaak, ontmoeting en het spiegelen van sociale groepen. De trend wordt gezet door twee nieuwe winkelcentra, gelegen aan weerszijden van de Marginal do Pinheiros, de zuidas van São Paulo, met zijn businesscentra en gated communities. Shopping Daslu is ingericht als een buitenplaats. Gasten geven hun auto af aan de voordeur en kunnen van zaal naar zaal dwalen, die allemaal zijn volgepakt met dure spullen. De intimiteit is maximaal op de eerste verdieping: de damesmode. Mannen mogen hier niet komen en pashokjes ontbreken. De verkoopsters zijn gekleed als **empregadas**, dienstmeiden. Haast ongemerkt worden de kleren verkocht, in een sfeer van persoonlijke vriendschap. Shopping Parque Cidade Jardim, aan de overkant van de snelweg gelegen, kent een meer conventionele opzet, weliswaar met zeer exclusieve merken. De meerwaarde is een luxe gated community van

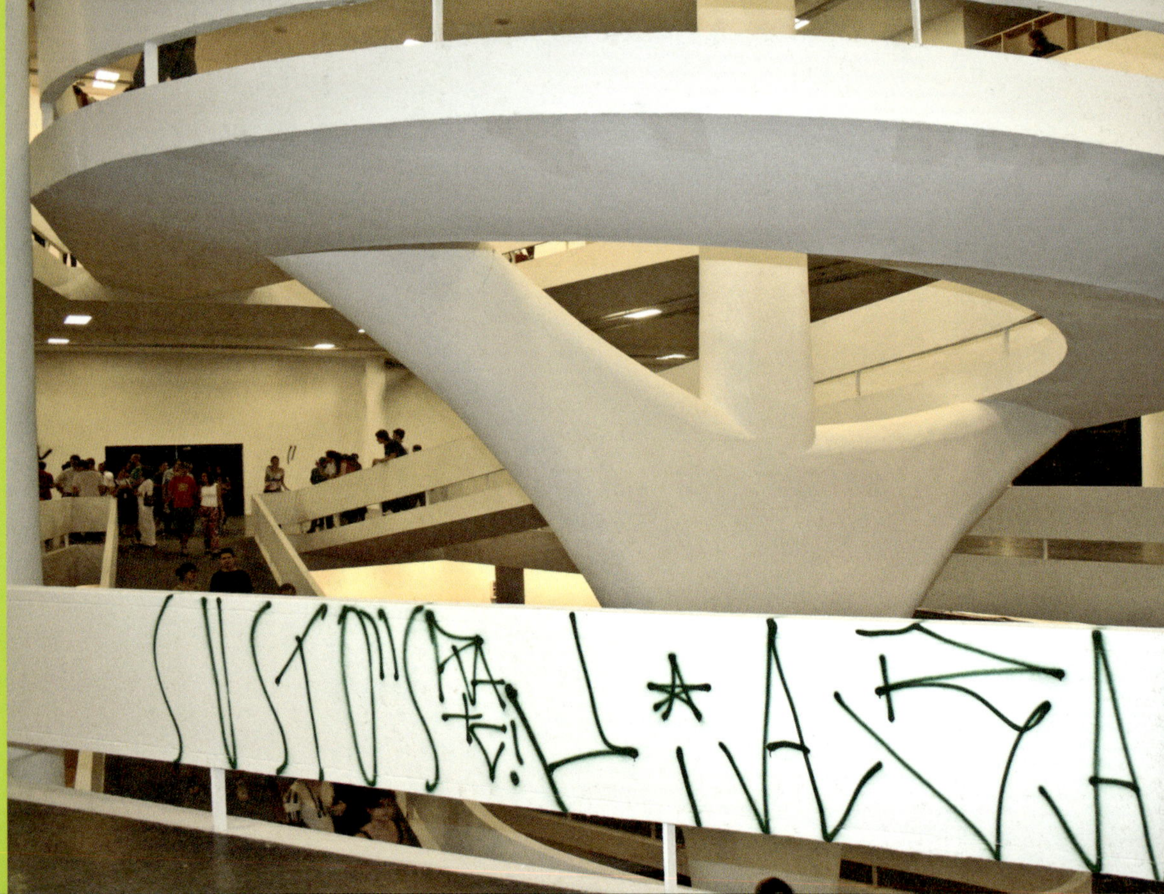

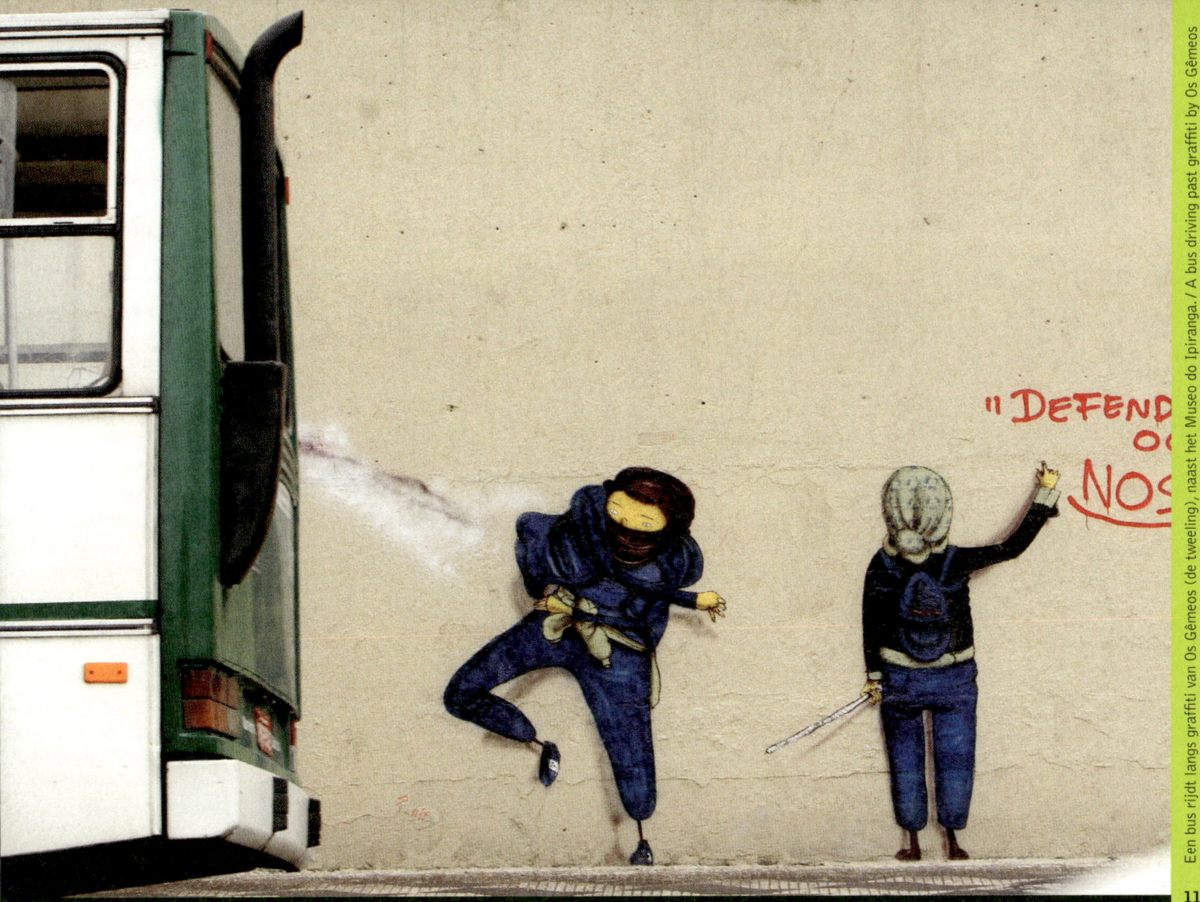

Public space in São Paulo is discontinuous. The centre is a public location during office hours, but transforms partially into a no-man's-land when the working population has gone home. Streets with a large number of passersby are comparatively safe, while out-of-the-way ones may have a bad reputation, even in the daytime. All over the city the Paulistanos are there to give you good advice. Even in the distant outskirts, for instance, locals will intervene if someone is in danger of crossing the invisible border of the public domain – 'Don't go in that direction; we don't know who lives there!' The daily traffic jams and periodical floods in the city are experienced with a singular equanimity. Despite the bustle, considerate behaviour in traffic often still wins out over aggression.

Decades ago the hubs of social life in São Paulo shifted to the collective space of the shopping malls.[2] From the 1960s onwards they started to make a hesitant advance. First of all there were some shopping malls in the city, with free parking and expensive shops for wealthy citizens. The prestige of malls like Iguatemi, Morumbi and Eldorado made them the logical meeting point for various subcultures, well-to-do adolescents, for instance. Although these well-off loiterers yield more nuïsance than income, they are tolerated by the management as potential future customers. It was a surprise then to discover that shopping malls for the lower income brackets could also enjoy economic success in São Paulo. Shopping Center Norte, situated next to the long-haul bus terminal, was for a long time the largest mall in the city. The dozens of malls scattered throughout the city, including the outskirts, have successfully taken over the role of meeting-place from the historical city centre. In a sense shopping malls have emancipated the public domain and brought a city-centre quality to every corner of the city.

There are a variety of sorts of mall and they serve various target groups, life styles and levels of prosperity. Shopping has become a secondary affair; what it is mainly about is fun, a chance for social groups to encounter and to be seen reflected in each other's eyes. The trend is being set by two new shopping centres, situated on both sides of the Marginal do Pinheiros, the southern axis of São Paulo, with its business centres and gated communities. Shopping Daslu is laid out like a country house. Visitors hand over their cars at the front door and can wander from hall to hall, all of them crammed full of expensive items. The feeling of intimacy peaks on the first floor, where the ladies' wear department is situated. Men are not allowed here and there are no fitting cubicles. The staff are dressed as **empregadas**, or ladies' maids. Items of clothing are sold almost unobtrusively, in an atmosphere of personal warmth. Shopping Parque Cidade Jardim, situated on the other side of the motorway, has a more conventional setup, but

112

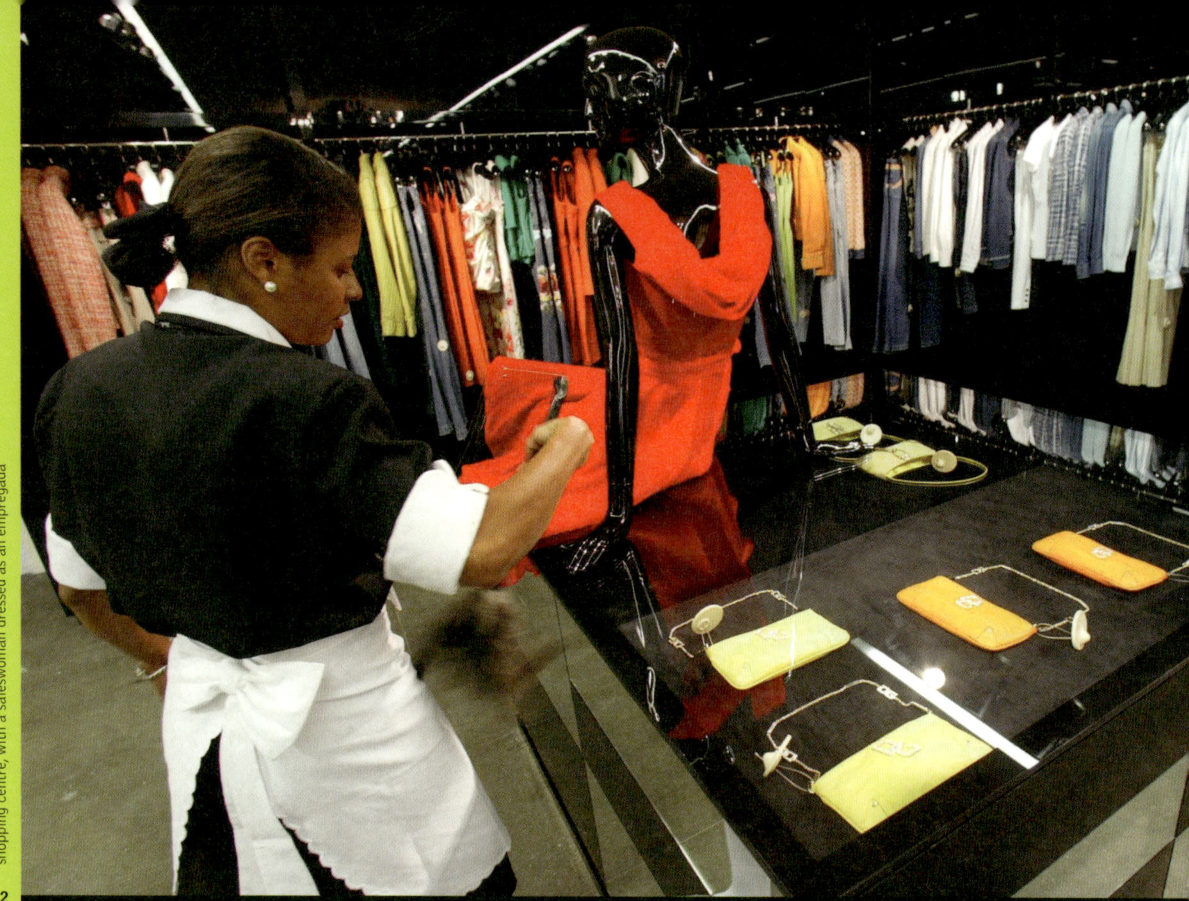

it specializes in extremely exclusive brand names. Its additional plus-point is the luxury gated community of nine residential towers on the roof of the shopping Mecca. From one's living room one can take the lift straight to the mall. Both malls base their marketing on making the collective space feel personal. Their formulas work like a club – it is a collectivity based on being exclusive and thus on exclusion. This atmosphere of privilege is imitated by other malls elsewhere in the city, so that in this way it is available for the masses as well.

The next step in the privatization of collective spaces has been taken in the gated communities.[3] By grouping thousands of residences together behind high walls or building dozens of tower blocks in a closed-off park, planners have created urban neighbourhoods that have no public space whatsoever. The residents here are buying not just a home but a niche in a community. They are provided with a parking garage and a caretaker and in addition they enjoy amenities such as swimming pools, tennis courts and golf links, health clubs, reception rooms, playgrounds and barbecue installations. Sometimes there are restaurants, crèches and shops between the flats, but still behind the walls. The atmosphere is like a holiday resort where all extra amenities are included. The most luxurious 'vertical' gated communities are found on the hilltops of Morumbi, a quarter close to the Marginal do Pinheiros. The luxury

flats, which cover up to 1000 m2 in floor space, and sometimes even more, look out across the valleys with their favelas to the city skyline beyond. The best-known 'horizontal' gated community is called Alphaville and it is situated in the suburb of Barueri, 30 km from the centre of São Paulo. This garden city, with high security for 50,000 residents and 150,000 jobs, consists of an archipelago of walled residential neighbourhoods, fenced-in shopping centres and business centres in a green sea of a semi-public space. Its management is in the hands of resident groups, who have, as it were, taken over the role of the local authorities.

Alphaville is typical of the weird reality of São Paulo and of Brazil as a whole. It is a model of segregation and paternalism and is the baby of a property developer who has conceived of a town as a virtually autonomous state. But it is also a market development that has brought job opportunities and taxable income to the economically vulnerable outskirts and, what is more, it has made many of its amenities available to residents in the surrounding countryside. Since Alphaville was opened up in 1974, the development of the then impoverished local authority of Barueri has expanded rapidly. The developers have carried out in practice here what the left-wing city government tried in vain to achieve in 2002 – the creation of economic centres outside the wealthy core area of São Paulo and social integration in the city. The social price is the perpetuation

negen woontorens op het dak van het winkelpaleis. Vanuit de woonkamer kan de lift rechtstreeks naar de shopping mall worden genomen. Beide malls baseren hun marketing op het verpersoonlijken van de collectieve ruimte. De formules werken als een club: een collectiviteit gericht op exclusiviteit en dus uitsluiting. Deze geprivilegieerde uitstraling wordt door andere malls elders in de stad geïmiteerd en op die manier bereikbaar voor de massa.

De volgende stap van het privatiseren van collectieve ruimtes wordt in de gated communities gezet.[3] Door duizenden villa's te bundelen achter hoge muren of tientallen woontorens in een afgesloten park te groeperen, ontstaan stadswijken zonder openbare ruimte. Behalve een huis, kopen bewoners hier een plaats in een gemeenschap. Ze krijgen een parkeergarage en een huismeester, en kunnen verder gebruikmaken van voorzieningen in de trant van zwembaden, tennis- en golfbanen, fitnessruimten, feestzalen, speelplaatsen, barbecue-installaties en meer. Tussen de flats, maar achter de muren, zijn soms restaurants, crèches, winkels. De sfeer lijkt op een all-inclusive vakantieresort. De meest luxe 'verticale' gated communities zijn te vinden op de heuveltoppen van de wijk Morumbi, vlak bij de Marginal do Pinheiros. De luxeappartementen, tot duizend vierkante meter groot, en soms zelfs meer, kijken uit over de dalen met favelas en daarachter de skyline van de stad. De bekendste 'horizontale' gated community heet Alphaville en is gelegen in de voorstad Barueri, op 30 kilometer van het centrum van São Paulo. Deze tuinstad, met 50.000 beveiligde inwoners en 150.000 arbeidsplaatsen, bestaat uit een archipel van ommuurde villawijken, omheinde winkelcentra en businesscentra in een groene zee van een semi-openbare ruimte. Het bestuur is in handen van bewonersgroepen, die als het ware de rol van het openbaar bestuur hebben overgenomen.

Alphaville is een voorbeeld van de bizarre werkelijkheid van São Paulo en van Brazilië. Het is een toonbeeld van segregatie en paternalisme – van een projectontwikkelaar die een stad opzet als een haast autonome staat. Maar het is ook een marktontwikkeling die werkgelegenheid en belastinginkomsten naar de economisch zwakke periferie heeft gebracht en bovendien veel van haar voorzieningen beschikbaar stelt voor de bewoners uit de omgeving. Sinds de start van Alphaville in 1974 is de ontwikkeling van de destijds armlastige gemeente Barueri in een stroomversnelling gekomen. De ontwikkelaars brengen hier in praktijk wat het linkse stadsbestuur in 2002 vergeefs probeerde te bewerkstelligen: het creëren van economische centra buiten het rijke kerngebied van São Paulo en sociale menging in de stad. De maatschappelijke prijs is de bestendiging van de klassieke Braziliaanse machtsverhoudingen. Waar alfa-burgers zijn, daar zijn ook bèta-burgers. De wederzijdse afhankelijkheid, die sinds de suikerboerderijen

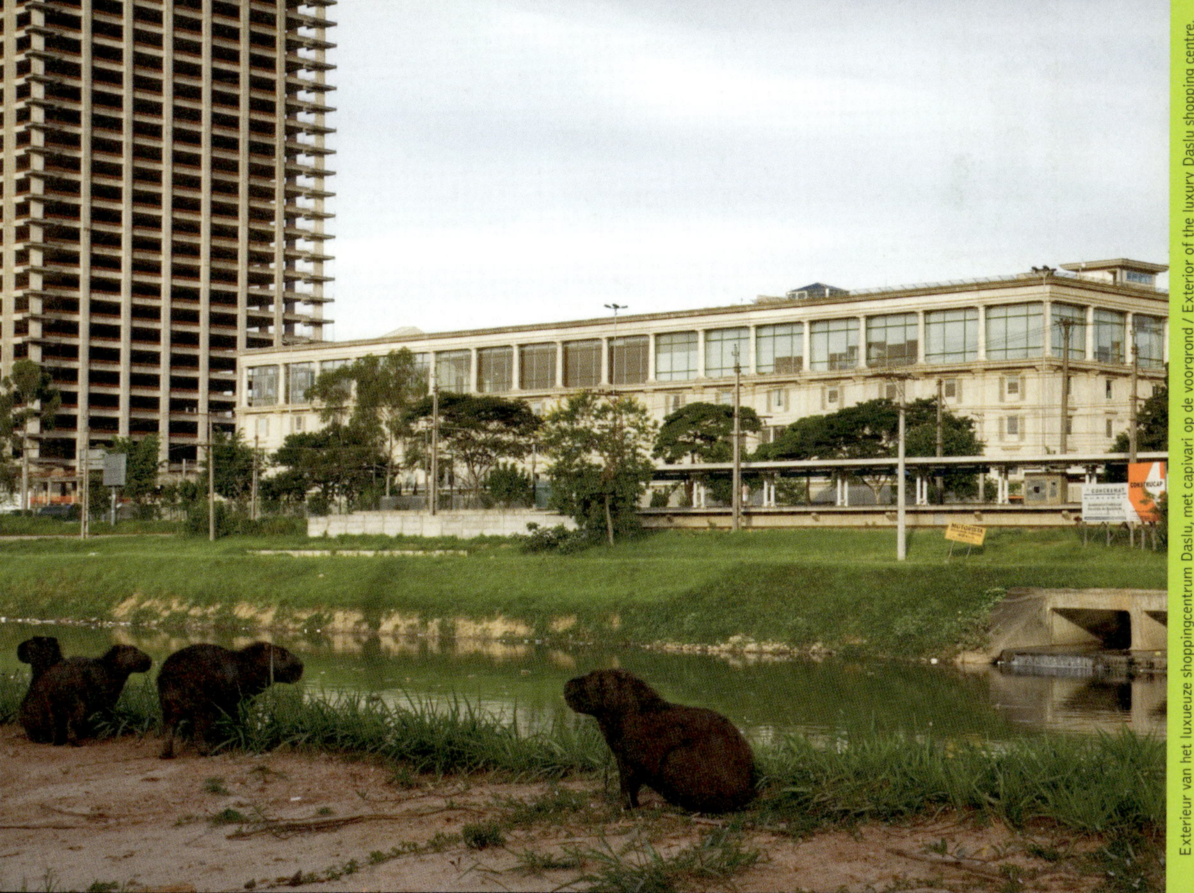

van heren en slaven heeft bestaan, heeft in de periferie van São Paulo een nieuwe uitvoering in een postmoderne setting gevonden.

1. Paul Meurs, 'Bouwen aan een ongelijke wereld, ommuurde woonwijken in São Paulo en Rio de Janeiro', **de Architect**, 1993 nr. 9, p. 50-61 en 'Democratische ruimte in São Paulo en Rio de Janeiro onder druk', **de Architect**, 1993 nr. 11, p. 100-109.
2. Heitor Frúgoli Jr., 'Os Shoppings de São Paulo e a Trama do Urbano. Um Olhar Antropológico', in: Silvana Pintaudi, Heitor Frúgoli Jr. (org.), **Shopping Centers. Espaço, Cultura e Modernidade nas Cidades Brasileiras**, São Paulo 1992, p. 75-92.
3. Teresa Pires do Rio Caldeira, **Cidade de muiros. Crime, segregação e cidadenia em São Paulo**, São Paulo 2000 (**City of walls, crime, segregation and citizenship in São Paulo**, Berkeley 2001).

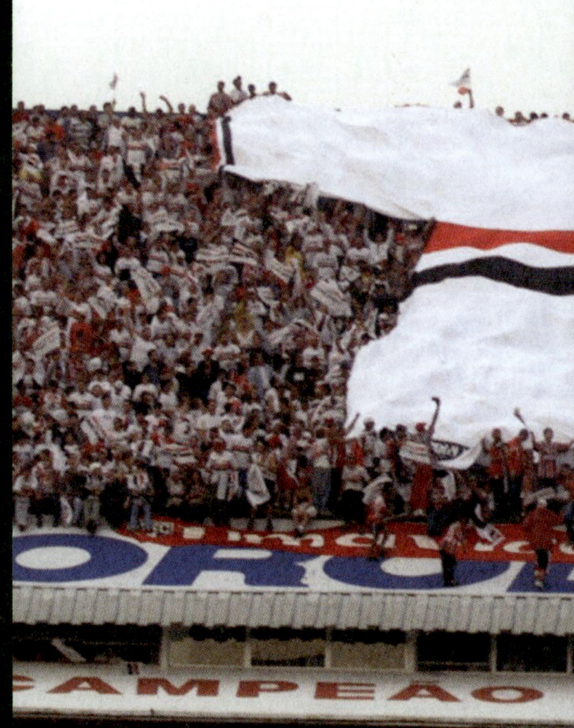

of classical Brazilian power relations. Where there are alpha citizens there have to be beta ones too. This mutual dependency, which has existed since the sugar plantations with its masters and slaves, has taken on a new life in the outskirts of São Paulo in a postmodern setting.

1. Paul Meurs, 'Bouwen aan een ongelijke wereld, ommuurde woonwijken in São Paulo en Rio de Janeiro', **de Architect**, no. 9 (1993), 50-61 and 'Democratische ruimte in São Paulo en Rio de Janeiro onder druk', **de Architect**, no. 11 (1993), 100-109.
2. Heitor Frúgoli Jr, 'Os Shoppings de São Paulo e a Trama do Urbano: um Olhar Antropológico', in: Silvana Pintaudi and Heitor Frúgoli Jr (eds.), **Shopping Centers; Espaço, Cultura e Modernidade nas Cidades Brasileiras** (São Paulo, 1992), 75-92.
3. Teresa Pires do Rio Caldeira, **Cidade de muiros. Crime, segregação e cidadenia em São Paulo** (São Paulo, 2000). Published in English as: **City of Walls, Crime, Segregation and Citizenship in São Paulo** (Berkeley, 2001).

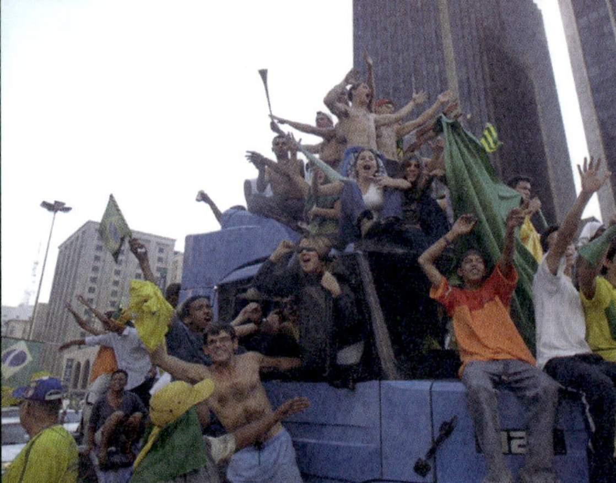

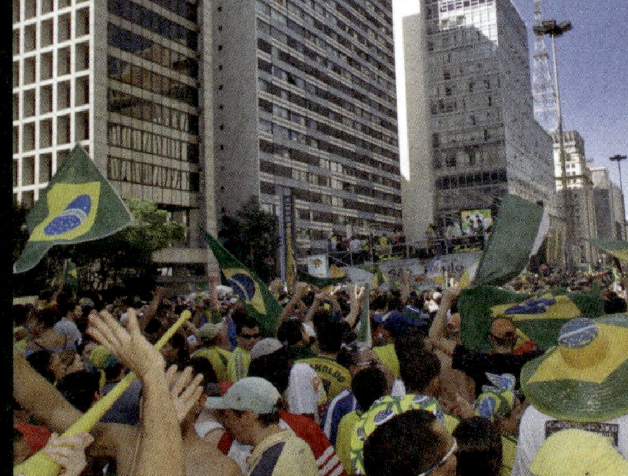

1 - 2 Feest op de Avenida Paulista nadat Brazilië in 2002 voor de vijfde keer wereldkampioen werd / Street party on Avenida Paulista after Brazil became world champion for the fifth time in 2002

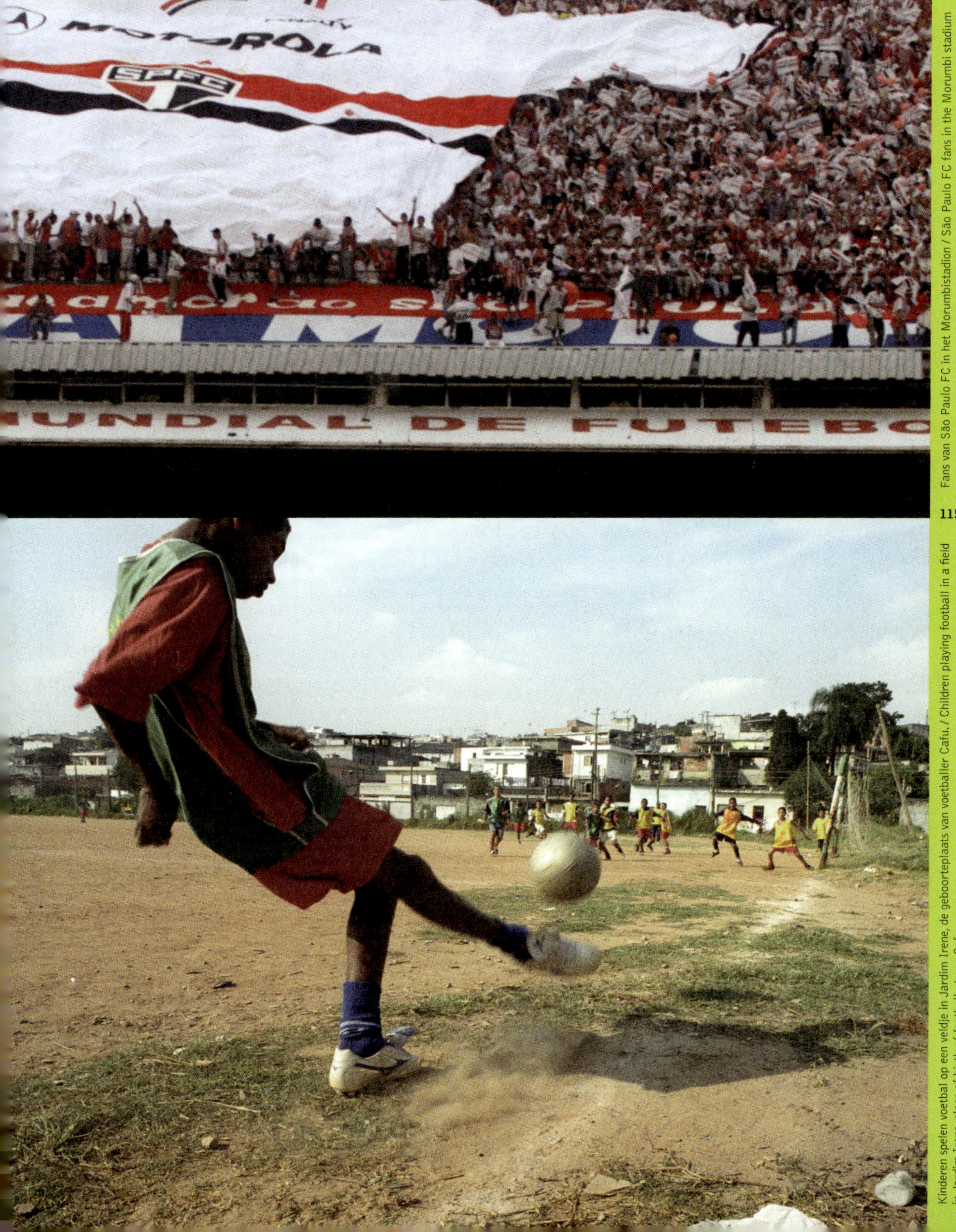

Fans van São Paulo FC in het Morumbistadion / São Paulo FC fans in the Morumbi stadium

Kinderen spelen voetbal op een veldje in Jardim Irene, de geboorteplaats van voetballer Cafu. / Children playing football in a field in Jardim Irene, place of birth of football player Cafu.

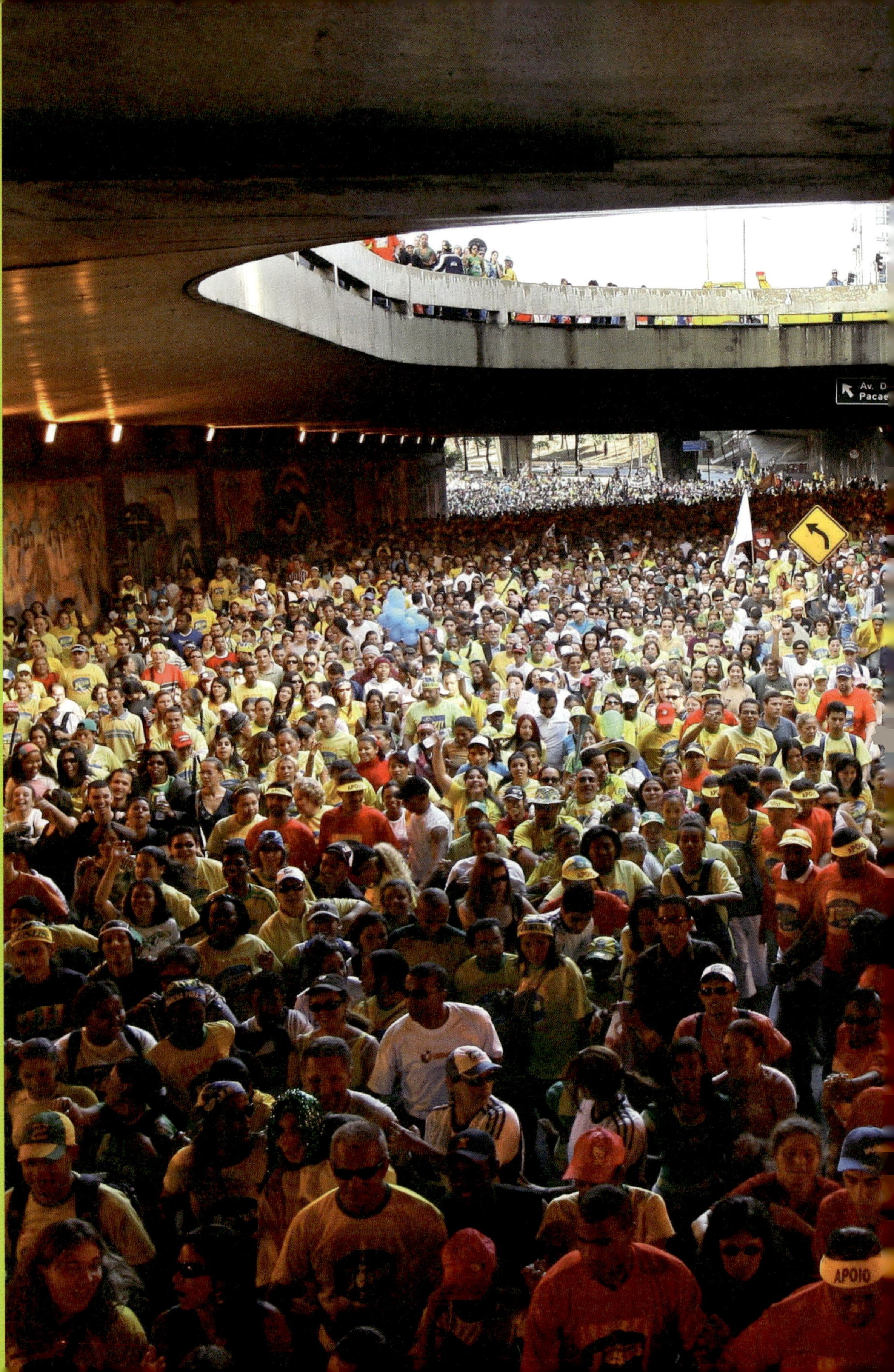

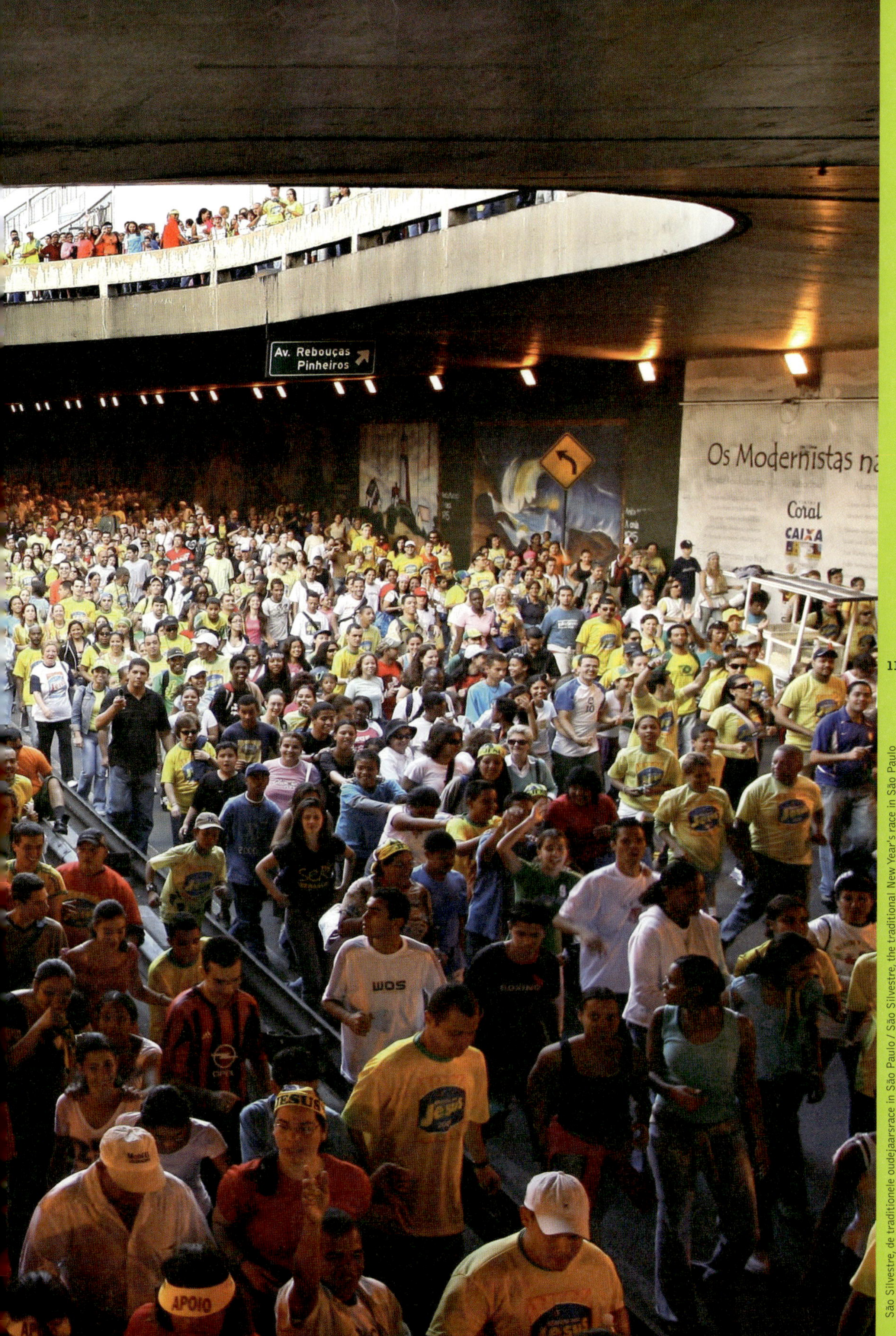

São Silvestre, de traditionele oudejaarsrace in São Paulo / São Silvestre, the traditional New Year's race in São Paulo

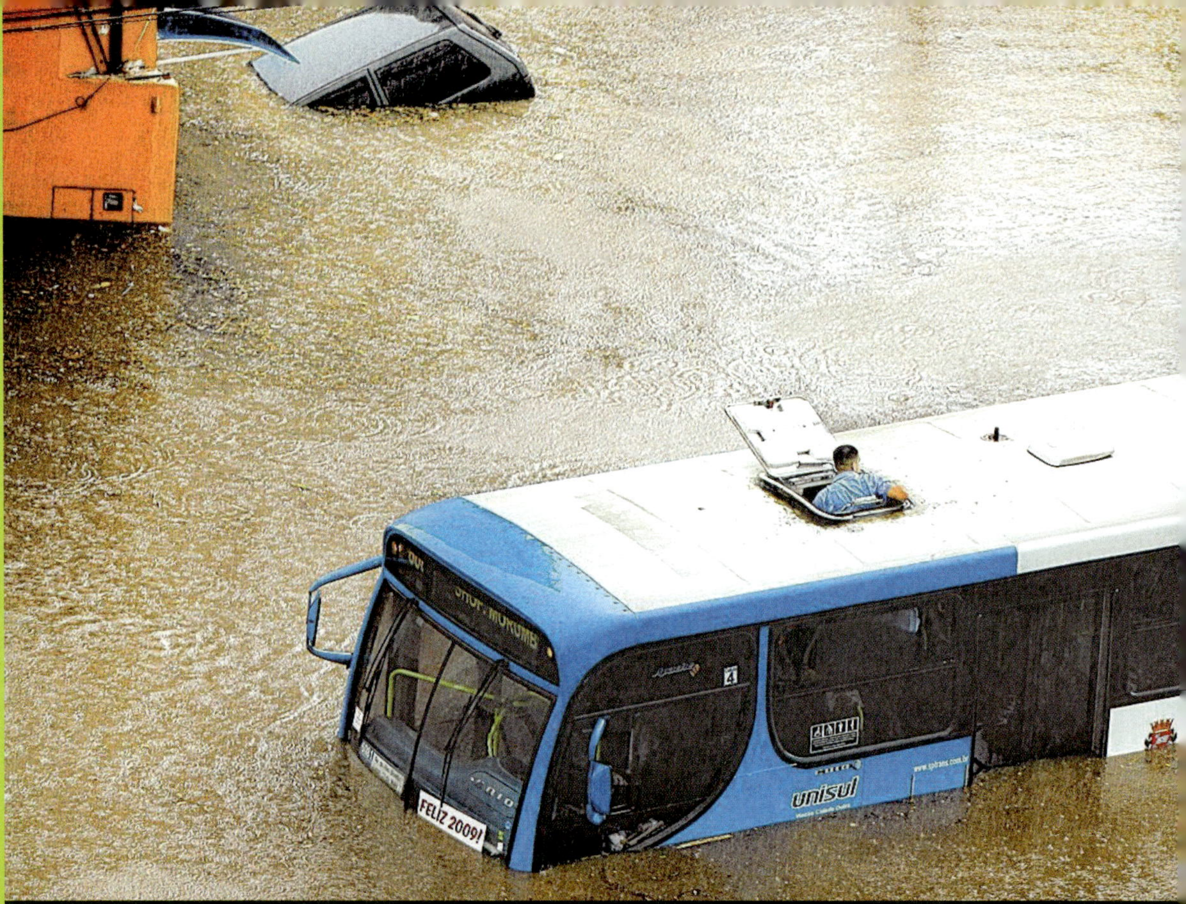

FELIZ 2009!
unisul
www.ipitrans.com.br

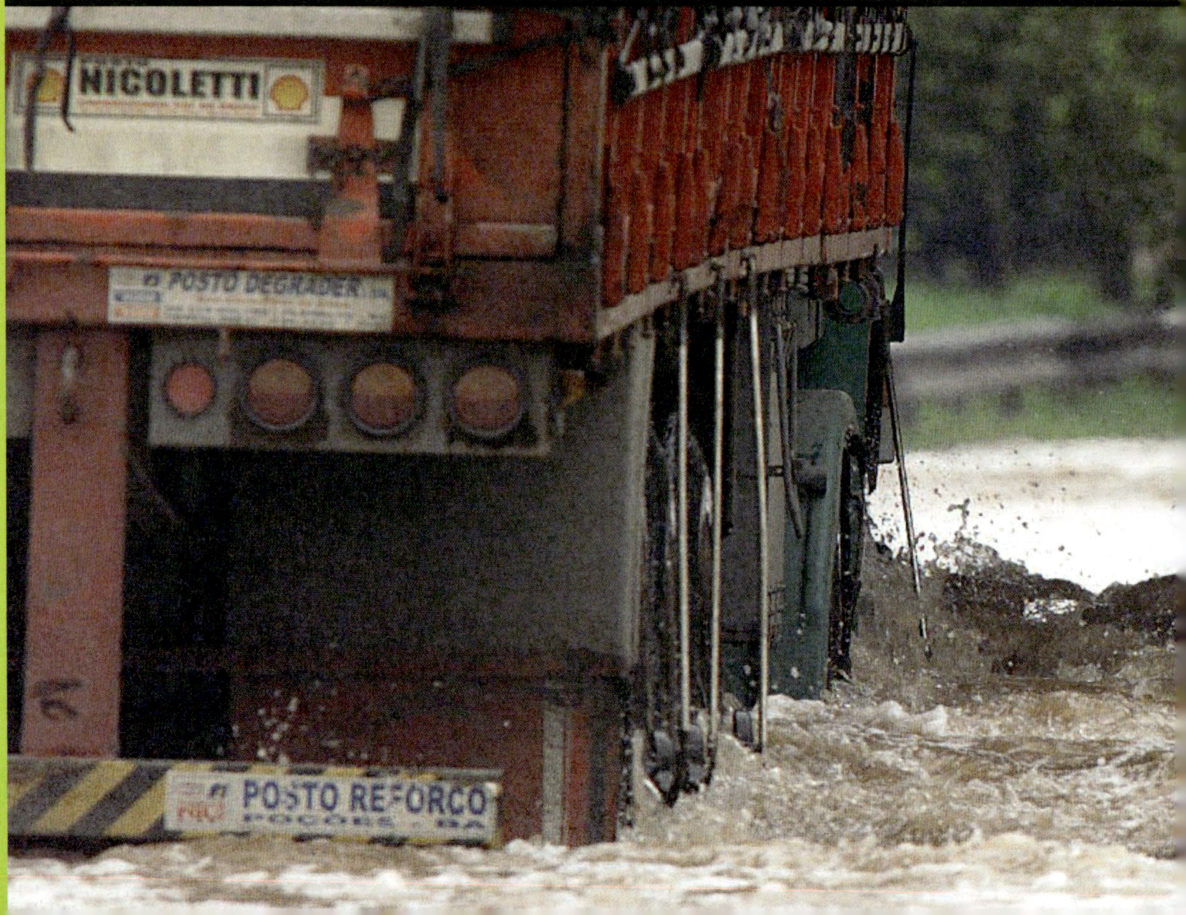

NICOLETTI
POSTO DEGRADER
POSTO REFORÇO

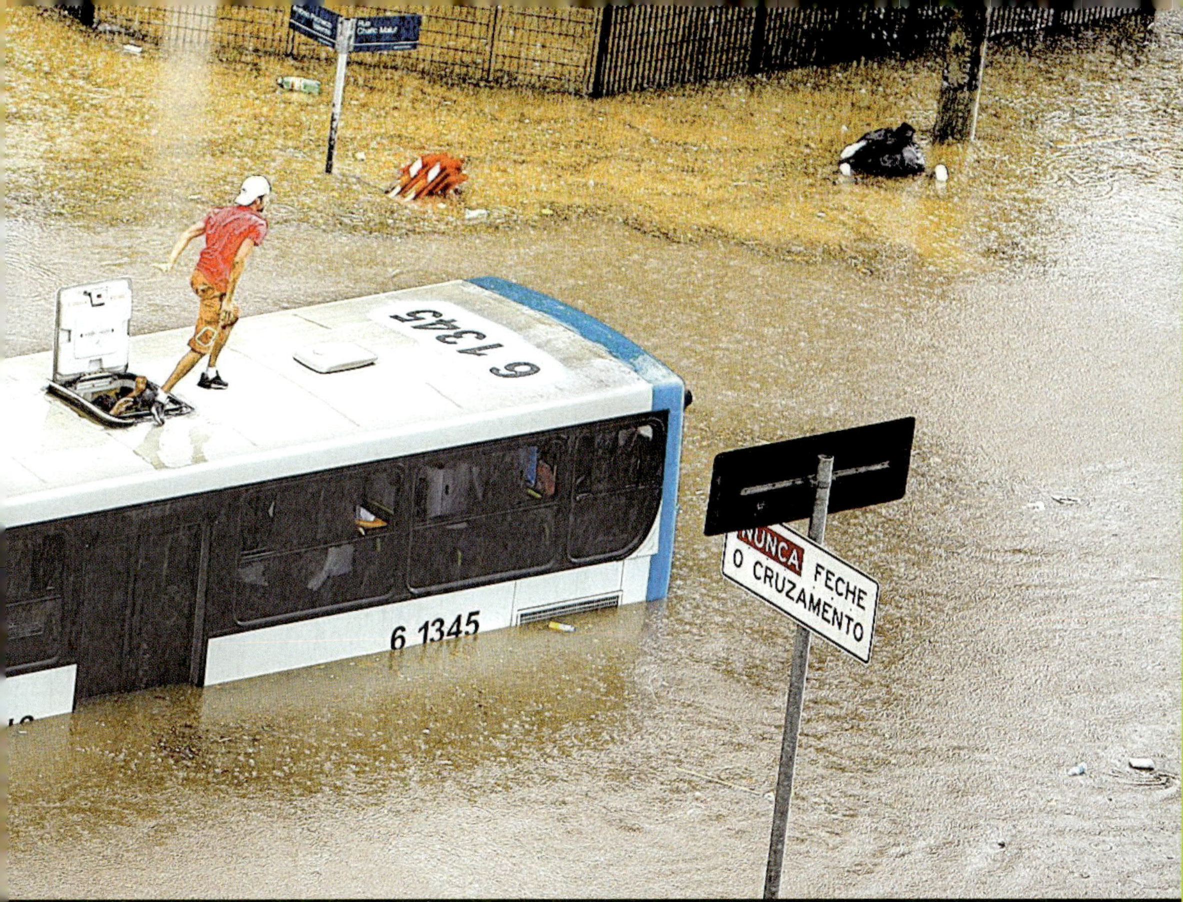

Passagiers verlaten een overstroomde bus via de nooduitgang op het dak. / Passengers escape from a flooded bus via the emergency exit on the roof.

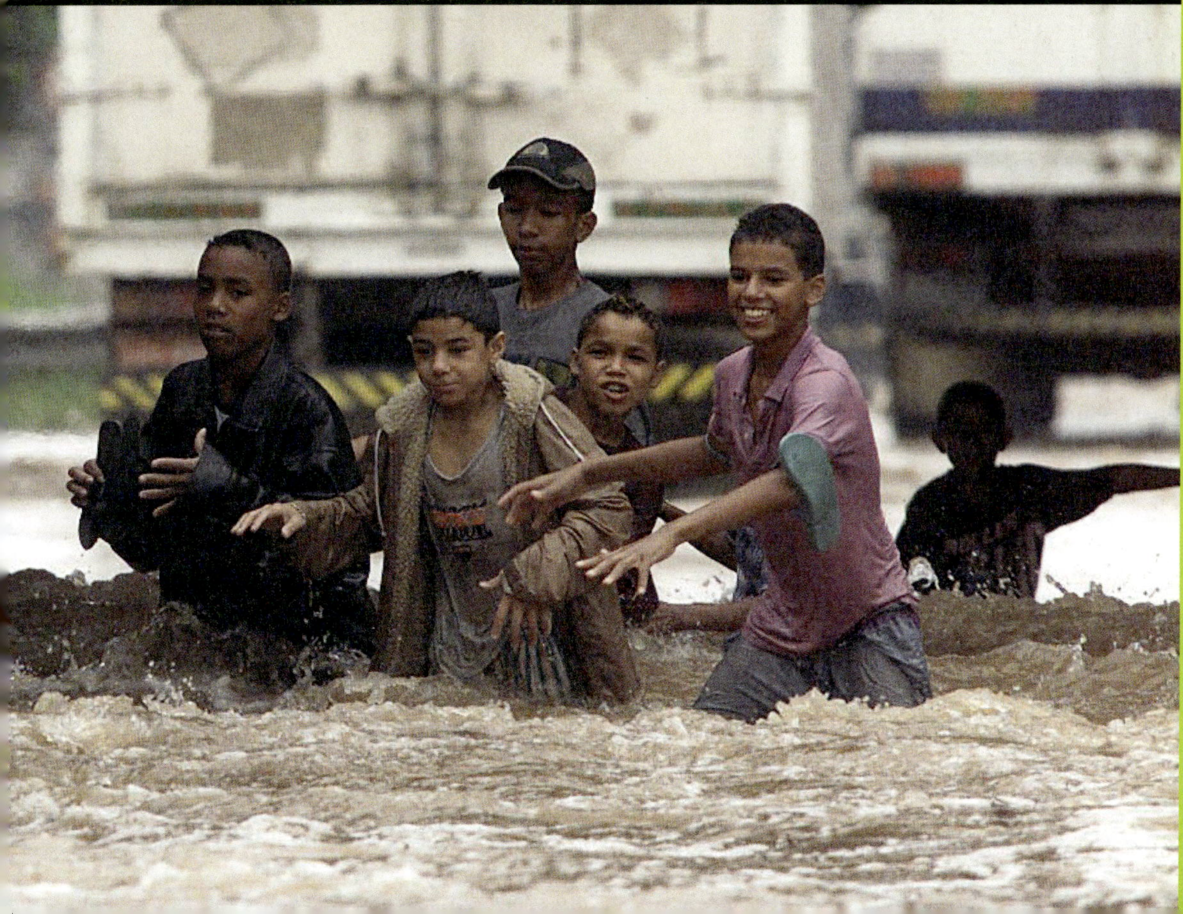

Kinderen proberen mee te liften achter op vrachtwagens tijdens een grote overstroming van de Marginal Tietê. / Children trying to climb onto the back of lorries during flooding along the Marginal Tietê

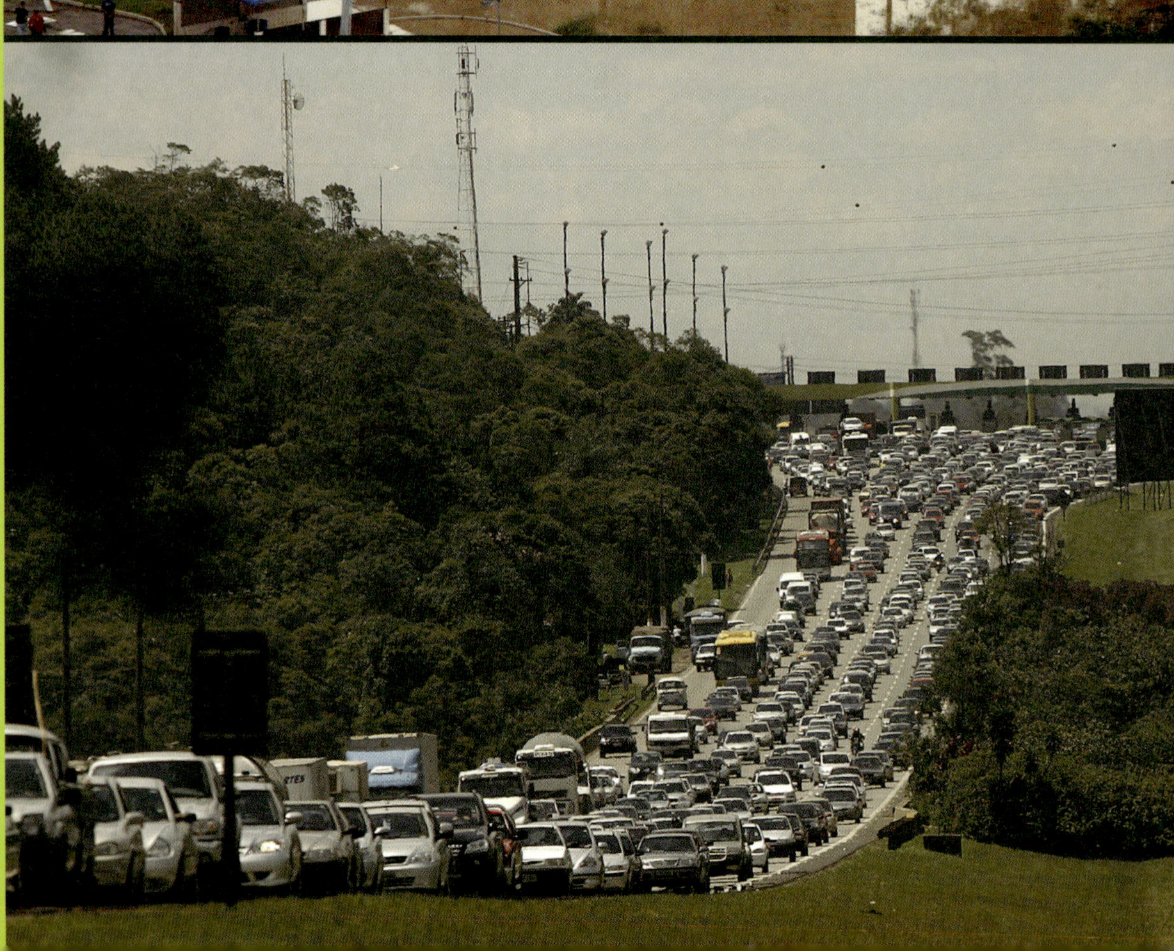

Overstroming na heftige regenval in São Paulo / Flooding after downpour in São Paulo

File op de snelweg Rodovia dos Imigrantes tijdens de nieuwjaarsvakantie wanneer Paulista's massaal de stad ontvluchten / Traffic jam on the Rodovia dos Imigrantes motorway during the massive escape for the New Year vacation

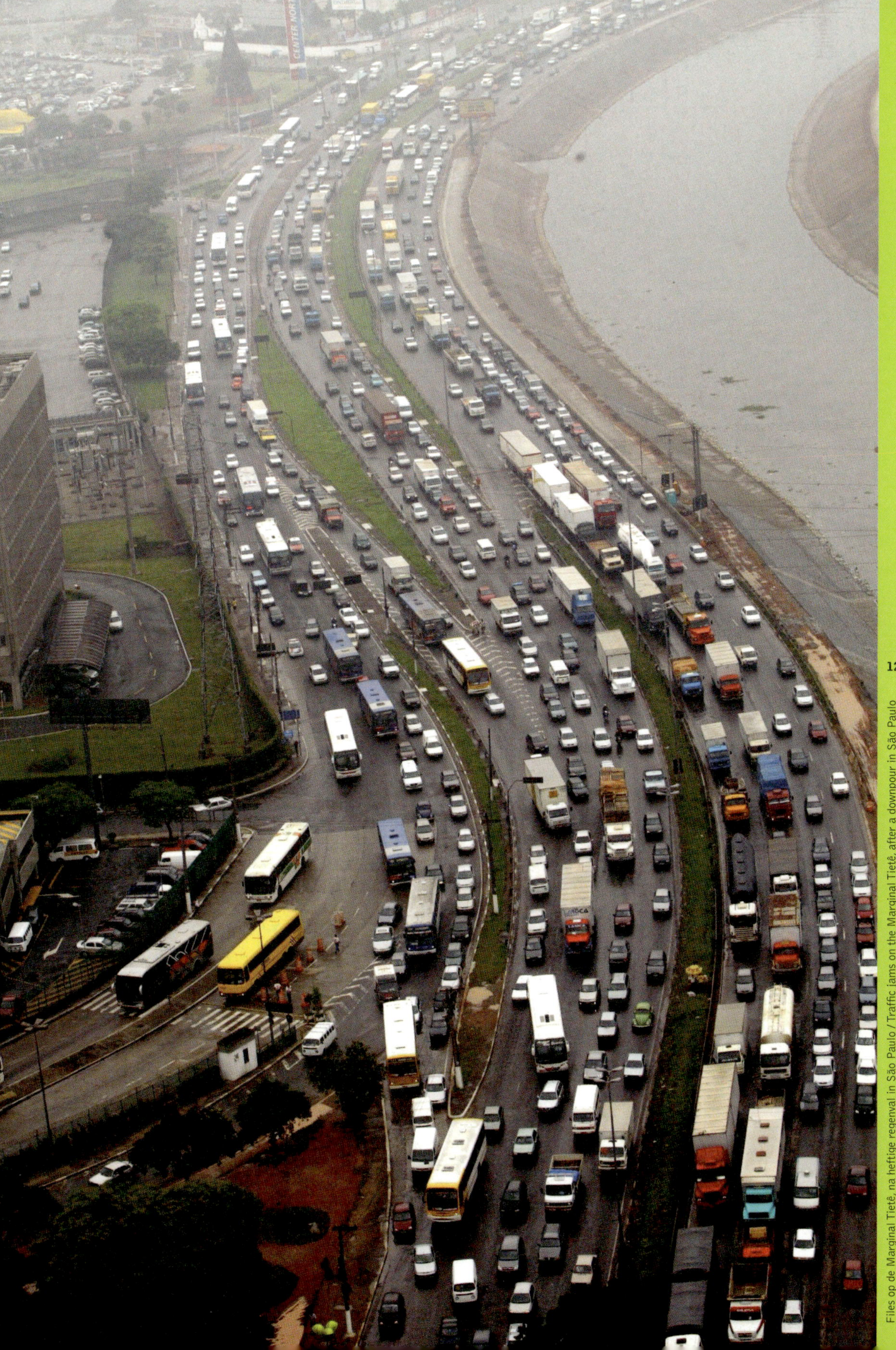

Files op de Marginal Tietê, na heftige regenval in São Paulo / Traffic jams on the Marginal Tietê, after a downpour in São Paulo

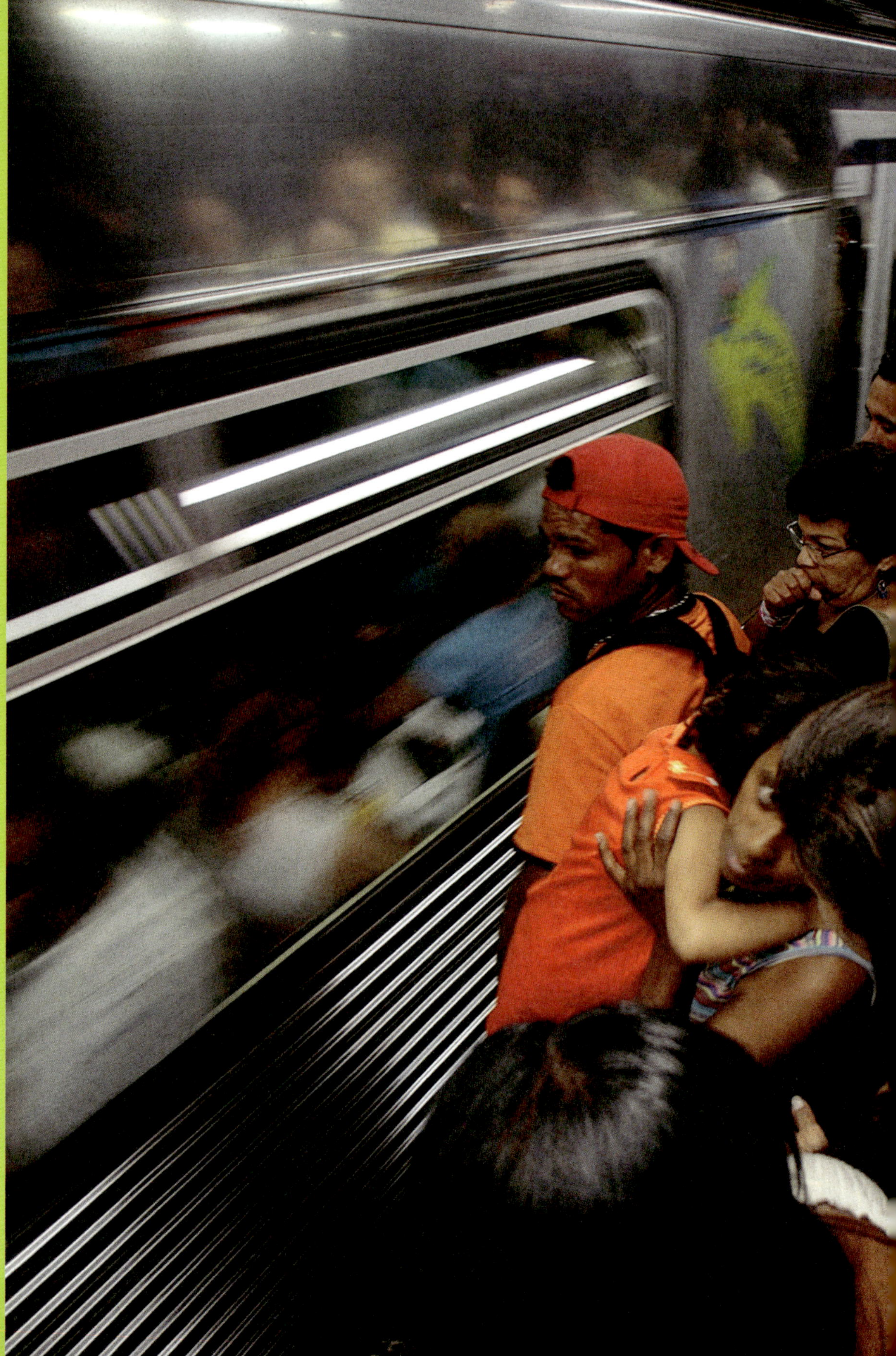

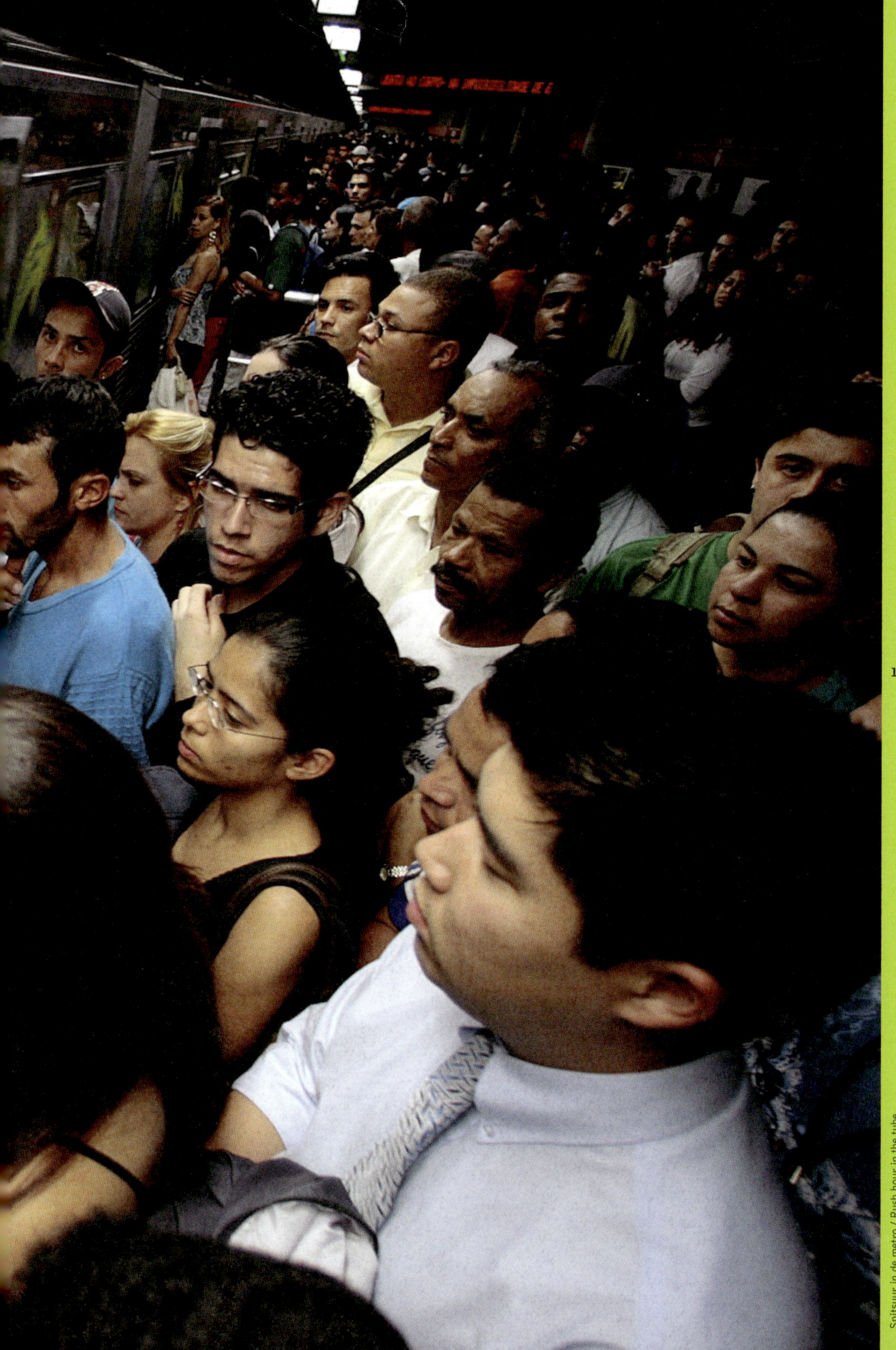

Spitsuur in de metro / Rush hour in the tube

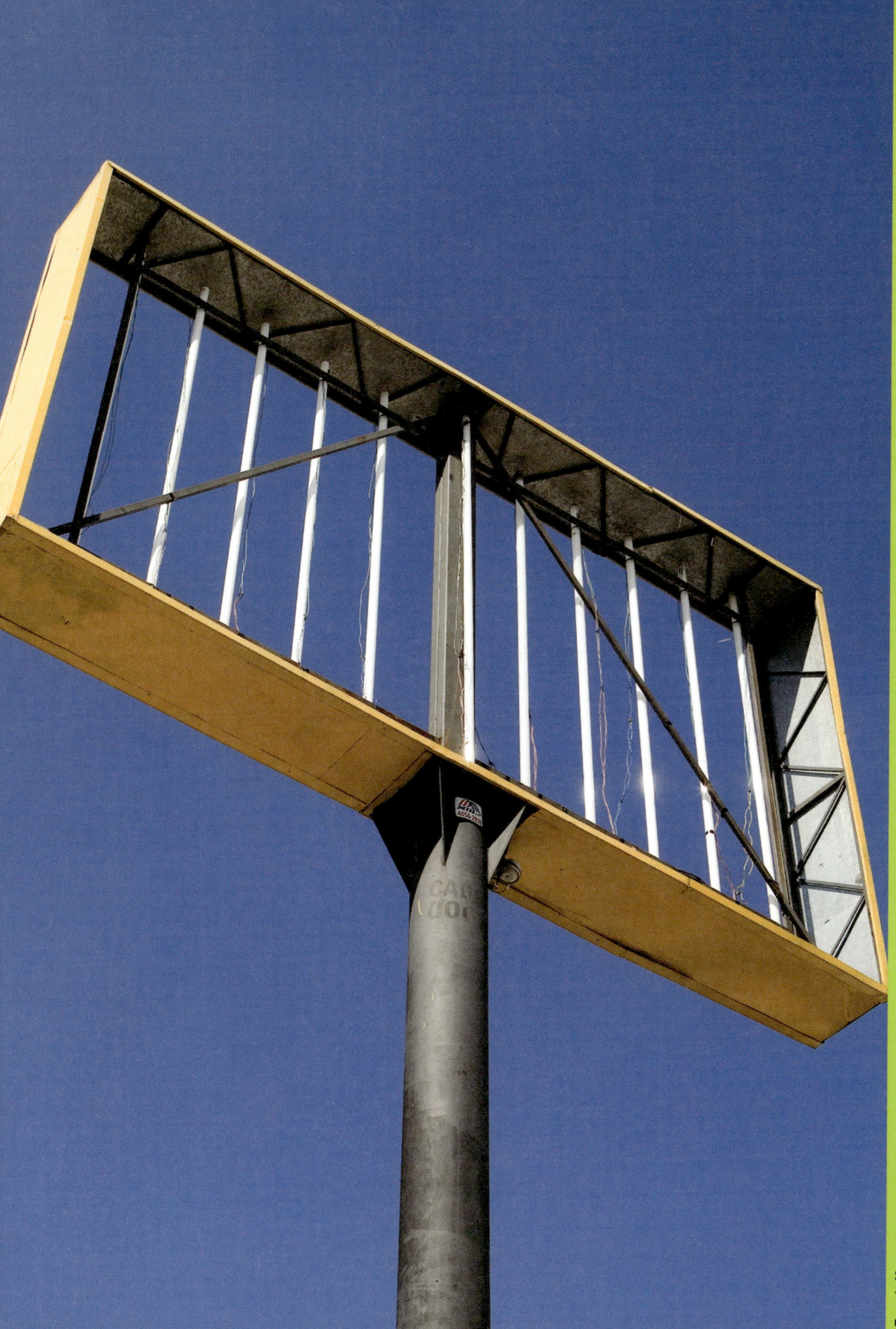

Tony de Marco São Paulo No Logo, 2007

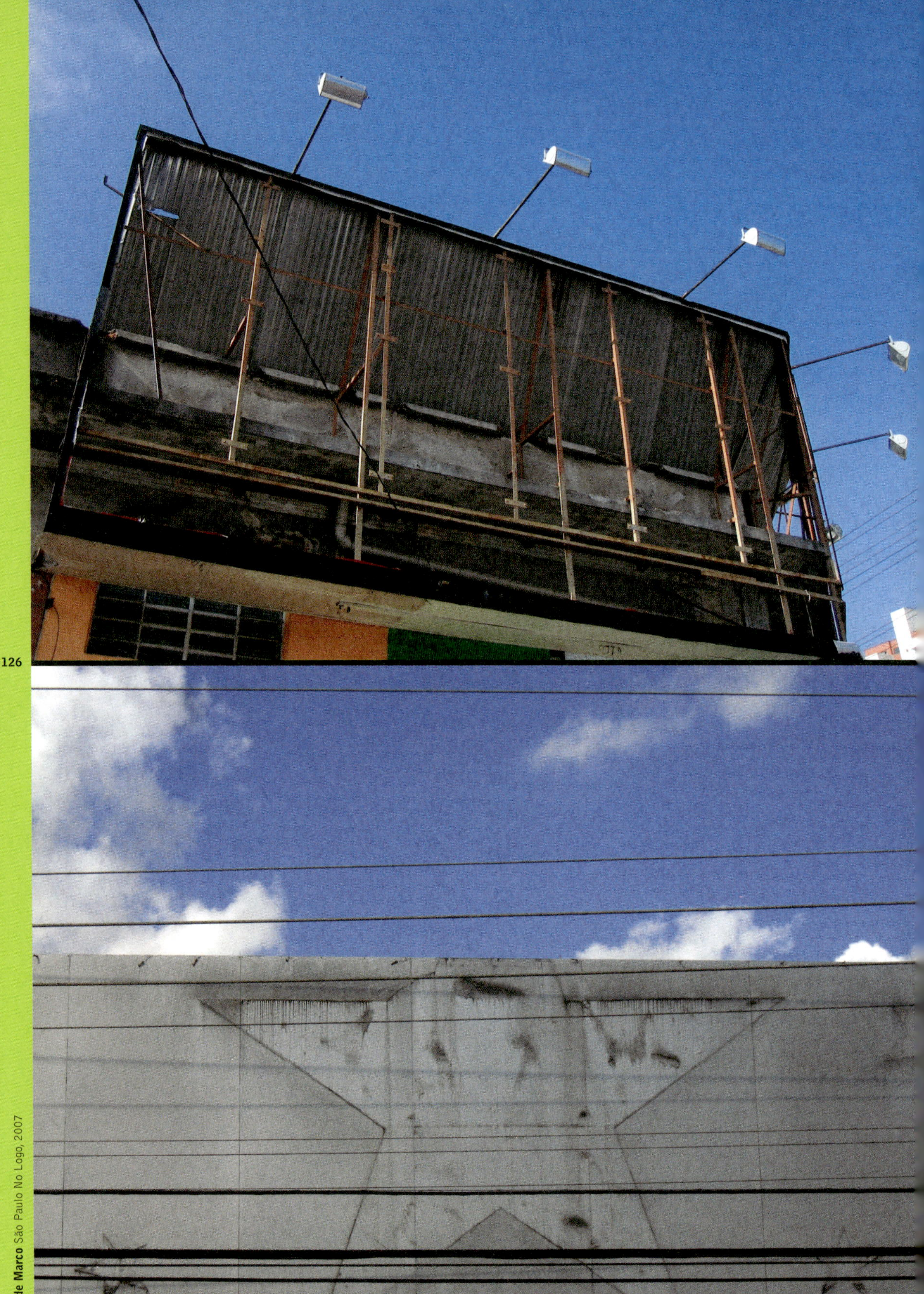

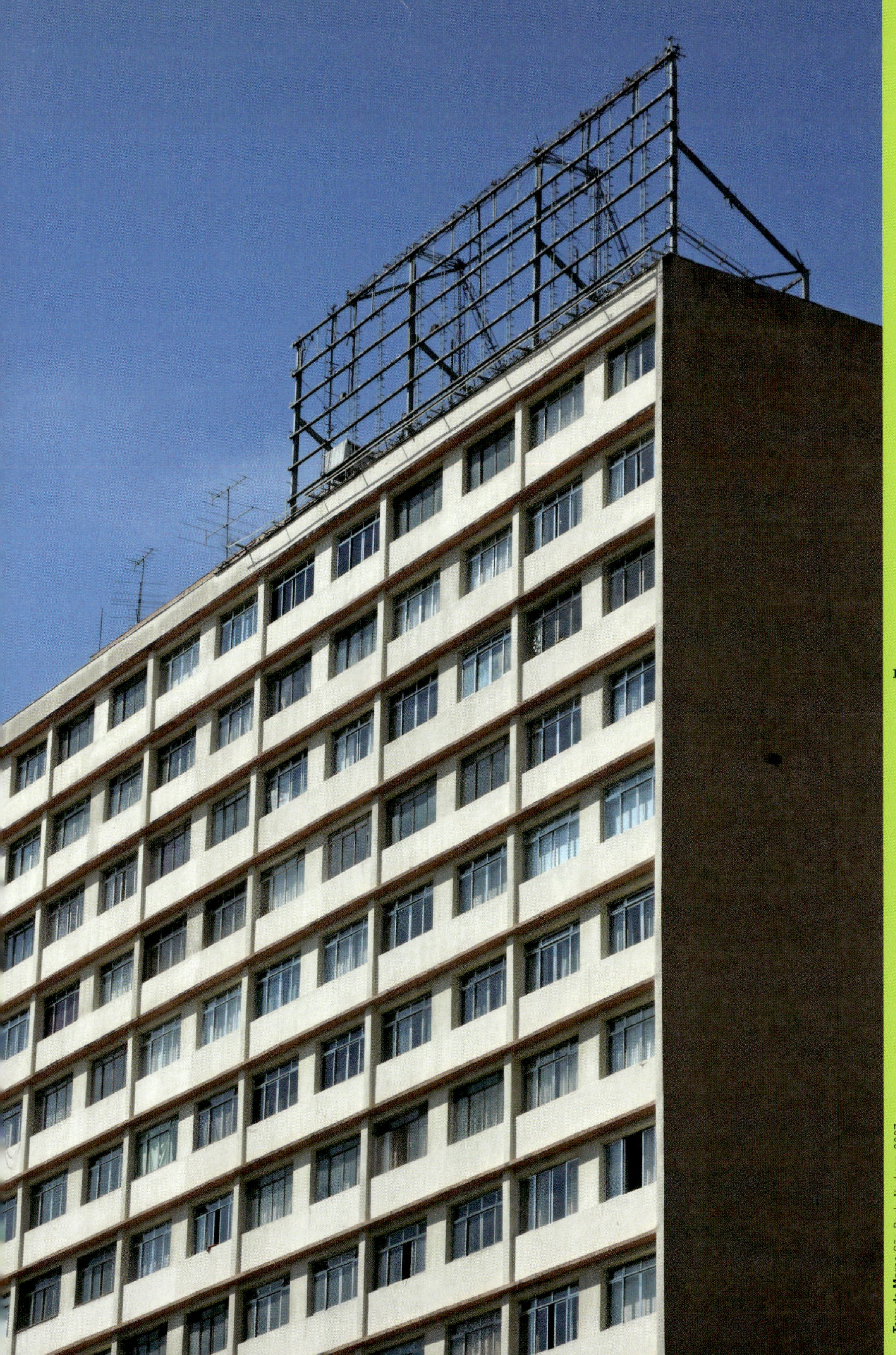

Tony de Marco São Paulo No Logo, 2007

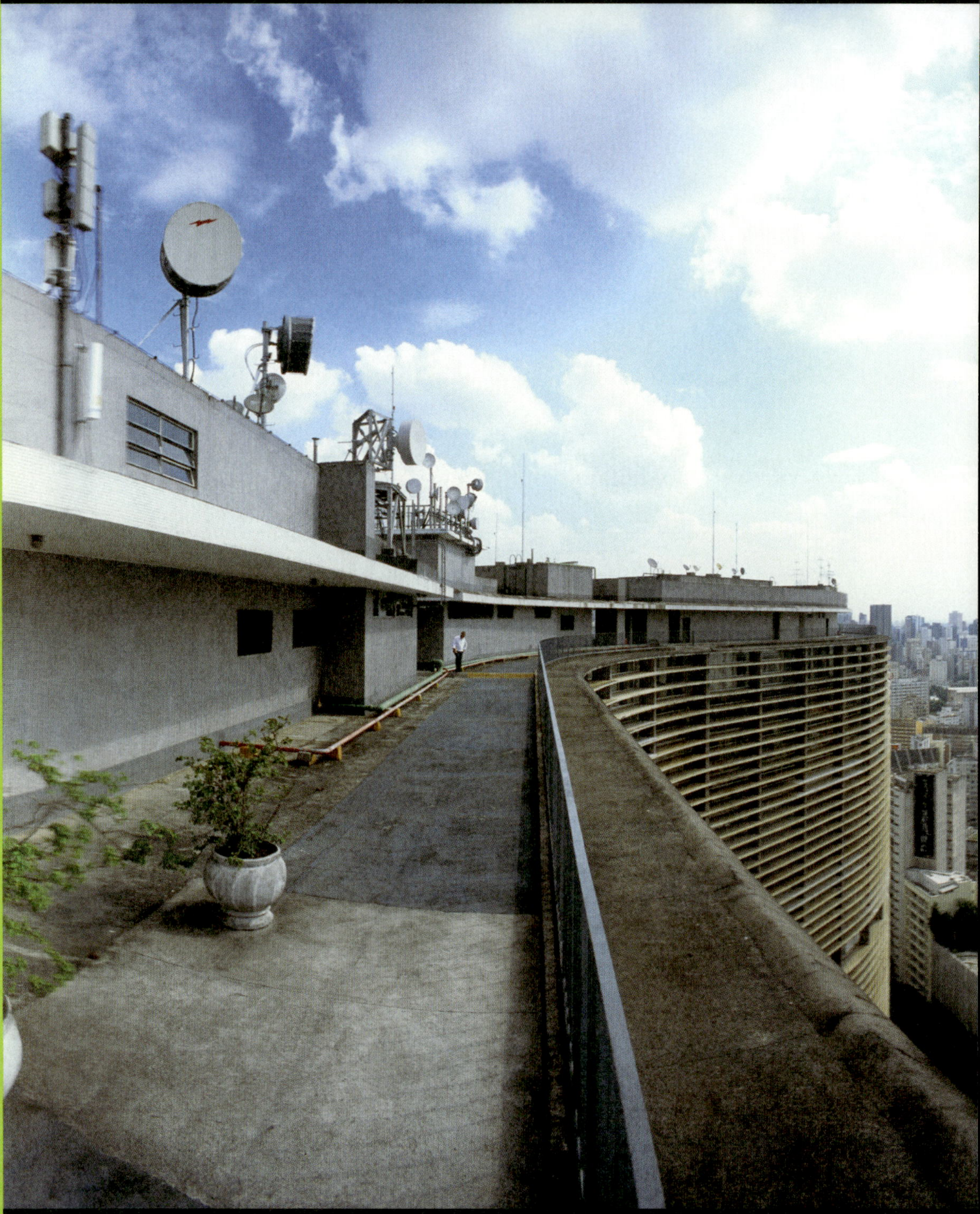

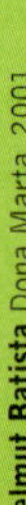

Helmut Batista Dona Marta, 2001

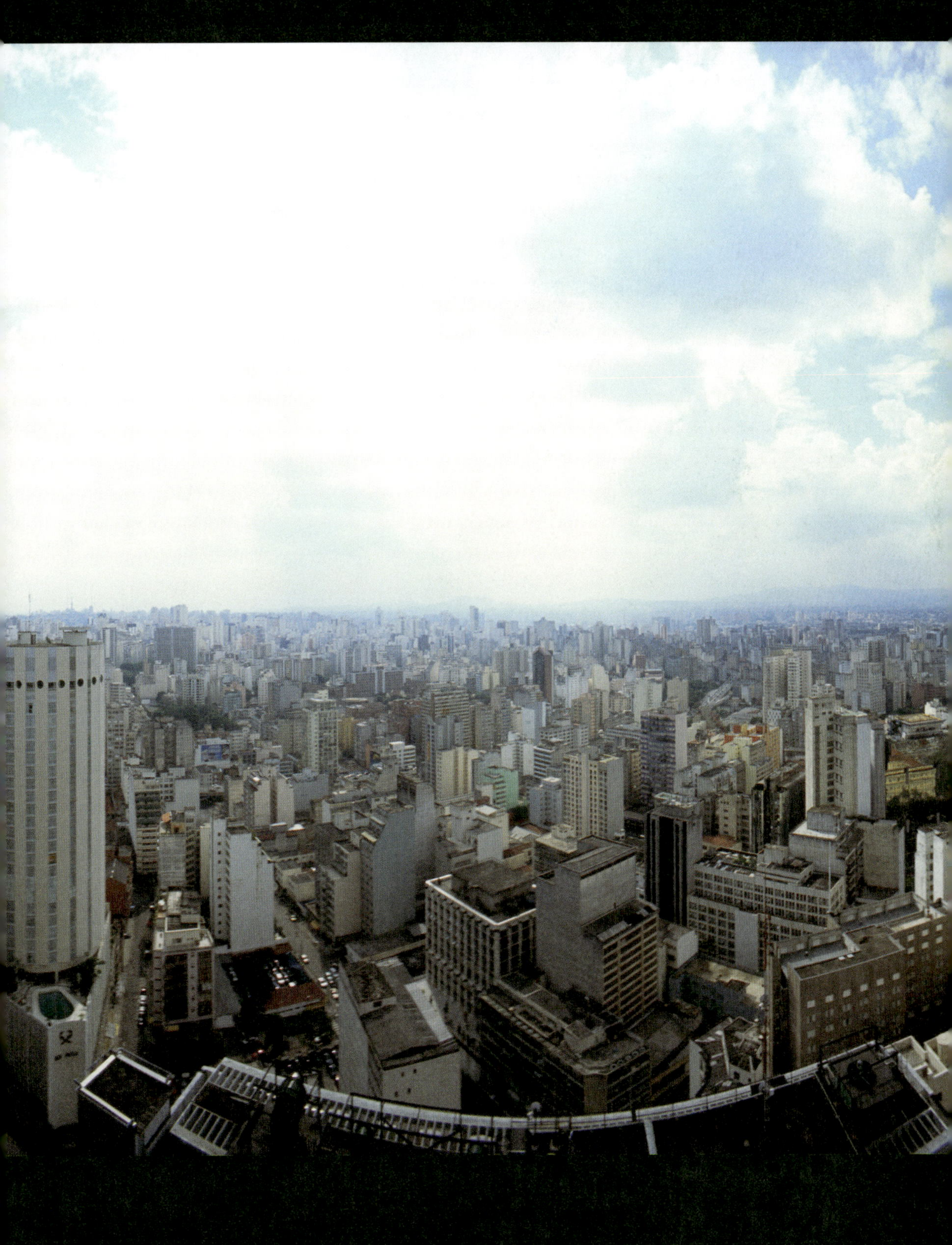

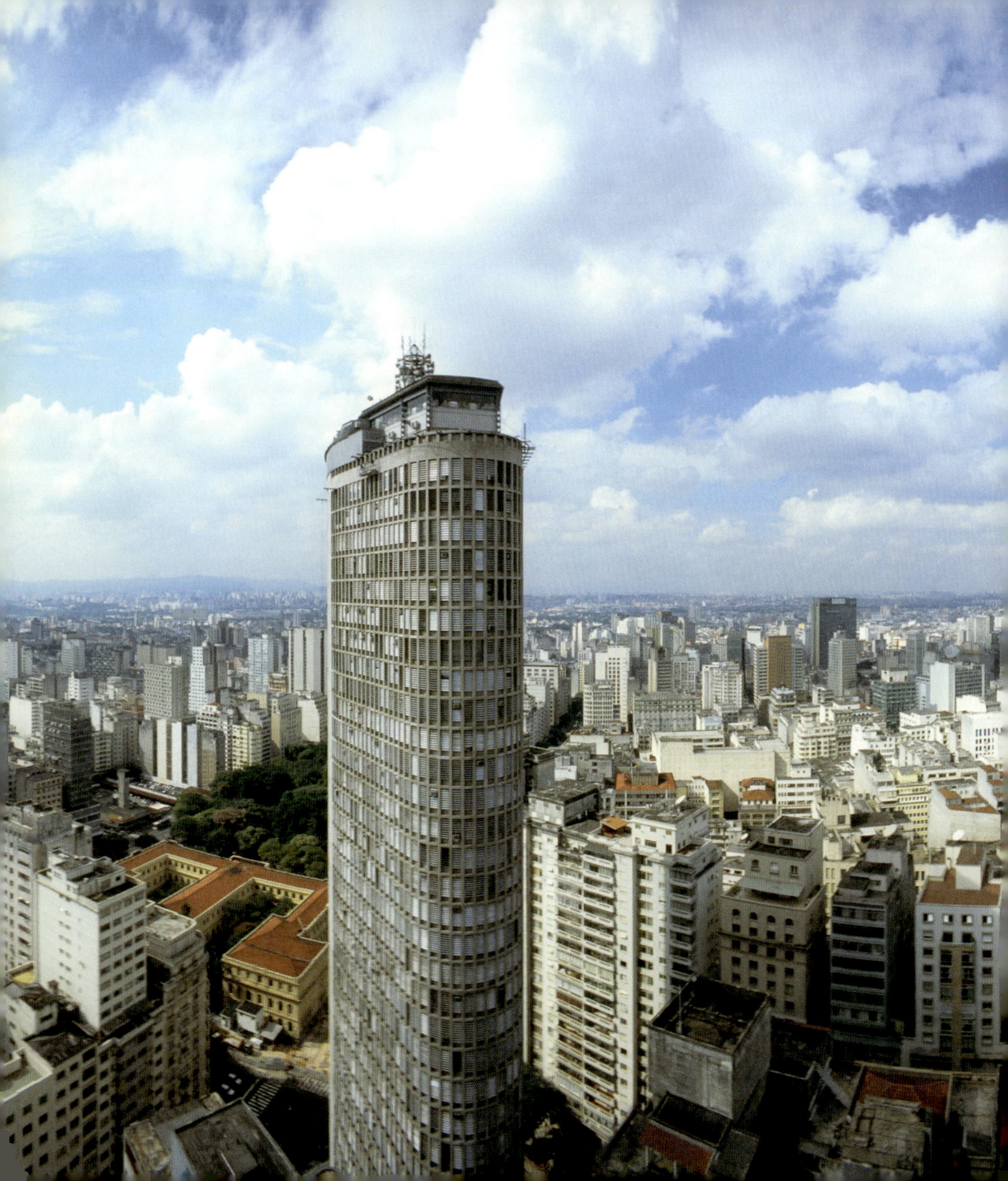

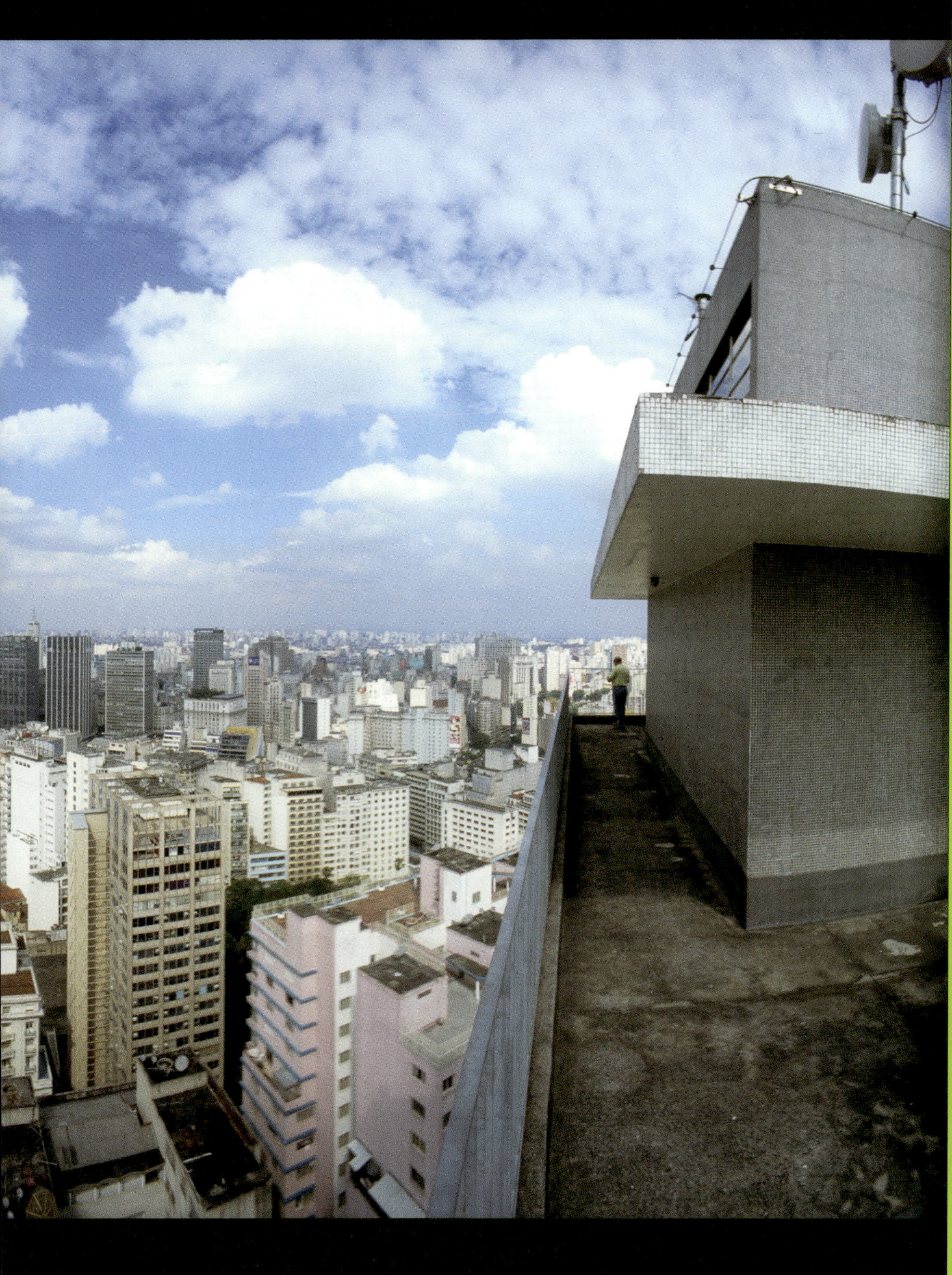

Helmut Batista *Copan, 2006*

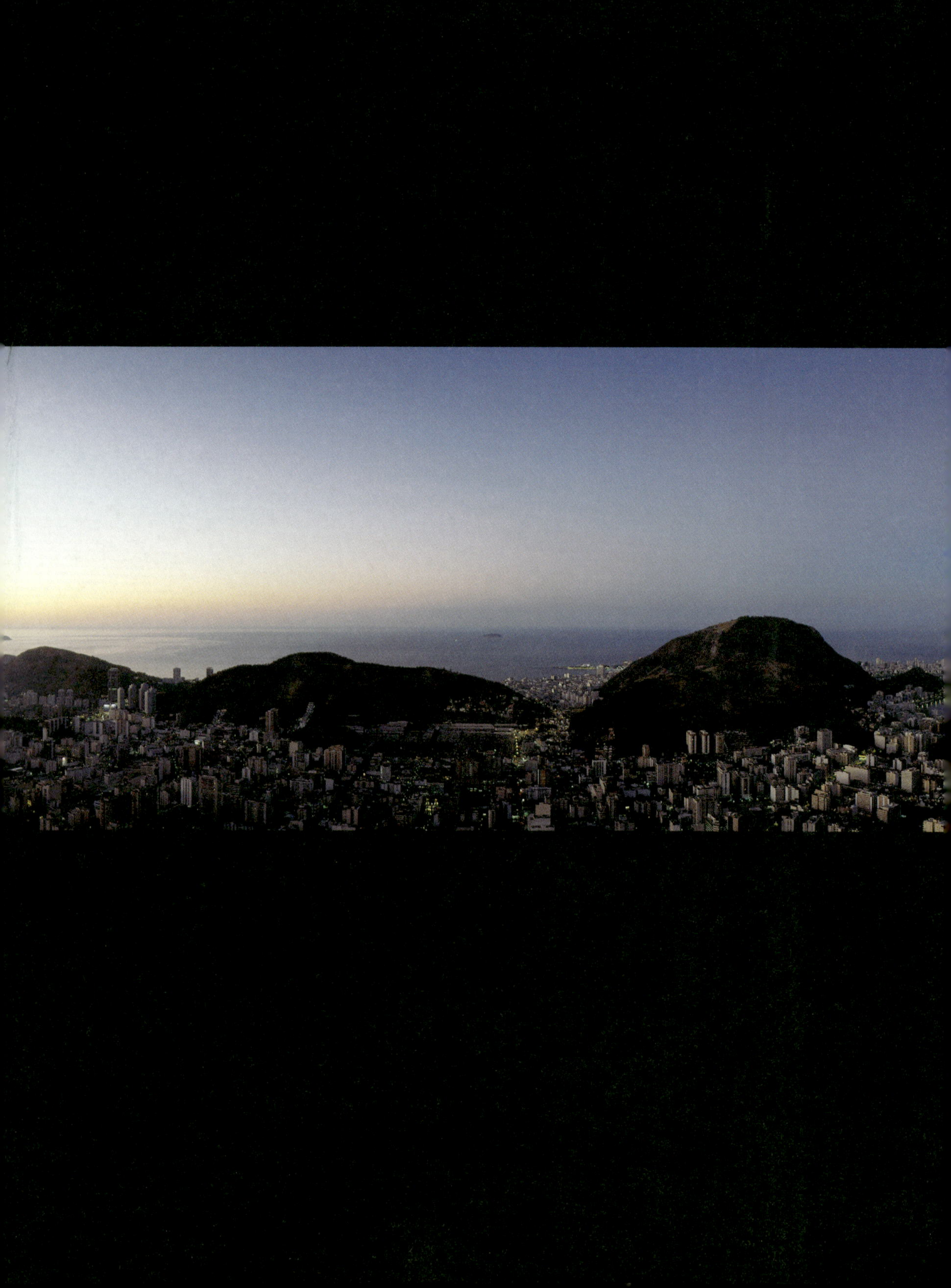

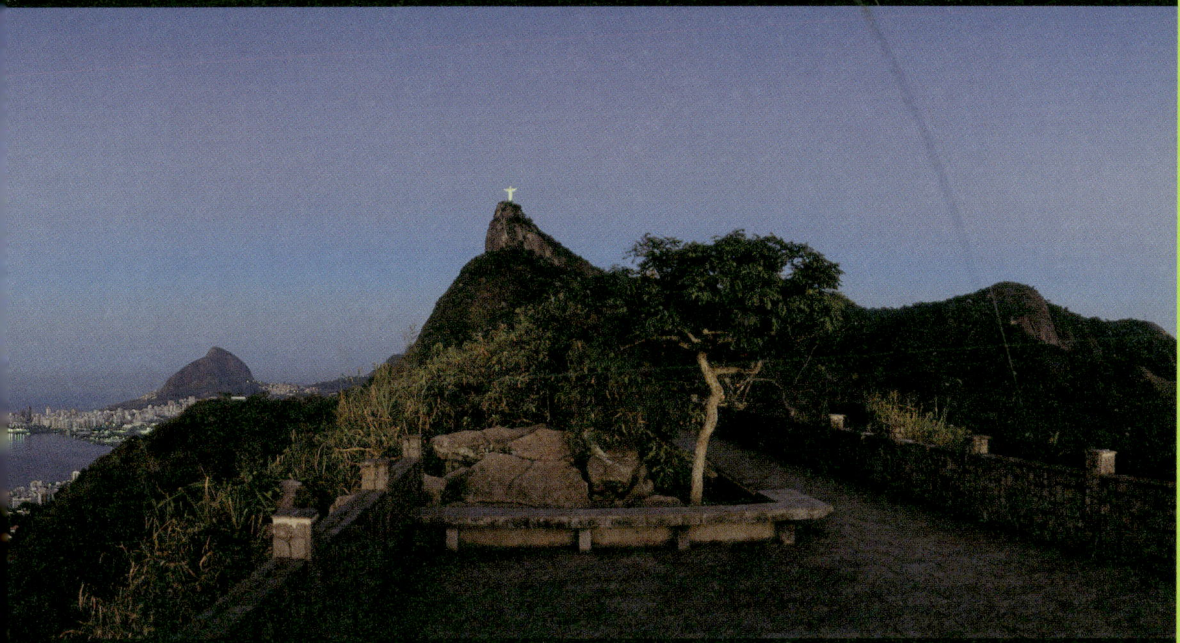

Helmut Batista Copan, 2006

BEELDCULTUUR IN BRAZILIË

FRITS GIERSTBERG (MET DANK AAN / WITH THANKS TO SANNE BOVENLANDER)

VISUAL CULTURE IN BRAZIL

HET SPEKTA-KEL VAN DE AANKOMST

Rio de Janeiro is een stad die bij de gemiddelde westerling onmiddellijk een zonovergoten beeld oproept. Een subtropisch visioen van uitgestrekte witte stranden die met hun gebogen kustlijnen een megastad markeren. Een stad die tussen de groenbegroeide heuvels meandert, met hoog daarboven een Christusfiguur die vanaf de Corcovadoberg de stad en de oceaan overziet. Daaronder de typische, uit zee opstijgende contour van de Pão de Açúcar, de Suikerbroodberg, waar toeristen en masse in kabelbaantjes naartoe zweven. In grote bogen om de stad en de heuvels heen liggen de beroemde stranden van onder andere Copacabana en Ipanema te schitteren.

De sensualiteit van de kustlijn herhaalt zich in de ontwerpen van een van 's lands beroemdste architecten, Oscar Niemeyer (1907). Deze eigenzinnige modernist doorbrak het taboe van de gebogen lijn in de moderne architectuur, met als motivatie het feit dat het lichaam van een vrouw ook geen rechte lijnen kent. Zijn sublieme vormentaal komt goed tot uiting in de grotendeels door hem gebouwde stad Brasilia, die in 1960 de gloednieuwe hoofdstad van het land werd, maar ook in São Paulo valt dat goed te

THE SPECTACLE OF ARRIVAL

In the mind of the average Westerner, the name Rio de Janeiro summons up the image of a sun-drenched city, a subtropical vision of endless white beaches whose curving coastlines mark a megacity. A city meandering among the flourishing green hills, with the figure of Christ high above, looking down from Mount Corcovado over the town and the ocean. Beneath it, rising from the waves, the unmistakable peak of Pão de Açúcar, Sugar Loaf, to which tourists flock in cable cars. In great arcs around the city and the hills, the city's famed beaches sparkle – Copacabana, Ipanema and many more.

The sensuality of the coastline is echoed in the designs of one of the country's most renowned architects, Oscar Niemeyer (b. 1907), an idiosyncratic modernist who broke the taboo of the curve in modern architecture, pointing out that there are no straight lines in the body of a woman, either. His sublime formal vocabulary finds clear expression in Brasilia, which became the country's brand-new capital city in 1960, and of which he was the main designer.

zien (Copan, Parque do Ibirapuera). Die genoemde sensualiteit wordt niet voor niets vaak als typisch Braziliaans aangemerkt. Men vindt haar immers terug in zowel de 'lage' cultuur van bijvoorbeeld de badmode en de perfecte lichamen op het strand tot de 'hoge' cultuur in de vorm van de bossanova van Antônio Carlos (Tom) Jobim (1927–1994) en de erotische poëzie van de populaire dichter Carlos Drummond de Andrade (1902–1987), wiens beeltenis in brons is vereeuwigd op de boulevard van Ipanema. In meer concrete vormen kan de sensualiteit worden aangetroffen in de ontwerpen voor tuinen en landschapsparken van de hand van de invloedrijke landschapsarchitect Roberto Burle Marx (1909–1994), die ook tekende voor het typische, elegant golvende lijnenspel in de bestratingen van de boulevards van Rio. De erotiek, het vele bloot op straat, de tatoeages, het gemak waarmee men elkaar aanraakt, de populariteit van de capoeira, de muziek en dans, het carnaval en het vele geweld: ze vormen de ongrijpbare waarheid van het cliché van de sensualiteit en de lichamelijkheid van de Braziliaanse cultuur: je ziet het overal bevestigd, maar het laat zich moeilijk met harde feiten onderbouwen. Het blijft voor de buitenstaander vooral een mentaal *beeld*.

São Paulo en Rio de Janeiro zijn beide metropolen (20 respectievelijk 6 miljoen inwoners), maar in grootstedelijke beleving elkaars tegenpolen. Tegenover het vrouwelijke karakter van de 'diva' Rio, zo gaat het gezegde, staat de 'don' São Paulo, met zijn onafzienbare en schijnbaar ondoordringbare betonnen woud van hoogbouw, een groot ronkend monster met een permanent verkeersinfarct. Burgemeester Gilberto Kassab van São Paulo heeft de stad in 2007 op zijn eigen manier schoongemaakt: op basis van een nieuwe wet liet hij alle billboards uit de stad weghalen, reclame op taxi's en bussen verwijderen en de vrijwel overal aanwezige graffiti met een weeïge kleur grijs overschilderen. De Cidade Limpa (Schone Stad) was geboren, een politieke en culturele daad die wisselend werd ontvangen.[1] De afwezigheid van schreeuwende reclameborden – Kassab sprak van 'visuele vervuiling' – gaf de stad een zekere rust en zo'n zeventig procent van bewoners was er tevreden mee. Maar van de kant van de graffitikunstenaars en kunstliefhebbers rezen hevige protes-

But in São Paulo, too, Niemeyer's legacy is visible (for example, in the Edificio Copan or the Parque do Ibirapuera).

This sensuality is often described as an essential feature of Brazilian culture, and rightly so. It is manifest in both 'low' culture – such as swimwear, or the perfect bodies on the beach – and 'high' culture: the bossa nova of Antonio Carlos (Tom) Jobim (1927-1994), or the erotic verse of the popular poet Carlos Drummond de Andrade (1902-1987), who has been immortalized in bronze on Ipanema's beachfront promenade. The same sensuality is found, in a more concrete form, in the designs for gardens and landscape parks by the influential landscape architect Roberto Burle Marx (1909-1994), who was also responsible for the elegant and distinctive pattern of undulating lines on Rio's seaside boulevards. Eroticism, the nude flesh often on display in the streets, the tattoos, the ease with which people touch each other, the popularity of capoeira, music and dancing, Carnaval, and pervasive violence – they form the elusive reality behind the cliché of the sensuality and carnality of Brazilian culture, which seems to be confirmed by everything around you but can never be proven with hard facts. For outsiders, Brazilian culture remains primarily a mental image, essentially *visual*.

São Paulo and Rio de Janeiro are both metropolises (with 20 and 6 million inhabitants respectively), but are each other's opposites in terms of the big-city experience. It is said that in contrast with the femininity of Rio, also known as the 'diva', São Paulo, the 'don', with its immense and seemingly impenetrable concrete jungle of skyscrapers, is a large, roaring monster in a permanent traffic jam.

In 2007, São Paulo mayor Gilberto Kassab cleaned up the city in his own unique way, introducing new legislation to remove all the billboards, get rid of advertising on taxis and buses, and paint over the almost omnipresent graffiti with a sickly shade of grey. That was the birth of the Cidade Limpa (Clean City), a political and cultural act that met with a mixed recep-

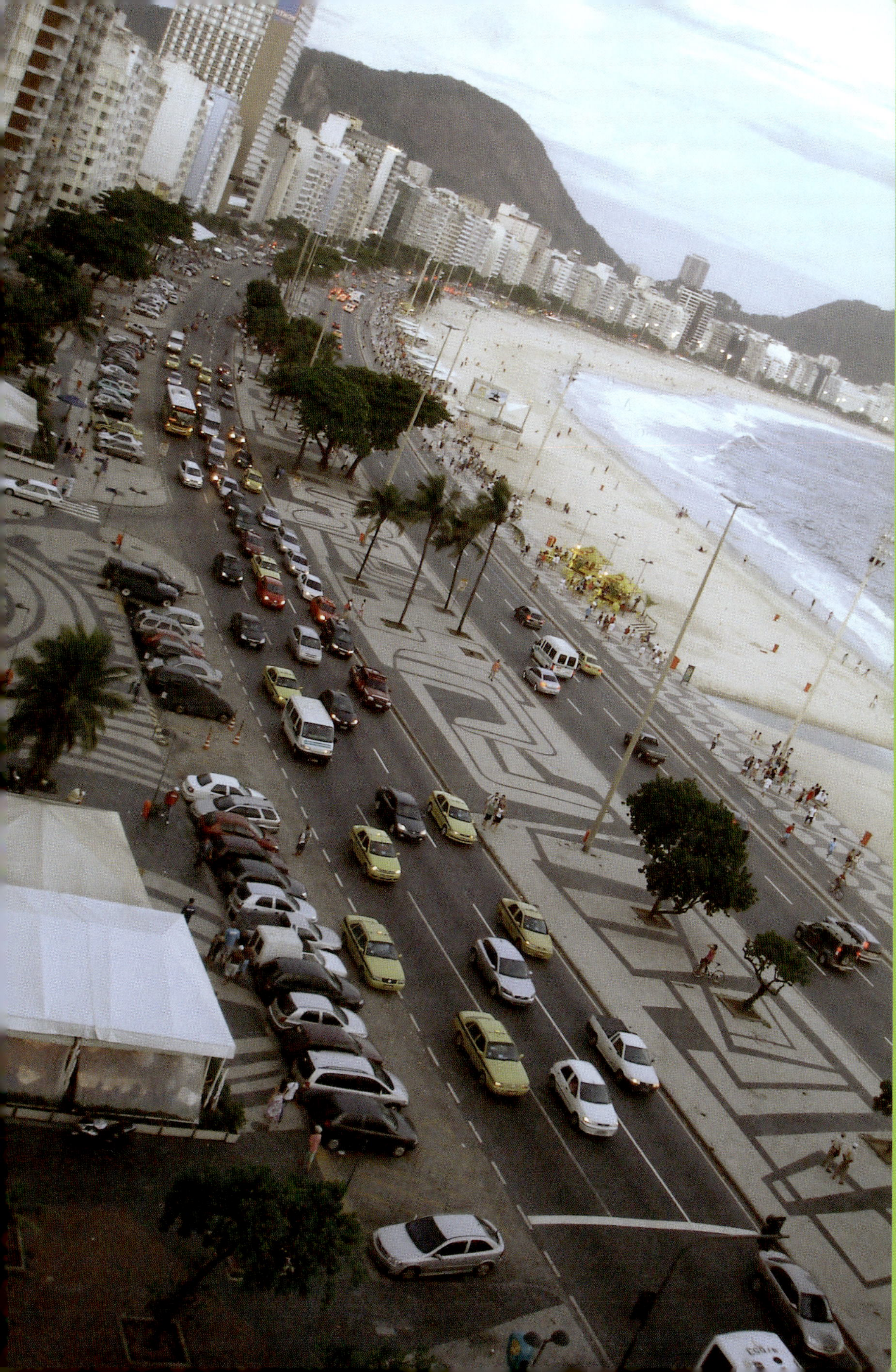

Roberto Burle-Marx Copacabana Promenade, 1970, landschapsarchitectuur, 4 km lang mozaïek geïnspireerd op Portugese bestrating (Calçada Portuguesa) langs het strand van Rio de Janeiro / landscape architecture, large scale (4 km long) mosaic influenced by Portuguese pavement (Calçada Portuguesa) on Rio de Janeiro beach

ten. Zij spraken van Cidade Cinza (Grijze Stad) en beschouwden het overschilderen van onder meer de werken van de twee broers Gustavo en Otávio Pandolfo, zowel in eigen land als daarbuiten beroemd als Os Gêmeos (de tweeling), als een misdaad. Een ander onverwacht neveneffect was dat op sommige plekken in de stad achter een woud van billboards hele favela's waren gegroeid, die nu plotseling voor het eerst zichtbaar werden.

Vrijwel de enige oriëntatiepunten in São Paulo vormen de surrealistische, torenhoge stalen constructies met antennes die boven op een aantal gebouwen aan de Avenida Paulista, de hoofdstraat van de stad, staan. Waar in Rio de favela's in de stad liggen, als een lappendeken verspreid en meestal hoger en dus zichtbaarder op de heuvels, bevinden ze zich in São Paulo letterlijk in de marges, dat wil zeggen rondom de stad. Zo roepen Rio de Janeiro en São Paulo ieder hun eigen grootstedelijke beeld op, dat reeds op zovele manieren door fotograaf Helmut Batista is vastgelegd in spectaculaire fotografische panorama's van 180 of 380 graden.

tion.[1] The disappearance of strident advertising boards – which Kassab had described as visual pollution – brought a kind of calm to the city, and 70 per cent of the inhabitants were pleased with the measures. But graffiti artists and art lovers raised vigorous protests, calling the new São Paulo Cidade Cinza (Grey City). They considered it a crime to paint over the work of artists like the Pandolfo brothers, Gustavo and Otávio, famous in Brazil and beyond under the name of Os Gêmeos (the twins). Another unexpected effect of the measures was that the favelas that had emerged in various parts of the city, behind forests of billboards, suddenly came into sight for the first time.

Practically the only landmarks in São Paulo are the surreal, sky-high steel structures with antennas on top of several buildings on Avenida Paulista, the city's main thoroughfare. While the favelas of Rio are inside the city, are spread out like patches in a quilt, and are usually in fairly prominent, high-altitude locations on the hills, the slums of São Paulo are literally on the margins – that is to say, surrounding the city. In short, Rio de Janeiro and São Paulo evoke two distinct images of the metropolis, which have been captured in a multitude of ways by the photographer Helmut Batista in spectacular 180° and 360° panoramas.

1. www.adbusters.org/magazine/73/Sao_Paulo_A_City_Without_Ads.html.

1. www.adbusters.org/magazine/73/Sao_Paulo_A_City_Without_Ads.html.

Roberto Burle-Marx Copacabana Promenade, 1970

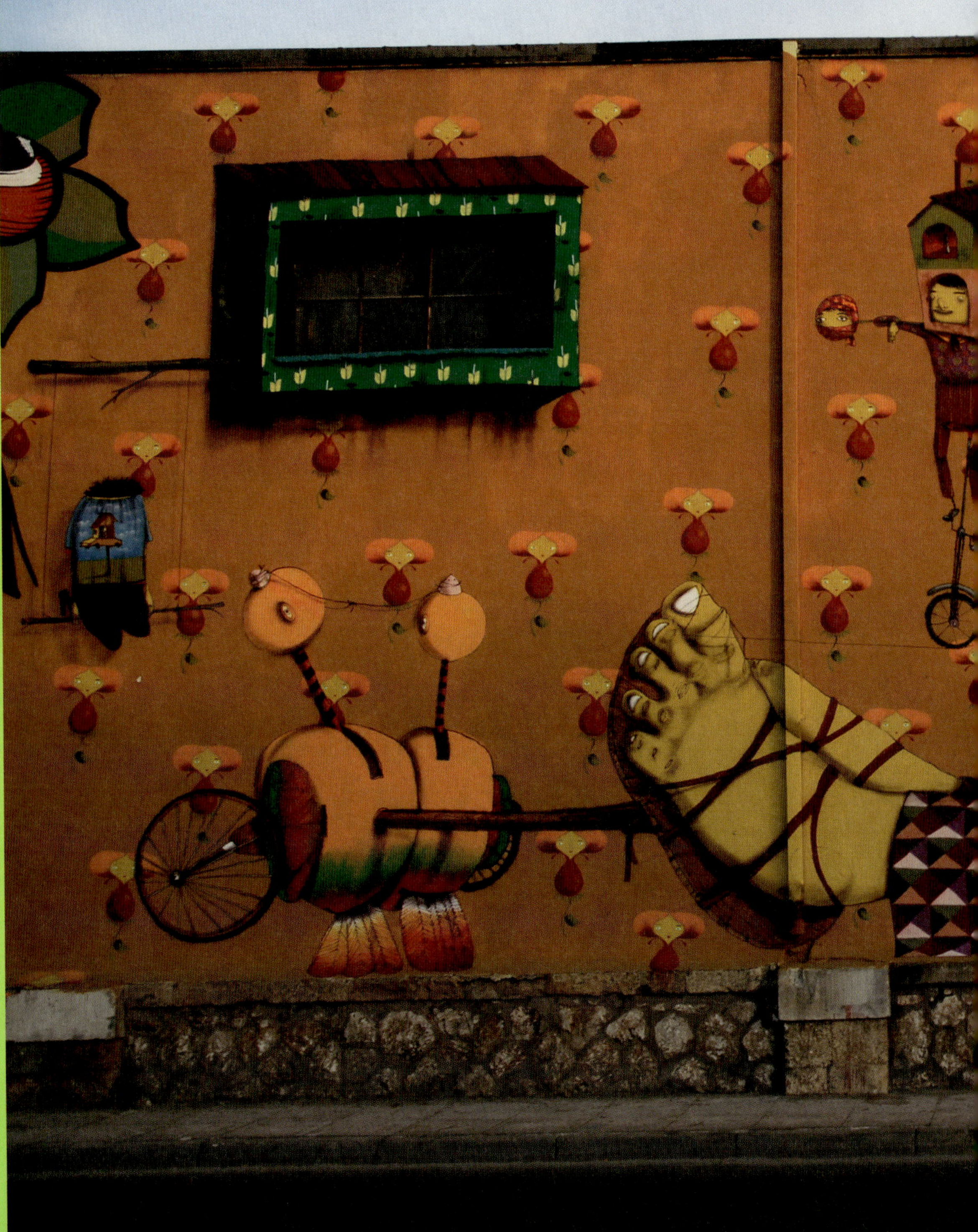

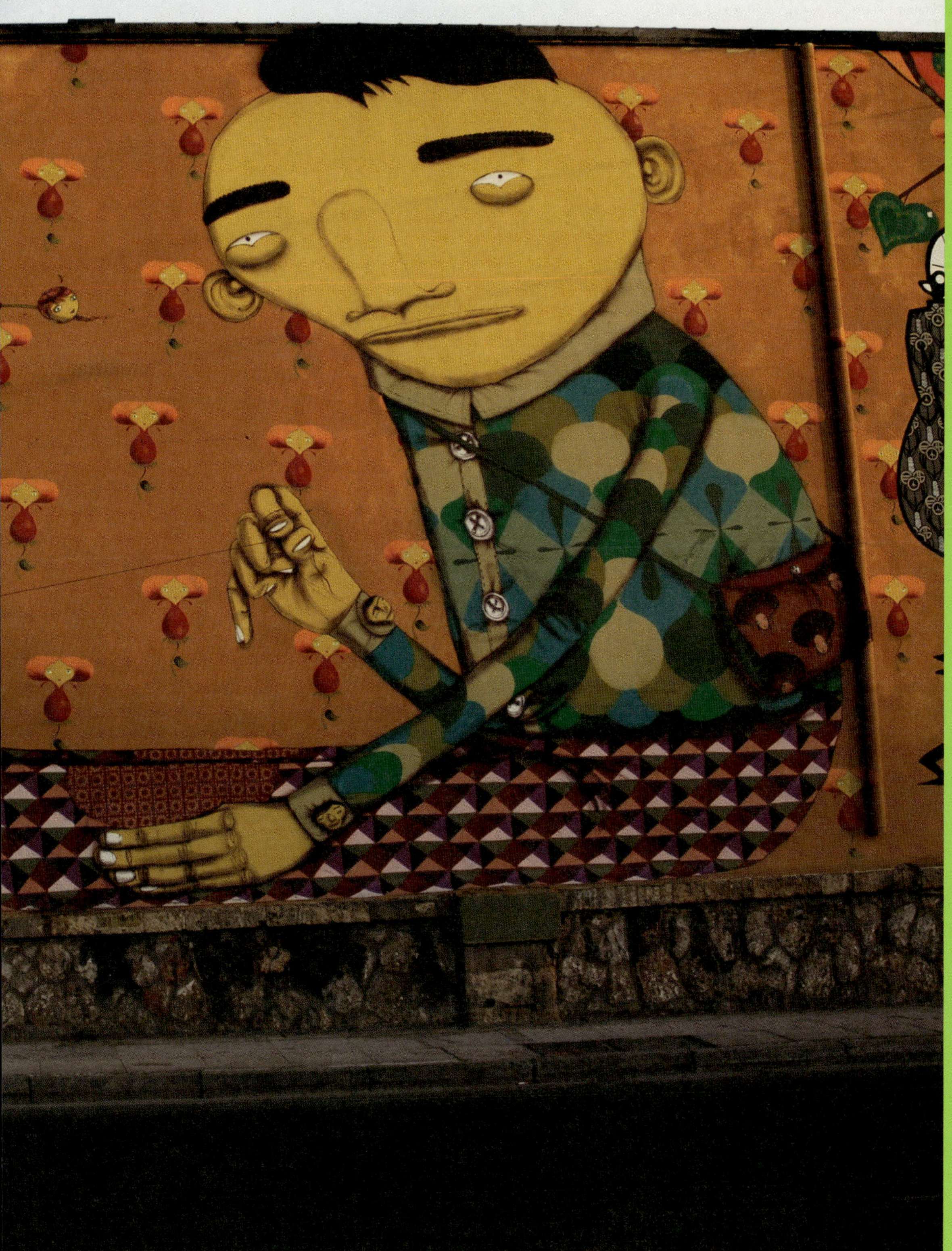

Os Gêmeos (Otavio & Gustavo Pandolfo) graffiti

De op 700 meter hoogte opgerichte Cristo Redentor is het symbool van Rio de Janeiro, en misschien
wel van heel Brazilië. Het 38 meter hoge beeld van
Heitor da Silva Costa en Paul Landowski uit 1931
is waarschijnlijk ook het meest gefotografeerde
icoon van Brazilië. De plek waar het staat biedt een
spectaculair uitzicht over de stad en is daarom zeer
geliefd bij toeristen, die er vrijelijk kunnen komen
en er miljoenen foto's van maken. Het beeld is echter
geen publiek eigendom maar bezit van de katholieke
kerk, meer precies van de aartsbisschop van Rio de
Janeiro. Als hoeder van de door de beeldhouwers
afgestane copyrights waakt hij over de manier waarop het beeld wordt gerepresenteerd. Enkele jaren
geleden greep hij in toen een kopie van het beeld, in
lompen gehuld, als protest tegen de armoede sym-
bolisch in een carnavalsoptocht dreigde te worden
meegedragen.

Beeldcultuur is met andere woorden geen neu-
traal begrip. Immers, niet iedereen heeft vanzelfsprekend toegang tot de beelden – en zelfs niet de
iconen – die in de samenleving circuleren. (Beeld)
cultuur is onlosmakelijk verbonden met politieke

ICOON EN BEELDCULTUUR

Frits Gierstberg – Beeldcultuur in Brazilië / **Visual Culture in Brazil**

ICONS AND VISUAL CULTURE

At a height of 700 m, *Cristo Redentor* (Christ
the Redeemer) is the symbol of Rio de Janeiro
and perhaps of all Brazil. A 38-m statue made
by Heitor Silva Costa and Paul Landowski in
1931, it is probably Brazil's most frequently
photographed icon. Because its location offers
a spectacular view of the city, it attracts droves
of tourists, who are welcome to visit and take
millions of pictures. Yet the statue is not public
property, but is owned by the Catholic Church
– specifically, the archbishop of Rio de Janeiro.
As the holder of the copyrights relinquished
by the sculptors, he monitors the way in which
the statue is represented. A few years ago, he
quashed plans to include a copy of the statue,
dressed in rags, in a Carnaval parade as a protest against poverty.

In other words, visual culture is not a neu-
tral term, since not everyone has the same
unquestioned access to certain images – even
iconic ones – that circulate in society. Culture in general, including its visual aspects,
is inextricably linked to political and social

en sociale vraagstukken, waardoor ze met regelmaat de arena is waarin een politieke strijd wordt gevochten. Bewoners van de sloppenwijken hebben nauwelijks tot geen invloed op het beeld dat van hen naar buiten komt. De media doen niets anders dan de clichébeelden van de armoede en het geweld aldaar steeds maar weer bevestigen. Zowel in de dagbladen als op de televisie is het dagelijkse geweld sterk zichtbaar, waarbij een opmerkelijk lage drempel blijkt te bestaan voor het in beeld brengen van de meest bloedige taferelen. Video-opnames en reconstructies met poppen of aan de hand van animaties van ontvoeringen, verkrachtingen en moorden – en liefst een combinatie daarvan – worden eindeloos op televisie herhaald. Op deze manier houdt een cultuur van de angst zichzelf in stand. Op zich is die angst niet verwonderlijk, gezien de enorme contrasten tussen arm en rijk en het feit dat er zo veel wapens in het land zijn. In de betere buurten van São Paulo vormen de talloze hoge woonblokken afzonderlijke *gated communities* en kom je bijna meer bewakers dan bewoners tegen.

Aan de andere kant kun je je afvragen of een groot deel van de angst niet door een alternatieve beeldvorming kan worden weggenomen, om zo tot oplossingen in plaats van consolidatie van de problemen te komen. Initiatieven daartoe worden al enige tijd ondernomen, bijvoorbeeld in de favela's.

issues, and therefore regularly becomes an arena for political battles. Slum dwellers have little or no influence on the image of them that is presented to the outside world. The media consistently reinforce stereotypes of violence and poverty in the favelas, and both daily papers and television programmes showcase the violence of everyday life, with a remarkably low threshold for displaying even the bloodiest of scenes. Through video recordings and reconstructions with mannequins or animation, Brazilian television broadcasts an endless series of kidnappings, rapes and murders (or, whenever possible, combinations thereof). This is how the culture of fear perpetuates itself. There is not really anything so strange about this fear, given the country's enormous gap between rich and poor and the prevalence of weapons. In the wealthier districts of São Paulo, each of the many high-rise buildings is its own gated community, where there are nearly as many security guards as residents.

On the other hand, you might wonder whether some of the fear could be dispelled by creating an alternative set of images, one that opens the way to solutions instead of reinforcing the problems. Initiatives with this aim have been under way for some time, some of them in the favelas.

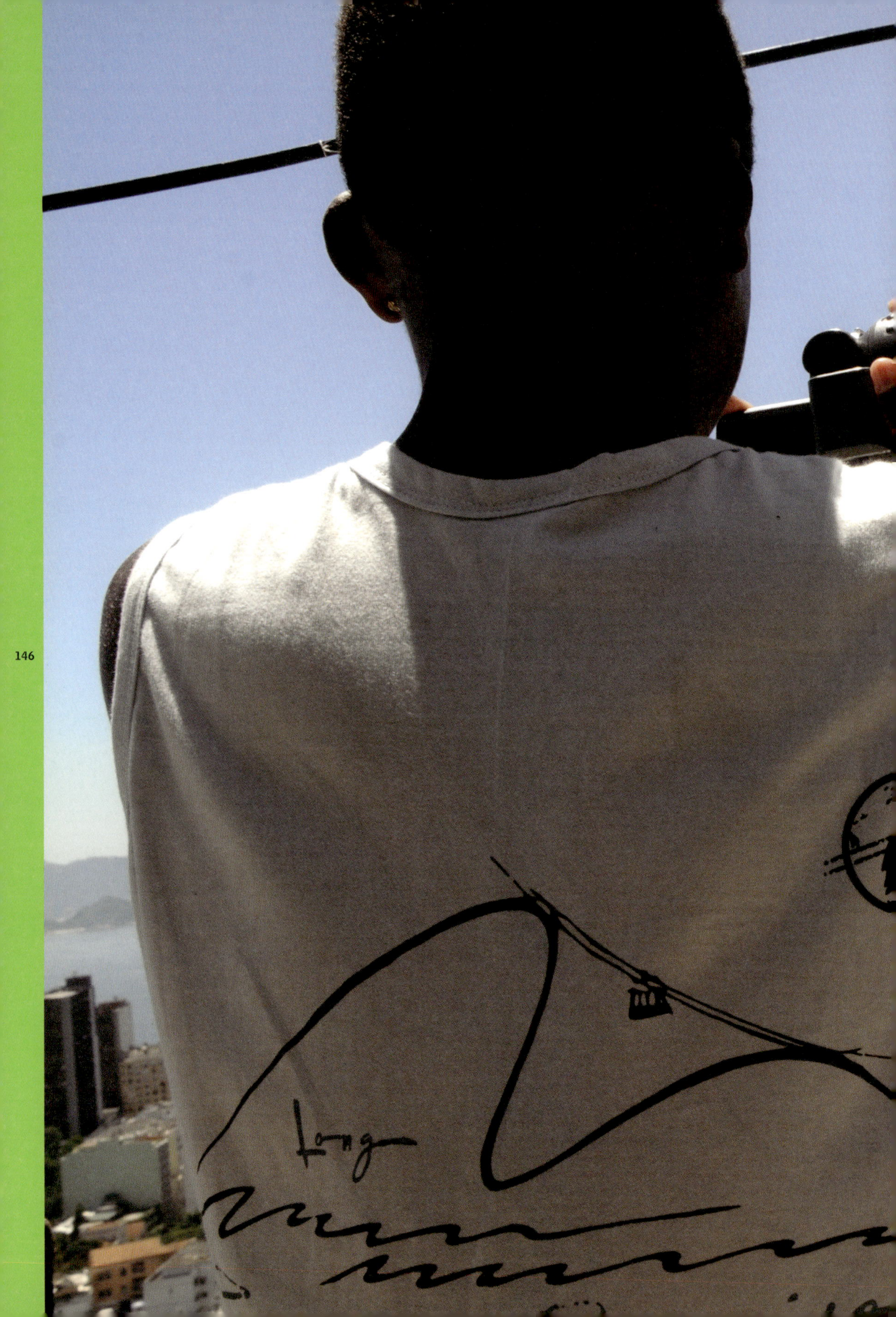

146

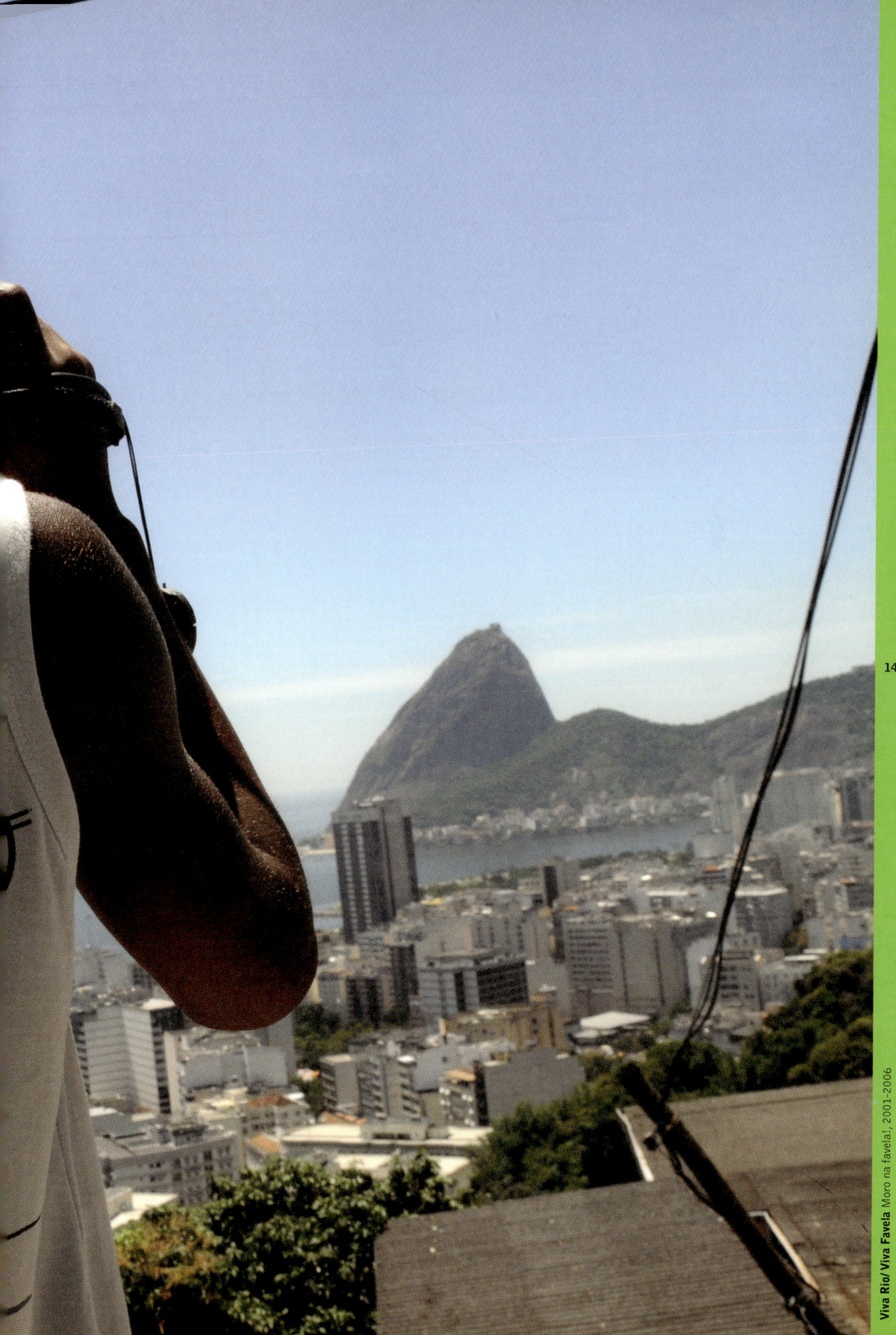

Viva Rio/ Viva Favela Moro na favela.l, 2001–2006

MORO NA FAVELA!

In Rio de Janeiro startte in 1993, na een periode van extreem (drugs)geweld, onder de naam Viva Rio een onafhankelijk initiatief met als doel 'een cultuur van vreedzaamheid' in de stad te versterken. Als onderdeel daarvan ontstond Viva Favela, bedoeld om de emancipatie en sociale ontwikkeling van de bevolking in de favela's te bevorderen. Met educatieve en culturele projecten wilde men met name jongeren alternatieven en kansen bieden om aan de verleidingen en de terreur van de drugshandel te ontsnappen. *Moro na favela!* is zo'n project waarbij fotografie (en soms video) werd gebruikt om favelabewoners de kans te geven een beeld van zichzelf te creëren en naar buiten te brengen. Antropoloog en fotograaf Milton Guran, die bij meerdere van dergelijke fotoprojecten in favela's betrokken is, spreekt van een effect van 'visuele inclusie': de mogelijkheid tot zelfrepresentatie opent deuren naar de samenleving waarvan men anders is buitengesloten. *Moro na favala!* begon in 2001 met het zoeken van vijf potentiële fotografen in vijf verschillende favela's. Walter Mesquita en vier anderen kregen een cursus fotografie waarna zij, steeds met een verslaggever

Frits Gierstberg – Beeldcultuur in Brazilië / **Visual Culture in Brazil**

MORO NA FAVELA!

Viva Rio is an independent initiative that began in Rio de Janeiro in 1993, after a period of extreme drug-related violence. Its objective is to promote a culture of non-violence in the city. Part of this effort is the initiative Viva Favela, intended to encourage the empowerment and social development of people living in favelas. Educational and cultural projects, often focusing on young people, present alternative ways of life and opportunities to escape the horrors of the drug trade.

One such project, *Moro na favela!*, uses photography (and sometimes video) to give favela dwellers a chance to create their own images of themselves and present those images to the world. The anthropologist and photographer Milton Guran, who is involved in favela photo projects of this kind, describes their effect as 'visual inclusion'; the possibility of self-representation opens doors to the society from which the participants were excluded. *Moro na favela!* began in 2001, with a search for five potential photographers in five different favelas. After

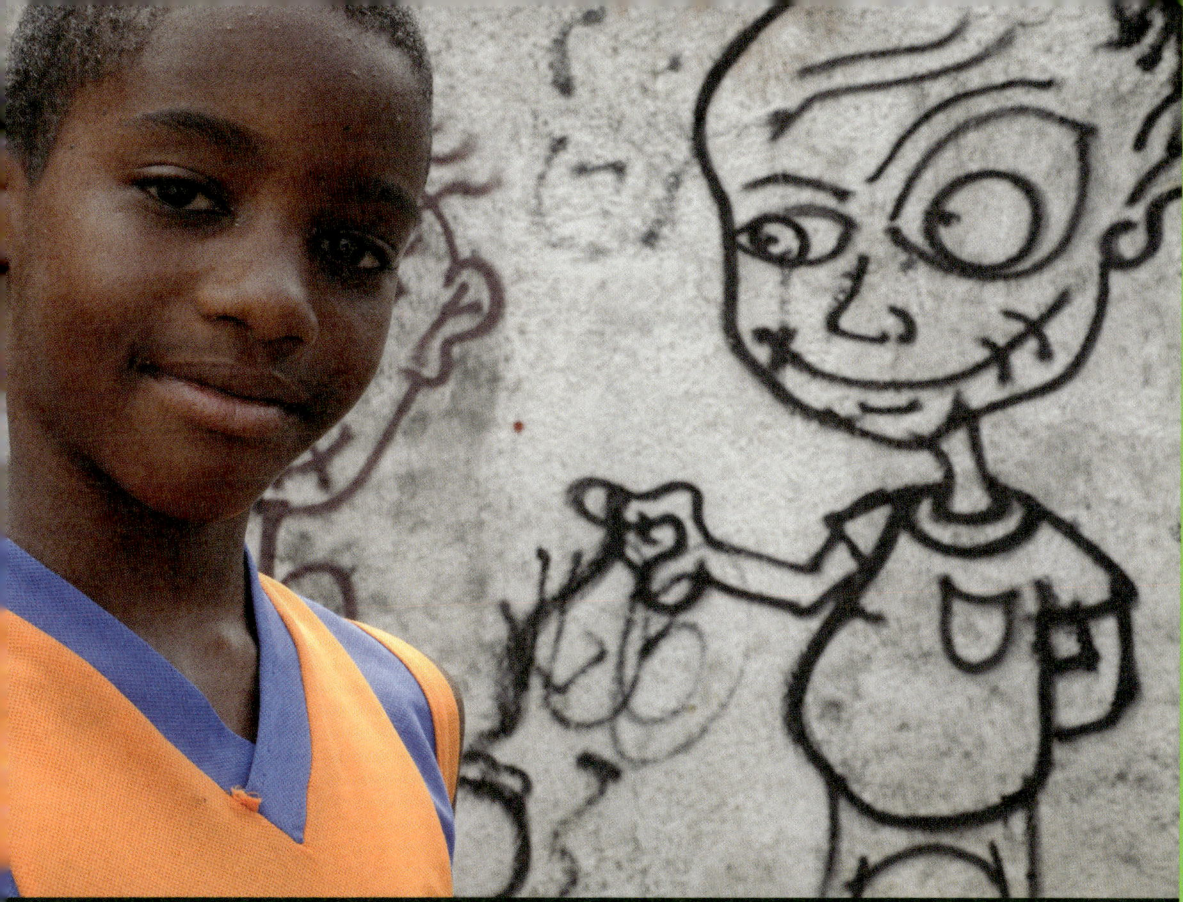

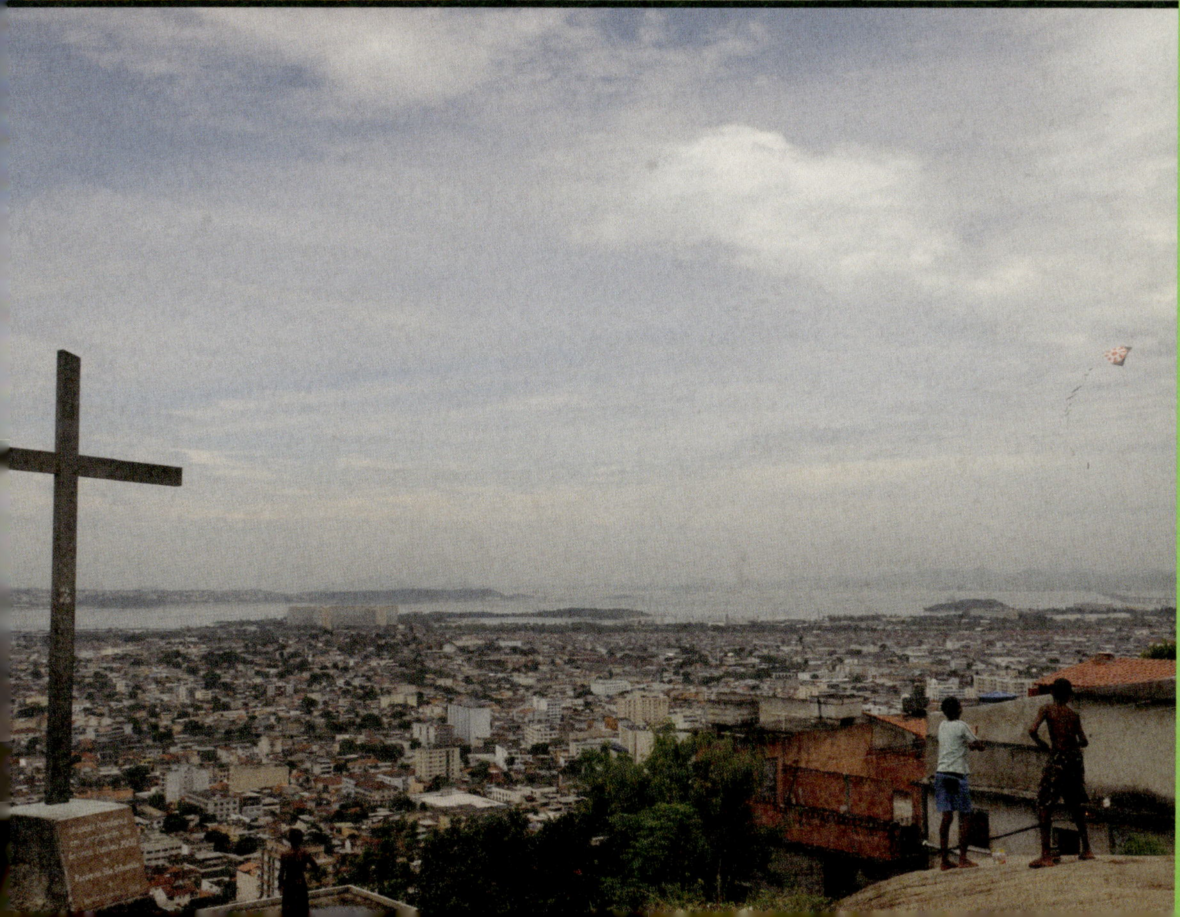

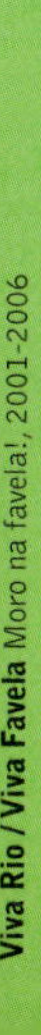

Viva Rio / *Viva Favela* Moro na favela!, 2001-2006

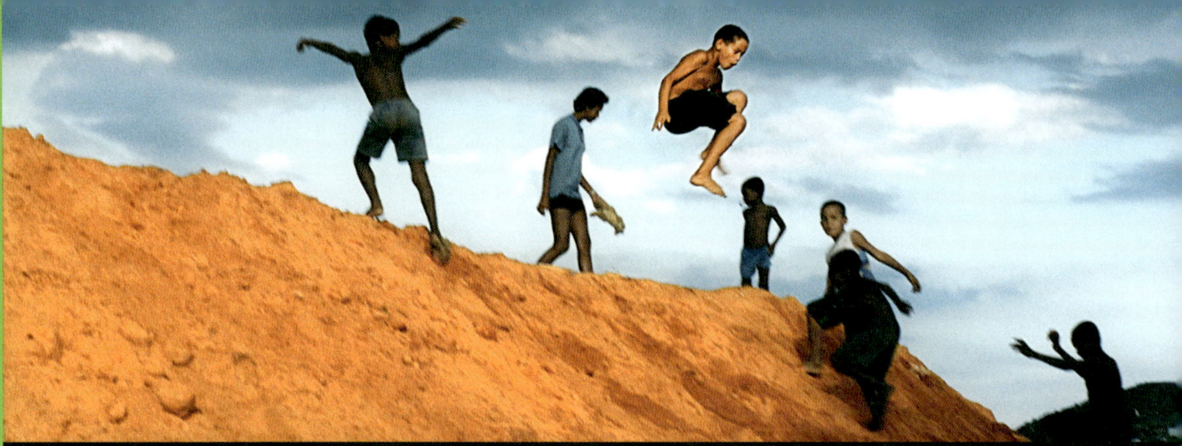

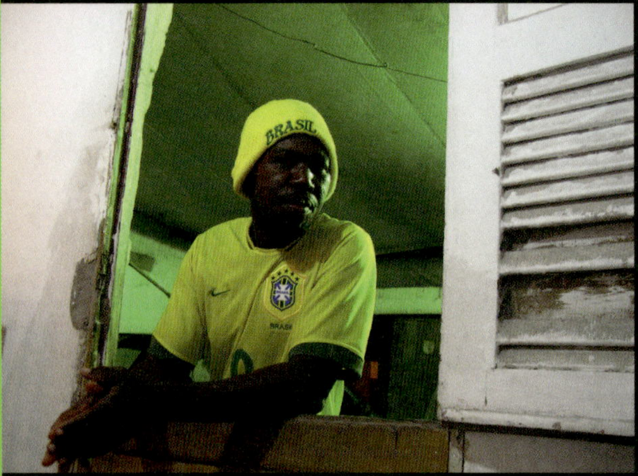

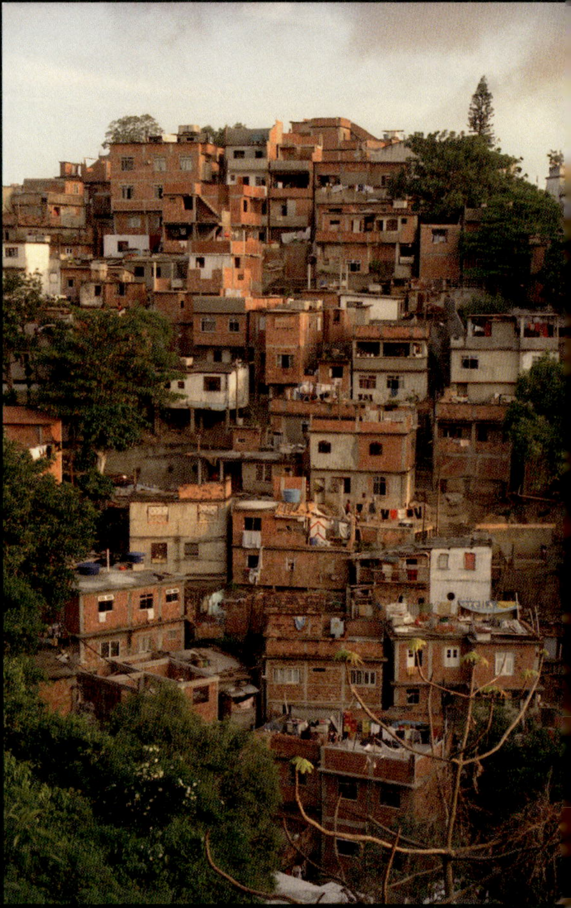

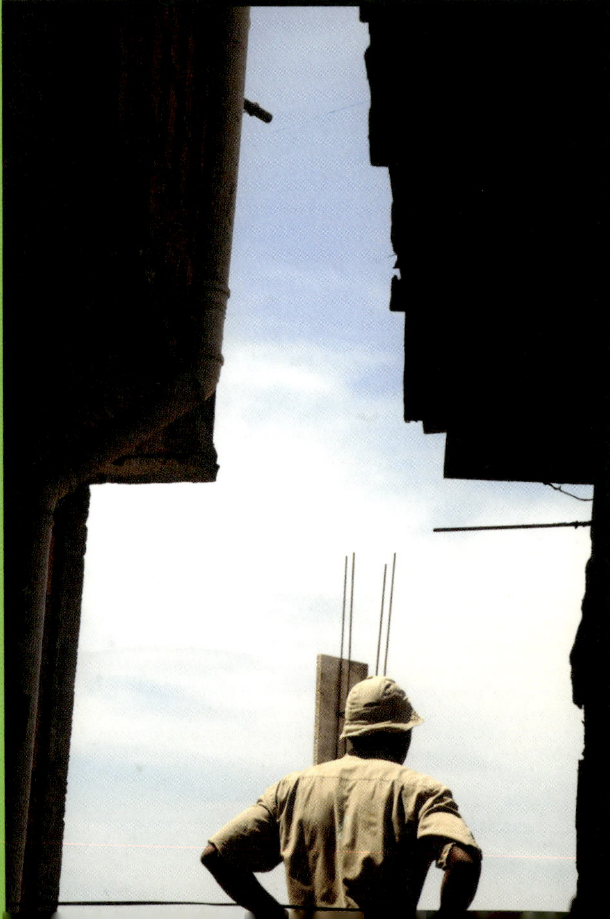

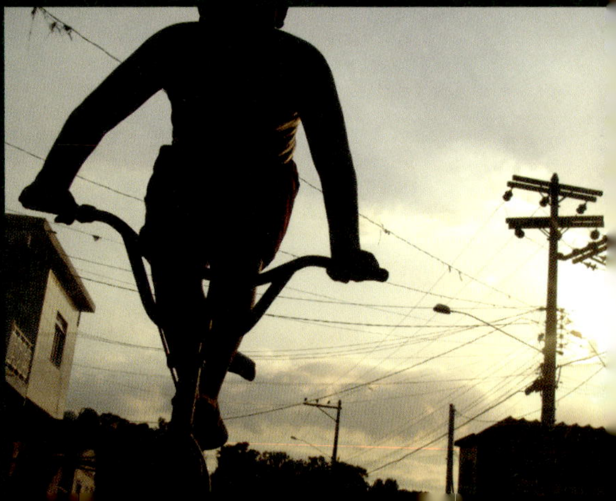

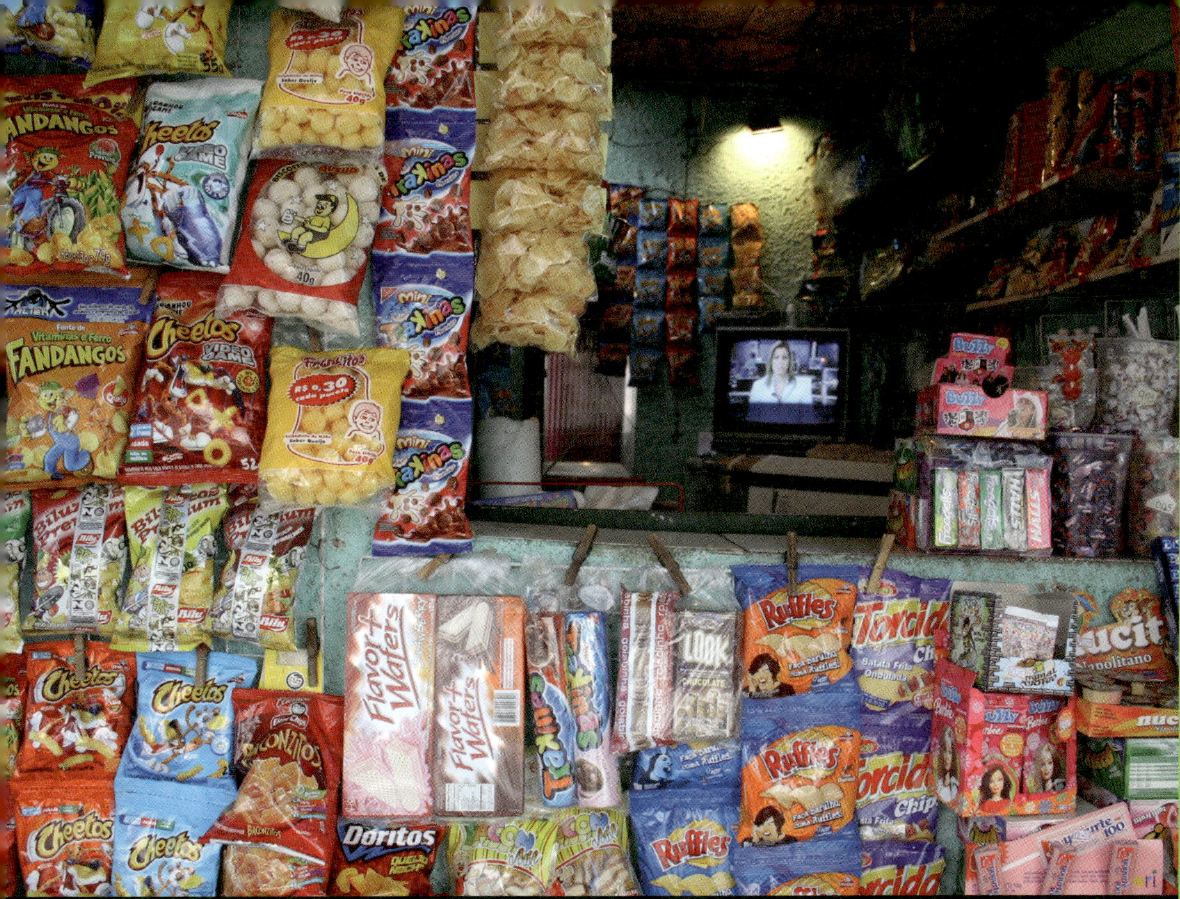

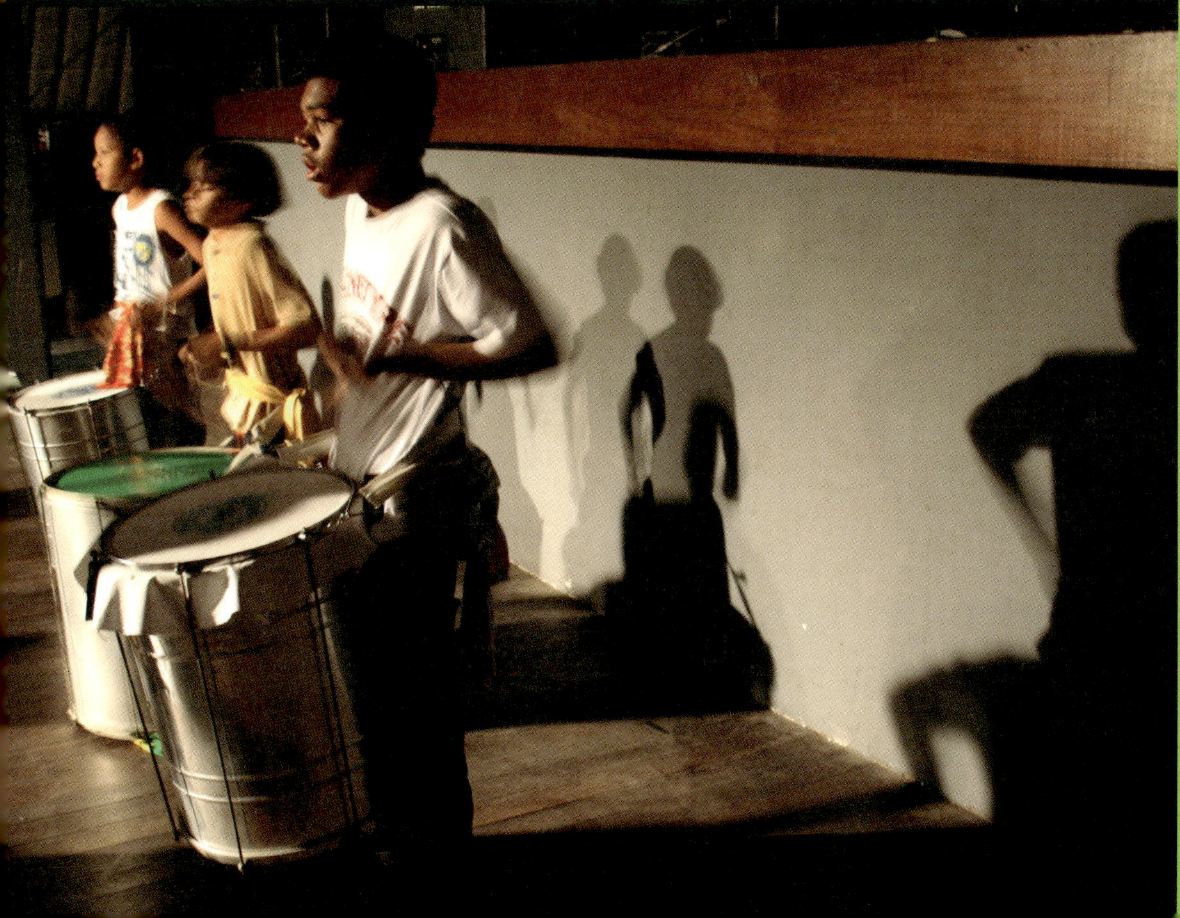

Viva Rio / Viva Favela Moro na favela!, 2001-2006

aan hun zijde, in de favelas het 'gewone' dagelijkse leven fotografeerden. In 2006 ontstond hieruit een tentoonstelling met grootformaat foto's die in de straten van de betreffende favela's werden opgehangen. Het bijzondere van dit project was dat de fotografen ook in andere dan hun eigen favela konden fotograferen en dat de foto's uit de ene favela ook in de andere te zien waren. Vanwege de letterlijk dodelijke concurrentiestrijd tussen de drugsbendes in de sloppenwijken is zo'n vermenging gewoonlijk ondenkbaar (zoals in de bekende film *Cidade de Deus* uit 2003 van regisseur Fernando Meirelles zo schrijnend is verbeeld). Maar nu konden de bewoners uit de verschillende wijken voor het eerst en op een positieve manier iets van elkaar zien. Het project bleek een groot succes: tegen het weghalen van de foto's aan het eind van de exposities werd door de bewoners hevig geprotesteerd. Middels een website met foto's, filmpjes en een forum – de publieke ruimte van internet is populair en in dit verband erg belangrijk omdat deze wél voor iedereen toegankelijk is – leeft het project voort. Viva Rio/Viva Favela heeft inmiddels onder de naam 'observatorium' het grootste fotoarchief over het leven in de favela's van Rio de Janeiro. Zie www.vivafavela.com.br.

Frits Gierstberg – Beeldcultuur in Brazilië / **Visual Culture in Brazil**

taking a photography course, Walter Mesquita and four others went into the favelas, accompanied by reporters, to photograph 'ordinary', day-to-day life. Large-scale prints of those photos were exhibited to the public in 2006.

What was unusual about this project was that the photographers sometimes took pictures in favelas other than their own and that photos from one favela were also exhibited in the others. The literally murderous competition between drug gangs in these slums normally makes exchanges of this kind unthinkable (as is so shockingly illustrated by the well-known 2002 film *Cidade de Deus*). But this initiative made it possible, for the first time, for people living in different areas to learn about each other in a positive way. The project was a huge success, and locals protested vehemently against the removal of the photos when the exhibitions ended. The initiative has continued in the form of a website with photos, films and a forum. The public space of the Internet is crucial in this context because, unlike the physical space of the favelas, it is accessible to all. Viva Rio/Viva Favela's 'observatorium' is the largest existing photographic archive of life in the favelas of Rio de Janeiro. See www.vivafavela.com.br.

TV MORRINHO

TV Morrinho is als 'favelaproject' een kleine successtory. Het begon allemaal in 1989, toen Nelcirlan Souza als een nog onbekende 14-jarige jongen in Vila Pereira da Silva kwam wonen, een achterstandsbuurt op de heuvel Laranjeiras in Rio de Janeiro. Onder de indruk van zijn omgeving, begon hij met bakstenen achter zijn huis een favela na te bouwen. Met zijn vrienden speelde hij daar het dagelijks leven in de favela, met als favoriet thema de 'cops and robbers' zoals alle jonge jongens dat spelen, maar nu met de voorbeelden wel heel dicht bij huis: de drugscriminaliteit en het politieoptreden in de eigen buurt. Met van legosteentjes vervaardigde figuurtjes en ander speelgoed werden aan de werkelijkheid van alledag ontleende verhalen nagespeeld. De jongens kregen problemen met de politie, die in de miniatuurfavela een instrument zag van lokale drugsbendes om aanvallen op naburige favela's mee voor te bereiden. Na langdurige en hevige protesten van de buurt mocht de miniatuurfavela blijven. De plek kreeg nog meer bekendheid toen een van de videofilmpjes van de jongens op internet terechtkwam. Uit dat succes ontstond ook TV Morrinho,

TV MORRINHO

TV Morrinho, another 'favela project', is a small-scale success story. It all started in 1989, when Nelcirlan Souza – who at the time was an unknown 14-year-old boy – moved to Vila Pereira da Silva, a low-income hillside neighbourhood in the district of Laranjeiras in Rio de Janeiro. Struck by his surroundings, he began reconstructing a favela using the bricks in his backyard. There, he and his friends played games based on day-to-day life in the favela. Their favourite was the game of cops and robbers, played by young children all over the world, but they drew inspiration from a source very close to home: the drug crime and police activity in their own neighbourhood. With figures made of Lego and other toys, they acted out stories based on their everyday experiences. The boys found themselves in trouble with the police, who believed that the miniature favela was a way for local drug traffickers to plan attacks on nearby favelas. But after long and loud protests by neighbourhood residents, the police agreed that the miniature favela could

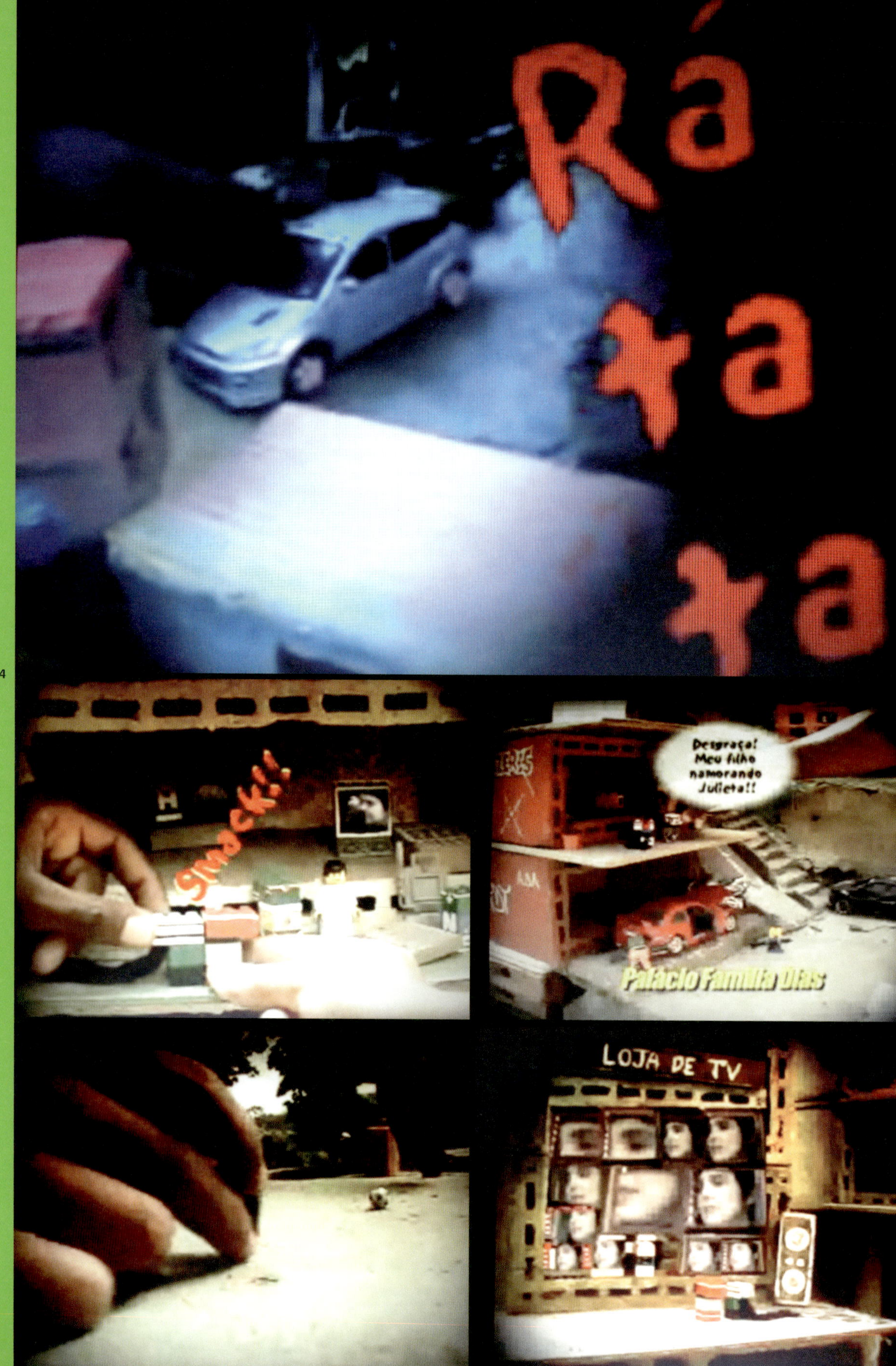
Rá
xa
xa
Smack!!
Desgraça!
Meu filho
namorando
Julieta!!
Palácio Família Dias
LOJA DE TV

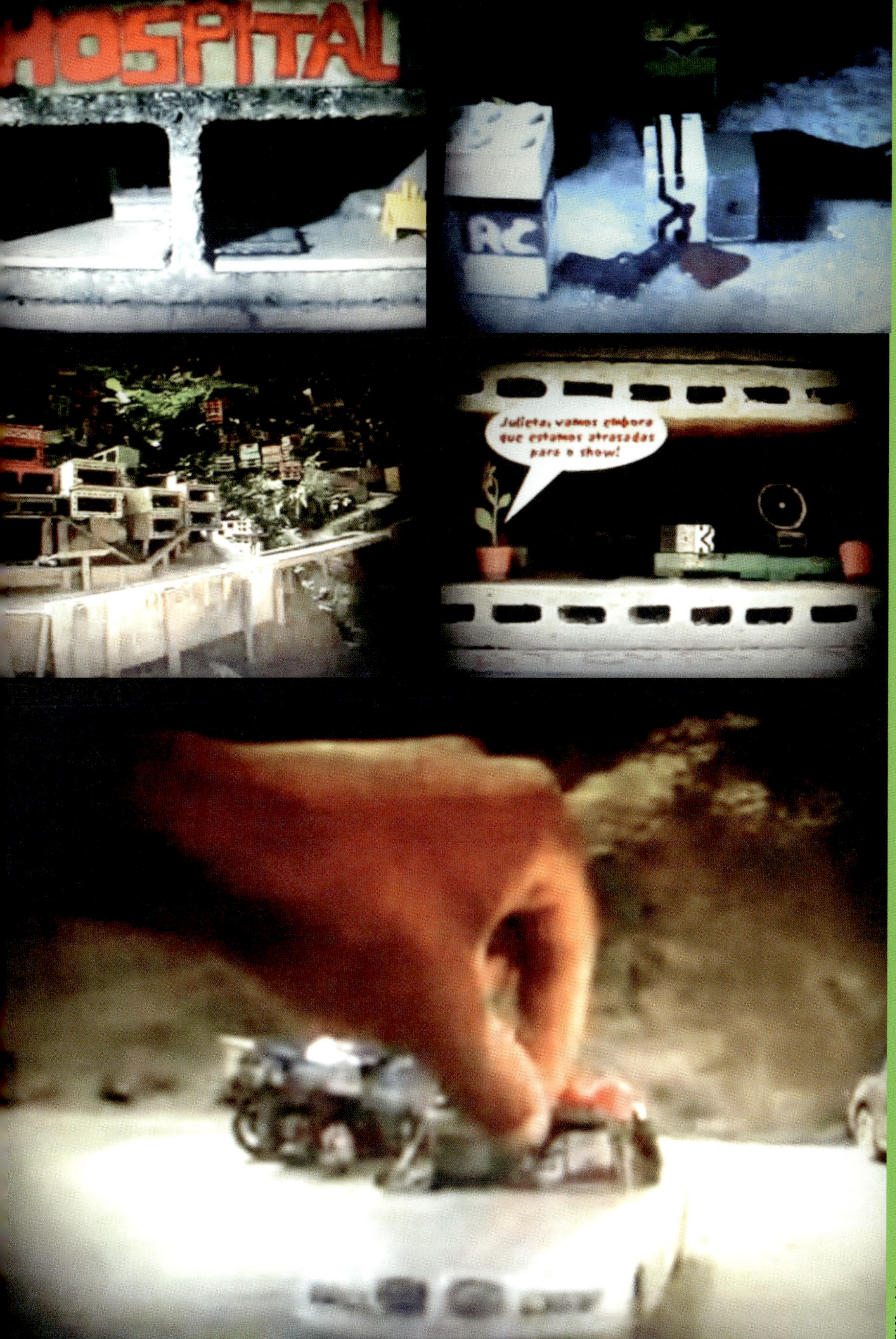

Julieta, vamos embora que estamos atrasadas para o show!

een 'kanaal' dat gefilmde verhaaltjes uit de Morrinho via YouTube en Flickr verspreidt. Inmiddels kunnen toeristen een excursie naar de *morrinho* ('heuveltje', synoniem voor sloppenwijk) maken, zij het onder strikte begeleiding. De organisatie die het project belangeloos heeft geadopteerd, organiseerde met veel succes tentoonstellingen in Wenen, Berlijn en op de Biënnale van Venetië (2007).

In dit verband moet ook het werk van Paula Trope (1962) worden genoemd. Trope laat zich in haar werk inspireren door de radicale experimenten in de kunst in Brazilië uit de jaren zestig en zeventig: het neoconcretisme, de Tropicalia-beweging en de Cinema Novo en dan met name beeldend kunstenaar Helio Oiticica en cineast Glauber Rocha. De sociale en politieke betekenis van kunst, het gebruik van alledaagse (weggooi)materialen en het idee van het collectief komen daar vandaan. Trope organiseerde een aantal langetermijnprojecten met kinderen in onder andere de favela Morro de Pereirão in Rio de Janeiro. Zij liet de kinderen hun dagelijkse leven fotograferen en filmen met *pinhole*-foto- en videocamera's die van oude spullen waren gemaakt.

De kinderen kregen van haar op tentoonstellingen en bij andere uitingen blijvende erkenning als de auteurs van dit werk, en op die manier de gelegenheid hun gevoel voor eigenwaarde te ontwikkelen. Vergelijkbare culturele projecten voor kinderen in de favela's worden overigens ook met bijvoorbeeld muziek georganiseerd.

stay. Its fame grew when one of the boys' video clips appeared on the Internet.

This triumph led to TV Morrinho, a 'channel' that broadcasts stories about life on the Morrinho ('little hill', a synonym for 'slum'). Tourists can now go on excursions to the Morrinho, though only under strict supervision. The organization that adopted the project (for altruistic rather than commercial reasons) has organized very successful exhibitions in Vienna and Berlin, and at the 2007 Venice Biennale.

In this context, the work of Paula Trope (b. 1962) also deserves mention. Trope's work is inspired by Brazil's radical experimental art movements of the 1960s and 1970s: Neo-Concretism, Tropicalia and Cinema Novo, particularly the visual artist Helio Oiticica and the filmmaker Glauber Rocha. She is influenced by their views on the social and political significance of art, their use of everyday materials (often disposable), and their concept of the collective. Trope has organized several long-term projects involving children, including one in the favela of Morro de Pereirão in Rio de Janeiro, where she had children photograph and film their daily lives with pinhole cameras made out of discarded objects. She has consistently credited the children in exhibitions and other contexts as the creators of these works, thus strengthening their sense of self-worth. Similar cultural projects for children in the favelas involve other forms of art, such as music.

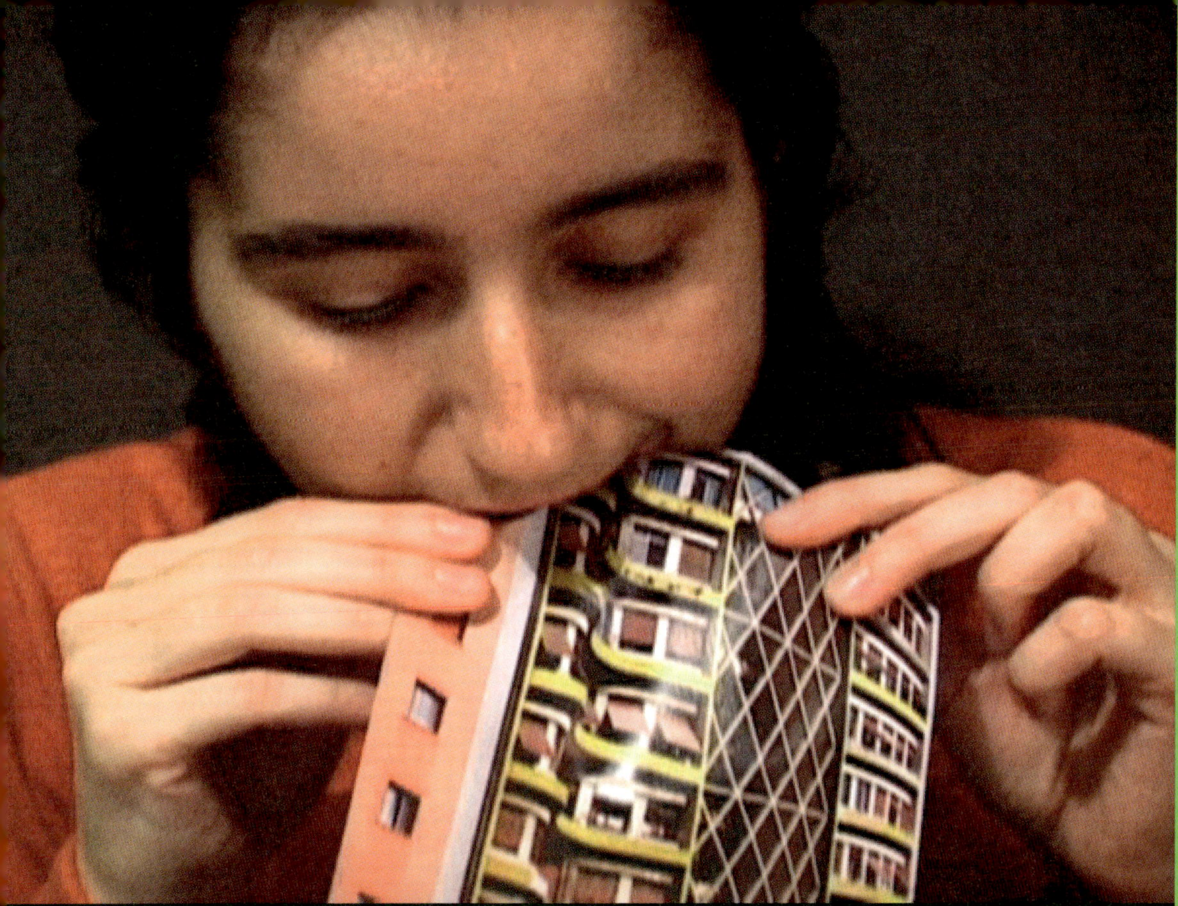

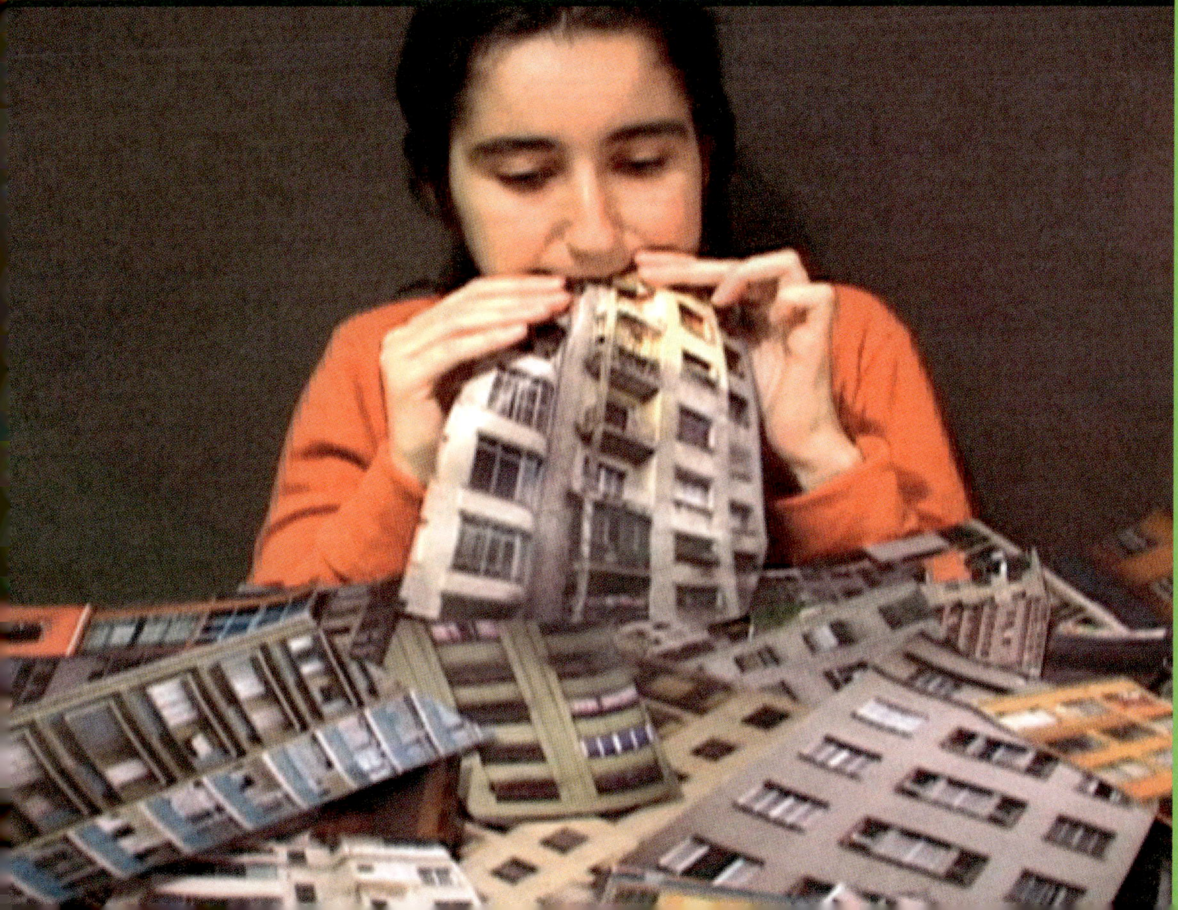

Voor veel beeldend kunstenaars en filmmakers in Brazilië is het dagelijkse leven in de metropool een belangrijke inspiratiebron. Op uiteenlopende manieren reflecteren zij op de stad en haar bewoners, de grootstedelijke ervaring en de sociale problemen die zij er aantreffen. De hier gemaakte selectie varieert van de video-installatie en het op de performance gebaseerde videowerk tot de semi-documentaire film en de geheel fictionele vertelling.

Vanuit zijn aanhoudende belangstelling voor het dagelijkse leven in de stad filmde beeldend kunstenaar Marcelo Cidade (1979) een jongen die in een vervallen buurt een voetbal tegen een oude garagedeur schopt. Het is een kortdurende opname die zich eindeloos herhaalt in een **loop**, inclusief de harde knal waarmee de bal steeds weer tegen de deur komt. Het werk refereert aan de overbekende populariteit van het voetbal in Brazilië – het land won de wereldcup vijf keer – maar ook aan de kans die het voetbal kinderen biedt om te ontsnappen aan de armoede. De titel is **Eterno Pênalti** ('Eeuwige strafschop', 2008). Het verwoede schieten van de bal tegen de deur krijgt na verloop van tijd iets beklemmends en wanhopigs.

Lia Chaia (1978) richt zich in haar videowerken op fysieke ervaringen, waarbij zij het lichaam (veelal dat van haar zelf) centraal stelt. Ook de fysieke beleving van het grootstedelijke São Paulo is bij haar een thema. Die kan zich bijvoorbeeld vertalen in een spanningsveld tussen oriëntatie en desoriëntatie, zoals in het werk **Cidade Pictória** ('Pittoreske stad', 2003) waarin de stad wordt bekeken door een autoruit tijdens de regen, wat een zowel poëtisch als droevig stemmend beeld genereert. Zij gebruikt daarbij onder meer de metaforen van de stad die haar bewoners verslindt en weer uitspuugt. Omgekeerd gebruiken de bewoners de stad om er uit te halen wat profijtelijk is, om de stad daarna te laten voor wat ze is. In de video **Minhocão** (2006) voert zij een performance op waarin zij foto's van de gebouwen in de stad letterlijk opeet en weer uitspuugt, een tafereel dat zeker ook een fysieke reactie bij de kijker oproept.

Op talloze kruispunten met stoplichten in São Paulo houden zich bedelaars en straatverkopers op die aan de wachtende automobilisten iets proberen te verdienen. Bij het maken van de semi-documentaire videofilm **Território Vermelho** ('Rode zone') uit 2004 gaf filmmaker, beeldend kunstenaar en antropoloog Kiko Goifman (1968) zijn camera aan een aantal van hen, terwijl zij langs de auto's lopen en de automobilisten aanspreken. De film is schokkend en

VIDEO/FILM

FRITS GIERSTBERG

VIDEOS/FILMS

Many of Brazil's artists and film-makers draw on everyday life in the metropolis as a major source of inspiration. In diverse ways they reflect on the city and its people, life in the metropolis and the social problems they encounter there. The selection presented here ranges from video installations and performance-based video work to semi-documentary films and wholly fictional narratives.

Driven by a ceaseless fascination with everyday life in the city, the artist Marcelo Cidade (born in 1979) filmed a boy in a slum, kicking a football against an old garage door. The brief fragment plays in an endless loop, including the loud bang of the ball smashing against the door, again and again. The work alludes to the famous popularity of soccer in Brazil – five-time world champions – but it also recalls soccer's lure to children as a possible means of escaping from poverty. The title is **Eterno Pênalti** (Eternal Penalty, 2008). After a while, the furious shooting of the ball against the door takes on a quality of oppressiveness and desperation.

The video work of Lia Chaia (1978) focuses on physical experiences, in which she places the human body (frequently her own) at the centre. The physical sensations associated with life in the metropolis of São Paulo provide another theme in her work. This may be translated, for instance, into the field of tension between orientation and disorientation. For instance, in her work **Cidade Pictória** (Picturesque City, 2003) the city is viewed from a car as it drives around in the rain, which generates an image as melancholy as it is poetic. One of her metaphors is that of a city that devours its inhabitants and then regurgitates them. Conversely, the inhabitants use the city to extract what they want from it, and then abandon it. In the video **Minhocão** (2006) Chaia presents a performance in which she feeds herself photographs of the city and then gradually spits them out, a scene that is bound to provoke a physical reaction in viewers.

At countless crossings with traffic lights in São Paulo, beggars and street sellers loiter, hoping to make some money from the drivers who are forced to stop. While making the semi-documentary video **Território Vermelho** (Red Zone) in 2004, the film-maker, artist and anthropologist Kiko Goifman (1968) pointed his camera at some of them as they walked past the lines of cars, accosting the drivers. The film is a shocking exposure of prejudice, intolerance and discrimination.

The short film **Várzea** (2006) by Estúdio Bijari (founded in 1997), with Ricardo Iazetta as choreographer,

onthullend als het gaat om het aan het licht brengen van vooroordelen, intolerantie en discriminatie.

In de korte film **Várzea** (2006) van Estúdio Bijari (sinds 1997) met Ricardo Iazetta als choreograaf wordt de stad het zinderende toneel van dans en voetbal tegelijk. In een onwerkelijk lege stad (São Paulo) rennen sporters door de straten, aangemoedigd door een radioreporter. Even later is een voetbalveld de locatie voor een dramatische choreografie van enkele spelers/dansers.

Filmmaker Marco Del Fiol (1971) maakte een korte film over de fietstocht van een inwoner van São Paulo, José Vincente, die dagelijks vanuit zijn woonplaats Campinas naar de stad fietst. In deze poëtische film uit 2006 zien we Vincente door het ochtendlijke duister rijden, langs huizen en bouwplaatsen. In de stad aangekomen speelt hij op zijn trompet en creëert op die manier een mooi contrast tussen de rauwheid en het lawaai van de stad en de zalvende tonen van zijn instrument. Van de bewoners krijgt hij applaus.

presents the city as the vibrant centre of both dance and soccer. In a surrealistically empty city (São Paulo) sportsmen run through the streets, egged on by a radio commentator. A few moments later, a soccer pitch becomes the venue for a dramatic choreography of a small group of players/dancers.

The film-maker Marco Del Fiol (1971) made a short film about the cycle ride of José Vincente, who travels into the city of São Paulo from his home in Campinas by bike every day. In this poetic film, dating from 2006, we see Vincente riding through the early morning darkness, passing houses and building sites. When he arrives in the city he plays his trumpet, creating a wonderful contrast between the raucous, harsh noises of the city and the smooth tones of his instrument. The city dwellers applaud him as he passes by.

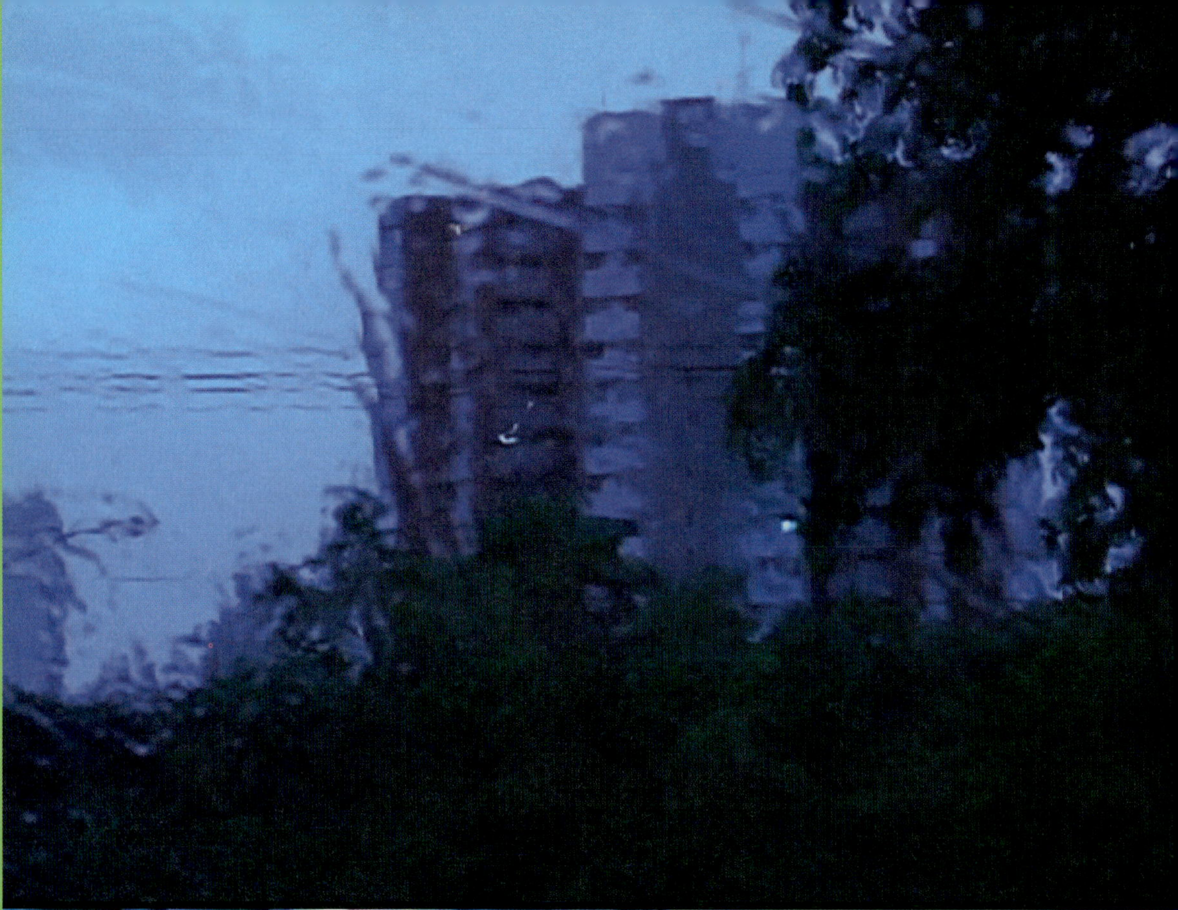

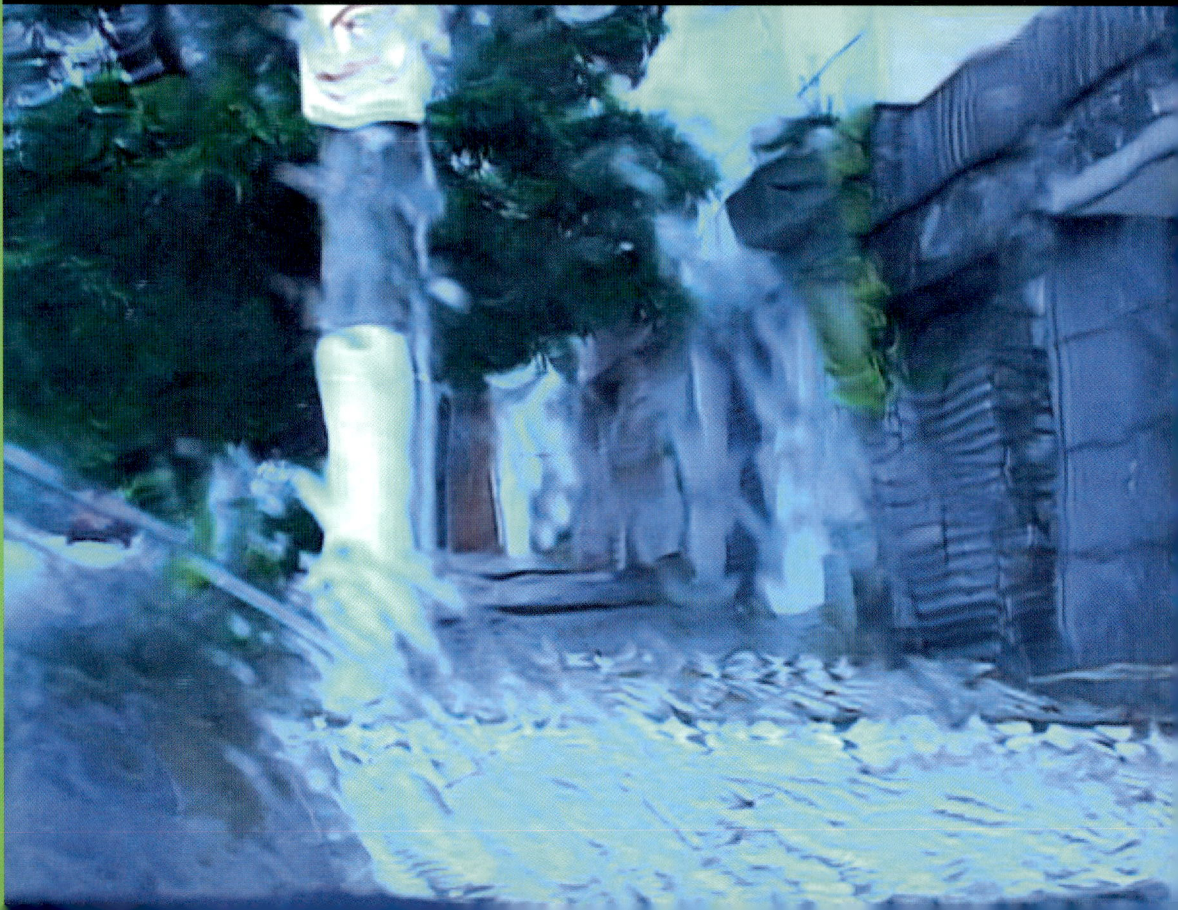

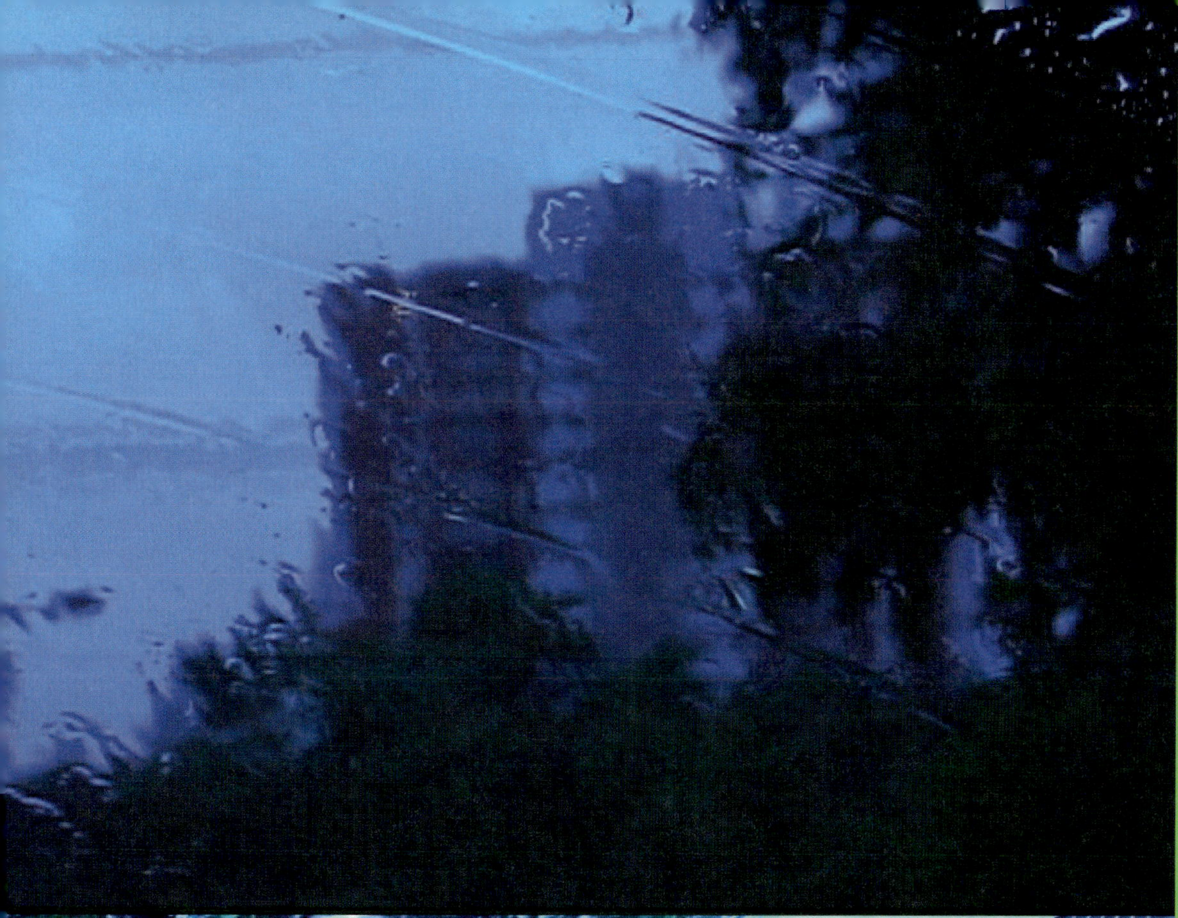

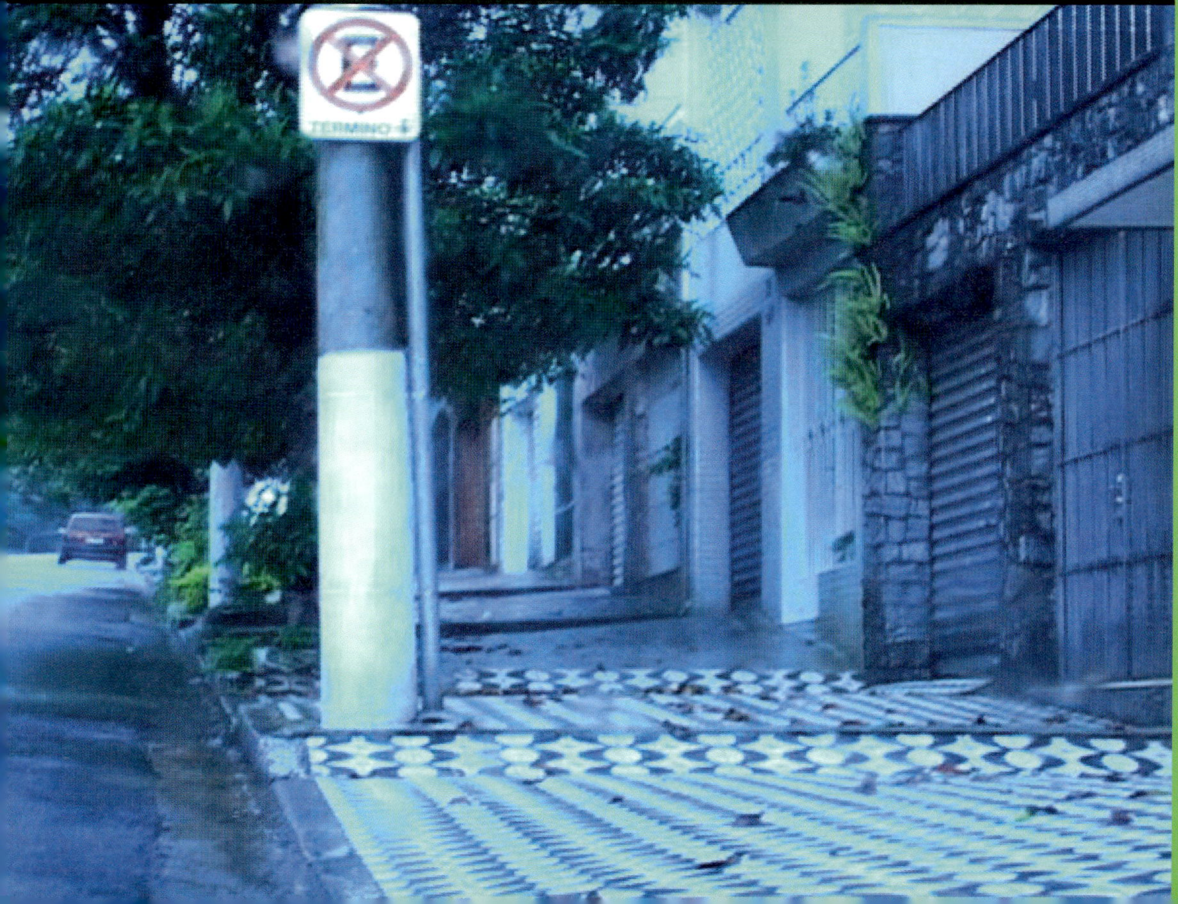

Lia Chaia Cidade Pictória, 2003, vídeo, 34 min. 3 sec.

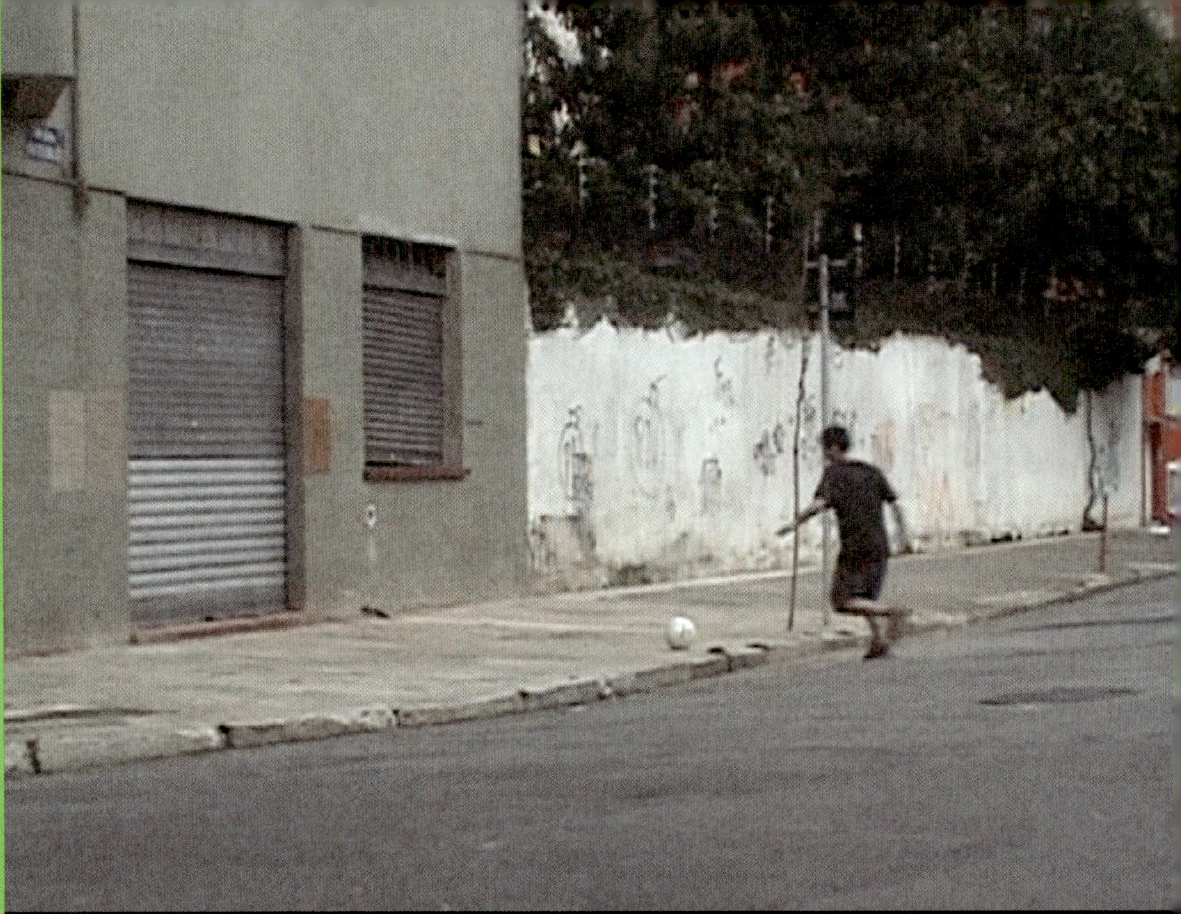

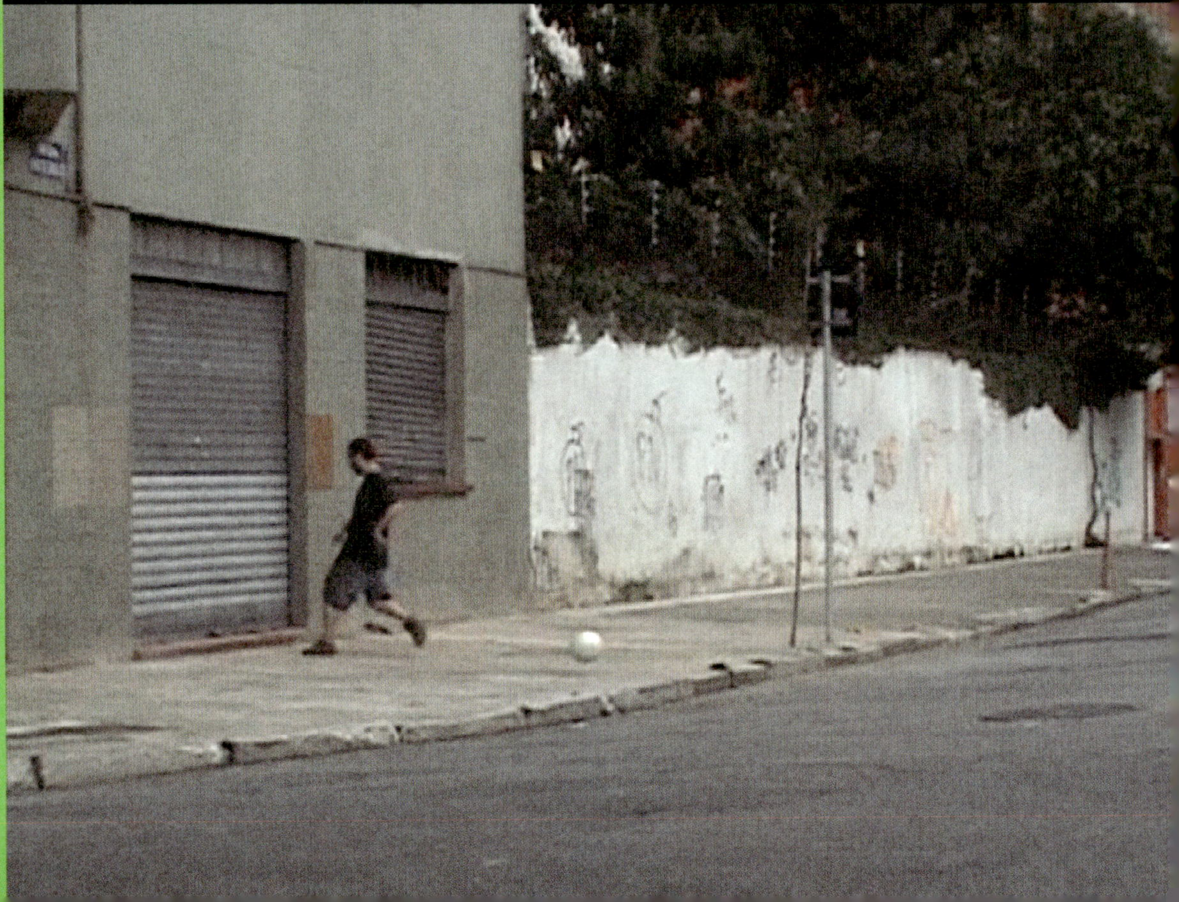

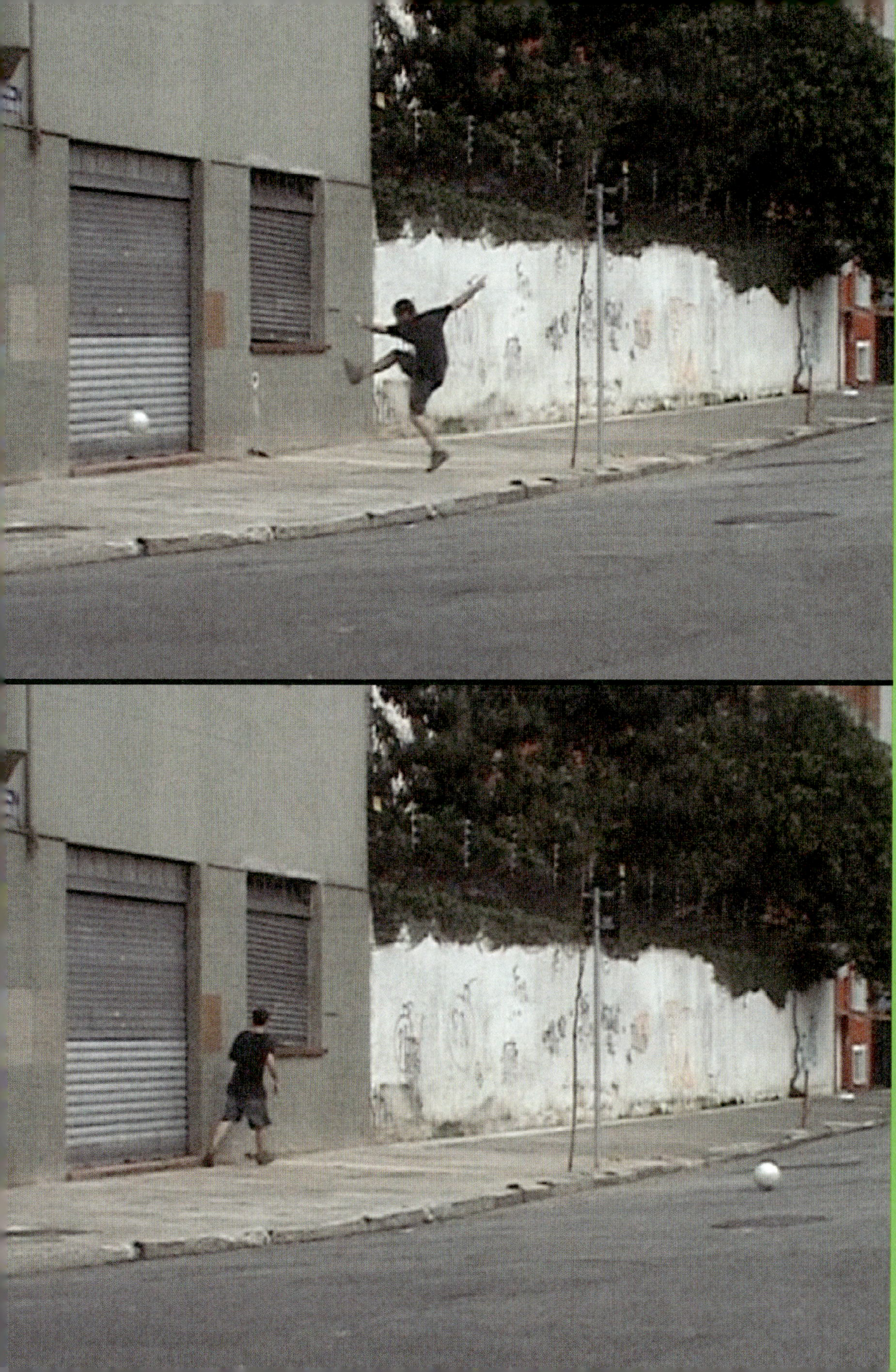

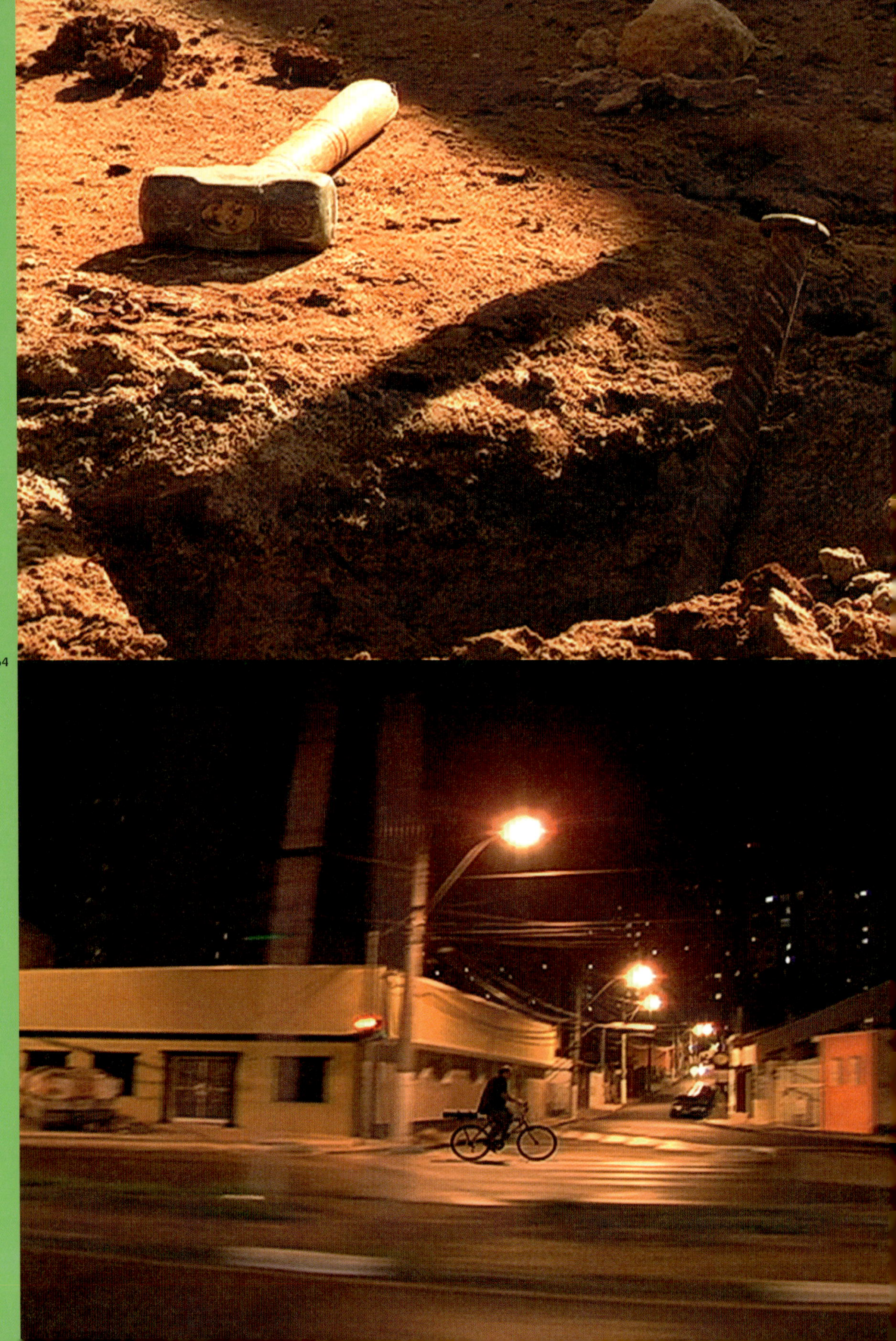

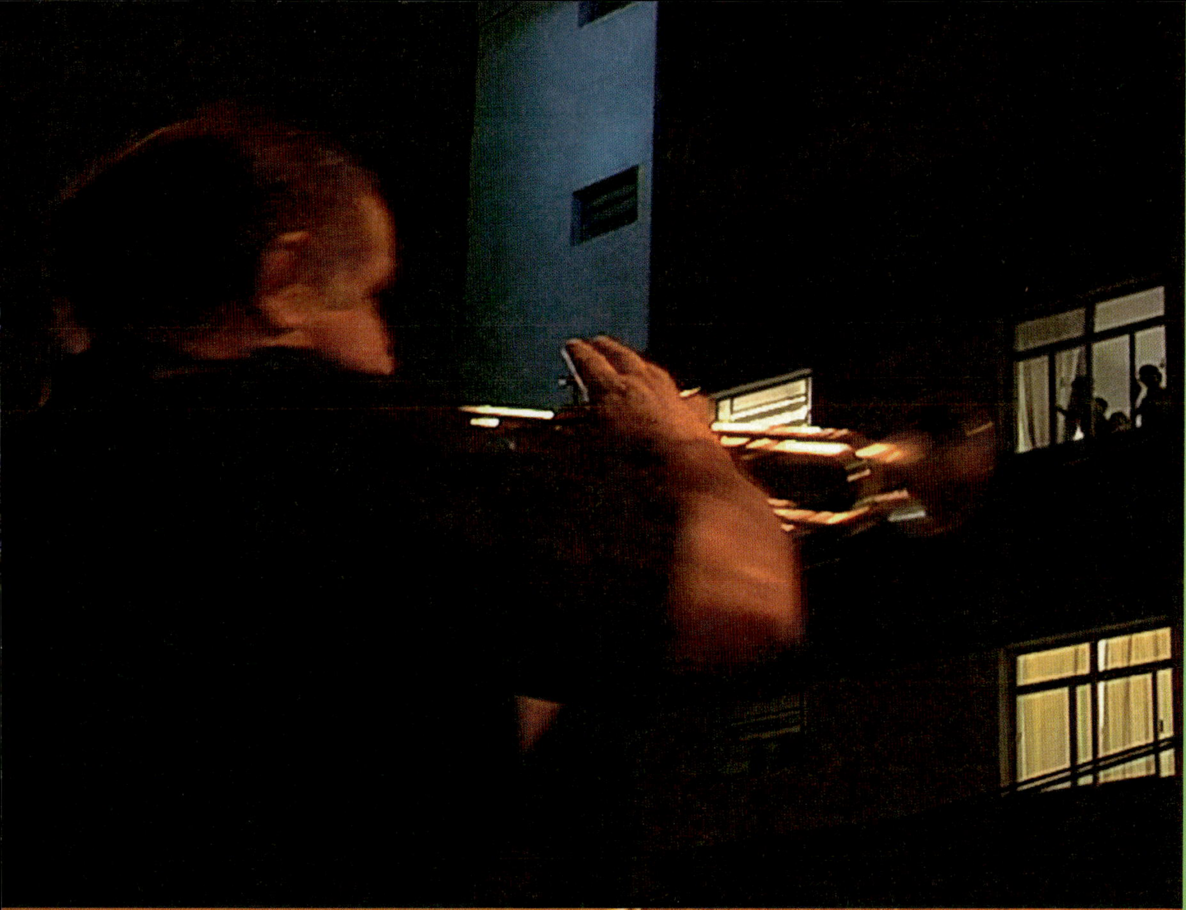

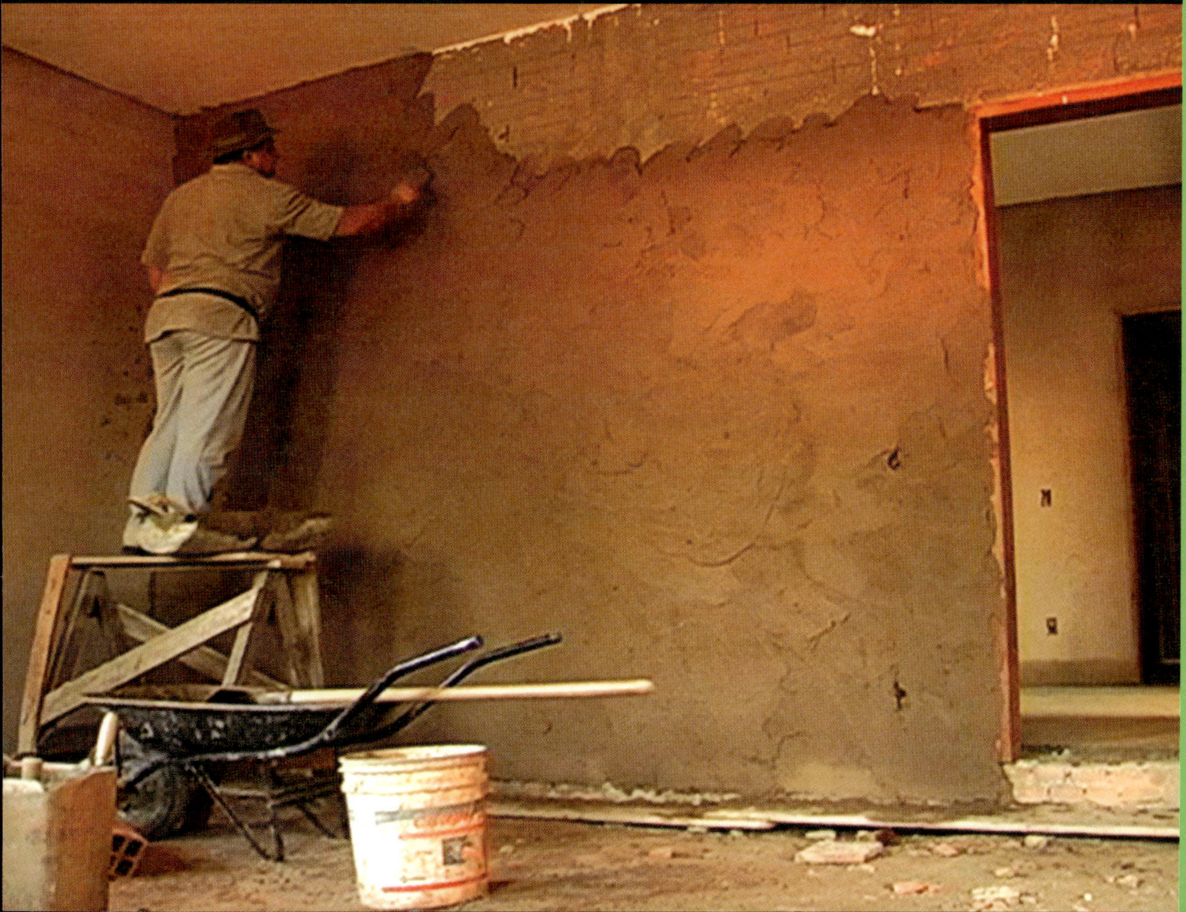

Marco del Fiol *José Vicente*, 2006, video, 8 min. 17 sec.

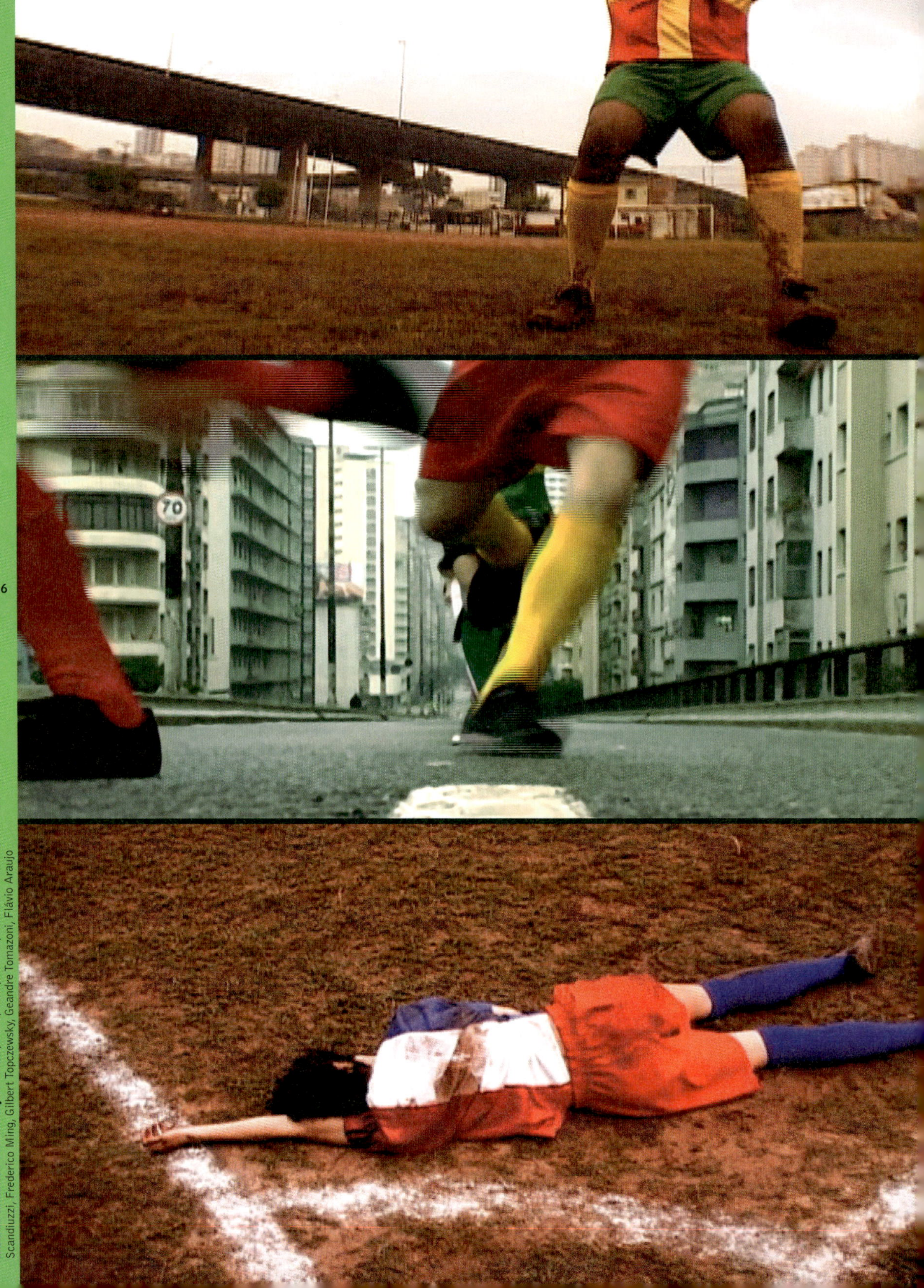

Ricardo Iazzetta / Estudio Bijari Várzea, 2006, video, 10 min., i.s.m./with: Rodrigo Araujo, Maurício Brandão, Giuliano Scandiuzzi, Frederico Ming, Gilbert Topczewsky, Geandre Tomazoni, Flávio Araujo

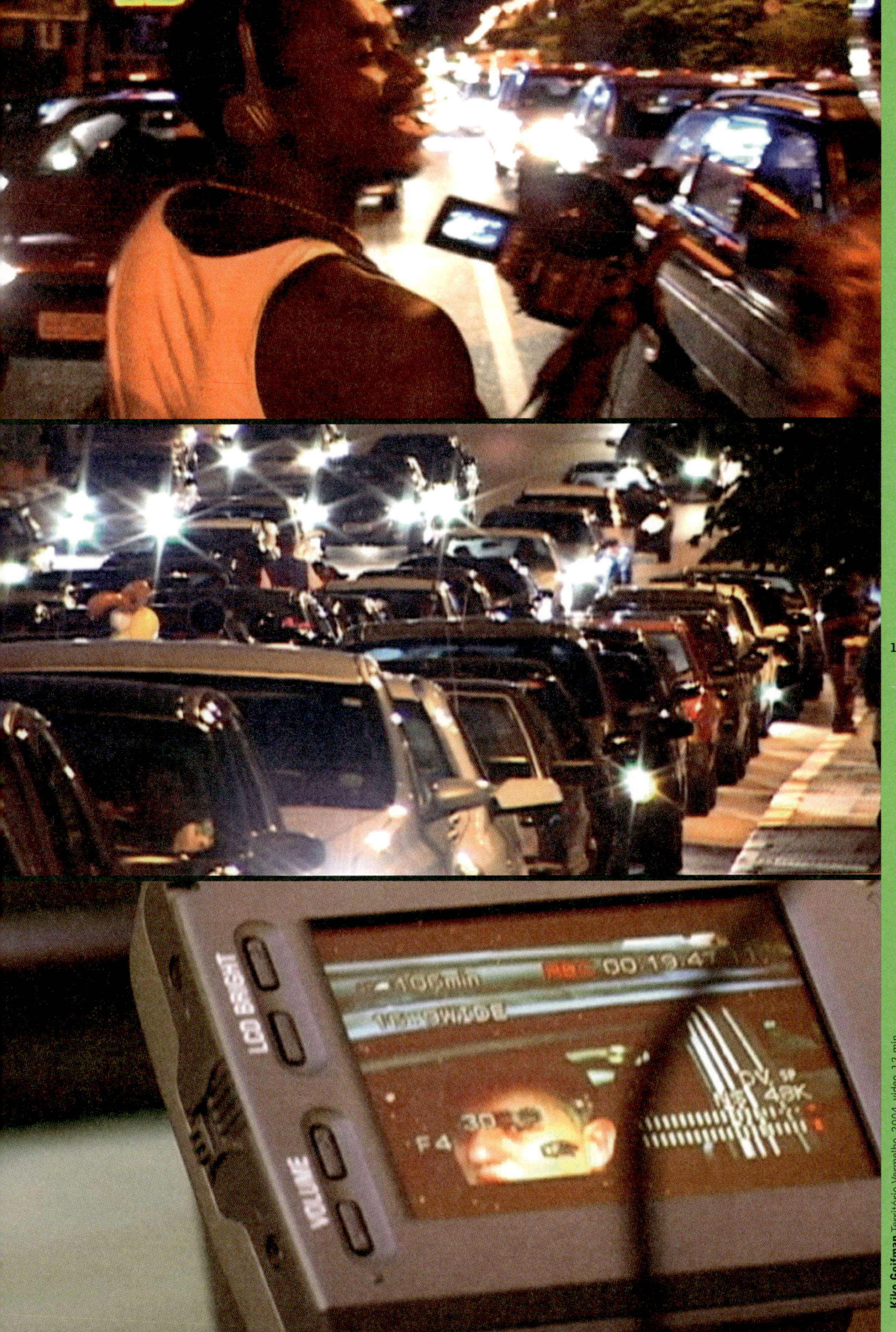

Kiko Goifman Território Vermelho, 2004, vídeo, 12 min.

In oktober 2007 verscheen **Tropa de Elite** van José Padilha (1967). De film vertelt in documentairestijl het verhaal van een aantal officieren van de BOPE, een elitekorps van de politie in Rio de Janeiro. De film zorgde voor een enorm schandaal en was het startpunt voor een felle discussie in de media over de meedogenloze wijze waarop de door en door corrupte politie optreedt in de favela's van Rio. De discussie kreeg nog eens een extra impuls doordat de film voor de officiële première van het internet gedownload kon worden. Geschat wordt dat daardoor meer dan elf miljoen mensen de film al hadden gezien voordat deze de bioscopen bereikte. De film was een groot succes. Meer dan drie miljoen mensen zagen hem in de bioscoop. De soundtrack van Tihuana en **Rap das Armas** werd een enorme hit en de in de film gebezigde **slang** sijpelde door in het alledaagse taalgebruik.

Tropa de Elite was een grote publieksfilm die een actueel maatschappelijk thema aan de orde stelde en ook nog eens tot een opgewonden discussie in de media leidde. Regisseurs als Glauber Rocha (1939–1981), Ruy Guerra (1931) en Nelson Pereira dos Santos (1928) zouden er jaloers op zijn geweest. Veertig jaar eerder, in de jaren zestig van de vorige eeuw, waren zij de grondleggers van de **Cinema Novo**, een op de Franse nouvelle vague geïnspireerde beweging op zoek naar een eigen filmtaal om de complexe politieke en sociaal-economische werkelijkheid te verbeelden. Op zoek ook naar de identiteit van een land dat uit zo veel verschillende bevolkingsgroepen bestaat, elk met hun eigen cultuur.

Hun films waren een curieuze mengeling van documentaire en fictie, historische en actuele thema's, politieke analyses en Brechtiaanse verteltechnieken, dikwijls gelardeerd met lyrische passages waarin 'authentieke' volkse gebruiken werden opgehemeld. Net als de nouvelle vague en het Italiaanse neorealisme probeerden zij een filmtaal te ontwikkelen die zich afzette tegen Hollywood en een voorbeeld kon zijn voor alle landen die het slachtoffer waren van het neokolonialisme. Films als **Vidas Secas** (Nelson Pereira dos Santos, 1962), **Oz Fuzis** (Ruy Guerra, 1964) en **Antonio das Mortes** (Glauber Rocha, 1969) waren even curieuze als sterke staaltjes van persoonlijke auteursfilms. Ze deden het uitstekend op de buitenlandse festivals, maar slaagden er niet in het publiek te bereiken dat de regisseurs voor ogen hadden.

DE BRAZILIAANSE FILM: STEEDS OP ZOEK NAAR ZICHZELF

RUUD VISSCHEDIJK

BRAZILIAN FILM: ALWAYS IN SEARCH OF ITSELF

The film **Tropa de Elite** by José Padilha (b. 1967), released in October 2007, tells the story, in documentary style, of a number of officers in the BOPE, an elite police unit in Rio de Janeiro. The film caused an enormous scandal, setting off a fierce debate in the media about the merciless conduct of the thoroughly corrupt police force in the favelas of Rio. This discussion was especially heated because the film became available on the Internet before the official première. It is estimated that more than 11 million people saw it before it reached the big screen. The film was a huge success. More than 3 million people saw it in the cinema. The soundtrack by Tihuana and **Rap das Armas** became an enormous hit, and the slang used in the film crept into everyday language.

Tropa de Elite is a film for a wide audience that takes on a contemporary social issue and has even ignited passionate media debate. If directors such as Glauber Rocha (1939-1981), Ruy Guerra (b. 1931) and Nelson Pereira dos Santos (b. 1928) were still working today, they would be jealous. Over 40 years ago, in the 1960s, they were the originators of Cinema Novo, a movement inspired by the French Nouvelle Vague, in search of an original cinematic language that could capture the complexity of the political and socioeconomic world around them. They were also in search of the identity of their country amid its staggering array of ethnicities and cultures.

Their films were an odd mix of documentary and fiction, of historical and contemporary themes, of political analysis and Brechtian narrative techniques, often interspersed with lyrical passages extolling 'authentic' folkways. Like New Wave and Italian neorealism, Cinema Novo tried to develop a cinematic language that stood in opposition to Hollywood, one that could serve as a model for all the countries that were victims of neocolonialism. Films like **Vidas Secas** (Nelson Pereira dos Santos, 1962), **Oz Fuzis** (Ruy Guerra, 1964) and **Antonio das Mortes** (Glauber Rocha, 1969) were peculiar and powerful examples of personal auteur cinema. Though they were very well received at festivals abroad, they did not reach the audience that their directors had in mind.

In the late 1960s Cinema Novo was quietly suffocated by political censorship. The 1970s and early 1980s were

Aan het einde van de jaren zestig stierf de Cinema Novo, mede door de politieke censuur, een zachte dood. De jaren zeventig en het begin van de jaren tachtig werden volledig beheerst door de **pornochanchada**, licht pornografische komedies die financieel werden ondersteund door de nationale productiemaatschappij Embrafilme. Nog in 1988, toen het genre al op zijn retour was, waren twintig van de dertig bestlopende films in dat jaar **pornochanchadas**. Een serieuze actrice als Sonia Braga – die in 1985 schitterde in **Kiss of the Spiderwoman** van Hector Babenco, **Milagro Beanfield War** van Robert Redford (1988) en afleveringen van onder meer **CSI: Miami** en **Sex and the City** – begon haar carrière in **pornochanchadas**. Vele acteurs en actrices die in dit genre actief waren, speelden later mee in de bekende Braziliaanse soapseries, de **telenovelas**.

Op dit moment is regisseur Walter Salles (1956) vrijwel in zijn eentje het uithangbord van de Braziliaanse film in het buitenland, ook in Nederland. **Central do Brasil** (1998) was de eerste verrassing die in de Nederlandse filmtheaters was te zien, gevolgd door zijn doorbraak **The Motorcycle Diaries** (2004).

Je zou kunnen zeggen dat Salles na zo'n veertig jaar de draad weer oppikt van de Cinema Novo. Zijn films zijn een zoektocht naar de identiteit van een land dat door zijn enorme diversiteit bijna niet te vatten is. Salles kiest daarbij dikwijls voor het genre van de roadmovie, waardoor hij op een losse manier en met een diep nostalgische ondertoon zijn verhaal kan vertellen. Precies zoals Wim Wenders dat deed in zijn film **Im Lauf der Zeit** (1976).

Central do Brasil is een goed voorbeeld van de strategie van Salles. Het is het ontroerende verhaal van een jongetje en een oudere vrouw die vanaf het centraal station in Rio de Janeiro het binnenland van Brazilië intrekken, op zoek naar hun wortels. In de eerste scènes maakt Salles meteen duidelijk dat de film niet alleen om deze vrouw en dat jongetje gaat, maar om veel meer. Dora, de vrouw, probeert op het station wat geld bij te verdienen door brieven te schrijven voor analfabeten. In een serie close-ups passeren de klanten van Dora de revue die in hun eigen dialect plaats en streek noemen waar ze vandaan komen. Deze film, zo suggereert deze scène, gaat evenzeer over déze mensen, plaatsen en streken. Onderweg maken we dan ook spelenderwijs kennis met de culturele rijkdom van het land, de sociale ongelijkheid en de enorme verscheidenheid in samenstelling van de bevolking. De zoektocht van Dora en Josué blijft de motor van het verhaal, maar ondertussen weet Salles ons heel effectief tot een betrokken deelgenoot te maken van het temperament, de noden en de pracht van dit land. **Central do Brasil** raakte een gevoelige snaar bij de Brazilianen. Met 1,3 miljoen bezoekers was het toen de meest succesvolle Braziliaanse film ooit. Cijfers waar de jongens van de Cinema Novo alleen maar van konden dromen.

dominated by **pornochanchadas**, soft-core pornographic comedies supported financially by the state film agency Embrafilme. Even in 1988, when the genre was already on the wane, 20 of the 30 most popular films were **pornochanchadas**. Serious actresses such as Sonia Braga – known for her outstanding performances in Hector Babenco's **Kiss of the Spiderwoman** and Robert Redford's **Milagro Beanfield War** (1988), and as a guest star on series like **CSI: Miami** and **Sex and the City** – got their start in **pornochanchadas**. Many actors and actresses who worked in this genre later appeared in well-known Brazilian **telenovelas** (soap operas).

Today, Walter Salles (b. 1956) is almost the sole exponent of Brazilian film abroad. **Central do Brasil** (1998), his first production to spark major international interest, was followed in 2004 by his breakthrough film **The Motorcycle Diaries**. In a sense, after 40 years, Salles is picking up the thread of Cinema Novo. His films are a quest for the identity of a country whose enormous diversity makes it almost impossible to grasp. Salles often embraces the conventions of the road movie, which allow him to tell his story in a relaxed style with a deeply nostalgic undercurrent, just like Wim Wenders in **Im Lauf der Zeit** (**Kings of the Road**, 1976).

Central do Brasil is a good illustration of Salles' strategy. It tells the touching story of a young boy and an older woman who travel from Rio de Janeiro's central railway station into the Brazilian heartland in search of their roots. Early on, Salles makes it clear that the film is not just the story of one woman and one little boy, but raises much larger themes. Dora, the woman, is trying to make a little extra money at the station by writing letters for illiterate people. In a series of close-ups, we are introduced to Dora's customers, who state their places and regions of origin in their own dialects. This scene suggests that the film is just as much about these people, places and regions as it is about its overt storyline.

As the plot unfolds, we are exposed in an offhand way to Brazil's rich cultural landscape, its social inequalities and the tremendous diversity of its population. Dora and Josué's quest continues to drive the narrative, but along the road, Salles skilfully transforms his viewers into travelling companions, drawn in by the temperament, the exigencies and the splendour of this unique country. **Central do Brasil** touched a powerful chord among Brazilians. With 1.3 million viewers, it was more popular than any Brazilian film had ever been before. That's the kind of public success the Cinema Novo boys could only dream of.

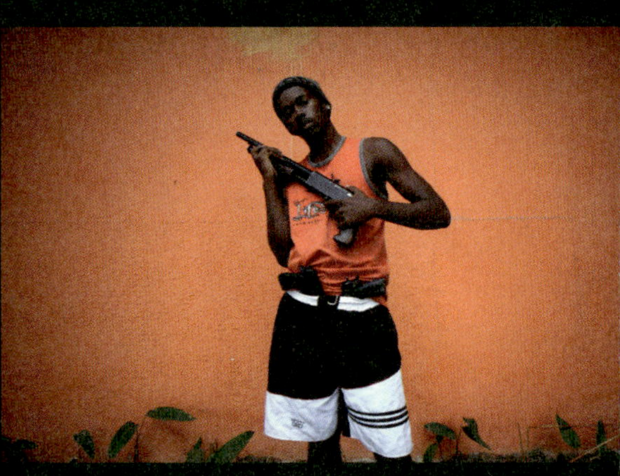

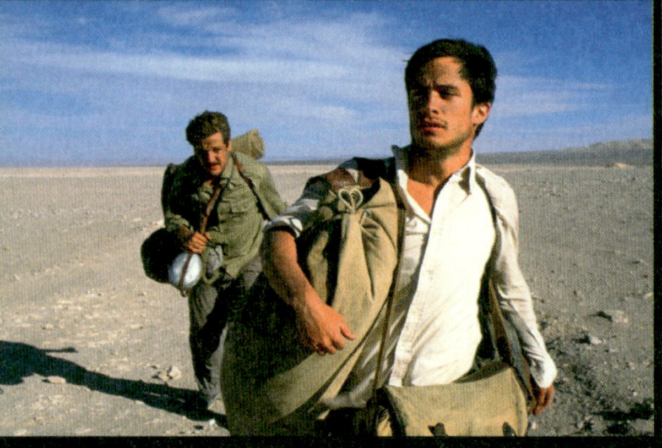

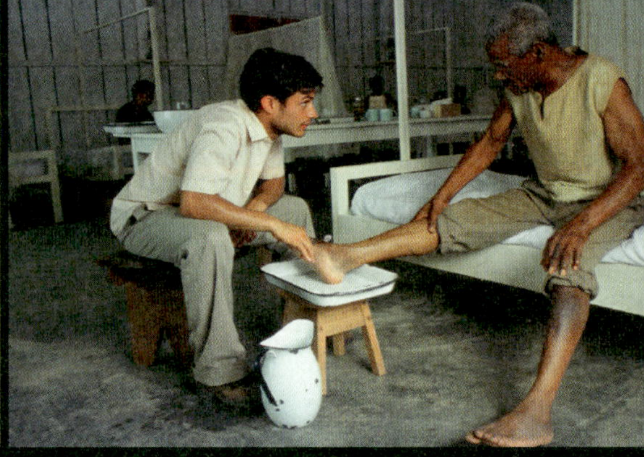

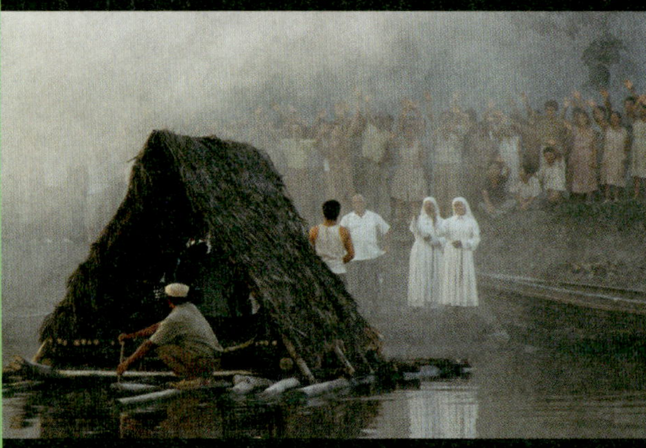

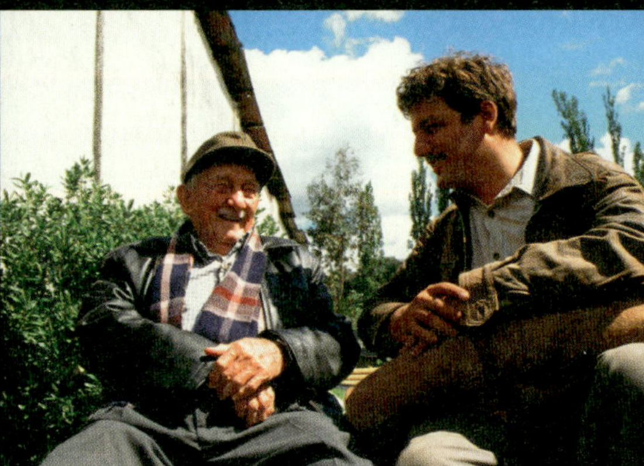

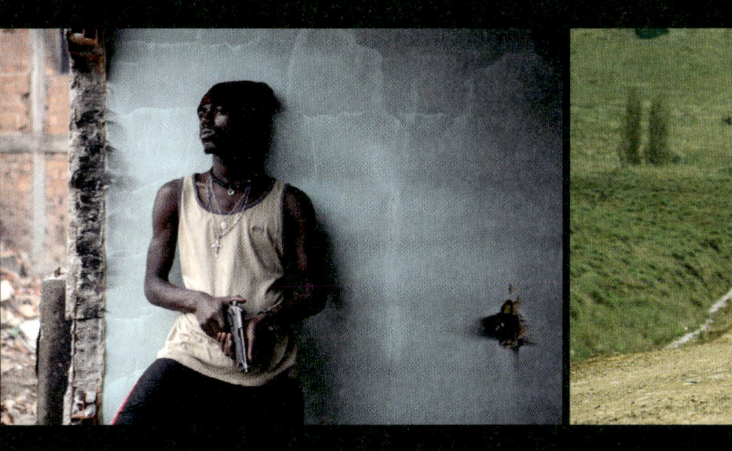
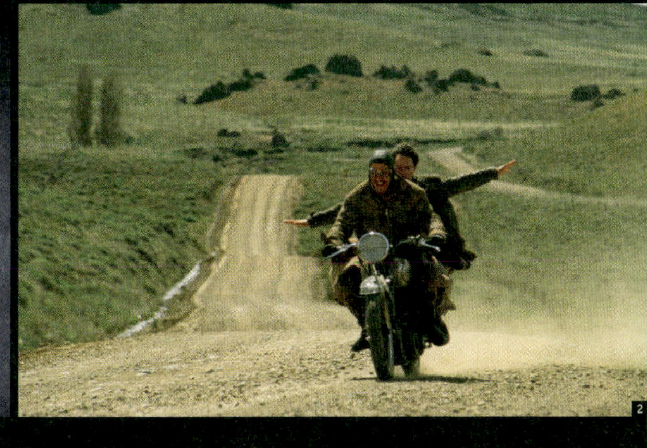
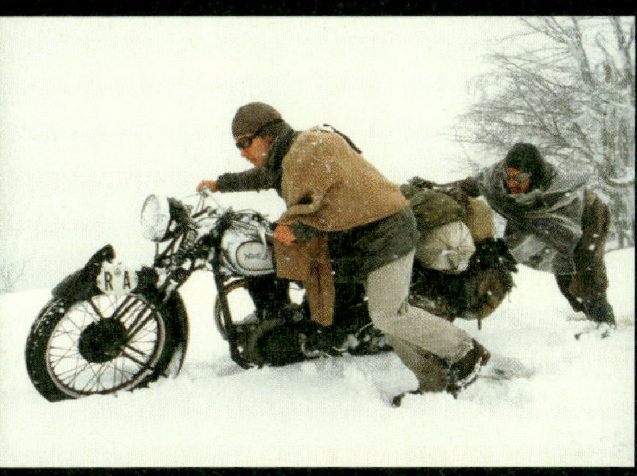
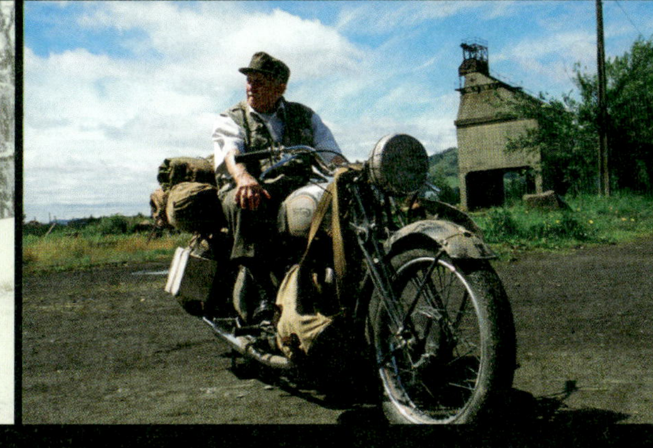
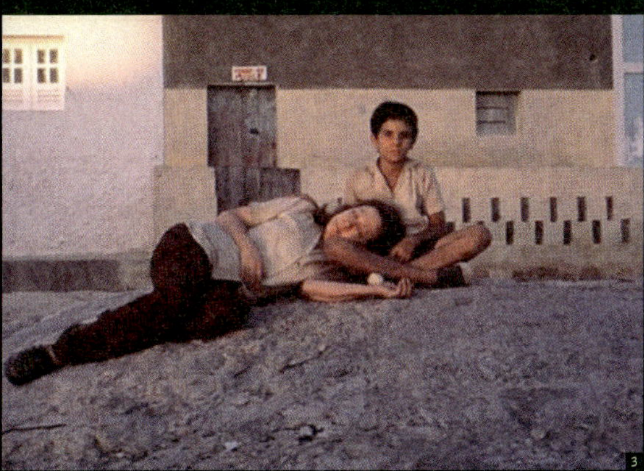
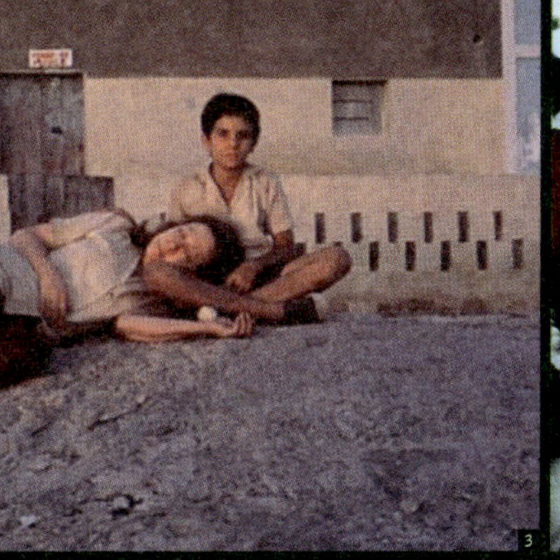

José Padilha 1. Tropa de Elite, 2007, **Walter Salles** 2. Diarios di motocicleta / The Motorcycle Diaries, 2004, **Walter Salles** 3. Central do Brasil, 1998 (film stills)

Braziliaanse fotografie wordt buiten Brazilië al snel geassocieerd met de 'grote namen' als Sebastião Salgado (1944) en Miguel Rio Branco (1946). De eerste was en de tweede is nog steeds lid van het vermaarde fotopersbureau Magnum Photos. De genoemde associatie is voor een deel natuurlijk terecht. Salgado heeft wereldwijd generaties fotografen beïnvloed met fotoprojecten als *Workers* en *Sahel*, waarin hij het menselijk drama zoals dat in de traditionele reportagefotografie gestalte krijgt tot haast mythische proporties wist te verheffen. Beroemd zijn de opnamen die hij maakte in de Serra Pelada, waar goudzoekers in groten getale en onder onmenselijke omstandigheden tegen de steile hellingen aan het werk zijn. Rio Branco staat vooral bekend om zijn subjectieve en suggestieve stijl, die paradoxaal genoeg vaak nog steeds documentair te noemen is, vol intense kleuren. Zijn fotografie staat niet in dienst van het tonen, maar van het beleven. Niet voor niets maakt hij ruimtelijke installaties met zijn foto's, waar hij video, muziek en objecten aan toevoegt. Een bezoek aan een tentoonstelling van hem levert een fysieke ervaring op waarbij meerdere

FOTOGRAFIE: TRADITIE

Frits Gierstberg – Beeldcultuur in Brazilië / **Visual Culture in Brazil**

PHOTOGRAPHY: THE TRADITION

Outside the country, familiarity with Brazilian photography is often limited to 'big names' such as Sebastião Salgado (b. 1944) and Miguel Rio Branco (b. 1946). Salgado was, and Rio Branco still is, a member of the famous agency Magnum Photos. To some extent, it is only reasonable that these two names so quickly spring to mind. Salgado has influenced generations of photographers around the world with photo projects like *Workers* and *Sahel*, in which he elevates the human drama of traditional press photography to almost mythical proportions. He is renowned for his photographs of the Serra Pelada, where thousands of gold miners labour on steep slopes under inhuman conditions.

Rio Branco is known chiefly for his subjective and suggestive style, which paradoxically enough often retains a documentary quality, full of intense colours. The point of his photographs is not to show but to experience. It is in this spirit that he creates three-dimensional installations involving not only his photos but also videos, music and objects. A visit to one

zintuigen tegelijk op een intense manier worden aangesproken. Daarmee is hij van deze twee fotografen, ondanks zijn jeugd in Spanje, het meest 'Braziliaans' te noemen. Vlak achter deze twee fotografen gaat echter een groot aantal anderen schuil die samen een rijkgeschakeerd fotografisch landschap bepalen, maar die in dit kader niet allemaal genoemd kunnen worden. Enkele uitzonderingen moeten wel vermeld, zoals de grand old lady van de Braziliaanse fotografie Claudia Andujar (1931), die vrijwel haar gehele carrière de Yanomami-indianen in de Amazone heeft gefotografeerd. Mario Cravo Neto (1947) heeft met zijn semi-documentaire en sterk op vorm gerichte stijl een interessante mix gecreëerd van antropologie en kunst. Ook in dit verband genoemd moet de Franse etnoloog en fotograaf Pierre Verger (1902–1996), die vanaf 1946 met een groot invoelingsvermogen het dagelijkse leven en de rituelen in de zwarte gemeenschappen in en rond Bahia vastlegde op een manier die hem in Brazilië zeer veel respect opleverde en een ereburger van hem maakte. Cineast en fotograaf Thomaz Farkas wordt herinnerd als dé fotograaf van Brasilia alsmede oprichter van het fotoblad *Fotóptica* en de gelijknamige galerie aan het eind van de jaren zeventig (hij is thans nog directeur van de Fundação Cinemateca Brasileira).

Overigens begint de grotendeels nog ongeschreven geschiedenis van de fotografie in Brazilië al in 1833. In dat jaar realiseerde de uitvinder Hercules Florence via een negatief-positiefprocédé een van de eerste fotografische afbeeldingen, zodat deze Braziliaan met zijn Franse en Britse collega's tot de internationale fotopioniers moet worden gerekend.

Meer dan 175 jaar later wordt het medium, net als in de rest van de wereld, zonder discussie frequent binnen de beeldende kunst gebruikt. Duidelijke scholen, stromingen of gemeenschappelijke thema's zijn daarbij niet aan te wijzen, of het moet zijn wat de kunstcriticus en tentoonstellingsmaker Tadeu Chiarelli *desidentidade* heeft genoemd: het deconstrueren van de clichés die traditiegetrouw zowel binnen het land als daarbuiten met Brazilië of de Braziliaanse identiteit worden verbonden.[2] Het conceptuele artistieke spel met geheugen en herinnering, de stad als spektakel dan wel overzichtelijke eenheid, het zelfportret en de Braziliaan als indiaan

of his exhibitions is a physical experience that intensely engages multiple senses at once. In this sense, even though he spend his childhood in Spain, he could be considered the more Brazilian of the two photographers.

In the shadow of these two are many others, who make up a rich artistic landscape but cannot all be mentioned in this context; a few names will have to suffice, such as the grand old lady of Brazilian photography, Claudia Andujar (b. 1931), who devoted almost her entire career to the Yanomami tribe in the Amazon. Mario Cravo Neto (b. 1947), whose semi-documentary style strongly emphasizes formal qualities, has created an interesting mix of anthropology and art. Another individual who should not be omitted is the French ethnologist and photographer Pierre Verger (1902-1996), who began documenting daily life and rituals in the black communities in and around Bahia in 1946, showing profound empathy and taking an approach that earned him great respect in Brazil, where he was awarded honorary citizenship. The filmmaker and photographer Thomaz Farkas is remembered as the pre-eminent photographer of Brasilia, as well as the founder of the photographic magazine *Fotóptica* and the eponymous gallery in the late 1970s. Today, he is the director of the Fundação Cinemateca Brasileira.

The history of Brazilian photography – which, I might add, is still largely unwritten – began as early as 1833, when the inventor Hercules Florence produced one of the world's first photographic images through a process involving negatives and positives. This Brazilian deserves recognition, along with his French and British contemporaries, as an international pioneer of photography.

Now, more than 175 years later, this medium plays a central and unquestioned role in visual art in Brazil and around the world. Brazilian photographers cannot be categorized into clear schools or movements, or in terms of shared themes, except perhaps for what the art critic and exhibition organizer Tadeu Chiarelli has called *desidentidade*: the deconstruction of the

vinden we terug bij uiteenlopende beeldend kunste-
naars als Lia Chaia, Sandra Cinto, Rubens Mano,
Rosângela Rennó, Caio Reisewitz, Paula Trope en
Márcia Xavier.

2. Tadeo Chiarelli, **Desidentidade. Arte Brasileira
contemporânea no acervo de museu de arte
de São Paulo**, Valencia/São Paulo (IVAM/MAM)
2007.

174

deep-rooted clichés about Brazil and Brazilian
identity that are influential both in the country and abroad.[2] Many visual artists play with
the concepts of memory and memories, the city
as spectacle and as coherent whole, the self-
portrait, and the Brazilian as an Indian. This
diverse group includes Lia Chaia, Sandra Cinto,
Rubens Mano, Rosângela Rennó, Caio Reisewitz, Paula Trope and Márcia Xavier.

2. Tadeo Chiarelli, **Desidentidade. Arte Brasileira
contemporânea no acervo de museu de arte
de São Paulo** (Valencia/São Paulo: IVAM/MAM,
2007).

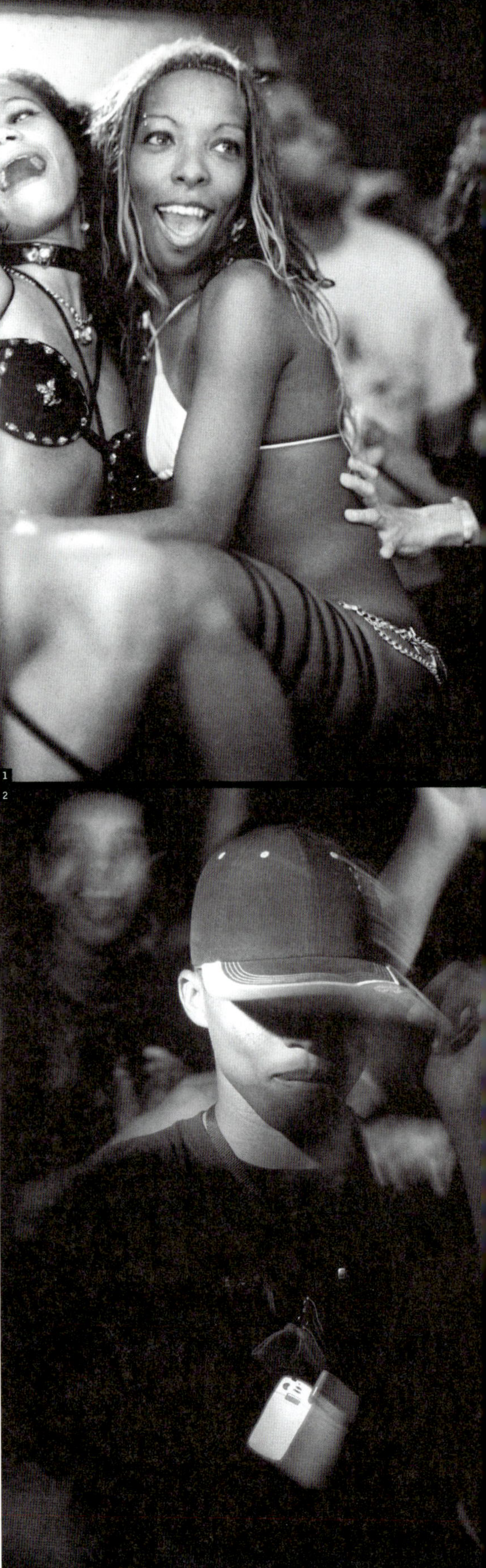

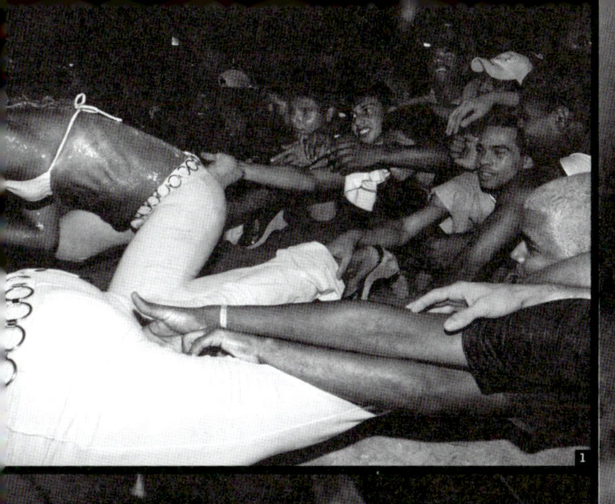

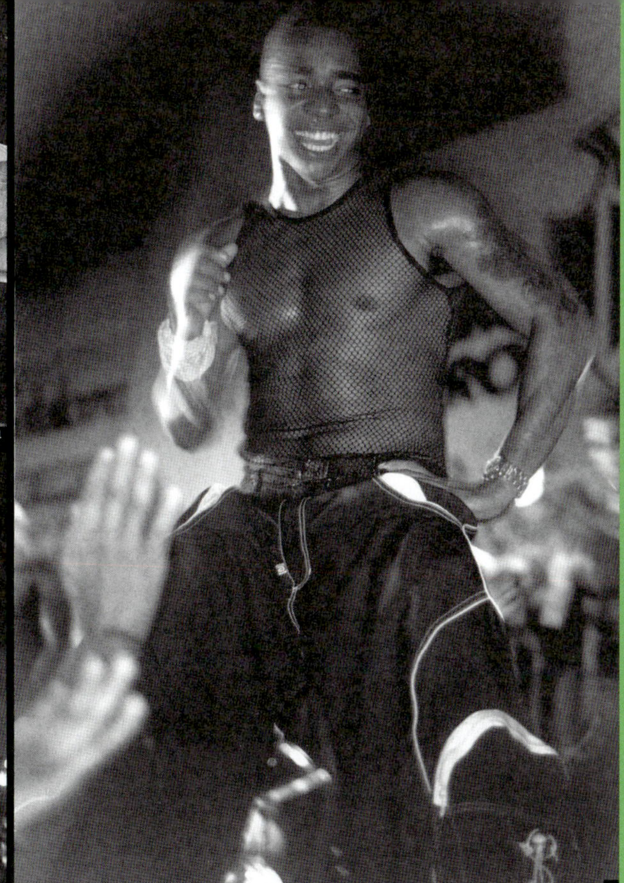

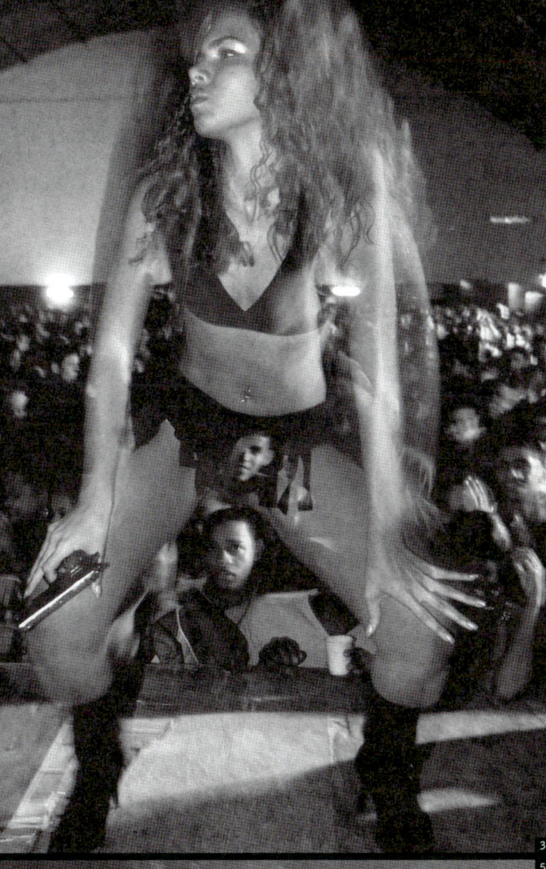

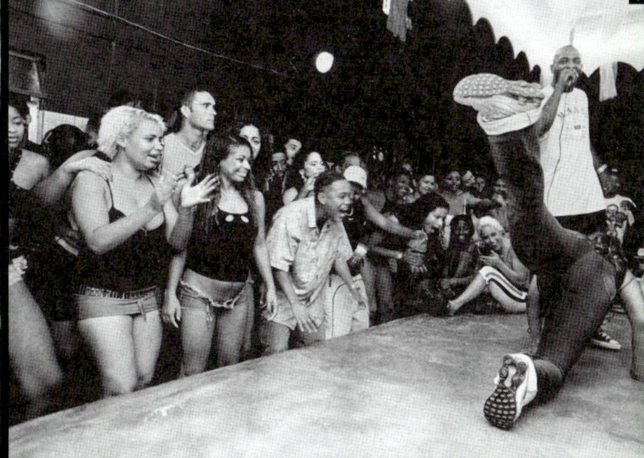

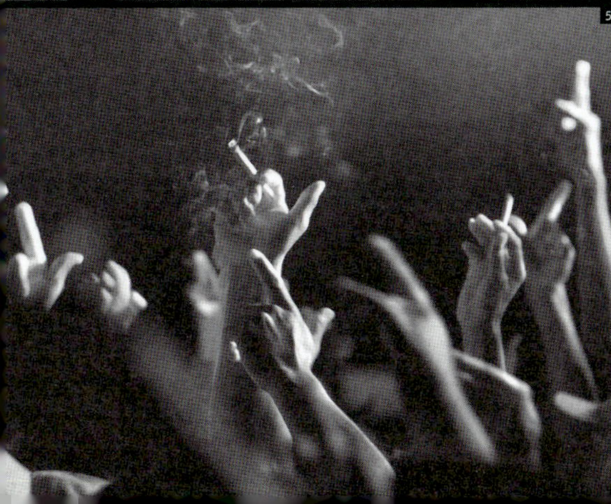

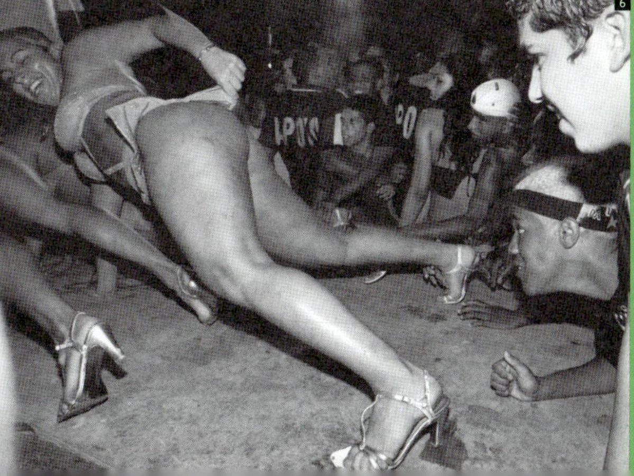

Daniela Dacorso Totoma Series, 1999–2009, 1. Dedada, 2. Tiger, 3. Toygun, 4. Tati and Catra at VM 2, 5. Take it! Take it! Take it!, 6. I'm falling in love

Met regelmaat worden in de favela's en achterstandswijken van Rio de Janeiro grote illegale feesten georganiseerd waar duizenden mensen op afkomen en waar de zogenaamde **baile funk** wordt gespeeld. Deze dansmuziek uit de favela's is een mix van Amerikaanse funk uit de jaren zeventig vermengd met Braziliaanse sambaritmes. Hedendaagse invloeden van rap en electro hebben de baile funk van vandaag tot een rauwe up-tempo dansmuziek omgevormd. Voor veel arme jongeren zijn de feesten de enige vorm van vertier en daarom is het niet vreemd dat zij zich identificeren met de muziek, die in haar heftigheid en intensiteit als vorm van protest en boosheid kan worden gevoeld. De songteksten gaan expliciet over geweld (met name in confrontaties met de politie), seks en drugs en vormen in de ogen van kritische buitenstaanders een directe afspiegeling van hetgeen zich tijdens de baile funk-feesten zelf afspeelt. Dat beeld – juist of niet – verklaart de afkeer van de baile funk onder veel Brazilianen van de midden- en hogere klassen en ook politici, die vrezen dat de muziek het drugsgebruik stimuleert en die haar het liefst zouden verbieden (wat overigens niet verhindert dat ook op 'nette' feesten en partijen enthousiast op de baile funk wordt geswingd en de muziek op cd wordt verhandeld). Toen gedeputeerde en mensenrechtenactivist Marcelo Freixo niet lang geleden voorstel-de om de baile funk te beschermen door hem als een vorm van Braziliaans cultureel erfgoed te zien, met als doel de muziek uit de criminele hoek te halen, kregen de kranten een grote stroom van ingezonden boze brieven te verwerken.*

Bij hoge uitzondering lukte het freelance fotograaf Daniela Dacorso om tijdens baile funk-feesten te fotograferen. Zij was geïnteresseerd in de feesten als sociaal fenomeen en met name in de lichaamstaal en erotiserende dansbewegingen van de meisjes en vrouwen. Voor veel funkdanseressen en andere feestgangers zijn lichaam en seksualiteit middelen om zichzelf sociaal gezien enige macht te geven en een gevoel van eigenwaarde te creëren. De bezoekers van de feesten waar Dacorso fotografeerde, werden van tevoren van haar aanwezigheid en activiteit op de hoogte gesteld. **Totoma** fotografeert zij al tien jaar baile funk.

* Hester Carvalho, 'Baile funk Brazilië beschermd', **NRC Handelsblad** 6 januari 2009, p. 9.

DANIELA DACORSO EN BAILE FUNK

FRITS GIERSTBERG

DANIELA DACORSO AND BAILE FUNK

The favelas and underprivileged neighbourhoods of Rio de Janeiro are often the scene of illegal parties that attract thousands of people. What they play there is baile funk, dance music from the favelas that mingles American funk from the 1970s with Brazilian samba rhythms. Contemporary rap and electro influences have made today's baile funk a raw, up-tempo dance genre.

For many young people in poor neighbourhoods, these parties are the only available form of entertainment, so it's not surprising that they identify with the music, whose ferocity and intensity can be experienced as a form of rage and protest. The lyrics make explicit reference to sex, drugs and violence (especially confrontations with the police), and in the eyes of critical outsiders, they directly reflect the goings-on at baile funk parties. That image – accurate or inaccurate – explains the dislike of the genre felt by many Brazilians in the middle and upper classes. Politicians fear that baile funk encourages drug use and would like to ban it altogether (though even guests at 'respectable' parties are often seen dancing enthusiastically to baile, and the music is commercially available on CD). When Marcelo Freixo, a state legislator and human rights activist, recently suggested making baile funk part of Brazil's protected cultural heritage, in order to sever its ties to criminal culture, newspapers were flooded with angry letters.*

Daniela Dacorso is one of the few who has managed to take photographs at baile funk parties. She became interested in the parties as a social phenomenon and, in particular, in the body language and eroticizing dance moves of the girls and women. For many funk dancers and other partygoers, their bodies and their sexuality are vehicles for socially empowering themselves and building a sense of self-respect. When Dacorso plans to take photographs, she informs partygoers in advance. Under the name of **Totoma**, she has been photographing baile funk for ten years.

* Hester Carvalho, 'Baile funk Brazilië beschermd', **NRC Handelsblad** 6 January 2009, 9.

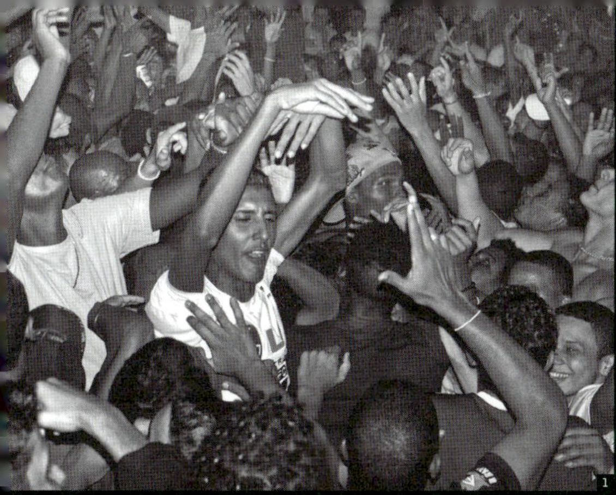

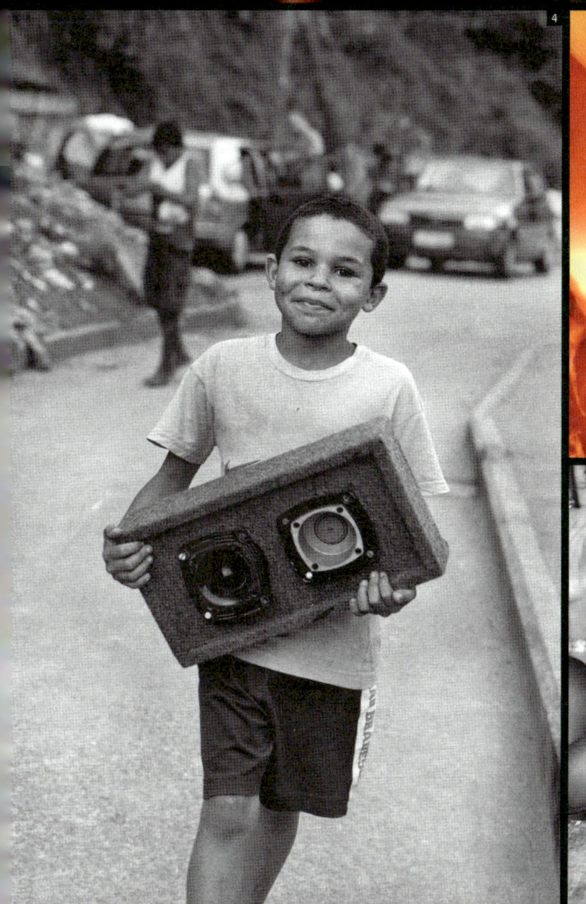

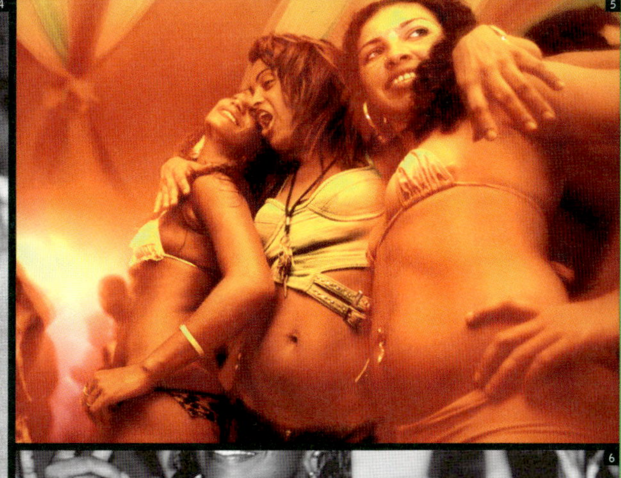

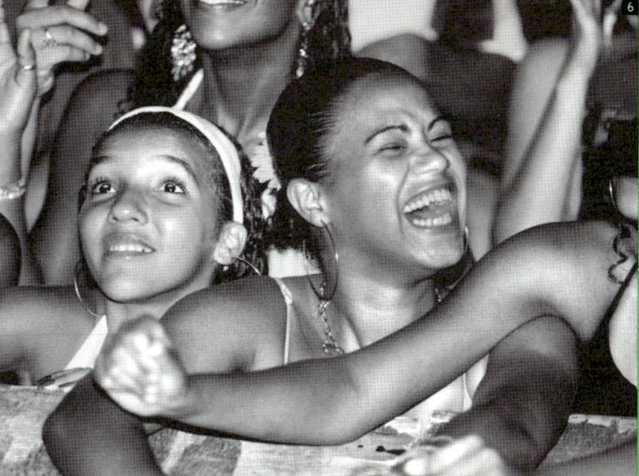

Daniela Dacorso Totoma Series, 1999-2009, **1.** Won´t fall from the sky, **2.** Go young girl!, **3.** Take off your shirt!
4. Bresson´s boy at Morro do Boréu, **5.** VM girls 1, **6.** Fascination

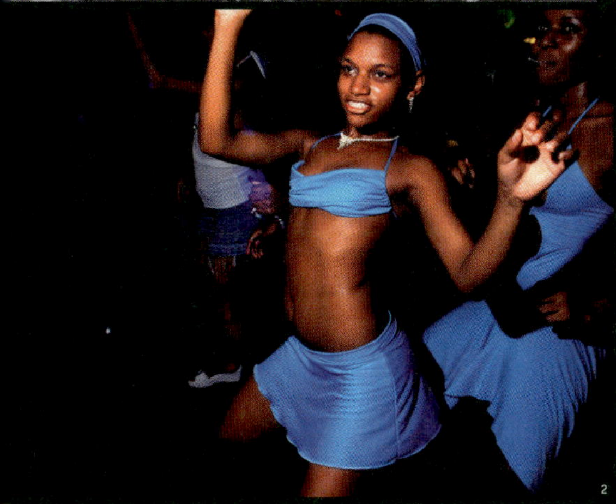

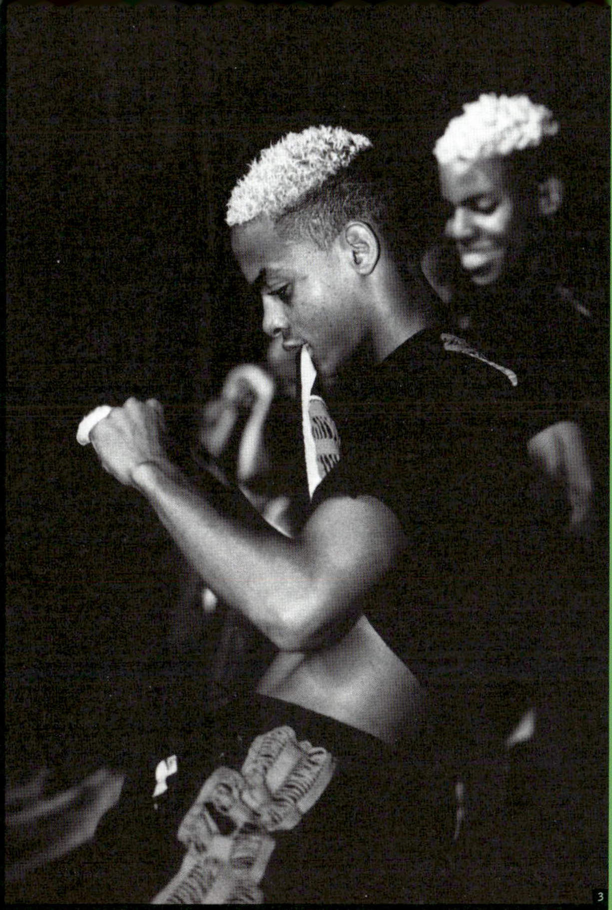

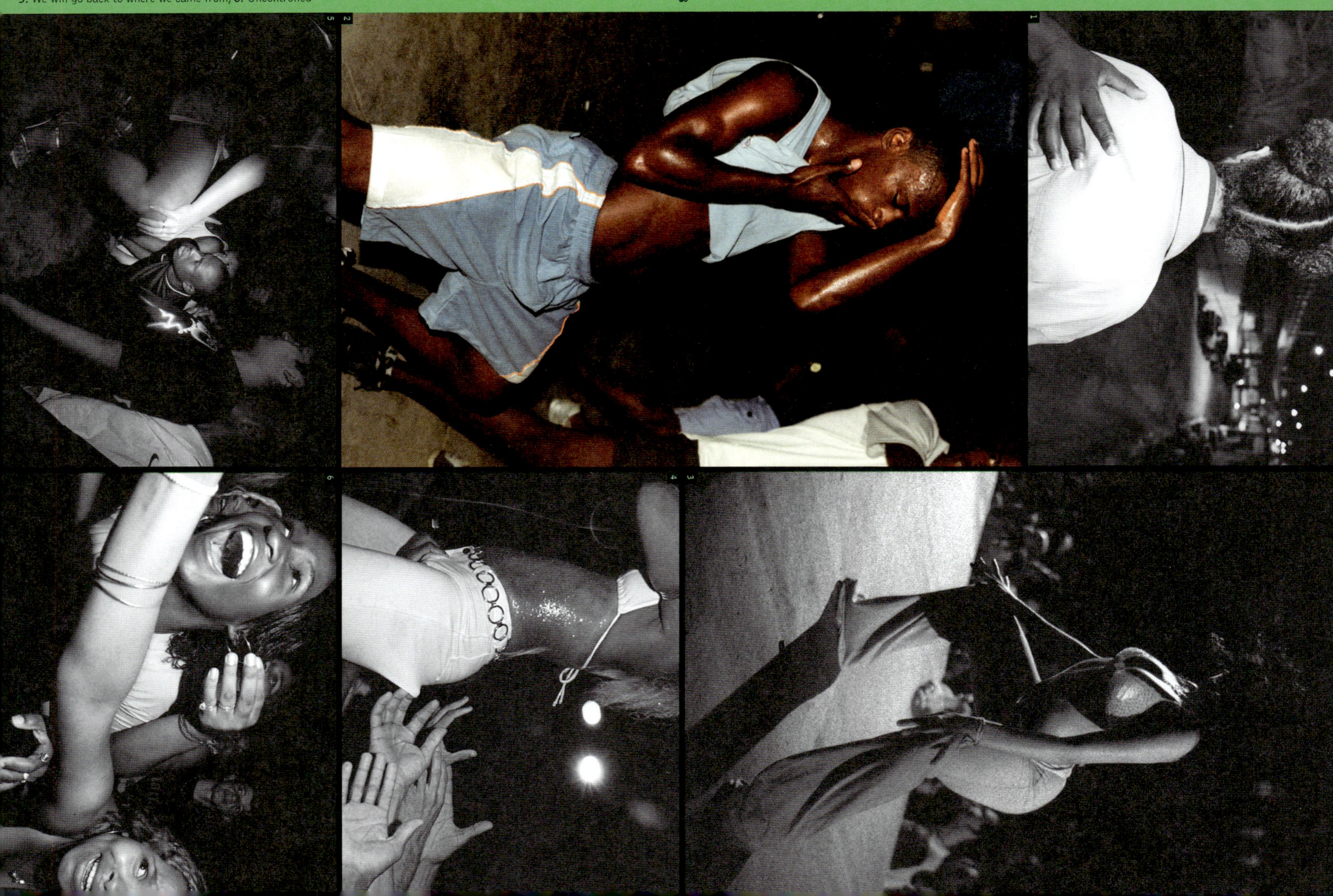

Daniela Dacorso Totoma Series, 1999-2009, 1. Gorila and Preto, 2. Sweat, 3. Danadinha, 4. One thousand hands monster, 5. We will go back to where we came from, 6. Uncontrolled

De nieuwste generatie fotografen en fotografe-
rende beeldend kunstenaars werken in een ander
artistiek klimaat dan dat van hun voorgangers. De
belangstelling voor Braziliaanse fotografie en kunst
is groeiende en de infrastructuur is verbeterd met
internationaal opererende galeries als fotogalerie
Tempo en galerie Largo das Artes in Rio de Janeiro
en de galeries Vermelho en Casa Triângulo in São
Paulo. Volwaardige opleidingen tot fotograaf zijn
er echter nog niet. Het privé-initiatief Atelier da
Imagem in Rio, van fotograaf Patricia Gouvêa, vult
enigszins de lacune door op professioneel niveau
cursussen, workshops en masterclasses aan te bieden en te fungeren als platform en expositieruimte.
Antropoloog en fotograaf Milton Guran organiseert
iedere twee jaar een groot internationaal fotofestival
onder de naam FotoRio, met zo'n tachtig tentoon-
stellingsplekken verspreid over de hele stad.

Een paar zaken vallen op aan het 'andere foto-
klimaat' in beide steden: jonge fotografen maken
gretig gebruik van alle beschikbare digitale media.
Zij fotograferen digitaal en hanteren de digitale
videocamera met hetzelfde gemak en frequentie.

FOTOGRAFIE: NIEUWE MENTALITEITEN

PHOTOGRAPHY: NEW MENTALITIES

The new generation of photographers and visual artists who work with photography operate in a different artistic climate than did its
predecessors. There is growing interest in
Brazilian art and photography, and the infrastructure has improved, with internationally
recognized galleries such as Largo das Artes
and the photo gallery Tempo in Rio de Janeiro,
and Vermelho and Casa Triângulo in São Paulo.
As yet, however, there are no fully-fledged educational programmes in the discipline of photography. Atelier da Imagem, a private initiative in Rio headed by the photographer Patricia
Gouvêa, fills this gap to some extent, offering
courses, workshops, and master classes at a
professional level and functioning as a meeting
place and exhibition space. The anthropologist
and photographer Milton Guran coordinates
a major international photography biennial
called FotoRio, with about 80 exhibition sites
throughout the city.

The alternative photographic climate in
the two major cities has a few other notewor-

Websites van fotografen (en niet alleen van hen) zijn state of the art, fraai vormgegeven, uiterst functioneel en bevatten vaak een schat aan informatie. Flickr, YouTube, Facebook en het gebruik van blogs zijn voor deze generatie fotografen vanzelfsprekende communicatiemiddelen. Veel van hun fotowerk is op dergelijke media te vinden.

Het vormen van een collectief van fotografen lijkt hier vaker voor te komen dan elders. Cia de Foto, Garapa ('onafhankelijke multimediale fotojournalistiek') en Rolê zijn slechts enkele namen waaronder groepjes fotografen werkzaam zijn vanuit de gedachte samen sterk te staan. De claim op auteurschap, elders veelal als een fundament van de artistieke praktijk gezien, schuift daarbij opmerkelijk vaak naar het tweede plan: men 'signeert' slechts als collectief. Tijdens de derde editie van het jaarlijkse Laberinto de Miradas in december 2008 in São Paulo, kwam onder de noemer 'Coletivo de Coletivos' een aantal van dergelijke collectieven uit Brazilië en andere Latijns-Amerikaanse landen bijeen. Het fenomeen is nieuw noch typisch Braziliaans, maar lijkt toch voor een belangrijk deel te maken te hebben met een situatie waar jonge Braziliaanse fotografen zich in de huidige tijd mee geconfronteerd weten: globalisering van de markt voor fotografie, oververzadiging van beeld in de maatschappij, de noodzaak om politiek en ideologisch de krachten te bundelen. Dat laatste kan soms ook heel letterlijk nodig zijn: de groep Rolê bestaat uit zo'n veertien jonge fotografen die gezamenlijk het nachtelijke São Paulo intrekken om de stad te fotograferen. Overdag is de stad overvol met mensen en verkeer; 's nachts is het er simpelweg te gevaarlijk om er alleen of zelfs met z'n tweeën of drieën te werken. De resultaten van hun nachtelijke fototochten, waarbij de groep in sommige gevallen kan aangroeien tot zelfs enkele tientallen fotografen, worden gepresenteerd in nachtelijke fotoprojecties met muziek, tijdens festivals of andere evenementen. Enerzijds gaat het hen om een alternatieve representatie van de megapolis, anderzijds om een expliciet protest tegen de onveiligheid ervan die maakt dat het 's nachts voor haar bewoners een no-go area is.

De drie fotografen van CIA de Foto voeren eveneens impliciete kritiek in hun werk, maar hier

Frits Gierstberg – Beeldcultuur in Brazilië / **Visual Culture in Brazil**

thy features. For one thing, young photographers make eager use of all the digital media at their disposal. They take digital photographs and use digital video cameras frequently and without reservations. Photographers' websites (like those of many other Brazilians) tend to be state-of-the-art, beautifully designed, highly user-friendly, and often packed with information. Flickr, YouTube, Facebook and the blogosphere are taken for granted as means of communication. Much of the work of contemporary photographers can be found in media like these.

Brazilian photographers seem more inclined to form collectives than their counterparts elsewhere in the world. Cia de Foto, Garapa ('independent multimedia photojournalism'), and Rolê are just a few of the groups that photographers have formed in the hope that unity will bring strength. The primacy of the individual creator, usually taken to be a fundamental part of artistic practice, is instead relegated to the background; works are 'signed' solely by the collective. During the third edition of the annual Laberinto de Miradas in São Paulo in December 2008, a number of collectives of this type from Brazil and other Latin American countries met at an event called the Coletivo de Coletivos.

The phenomenon is neither new nor uniquely Brazilian, but does seem closely tied to the situation now confronting many young Brazilian photographers: the globalization of the market for photography, the oversaturation of our society with images, and the need to join political and ideological forces. Joining forces can also be a very literal necessity; the group Rolê consists of about 14 young photographers who wander São Paulo late at night taking pictures. In the daytime, the city buzzes with people and traffic; at night, it is simply too dangerous to be out on one's own, or even in groups of two or three. The results of these nocturnal photo expeditions, in groups that sometimes expand to include several dozen photographers, are presented at late-night slideshows

moeten bepaalde fotojournalistieke tradities het ontgelden. Met nadruk vermijden zij de clichébeelden en dito onderwerpen die in de Braziliaanse fotografie al te vaak naar voren komen: geweld, ellende, armoede. Hun *Shoebox*-project (de titel verwijst naar de ouderwetse schoenendoos met kiekjes) is een collectief familieportret waarin het dagelijks leven van drie gezinnen als één geheel wordt gepresenteerd in de vorm van een 'slide show' met afwisselend foto's en videobeelden, ondersteund door muziek. Andere collectief gemaakte series gaan over de burgemeestersverkiezingen in São Paulo (*photo opportunities* vanuit drie standpunten op één moment gefotografeerd) en het licht op de trottoirs van de Paulista, de hoofdstraat van São Paulo, dat op bepaalde delen van de dag alleen het weerkaatste zonlicht is dat via de hoge gebouwen op de voetgangers valt. Zie www.garapa.org, www.role.art.br en www.ciadefoto.com.br.

with musical accompaniment, at festivals or during other events. Their aim is in part to put forward an alternative representation of the megalopolis, and in part to explicitly protest the unsafe conditions that make the nocturnal city a no-go area.

The three photographers who make up CIA de Foto also take a critical stance, in their case a more implicit one. Their targets are certain traditions of photojournalism. They emphatically avoid the clichéd images and topics that recur all too often in Brazilian photography: violence, misery and poverty. Their project *Shoebox*, whose title refers to an old-fashioned shoebox diorama, is a collective family portrait in which the daily lives of three families are presented as one integrated slideshow, with photos and video clips accompanied by music. The subjects of their other collectively produced series include the mayoral elections in São Paulo (with photos from three angles all taken at once) and the light on the pavement of Avenida Paulista, São Paulo's main thoroughfare, which at certain times of day consists entirely of sunlight reflected from the tall buildings onto the passers-by. See www.garapa.org, www.role.art.br and www.ciadefoto.com.br.

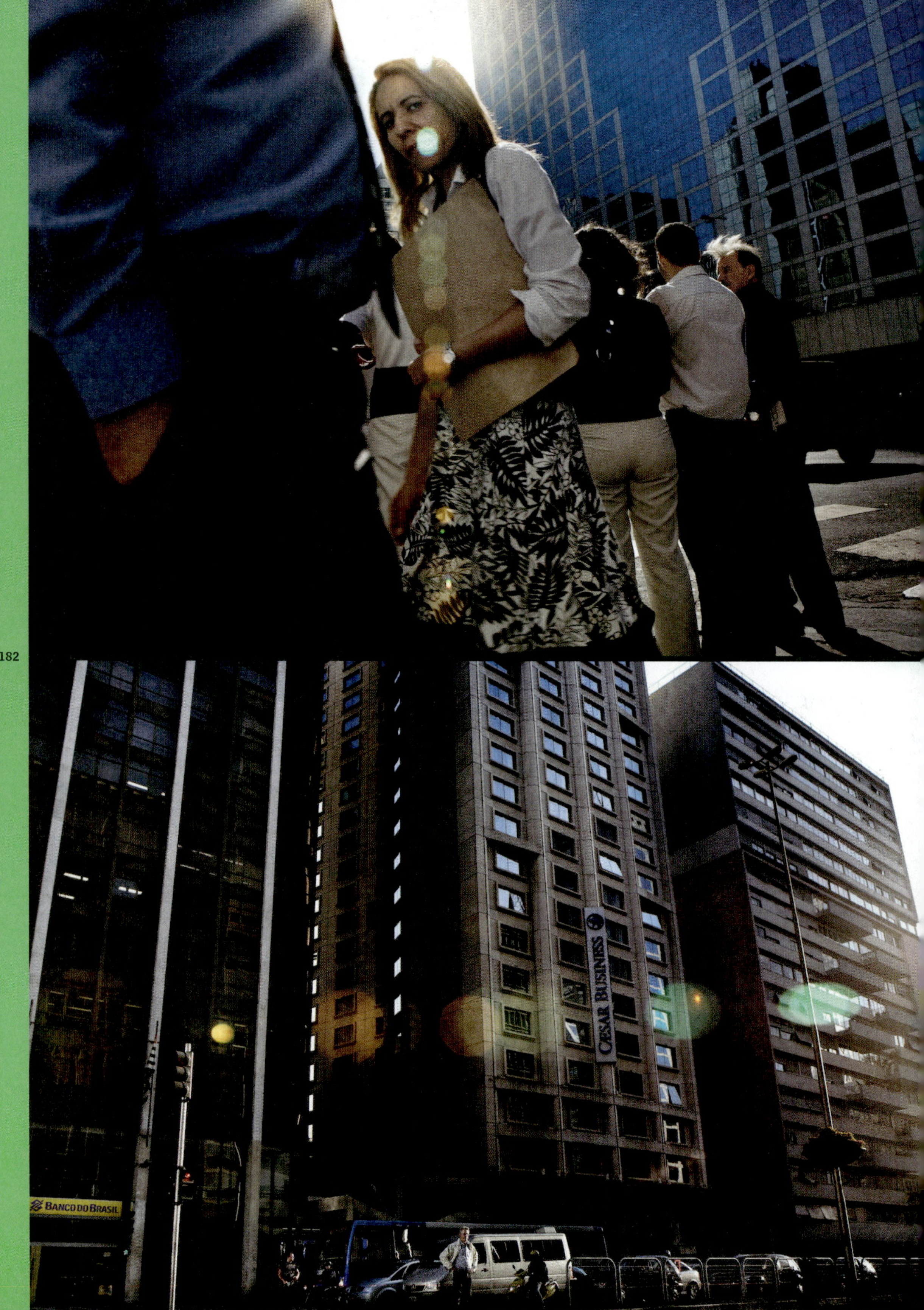
CÆSAR BUSINESS
BANCO DO BRASIL

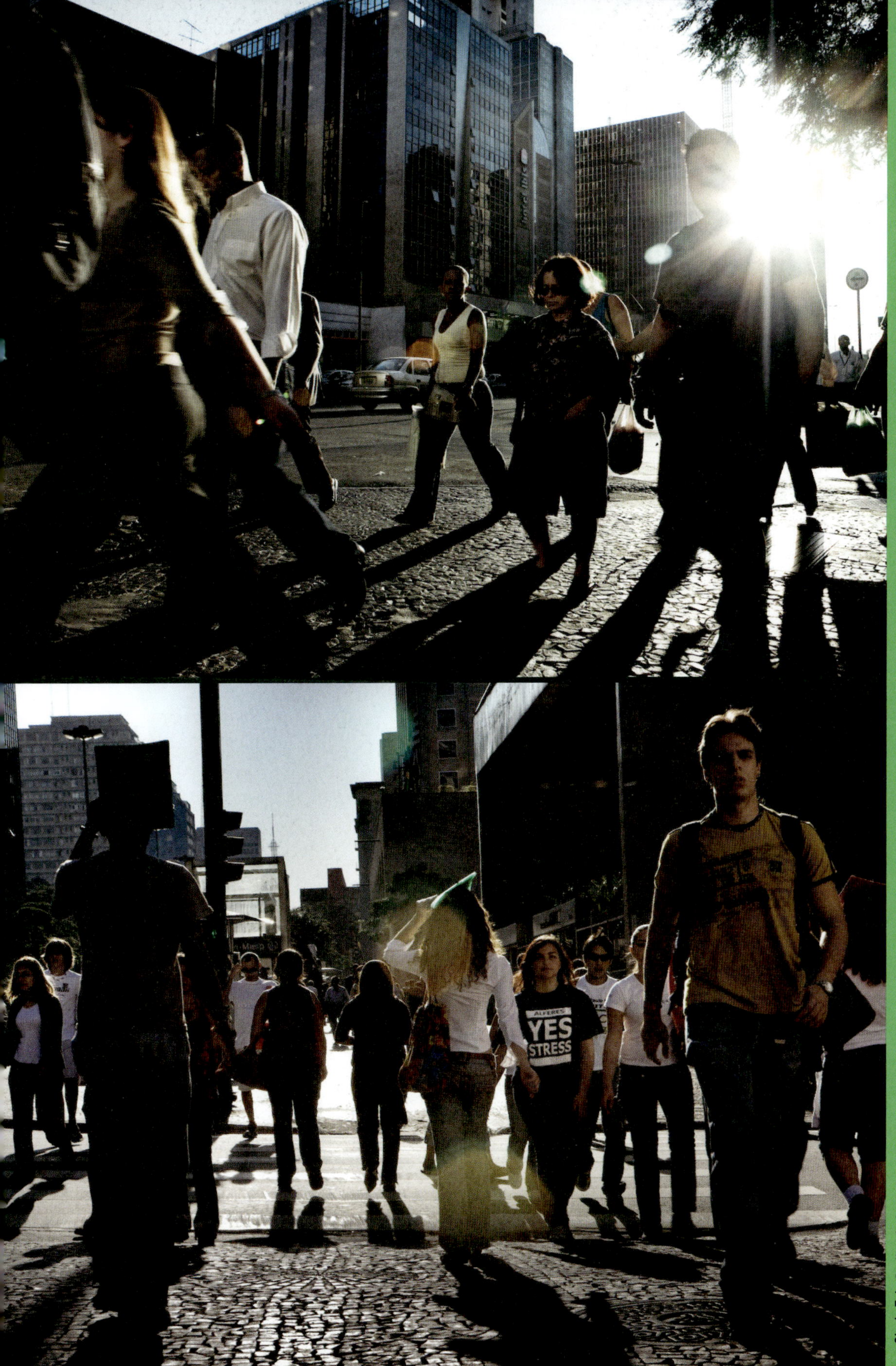

YES
STRESS

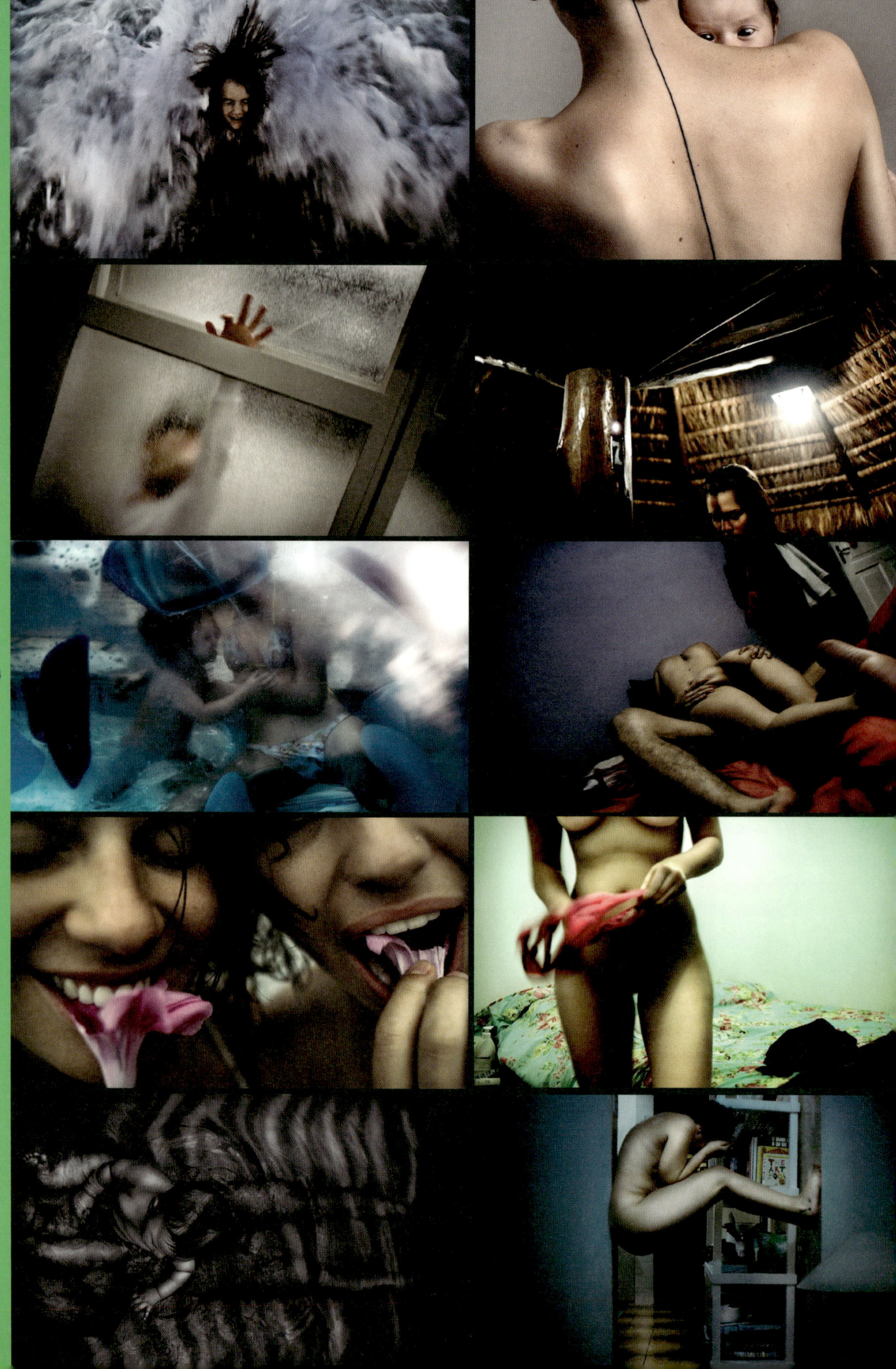

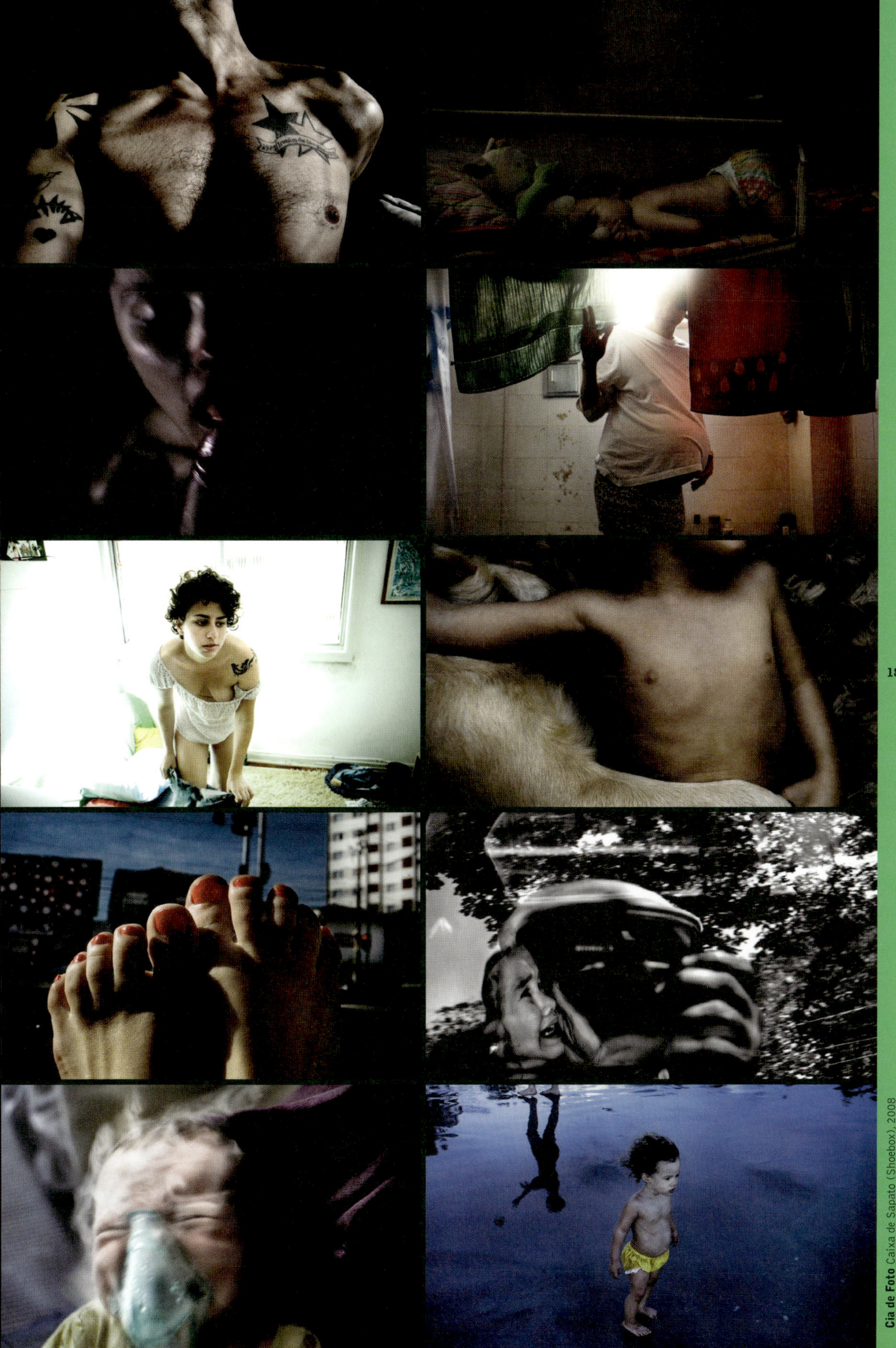

Cia de Foto Caixa de Sapato (Shoebox), 2008

Brazilië was het eerste Latijns-Amerikaanse land met een fotografisch geïllustreerd tijdschrift (*O Cruzeiro*, sinds 1928) en het eerste met een televisiezender: Tupi. TV Tupi werd in 1950 opgericht door de invloedrijke Braziliaanse journalist, advocaat, multimiljonair, mediamagnaat en kunstmecenas (hij richtte bijvoorbeeld ook het Museu de Arte de São Paulo MASP op) Assis Chateaubriand (1892–1968). Er zijn thans talloze zenders, waaronder twee zeer grote netwerken: TV Globo en SBT (waar eigenaar en loterijmagnaat Silvio Santos zijn eigen show heeft). Rede Globo omvat televisiezenders, radiostations, een nationaal dagblad, diverse uitgeverijen (boeken, muziek), publiciteitsbedrijven en filmstudio's. Globe wordt dagelijks bekeken door zo'n honderdtwintig miljoen mensen, hetgeen een indicatie is van de potentiële politieke macht die deze netwerken hebben. Beide hebben in het verleden soms dubieuze rollen gespeeld tijdens verkiezingen. Enkele jaren geleden werd een nieuwe wet aangenomen die voorschrijft dat – naar Amerikaans model – presidentskandidaten altijd precies evenveel *exposure* op televisie krijgen.

TELEVISIE, TELENOVELAS

Frits Gierstberg – Beeldcultuur in Brazilië / **Visual Culture in Brazil**

TELEVISION & TELENOVELAS

Brazil was the first Latin American country with a photographically illustrated magazine (*O Cruzeiro*, founded in 1928) and the first to have its own television channel, Tupi. TV Tupi was established in 1950 by Assis Chateaubriand (1892-1968), the influential Brazilian journalist, lawyer, multimillionaire, media mogul and patron of the arts (for instance, he founded the Museu de Arte de São Paulo, MASP). There are now countless channels, including two very large networks: TV Globo and SBT (whose owner, the lottery magnate Silvio Santos, has his own programme). TV Globo is part of a media conglomerate that includes other television channels, radio stations, a national newspaper, publishing houses, music companies, publicity firms and film studios. Globo has some 120 million viewers a day, an indication of the potential political clout of such networks. Both have sometimes played dubious roles in elections. A new law adopted a few years ago, modelled after American legislation, requires scrupulously equal television coverage of all presidential candidates.

Tupi was een van de pioniers op het gebied van televisiedrama, zodat Brazilië naast Mexico en Cuba tot de bakermat van de soap moet worden gerekend. Braziliaanse soaps oftewel *telenovelas*, die naar talloze landen over de hele wereld worden geëxporteerd, zijn vaak de duurste televisieproducties van Latijns-Amerika en staan bekend om hun realistische karakter. Ze vormen in de regel een goede afspiegeling van de Braziliaanse middenklasse en hoewel de zwarte Braziliaan er nauwelijks in voorkomt – een goede indicatie dat de multiculturele samenleving in het land probleemloos zou zijn een mythe is–, komen er toch actuele sociale problemen aan de orde, zoals gemengde huwelijken. *Telenovelas* duren meestal tot acht maanden, met uitzondering van *Malhação*, die sinds 1995 wordt uitgezonden. Lopende titels (maart 2009) bij Globo zijn *Três Irmãs, Negócio da China, Mulheres Apaixonadas, A Favorita* en *Caminho das Índias*, waarbij de laatstgenoemde een teken is van de huidige populariteit onder vele Brazilianen van India en de Indiase cultuur. Globo onderhoudt voor elke *telenovela* een uitgebreide website met informatie over de karakters en het verhaal, vele scènes die nog eens bekeken kunnen worden, mogelijkheden om voor of tegen te stemmen op een bepaald verloop van het verhaal, lid te worden van de fanclub en zelfs om bepaalde producten uit de serie aan te schaffen, zoals een echte *Três Irmãs*-handtas (zie bijvoorbeeld http://tresirmas.globo.com/).

De Braziliaanse *telenovelas* vallen op door het vakkundige acteerwerk en de geraffineerde camera-voering en montage. Zoals in iedere soap draait het niet zozeer om het verhaal als wel om de emotionele relaties tussen personen, waarbij naast de tekst van de acteurs hun gezichtsuitdrukkingen, lichaamstaal en blikken over en weer essentiële rollen spelen voor de opbouw van spanning. De precisie en de timing waarmee deze in de *telenovelas* in beeld worden gebracht, zijn opmerkelijk en verraden de lange ervaring die men op dit gebied heeft.

Tupi was one of the pioneers of television drama, and Brazil, like Mexico and Cuba, deserves recognition as a cradle of the soap opera. Brazilian soaps, or *telenovelas*, which are exported to countless countries all over the world, are often among the most expensive television productions in Latin America and are known for their realistic character. As a rule, they form a reasonable reflection of the Brazilian middle class, and although black Brazilians hardly ever appear (a strong indication that the country's multiculturalism is not as trouble-free as it is made out to be), the storylines do touch on genuine social problems, such as mixed marriages.

Telenovelas usually run for up to eight months, with the exception of *Malhação*, which has been on the air since 1995. Globo's current shows in March 2009 were *Três Irmãs, Negócio da China, Mulheres Apaixonadas, A Favorita* and *Caminho das Índias*, the last of which is indicative of the present-day popularity of India and its culture among many Brazilians. For every *telenovela*, Globo maintains a detailed website with information about the characters and story, a large number of scenes available for viewing, the option of voting for or against particular plot twists, opportunities to join fan clubs, and online shops for series tie-ins, such as an authentic *Três Irmãs* handbag (see http://tresirmas.globo.com/).

The Brazilian *telenovelas* are noteworthy for their professional acting and their polished camera work and editing. As in every soap opera, the point is not so much the story as the emotional relationships between individuals, and it is not only the lines, but also the facial expressions, the body language and the looks exchanged by the characters that make a critical contribution to the dramatic tension. These features of *telenovelas* are handled with remarkable precision and timing, which attest to the long experience of their creators.

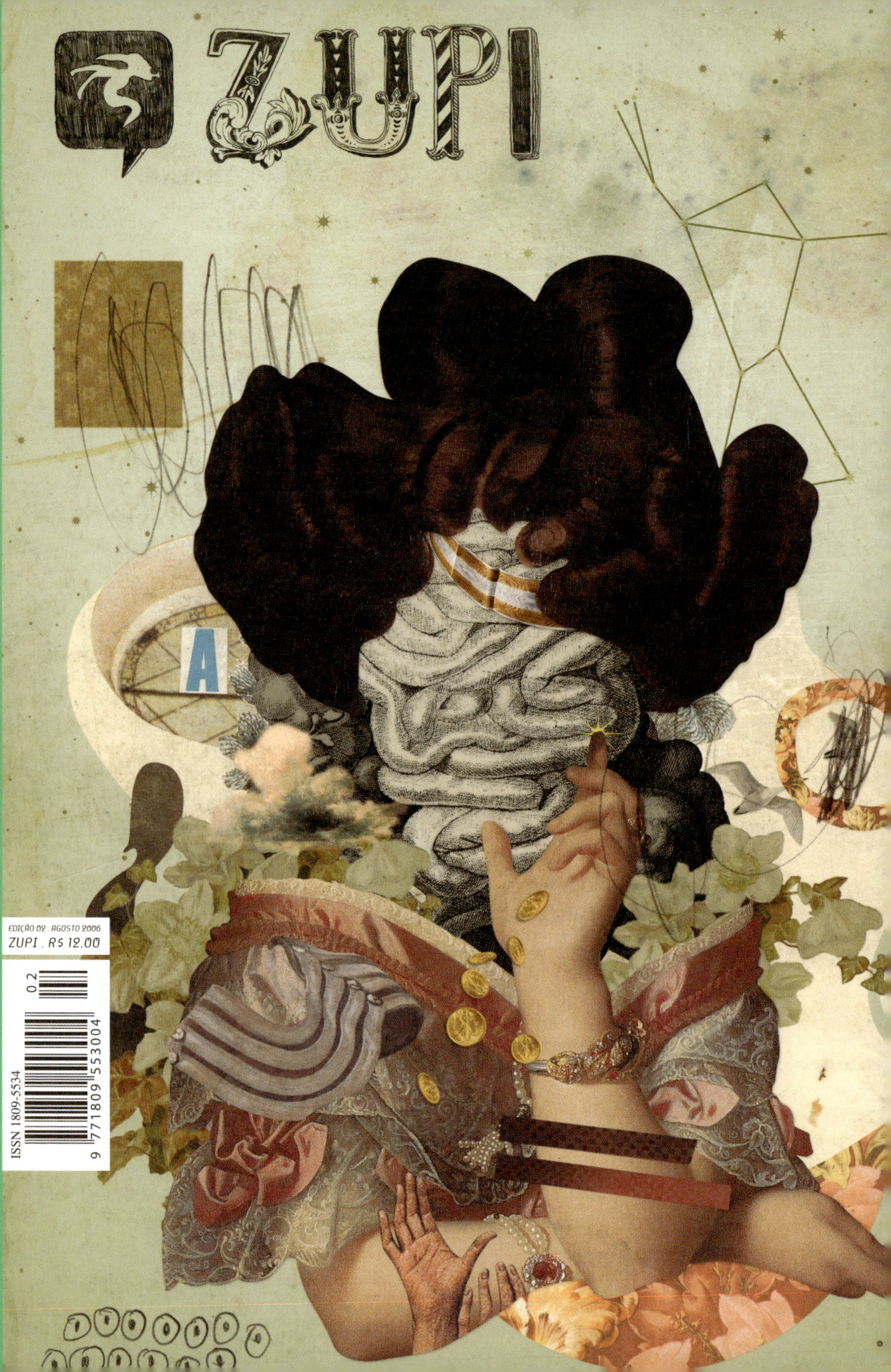

ZUPI

188

EDIÇÃO 02 . AGOSTO 2006
ZUPI . R$ 12,00

ISSN 1809-5534

0 2

9 771809 553004

De talloze **banca**'s of krantenkiosken in de straten van Rio en São Paulo hebben een bijna onafzienbare keuze aan geïllustreerde tijdschriften. Met zo'n groot taalgebied is het niet verbazingwekkend dat alles in het Portugees is (ook de gehele wereldliteratuur staat in het Portugees in de boekwinkels). Enkele glossy's vallen op door hun modieuze uitstraling: **MAG**, **KEY** en **s/n**. Deze bevatten een wisselende mix van mode, fotografie, beeldende kunst en **lifestyle**.

Een stuk radicaler daarentegen oogt het veel kleinere **Zupi**, dat een op het eerste gezicht onnavolgbare mengeling brengt van grafisch ontwerp, typografie, beeldende kunst, fotografie, graffiti, illustratie, design, cartoons, mode, internet en tatoeagekunst. Behalve het werk van bekende Braziliaanse graffiteurs en illustratoren als Os Gêmeos, Felipe Martins en Onesto (over wiens werk **Zupi** ook een boek uitbracht), worden ook portfolio's van fotografen als André Cypriano en Mario Fontes opgenomen. Naast een overvloed aan beeld bevat iedere aflevering van **Zupi** informatie over de getoonde kunstenaars, ontwerpers en designbureaus. Besprekingen van de meest interessante websites worden afgewisseld met korte boekrecensies. De jonge ontwerper Allan Szacher richtte in 2001 Zupi Studio op en het gelijknamige kwartaalblad in 2003. Zijn doel was om ontwerpers wereldwijd en met name in Brazilië informatie te geven over het werk van andere ontwerpers en hen met elkaar te verbinden in een internationaal netwerk van creatieven. In een paar jaar tijd groeide de fysieke oplage van 3000 naar 15.000 terwijl de e-mailings inmiddels boven de 80.000 adressen per keer liggen. **Zupi** organiseert met regelmaat conferenties over grafisch ontwerpen onder de titel 'Pixelshow' of 'Voxo' en soms ook tentoonstellingen, zoals over in 2008 over Toy Art. Zie www.zupi.com.br

ZUPI

ZUPI

The innumerable **bancas** (newspaper stands) in the streets of Rio and São Paulo vend an almost inexhaustible wealth of illustrated magazines. Given the size of the Lusophone world, it is not surprising that everything is in Portuguese. (Bookstores also offer the whole sweep of world literature in translation.) Some glossy magazines, such as **MAG**, **KEY** and **s/n**, have a sleek, attractive appearance and divide their attention among fashion, photography, visual art and lifestyle.

But there are also options with a more radical look, such the much smaller **Zupi**, which offers a seemingly inimitable medley of graphic design, typography, visual art, photography, graffiti, illustration, design, cartoons, fashion, the Internet and tattoo art. Besides the work of well-known Brazilian graffiti artists and illustrators such as Os Gêmeos, Fellipe Martins and Onesto (who was the subject of a book published by **Zupi**), the magazine also presents portfolios of photographers like André Cypriano and Mario Fontes. In addition to this cornucopia of images, every issue of **Zupi** provides background on the featured artists, designers and design agencies. Discussions of hot websites rub shoulders with brief book reviews.

The young designer Allan Szacher founded Zupi Studio in 2001 and the quarterly magazine in 2003. His goal is to inform designers worldwide, and especially in Brazil, about the work of other designers, and to integrate them into an international network of creatives. In just a few years' time, print circulation has grown from 3,000 to 15,000, while the electronic edition goes to more than 80,000 addresses. **Zupi** regularly organizes conferences on graphic design with names like Pixelshow and Voxo, as well as occasional exhibitions, including one on Toy Art in 2008. See www.zupi.com.br

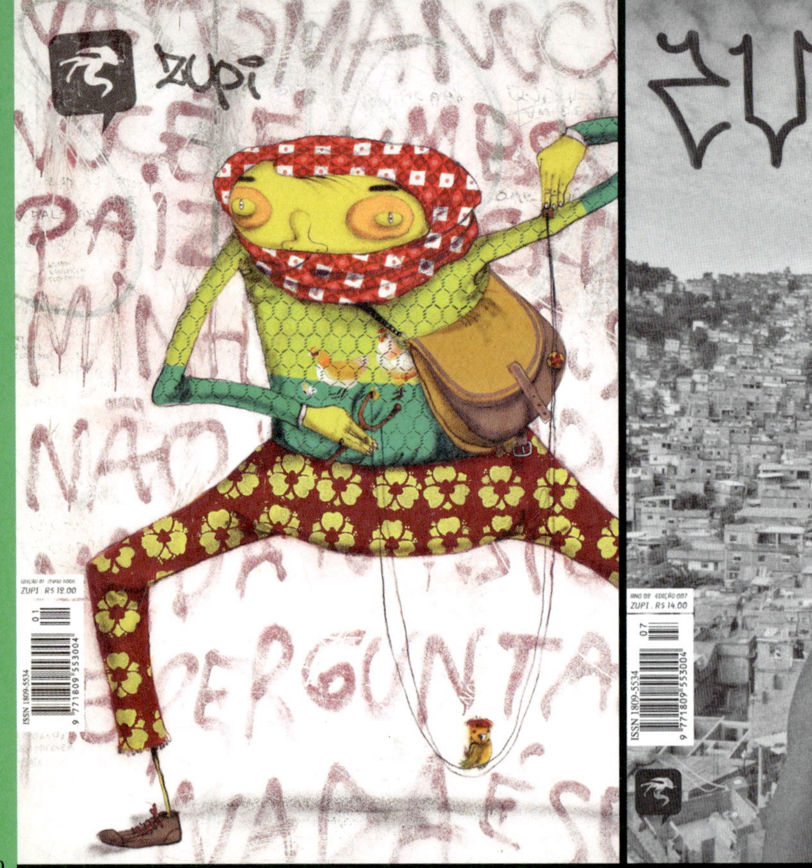

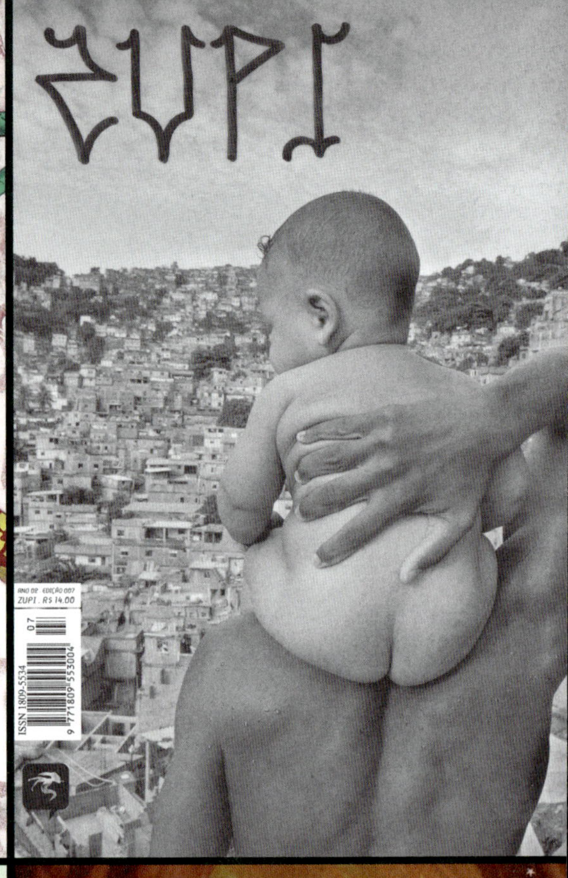

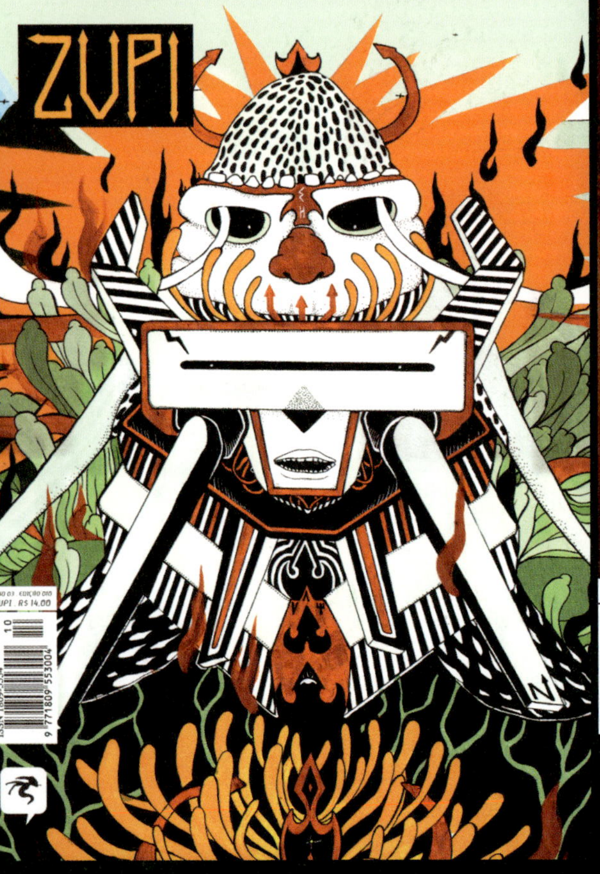

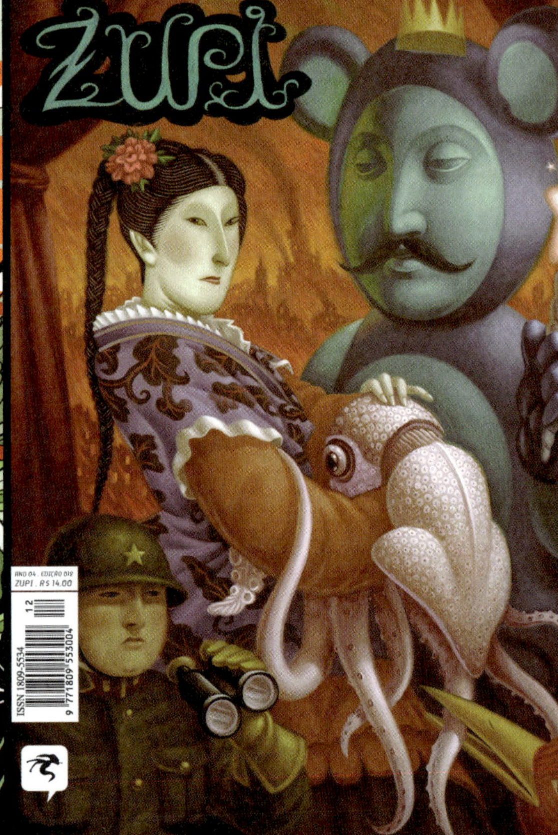

GRAFISCH ONTWERPEN

Het grafisch ontwerpen in Brazilië staat internationaal op zeer hoog niveau. Het land heeft op dit gebied een traditie die minstens teruggaat tot de jaren vijftig van de twintigste eeuw, toen Brazilië werd omgevormd van een landbouweconomie tot een industriële mogendheid.[3] Door de grote behoefte aan drukwerk en de komst van vele opdrachtgevers binnen het bedrijfsleven konden de grafische industrie en het grafisch ontwerp gaan bloeien. De jonggestorven Ruben Martins (1929–1968) was in die jaren een van pioniers op grafisch gebied en medeoprichter van de eerste grafisch ontwerpstudio van Brazilië, Forminform. Als ontwerper maakte hij vele logo's voor overheidsinstellingen en staatsbedrijven, die vandaag de dag nog worden gehanteerd. De inauguratie van de gloednieuwe stad Brasilia in 1960 – een project van de architecten Lúcio Costa en Oscar Niemeyer – markeerde het begin van een creatieve boom op allerlei gebieden. Brazilië leek voor de rest van de wereld even het land van de toekomst en het stond in het middelpunt van een wereldwijde belangstelling voor zijn beeldende en grafische kunsten, architectuur, film en muziek.

GRAPHIC DESIGN

Graphic design in Brazil has a strong international reputation. The country's tradition in this field goes back at least as far as the 1950s, when Brazil was transformed from an agricultural economy into an industrial power. The high demand for printed matter in the country's rapidly expanding business sector created the conditions for a flourishing graphic design and printing industry.[3]

Before his untimely death, Ruben Martins (1929–1968) was a graphics trailblazer and one of the founders of Brazil's first graphic design studio, *Forminform*. His design work included many logos for government bodies and state-owned enterprises that are still in use today. In 1960, the birth of the all-new city of Brasilia, designed by the architects Lúcio Costa and Oscar Niemeyer, marked the beginning of a creative boom in many fields. For a moment, Brazil looked to the rest of the world like the country of the future, at the focal point of global interest in its visual and graphic arts, architecture, film, and music.

Naast de oprichting van de Escola Superior de Desenho Industrial (ESDI) in 1963 werden vanaf dat jaar ook aan de faculteit voor Architectuur en Stedenbouw van de universiteit van São Paulo de eerste ontwerpcursussen gegeven. Grafisch ontwerper Alexandre Wollner (1928) speelde in deze periode een voortrekkersrol – hij had in Duitsland gestudeerd en werkte in Brazilië samen met Josef Albers. Bauhausinvloeden zijn in het grafisch ontwerpen in Brazilië zeker aanwezig, maar ze zijn vermengd met inheemse tradities die minstens zo belangrijk zijn.[4] Wollner heeft ook door zijn docentschappen en vele lezingen invloed gehad op de jongere generatie grafisch ontwerpers in zijn land.

De komst van de militaire dictatuur in 1964 zette stevig de rem op de artistieke ontwikkelingen. Pas in de loop van de jaren tachtig, toen de politieke situatie geleidelijk veranderde, kreeg Brazilië weer zijn zelfvertrouwen en elan terug, ook op het gebied van het grafisch ontwerpen. Ontwerper Oswaldo Miranda startte in 1983 het invloedrijke grafische tijdschrift *Gráfica*. In 1989 werd het Associação dos Designers Gráficos ADG opgericht, dat sinds halverwege de jaren negentig in São Paulo een grote internationale biënnale voor grafisch ontwerp organiseert.

Het hedendaags grafisch ontwerp in Brazilië is stilistisch en programmatisch zeer divers en laat zich niet onder één noemer vangen. Slechts met enige voorzichtigheid kan men stellen dat het opvalt doordat het onconventioneel is en kleurrijk, met soms een bonte mix van klassieke typografie en hedendaagse fotografie, fotomontage en illustratie. Braziliaanse bedrijfs- en overheidslogo's worden gekenmerkt door hun simpele maar krachtige grafische vorm in combinatie met een spaarzaam, maar helder gebruik van kleur.

3. Voor een interessante kritiek op al te eenvoudige interpretaties van de relatie tussen het modernisme in Brazilië en het 'typisch' Braziliaanse, zie Tadeu Chiarelli, 'Arte traidora/Traitorous Art', in: Tadeu Chiarelli e.a., **MAM[NA]OCA. Arte Brasileira do Acervo do Museu de Arte Moderna de São Paulo**, São Paulo (MAM) 2005.
4. Zie o.a. D. Luraccia, **Amazônia Design, Fashion & Sustainable Economy**, New York 2008.

The Escola Superior de Desenho Industrial (ESDI) was founded in 1963, and starting that same year, the first design classes were offered at the University of São Paulo's faculty of architecture and urban planning. The graphic designer Alexandre Wollner (b. 1928) played a pioneering role in this period. Wollner had studied in Germany, and in Brazil he worked with Joseph Albers. Bauhaus influences are certainly present in Brazilian graphic design, but generally in combination with local traditions that are at least as important.[4] Wollner's teaching posts and numerous lectures also influenced the younger generation of graphic designers in his country.

The establishment of a military dictatorship in 1964 put a serious damper on artistic developments. It was not until the 1980s, when the political situation gradually changed, that Brazil regained its old self-confidence and flair in a host of areas, including graphic design. The designer Oswaldo Miranda founded the influential journal *Gráfica* in 1983, and in 1989 the Associação dos Designers Gráficos (ADG) was established. Since the mid-1990s, ADG has held a major international graphic design biennial in São Paulo.

Present-day graphic design in Brazil is very diverse, in terms of its style and artistic programme, and its qualities resist brief summary. The most that one can do is tentatively observe that it is strikingly unconventional and colourful, with a sometimes eclectic mix of classical typography, contemporary photography, photomontage and illustration. Brazilian business and government logos are noteworthy for their simple but powerful graphic forms and their sparing but vivid use of colour.

3. For an interesting critique of simplistic interpretations of the relationship between Brazilian modernism and Brazilian national character, see Tadeu Chiarelli, 'Arte traidora/Traitorous Art', in: Tadeu Chiarelli et al., **MAM[NA]OCA. Arte Brasileira do Acervo do Museu de Arte Moderna de São Paulo** (São Paulo: MAM, 2005).
4. See e.g. D. Luraccia, **Amazônia Design, Fashion & Sustainable Economy** (New York: Amazônia Brasil, 2008).

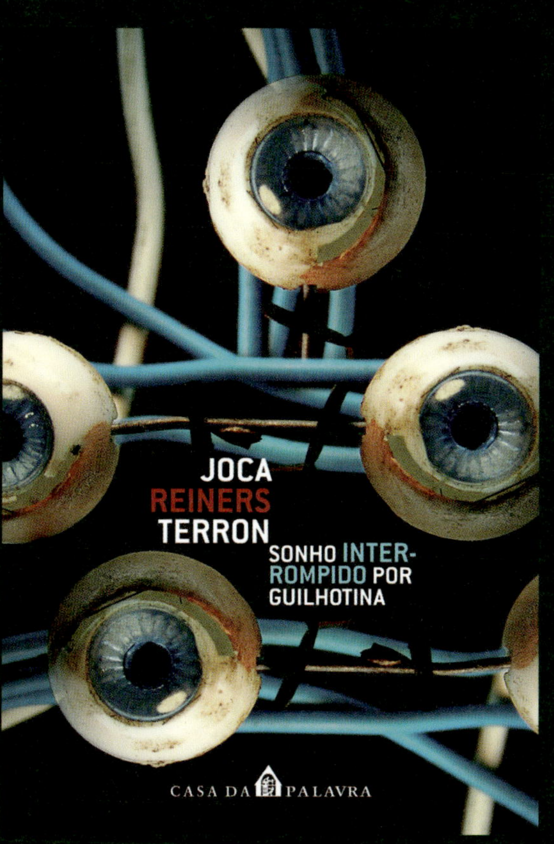

JOCA
REINERS
TERRON
SONHO INTER-
ROMPIDO POR
GUILHOTINA
CASA DA PALAVRA

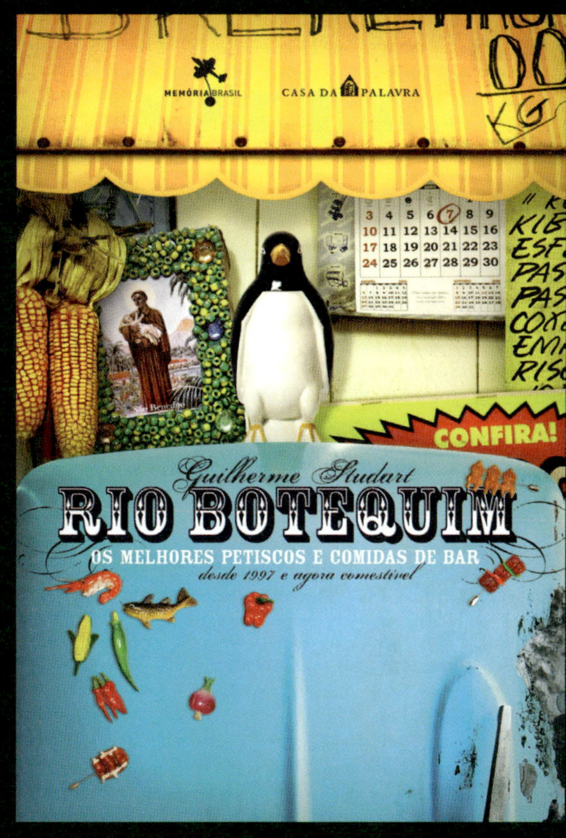

MEMÓRIA BRASIL
CASA DA PALAVRA
CONFIRA!
Guilherme Studart
RIO BOTEQUIM
OS MELHORES PETISCOS E COMIDAS DE BAR
desde 1997 e agora comestível

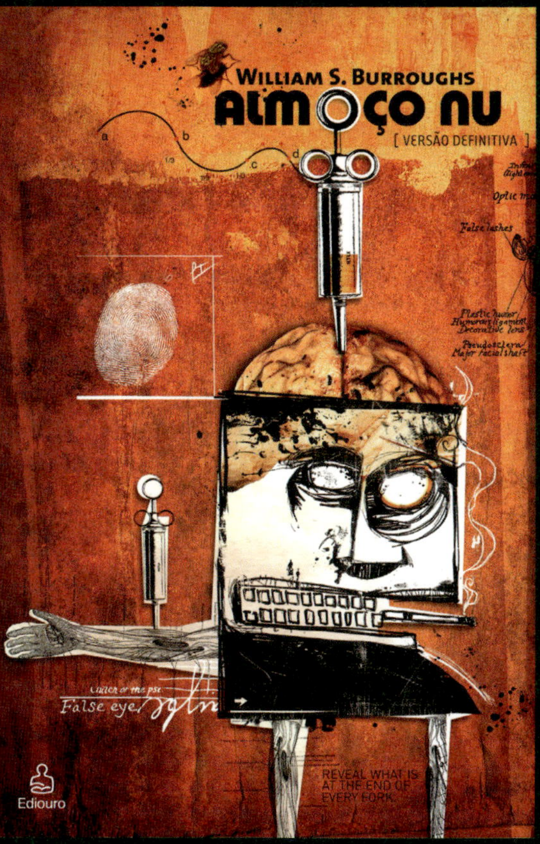

WILLIAM S. BURROUGHS
ALMOÇO NU
[VERSÃO DEFINITIVA]
REVEAL WHAT IS
AT THE END OF
EVERY FORK
Ediouro

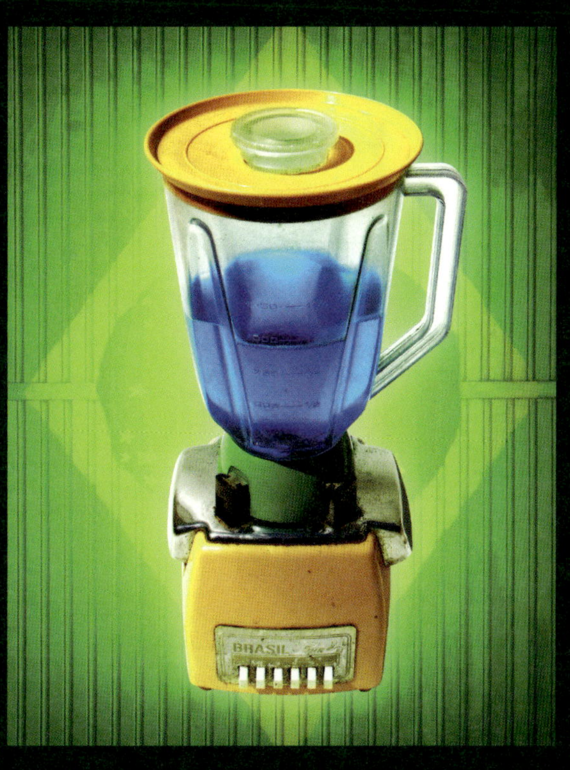

BRASIL

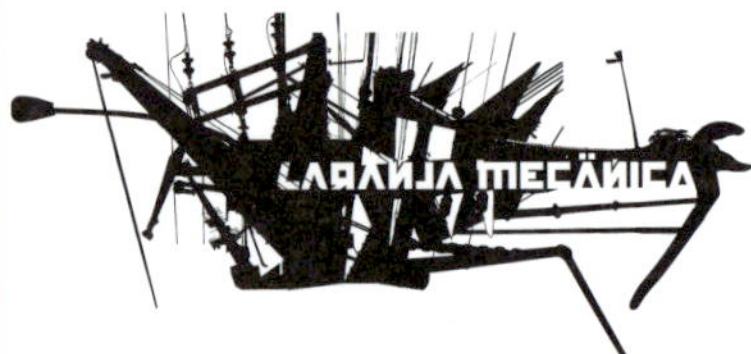
LARANJA MECÂNICA

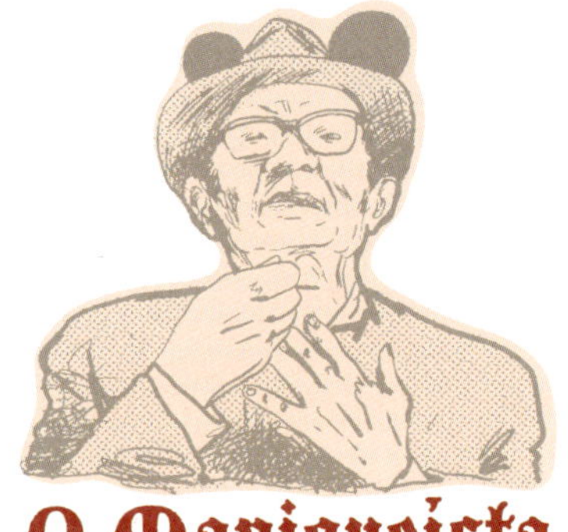
O Maniqueísta

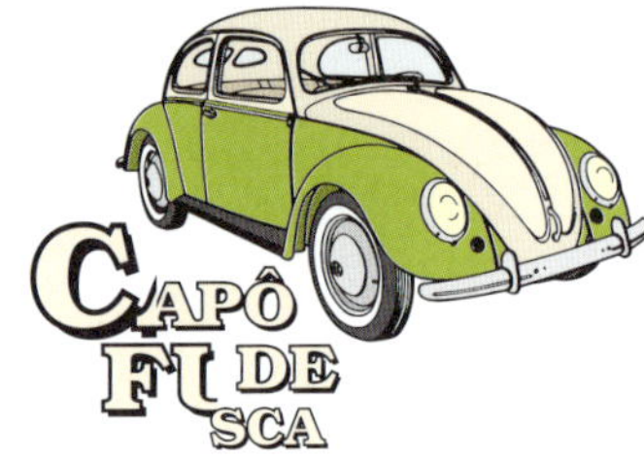
Capô
Fu DE
sca

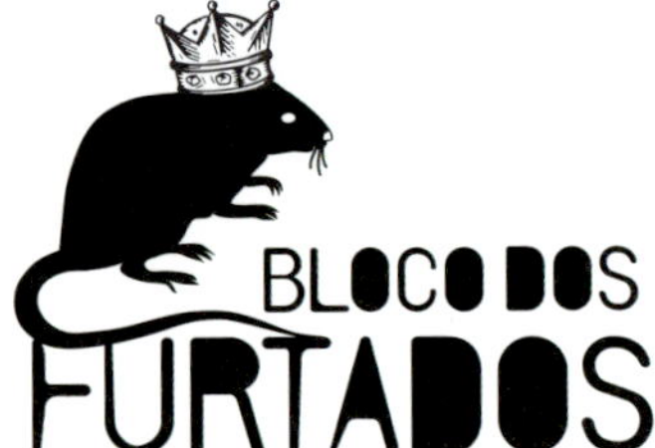
BLOCO DOS
FURTADOS

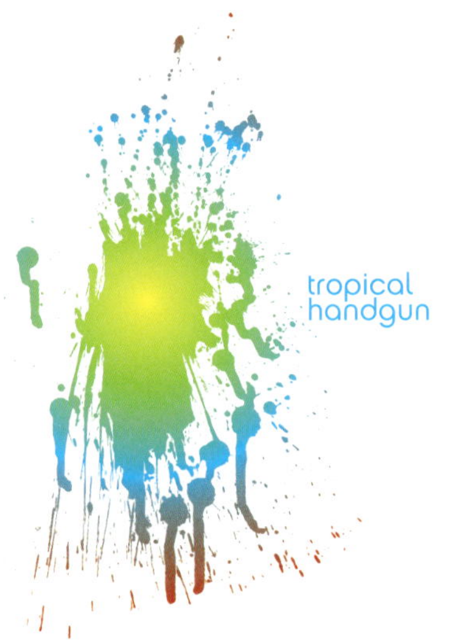
tropical
handgun

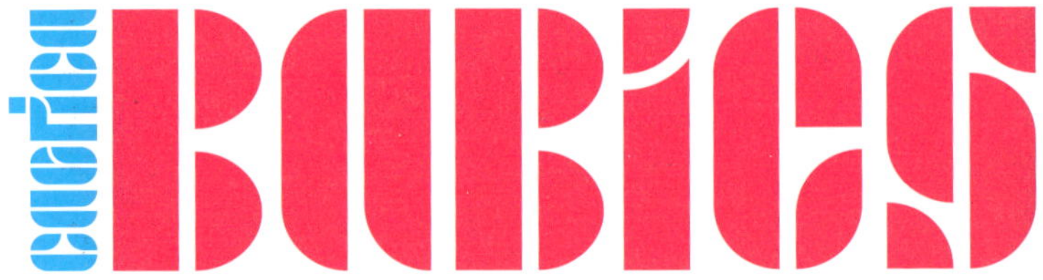
caotica BUBICS

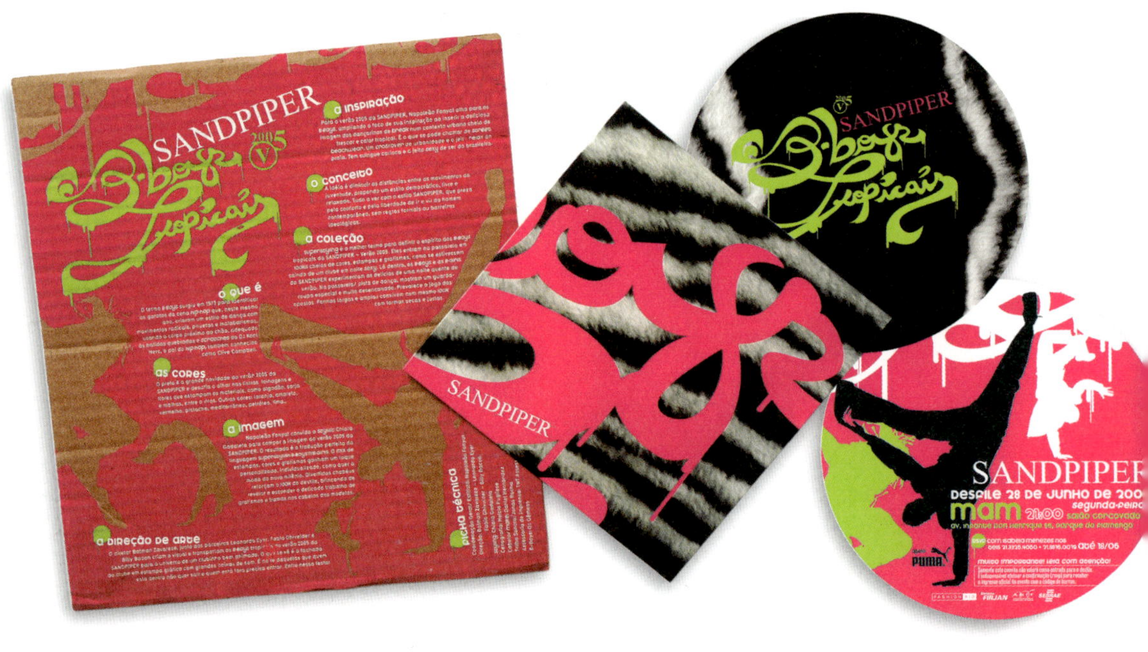
SANDPIPER
SANDPIPER
SANDPIPER

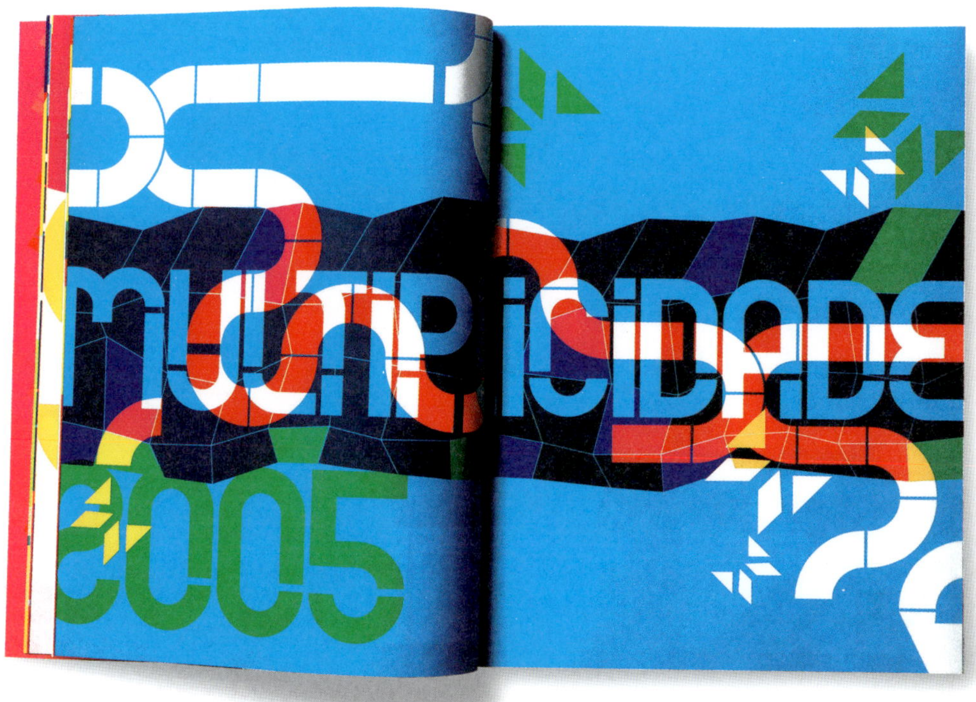

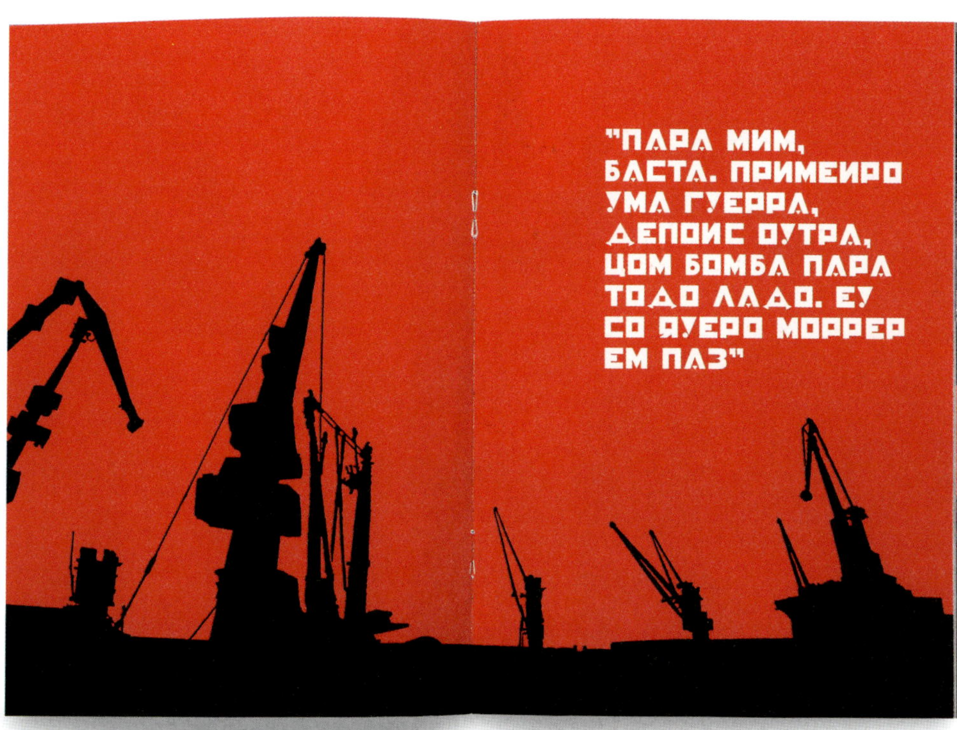

Leonardo Eyer / Caotica Art and Music Concert Series, catalogues / catalogue, art direction: Leonardo Eyer, design: Adriano Motta, Júlia Rocha

Leonardo Eyer / Caotica Laranja Mecânica, tentoonstellingsprogramma / exhibition program, art direction/design: Leonardo Eyer

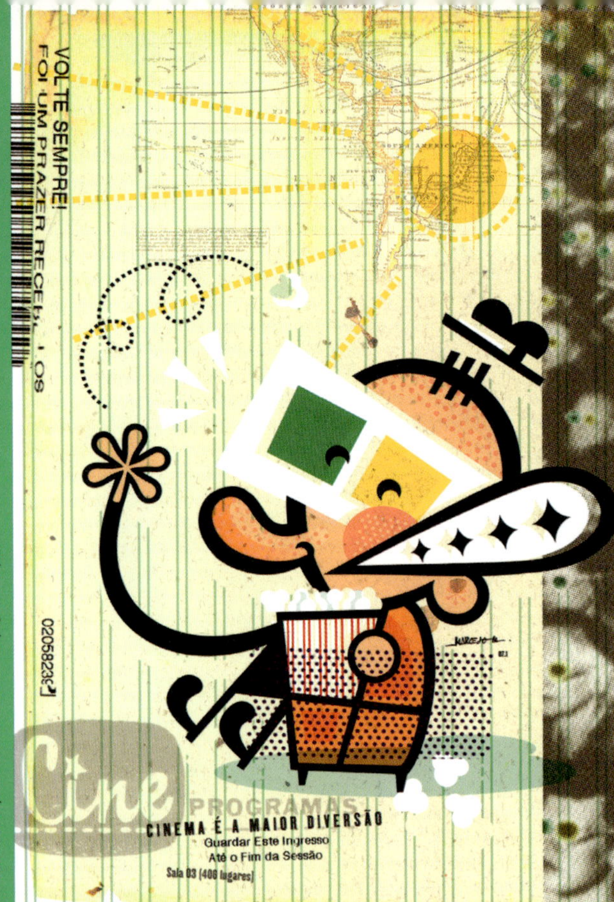

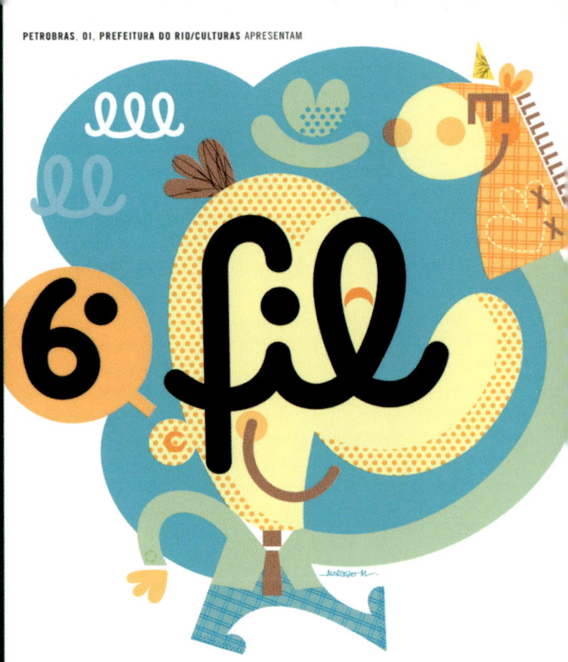

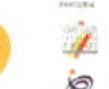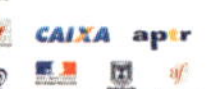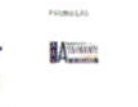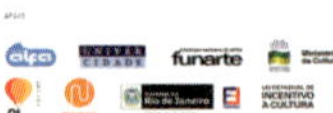

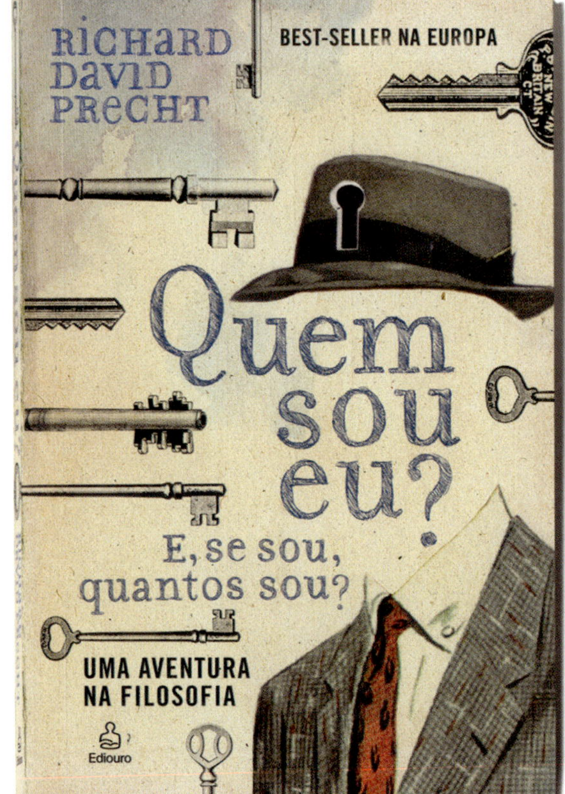

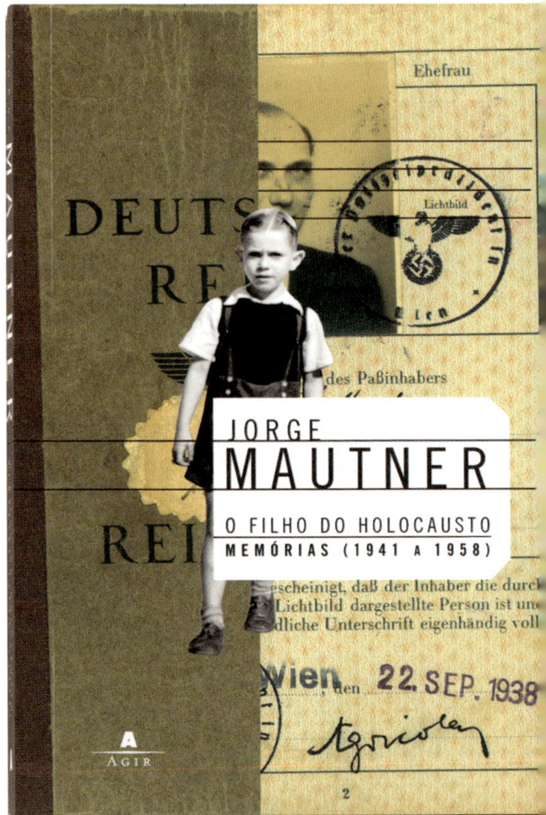

Intercâmbio de linguagens, internationaal jeugdfestival / international festival for young audience, 2008 3 - 4 boekomslagen / book covers, i.s.m. / with João Ferraz, Igor Campos

Marcelo Martinez / Laboratório Secreto 1. Descubra o Cinema Brasileiro, poster voor een tentoonstelling over Braziliaanse film en kunst in Shanghai / poster for an exhibition about Brazilian film and art in Shanghai, 2007 2. poster voor / poster for

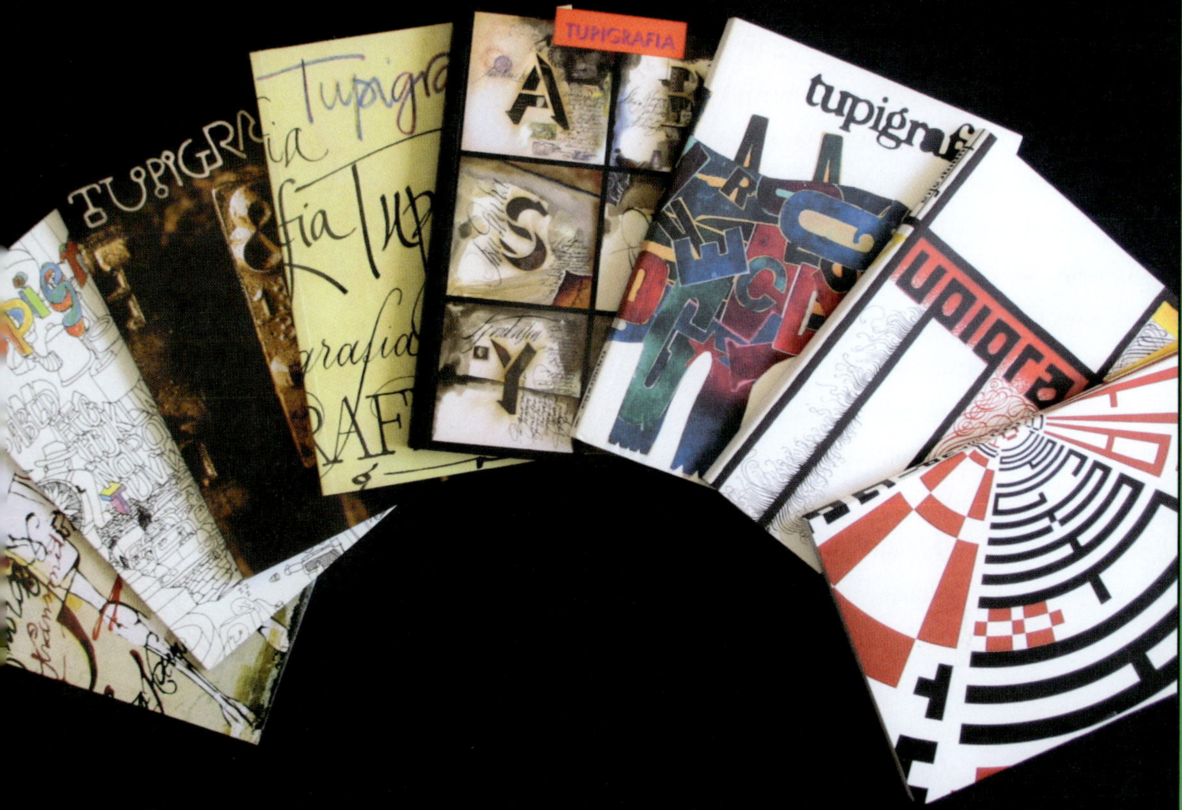

Tupigrafia alle nummers van het tijdschrift Tupigrafia/all editions of Tupigrafia magazine

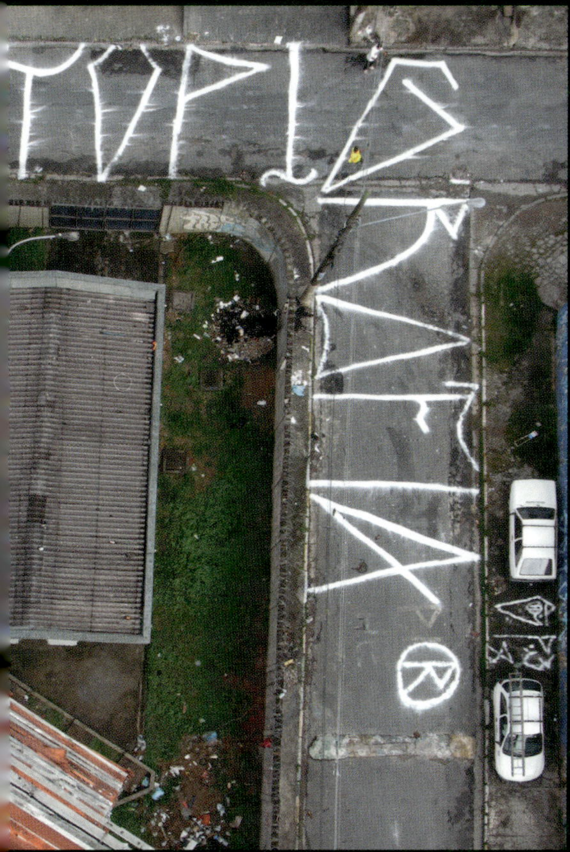

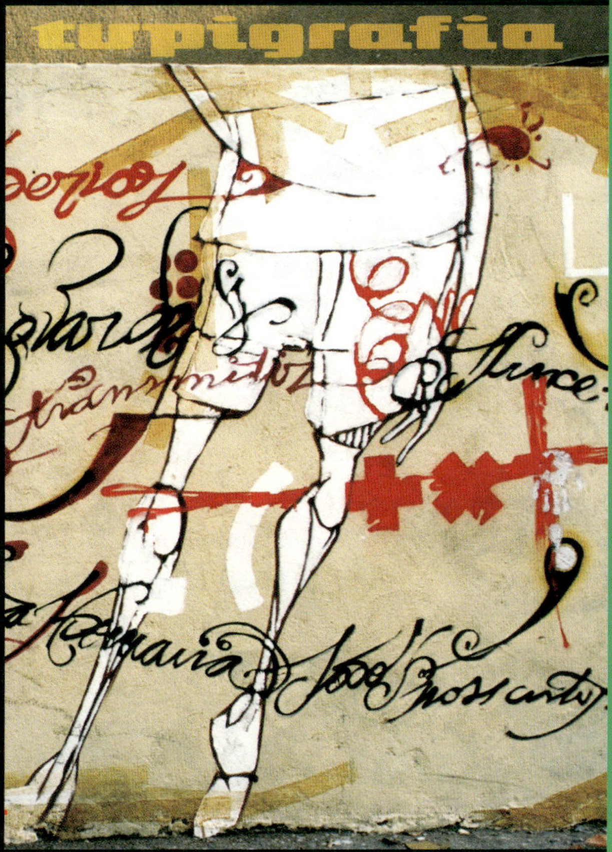

Tony de Marco, Claudio Rocha Tupigrafia, cover #7, Pigmeus

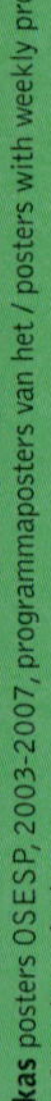

Kiko Farkas posters OSESP, 2003-2007, programmaposters van het / posters with weekly program of the
São Paulo Symphony Orchestra

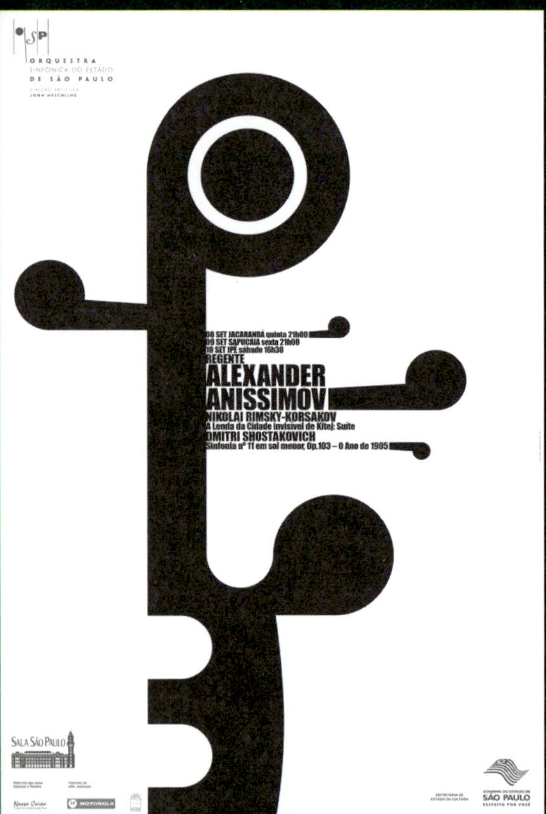

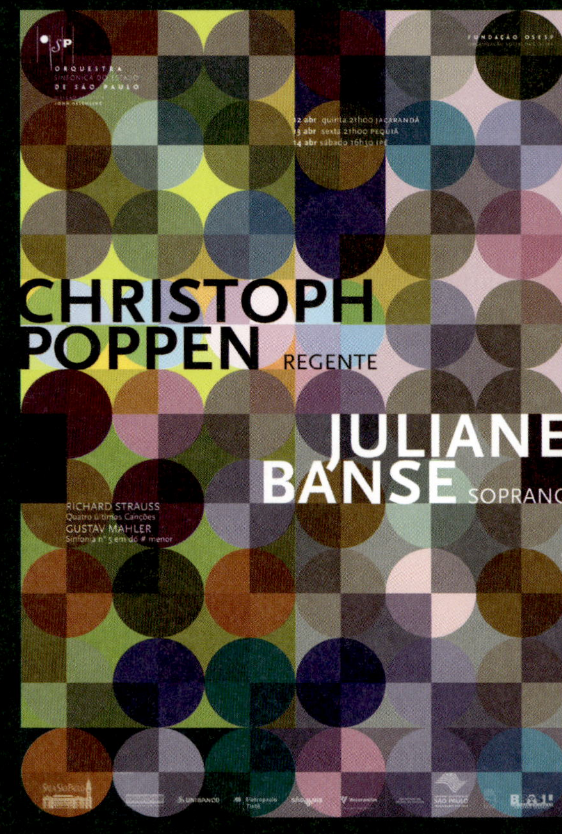

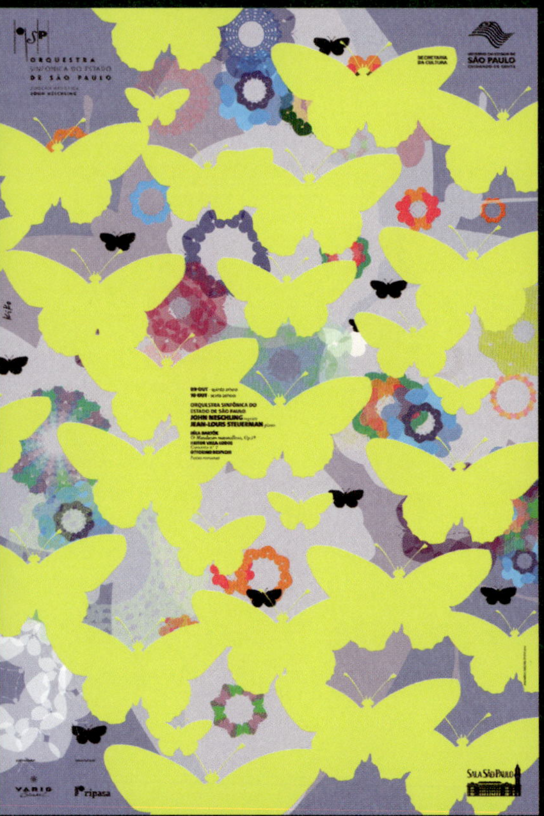

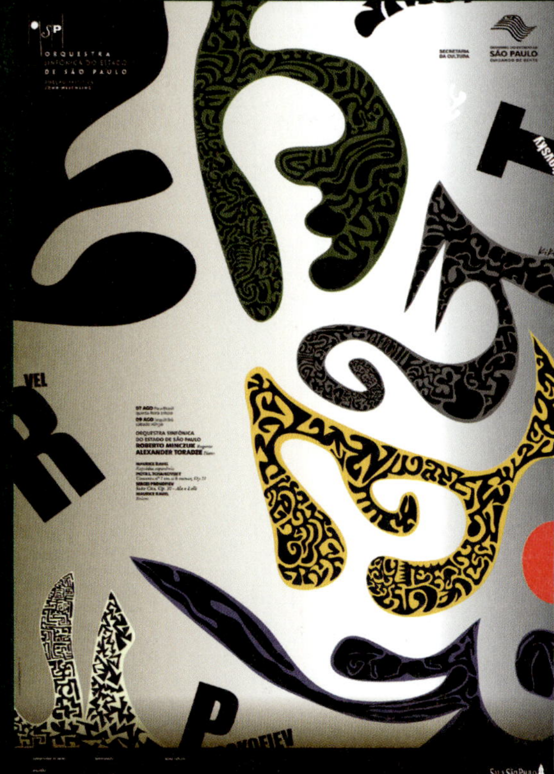

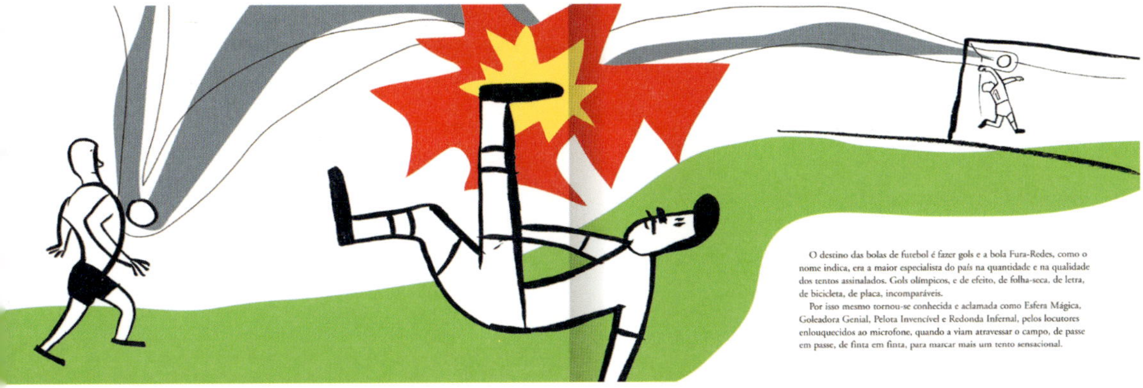

O destino das bolas de futebol é fazer gols e a bola Fura-Redes, como o nome indica, era a maior especialista do país na quantidade e na qualidade dos tentos assinalados. Gols olímpicos, e de efeito, de folha-seca, de letra, de bicicleta, de placa, incomparáveis.

Por isso mesmo tornou-se conhecida e aclamada como Esfera Mágica, Goleadora Genial, Pelota Invencível e Redonda Infernal, pelos locutores enlouquecidos ao microfone, quando a viam atravessar o campo, de passe em passe, de finta em finta, para marcar mais um tento sensacional.

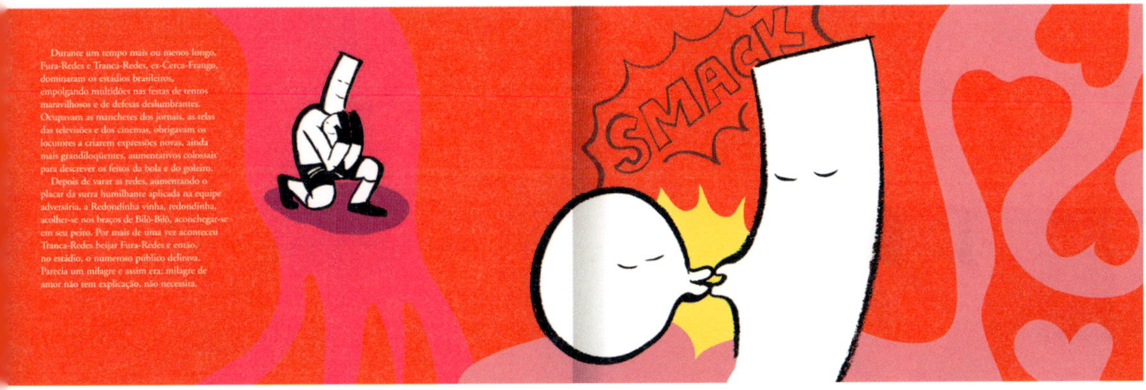

Durante um tempo mais ou menos longo, Fura-Redes e Tranca-Redes, ex-Cerca-Frango, dominaram os estádios brasileiros, empolgando multidões nas festas de tentos maravilhosos e de defesas deslumbrantes. Ocupavam as manchetes dos jornais, as telas das televisões e dos cinemas, obrigavam os locutores a criarem expressões novas, ainda mais grandiloqüentes, aumentativos colossais para descrever os feitos da bola e do goleiro.

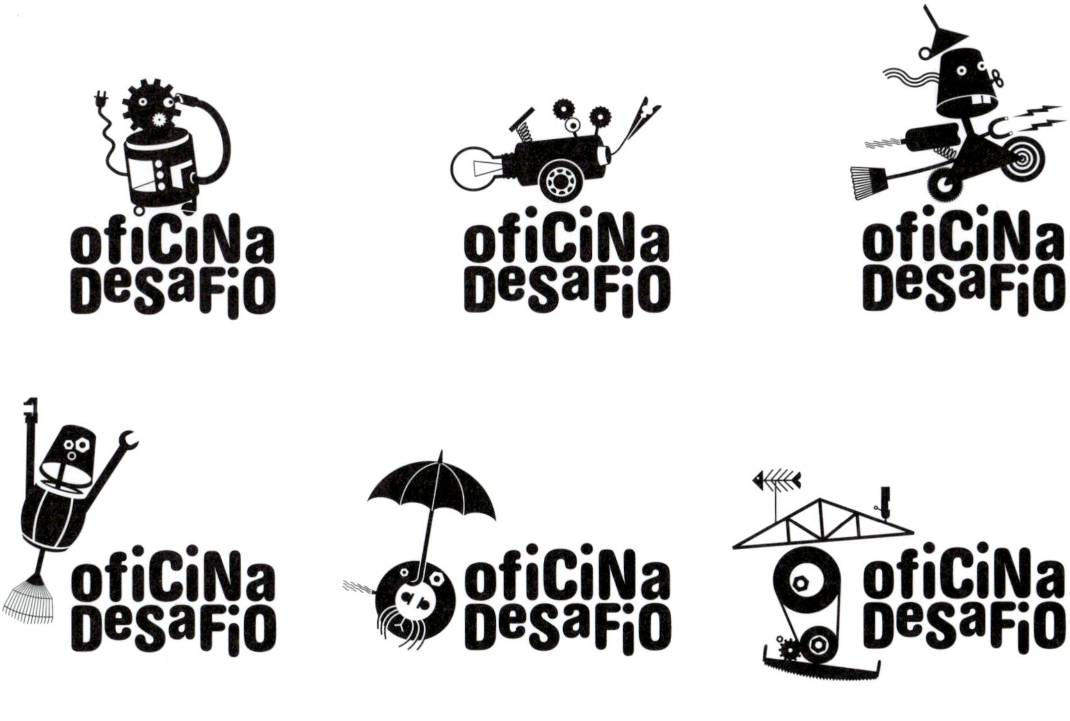

Depois de varar as redes, aumentando o placar da surra humilhante aplicada na equipe adversária, a Redondinha vinha, redondinha, acolher-se nos braços de Bilô-Bilô, aconchegar-se em seu peito. Por mais de uma vez aconteceu Tranca-Redes beijar Fura-Redes e então, no estádio, o numeroso público delirava. Parecia um milagre e assim era: milagre de amor não tem explicação, não necessita.

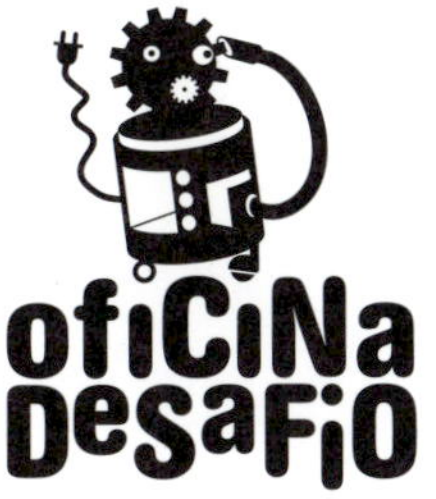

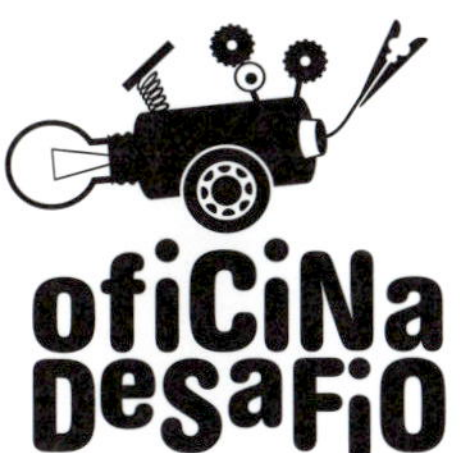

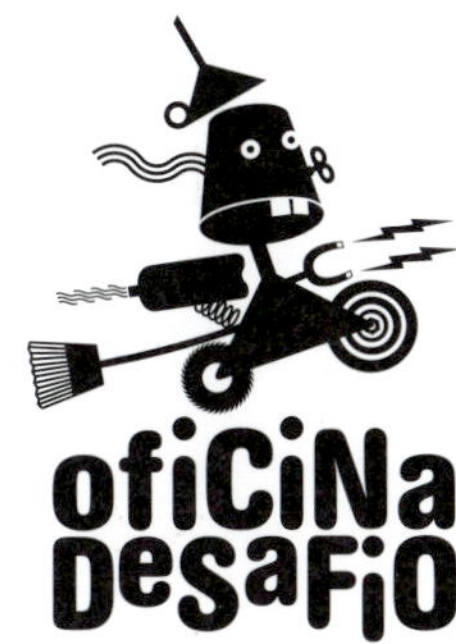

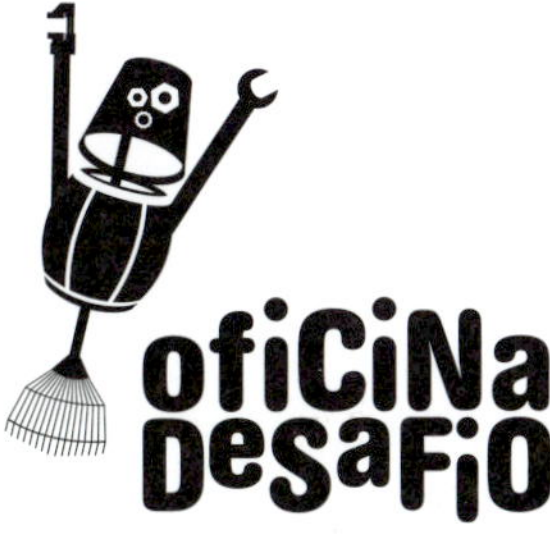

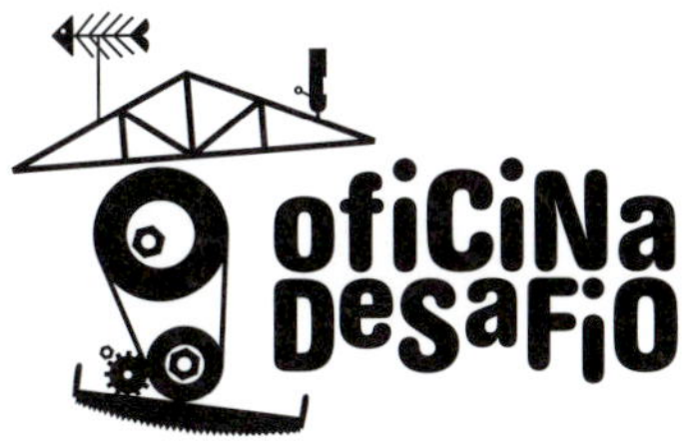

Jair de Souza / Vinte Zero Um 1. Rede de Tensão – Bienal 50 Anos, poster, 2001, 2. Nome Próprio, film poster, Cinema Brasil Digital

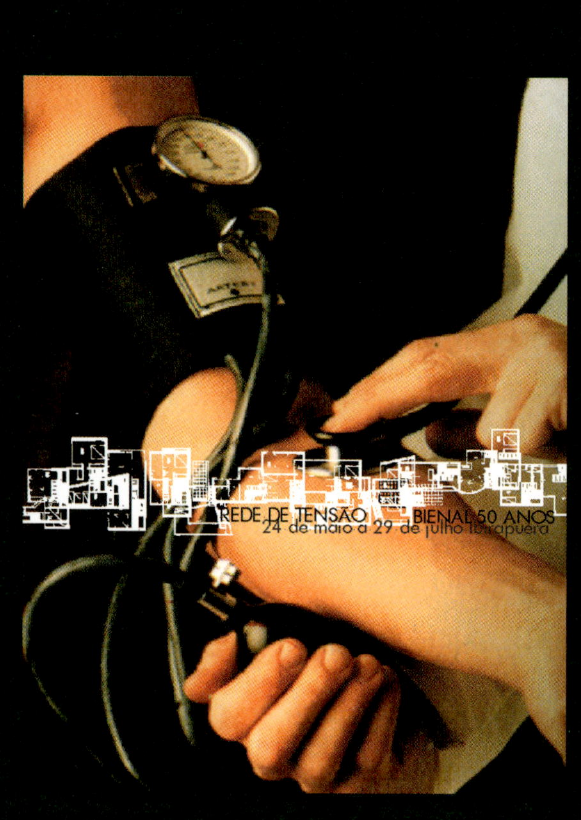

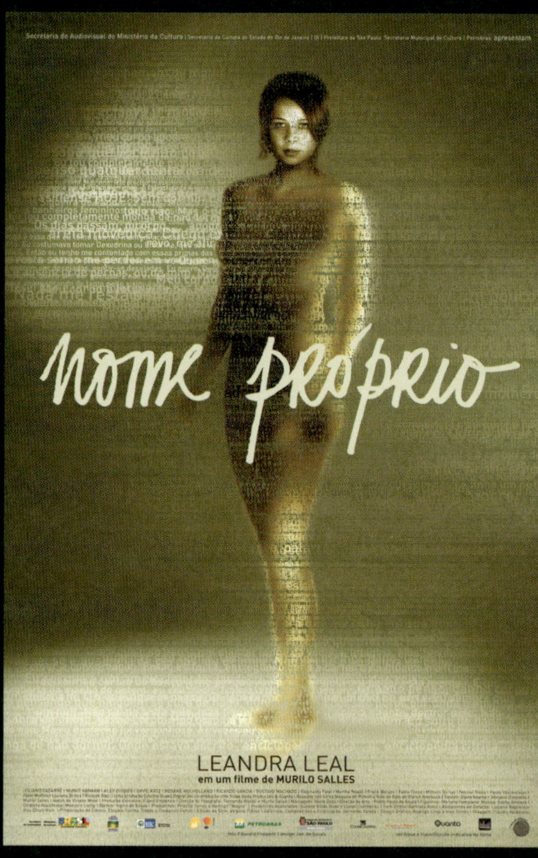

Jair de Souza / Vinte Zero Um 1. Rede de Tensão - Bienal 50 Anos, poster, 2001 2. Como Nascem os Anjos, film poster, Cinema Brasil Digital 1998

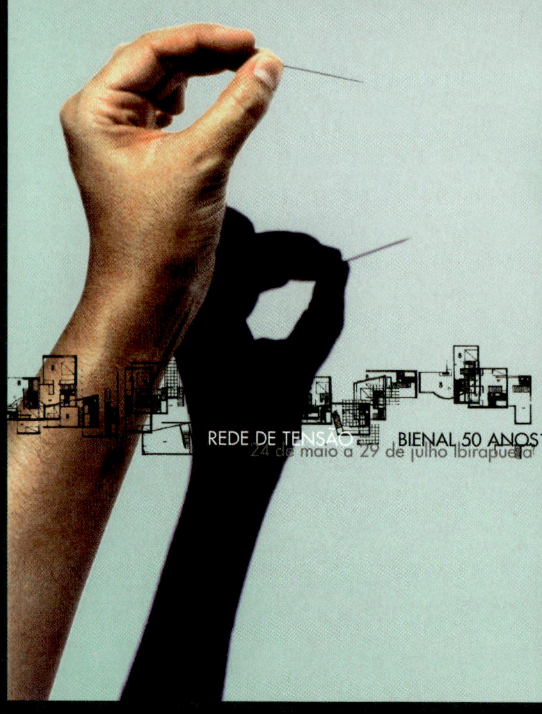

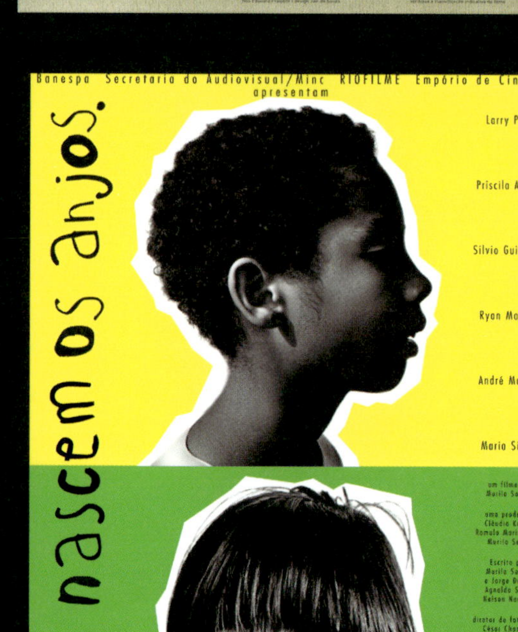

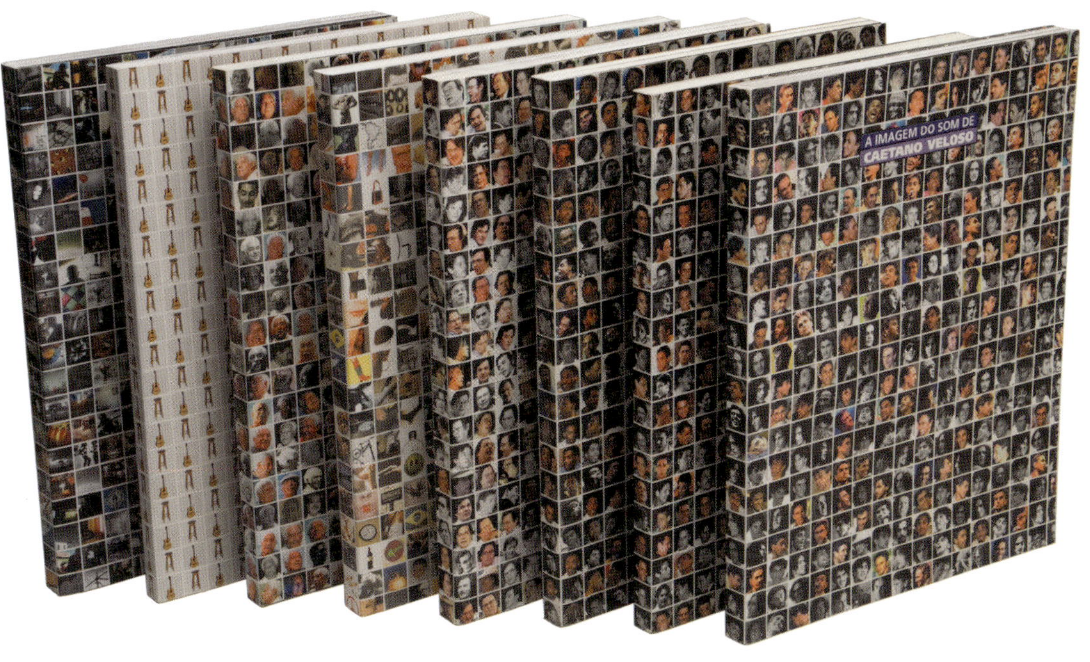

Felipe Taborda A Imagem do Som, serie kunstboeken / series of art books, 1999–2006

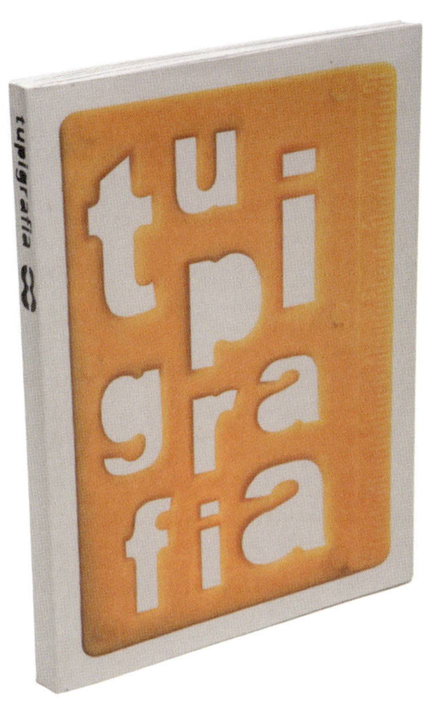

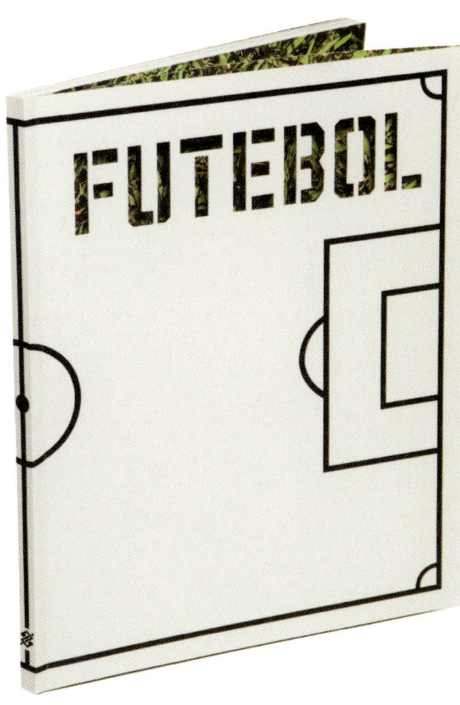

Felipe Taborda 1. Tupigrafia, omslag / cover, 2008, i.s.m. / with Ligia Santiago; 2. Futebol, boek/book, 2006, i.s.m. / with Ligia Santiago

DESIGN EN MODE

Op dit moment zijn de Campana Brothers ongetwijfeld de bekendste Braziliaanse ontwerpers. Met alledaagse industriële materialen als metaal, board en plastic maken Fernando (1961) en Humberto (1953) meubels en gebruiksvoorwerpen die worden gekenmerkt door pragmatisme, speelsheid, humor en een kleurige en levendige esthetiek. De twee broers, die sinds 1983 samenwerken in een studio in Saõ Paulo, zien een grote uitdaging in het omvormen van goedkoop materiaal tot iets van waarde en zelfs luxe en weelderigheid. Bij het vervaardigen van meubels laten zij zich inspireren door onder andere bepaalde praktijken uit de favela's, waar men op een slimme manier afgedankt materiaal weet te hergebruiken. Een mooi voorbeeld is het zowel praktisch als decoratief gebruik van plastic touw waarmee metalen constructies worden omwikkeld om zo een stoel of bank te maken (Anemoonstoel, 2001). 'Sushi' is een naam die de Campana Brothers gaven aan het in lagen met elkaar combineren van uiteenlopende stroken stof met verschillende kleuren en patronen. Het is een praktijk die in de favala's veel wordt toegepast om matten en beddenspreien te maken. Ook

DESIGN AND FASHION

At this moment, the Campana Brothers (Fernando and Humberto, born in 1961 and 1953 respectively) are undoubtedly the best-known Brazilian designers. Using ordinary industrial materials like metal, hardboard and plastic, they make furniture and everyday objects that exude pragmatism, playfulness, humour and a colourful and lively aesthetic. The two brothers, who have been working together in a studio in Saõ Paulo since 1983, are fascinated by the challenge of transforming low-cost materials into objects of value, or even luxury and opulence.

When producing furniture, the Campana Brothers' sources of inspiration include practices from the favelas, whose residents have developed ingenious methods of re-use. A case in point is their use of plastic cords for both practical and decorative purposes. They wrap the cords around metal skeletons to make chairs or sofas (such as *Anemone Chair,* 2001). Another of their creations, *Sushi,* is a layered combination of diverse strips of fabric with a variety of

in de natuur en in traditionele ambachten uit de Amazone en elders in Brazilië vinden zij inspiratie en ideeën. Italiaanse fabrikanten als Edra en Cappellini hebben een aantal ontwerpen van de Campana Brothers in productie genomen. Beide broers geven les aan de afdeling Kunsten van een van de belangrijkste universiteiten van São Paulo, de Fundação Armando Álvares Penteado (FAAP). Ook op die manier verspreiden zij hun invloed op jongere generaties ontwerpers binnen en buiten Brazilië. De website van de Campana Brothers valt op door de speelse en uitbundige combinaties van typografie, tekenkunst, animatie, film, fotografie en muziek, terwijl de helderheid en informativiteit daar niet onder te lijden heeft. Zie www.campanas.com.br.

Overigens zijn de Campana Brothers niet de enige Braziliaanse ontwerpers die hun inspiratie uit de natuur en de traditionele ambachten van de Amazone halen.

Ongeveer zestig procent van het Amazonegebied ligt in Brazilië: het land is daarmee de belangrijkste beheerder van het grootste aaneengesloten natuurgebied ter wereld. De zware verantwoordelijkheid die daarmee gepaard gaat, heeft geleid tot uiteenlopende natuurbeschermingsprojecten, waarvan er twee in dit verband in het oog springen: Het GTA netwerk (Grupo Trabalho Amazônico – Amazon Work Group), dat zich sinds 1992 inzet voor onder andere het gebruik van lokale kennis in kleine gemeenschappen ten behoeve van het behoud van de Amazone, en het Projeto Saúde e Alegria (PSA, 'project voor gezondheid en geluk'). Sinds 1987 is het PSA gericht op het ondersteunen van gemeenschappen in het Amazonegebied en daaromheen, waarbij armoedebestrijding samengaat met de vergroting van politieke medezeggenschap, educatie en participatie in het economische verkeer. Het begrip duurzaamheid speelt hierin een grote rol en heeft betrekking op langdurig behoud van de natuur (o.a. hardhout) alsook van de culturele tradities die de Amazone kenmerken. De internationale belangstelling voor traditionele ambachten (waarin per definitie duurzaam met natuurlijke materialen wordt omgegaan) wendt men aan om de lokale bevolking via *fair trade*-principes toegang te verschaffen tot de wereldmarkt. Hun handwerkproducten zijn op

colours and patterns. This is a common favela method of making mats and bedspreads.

They also draw inspiration from the natural environment and traditional crafts of the Amazon and other regions of Brazil. Italian manufacturers such as Edra and Cappellini have manufactured a number of their designs. Both brothers teach in the art department of one of São Paulo's leading universities, the Fundação Armando Álvares Penteado (FAAP); this is an additional way in which they influence younger generations of designers in Brazil and beyond. Their website offers an eye-catching mix of typography, animation, film, photography and music, without any loss of clarity or informational value. See www.campanas.com.br.

The Campana Brothers are by no means the only Brazilian designers to find inspiration in nature and the traditional crafts of Amazonian Indians. Because about 60 per cent of the Amazon basin is in Brazil, the country manages the largest continuous nature area in the world. The weighty responsibilities that this brings have prompted a variety of conservation projects, two of which spring to mind in this context: the GTA network (Grupo de Trabalho Amazônico, or Amazon Working Group), which since 1992 has promoted the use of local knowledge in small communities for the conservation of the Amazon, and the Projeto Saúde e Alegria (PSA; Health and Happiness Project).

The PSA was set up in 1987 to support communities in and around the Amazon basin. Its objectives are to fight poverty, encourage participation in politics and the economy, and expand educational opportunities. Sustainability plays a major role in its work, in connection with the long-term conservation of natural resources, such as hardwood, and of the unique cultural traditions of the Amazon region. The project harnesses international interest in traditional crafts (which by their very nature use natural materials and sustainable methods) to give local populations access to the global market, in accordance with fair trade principles. Their handmade products can be labelled

s/nº (sem numero) Magazine Moda Imagem Cultura do Brasil, vol. 11, 2008

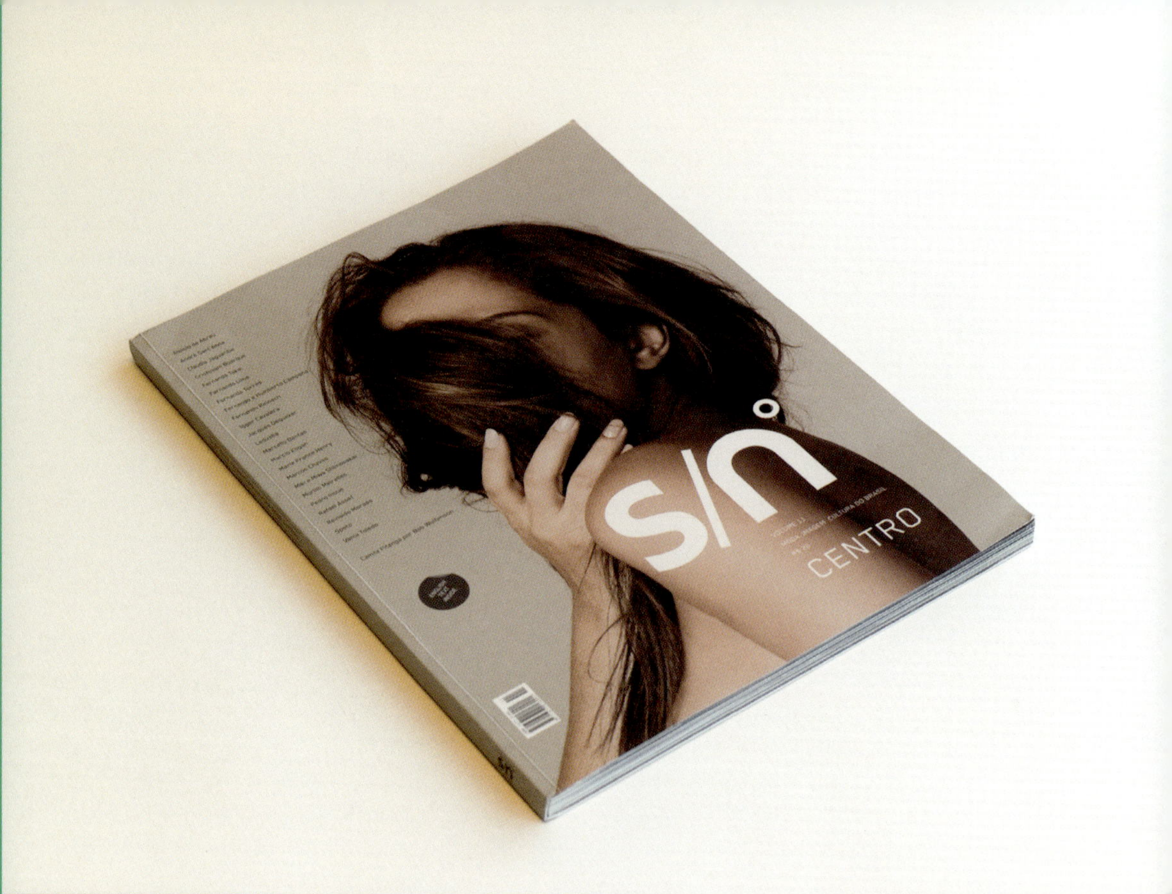

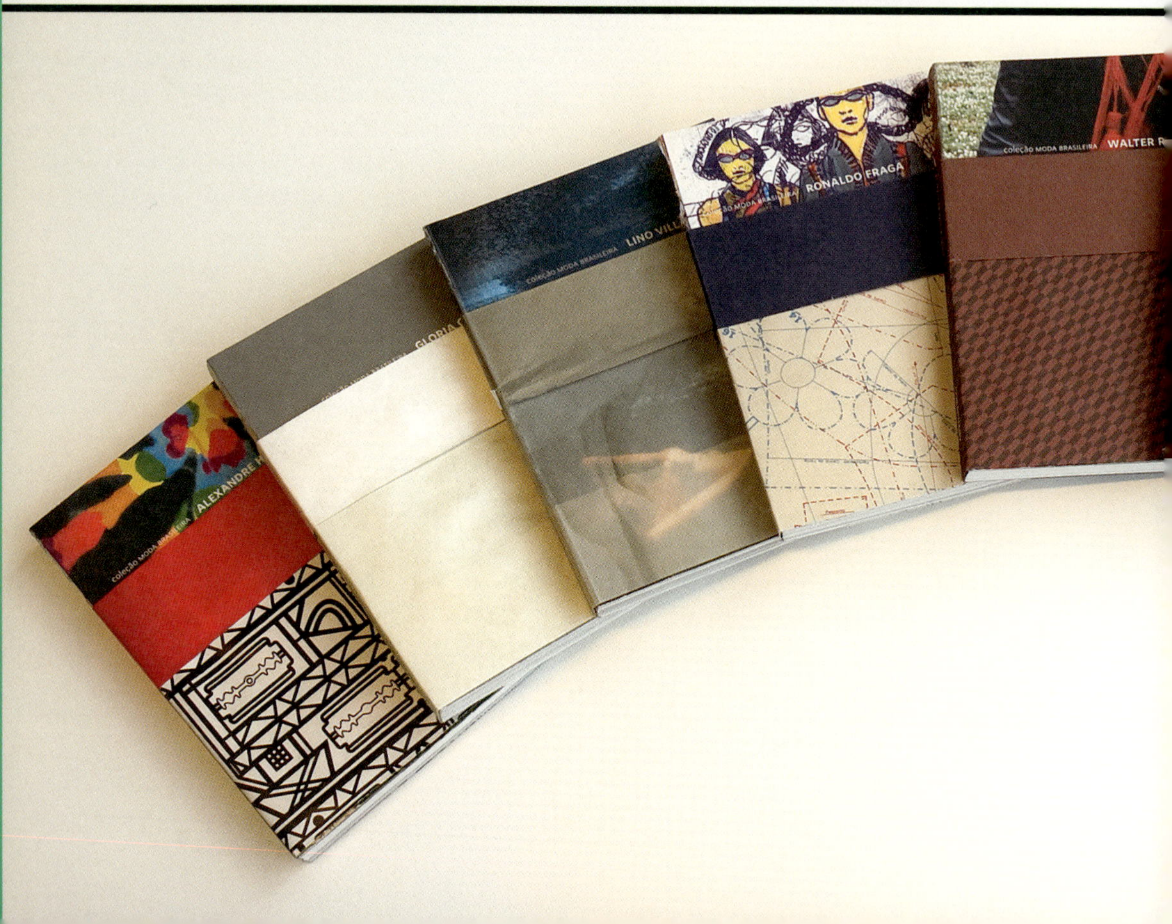

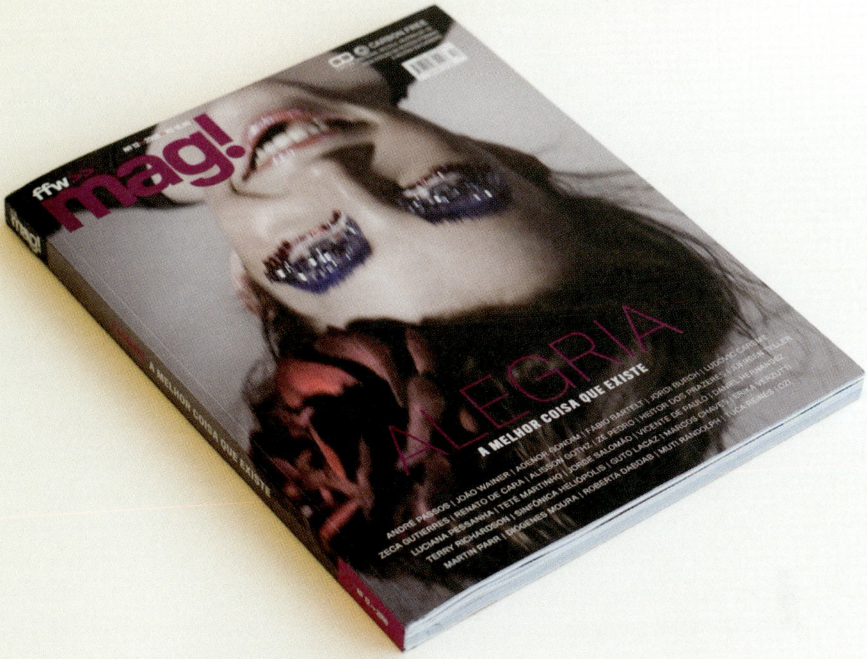

Ffw >> mag! no. 12, 2009

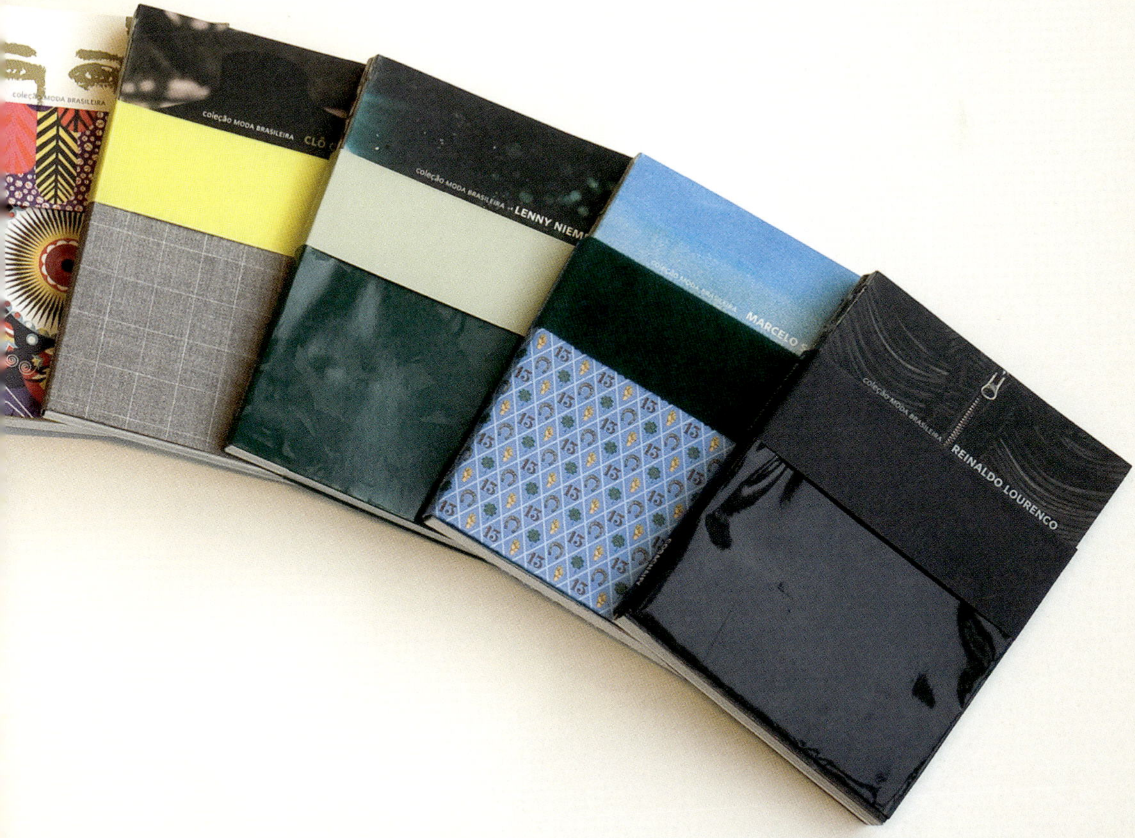

Coleção Moda Brasileira design: Elaine Ramos, uitgever/publisher: Cosac Naify

te vatten als 'duurzaam' en niet alleen geliefd bij een internationaal publiek, maar ook als bron van inspiratie bij professionele ontwerpers in Brazilië, zoals de al genoemde Campana Brothers. Inmiddels heeft zich een brede 'beweging' van 'duurzaam ontwerpen' (*o design sustentável*) ontwikkeld, die zowel in productontwerpen als mode is terug te vinden en een typisch Braziliaans exportproduct is geworden.[5] Het bureau Hilea Design van ontwerpster Deborah Laruccia richt zich speciaal op projecten met lokale gemeenschappen uit de Amazone, waarbij zowel gebruiksvoorwerpen als sieraden worden geproduceerd.

De kledingindustrie speelt een erg belangrijke rol in de Braziliaanse economie: ze staat op de tweede plaats als het gaat om het creëren van banen en eerste als het gaat om banen voor vrouwen. De ontwikkeling van duurzame mode is daarom zowel vanuit het oogpunt van natuurbehoud (en bewustwording daaromtrent) als economisch interessant voor Brazilië. Typerend voor de ambities op dit gebied was het samenwerkingsverband in 2007 tussen de internationale São Paulo Fashion Week (SPFW,

sinds 1996) en het IN-MOD (Instituto Nacional de Moda e Design). Zij vroegen een groep ontwerpers om een presentatie van duurzame mode. Ontwerpers als Samuel Cirnansck, Clô Orozco, Lino Villaventura, André Lima en Oskar Metsavaht toonden jurken waarin gerecyclede en/of natuurlijke materialen waren verwerkt: van pet flessen tot zaden van de *guatambu*.

Overigens is de kracht van Braziliaanse modeontwerpers bepaald niet uitsluitend op duurzaamheid gebaseerd. Mode uit Brazilië is hot; het aantal modescholen is de afgelopen tien jaar gegroeid van een handvol tot bijna zestig, met de steden Belo Horizonte, Goiânia, Rio de Janeiro en São Paulo en als belangrijke centra.

De creaties van de al genoemde Villaventura (1951) zijn visueel zeer krachtige, expressieve en barokke ontwerpen die worden gekenmerkt door de mengeling van stijlen in één ontwerp, het gebruik van exuberante stoffen, gecompliceerd patchwork en een weelderige vormentaal. Het werk van zijn jongere collega – en inmiddels wereldvermaarde ontwerper – Alexandre Herchcovitch (1971) is

---

sustainable and have aroused the enthusiasm of shoppers all over the world, as well as professional Brazilian designers, such as the above-mentioned Campana Brothers. A broad-based movement for sustainable design (*o design sustentável*) is now making its mark on both product and fashion design and has become a typically Brazilian export product.[5] Hilea Design, an agency run by the designer Deborah Laruccia, focuses on projects involving local Amazonian communities, which produce both everyday objects and jewellery.

The garment industry plays a very important role in the Brazilian economy; it is the second-largest source of employment and the largest employer of women. This makes the development of sustainable fashion an attractive prospect for Brazil for reasons of both nature conservation (and awareness-raising) and the economy. One illustration of the ambitious plans in this field is the partnership formed in 2007 between the international São Paulo Fashion Week (SPFW, initiated in 1996)

and the IN-MOD (Instituto Nacional de Moda e Design). The two organizations asked a group of designers to present their sustainable fashion ideas. Participants such as Samuel Cirnansck, Clô Orozco, Lino Villaventura, André Lima, and Oskar Metsavaht designed dresses made with recycled or natural materials, from plastic bottles to *guatambu* seeds.

This is not to say that the success of Brazilian fashion designers is based entirely on considerations of sustainability. On the contrary, Brazilian fashion is hot. Over the past decades, the number of fashion schools has grown from just a handful to almost 60, with major centres in Belo Horizonte, Goiânia, Rio de Janeiro and São Paulo.

The work of the above-mentioned designer Lino Villaventura (b. 1951) is very visually potent, expressive and baroque, marked by a mix of styles within a single design, the lavish use of materials, intricate patchwork, and a sumptuous formal vocabulary. The work of his younger colleague, Alexandre Herchcovitch

niet minder opvallend en complex. Hij weet urban en gothic *looks* te vermengen met sferen die eerst aan carnaval doen denken, dan regelrecht uit een sprookje lijken te komen en vervolgens weer het best in een horrorfilm passen. Herchcovitch is op en top postmodern en deconstructivistisch, sensueel en bij vlagen erotisch en gewaagd, maar steeds met een aanstekelijke vrolijkheid en een zichtbaar plezier in het ontwerpen.

Andere designermerken die hun pijlen inmiddels ook op de Europese markt richten, zijn onder meer Ellus, Forum, Vide Bula, Rosa Cha, Lenny, Walter Rodrigues en Carlos Miele.

5. Felipe Taborda, Julius Wiedemann, **Latin American Graphic Design**, Keulen 2008.

(b. 1971), who has already achieved world fame as a designer, is no less surprising and complex. Herchcovitch manages to combine urban and Gothic looks with an ambiance that slides from Carnaval to fairy tale to flat-out horror film. He is thoroughly postmodern and deconstructionist, as well as sensual and intermittently erotic and daring, but he also has an infectious sense of humour and takes obvious pleasure in the act of designing.

Other Brazilian designer brands now targeting the European market include Ellus, Forum, Vide Bula, Rosa Cha, Lenny, Walter Rodrigues and Carlos Miele.

5. Felipe Taborda, Julius Wiedeman, **Latin American Graphic Design** (Cologne: 2008)

ELEKTRONISCHE KUNST EN MEDIA

De omvang van de zwarte markt in Brazilië verhindert soms dat bepaalde producten zich op eigen benen kunnen ontwikkelen. Een goed voorbeeld daarvan zijn Braziliaanse computergames, die snel na de lancering in groten getale illegaal worden gekopieerd en onder de toonbank verkocht. De overheid heeft besloten de gameproductie in eigen land te ondersteunen en haar de kans te geven zich in de nabije toekomst tot een typisch Braziliaans exportproduct te ontwikkelen. Het ministerie voor Cultuur richtte een speciale organisatie op met de naam Abragames, ter promotie van de Braziliaanse gamesindustrie.

De elektronische media in Brazilië zijn een springlevend onderdeel van de cultuur en worden ook als zodanig ondersteund, getoond en bediscussieerd – al dan niet in de context van de beeldende kunst. Daar bestaan uiteenlopende platforms voor die internationaal zijn georiënteerd, zoals FILE, VideoBrasil en het Museu da Imagem e do Som (alle in Saõ Paulo).

FILE staat voor International Festival of Electronic Language, een non-profitorganisatie

ELECTRONIC ART AND MEDIA

The sheer size of Brazil's black market often makes it impossible for new products to become economically viable. Brazilian computer games are a case in point. Soon after a new game is released, it is illegally copied on a large scale and sold under the counter. The government has decided to support domestic computer game production and give it the chance to develop into a typically Brazilian export product in the near future. The culture ministry has established an organization called Abragames specifically to promote Brazil's interactive entertainment industry.

Electronic media form a lively element of Brazilian culture, and are presented, supported and debated as such, often in the context of visual art. There are a variety of internationally oriented organizations for the promotion of the sector, such as FILE, VideoBrasil and the Museu da Imagem e do Som (all located in São Paulo).

FILE is the name of the Electronic Language International Festival, a non-profit ini-

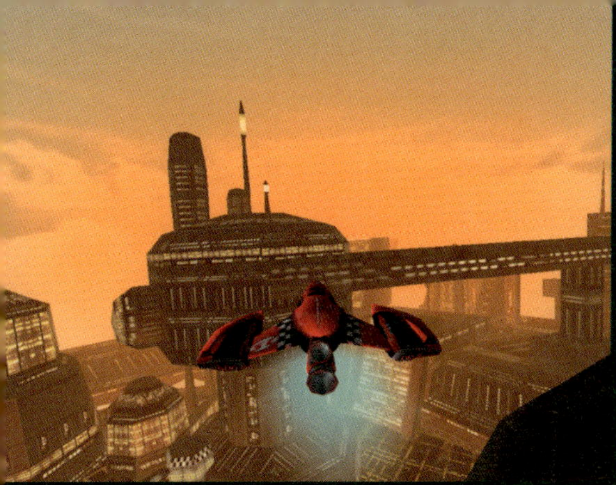

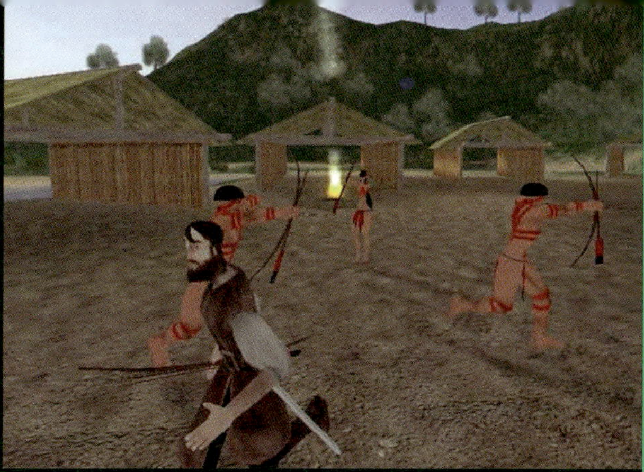

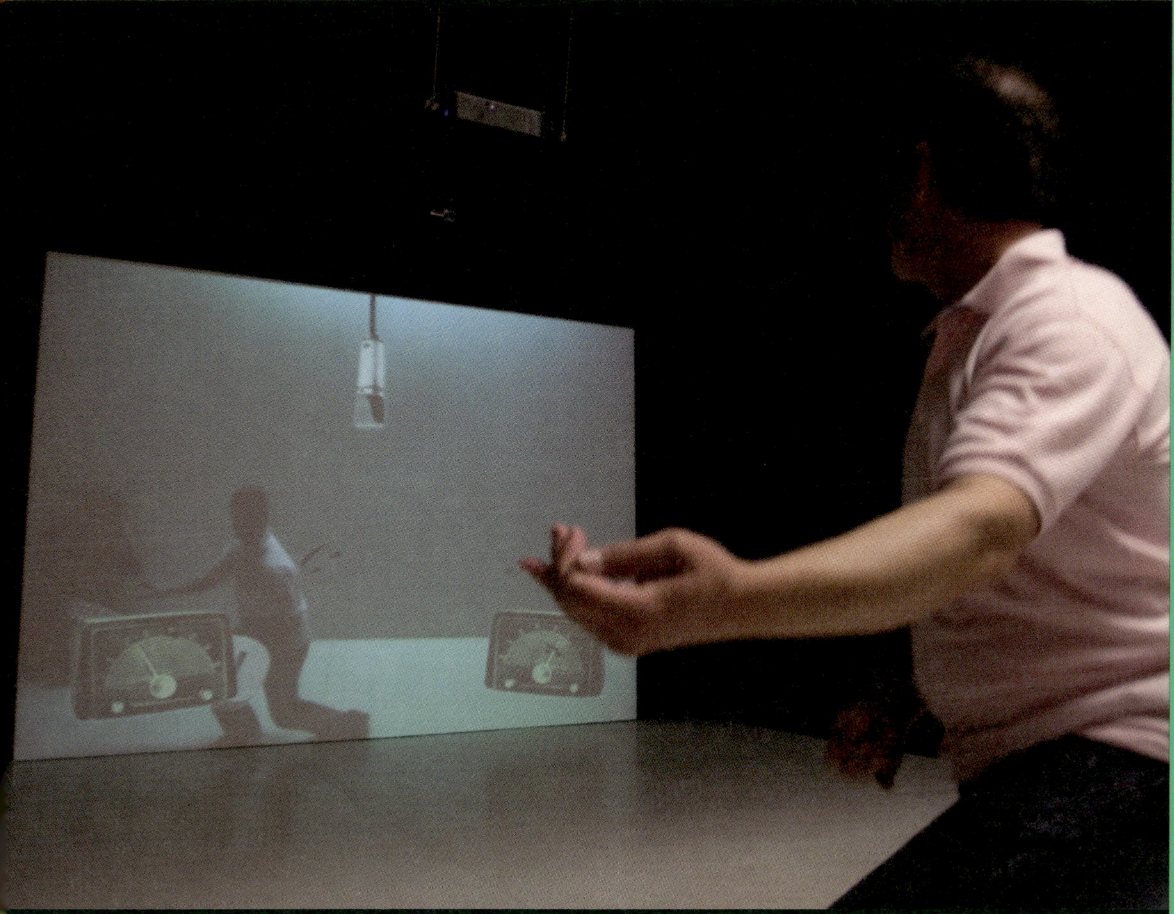

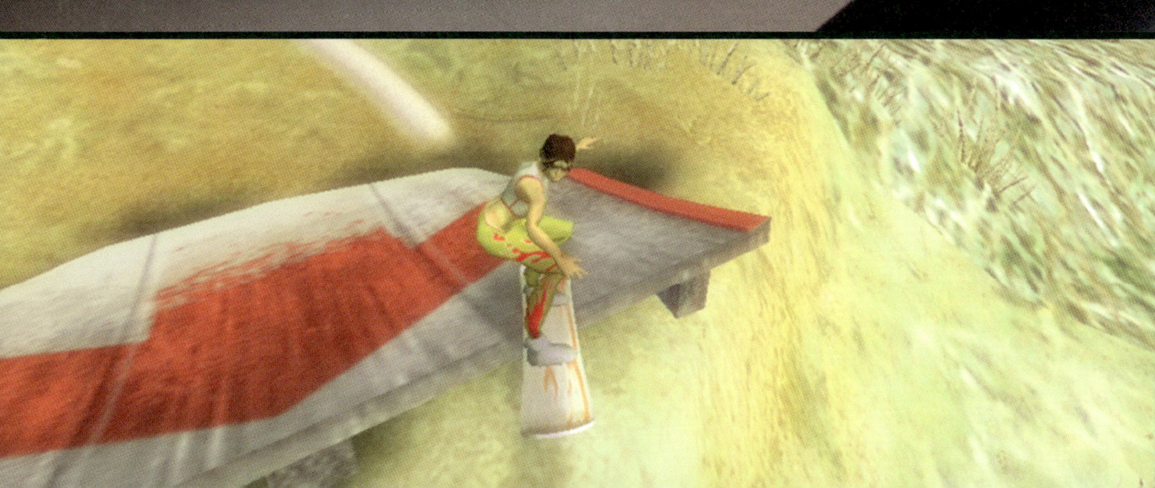

FILE Game Festival 1. Artur Corrêa/Vencer Consultoria e Projetos Ltda., Fórmula Galaxy
2. Odair Gaspar/Perceptum Software Ltda., Iracema Aventura

FILE Game Festival 3. Márcio Ambrósio, Oups!
4. Jorge Manuel Vitória Caetano Jr/FourX Development Ltda., Sandboard Brasil

die zich sinds het jaar 2000 met tentoonstellingen, symposia, lezingen, cursussen en debatten profileert als internationaal platform voor elektronische en digitale kunst. Het festival is het grootste in Latijns-Amerika en vindt jaarlijks plaats in São Paulo én Rio de Janeiro, in 2008 ook Porto Alegre (waar, om een indruk te geven, 320 installaties van 206 kunstenaars uit dertig landen te zien waren). FILE richt zich niet op één technische vorm, maar omvat een mix van web-art, net-art, kunstmatig leven, hypertext, gecomputeriseerde animatie, *virtual reality*, software-kunst, games, interactieve films, e-books, e-video, 360°digitale panorama's, elektronische kunst en robotica.

Associação Cultural Videobrasil is in 1991 opgericht en sindsdien uitgegroeid tot de grootste organisatie voor videokunst op het zuidelijk halfrond, dat ook haar aandachtsgebied uitmaakt. Iedere twee jaar organiseert Videobrasil een groot, internationaal festival voor elektronische kunst, dat langs verschillende steden in Brazilië reist. Daarnaast geeft het een tijdschrift uit, organiseert het lezingen, debatten en cursussen en vervult het de rol van productiehuis voor video- en elektronische kunst. Videobrasil beheert zowel een database als een visueel archief van meer dan vierduizend beelden die betrekking hebben op de elektronische kunst van de afgelopen twintig jaar. Zie ook www.videobrasil.org.br.

De naam van het Museu da Imagem e do Som (oftewel het MIS – museum voor beeld en geluid) klinkt hedendaags, maar in feite werd dit nog steeds unieke museum al in 1970 opgericht door het ministerie van Cultuur. Dit nationale instituut richt zich vanaf het begin op het tonen en bewaren van fotografie, film, video en muziek. Het verzamelt en beheert werk van belangrijke Braziliaanse kunstenaars die in deze disciplines werkzaam zijn of zijn geweest. Daarnaast is het actief op het gebied van de *oral history*. Met de introductie van de digitale technieken in de jaren negentig en het 'versmelten' van de afzonderlijke media heeft het museum zich opnieuw moeten uitvinden. Recentelijk heeft een ingrijpende verbouwing het museum klaar gemaakt voor de eenentwintigste eeuw. Het MIS wil zich profileren als een instelling waar elektronische media

tiative that has been organizing exhibitions, symposiums, lectures, courses and debates since the year 2000, with the aim of internationally promoting electronic and digital art. FILE is most active in Latin America, with annual festivals in São Paulo and Rio de Janeiro, and in 2008 also in Porto Alegre, where 320 installations by 206 artists from 30 countries were on display. That gives some indication of the scale of these events. FILE does not focus on any one technology, but brings together web art, net art, artificial life, hypertext, computer animation, virtual reality, software art, games, interactive films, e-books, e-video, 360° digital panoramas, electronic art and robotics.

The Associação Cultural Videobrasil was founded in 1991 and has since become the largest organization for video art in the Southern Hemisphere, which is its area of focus. Once every two years, Videobrasil organizes a major international festival for electronic art that tours a number of Brazilian cities. It also publishes a magazine, organizes lectures, courses and debates, and acts as a production company for electronic and video art. Videobrasil maintains a database and a visual archive of more than 4,000 images relating to electronic art produced in the Southern Hemisphere in the past 20 years, at www.videobrasil.org.br.

Despite the contemporary sound of its name, the Museu da Imagem e do Som (Museum of Image and Sound, MIS) was actually founded by the ministry of culture in 1970. Ever since then, this unique national institution has devoted itself to exhibiting and preserving photography, film, video and music. It collects and manages works by major Brazilian artists who have worked in these disciplines, and is active in the field of oral history.

With the rise of digital techniques in the 1990s and the blending of different media, the museum has had to reinvent itself. A recent large-scale renovation has prepared it for the twenty-first century. The MIS aims to present itself as an institution where electronic media and their impact on society are investigated,

en hun impact op de samenleving worden onderzocht, bediscussieerd, getheoretiseerd, getoond en
bewaard. Het geeft publicaties uit, kent een uitgebreid educatief programma en heeft, zoals veel Braziliaanse culturele instellingen, een zeer uitgebreide
website. Voor de productie van nieuwe projecten is
het LabMIS opgericht, waar kunstenaars terecht
kunnen om – met een beurs van het MIS – te experimenteren met nieuwe mediatechnologieën. Zie
www.mis-sp.org.br.

debated, theorized, displayed and preserved. It
has its own publications, a range of educational
offerings, and, like many cultural institutions
in Brazil, an extensive website. The museum
has established a laboratory for new projects,
called LabMIS, where artists with MIS grants
can experiment with new media technologies.
See www.mis-sp.org.br.

ETHISCHE BEELDCULTUUR?

Het MIS en de grote festivals en biënnales kunnen gezien worden als typerend voor het zelfbewustzijn van de beeldcultuur in de twee grootste steden van Brazilië. In alle disciplines leiden de grote hoeveelheid creativiteit en energie tot vernieuwingen die ook buiten het land zelf in toenemende mate worden gewaardeerd. Onder de druk van de globalisering, die ongetwijfeld groot is op een land en een cultuur waarvan de economie zo sterk groeit, raken de nationale of lokale geschiedenis, cultuur en tradities niet uit het zicht. Integendeel, ze worden als het ware opnieuw ingezet ten behoeve van die vernieuwing. Het gaat dus nooit om vernieuwing-om-de-vernieuwing. Bovendien heeft dat zelfbewustzijn behalve een esthetische kant ook een duidelijke ethische kant. Een evidente drijvende kracht achter de wens om dingen anders te doen, is immers het engagement: het streven om met bijvoorbeeld fotografie, grafisch ontwerpen, design, beeldende kunst of mode bij te dragen aan het behoud van de natuur, traditie en ambachten, of de cultuur en het sociale leven in algemene zin. Om de kloof tussen rijk en arm te dichten, die in Brazilië zo schrijnend

Frits Gierstberg – Beeldcultuur in Brazilië / **Visual Culture in Brazil**

ETHICAL VISUAL CULTURE?

The MIS and the major festivals and biennials illustrate the self-confidence of visual culture in Brazil's two largest cities. In all disciplines, high levels of creativity and energy have led to innovations that are meeting with growing enthusiasm even beyond the country's borders. The pressure of globalization on the cultural sector must be very great in a country where the economy is growing so fast. Even so, Brazil is holding onto its national and local histories, cultures and traditions, and even redeploying them, so to speak, for the purposes of innovation. But the point is never innovation for innovation's sake.

Furthermore, Brazil's self-confidence clearly has an aesthetic dimension as well as an ethical one. The country's desire to do things differently stems in part from a sense of engagement; for example, photographers, graphic artists, designers, visual artists and fashion designers strive to promote environmental conservation, local traditions and crafts, or culture and social life in general. The ultimate

diep is. Het besef dat het land in sociale en politieke zin en vanuit het oogpunt van natuurbehoud gezien behoefte heeft aan *sustainability*. Misschien dat de noodzaak van dat laatste de motor is achter de explosie van creativiteit die nu op een aantal plaatsen in Brazilië is te vinden. Hoe dan ook heeft het land de wereld op het gebied van de actuele beeldcultuur veel meer te bieden (en te leren) dan wat het spectaculaire carnaval en de mooie palmbomen op het strand van de Copacabana de argeloze toerist op het eerste gezicht voorspiegelen.

objective is to close the country's shockingly wide gap between rich and poor.

People are aware that, in society, politics and nature conservation, the country has a need for sustainability. Maybe that need has fuelled the outburst of creativity now visible in multiple parts of Brazil. Be that as it may, the country now has a great deal more to offer the world (and to learn) in the domain of visual culture than its spectacular Carnaval festivities and the idyllic palm trees on the beach at Copacabana might lead unsuspecting tourists to believe.

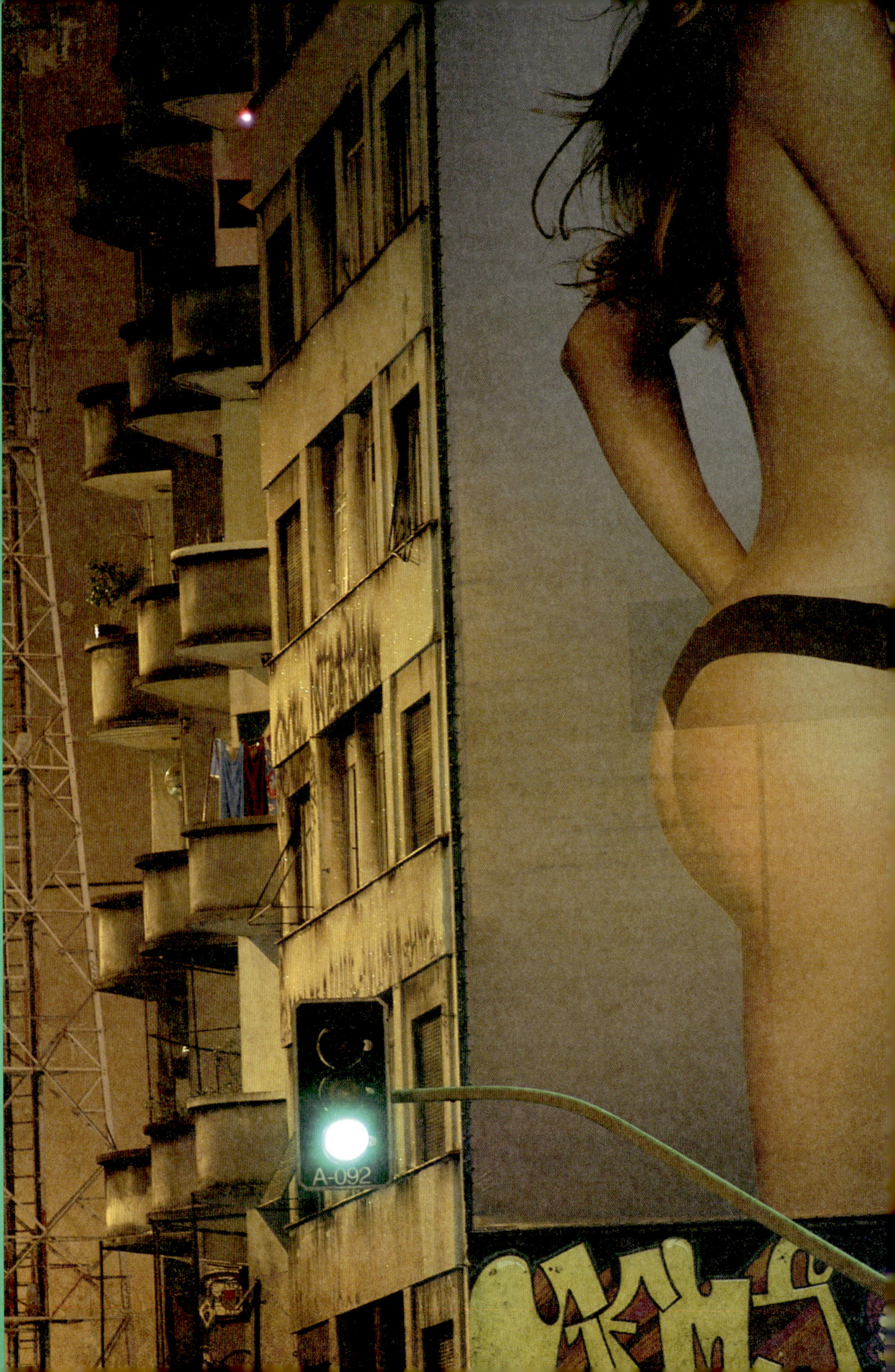

Rolê / Ronaldo Franco gevel / elevation, locatie / location: Costa e Silva - Santa Cécilia, São Paulo, 2006

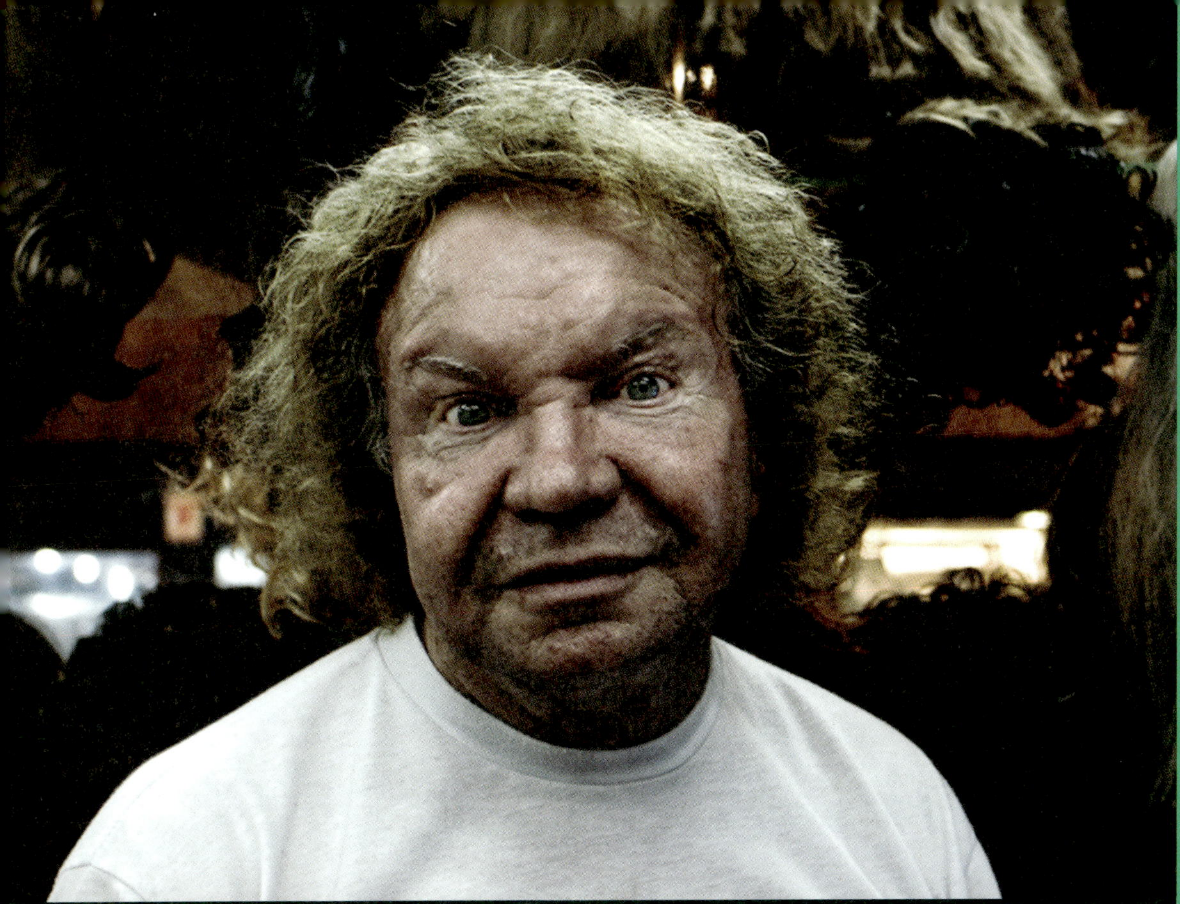

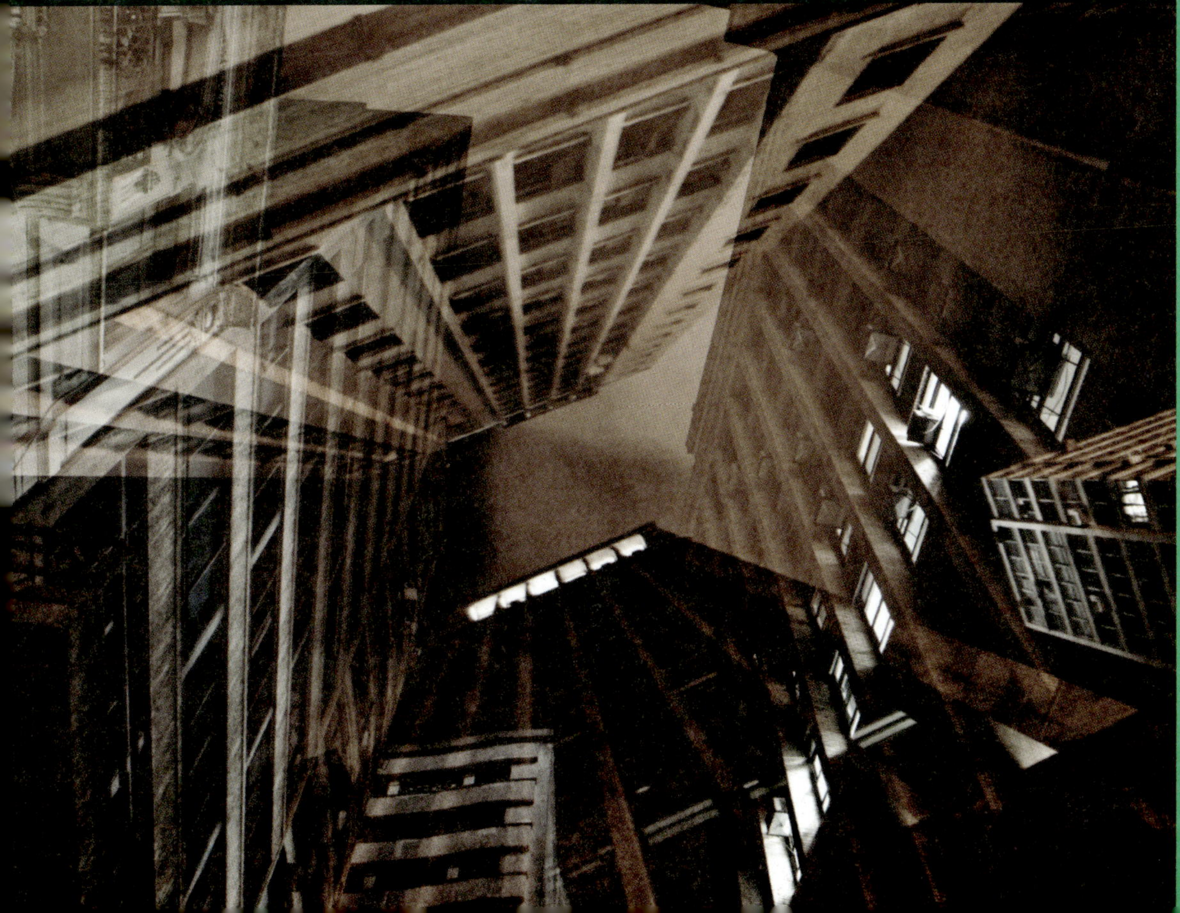

Rolê / Cauê Ito Peruca (Wig), locatie / location: Galeria do Rock, São Paulo, 2008

Rolê / Marcos Cimardi °32'53.49"s / 46°38'4.01"0, locatie / location: Rua do Tesouro - Sé, São Paulo, 2007

Beeldend kunstenaar Gabriela de Gusmão Pereira (1974) begint haar boek **Rua dos Inventos/Invention Street** (2004) met een veelzeggend citaat van een andere beeldend kunstenaar, Hélio Oiticia (1937–1980): 'Da adversidade vivemos' ('We leven van de tegenslag'). De uitspraak lijkt vooral op zijn plaats wanneer het gaat over de strijd om het dagelijks bestaan van de miljoenen armen die de Braziliaanse samenleving kent. Hier wordt een brug tussen kunst en leven geslagen die Oiticia misschien niet heeft opgemerkt, maar inderdaad waarschijnlijk wel zou hebben gewaardeerd. De Gusmão fotografeerde talloze 'waardeloze' voorwerpen, constructies en materiële bedenksels die zwervers, straatverkopers en anderen gebruiken om hun dagelijkse leven te vergemakkelijken. Zelf uitgedokterde en van afval gemaakte karretjes, rekjes, zitjes, borden, opklapbare dozen en vele andere uitvindingen werden door haar fotografisch gedocumenteerd en in een zich uitbreidend en uniek archief ondergebracht, waarbij ook de namen van de eigenaren samen met een kort interview werden bewaard. Don Júlia, Célina Regina, Daniel en João Paixão zijn niet langer anonieme zwervers. Zij krijgen van haar behalve een identiteit de status van kunstenaar of uitvinder. De Gusmão maakte onderscheid tussen gereedschap, meubels, gebruiksvoorwerpen, speelgoed en typografische inventies. Deze opmerkelijke verzameling 'straatvindingen' zijn misschien niet typisch voor Rio de Janeiro (waar De Gusmão werkt) of Brazilië in het algemeen. Feit is wel dat de contrasten tussen arm en rijk vrijwel nergens zo groot en zichtbaar zijn als hier. De intensiteit en de schaal van het 'leven van tegenslag' maken het misschien dan toch tot een typisch Braziliaans fenomeen.

216   **FRITS GIERSTBERG**

GABRIELA DE GUSMÃO PEREIRA:
RUA DOS INVENTOS/INVENTION STREET

The visual artist Gabriela de Gusmão Pereira (b. 1974) begins her book **Rua dos Inventos/Invention Street** (2004) with a revealing quote from another visual artist, Hélio Oiticia (1937-1980), **Da adversidade vivemos** ('We live on adversity'). This statement seems especially pertinent to the daily struggle for existence being waged by the millions living in poverty in Brazil. The inclusion of the quote sheds light on a link between art and life that Oiticica may not have noticed but would probably have appreciated.

De Gusmão has taken photographs of an untold number of supposedly worthless objects, constructions and contraptions used by homeless people, street vendors and others to make their everyday lives easier. Her work documents their inventions: carts, racks, seats, plates, collapsible boxes and many other items, all made of trash. De Gusmão's unique and constantly expanding archive also includes the names of the owners and brief interviews with them. Don Júlia, Célina Regina, Daniel and João Paixão are no longer anonymous vagrants. She offers them not simply an identity, but also the status of artist or inventor. De Gusmão divides the inventions into categories: hardware, furniture, everyday implements, toys and typography. This remarkable collection of 'street inventions' may not be typical of Rio de Janeiro (where De Gusmão works) or of Brazil in general, but the fact is that the contrast between rich and poor is nowhere so stark as it is here. So perhaps the intensity and the scale of the 'life of adversity' make this a typically Brazilian phenomenon after all.

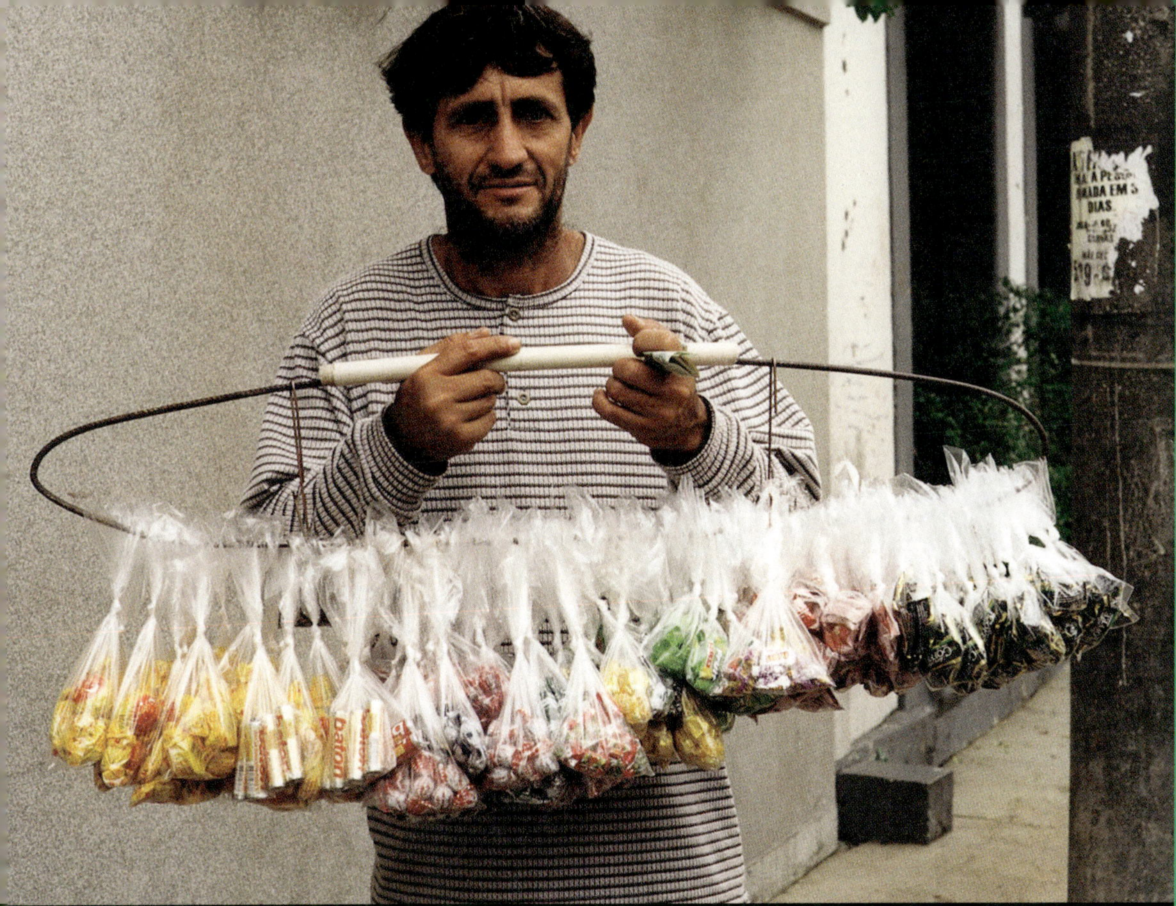

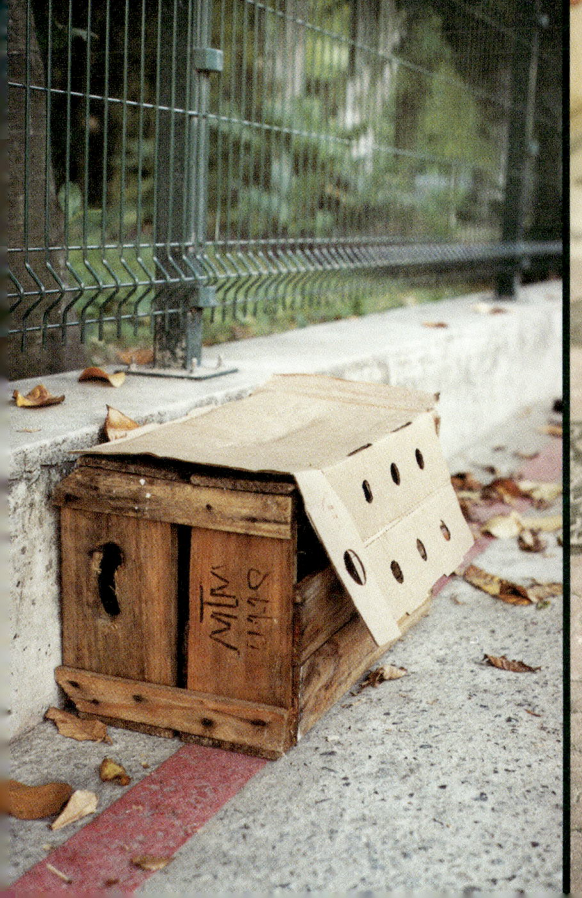

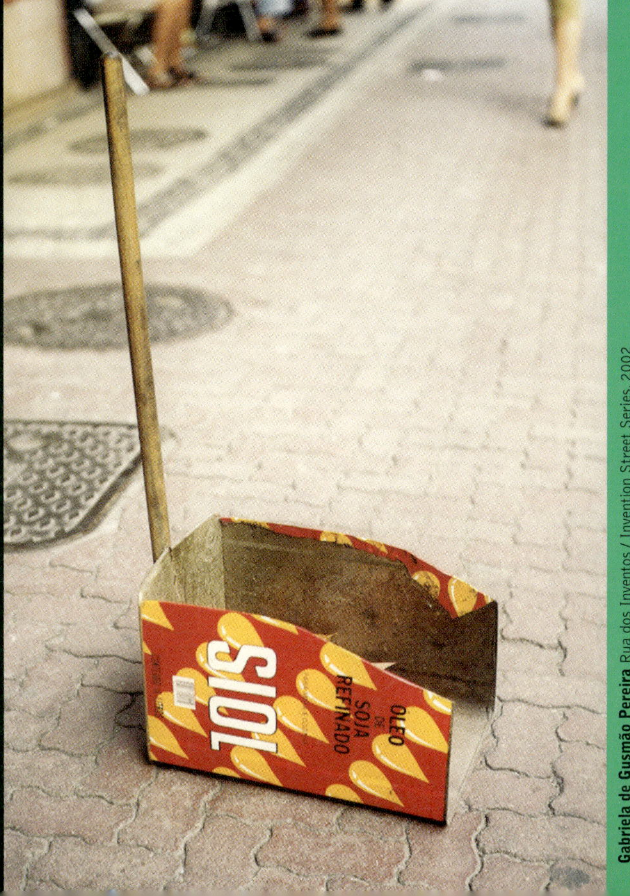

Gabriela de Gusmão Pereira *Rua dos Inventos / Invention Street Series*, 2002

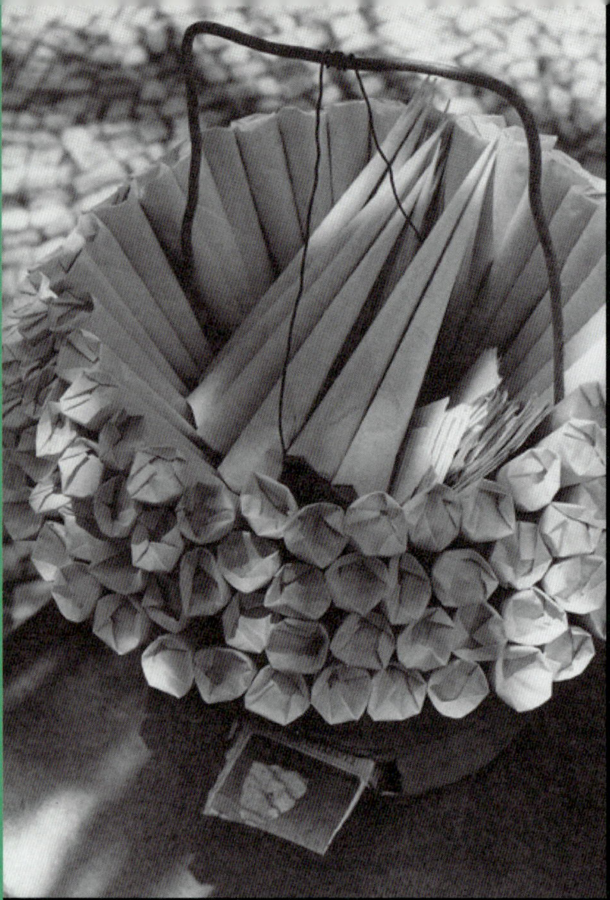

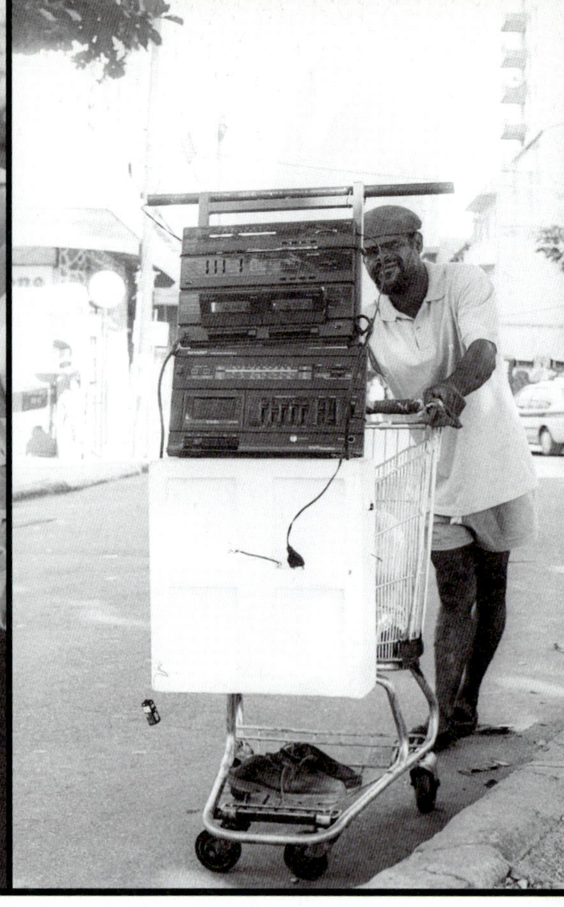

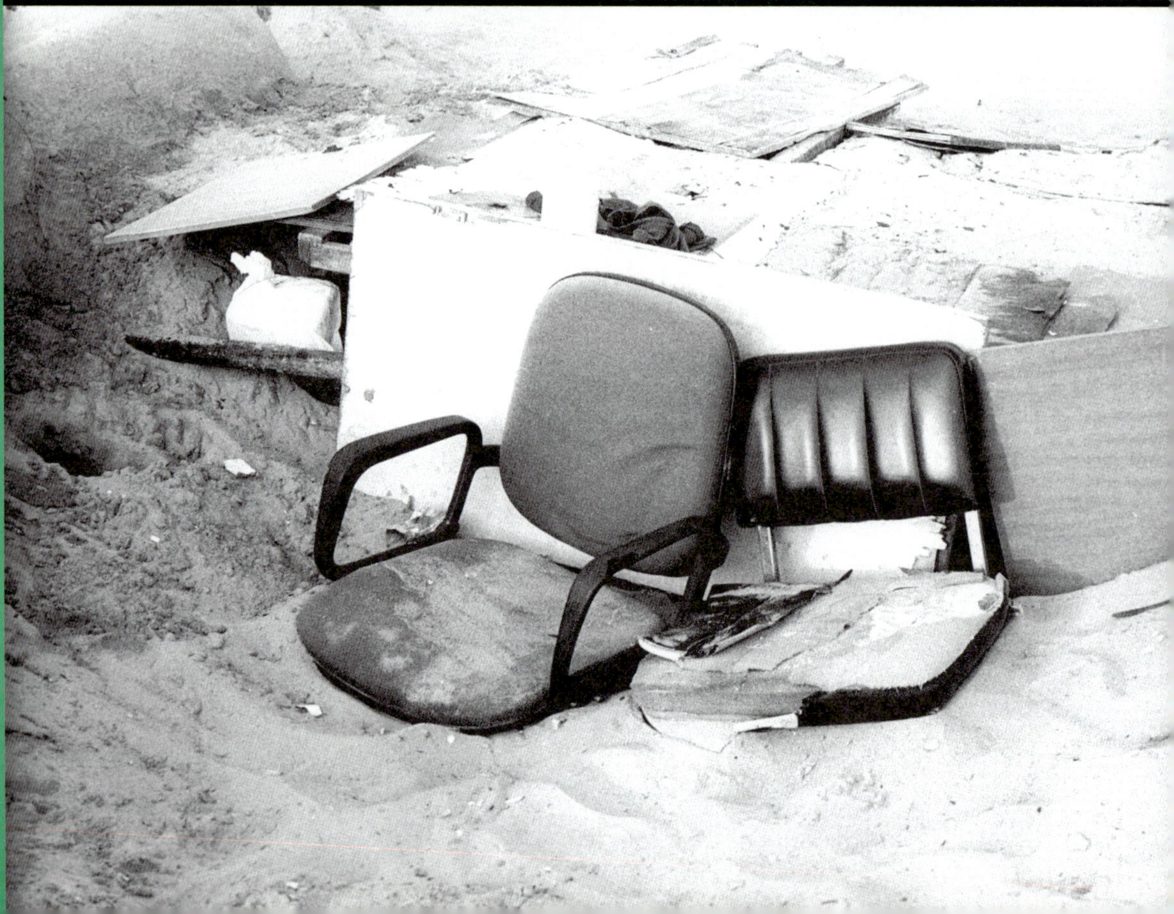

Gabriela de Gusmão Pereira Rua dos Inventos / Invention Street Series, 1. peanut can 2. Mitsubishi 3. Mobiliário praia, 2002

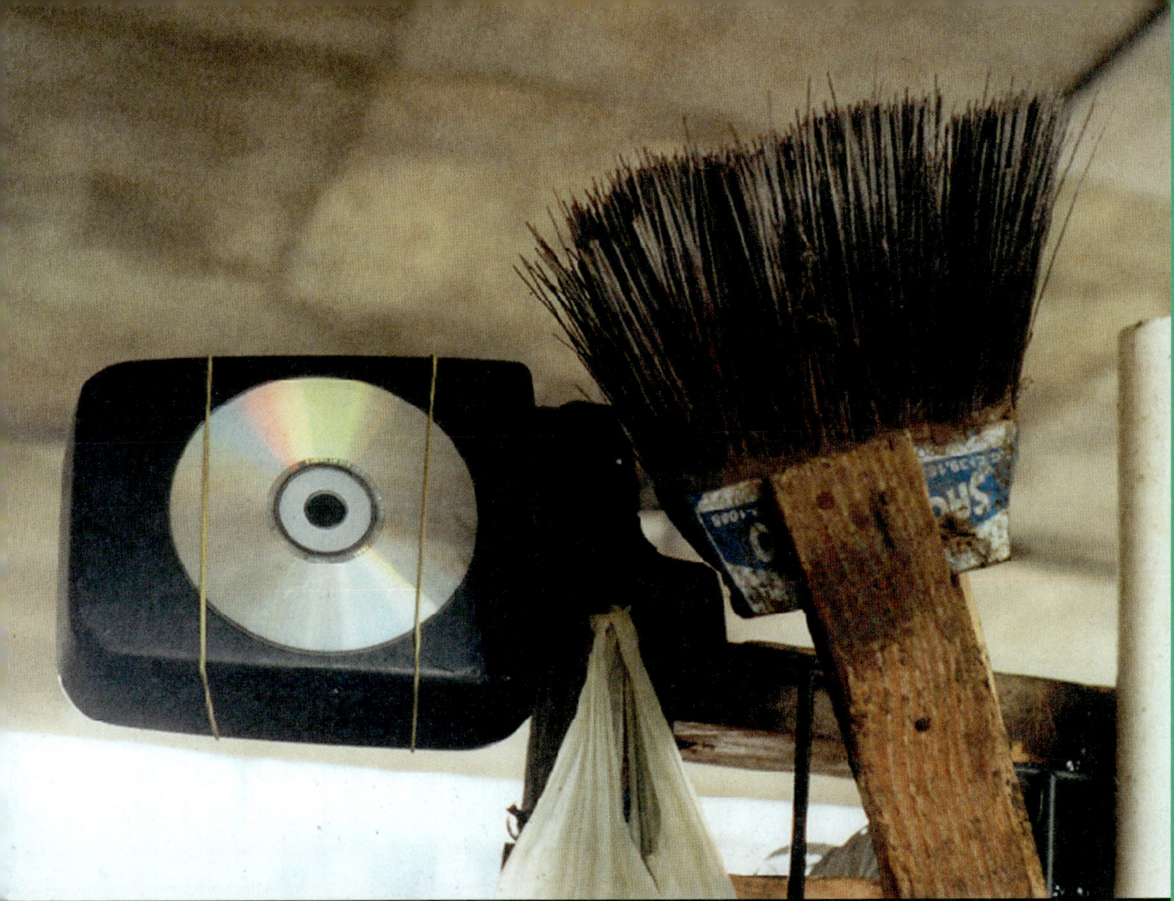

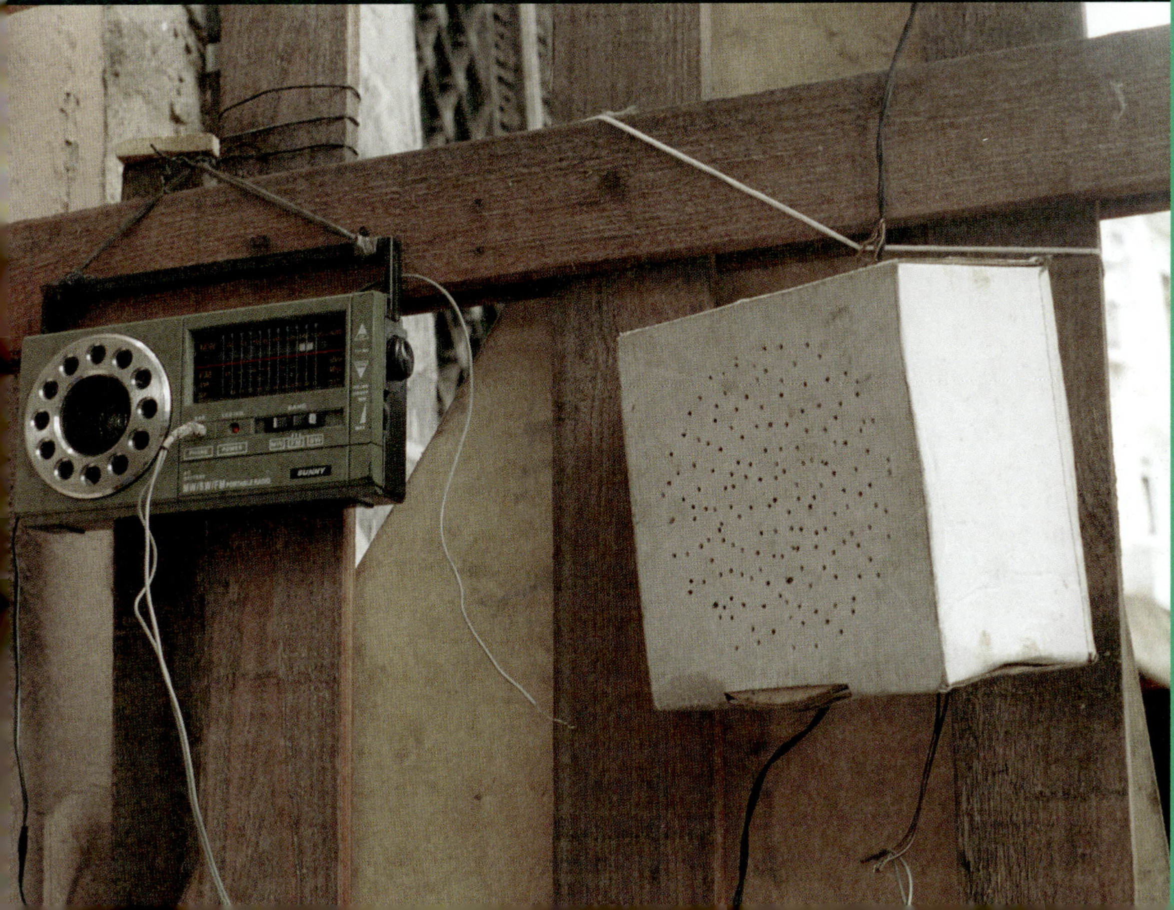

Gabriela de Gusmão Pereira Rua dos Inventos / Invention Street Series, 1. Vassoura e CD, 2. Caixa de Som, 2002

IN SEARCH OF SOME BRAZILIANNESS

JAAP GULDEMOND / BREGJE VAN WOENSEL

IN SEARCH OF SOME BRAZILIANNESS

Alva-rosada, branca-sardenta, café com leite, morena canelado, quase negra, tostada. Deze als menukaart klinkende opsomming is slechts een deel van het palet aan huidtinten dat Brazilië rijk is. Een paar jaar geleden werd in Brazilië een onderzoek gehouden waarin mensen werd gevraagd hun huidskleur te beschrijven. Meer dan 134 verschillende omschrijvingen bleken het resultaat. Het onderzoek geeft aan dat de Braziliaan een bewustzijn heeft van zijn specifieke huidskleur en dat hij zich spiegelt aan zijn omgeving: de ene kleur bruin is net wat meer chocola dan het karamel van de buurman, of dat ene soort beige is net iets meer 'geroosterd' dan die andere kleur beige. Men is zwarter of blanker, blauwer of bruiner, geler of roder, meer beige of witter dan de ander. Talloze nuanceringen, ook binnen één familie, worden beschreven en benoemd.

Een recent DNA-onderzoek wees uit dat 85% van de Brazilianen voor 10% Afrikaanse genen heeft. Het is dan ook niet voor niets dat Brazilië al aan het begin van de twintigste eeuw zijn bestuursvorm bestempelde als een 'raciale democratie' in tegenstelling tot de Verenigde Staten, waar sprake is van een raciale en culturele segregatiepolitiek – hoewel de praktijk vele malen weerbarstiger is dan de karakterisering 'raciale democratie' doet vermoeden. Dit neemt niet weg dat veel Brazilianen trots zijn op hun gemengde afkomst en de benaming 'halfbloed' in tegenstelling tot meeste andere landen er een positieve connotatie heeft.

Behalve feitelijke informatie geven de bovenstaande onderzoeksresultaten ook aan dat in Brazilië een bewustzijn van, nieuwsgierigheid naar, worsteling met en tegelijkertijd een trots zijn op deze veelkleurige samenleving heerst. De vraag is of dit bewustzijn per se iets zegt over de Braziliaanse identiteit en hoe deze zich vervolgens manifesteert in een specifieke karakterisering van de Braziliaanse samenleving. Beter is te zeggen dat er een bewustzijn heerst van de veelvormigheid en complexiteit van die Braziliaanse identiteit en dat dit – anders dan de Nederlandse zoektocht naar simplexiteit in de vorm van 'de Nederlander': Jan Modaal, Harry Holland of, zoals de Ieren naar Sean Citizen – een uitgangsgedachte is voor de meeste Brazilianen. Brazilianen kiezen niet. De Braziliaan is zich bewust

Alva-rosada, branca-sardenta, café com leite, morena canelado, quase negra and *tostada* is an enumeration that sounds like a menu, yet it represents only a fraction of the palette of complexions to be found in Brazil. A survey that asked people to describe their skin colour was held in Brazil a few years ago and amassed more than 134 different self-classifications. The study indicates that Brazilians have an awareness of their specific skin colour and reflect themselves in their surroundings: the one shade of brown is a touch more chocolate than the caramel of the neighbour or that particular hue of beige is a little more 'roasted' than that other hue. One is blacker or whiter, bluer or browner, more yellow or more red, more beige or more white than someone else. Countless nuances, even within a single family, are described and named.

A recent DNA study revealed that 10 per cent of the genetic make-up of 85 per cent of Brazilians is African. It is not for nothing that Brazil already designated its form of government as a 'racial democracy' at the start of the twentieth century, in contrast to the USA, where at that time there was a political system to some degree based on racial and cultural segregation. Brazilian politics is, however, much more unruly in practice than its characterization as a 'racial democracy' might cause one to suspect. This does not alter the fact that many Brazilians are proud of their mixed ancestry, and in contrast with most other countries the appellation of 'half-blood' has a positive connotation there.

The factual data aside, these research results indicate that in Brazil an awareness of, inquisitiveness about, grappling with and also a pride in this multicoloured society prevails. The question is whether this awareness in itself says something about the Brazilian identity and how this then manifests itself in a specific characterization of Brazilian society. It would be better to say that there is a prevailing awareness of the multiformity and complexity of that Brazilian identity and that, unlike the Dutch quest for 'simplexity' in the guise of 'the

van de veelvormigheid van 'de Braziliaan' en toont zich meester in het begrip van de complexiteit. Dat karakteriseert de identiteit van Brazilië.

De buitenwereld heeft geen moeite om Brazilië in een waterval van clichés te benoemen. Niet alleen de hoeveelheid clichés, maar ook de verscheidenheid ervan laat zien dat Brazilië tot de verbeelding spreekt. Sinds de komst van de eerste Portugese kolonialisten en de komst van Mauricio de Nassau in 1637 roept de cultuur tegengestelde beelden, utopieën en fenomenen op. Van samba tot voetbal, van onontdekte kannibalistische indianenstammen in de Amazone tot Copacabana Beach, van de futuristische hoofdstad Brasilia tot de favela's en van de om zich heen schietende narcoticabendes tot corrupte politiemannen. De buitenwereld ziet Brazilianen graag als exotische, van het leven genietende, dansende, goedlachse arme sloebers. Zelfs met het gevaar in de krottenwijken wordt geflirt, niet in het minst onder invloed van de cinema met recente succesvolle films zoals *Cidade de Deus* van Fernando Meirelles en *Tropa de Elite* van José Padilla.

Maar hoe benoemen de Brazilianen zichzelf, en zijn er momenten in de (recente) Braziliaanse geschiedenis aan te wijzen waarop zij zich meer dan anders bewust leken van, of de noodzaak voelden tot het formuleren van een Braziliaanse identiteit?

Een van deze momenten ontstond aan het begin van de jaren twintig van de vorige eeuw, een periode van grote economische voorspoed. De viering van Braziliës honderdjarige onafhankelijkheid van voormalig kolonisator Portugal in 1922 vormde een katalysator voor een reflectie op de eigen identiteit, of eerder op het gebrek aan een eigen identiteit. Bij een kleine groep Braziliaanse intellectuelen en kunstenaars leidde dit tot de behoefte om hierin verandering aan te brengen en ook tot de wil om 'het grote vooruitgangsavontuur' aan te gaan, zoals de Braziliaanse kunstenaar Emiliano di Cavalcanti het noemde.

In 1922 werd in de schouwburg van São Paulo de 'Semana de Arte Moderna' gehouden. De schrijvers, dichters, musici, architecten én beeldend kunstenaars die hieraan deelnamen onderschreven twee – zo op het oog tegenstrijdige – principes: het

Dutchman' – a Harry Holland, a Joe Sixpack or, as in the case of the Irish, a Sean Citizen – this serves as a basic premise for the majority of Brazilians. Brazilians do not choose. The Brazilian is conscious of the polymorphism of 'the Brazilian' and is evidently a master in grasping complexity. That is what characterizes Brazil's identity.

The outside world has no problem describing Brazil in a cascade of clichés. The quantity of clichés and their variety show that Brazil captures the imagination. Since the arrival of the first Portuguese colonizers and the 1637 arrival of Count Johan Maurits of Nassau – 'Mauricio de Nassau' – to govern the Dutch Republic's colonial territories there, Brazil's culture has conjured up contrasting images, utopias and phenomena: from samba to soccer, from undiscovered cannibalistic indigenous tribes in the Amazon jungle to Copacabana beach, from the futuristic capital of Brasília to the shantytown favelas, and from trigger-happy gangs of drugs dealers to corrupt policemen. The out-

side world likes to see Brazilians as exotic, poor wretches who enjoy life, are quick to dance and spontaneously laugh. There are even flirtations with the perils of the favelas, to no small degree influenced by cinema with the recent success of films such as *Cidade de Deus* by Fernando Meirelles and *Tropa de Elite* by José Padilla.

But how do Brazilians describe themselves and are there moments in Brazil's recent or distant past which can be highlighted as moments when the nation seemed especially conscious of a Brazilian identity or felt the necessity to formulate one?

One of these moments arose in the early 1920s, a period of great economic prosperity. The 1922 celebration of the centenary of Brazil's independence from the former colonial power, Portugal, served as a catalyst for a reflection on the nation's identity, or rather the lack of a national identity. Among a small group of Brazilian intellectuals and artists this inspired the desire to effect a change in the sit-

absorberen van de nieuwste ontwikkelingen van de kunst uit Europa én het zich laten inspireren door de eigen, nationale cultuur. De vastberadenheid niet alleen hedendaags te willen zijn maar tegelijkertijd Braziliaans, markeert een belangrijk momentum binnen de geschiedenis van de Braziliaanse cultuur. Het toont het begin aan van een zelfbewustzijn, van een zoeken naar de eigenheid van de Braziliaanse cultuur.

De tegenstelling tussen enerzijds varen op het kompas van de eigen Braziliaanse provinciale cultuur en anderzijds aansluiting zoeken bij de nieuwste tendensen binnen de Europese cultuur werd door de kunstenaars zelf ook onderkend en verwoord in de term 'nationaal internationalisme'. Met dit nationaal internationalisme werd het zogenaamde Braziliaanse modernisme ingeluid: een versmelting van de tegenstellingen tussen nationalisme en internationalisme, tussen het lokale en het universele.

In dit culturele klimaat schreef dichter Oswald de Andrade in 1928 het *Manifesto Antropófago*, waarin het begrip antropofagie ofwel kannibalisme centraal staat. De titel verwijst naar het kannibalisme van de indianen van de Braziliaanse Tupi-stam, die hun vijanden opaten om zich ook de kracht van de overwonnenen toe te eigenen, om deze als het ware te absorberen. Andrade stelt in zijn manifest dat de ware kracht van Brazilië ligt in zijn vermogen om andere culturen te 'kannibaliseren', op te eten, zich toe te eigenen en om van daaruit een eigen Braziliaanse cultuur en kunst te scheppen.

'Tupi or not Tupi, that is the question'[1]
Het Antropofagisch Manifest maakt duidelijk dat Brazilië niet passief westerse invloeden moest imiteren, maar deze selectief en op eigen wijze moest verwerken en absorberen om uiteindelijk een unieke Braziliaanse cultuur te creëren. Het is ook dit manifest dat later, begin jaren zestig, door Hélio Oiticica en zijn omgeving wordt herontdekt en hergebruikt.

In de jaren die volgen op het verschijnen van het manifest verdwijnt in Brazilië – mede als gevolg van de wereldwijde economische crisis – langzaamaan de optimistische stemming van de jaren twintig. Getúlio Vargas, voormalig burgerpoliticus, komt aan de macht en manifesteert zich als een dictator. Met het

uation as well as the will to set out on 'the great adventure of progress', as it was termed by the Brazilian artist Emiliano di Cavalcanti.

In 1922 the 'Semana de Arte Moderna' (Week of Modern Art) was held at São Paulo's Municipal Theatre. The participating authors, poets, musicians, architects and artists subscribed to two seemingly contradictory principles: absorbing the latest developments in art from Europe and drawing inspiration from one's own national culture. The determination to be not simply contemporary but also Brazilian marks an important juncture in the history of Brazilian culture. It proclaims the dawn of self-awareness, the start of a quest for what is intrinsic to Brazilian culture.

The antithesis between following the lead of Brazil's national culture on the one hand and seeking affiliations with the latest trends within European culture on the other was recognized and articulated by the artists themselves in the term 'national internationalism'. This national internationalism heralded the birth of so-called Brazilian modernism: an amalgamation of the contradistinctions between nationalism and internationalism, between the local and the universal.

It was in this cultural climate that the poet Oswald de Andrade wrote his *Manifesto Antropófago* (Anthropophagite Manifesto) in 1928, in which the term 'anthropophagy', or cannibalism, is key. The title refers to the cannibalism of the Indians of the Brazilian Tupi tribe, who devoured their enemies in order to acquire the strength of the vanquished, to absorb them, as it were. In his manifesto, Andrade states that Brazil's true strength lies in her ability to 'cannibalize' other cultures, to devour and assimilate them, and to use that to create a quintessentially Brazilian culture and art.

'Tupi or Not Tupi, That Is the Question'[1]
The Anthropophagite Manifesto spells out how Brazil should not passively imitate Western influences but should digest and absorb them selectively and in her own manner, and thus

argument dat hij het land wil behoeden voor een burgeroorlog, leidt hij het met strakke hand volgens methoden die direct gemodelleerd zijn naar fascistische voorbeelden. Desondanks worden de 'resultaten' van het ontluikend Braziliaans modernisme niet teruggedraaid of weggestopt, maar veeleer geïnstitutionaliseerd en daarmee openlijk erkend. Zo wordt Lúcio Costa, de toekomstige stedenplanner van de nieuwe Braziliaanse hoofdstad Brasilia, benoemd tot directeur van de Escola Nacional de Belas Artes (Nationale Academie van Schone Kunsten), waar hij grote en belangrijke onderwijsvernieuwingen tot stand weet te brengen. Ook zet de regering-Vargas zich in zijn beginjaren in om – na bezoeken van Le Corbusier en Frank Lloyd Wright aan Brazilië – tot een herformulering van de Braziliaanse architectuur te komen. Wel vinden er accentverschuivingen plaats ten faveure van meer provinciaal gerichte Braziliaanse kunst.

De jaren dertig zijn in Brazilië een tijd vol politieke ambivalentie: enerzijds een dictator van fascistische *Schnitt* – in 1937 verzekert Vargas zich via een putsch van een langer verblijf aan de macht en scha-

kelt hij de oppositie uit – anderzijds een voortschrijdende industrialisering die een nieuwe middenklasse doet ontstaan en die ook progressieve ontwikkelingen binnen de context van de kunst mogelijk maakt of in ieder geval bekrachtigt. Wanneer Vargas in 1937 echter de 'Estado Novo' uitroept, verlaten belangrijke intellectuelen en activisten het land.

De Tweede Wereldoorlog pakt voor Brazilië gunstig uit. Ondanks zijn naar fascisme neigende bewind kiest Getúlio Vargas in 1942 de zijde van de geallieerden en verklaart de Asmogendheden de oorlog. Door de levering van goederen en militaire hulp aan de geallieerden komt Brazilië gesterkt uit de oorlog. Europa ligt in puin en er ontstaat een nieuwe wereldorde waarin Brazilië een belangrijkere rol voor zichzelf ziet weggelegd. De blik van Brazilië is niet langer enkel op Europa gericht. De Verenigde Staten gaan in politieke en economische zin een steeds prominentere rol spelen voor de Brazilianen. De Verenigde Staten vergroten meteen na de oorlog in heel Zuid-Amerika hun invloed middels hun 'good neighbor policy', met als doel het communisme

ultimately eventually arrive at a unique Brazilian culture. It is this manifesto that was rediscovered and revived by Hélio Oiticica and his circle in the 1960s.

In the years following the manifesto's publication, the optimistic mood of Brazil in the 1920s gradually dissipated – in part as a result of the global economic crisis. Getúlio Vargas, a former populist, came to power and proved to be a dictator. With the argument that he wanted to preserve the land from a civil war, he ruled with an iron fist using methods that were directly modelled on fascist examples. Nevertheless, the 'fruits' of the burgeoning Brazilian modernism were not undone or hidden away but rather institutionalized and thereby publicly acknowledged. For example, Lúcio Costa, the future urban planner of the new Brazilian capital of Brasília, was appointed as director of the Escola Nacional de Belas Artes (National School of Fine Arts), where he managed to implement sweeping and significant educational reforms. In its early years, the Vargas government – fol-

lowing visits by Le Corbusier and Frank Lloyd Wright to Brazil – also devoted itself to effecting a reformulation of Brazilian architecture. There were, however, shifts in emphasis in favour of Brazilian art with a more provincial focus.

The 1930s was an era of political ambivalence in Brazil: on the one hand a dictator cut from the same cloth as fascists – in 1937 Vargas assured himself of a longer sojourn in power by means of a putsch and thus eliminated the opposition – and on the other hand advancing industrialization that drove the emergence of a new middle class and facilitated progressive developments in the art world, or at least assented to them. Yet when Vargas proclaimed the 'Estado Novo' in 1937, important intellectuals and activists fled the country.

The Second World War proved to be opportune for Brazil. Despite his regime's fascist leanings, in 1942 Getúlio Vargas sided with the Allies and declared war on the Axis powers. By sup-

hier geen kans te geven. Walt Disney, vaker ingezet om politieke en patriottische uitspraken te doen, ontwerpt in 1942, in opdracht van de Amerikaanse regering, Joe Carioca, een stripfiguur als verpersoonlijking van Brazilië. Deze kleurrijke papegaai moest de *hearts and minds* van de Brazilianen winnen. Dit vriendschapsgebaar werkt en Zé Carioca, zoals de Brazilianen de stripfiguur noemen, wordt inderdaad de Mickey Mouse van Brazilië.

Vargas wordt na 1945 direct aan de kant gezet, waarna Brazilië bouwt aan een representatieve democratie. Het land telt internationaal mee en blaakt inmiddels van zelfvertrouwen. Het toegenomen Braziliaans zelfbewustzijn en het Braziliaans toekomstoptimisme uit zich op cultureel gebied in de oprichting van het Museu de Arte Moderna in Rio de Janeiro in 1948 en het Museu de Arte Moderna in São Paulo in 1949. Beide musea werden min of meer gebaseerd op het idee van het MoMA in New York (1939). Ook worden de eerste plannen gesmeed voor een Internationale Biënnale van São Paulo, naar het voorbeeld van de Biënnale van Venetië. Mediatycoon Assis Chateaubriand richt in 1950 Braziliës eerste televisiestation op en is tegelijkertijd nauwbetrokken bij het nieuwe museum voor moderne kunst in São Paulo.

De stemming in het land slaat echter om op het moment dat de regering de oliewinning voor de Braziliaanse kust aan de Amerikanen wil gunnen. Het zelfvertrouwen maakt plaats voor een sterk nationalisme. De vroegere dictator Vargas weet hieruit munt te slaan en wordt in 1950 democratisch verkozen tot president. Met de slogan 'O petróleo é nosso' (De olie is van ons) wordt de nationale oliemaatschappij Petrobras opgericht; de economie wordt gedeeltelijk weer genationaliseerd. Zoals tijdens Vargas' vorige presidentschap lopen conservatieve en progressieve tendensen door elkaar en parallel aan elkaar.

In 1955 – nadat Vargas mede als gevolg van een aanzwellende burgerlijke oppositie zelfmoord heeft gepleegd – keert het optimisme en de internationale oriëntering weer volop terug in Brazilië. Onder de nieuwe president Juscelino Kubitschek begint Brazilië aan een nieuwe periode van internationale bloei. Een nieuw 'nationaal internationalisme'.

plying goods and offering military assistance to the Allies, Brazil emerged from the war invigorated. Europe was reduced to rubble and a new world order emerged in which Brazil saw a more important role in store for herself. Brazil's gaze was no longer fixed on Europe alone; in political and economic respects the USA started to play an increasingly prominent role for the Brazilians. Immediately after the war the USA strengthened its influence throughout South America by means of its 'good neighbor policy', with the object of preventing communism gaining any foothold there. Walt Disney, no stranger to producing political and patriotic statements, was in 1942 commissioned by the US government to design Joe Carioca, a cartoon character as the personification of Brazil. This brightly coloured parrot was meant to win the 'hearts and minds' of the Brazilians. This gesture of friendship worked, and Zé Carioca – as Brazilians call this cartoon character – did indeed become the Mickey Mouse of Brazil.

Vargas was deposed immediately after the war ended in 1945, whereupon Brazil set about establishing a representative democracy. The country counted on the international stage now and was brimming with resurgent self-confidence. Heightened Brazilian self-awareness and the Brazilian optimistic confidence in the future was expressed in the cultural sphere by the founding of the Museu de Arte Moderna in Rio de Janeiro in 1948 and the Museu de Arte Moderna in São Paulo in 1949. Both museums were essentially based on the concept of the MoMA in New York (1939). Plans were also hatched for a São Paulo International Biennial, after the example of the Venice Biennale. In 1950 the media tycoon Assis Chateaubriand established Brazil's first television station and was at the same time closely involved with the new museum for modern art in São Paulo.

Nevertheless, the country's mood turned as soon as it became known that the government intended to allow the Americans to extract the

Het is een opvallend terugkerend fenomeen in de geschiedenis van Brazilië dat het land zich in de twintigste eeuw enerzijds internationaal wil manifesteren en zich ook daadwerkelijk openstelt voor de rest van de wereld, maar zich anderzijds ook steeds weer beroept op een sterk nationalisme en zich daardoor weer naar binnen keert – en gevoelig blijkt voor allerhande dictatorschappen. Zoals Ineke Holtwijk in haar inleiding schetst is echter het optimisme – er in het leven van dag tot dag iets van maken – niet uit te roeien. De ontwikkeling van Brazilië lijkt een haast menselijke evolutie van enorme groeisprongen en hardnekkige groeistuipen. Het ene moment blaakt het land van zelfvertrouwen, het andere moment is het onzeker en in zichzelf gekeerd.

In Brazilië kon het gebeuren dat het nationalisme de overhand had, maar tegelijkertijd het internationalisme triomfen vierde. Zo werd de eerste Internationale Biënnale van São Paulo gehouden in 1951, precies het moment dat Vargas met zijn beroep op nationale sentimenten de verkiezingen won. Een vergelijkbare tegenstrijdigheid tekende zich af in 1967 toen – ten tijde van de militaire dictatuur – de legendarische tentoonstelling 'Nova Objetividade Brasileira' in het Museu de Arte Moderna van Rio de Janeiro de deuren opende.

'Vijftig jaar in vijf' luidt de slogan van het presidentschap van Juscelino Kubitschek (1955–1961). Het is de tijd van grote industriële vooruitgang, van economische voorspoed en van een enorm vooruitgangsoptimisme. Het is de tijd van de bouw van een nieuwe, op de tekentafel ontworpen hoofdstad midden in het land, de opkomst van de Braziliaanse auto-industrie en de eerste wegen die het Amazonegebied doorkruisen. Er is een enorme toevloed van buitenlands kapitaal en buitenlandse bedrijven. In deze sfeer van toekomstvertrouwen vond in 1956 de eerste 'Exposição Nacional de Arte Concreta' plaats. Deze tentoonstelling vormde, in retrospectief, het startpunt van een tweede poging om tot een eigen internationale Braziliaanse kunst te komen. Net als ten tijde van het officieuze begin van het Braziliaans modernisme in 1922 tijdens de 'Semana de Arte Moderna' in São Paulo, vonden dichters en beeldend kunstenaars elkaar in het enthousiasme voor een nieuwe kunst. Een kunst die probeert een universele

oil off the Brazilian coast. The self-confidence was supplanted by a robust nationalism. The former dictator, Vargas, managed to capitalize on this and was democratically elected as president in 1950. The state oil company, PetroBras, was established under the slogan 'The oil is ours'; the economy was partially re-nationalized. As during Vargas' previous presidency, conservative and progressive tendencies traversed and coursed parallel to one another.

In 1955 – after Vargas had committed suicide, in part because of growing civil opposition – the optimism and international orientation in Brazil returned with renewed vigour. Under her new president, Juscelino Kubitschek, Brazil entered a new period of international florescence, a new era of 'national internationalism'.

During the twentieth century one of the remarkable recurring phenomena in the history of Brazil was that the country wanted to manifest herself internationally and actively threw herself open to the rest of the world, while on the other hand she repeatedly appealed to a robust nationalism and thus turned inward again – and proved susceptible to all manner of dictatorships. However, as Ineke Holtwijk outlines in her introduction, it is impossible to quash the optimism – making the best of things from one day to the next. Brazil's development almost seems like a human evolution, with huge leaps in growth and obstinate growing pains. One moment the country is glowing with self-confidence; the next moment she is unsure and insular.

In Brazil it was possible for nationalism to prevail at the same time as internationalism was celebrating triumphs. For example, the inaugural São Paulo International Biennial was held in 1951, precisely when Vargas won election with his appeal to nationalist sentiments. A similar paradox was made manifest in 1967 – under the military dictatorship – when the legendary 'Nova Objetividade Brasileira' (New Brazilian Objectivity) exhibition opened at Rio de Janeiro's Museu de Arte Moderna.

taal te spreken en die vertrouwen in de toekomst uit-
straalt. Het grote voorbeeld voor de beeldend kunstenaars was Max Bill. Deze Zwitserse kunstenaar
had in 1950 al een retrospectieve tentoonstelling in
het net geopende museum voor moderne kunst van
São Paulo en won een jaar later de prijs voor internationale beeldhouwkunst op de eerste Internationale
Biënnale van São Paulo.

In 1956 bleek de tijd rijp voor een eerste tentoonstelling van Braziliaanse concrete kunst, georganiseerd in het Museu de Arte Moderna in São Paulo. De concrete kunst was een bij uitstek utopische
kunst, die perfect paste bij het geloof in de maakbare
toekomst van Brazilië. De concrete kunst ademde
in haar abstractie en mathematiek immers de plan-
matigheid van een nieuwe toekomst. De vormentaal
sloot aan bij de anonimiteit van de industriële vooruitgang. Deze concrete beeldtaal paste uitstekend
bij Braziliës groeiende zelfbewustzijn en verlangen
om te worden opgenomen in de 'nieuwe wereldorde'
en om serieus te worden genomen door de rest van
de 'moderne' wereld. De tentoonstelling vond ook
niet voor niets in hetzelfde jaar plaats als de aankon-
diging van de bouw van Brasilia. Het najagen van
moderniteit leek voor Brazilië het enig mogelijke
antwoord op de schijnbare discrepantie tussen het
nationalisme en internationalisme, tussen het lokale
en het universele. 'Brazilië is een land dat gedoemd
is om modern te zijn', aldus de befaamde kunstcriticus Mario Pedroso.[2]

Ondanks, of juist dankzij, dit utopische geloof
trad al snel na de eerste gezamenlijke tentoonstelling van de Braziliaanse concrete kunstenaars een
schisma op. De concrete kunstenaars en dichters uit
Rio de Janeiro konden zich niet vinden in de idealen
van hun vakbroeders uit São Paulo en lieten dit al
in hun tweede gezamenlijke tentoonstelling (1957) –
dit keer in Rio de Janeiro – duidelijk weten. De zogeheten Carioca's uit Rio zochten in tegenstelling tot
de concrete kunstenaars uit São Paulo – wier kunst
zij te wetenschappelijk, te theoretisch, te rationeel
vonden – naar een methode om binnen de concrete
kunst ook meer expressieve en existentiële betekenissen te betrekken. In 1959 leidde dit tot een defini-
tieve breuk, waarna een aantal concrete kunstenaars
en dichters uit Rio de Janeiro de Neoconcrete Groep

'Fifty years in five' was the slogan of the
presidency of Juscelino Kubitschek (1955-
1961). It was the era of great industrial strides,
economic prosperity and a huge optimism in
progress. It was the time of the construction
of a new capital city designed on the drawing
board and situated at the country's geographical heart, the rise of the Brazilian automobile
industry and the first highways to traverse the
Amazon. There was a massive influx of foreign capital and foreign businesses. The first
'Exposição Nacional de Arte Concreta' (National Exhibition of Concrete Art) was staged in
1956, in this atmosphere of unshakeable confidence in the future. In retrospect, this exhibition formed the starting point for a second
attempt to arrive at a distinctive international
Brazilian art. As at the time of the unofficial
birth of Brazilian modernism in 1922 during
the 'Semana de Arte Moderna' (Week of Modern Art) in São Paulo, poets and visual artists
were united in their enthusiasm for new art, an
art that endeavours to speak a universal language and exudes that confidence in the future.
The great example for the visual artists was
the Swiss artist Max Bill, who had already been
honoured with a retrospective at the newly
opened Museu de Arte Moderna in São Paulo in
1950. A year later he won the prize for international sculpture at the first São Paulo International Biennial.

In 1956 the time seemed ripe for a first
exhibition of Brazilian Concrete art, staged at
the Museu de Arte Moderna in São Paulo. Concrete art was a utopian art *par excellence*, which
dovetailed perfectly with the belief in Brazil's
'makeable' future. In its abstraction and math-
ematics Concrete art was without doubt per-
vaded with the systematics of a new future.
The visual idiom was in keeping with the ano-
nymity of industrial progress. This Concrete
visual idiom was a perfect companion to Brazil's growing self-awareness and her desire to
be integrated into the 'new world order' and
be taken seriously by the rest of the 'modern'
world; there was good reason for the exhibition

oprichtten. Kunstenaars waaronder Lygia Clark, Lygia Pape en dichters als Ferreira Gullar en Reynaldo Jardim stelden in hun *Manifesto Neoconcreto* dat zij, binnen de concrete vormentaal, zochten naar het vitale, subjectieve, expressieve en sensorische in de kunst. Ferreira Gullar publiceerde in datzelfde jaar zijn 'Teoria do não-objeto' ('Theorie over het non-object'). Hierin stelde hij: 'het non-object is geen anti-object, maar een bijzonder object waarin de synthese van geestelijke en zintuiglijke ervaringen is vertaald.'[3] Deze theorie zou richtinggevend worden voor de neoconcrete kunstenaarsgroep. In december werd Hélio Oiticica – die later samen met Lygia Clark het icoon van de Braziliaanse moderne kunst zou worden – uitgenodigd om tot deze nieuwe beweging toe te treden. Hij zou vanaf dit moment – naast Lygia Clark en Ferreira Gullar – een sleutelrol spelen in de ontwikkeling van de groep.

Een opvallend aspect van de neoconcrete beweging is, wederom, hun pogen om universeel én Braziliaans te zijn. Het was hun streven om parallel te lopen aan de ontwikkeling van de internationale kunst en om hier tegelijkertijd een eigen antwoord op te geven.

Het is een van de grote verdiensten van Lygia Clark en Hélio Oiticica dat zij binnen de geometrisch-abstracte vormentaal van de internationale concrete kunst een eigen conceptuele benadering en vormentaal ontwikkelden die subjectieve elementen toelieten. In schijnbare tegenstelling tot de universele taal van de concrete kunst waren beide kunstenaars ervan overtuigd dat het incorporeren van subjectieve elementen de concrete kunst, of zoals zij het zelf noemden de neoconcrete kunst, juist nog universeler maakte. Op deze wijze immers kwam de kunst nog dichter bij de complexe realiteit van het leven zelf. Mooie voorbeelden van deze gedachtegang zijn de *Bichos* (1960–1963) van Clark en de *Bólides* die Oiticica vanaf 1963 produceerde. Beide zijn groepen van werken waarin de beschouwer gevraagd wordt te participeren in het werk. Clarks *Bichos* zijn constructies van geometrische vlakken die met scharnieren aan elkaar verbonden zijn. De beschouwer kan deze in verschillende constellaties plaatsen. Oiticica's *Bólides* ogen formeel steeds verschillend. Ze ontwikkelen zich van kleine, eenvoudige geverfde houtconstructies die door de

taking place in the same year as the announcement of the construction of Brasília. For Brazil, the pursuit of modernity seemed to be the only possible response to the seeming discrepancy between nationalism and internationalism, between the local and the universal. 'Brazil is a country that is doomed to be modern,' according to the renowned art critic Mario Pedroso.[2]

In spite of or in fact thanks to this utopian belief, a rift emerged after the first joint exhibition by Brazil's Concrete artists. The Concrete artists and poets from Rio de Janeiro could not come to terms with the ideals of their *confrères* from São Paulo and already made this patently clear in their second joint exhibition (1957), this time staged in Rio de Janeiro. Unlike the Concrete artists from São Paulo, whose art they found overly scientific, too theoretical and exaggeratedly rational, the so-called Cariocas from Rio were searching for a means to include more expressive and existential content within the Concrete aesthetic. This led to a definitive rift in 1959, whereupon a number of Concrete

artists and poets from Rio de Janeiro founded the Neo-Concrete group. The signatories to the *Manifesto Neoconcreto* (Neo-Concrete Manifesto), among them the artists Lygia Clark and Lygia Pape and the poets Ferreira Gullar and Reynaldo Jardim, proclaimed that they were searching for the vital, subjective, expressive and sensorial in art within the framework of the Concrete formal idiom.[3] Ferreira Gullar published his 'Teoria do não-objeto' (Theory of the Non-Object) that same year, in which he argued that 'the non-object is not an anti-object, but a peculiar object in which the synthesis of mental and sensory experiences is carried out.'[4] This theory would be a guiding principle for the Neo-Concrete group. In December, Hélio Oiticica – who, along with Lygia Clark, was to become an icon of Brazilian modern art – was invited to join this new movement. He would from that point play a key role, in conjunction with Lygia Clark and Ferreira Gullar, in the group's development. One striking feature of the Neo-Concrete movement is that its adher-

beschouwer gemanipuleerd kunnen worden, waardoor de relatie van de ene kleur ten opzichte van de andere kleur veranderde, tot kleine ruimtes waarin de beschouwer zelf kan plaatsnemen, zoals bijvoorbeeld de *Bed Bolides* (zie verder artikel van Luciano Figueirado in deze catalogus). De *Bólides* behoren in de internationale kunstgeschiedenis tot de eerste voorbeelden van kunstwerken waarvan de toeschouwer zelf een intrinsiek onderdeel vormt.

De ontwikkelingen in de Braziliaanse kunst lopen op dat moment gelijk met die in Europa en Noord-Amerika en leveren bovendien een unieke bijdrage. De idee van de participatie van de toeschouwer en van de zelfperceptie van het bewegende lichaam in de ruimte – een opmaat naar de ontwikkeling van de minimal art in de Verenigde Staten in de jaren zestig – zijn in het werk van Oiticica en Clark al geprononceerd aanwezig.

Het neoconcretisme, met Clark en Oiticica in de hoofdrol, ontstond op het hoogtepunt van Braziliës geloof in eigen kunnen. Nieuwe utopische vergezichten, zoals hierboven beschreven, leken in het verschiet te liggen. Kunstenaars en intellectuelen voelden zich geroepen om daadwerkelijk bij te dragen aan een volwassenwording van Brazilië en de Braziliaanse cultuur. Net zoals in de jaren twintig wilden zij een kunst ontwikkelen die zou corresponderen met de eigen Braziliaanse identiteit. Zowel in de literatuur als in het theater, de cinema en de muziek hadden Braziliaanse kunstenaars eenzelfde doel.

In 1961 komt de links-populistische João Goulart aan de macht. In een tijd van economische malaise en sociale chaos probeert hij buitenlandse bedrijven te nationaliseren. Dit zeer tegen de zin van de Verenigde Staten, die dit met de hulp van een aantal Braziliaanse militairen een halt proberen toe te roepen. In 1964 grijpen de militairen uiteindelijk de politieke macht. Het begin van een militaire dictatuur die meer dan twintig jaar zal duren.

Tijdens deze dictatuur organiseerde het Museu de Arte Moderna in Rio de Janeiro in 1967 de tentoonstelling 'Nova Objetividade Brasileira'. De tentoonstelling vond plaats in een tijd van sterke militaire repressie, maar is desondanks een keer-

ents once again endeavoured to be universal as well as Brazilian. Their ambition was to keep pace with developments in international art and at the same time generate a national response to them.

One of the great accomplishments of Lygia Clark and Hélio Oiticica was that they developed a new conceptual approach and a formal idiom which admitted subjective elements within the geometrically abstract formalism of international Concrete art. Though it seems to contradict the universality of Concrete art, these two artists were convinced that the incorporation of subjective elements made Concrete art or, as they called it, Neo-Concrete art, even more universal. Such an approach brought art even closer to the complex reality of life itself. Fine examples of the products of this line of reasoning are the *Bichos* (1960-1963) by Clark and the *Bólide* series, which Oiticica produced from 1963. Both these series invite the viewer to participate. Clark's *Bichos* (Beasts) are structures of hinged geometric planes which the public can rearrange into different configurations, while each of Oiticica's *Bólides* (Bolides or Boxes) is formally different: they evolve from small, simply painted wooden structures which can be manipulated by the public, thus altering the relationships of one colour to another, to small spaces into which the public can enter, such as the *Bed Bolides* (see the article by Luciano Figueirado in this catalogue). In international art history the *Bólides* are among the first examples of art in which the viewers themselves are integral to the work.

Developments in Brazilian art were at that time proceeding in step with those in Europe and North America, but were also making a unique contribution. The concepts of public participation and of the self-perception of the moving body in space – a precursor to the development of Minimal Art in the USA in the 1960s – were already unmistakably present in the work of Oiticica and Clark.

punt in de geschiedenis van de Braziliaanse kunst. De tentoonstelling probeerde opnieuw, of in het vervolg van die van 1957, de positie van de hedendaagse Braziliaanse kunst binnen een internationale context te bepalen door een duidelijke positie in te nemen ten opzichte van internationaal aansprekende tendensen als de op art en pop art. Een van de deelnemende kunstenaars aan 'Nova Objetividade Brasileira' was Hélio Oiticica, die ook de tekst voor de catalogus schreef. Hierin beschrijft hij onder meer hoe de Braziliaanse kunst zich onderscheidt van de belangrijkste internationale tendensen door te refereren aan het Antropofagisch Manifest van Oswald de Andrade uit 1928. In navolging van Andrade stelt Oiticica dat het unieke element van de Braziliaanse cultuur ligt in 'een directe herleiding van alle buitenlandse invloeden tot nationale evenbeelden' door middel van het antropofagisch mechanisme.[4] 'Wij zijn mensen die op zoek zijn naar culturele karakterisering; daarin verschillen we van de Europeaan met zijn duizendjarige concentratie van cultuur, en van de Noord-Amerikaan, met zijn superproductieve aanspraken (…). Antropofagie kan ons beschermen tegen dergelijke buitenlandse overheersing. (…) Om die reden, en met dit doel (…) ontstaat de eerste behoefte van "Nieuwe Objectiviteit": het onderzoeken van onze eigenschappen, onzichtbaar, op een manier die nog in ontwikkeling is, om een algehele creatieve situatie te creëren die Braziliaanse avant-garde genoemd zal worden.'[5]

Een jaar later schreef Oiticica nog een essay over ditzelfde onderwerp: 'Tropicália ', genoemd naar de installatie die hij in 1967 had laten zien in 'Nova Objetividade Brasileira'. De installatie bestaat uit een tweetal eenvoudige en kleurrijke architectonische ruimten geplaatst op een vloer van zand, gelardeerd met planten, bananenbomen en twee papegaaien, die een tropische sfeer oproepen en tegelijkertijd neoconcreet van vorm zijn. De bezoeker wordt uitgenodigd deze ruimte te betreden en te ervaren. Oiticica zag dit werk als een 'eerste bewuste poging een Braziliaans beeld te gebruiken' in relatie tot de avant-gardebewegingen van het land.

Nadat de Braziliaanse zangers Caetano Veloso en Gilberto Gil in 1968 een album uitbrachten met dezelfde titel, zou het woord Tropicália een soort

Neo-Concretism, with Clark and Oiticica as its leading exponents, emerged at the zenith of Brazil's belief in her own capabilities. New utopian vistas, as described above, seemed to be waiting just over the horizon. Artists and intellectuals felt it was their calling to actively contribute to Brazil and Brazilian culture attaining maturity. As in the 1920s, these artists wanted to produce art which would correspond to that quintessential Brazilian identity. Brazilian artists shared one and the same goal, whether in literature, theatre, cinema or music.

João Goulart, a left-leaning populist, was elected president in 1961. In an era of economic torpor and social chaos he strove to nationalize foreign companies. This was much to the ire of the USA, which attempted to call a halt to this process with the aid of several Brazilian generals. The military eventually seized political power in 1964, the start of a military dictatorship which was to endure for more than two decades.

Under this dictatorship, the Museu de Arte Moderna in Rio de Janeiro staged the 'Nova Objetividade Brasileira' (New Brazilian Objectivity) exhibition in 1967. It marked a watershed in the history of Brazilian art, even though it was held in an era of tough military repression. The exhibition attempted anew, or as a continuation of the second exhibition of Brazilian Concrete art in 1957, to define the position of contemporary Brazilian art in an international context by taking a clear-cut stance with regard to internationally appealing trends such as Op Art and Pop Art. Hélio Oiticica was one of the artists who participated in this presentation. He also wrote the text for the catalogue, in which he described how Brazilian art is distinct from the leading international trends by referring back to Oswald de Andrade's Anthropophagite Manifesto from 1928. Following Andrade's example, Oiticica argued that the uniqueness of Brazilian culture lay in 'an immediate reduction of all external influences to national models' by means of the anthropophagic mechanism.[4] 'We

keurmerk worden voor allerhande Braziliaanse kunst en cultuur. Een keurmerk dat in eerste instantie gebaseerd was op verschillende pogingen om een nationaal internationalisme tot stand te brengen en dat tevens een reactie vormde op de militaire dictatuur en repressie. Zo was Tropicáliamuziek een vernieuwende mix van bossanova, rock 'n' roll, volksmuziek uit Bahia, Afrikaanse muziek en Portugese fado. En liep de Cinema Nova in de pas met de zich in Europa ontwikkelende nouvelle vague, onderwijl gebruikmakend van de eigen Braziliaanse sociale realiteit. De belangrijkste filmauteur van de Cinema Nova Glauber Rocha verwoordde het als volgt: 'Onze filmproductie is nieuw, omdat de Braziliaanse mens nieuw is. De problematiek van Brazilië is nieuw, ons inzicht is nieuw en daarom verschillen onze films van de Europese.'[6]

Tropicália was belangrijk in de ontwikkeling van de Braziliaanse cultuur, omdat op dat moment de verschillende kunstdisciplines tegelijkertijd zowel internationaal als nationaal waren en daarmee Brazilië cultureel gezien op de wereldkaart zetten. Het was een sterke uiting van een tegencultuur, zoals die ook door Europa en Amerika waarde. Het was een gemoedstoestand, een viering van de complexiteit van Brazilië zelf. Of zoals Oiticica het verwoordde: 'Het appèl van Brazilië aan de wereld.'[6]

Uiteindelijk heeft het internationale succes van het zogenaamde tropicálisme voor de volgende generaties eerder belemmerend dan bevrijdend gewerkt. Probleem is dat de term Tropicália een eigen leven is gaan leiden – los van de oorspronkelijke betekenis die Oiticica cum suis eraan had verbonden. Tropicália verwerd al snel tot een clichébeeld van Brazilië of Braziliaansheid. Oiticica had heel bewust gebruikgemaakt van eigenheden van de Braziliaanse cultuur met inbegrip van *low culture*, zoals hij die vond in de favela's, de sambascholen in Rio en met zijn verwijzingen naar 'levende organismen'. Bovendien was Oiticica zelf ook niet wars van het aanwenden van bepaalde Braziliaanse clichés als de papegaai en het tropische element van het land, in zijn pogen om weerwoord te bieden aan de groeiende invloed van de nieuwe Amerikaanse pop art. Een kritiek ook op zijn Braziliaanse collega-kunstenaars, die

are people in search of cultural characterization; in this we differ from the European, with his millenary cultural concentration, and the North American, with his super-productive demands,' he continued. 'Antropophagy would be the defense which we possess against such external dominance. … For this reason, and for this purpose, the first necessity of "New Objectivity" emerges: to seek out characteristics of ours, latent, in a way still developing, to foster a general creative state, which would be called Brazilian avant-garde.'[5]

A year later Oiticica wrote another essay, 'Tropicália', on this same subject, taking the title from the installation he had presented at the 'Nova Objetividade Brasileira' exhibition in 1967. This environment is composed of a couple of simple, multicoloured architectural huts set on a floor of sand and interspersed with plants, banana trees and a pair of parrots. This installation evokes a tropical atmosphere and is at the same time Neo-Concrete in form. The visitor is invited to enter and experience this space. Oiticica regarded this work as a 'first conscious attempt to employ Brazilian imagery' in relation to the country's avant-garde movements.

After the Brazilian singers Caetano Veloso and Gilberto Gil brought out an album under the same title in 1968, the word 'Tropicália' became a hallmark for all kinds of Brazilian art and culture. It was a hallmark primarily based on the various attempts to establish a national internationalism and it was also a reaction to the military dictatorship and repression. Tropicália music, for example, was an innovative mix of bossa nova, rock 'n' roll, folk music from Bahia, African music and Portuguese fado. And Cinema Nova was in step with the *nouvelle vague* that was emerging in Europe, while making use of an idiosyncratically Brazilian social reality. Cinema Nova's most important filmmaker, Glauber Rocha, articulated this as follows: 'Our film production is new because the Brazilian people are new. The problematics of Brazil are new, our insight is a novel one, and therefore our films are unlike European ones.'[6]

schaamteloos elementen uit de Amerikaanse massa-cultuur overnamen, zodat er alleen sprake was van een formele aansluiting op de Amerikaanse pop art. Hetzelfde louter formele gebruik van een bepaalde vormentaal, losgezongen van de kritische context van de eigen sociale en politieke realiteit, zou uiteindelijk ook Oiticica's eigen Tropicália ten gronde richten. Dit geeft ook precies aan hoe moeilijk het is om tot een eigen cultureel idioom te komen zonder te vervallen in clichés of in de valkuil van een verkeerd soort nationalisme te trappen. Het maakt ook duidelijk waarom internationaal opererende kunstenaars voorzichtig en vaak terughoudend zijn om onder een nationale vlag ten toon te stellen, zeker als je uit een land komt waarop door de buitenwereld zo gemakkelijk een etiket wordt geplakt.

Op cultureel gebied werden de hoogtijjaren van het Braziliaans tropicalisme gevolgd door een toenemende militaire censuur en repressie, met als gevolg dat leidende figuren als Gil, Veloso, Oiticica en Rocha allen naar het buitenland vertrokken. Tegelijkertijd vond in diezelfde jaren zeventig – gekoppeld aan een voorspoedige economische ontwikkeling – ook een explosieve bloei van de kunstmarkt plaats. Het utopische karakter van de Braziliaanse kunst was toen echter al nagenoeg verdwenen.

De kunst van de jaren tachtig laat zich moeilijk karakteriseren: ze loopt min of meer in het gareel van de internationale trend van het postmodernisme en is daardoor niet eenduidig te bestemmen: spiegelingen, omkeringen, ironie en dubbele bodems zoals we die ook in Europa en de Verenigde Staten kenden. Het einde van de militaire dictatuur in 1985 en de daaropvolgende economische recessie zorgden voor een belabberd cultuurklimaat.

Het is daarom des te interessanter dat de generatie kunstenaars die in 'Brazil Contemporary' te zien is – de generatie die grosso modo in de jaren negentig van de vorige eeuw op het toneel verscheen – de durf en het zelfvertrouwen heeft om zich weer tot haar eigen geschiedenis te verhouden. Waarschijnlijk hebben deze kunstenaars genoeg afstand van de militaire repressie en de moeizame recente Braziliaanse geschiedenis om met een open vizier het discours met het verleden aan te gaan.

Tropicália was important in the development of Brazilian culture, because the various artistic disciplines were at that time both international and national, thus setting Brazil on the global map from a cultural perspective. It was a strong expression of a counterculture, akin to those that were wafting across Europe and North America. It was a state of mind, a celebration of the complexity of Brazil itself or, as Oiticica termed it, 'The cry of Brazil to the world.'[7]

The international success of so-called Tropicalism eventually proved to be more of a hindrance than an emancipation for later generations. The problem was that the term 'Tropicália' started to lead a life of its own – independent of the original meaning that Oiticica and associates had attached to it. Tropicália swiftly degenerated into a cliché of Brazil or Brazilianness. Oiticica had wittingly employed the characteristic traits of Brazilian culture, including the 'low culture' as he encountered it in the favelas and in the samba schools of Rio, and to which he also alluded with his 'living organisms'. Nor was Oiticica averse to employing certain Brazilian clichés, such as the parrot and the country's tropical elements, in his endeavour to find a riposte to the growing influence of the new Pop Art of the USA. This was simultaneously a criticism of his fellow Brazilian artists, who unabashedly adopted elements from North American mass culture, though this amounted to nothing more than a formal affiliation to American Pop Art. It was this same purely formal use of a specific formal idiom, estranged from the critical context of one's personal social and political reality, which would eventually lead to the demise of Oiticica's personal Tropicália. This also illustrates just how difficult it is to establish a distinctive cultural idiom without lapsing into clichés or stumbling into the pitfall of a 'wrong' kind of nationalism. It also clarifies why internationally active artists are circumspect and often even reticent about showing their work under a national banner,

Zonder nu direct deze geschiedenis als uitgang-
punt te nemen, kun je zeggen dat deze generatie zich
in ieder geval bewust is van de 'resultaten' die de
Braziliaanse kunst heeft voortgebracht. Ze schaamt
zich er niet voor terug te kijken naar de jaren zestig
en zeventig, in retrospectief de hoogtijdagen van
de moderne Braziliaanse kunst, en zich daar op een
bewuste wijze toe te verhouden. Tegelijkertijd zijn
deze kunstenaars zich er ook terdege van bewust dat
zij opereren in een zich steeds meer internationaal
ontwikkelende kunstwereld, waarin Berlijn net zo
dichtbij is als Buenos Aires, misschien wel dichterbij.
De kunstenaars in 'Brazil Contemporary' tonen –
hoe internationaal gericht zij ook zijn – de reikwijdte
en eindigheid van het globale kunstenaarschap. Zij
laten zien dat internationalisme en nationalisme,
in de zin van het bewust zijn van en werken met de
eigenheid van de Braziliaanse cultuur, uiteindelijk heel goed samengaan. Zij laten ook zien hoe de
antropofagie de Braziliaanse cultuur tot een unieke
eenheid in verscheidenheid gebracht heeft, net als
het onderzoek naar de verschillende benamingen
van de eigen huidskleur aan het licht bracht.

especially if they originate from a country on
which the outside world so readily sticks a label.

In the cultural domain, the heyday years fed by
Brazilian Tropicalism were followed by mount-
ing military censorship and repression, which
resulted in leading figures such as Gil, Veloso,
Oiticica and Rocha heading abroad. During
those same 1970s there was also an explosive
growth in the art market that tied in with flourishing economic development. By that time,
however, the utopian character of Brazilian art
had all but vanished.

Brazilian art of the 1980s is difficult to
characterize. It developed more or less in line
with the international trend of postmodern-
ism and therefore cannot be defined unequivo-
cally. There were echoes, inversions, irony and
hidden meanings, similar to those with which
we were familiar in Europe and the USA. The
end of the military dictatorship in 1985 and the
ensuing economic recession meant the cultural
climate was tough.

It is therefore all the more intriguing that
the generation of artists whose work is presented in 'Brazil Contemporary' – the generation
that, by and large, appeared on the scene in the
1990s – displays the nerve and self-confidence
to reflect once again on its own place in history. These artists are probably sufficiently distanced from the military repression and Brazil's
painful recent history for them to engage in the
discourse with that past with an open visor.

Without explicitly taking this history
as the immediate starting point, one might
argue that artists of this generation are in any
case aware of the 'fruits' that Brazilian art has
brought forth. These artists are not embar-
rassed to look back to the 1960s and '70s, in
retrospect the years when modern Brazilian
art was at its zenith, and to consciously relate
to this. These artists are at the same time duly
aware that they operate within an art scene
that is becoming increasingly international
and global, a circuit in which Berlin is as close
as Buenos Aires, perhaps even closer. However

1. 'Tupi or not Tupi, that is the question' is de beroemdste zin uit het **Manifesto Antropófago**. Zie Oswald de Andrade, **Revista de Antropofagia** (São Paulo), nr. 1, mei 1928; vertaald als 'Anthropophagite Manifesto', in Dawn Andes (red.), **Art in Latin America: The Modern Era, 1820-1980**, New Haven/Londen: Yale University Press, 1989, p. 312-313. De zin is tegelijkertijd een celebratie van de Tupi, een van de grootste inheemse indianenstammen van Brazilie die 'verdacht' werden van kannibalisme, als dat het zelf een daad van kannibalisme is, immers het eigent zich Shakespeare toe.
2. Geciteerd in Catherine David, 'The Great Labyrinth', in **Hélio Oiticica**, tent.cat., Rotterdam: Witte de With, 1992, p. 250.
3. Ferreira Gullar, 'Manifesto Neoconcreto', **Jornal do Brasil**, 22 maart 1959; vertaald als 'Neo-Concrete Manifesto' in **Art in Latin America**, op. cit. (noot 1, zie ook http://www.coleccioncisneros.org/st_writ.asp?ID=10&Type=2/.
4. Mari Carmen Ramírez, 'The Embodiment of Color – "From the Inside Out"', in **Hélio Oiticica. The Body of Colour**, tent.cat., Houston/Londen: Museum of Fine Arts/Tate Publishing, 2007, p. 33.
5. Hélio Oiticica geciteerd in 'Esquema geral da nova objetivade', **Hélio Oiticica**, op. cit (noot 2), p. 110.
6. Martin Schaub, 'Das "Cinema Novo" und seine Erben', in **Brasilien. Entdeckung und Selbstentdeckung**, Bern: Benteli, 1992.
7. Adrian Searle, 'Watch the birdy', **The Guardian**, 21 februari 2006.

international they may be in their orientation, in a certain sense the artists in 'Brazil Contemporary' reveal the scope and finiteness of global artistry. They demonstrate how internationalism and nationalism, in terms of being aware of and working with the idiosyncrasy of Brazilian culture, ultimately go together very well. They also show how anthropophagy has channelled Brazilian culture into a unique 'unity in diversity', in precisely the same way the research into people's highly varied descriptions of their own skin colour brought this to light.

1. 'Tupi or not Tupi, that is the question' is the most famous phrase from the 'Manifesto Antropófago' (Anthopophagite Manifesto). See Oswald de Andrade, **Revista de Antropofagia** (São Paulo), no. 1, May 1928; trans. as 'Anthropophagite Manifesto', in Dawn Andes (ed.), **Art in Latin America: The Modern Era, 1820-1980** (New Haven and London: Yale University Press, 1989), 312-313. The phrase is as much a celebration of the Tupi, one of Brazil's biggest indigenous tribes and a people 'suspected' of cannibalism, as it is an act of cannibalism in itself, since it appropriates Shakespeare.
2. Quoted in Catherine David, 'The Great Labyrinth', in **Hélio Oiticica**, exhibition catalogue (Rotterdam et al.: Witte de With, 1992), 250.
3. Ferreira Gullar, 'Manifesto Neoconcreto', **Jornal do Brasil**, 22 March 1959; trans. as 'Neo-Concrete Manifesto' in Andes, **Art in Latin America**, op. cit. (note 1). See also http://www.coleccioncisneros.org/st_writ.asp?ID=10&Type=2.
4. Mari Carmen Ramírez, 'The Embodiment of Color – "From the Inside Out"', in **Hélio Oiticica. The Body of Colour**, exhibition catalogue (Houston/London: Museum of Fine Arts/Tate Publishing, 2007), 33.
5. Hélio Oiticica quoted in 'Esquema geral da nova objetivade', **Hélio Oiticica**, op. cit. (note 2), 110.
6. Martin Schaub, 'Das "Cinema Novo" und seine Erben', in **Brasilien. Entdeckung und Selbstentdeckung** (Bern: Benteli, 1992).
7. Adrian Searle, 'Watch the birdy', **The Guardian**, 21 February 2006.

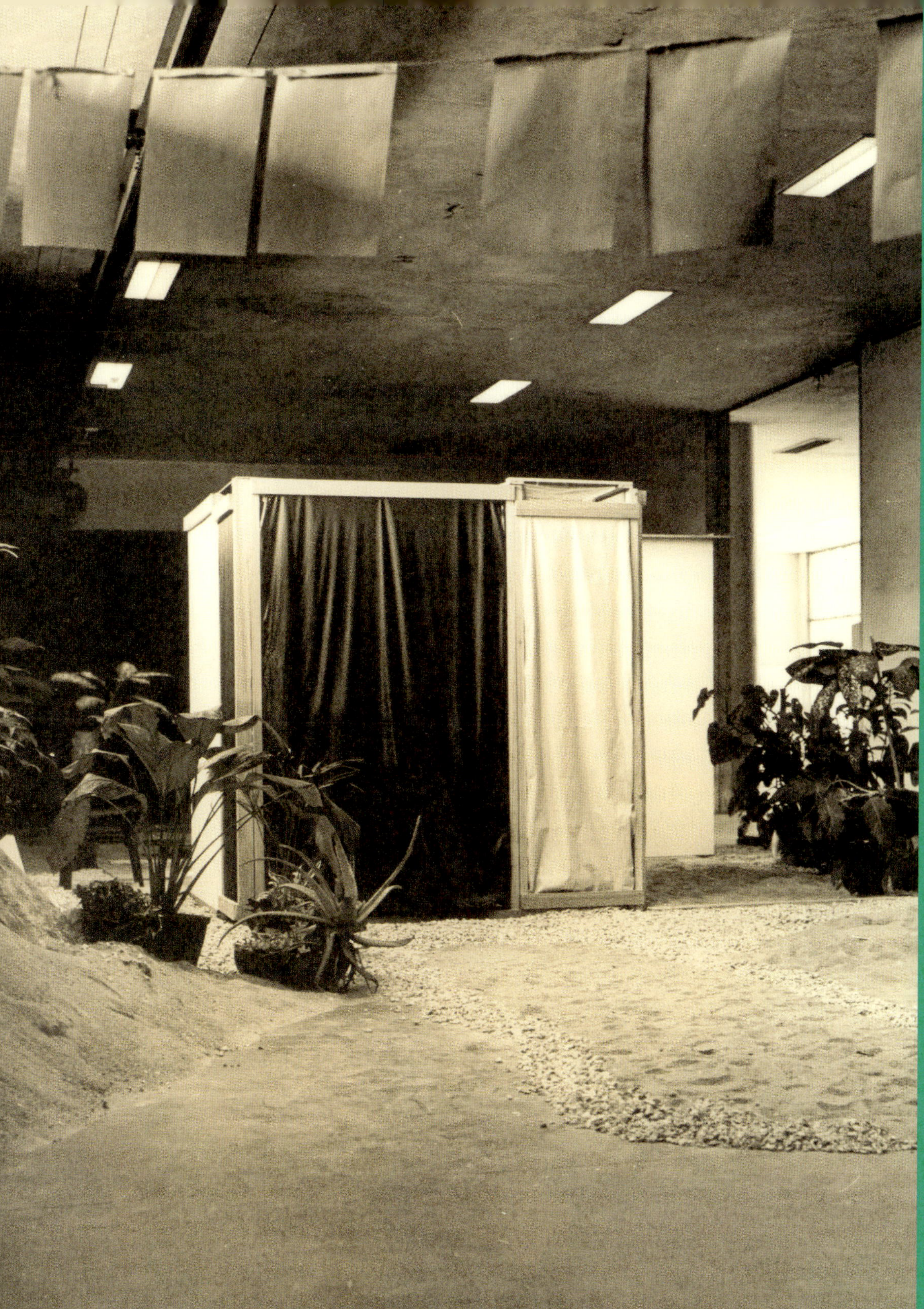

Hélio Oiticica Tropicália, 1967, 'Nova Objetividade Brasileira', Museu de Arte Moderna, Rio de Janeiro

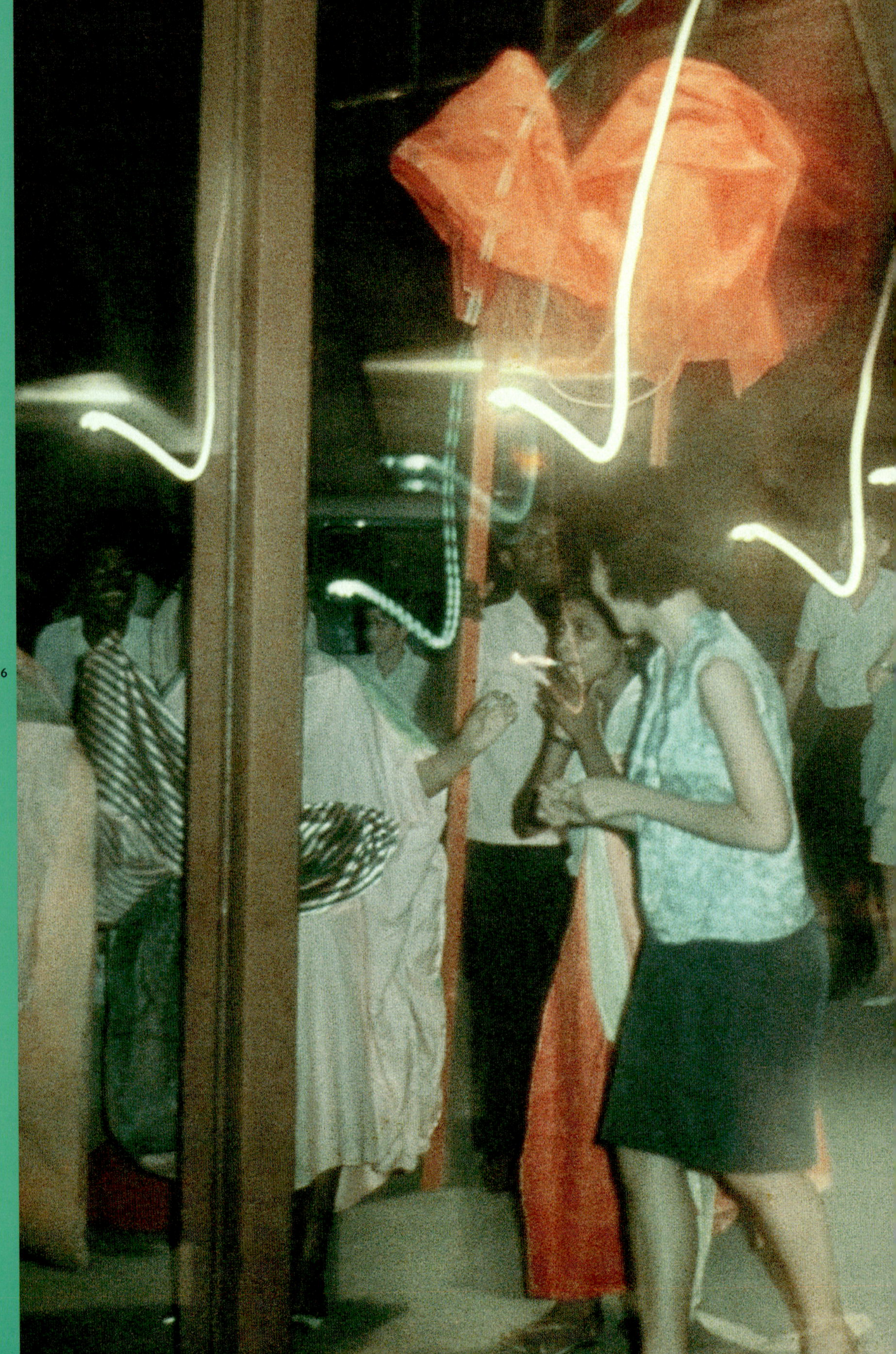

236

Hélio Oiticica's Parangolés in 'Opinião 65', Museu de Arte Moderna, Rio de Janeiro, 1965

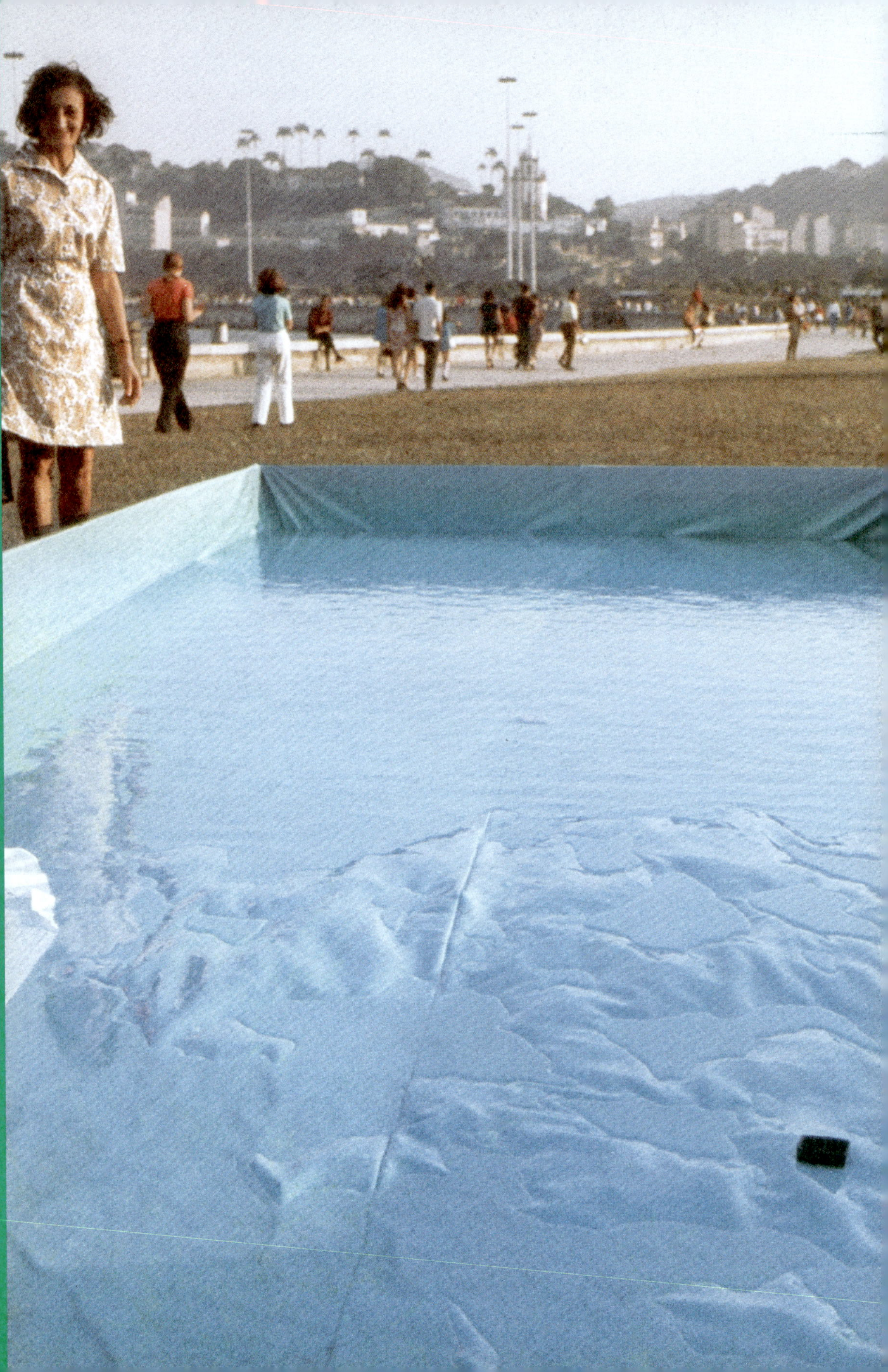

Hélio Oiticica, Area bolide 'Water' in 'Domingos de Criação', Museu de Arte Moderna, Rio de Janeiro, 1970

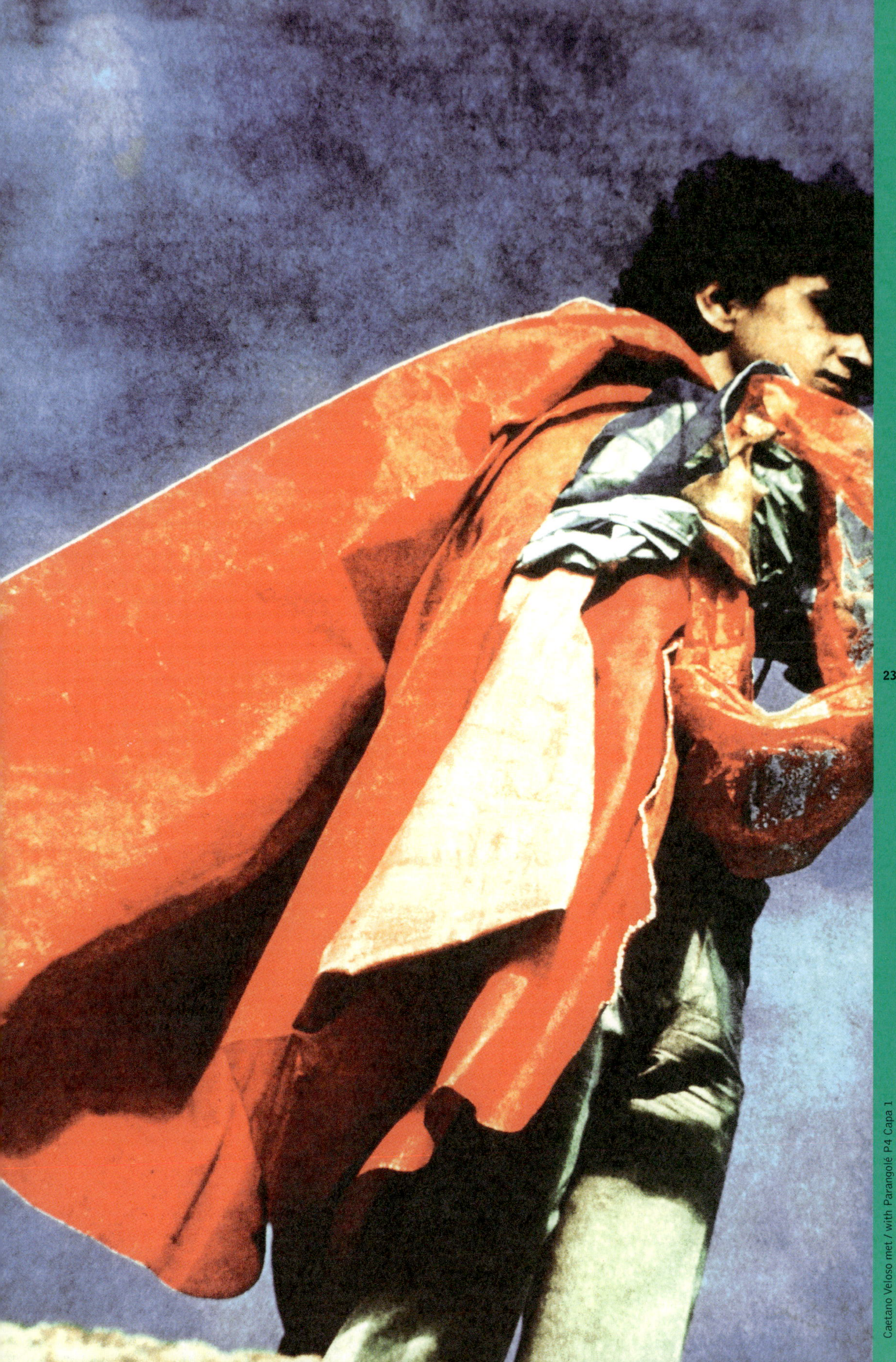

239

Caetano Veloso met / with Parangolé P4 Capa 1

De opening van de achtentwintigste Biënnale van São Paulo in 2006 werd ingeluid door een bezeten carnavalsband. Prachtige vrouwen dansten in een soort boksring in geïmproviseerde favelastijl de sterren van de hemel, zo heftig dat je als publiek vreesde dat ze enkele maanden voor het carnaval hun kruit al verschoten hadden. Het was een knipoog – of eigenlijk een wrang gebaar – naar het cliché dat op biënnales immer de kop opsteekt: de representatie van de eigen, nationale cultuur in een internationaal kunstgezelschap. De curator van die Biënnale, Lisette Lagnado, wilde het circusgehalte van manifestaties zoals biënnales aan de kaak stellen en koos daarom voor de beschreven openingsact.

Een interessant gegeven: een cultureel cliché tonen totdat het pijnlijk wordt er naar te kijken. Dat werkte. Het buitenlandse publiek begreep dat het de act als protest tegen de tropicalisering van Brazilië moest zien. Pijnlijk was echter ook het besef dat de danseressen zelf niet beter wisten dan dat zij een geweldige performance gaven, zoals ze die ook tijdens het carnaval in februari opvoeren. De groep deed haar gebruikelijke voorstelling en deed dat fantastisch en in alle overtuiging. Een slang die in zijn eigen staart bijt: de Biënnale liet een performance opvoeren die het clichébeeld van Brazilië representeerde. Feitelijk stelde de Biënnale het principe tentoon waartegen nu juist geageerd werd: dat van het exotische carnavalsland.

Maar het is de vraag hoe men zich dan wel moet verhouden tot de eigen Braziliaanse cultuur, hoe wel of niet gebruik te maken van de karakteristieken van de Braziliaanse cultuur, hoe zich te verhouden tot de internationale tendensen in de kunst, hoe zich te manifesteren als Braziliaans kunstenaar? Het zijn vragen waar iedere kunstenaar zich toe moet verhouden, of hij nu wil of niet. Zeker in een land als Brazilië, dat tegelijkertijd zowel een sterk nationaal als een sterk internationaal bewustzijn heeft. En bovendien een sterke traditie van moderne kunst kent.

BRAZIL CONTEMPORARY

JAAP GULDEMOND / BREGJE VAN WOENSEL

BRAZIL CONTEMPORARY

The opening of the 28th São Paulo Biennale in 2006 was introduced by a frenzied carnival band. In a sort of boxing ring, dazzling women put on a fantastic display of dancing so energetic that a spectator might well suppose they had already worn themselves out a few months before the carnival was due to begin. It was an irreverent reference – an ironic, in fact wry gesture – to the cliché that always emerges at biennials: the representation of their own national culture in an international art community. The curator of the Biennale, Lisette Lagnado, wanted to draw attention to the circus-like content of events such as biennials, which was why she chose this particular opening event. It is an interesting idea: to show a cultural cliché until it becomes painful to watch it. It worked. The foreign audience realized that it was a protest against the tropicalization of Brazil. However, it was painful too if you reflected that the dancers thought they were simply putting on a fantastic performance likes the ones during carnival in February. The group put on its regular performance and did so fantastically and in all conviction. It is a serpent biting its own tail: the Biennale staged a performance that represented the cliché of Brazil. In fact, the Biennale displayed the very principle against which it was agitating: that of the exotic land of carnival.

Still, it is debatable what attitude should be taken to Brazil's own culture, whether or not to make use of its characteristics, how to relate to the international trends in art, and how Brazilian artists should present themselves. Like it or not, no artist can evade these questions, especially in a country like Brazil with its strong national awareness combined with an equally solid international one, as well as having a long tradition of modern art.

These issues, plus the image of Brazil – full of true and untrue clichés – that is entertained abroad, often make it difficult for Brazilian artists to determine their position vis-à-vis that foreign world. An ambivalent attitude to-

Deze vraagstukken gecombineerd met het beeld dat in de buitenwereld bestaat van Brazilië, vol ware en onware clichés, maken het voor Braziliaanse kunstenaars vaak moeizaam hun positie te bepalen ten opzichte van diezelfde buitenwereld. Een ambivalente houding met betrekking tot de eigen cultuur speelt voortdurend een rol in gesprekken met Braziliaanse kunstenaars, curatoren, museumdirecteuren, kroniekschrijvers en critici.

De voorstelling die steeds opduikt in de beeldvorming rond hedendaagse Braziliaanse kunst is die van het tropische, exotische, fel gekleurde, informele, uitbundige, high en low combinerende kunstwerk. Maar klopt dit beeld wel en zo nee waarom is het dan toch zo hardnekkig aanwezig? Heeft het te maken met de media, die graag gebruikmaken van clichés en voorgeprogrammeerde ideeën. Of heeft het te maken met de vitaliteit van de artistieke erfenis van Hélio Oiticica dat er zo lang kan worden geteerd op het discours rond het tropicalisme, waarin Oiticica de identiteit van de Braziliaanse kunst en cultuur bevraagt?

Maar voordat we hierop doorgaan, is het interessant te achterhalen wat Oiticica zelf bedoelde en schreef over het tropicalisme. Het tropicalisme van Oiticica kent immers vele interpretaties en krijgt soms tegenstrijdige betekenissen toegekend. Door Oiticica aangezwengeld en door anderen verder ontwikkeld en voortgezet, toonde tropicalisme aan dat Brazilië in culturele zin zelf genoeg te bieden had. Zoals

Amerikanen hun eigen populaire beeldcultuur bijvoorbeeld verwerkten in de popart.

Oiticica ageerde in zijn tropicalisme tegen de invloed uit Amerika, tegen het gebruik van de Amerikaanse beeldtaal, de stars-and-stripes en dergelijke door Braziliaanse kunstenaars.

Op straat en in de favela's trof Oiticica prachtige voorbeelden van informele architectuur aan die hij verwerkte in zijn kunst. Werken die Braziliaans wilden zijn, die het actuele antropofagistische Brazilië representeerden. 'We zijn zwarten, indianen, blanken, alles tegelijkertijd', aldus Oiticica. Het werk **Tropicália** (1967), dat aan de basis ligt van Oiticica's tropicalisme, bevat inderdaad tropische planten en papegaaien, maar het is de schoonheid en kleurrijkheid die hij aantrof in de favela's, die hij vertaalt in zijn installatie.

Het gaat Oiticica om de communicatie en interactie met de bezoeker. Tegelijkertijd ageert hij tegen de snelle vercommercialisering en popularisering van het begrip tropicalisme. Alsof Brazilië enkel gerepresenteerd kan worden door bananen en palmbomen.

In zijn tekst 'Tropicalia' schrijft hij in april 1968: 'Het begon allemaal in 1964 met de formulering van **Parangolé**, met mijn hele ervaring met de samba, met mijn ontdekking van het Morrosgebied, van de organische architectuur van de favela's in Rio (en vervolgens ook die van andere bouwsels

wards their own culture plays a constant role in interviews with Brazilian artists, curators, museum directors, writers and critics.

The picture that keeps cropping up in association with contemporary Brazilian art is that of the tropical, exotic, brightly coloured, informal, exuberant work of art combining high and low culture. But is this picture correct, and if not, why is it so persistent? Is it connected with the media, that like to make use of clichés and pre-programmed ideas? Or is it connected with the vitality of the artistic heritage of Hélio Oiticica that makes it possible to draw for so long on the discourse around tropicalism in which Oiticica questioned the identity of Brazilian art and culture?

But before going into this, it is interesting to see what Oiticica himself meant and wrote about tropicalism. After all, there have been many different interpretations of that tropicalism, to which contradictory meanings have sometimes been assigned. Launched by Oiticica and developed and taken further by others, tropicalism showed that Brazil itself had enough to offer culturally. While North Americans incorporated their own popular visual culture in Pop Art, Oiticica's tropicalism was directed against the US influence, against the use of the US visual idiom of the stars-and-stripes and similar elements by Brazilian artists.

Oiticica came across wonderful examples of informal architecture in the streets and favelas, which he incorpo-

rated in his art. They were works that wanted to be Brazilian, that represented the anthropophagous Brazil of his day. 'We are Blacks, Indians, Whites, all at the same time,' Oiticica declared. The work **Tropicália** (1967), the basis of Oiticica's tropicalism, does include tropical vegetation and parrots, but it is the beauty and colourfulness that he found in the favelas that he incorporates in his installation.

Oiticica is concerned with communication and interaction with the spectator. At the same time he agitates against the rapid commercialization and popularization of the notion of tropicalism, as if Brazil could only be represented by bananas and palm trees.

In his text 'Tropicalia' (April 1968) he wrote: 'Everything began with the formulation of the **Parangolé** in 1964, with all my experience with the samba, with the discovery of the Morros, of the organic architecture of Rio's **favelas** (and consequently of others, such as the **palafitas** [riverside shacks on stilts] of the state of Amazonas), and principally of the spontaneous, anonymous constructions in the great urban centers – the art of the streets, of unfinished things, of vacant lots, etc.

Ever since I invented the term Tropicalia… I wanted to accentuate this new language with Brazilian elements, down to its smallest details, in an extremely ambitious attempt to create a language that would be ours, characteristic of us, that would stand up to the images of international

zoals de palafita's [rivierhutjes op palen] in het Amazonegebied, en voornamelijk van de niet-geplande anonieme
bouwwerken in de grote stadscentra: de kunst van de straat,
van onaffe dingen, van braakliggende terreintjes, enzo-
voorts.

Vanaf het moment dat ik de term tropicalia bedacht
(...) wilde ik in deze nieuwe taal de nadruk leggen op Braziliaanse elementen, tot in de kleinste details, in een radicaal
ambitieuze poging om een taal de creëren die van ons zou
zijn, karakteristiek voor onszelf, die weerstand zou kunnen
bieden aan de beelden van de internationale pop art en op
art, waardoor een groot deel van onze eigen kunstenaars in
beslag was genomen.'

Om zijn tekst te eindigen met de opmerking: 'Zoals
duidelijk is geworden, is de mythe van "tropicaliteit" veel
meer dan papegaaien en bananenbomen: het is het besef
niet afhankelijk te zijn van gevestigde structuren, en het is
daardoor als geheel hoogst revolutionair. Conformisme van
welke orde dan ook – intellectueel, sociaal, existentieel – is
in strijd met het belangrijkste principe ervan.'

Het roept soms ergernis op, het steeds over 'Braziliaanse
kunst' te hebben – wat is dat, vragen de kunstenaars met
wie we spreken zich af. Een logische tegenwerping. Zolang je
definitiekaders hanteert, bots je voortdurend op het principe
van 'de ander'. Zo is een kunstenaar uit Rio de Janeiro een

Carioca ten opzichte van een inwoner uit São Paulo, maar
een Braziliaan voor een Argentijn; hij is Portugees sprekend
ten opzichte van Spaanstalige Zuid-Amerikanen; hij is een
Zuid-Amerikaan voor Noord-Amerikanen; Latijns-Ameri-
kaan voor Europeanen; hij woont in de tropen ten opzichte
van het westelijk halfrond. Hij is christen ten opzichte van
een moslim, maar is wellicht een candoble-aanhanger voor
een katholiek. Hij is wit ten opzichte van de gemiddelde Bahi-
aan, maar een kleurling vergeleken met de meeste bewoners
van Zuid-Brazilië. En hij viert winter wanneer in Europa de
zomer heerst.

Maar hoe verhouden de kunstenaars in 'Brazil Contemporary' zich dan uiteindelijk tot de eigen cultuur en tot
de internationale trends binnen de kunst. Zijn zij de nieuwe
'tropicalisten', en zo ja in welke betekenis van het woord, zijn
zij een nieuw soort nationaal internationalisten, of zijn zij
enkel internationaal georiënteerd? De kunstenaars in 'Brazil Contemporary' zijn net zo gevarieerd als de uiteenlopende beschrijvingen van de eigen huidskleur, maar vormen toch
een eenheid in verscheidenheid.

Pop and Op, in which a good many of our artists were sub-
merged.'

He concludes his text with the comment: 'As can be
seen, the myth of 'tropicality' is much more than parrots
and banana trees: it is the consciousness of not being conditioned by established structures, hence highly revolution-
ary in its entirety. Any conformity, be it intellectual, social,
or existential, is contrary to its principal idea.'

To keep talking about 'Brazilian art' can sometimes provoke
irritation: 'What is that?', the artists we interview ask. It
is a logical objection. As long as you apply categories, you
keep running up against the principle of 'the other'. Thus an
artist from Rio de Janeiro is a Carioca vis-à-vis a resident
of São Paulo, but a Brazilian for an Argentinian; a South
American for North Americans; a Latin American for
Europeans; an inhabitant of the tropics vis-à-vis the Western hemisphere. He is a Christian vis-à-vis a Muslim, but is
possibly a Camdoblé adherent for a Catholic. He is white
compared with the average Bahian, but coloured compared
with most of the inhabitants of South Brazil. And he lives in
the winter when Europe is in the grip of the summer. But, in
the last resort, how do the artists in 'Brazil Contemporary'
relate to their own culture and to the international trends
in art? Are they the new tropicalists, and if so in what sense
of the word? Are they a new kind of national international-
ists, or do they have a solely international orientation? The
artists in 'Brazil Contemporary' are just as varied as the
different descriptions of the colour of their skin, but nevertheless form a unity in diversity.

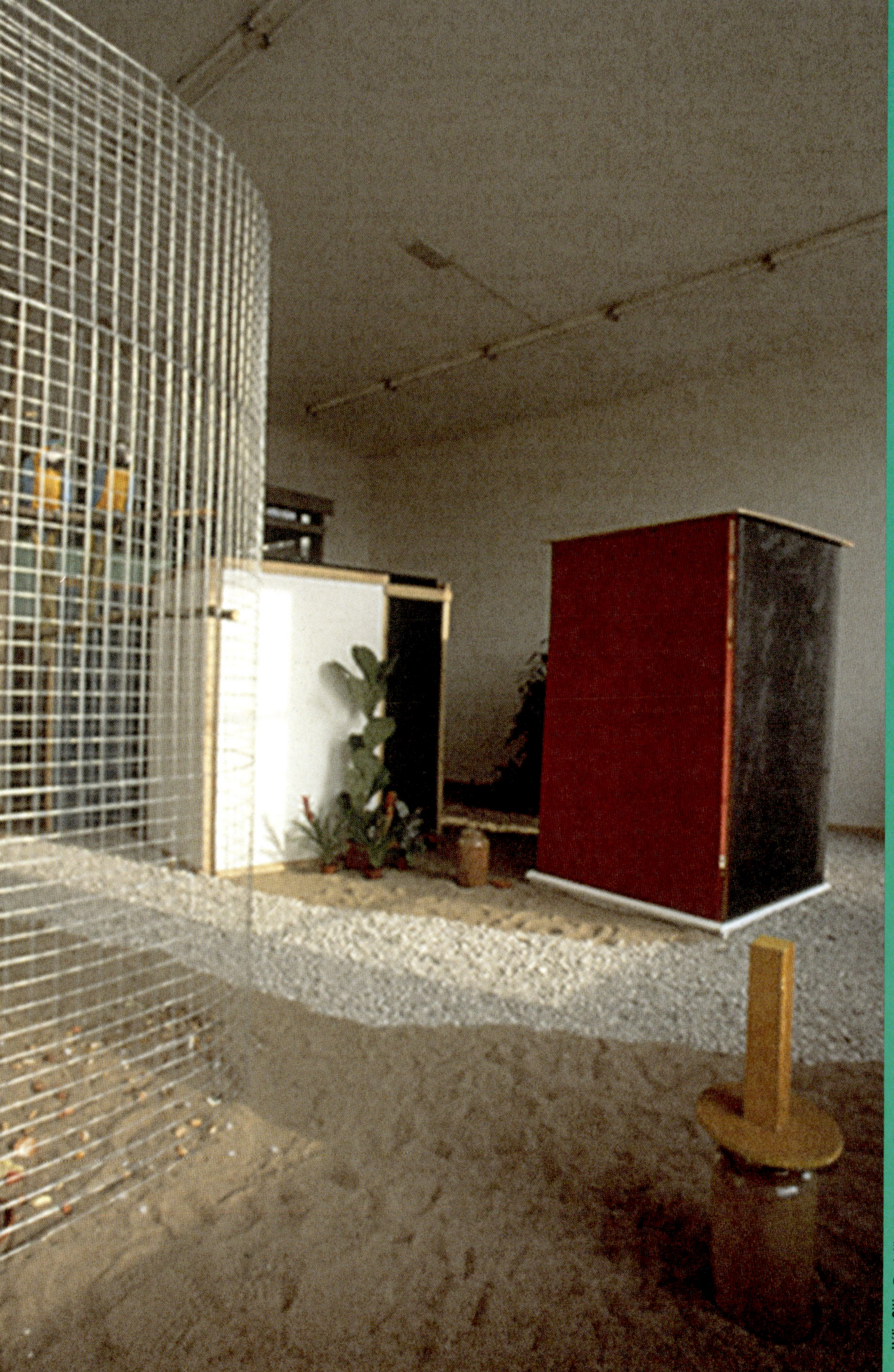

Hélio Oiticica Tropicália, 1967, tentoonstelling in / exhibition 'Hélio Oiticica' Witte de With, Rotterdam, 1992

Ernesto Neto (1964, woont en werkt in Rio de Janeiro) verhoudt zich in zijn werk, naast talloze andere referenties, overduidelijk tot de geschiedenis van de Braziliaanse moderne kunst. Neto zet het onderzoek voort dat Hélio Oiticica en Lygia Clark in de jaren zestig van de vorige eeuw begonnen; een voortdurende studie naar de participatie van de toeschouwer op basis van een appèl aan zijn zintuigen. Neto's organische, haast lichamelijke sculpturen nodigen de toeschouwer uit in het werk te kruipen.

In 2004 kocht Museum Boijmans Van Beuningen een zaalvullende installatie van Neto aan, die de kunstenaar op uitnodiging van het museum voor een specifieke ruimte concipieerde. Neto's werken zijn beeldschone en tegelijkertijd verbluffend eenvoudige constructies van nylon, zand, pigment en specerijen. Het zijn doorzichtige, antropomorfische bouwsels van lycra – tegenwoordig soms ook gestuurd door organische houten constructies – die, afhankelijk van de architectonische context waarbinnen de kunstenaar werkt, eenvoudigweg aan plafond of muren zijn gespannen. In knoop- of hangconstructies houden de constructies zichzelf in balans. De ruimtelijke werken refereren in hun formele eenvoud en rechttoe-rechtaan-constructie aan de meest elementaire en primaire vormen van architectuur. Constructie, vorm en functie hebben in Neto's sculpturen een gelijkmatige hiërarchie en vormen een drie-eenheid in de organische beeldtaal en dito geur- en tastsensatie. Van pantymateriaal maakt Neto werken die de toeschouwer uitdagen en verleiden tot het betasten, betreden en beklimmen ervan. De zintuigen worden op scherp gezet. Neto speelt met de verschillende vormen van perceptie, met wat zichtbaar is en wat niet direct waarneembaar is. Het publiek dient door te dringen tot achter de voile coulissen, tot alle lagen van het werk gepasseerd zijn en de toeschouwer, of beter de betreder, de voortdurend perspectivisch veranderende kern heeft bereikt, het heiligdom van de sculptuur. Vanuit de huls van het strakgespannen doorzichtige materiaal ontstaan langgerekte, opgezwollen buidels. Deze zijn uitpuilend gevuld met kruiden, natuurlijke kraaltjes van bessen en zaden, specerijen en pigmenten, en vormen zuilen van intens geurende ingrediënten die Neto's werk in het lood houden. Een driedimensionale kleur- en geursensatie die herinneringen oproept aan het Braziliaanse platteland, aan de nachten in Rio – waar verwarmde kruidnagels de muggen op afstand houden, aan de geschiedenis van de Braziliaanse hedendaagse kunst. De ingrediënten die Neto gebruikt, verwijzen ook naar de pure pigmenten van Oiticica's vorm- en kleuronderzoek, samengebracht en toegepast in diens bolides.

ERNESTO NETO

JAAP GULDEMOND / BREGJE VAN WOENSEL

ERNESTO NETO

Beside many other references, the work of **Ernesto Neto** (b. 1964, lives and works in Rio de Janeiro) is evidently related to the history of Brazilian modern art. Neto continues the experiments initiated by Hélio Oiticica and Lygia Clark in the 1960s: an ongoing exploration of the participation of the viewer on the basis of an appeal to the senses. Neto's organic, almost physical sculptures invite the viewer to creep inside the work.

In 2004 Museum Boijmans Van Beuningen purchased a room-sized installation by Neto that the artist had conceived for a specific space at the invitation of the museum. Neto's works are simultaneously beautiful and astonishingly simple constructions of nylon, sand, pigment and spices. They are transparent, anthropomorphic constructions of Lycra – now sometimes also directed by organic constructions in wood – that are simply hung from the ceiling or walls depending on the architectural context. The constructions maintain their own balance in knotted or hanging configurations. In their formal simplicity and down-to-earth construction, the spatial works refer to the most elementary, primary forms of architecture. Construction, form and function each play an equal part in Neto's sculptures and form a trinity in the organic visual idiom and sense of smell and touch. Neto uses the material of tights to create anthropomorphic works that challenge and seduce the viewer to touch, enter and climb them. The senses are stimulated. Neto plays with the different forms of perception, with what is visible and what cannot be immediately perceived. The public is intended to penetrate beyond the veil wings until every layer of the work has been passed and the viewer, or rather the intruder, has reached the constantly changing perspectives of the core, the shrine of the sculpture. Elongated, swollen pouches emerge from the cocoon of the taut, transparent material. They are crammed with spices, natural beads made of berries and seeds, spices and pigments, and form columns of intensely aromatic ingredients that hold Neto's work upright. It is a three-dimensional combination of colours and sensations that evokes the Brazilian countryside, nights in Rio – where heated cloves keep the mosquitoes at a distance – the history of Brazilian contemporary art. The ingredients that Neto uses also refer to the pure pigments of Oiticica's explorations of form and colour that he combined and applied in his **Bólides**.

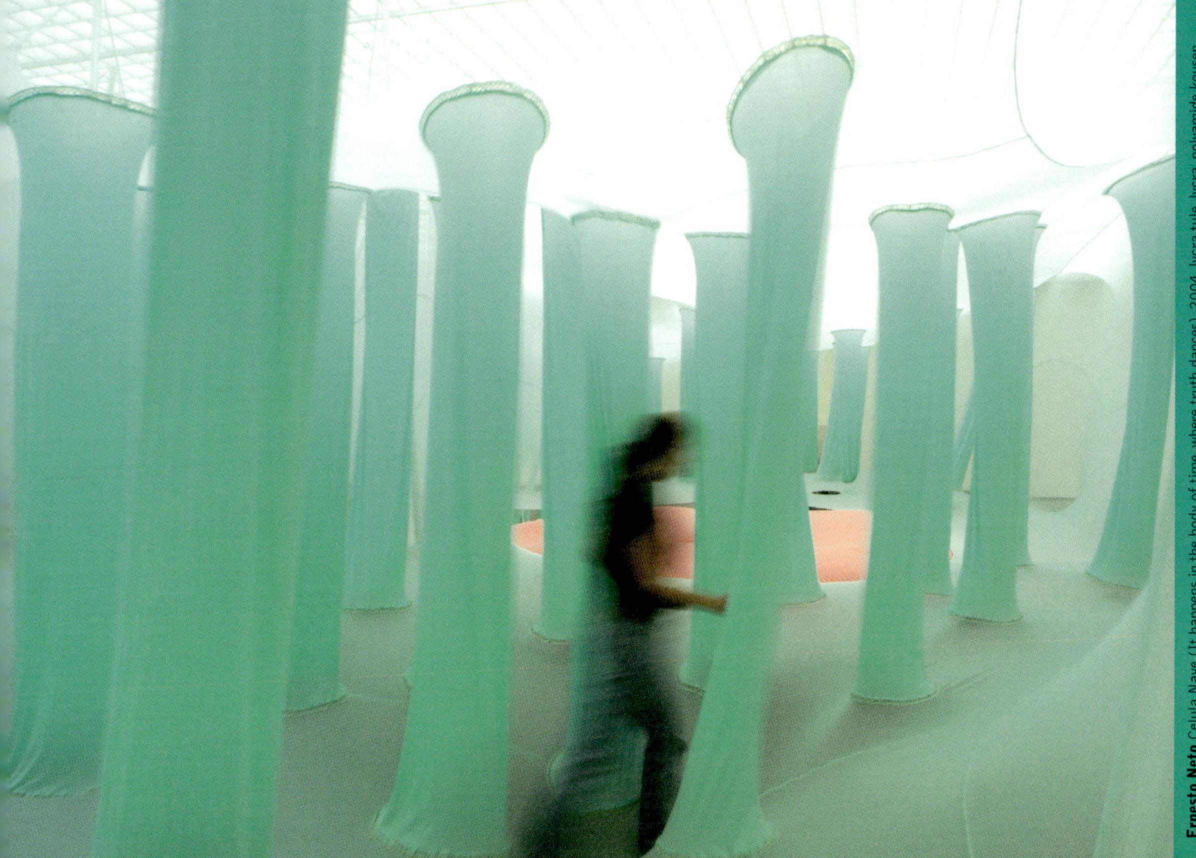

Ernesto Neto Celula Nave (It happens in the body of time, where truth dances), 2004, lycra tule, lycra, polyamide kousen, aluminium buizen, zand, Styrofoam bolletjes en rubberen balletjes / lycra tulle, lycra, polyamide stockings, aluminum tubes, sand, styrofoam pellets and rubber balls, 2000 x 2400 x 475 cm, installatie in / installed at 'Perception of Space', Museum Boijmans Van Beuningen, Rotterdam, 2004

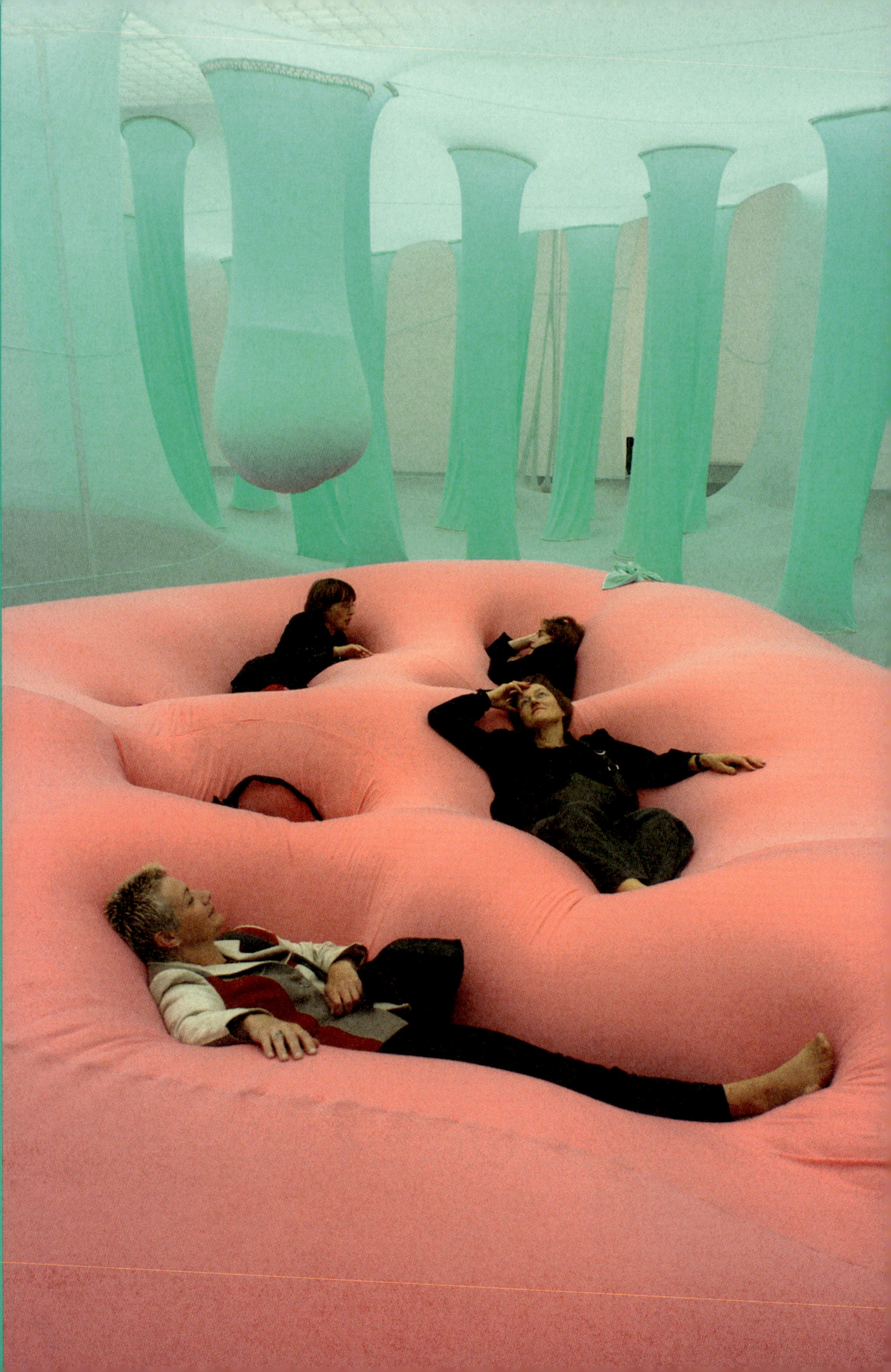

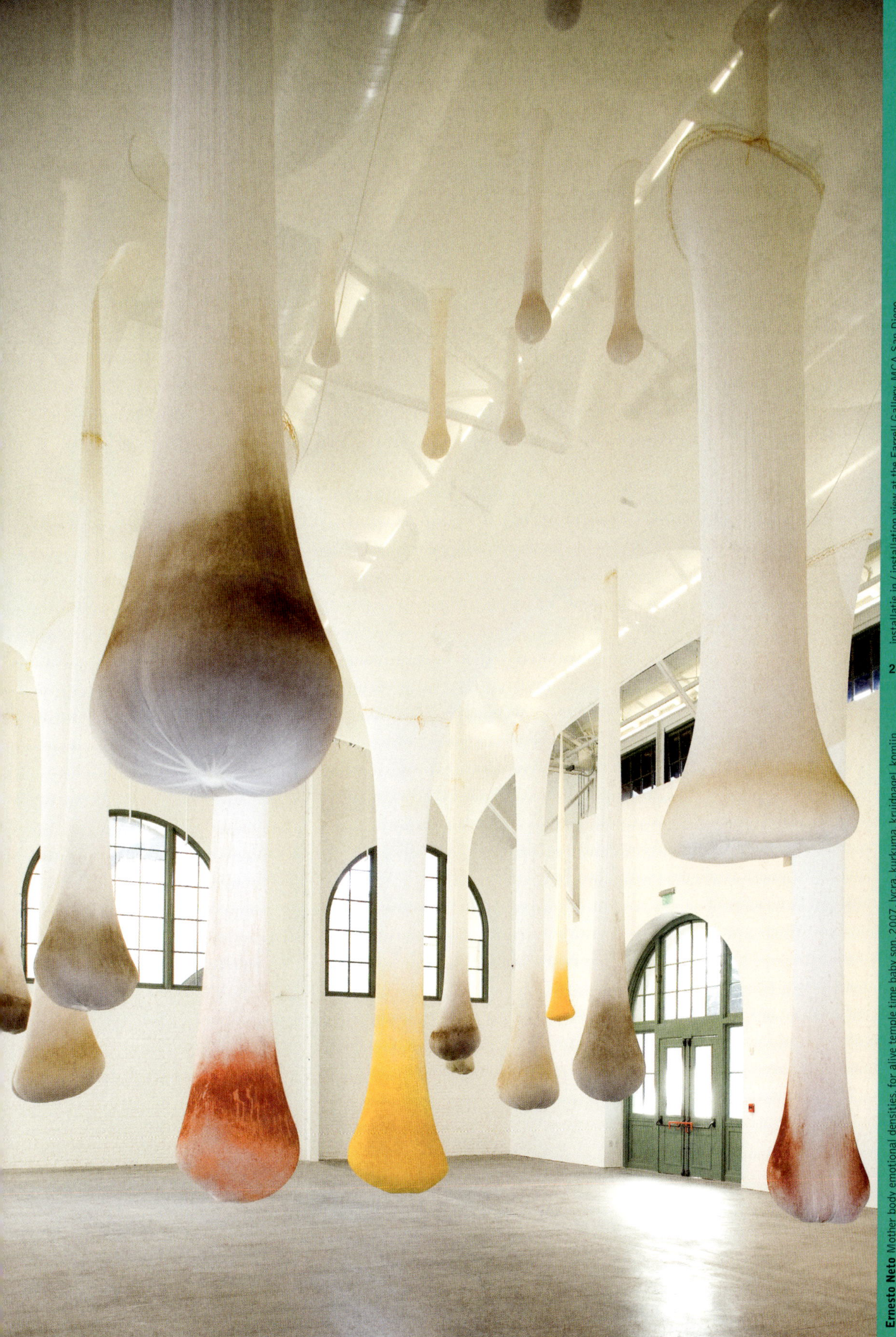

Ernesto Neto Mother body emotional densities, for alive temple time baby son, 2007, lycra, kurkuma, kruidnagel, komijn, gember, peper / lycra, turmeric, clove, cumin, ginger, pepper, variabele afmetingen / variable dimensions

installatie in / installation view at the Farrell Gallery, MCA San Diego

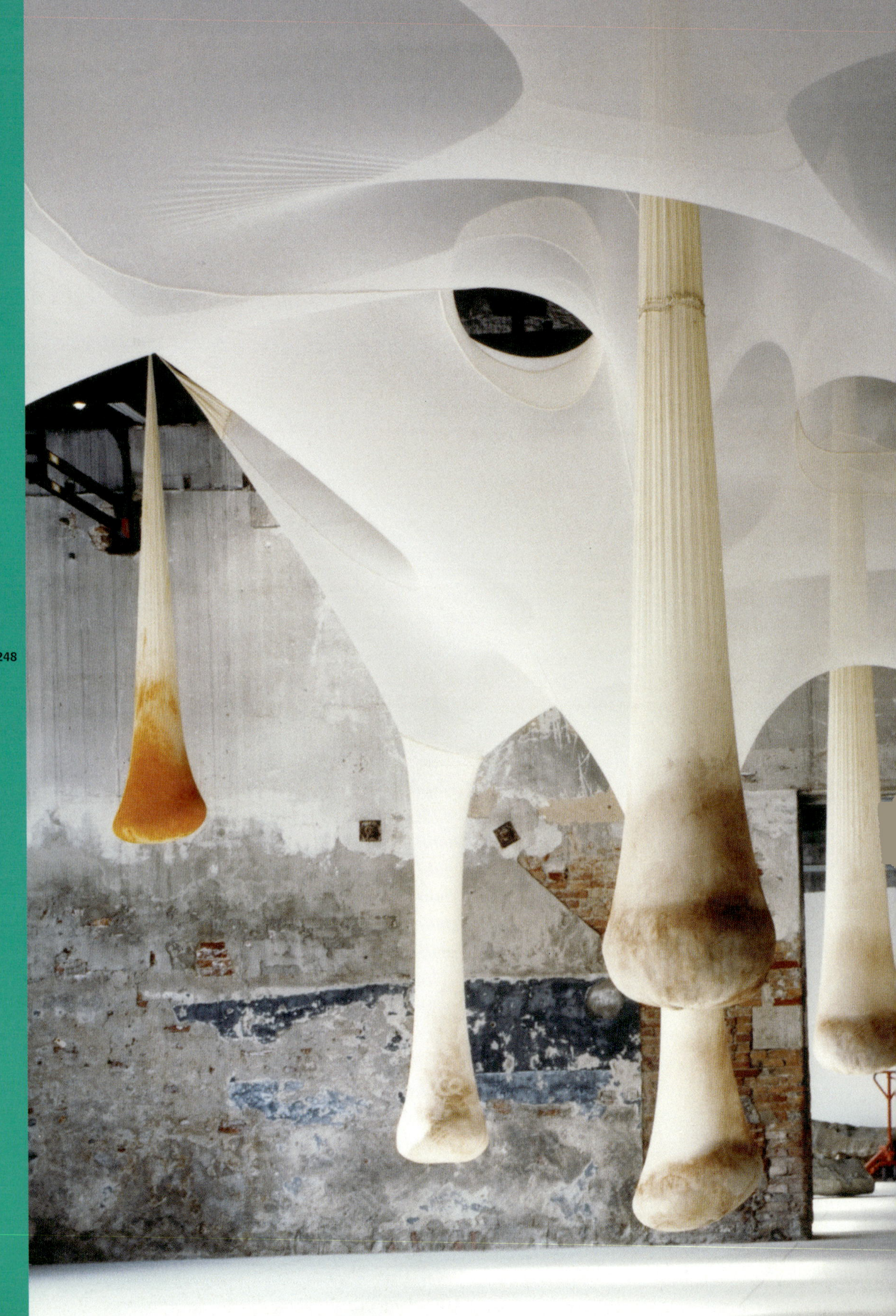

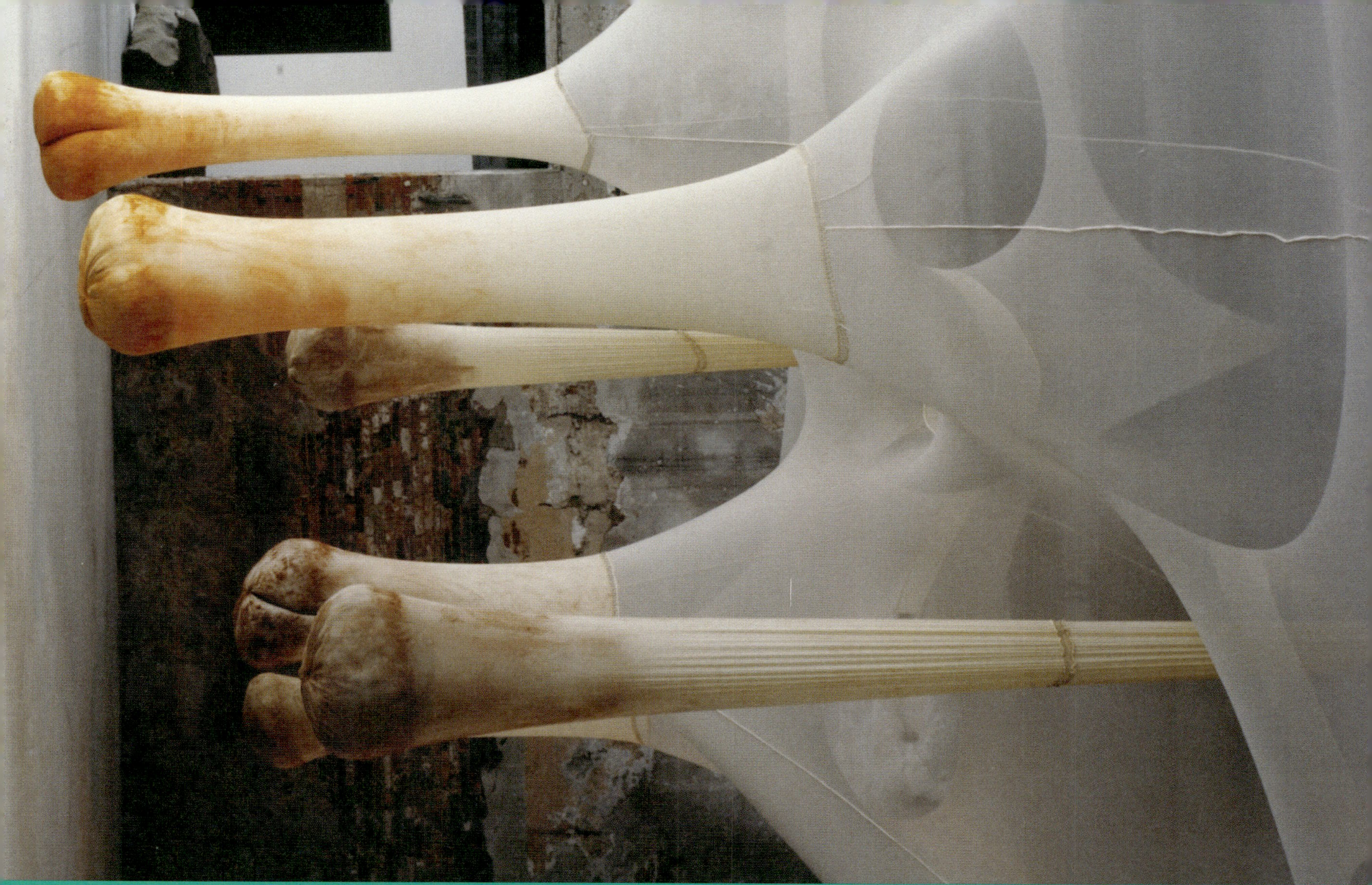

Ernesto Neto É ô Bicho!, 2001, lycra tulle, polyamide buizen, haken, kurkuma, zwarte peper, kruidnagel / lycra tulle, polyamide tubes, hooks, turmeric, black pepper, clove, variable dimensions

installatie in / Installation view at 'Arsenalle 49', Esposizione Internazionale d'Arte, La Biennale di Venezia, 2001

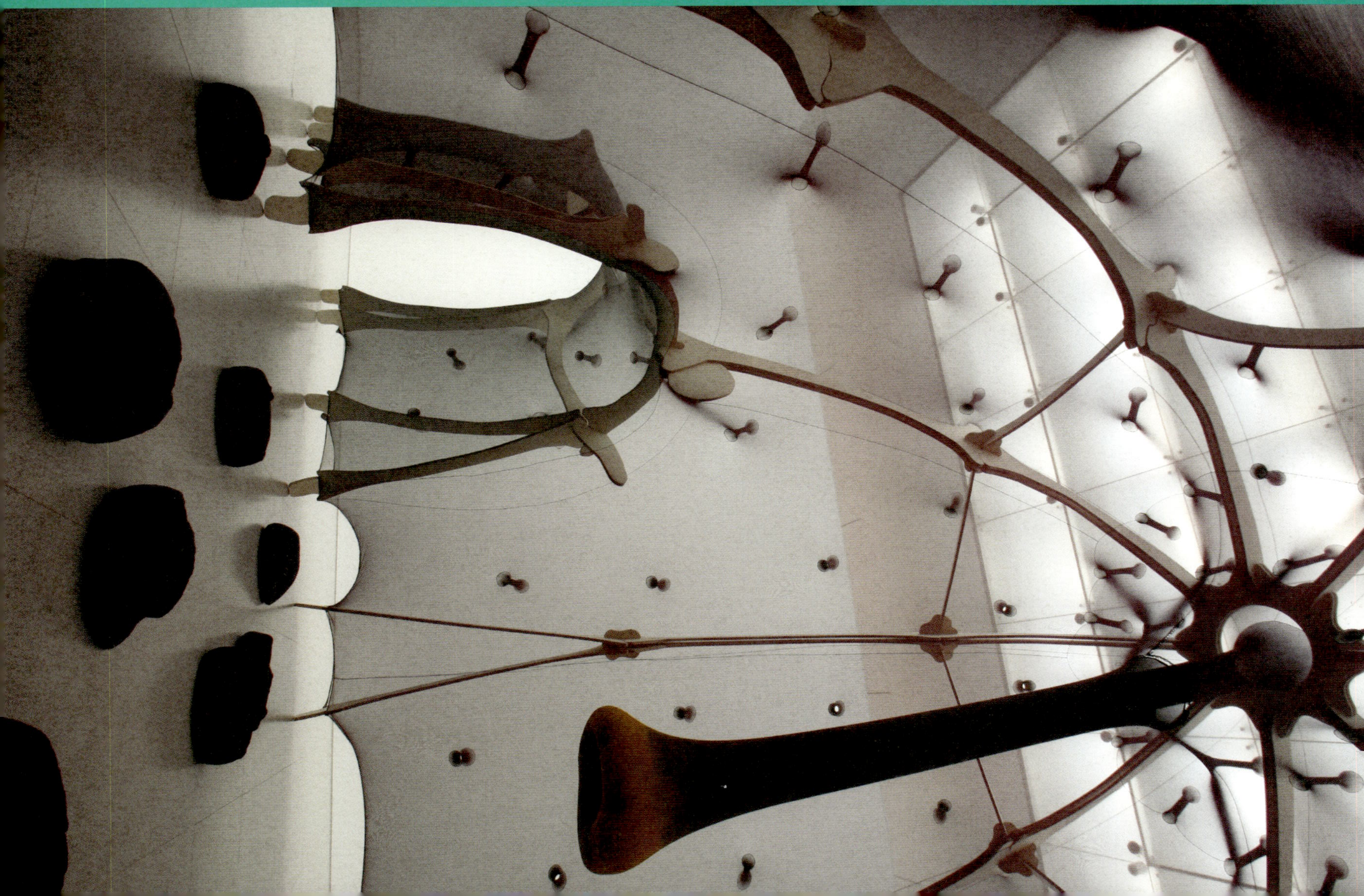

Ernesto Neto Our mist into de myth, 2008, polyamide tule, digitaal uitgesneden hout, kurkuma, kruidnagel, kerrie, sobakawa / polyamide tulle, digital wood cut, turmeric, clove, curry, sobakawa, 654 x 750 x 930 cm, installatie in / installation view at 'Blooming: Brazil – Japan Where you are', Toyota Municipal Museum of Art, Japan, 2008

250

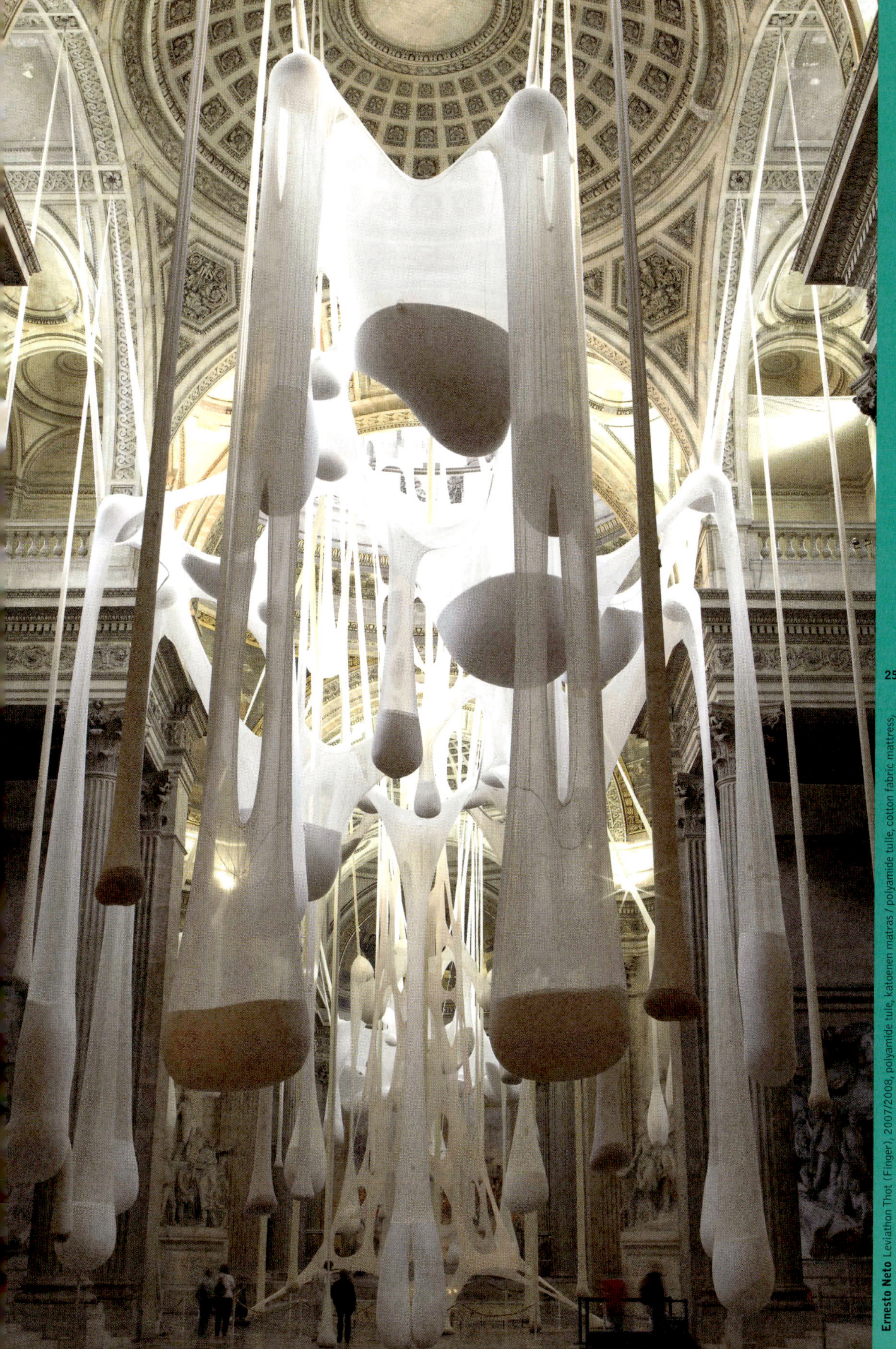

Ernesto Neto Leviathon Thot (Finger), 2007/2008, polyamide tulle, katoenen matras / polyamide tulle, cotton fabric mattress, 1900 x 1200 x 1500 cm, installatie in / installation view at 'When Lives Become Form', MOT, Japan

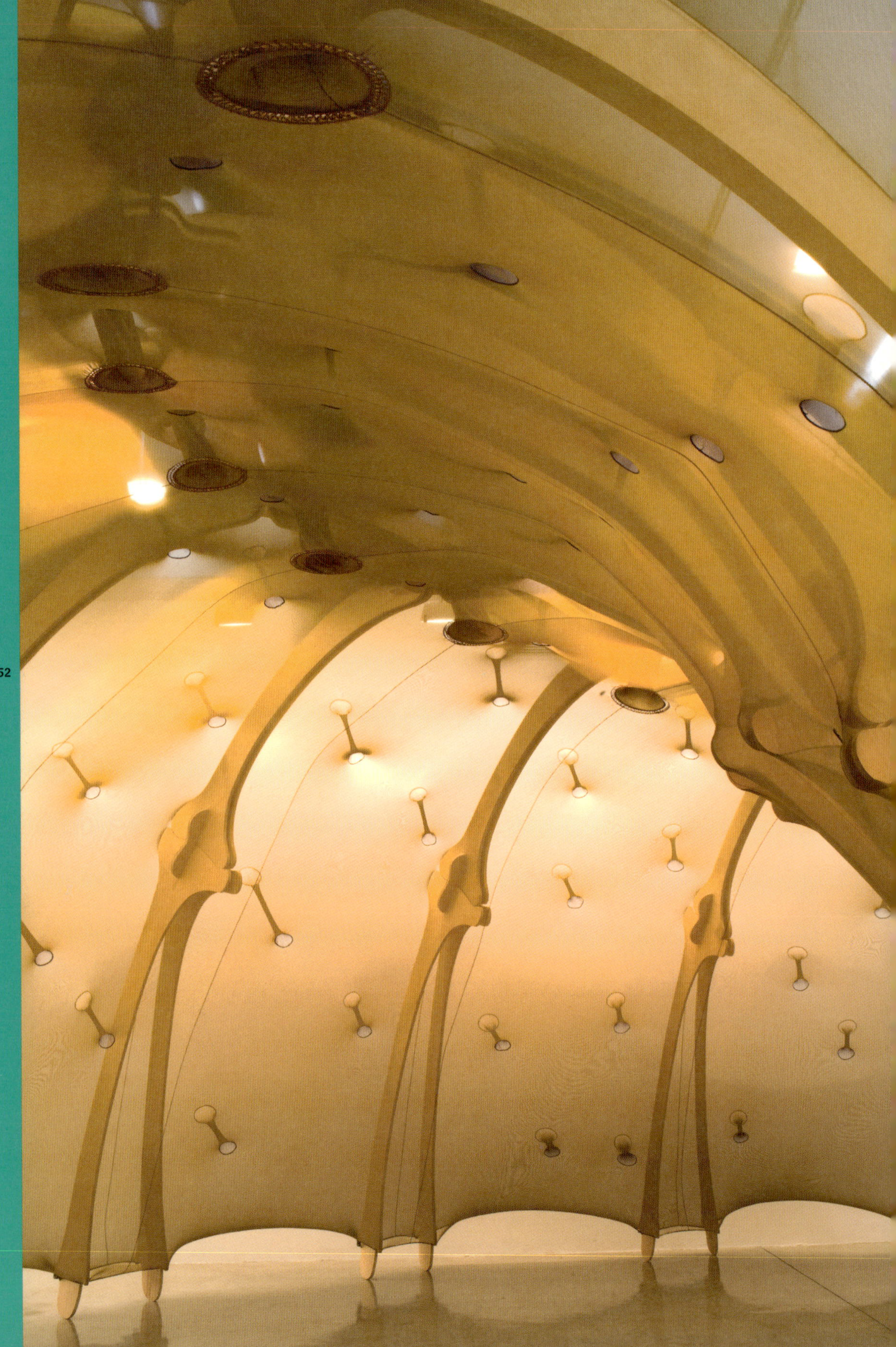

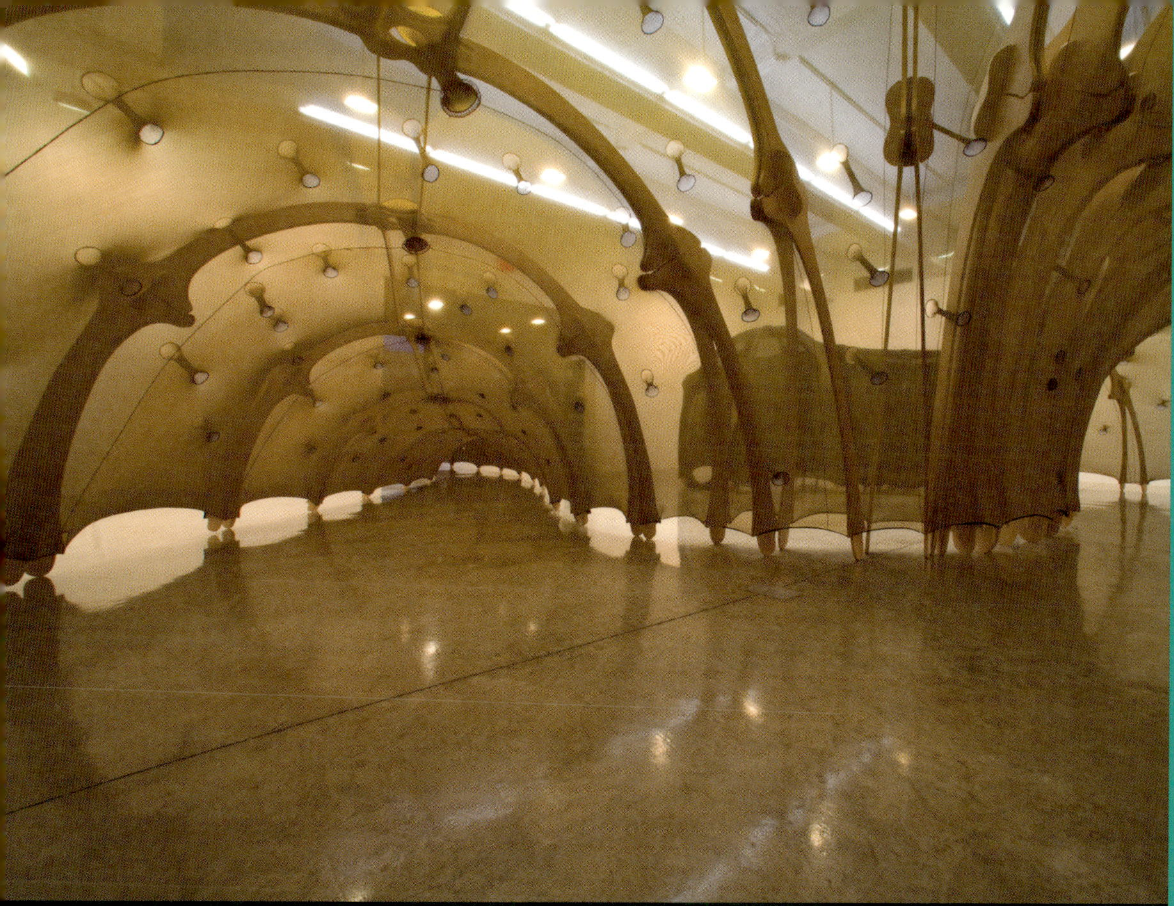

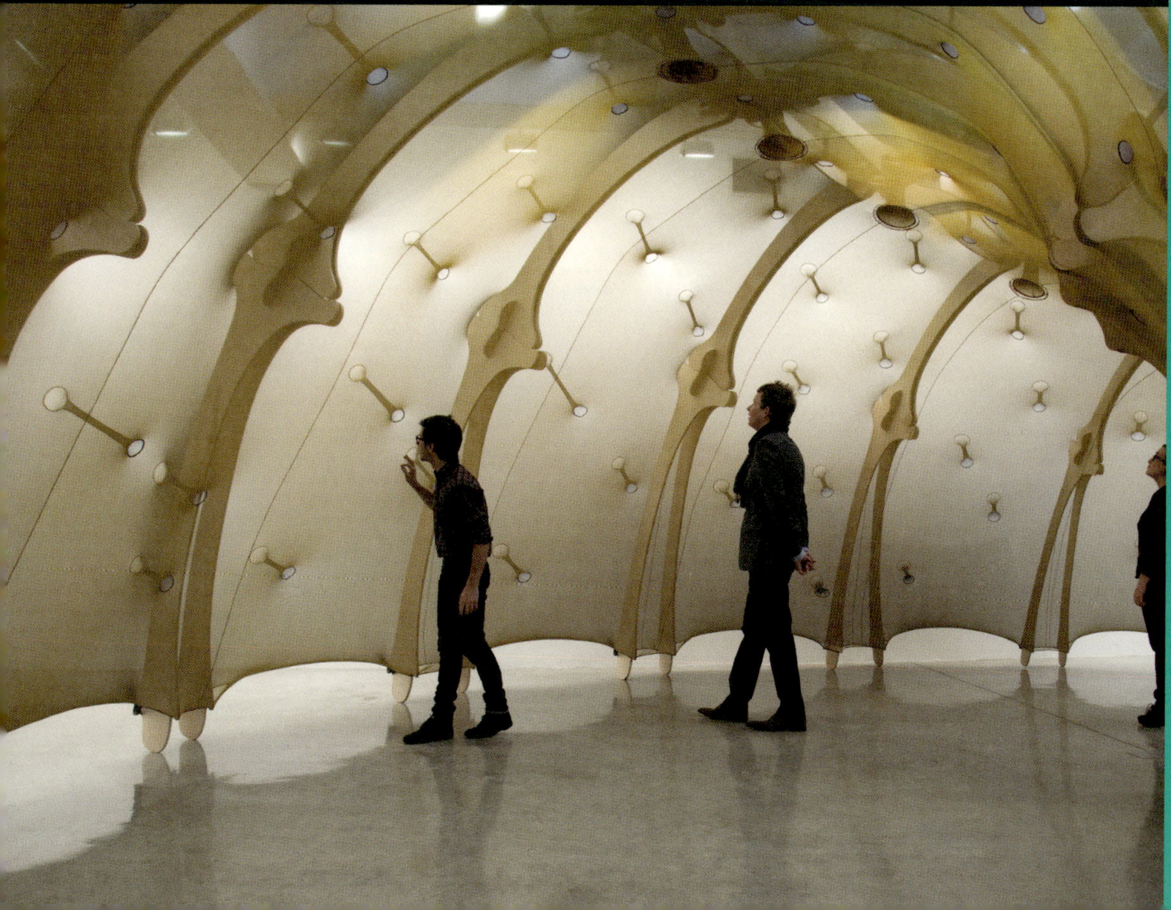

Ernesto Neto The Wisdom of the Parts, 2008, triplex, lycra tule, nylon, kiezel / plywood, lycra tulle, nylon, gravel, 340,4 x 1097,3 cm, installatie in / installation view at 'Ernesto Neto: ...Ai... ai...', Tanya Bonakdar Gallery, New York, 2008

Het meest recente werk van **Rivane Neuenschwander** (1967, woont en werkt in Belo Horizonte) is een krachtmeting van het grootse soort. Waar Neuenschwander bekendstaat om haar zeer precieze, subtiele gestes (goudvissen in een aquarium wisselen met wapperende staarten e-mail-**love-letters** uit: 'you' – 'me' seinen ze elkaar toe), maakt ze in 2008 een grote sprong door de South London Gallery te verbouwen tot een imposante installatie (**Suspension Point**). Een monumentale architectonische ingreep deelt de galerieruimte in twee etages. De bovenste verdieping is nagenoeg een lege ruimte, zonder deuren, overgoten met daglicht, met een paar minimale ingrepen: in de wanden geboorde gaatjes lijken op perforaties in de frames van een 16mm-film; het opgevangen zaagsel, afkomstig uit de gaatjes, vormt een klein berglandschap elders in de ruimte. Schuin tegenover dit landschap bevindt zich een 'meer': een roestvrijstalen kom ligt verzonken in de vloer, hierin valt om de zoveel tijd een druppel water. Het geluid wordt geregistreerd door een microfoon op de onderste verdieping.

Dit geluid van regendruppels interacteert met eerdere videowerken die Neuenschwander maakte, die in de donkere – want van daglicht afgesneden – ruimte getoond worden, zoals het videowerk **Inventory of small deaths (Blow)**, 2000. Deze trage super-8-film overgezet op video, die ze samen maakte met Cao Guimarães, volgt minutieus de bewegingen van een dansende zeepbel in een Braziliaans landschap, die maar niet uiteenspat. **Arabian Moons** laat de cyclus van dag en nacht zien. Het is een representatie van licht en donker, het verstrijken van tijd, en laat de werken onderling kaatsen. In **Continental Cloud**, dat in Museum Boijmans Van Beuningen voor het eerst in museale setting te zien is, wordt een wolkenpartij van piepschuimbolletjes in een gigantische plafondsculptuur voortgeblazen door ventilatoren. De wolk pakt zich samen en langzaam, met het oog nauwelijks waarneembaar, verandert de wolkenpartij. Na enkele minuten heeft de bewolking een rigoureus andere vorm aangenomen.

Neuenschwanders gevarieerde oeuvre ontkomt niet aan associaties met de moderne tradities uit de Braziliaanse kunstgeschiedenis. Thema's zoals kijken, spelen, tijd, proeven, natuur versus politieke strategie, en communiceren vormen de rode draad in het werk. Een kookperformance verweeft verschillende werelden met elkaar: een in Europa gevonden boodschappenlijstje wordt door Braziliaanse lokale topkoks vertaald naar een eigen culinaire interpretatie. Dit toe-eigenen, opeten, verteren en opnieuw opdissen

RIVANE NEUENSCHWANDER

JAAP GULDEMOND / BREGJE VAN WOENSEL

RIVANE NEUENSCHWANDER

The most recent work by **Rivane Neuenschwander** (b. 1967, lives and works in Belo Horizonte) is a grandiose trial of strength. Although Neuenschwander's reputation rests on her very precise, subtle actions (goldfish in an aquarium exchange e-mail love letters with the movement of their tails as they send the words 'you' – 'me' to one another), she took a great leap forward in 2008 when she converted the South London Gallery into an impressive installation: **Suspension Point**. A monumental architectural intervention divides the gallery spaces into two floors. The upper floor is virtually an empty space, without doors, flooded with daylight, with a couple of minimal interventions: holes drilled in the walls look like the perforations in the frames of a 16mm film; the sawdust from the holes forms a small mountain landscape elsewhere in the space. Diagonally opposite this landscape is a 'lake': a stainless steel basin has been sunk into the floor and a drop of water falls into it from time to time. The sound it makes is recorded by a microphone on the lower floor.

This sound of raindrops interacts with earlier video works by Neuenschwander, which are shown in the dark room – because cut off from daylight – such as the video **Inventory of small deaths (Blow)** of 2000. This slow Super 8 film transferred to video, which she made together with Cao Guimarães, minutely follows the movements of a dancing soap bubble, which does not burst, in a Brazilian landscape. **Arabian Moons** shows the cycle of day and night. It is a representation of light and dark, the passing of time, and allows the works to echo one another. In **Continental Cloud**, shown in a museum setting for the first time in Museum Boijmans Van Beuningen, a cloud formation of foam bubbles is blown forward in a gigantic ceiling sculpture by fans. The cloud masses and the cloud formation changes almost imperceptibly to the human eye. After a few minutes it has taken on a completely different shape.

Neuenschwander's diverse oeuvre is not free of associations with the modern traditions of Brazilian art history. Themes such as viewing, playing, time, trying, nature versus political strategy and communication are the threads that run through the work. A cookery performance interweaves different worlds with one another: a shopping list found in Europe is translated by local top Brazilian chefs into their own culinary interpretation. This appropriation, consumption, digestion and serving up again of existing recipes leads straight to the principle of anthropophagy. The sensorial interactivity of the work of Neuenschwan-

van bestaande receptuur leidt regelrecht naar het principe van het antropofagisme. De sensorische interactiviteit van het werk van Neuenschwander en de tastbare ervaringen die zij uitlokt, zijn op een bijzondere, meer conceptuele manier schatplichtig aan Oiticica en zijn neoconcrete collega-kunstenaars.

Neuenschwander isoleert het alledaagse, veralgemeniseert het particuliere. Punt en kruis. Een typemachine ratelt een gedachte, een boodschap of een wens op papier. De lezer krijgt echter niet meer te zien dan een clustering van punten en kruisjes. Dit werk doet spreken zonder te praten, laat communiceren zonder alfabet en tegelijkertijd begrijpt iedereen direct het principe. Neuenschwander maakt de toeschouwer alert op dagelijkse dingen die in het openbare leven ongemerkt voorbijgaan door deze in haar kunstwerken te verpakken. Het wonderlijke geluid van een nachtegaal wordt nagebootst in een houten vloerconstructie. Wanneer de bezoeker over de bewegende planken loopt, wordt er onder de vloer een akoestische chemie in gang gezet en klinkt het geluid van een zingende vogel. Mieren die een wereldkaart van carpaccio opeten: de indeling van de wereld in politiek-strategische natiestaten verandert door een mars van een hongerig legertje insecten. De natuur overwint iedere kunstmatig gedefinieerde grens. Neuenschwanders werk scherpt het bewustzijn van het verstrijken van tijd. Het doet inzien dat langzame, haast onzichtbare veranderingen voor eeuwig zijn en dat het moment van de verandering er voor eeuwig niet meer is. **One day like the other** luidt de titel van een confronterend werk van Neuenschwander. Op onverwachte plaatsen in een tentoonstellingsparcours duiken digitale klokken op. Alle, alsof de tijd bevroren is, geven hetzelfde tijdstip aan. Bij de volgende toon is 00 uur, 00 minuten en 00 seconden.

der and the tangible experiences that she provokes are indebted in a special, more conceptual way to Oiticica and his Neo-Concrete fellow artists.

Neuenschwander isolates the everyday, generalizes the particular in **Story of an Other**. A typewriter rattles an idea, a message or a wish on paper, but the reader sees nothing but a cluster of dots and crosses. This work enables speech without talking, communication without an alphabet, while at the same time everyone immediately understands the principle. Neuenschwander alerts the viewer to everyday things that pass unnoticed in public life by packaging them in her works. The marvellous sound of a nightingale is imitated in a wooden floor construction. When the visitor walks over the moving planks an acoustic chemistry beneath the floor is activated to produce the sound of a bird singing. Ants eating a globe made of carpaccio: the division of the world into politico-strategic nation states is altered by the march of a hungry army of insects. Nature transcends every artificially demarcated border. Neuenschwander's work raises our awareness of the passing of time. It shows that slow, almost invisible changes are forever and that the moment of change is gone forever. **One Day Like the Other** is the title of one of her provocative works. Digital clocks pop up at unsuspected points in an exhibition route. As if time has stood still, they all show the same time of day. At the next beep it will be 00 hours, 00 minutes and 00 seconds.

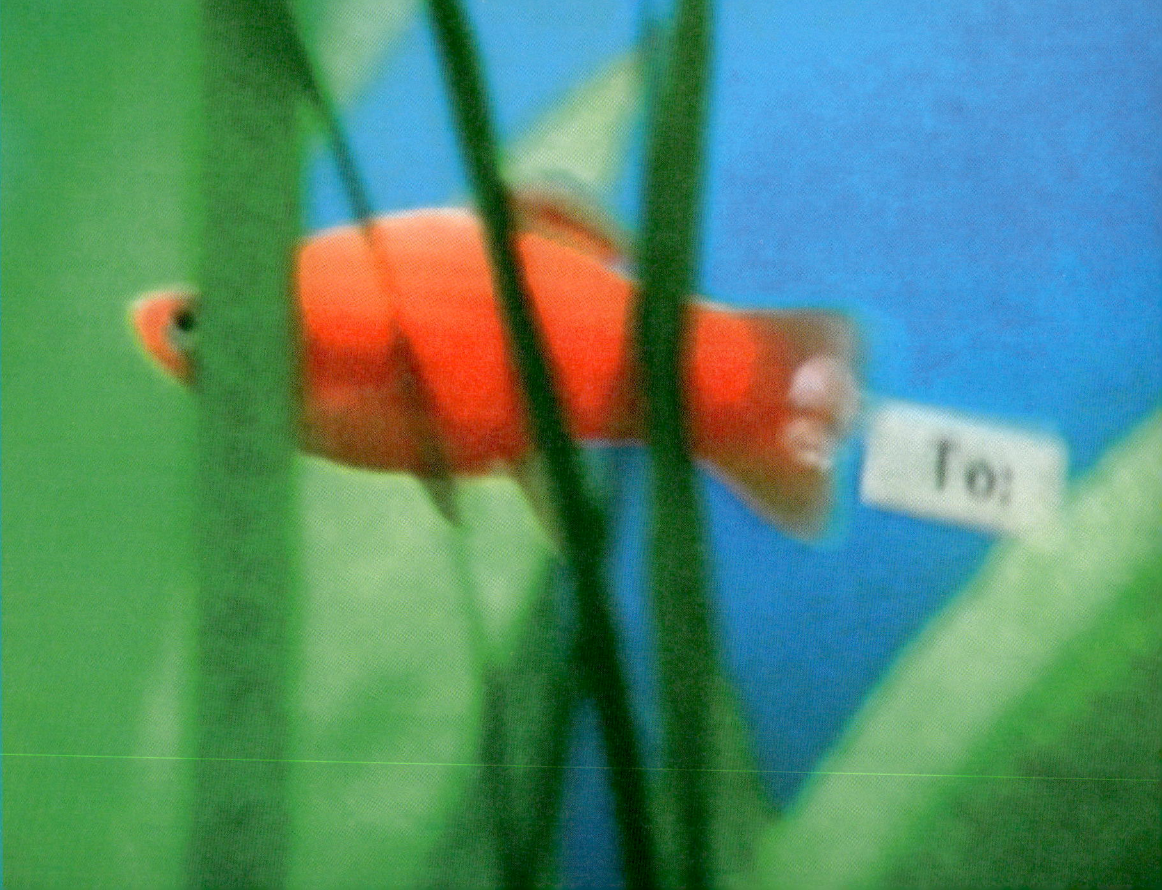

Rivane Neuenschwander Love Lettering, 2002, in samenwerking met / in collaboration with Sérgio Neuenschwander, ditigale video, kleur / digital video, colour, 6 min 22 sec, Soundtrack: O Grivo

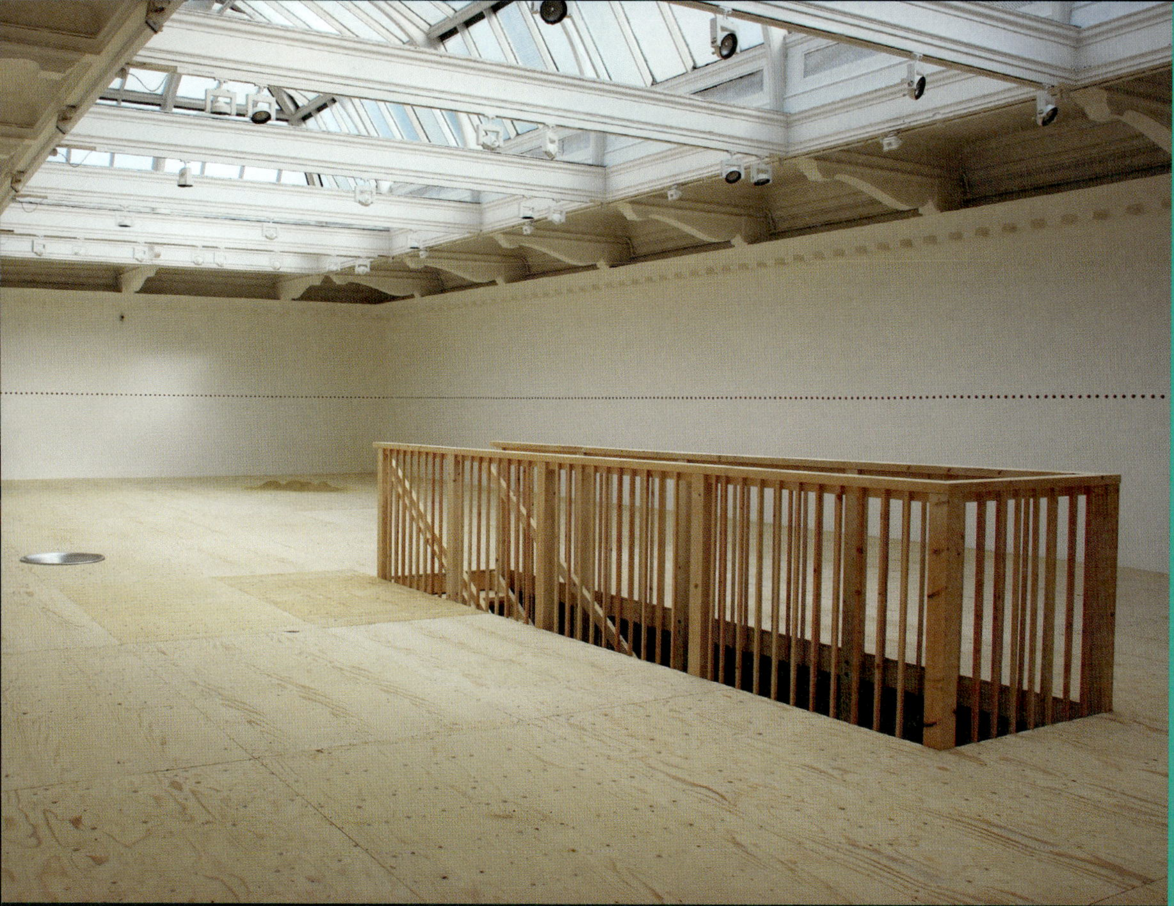

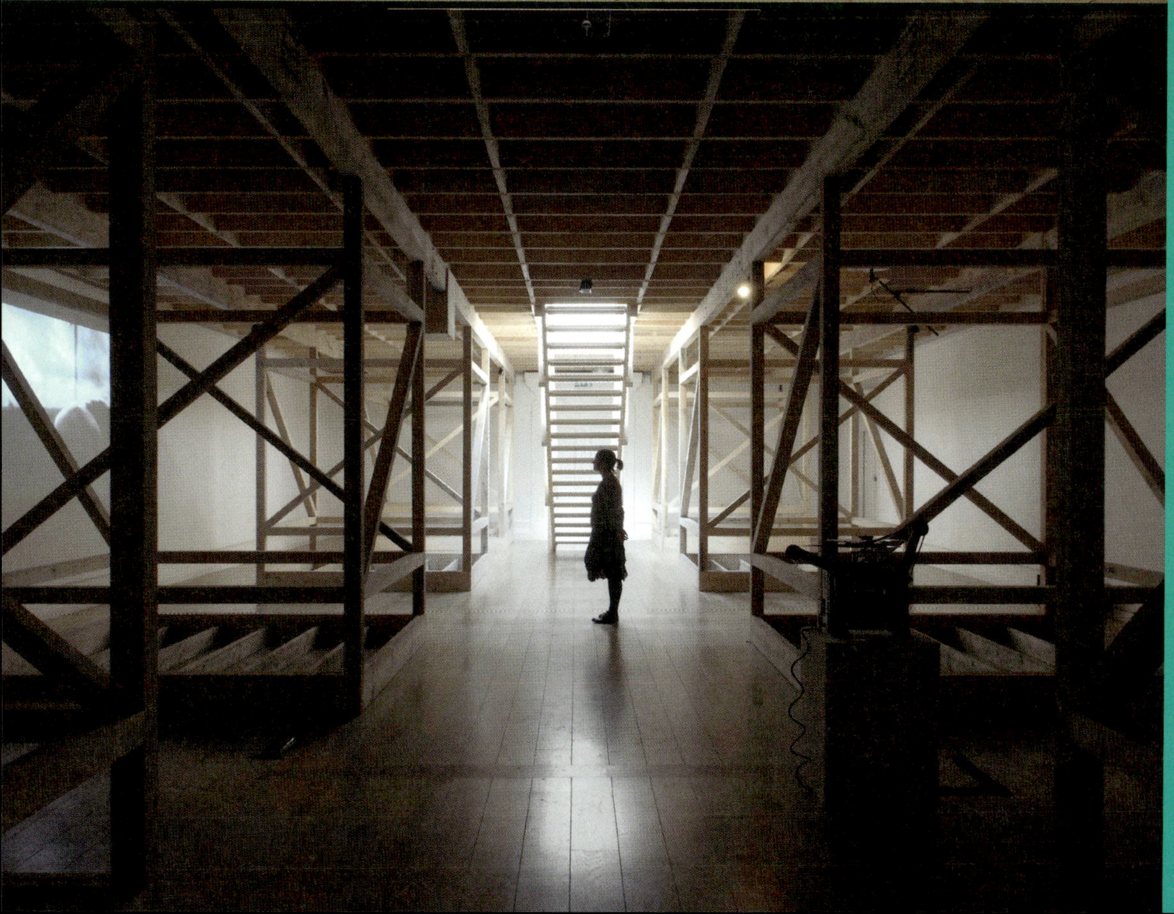

Rivane Neuenschwander Suspension Point, 2008, installatie in de / installation view at South London Gallery, London

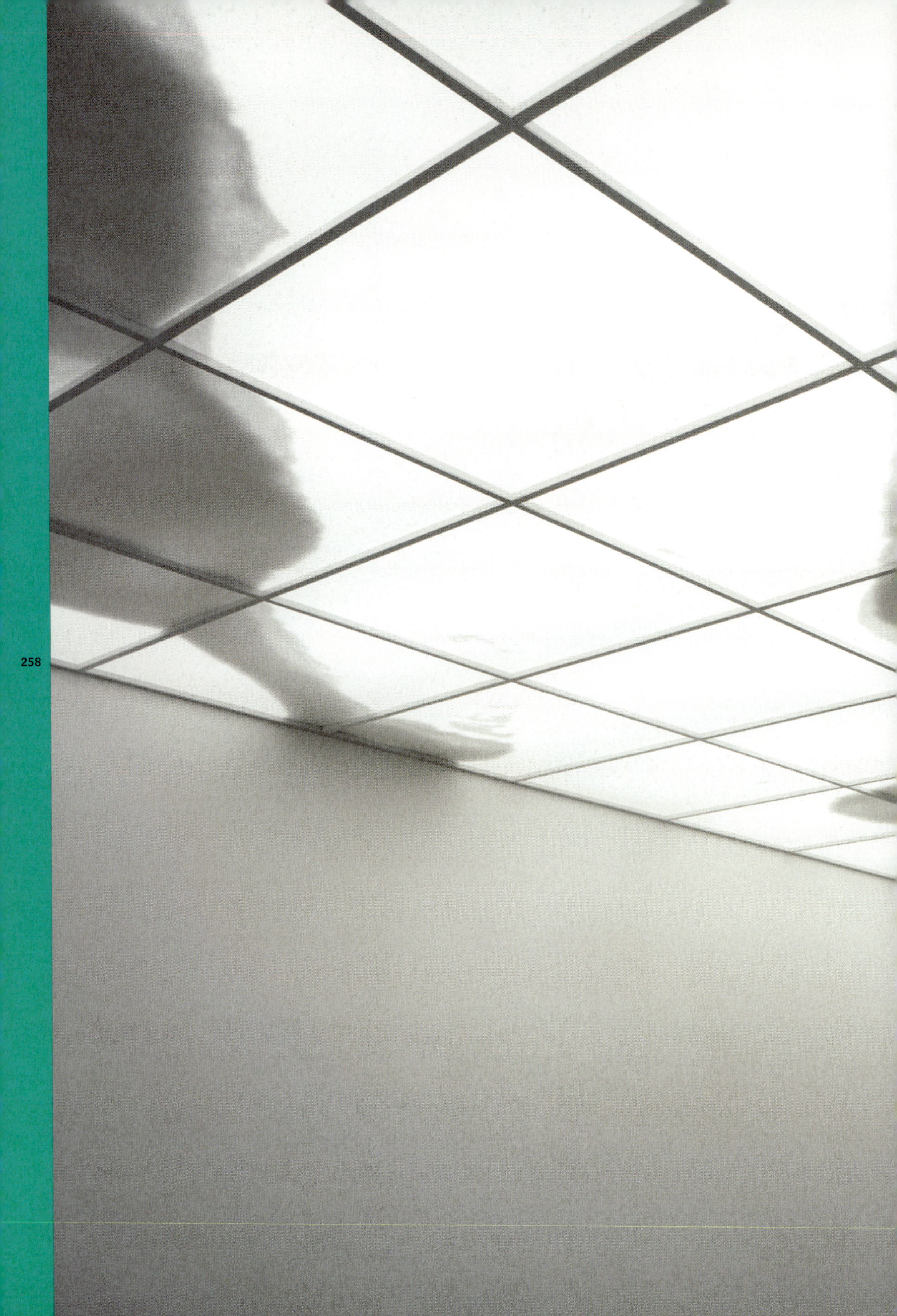

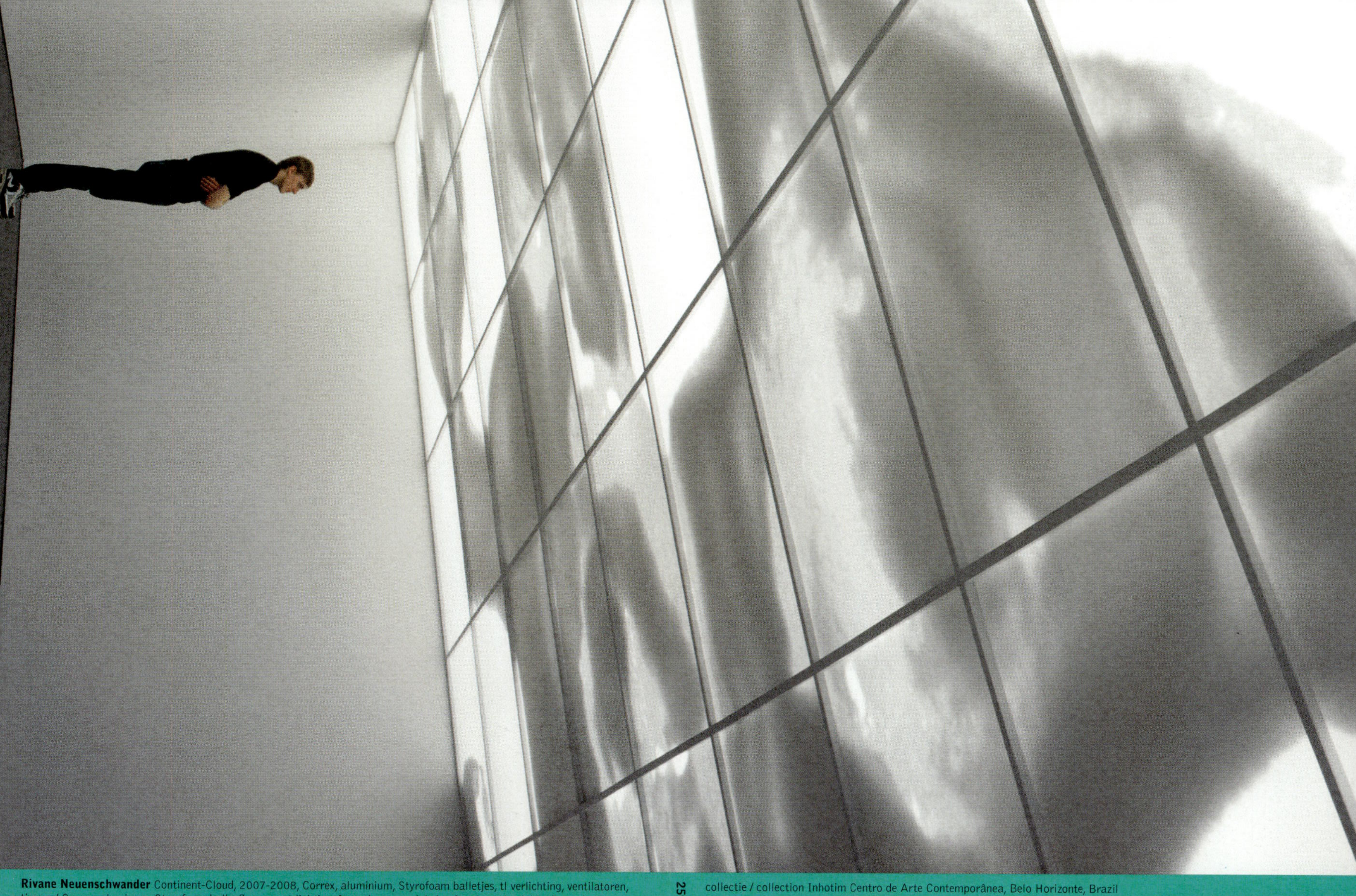

Rivane Neuenschwander Continent-Cloud, 2007-2008, Correx, aluminium, Styrofoam balletjes, tl verlichting, ventilatoren, timers / Correx, aluminum, Styrofoam balls, fluorescent lighting, fans, timers, variabele afmetingen/variable dimensions

collectie / collection Inhotim Centro de Arte Contemporânea, Belo Horizonte, Brazil

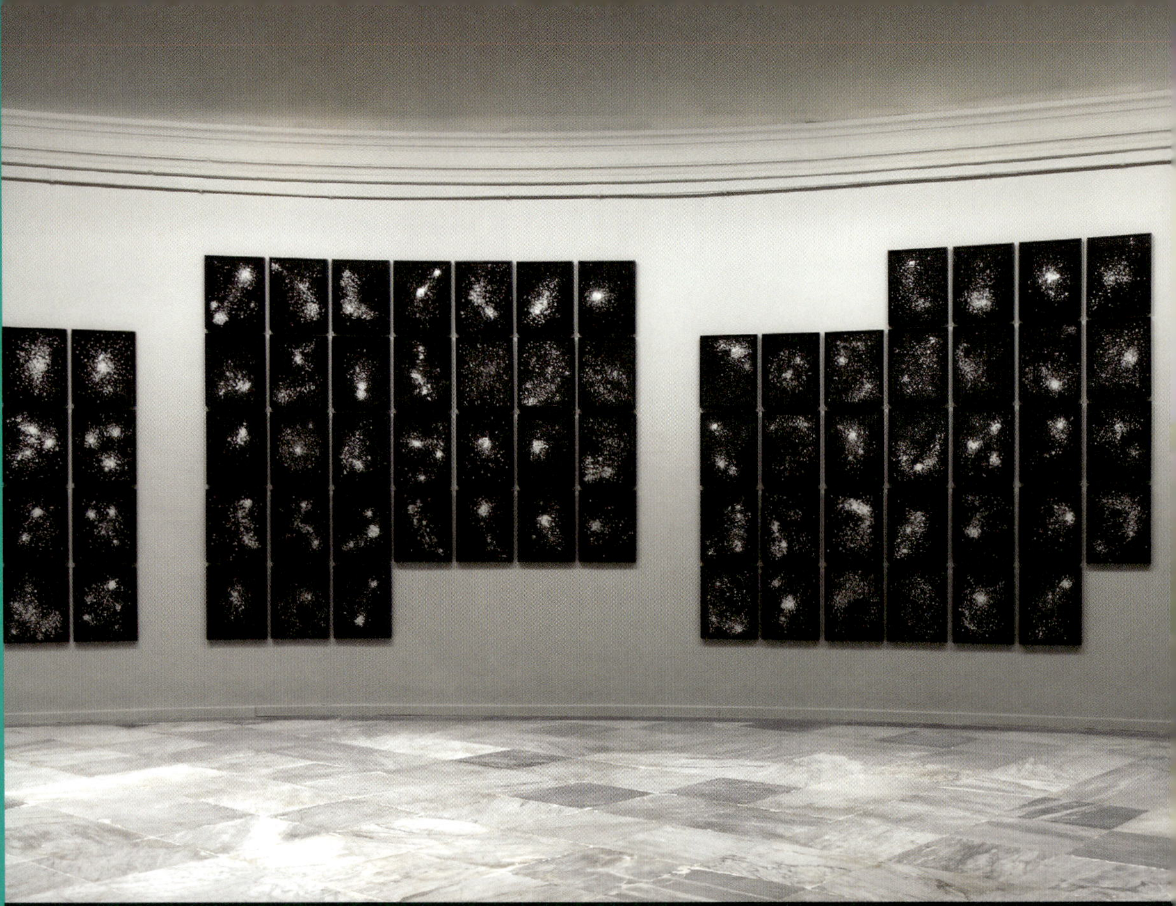

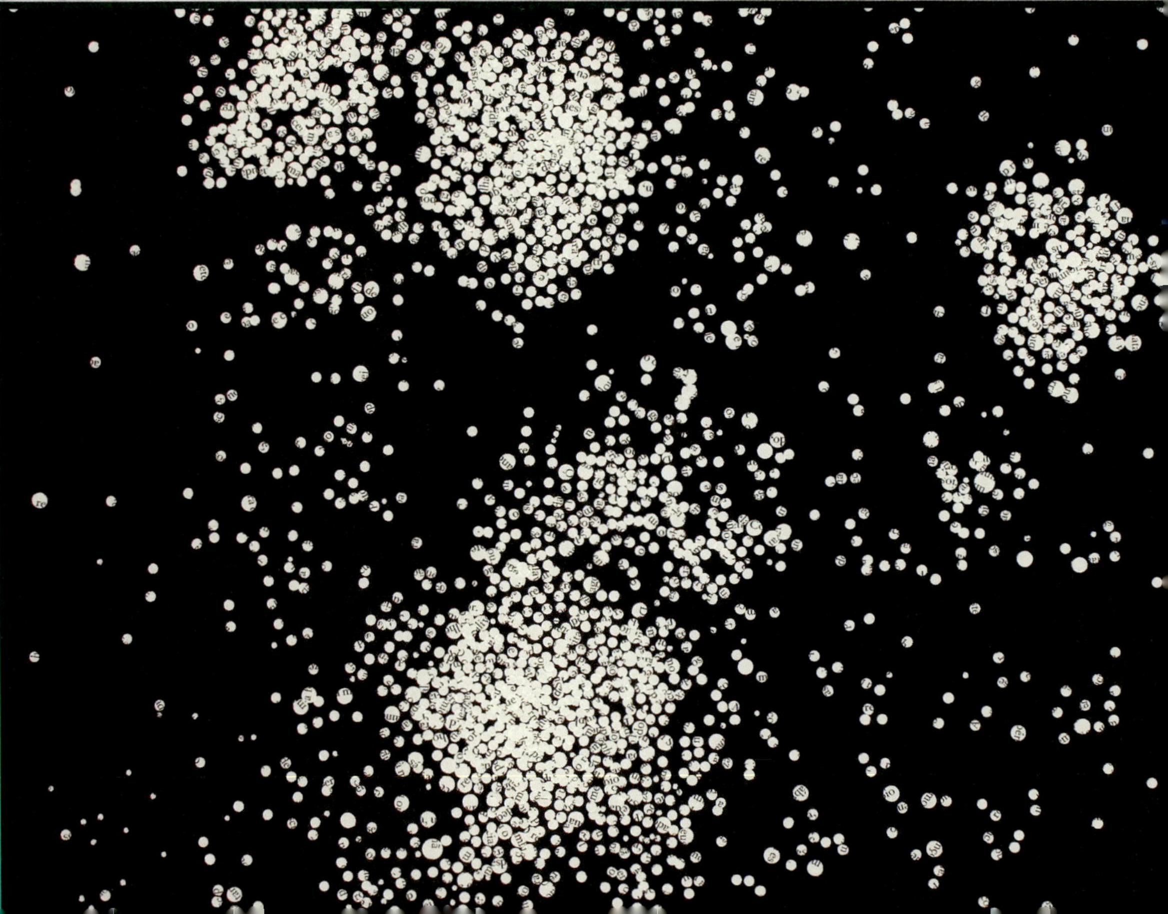

Rivane Neuenschwander One Thousand and One Possible Nights, 2006, collage on paper, 51,5 x 38,5 cm elk /each (20 ex.), collage op papier / particuliere verzameling / private collection

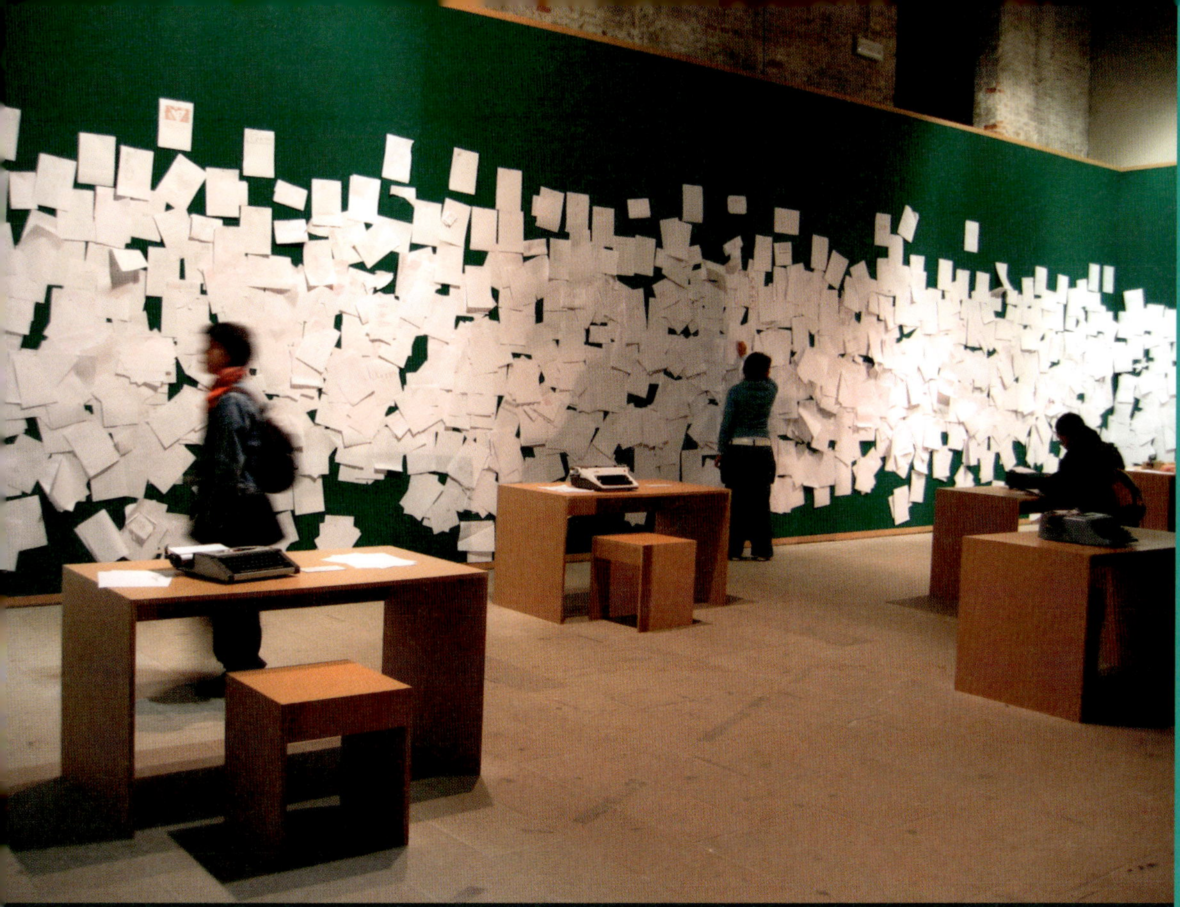

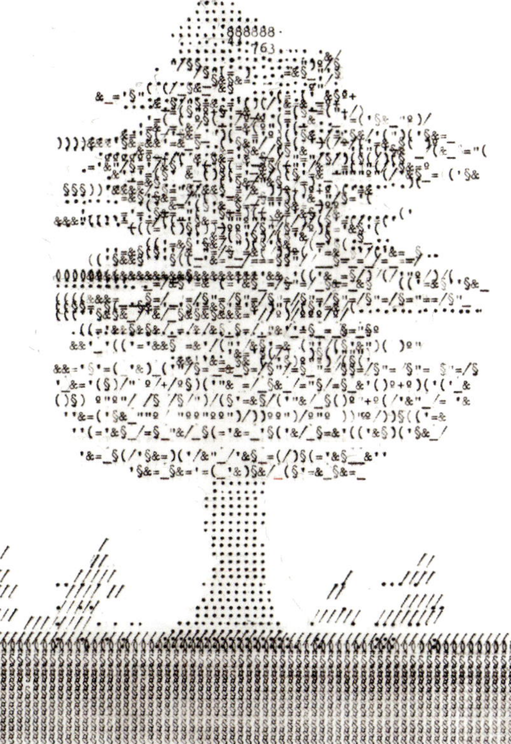

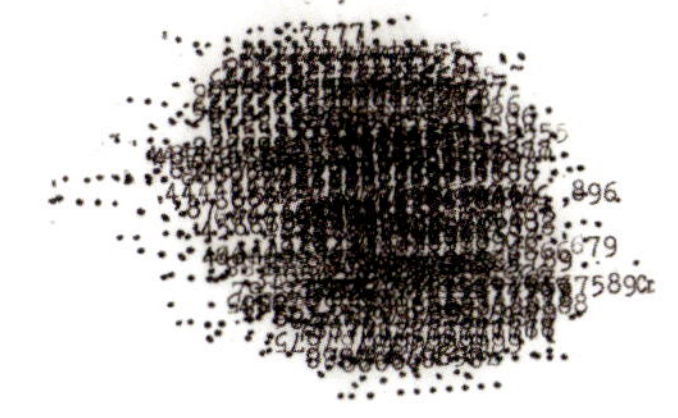

Rivane Neuenschwander [...], 2004, installatie in / installation view at 'Always a Little Further', 51 Biennale di Venezia

261

Rivane Neuenschwander Anonymous Dialogues, 2008 (detail), inkt op papier / ink on paper, 29 x 21 cm

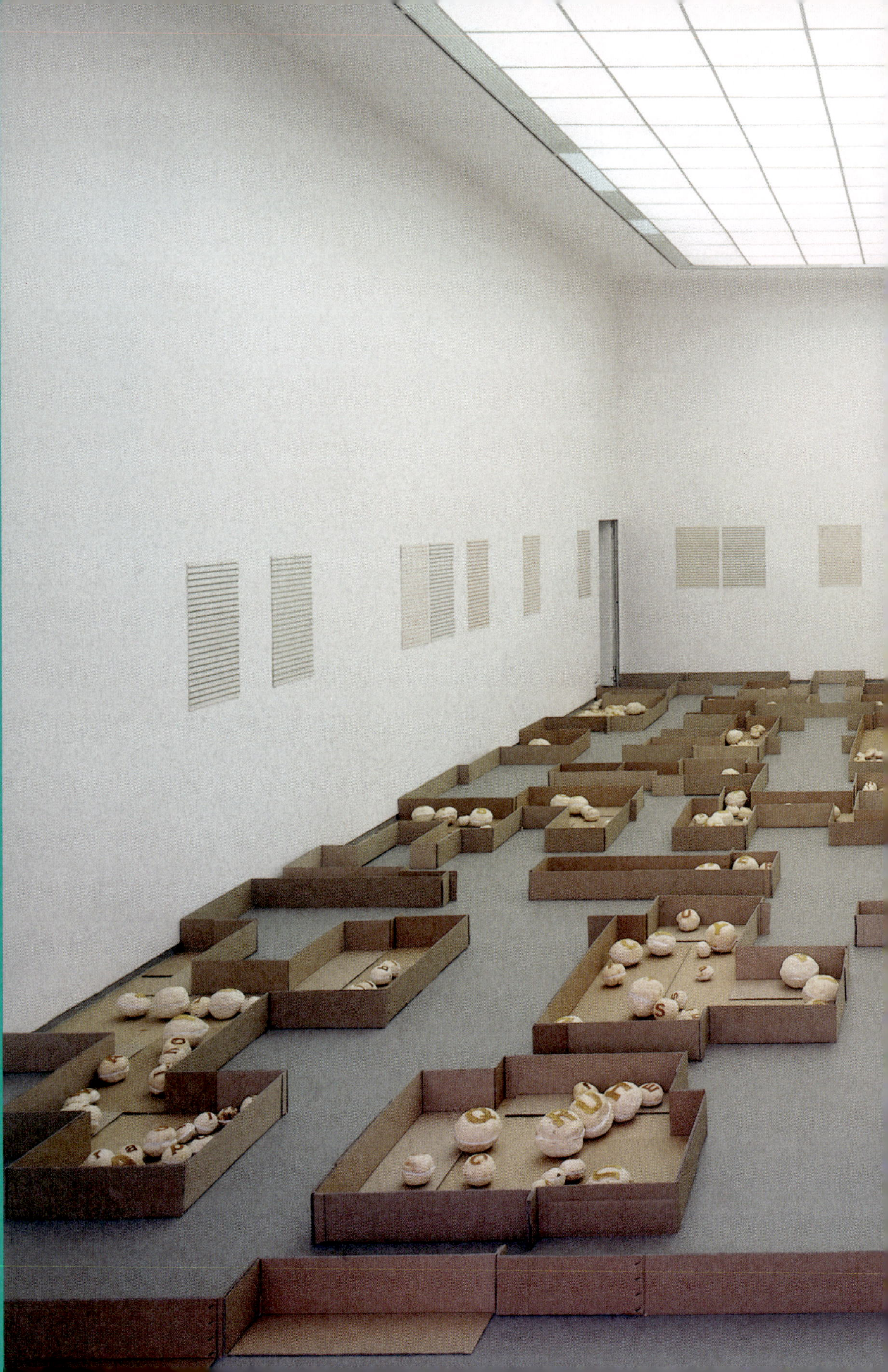

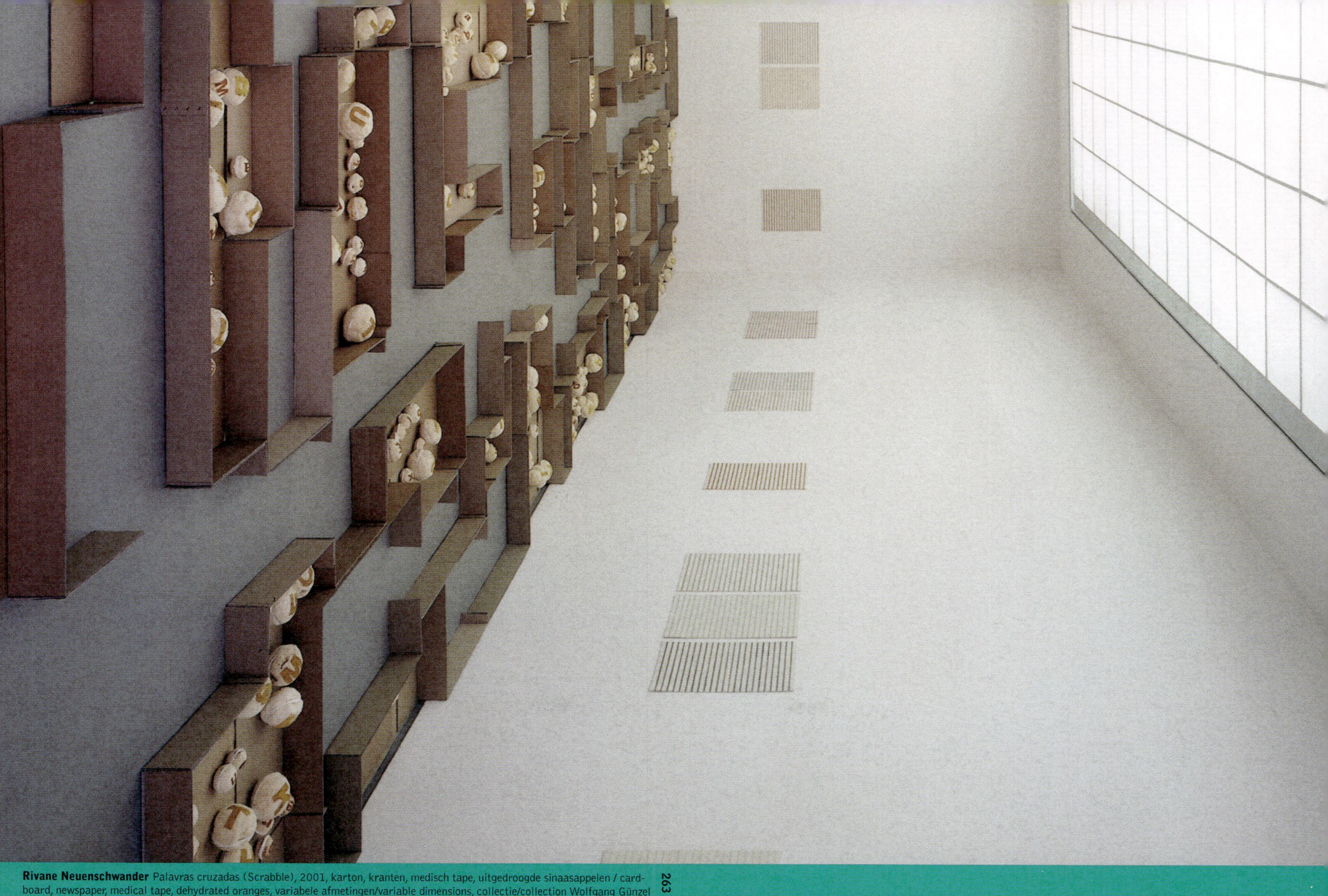

Rivane Neuenschwander Palavras cruzadas (Scrabble), 2001, karton, kranten, medisch tape, uitgedroogde sinaasappelen / cardboard, newspaper, medical tape, dehydrated oranges, variabele afmetingen/variable dimensions, collectie/collection Wolfgang Günzel

Cao Guimarães (1965, woont en werkt in Belo Horizonte) maakt films en video's die het midden houden tussen cinema, autonome kunst en documentaire. Hij won prijzen op diverse filmfestivals. Guimares maakt prachtig videowerk in de sfeer van verstilde roadmovies, gedetailleerde observaties van een spontane gebeurtenis op een straathoek en vervlecht hierin thema's van de memorie. In de achteruitkijkspiegel van een auto beweegt de toeschouwer zich door de herinnering van een gepasseerd moment: een monumentale momentopname faciliteert de herbelevenis van nog geen minuut geleden. Het werk van Guimarães laat zich net zo gemakkelijk lezen als feature films, terwijl dwingende verhaallijnen – onopgemerkt – ontbreken. De beeldtaal, de traagheid van zijn werk, de rol van muziek – vaak in samenwerking met O Grivo – het stollen van details, en de maatschappelijke thema's, zijn zo vanzelfsprekend met elkaar verweven, dat de registratie van een stilstaande camera tegelijkertijd een volledige speelfilm aan het oog laat voorbijtrekken. Guimarães boort de opgeborgen ingrediënten van de herinnering aan. Verbeelding maakt plaats voor perceptie en associatie, de kijker gaat vervolgens – zo ziet Guimarães het graag – met het verhaal aan de haal. In **Drifter** volgt Guimares het dagelijks leven van drie zwervers. Langzaam begint hun eenzame gang op de rurale weg van alledag door elkaar te lopen en tekent zich, tegen de hete, trillende lucht, de ongewisse logistiek van de onopvallende bohèmes af.

In Guimarães' film **Sin Peso** (zonder geld, gewichtloos) speelt zich een formeel vlakkenspel af met wapperende tentdoeken van kleurige marktkraampjes in Mexico City. Onder een strakblauwe lucht, onder de overgang van kleur, streeppatronen en textuur, speelt zich het chaotische gemarchandeer en zacht maar dwingend gehussel van de verkoop van legale en minder legale goederen af. Tomaten worden tegelijk met allerhande illegaal verkregen goederen aan de man gebracht onder dekking van kleurcomposities die doen denken aan Oiticica's ruimtelijke (kleur)studies. Het wapperende doek uit **Sin Peso** verbeeldt de flinterdunne grens tussen de boven- en onderwereld.

CAO GUIMARÃES

JAAP GULDEMOND / BREGJE VAN WOENSEL

CAO GUIMARÃES

Cao Guimarães (b. 1965, lives and works in Belo Horizonte) makes films and videos that lie somewhere between cinema, autonomous art and documentaries. He has won awards at various film festivals. Guimarães makes beautiful videos with the atmosphere of serene road movies, detailed observations of a spontaneous event on a street corner, and interweaves them with themes taken from memory. The rear-view mirror of a moving car presents the viewer with the recollection of a past moment: a monumental shot facilitates experiencing less than a minute ago again. Guimarães' works can be seen just as easily as feature films, while compelling narrative lines – imperceptibly – are lacking. The visual idiom, the slow pace of his work, the role of music – often in collaboration with O Grivo – the freezing of details, and the social themes are so naturally interwoven with one another that what is recorded by a stationary camera presents the eye at the same time with a complete feature film. Guimarães taps the stored ingredients of memory. Imagination makes way for perception and association, the viewer subsequently – this is what Guimarães wants – takes over the story. **Drifter** follows the everyday life of three tramps. Their lonely courses over the rural road of everyday slowly become entangled and the uncertain logistics of the shabby bohemians is profiled against the hot, shimmering air.

Sin Peso [Weightless] is a formal play of colour fields with the flapping canvases of colourful market stalls in Mexico City. The chaotic bargaining and the soft but compelling bustle of the sale of legal and less legal goods take place beneath a clear blue sky, beneath the colour transitions. Tomatoes change hands together with all kinds of illegally obtained items under cover of colour compositions that are reminiscent of Oiticica's spatial (colour) studies. The flapping canvas in **Sin Peso** symbolizes the fragile boundary between the world above and the underworld.

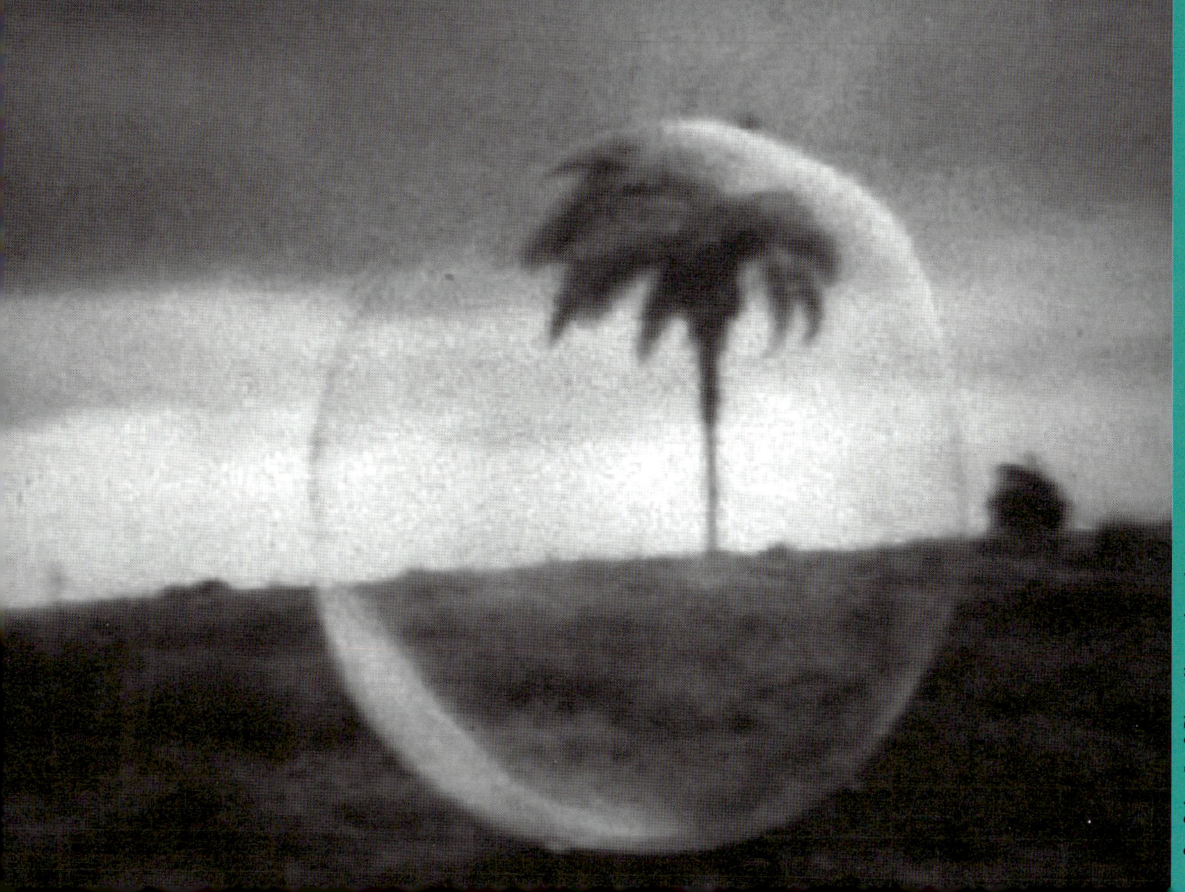

Cao Guimarães & Rivane Neuenschwander Inventário da Pequenas Mortes (Sopro) (Inventory of Small Deaths (Blow)), 2000, super 8 film omgezet naar dvd / super 8 film transferred to dvd, colour, 5 min 30 sec (loop), soundtrack: O Grivo

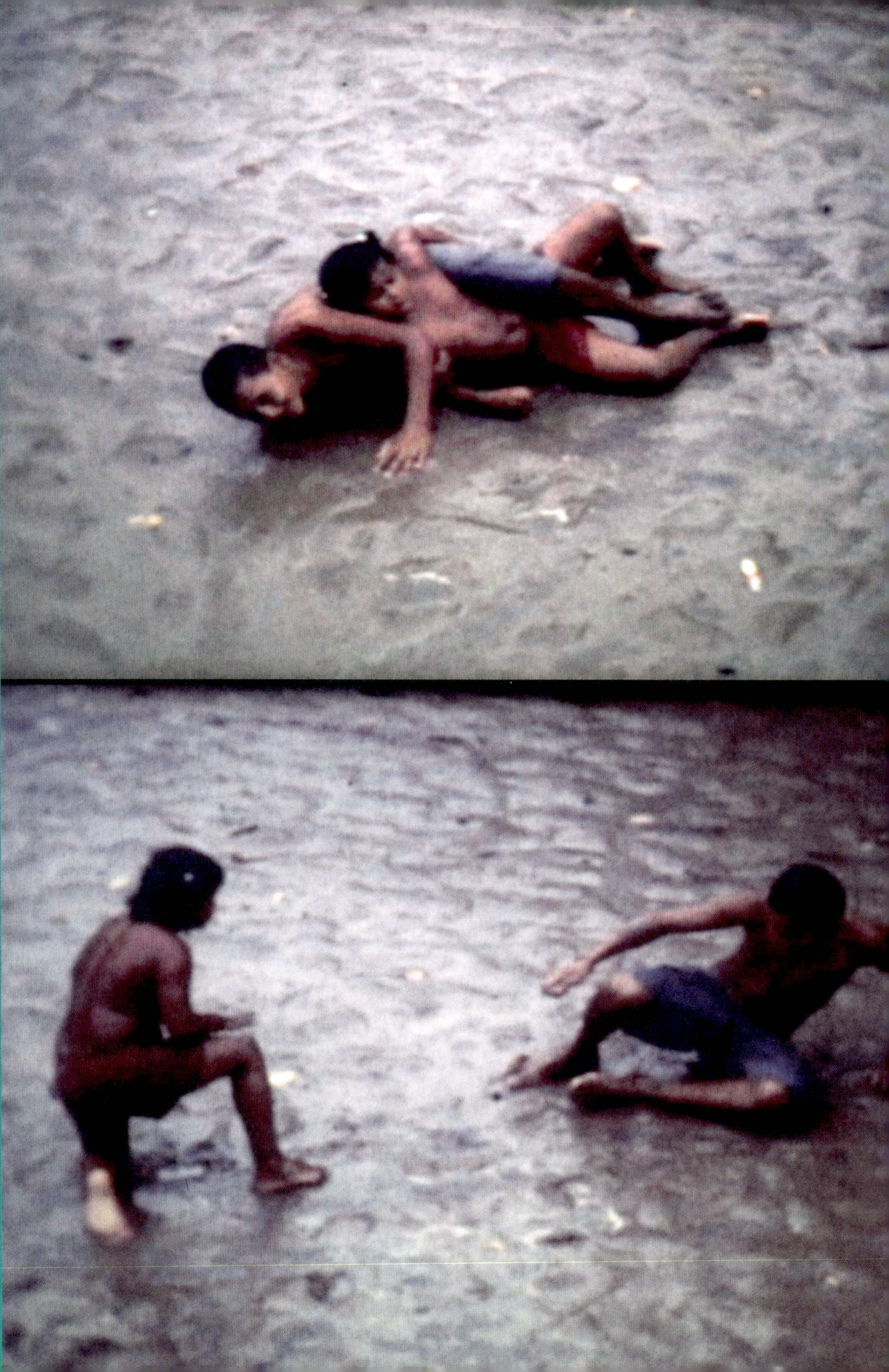

Cao Guimarães Da Janela do meu Quarto (From the Window of My Room), 2004, super 8 transferred to 35 mm, kleur / super 8 omgezet naar 35 mm, colour, 5 min, soundtrack: O Grivo

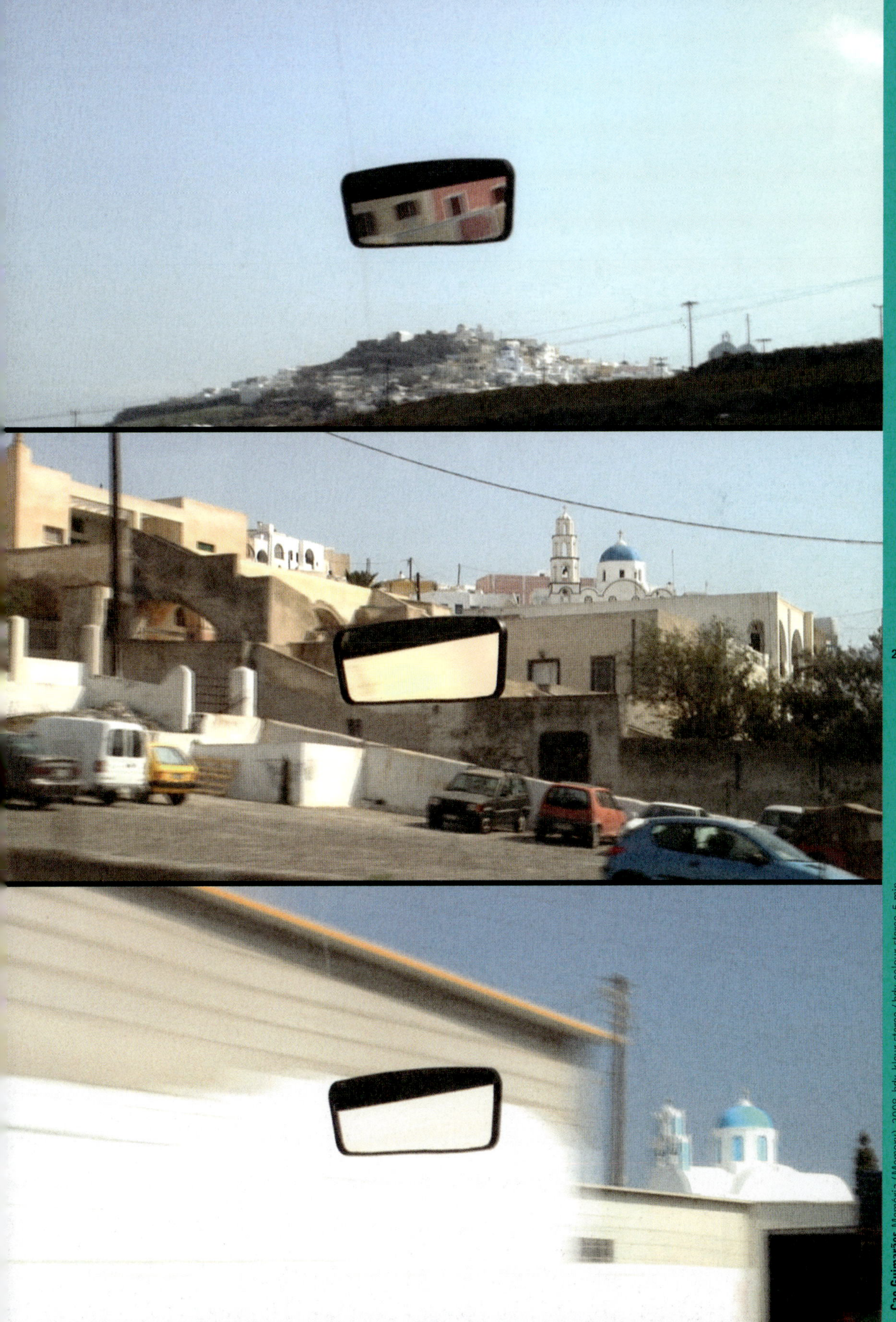

Cao Guimarães Memória (Memory), 2008, hdv, kleur, stereo / hdv, colour, stereo, 5 min

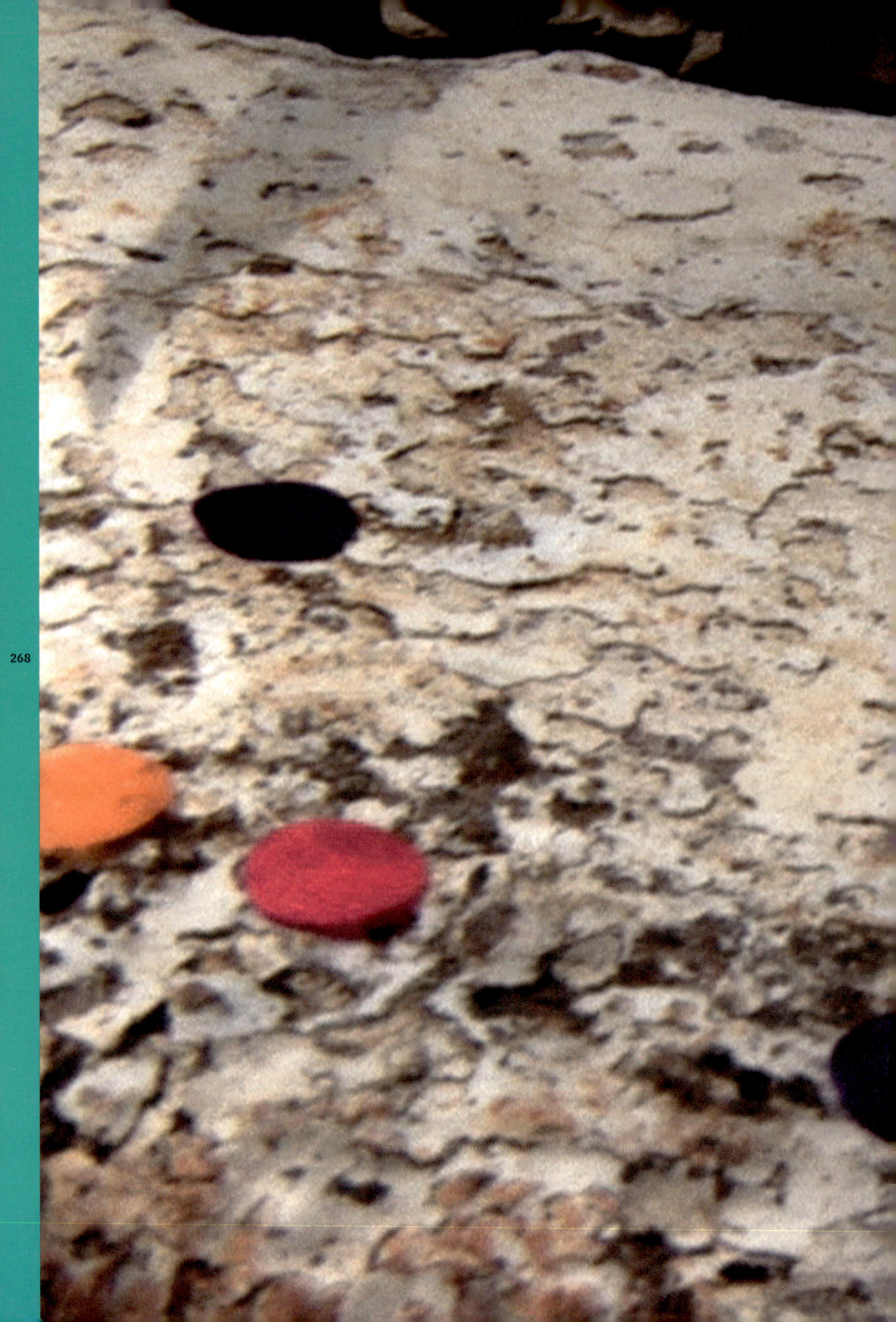

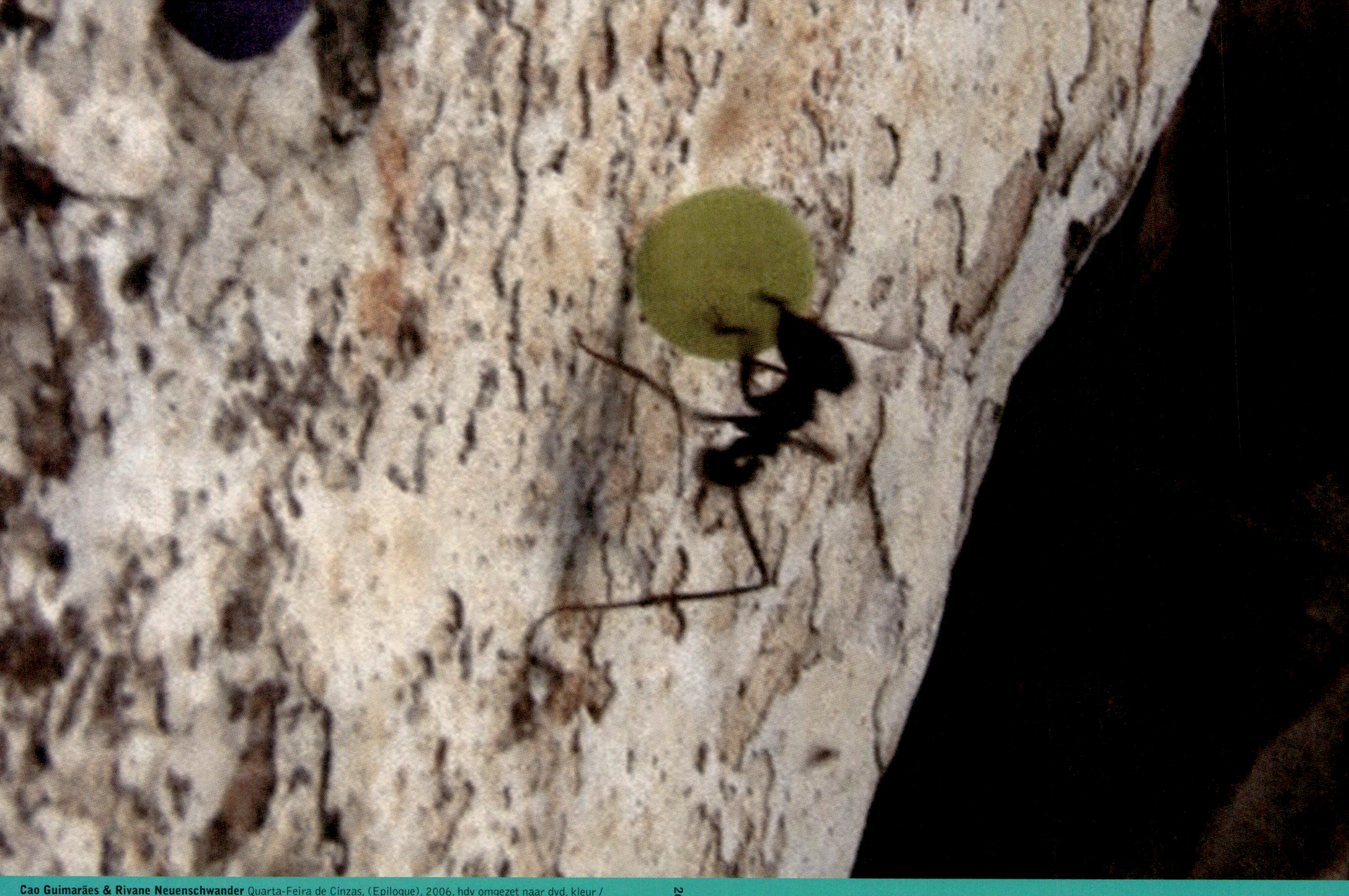

Cao Guimarães & Rivane Neuenschwander Quarta-Feira de Cinzas, (Epilogue), 2006, hdv omgezet naar dvd, kleur / hdv transferred to dvd, colour, 6 min, soundtrack: O Grivo

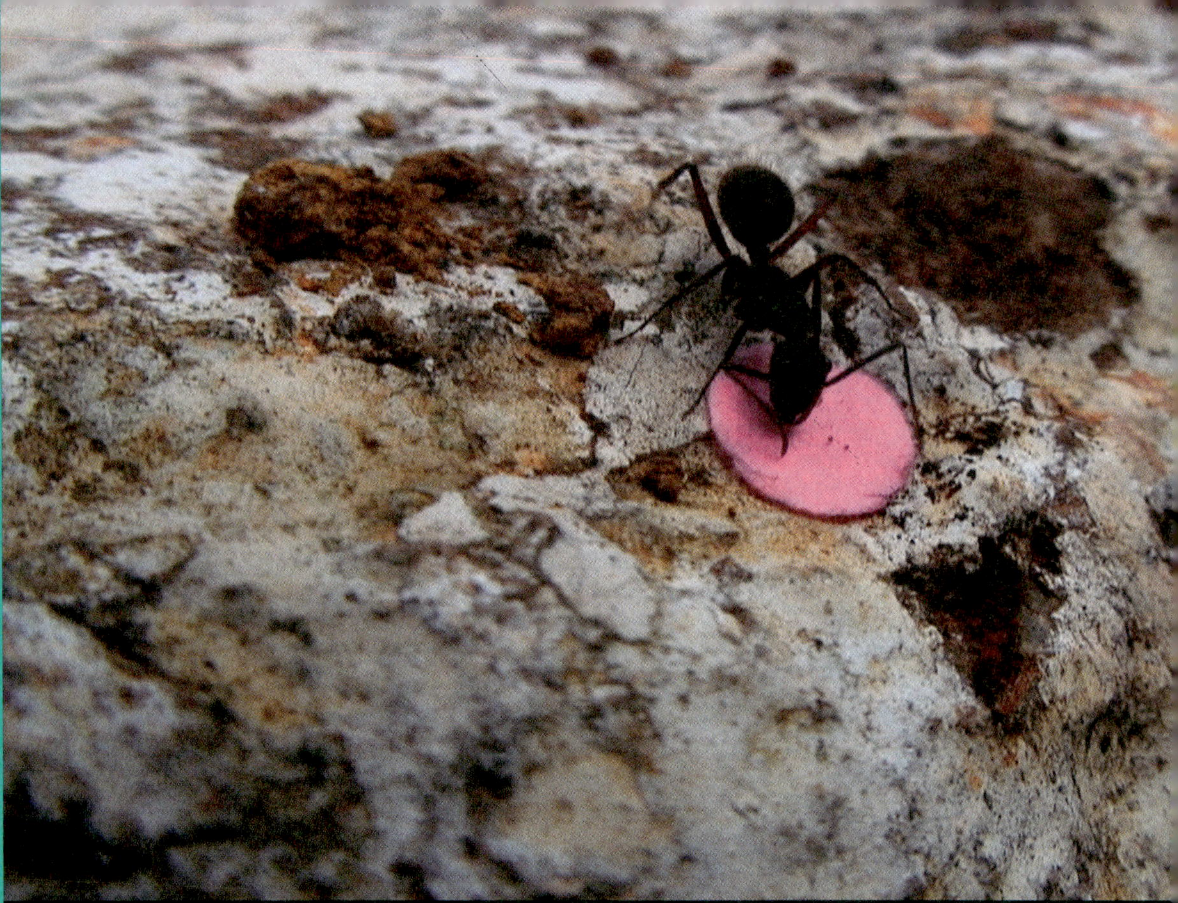

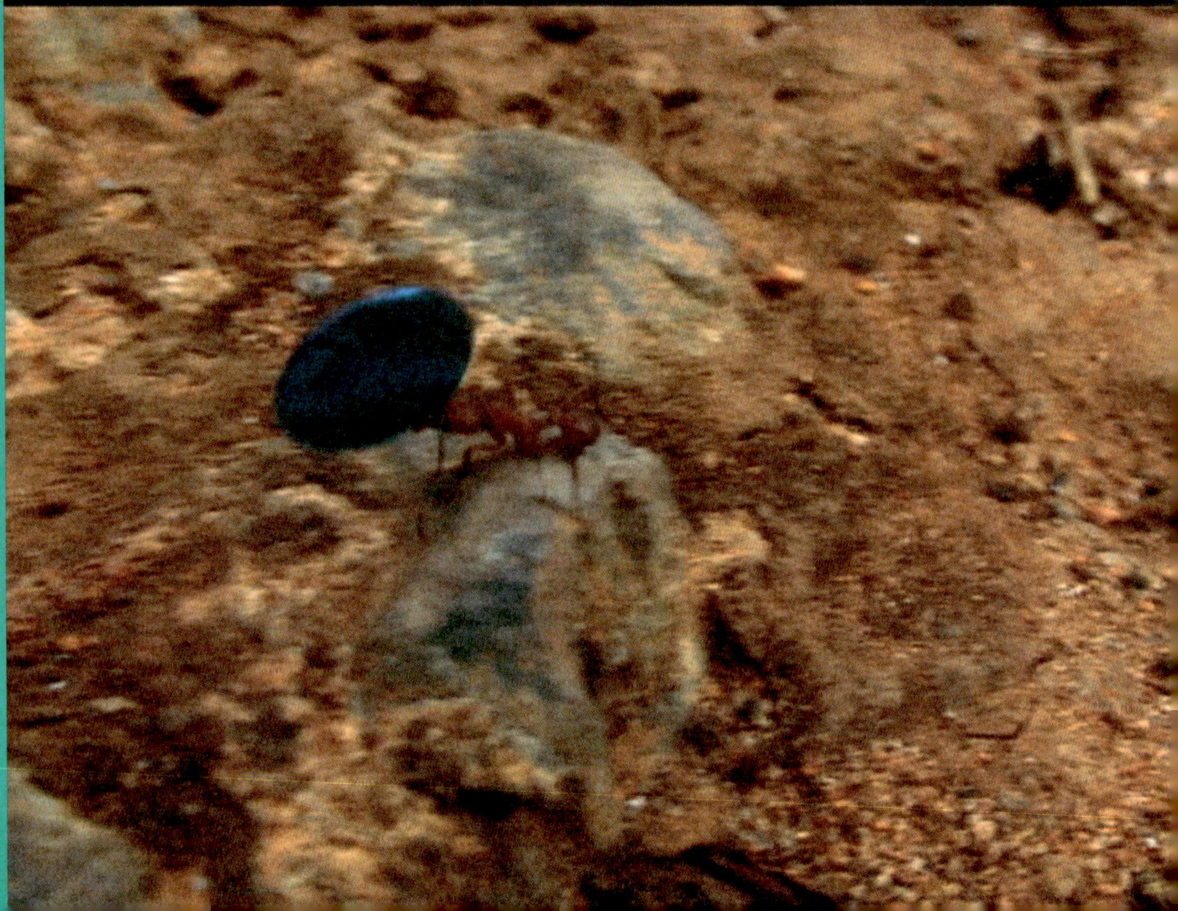

Cao Guimarães & Rivane Neuenschwander Quarta-Feira de Cinzas, (Epilogue), 2006, hdv omgezet naar dvd, kleur / hdv transferred to dvd, colour, 6 min, soundtrack: O Grivo

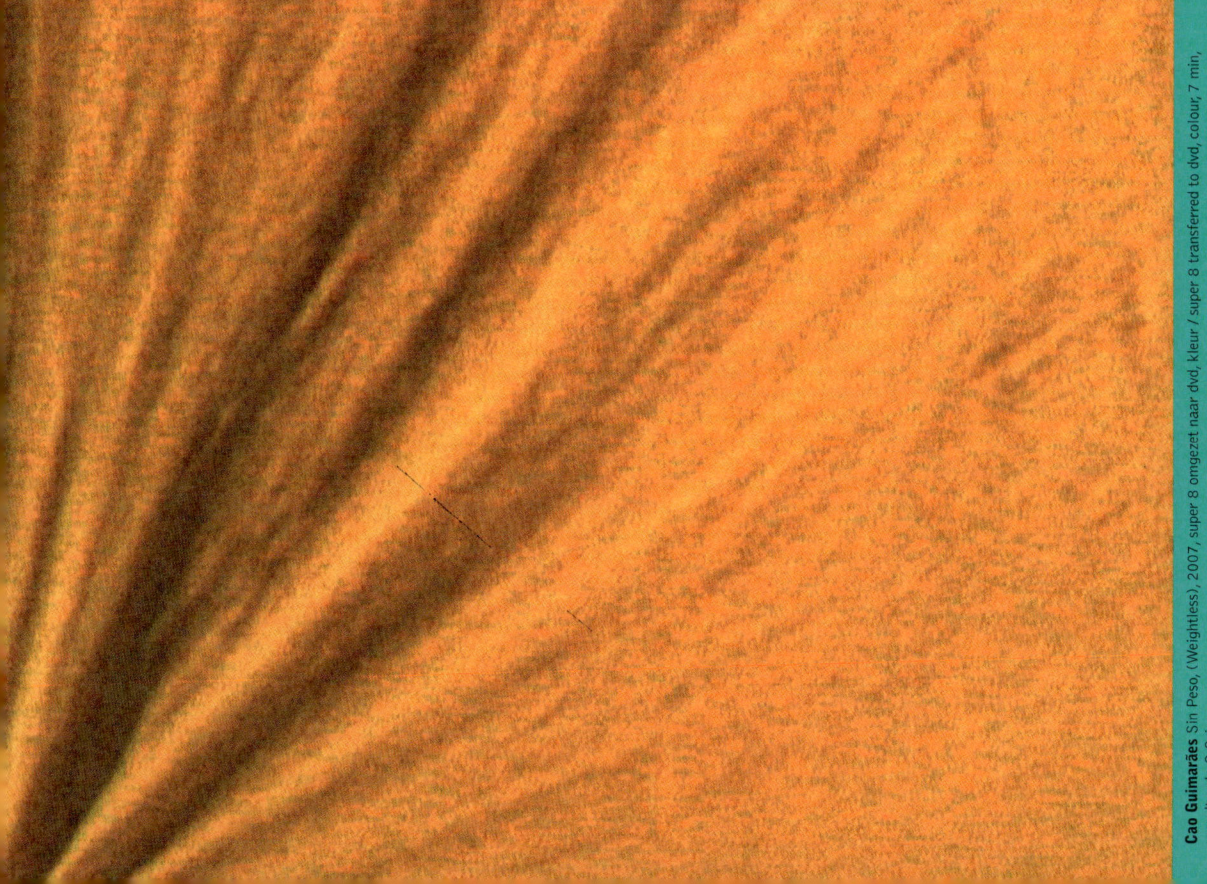

Cao Guimarães Sin Peso, (Weightless), 2007, super 8 omgezet naar dvd, kleur / super 8 transferred to dvd, colour, 7 min, soundtrack: O Grivo

TONY

SUZANA

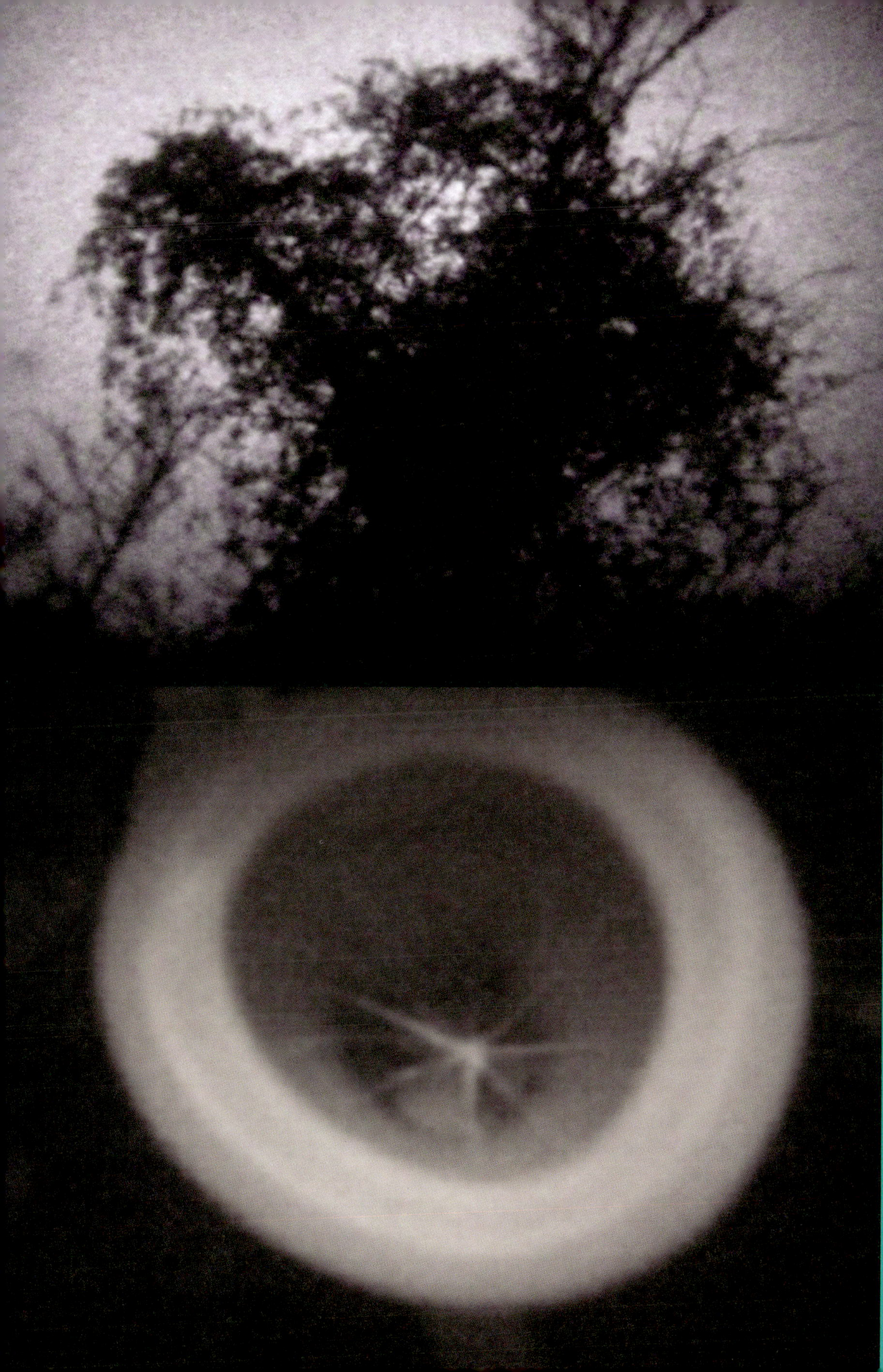

Cao Guimarães Between - Inventário de Pequenas Mortes (Between - Inventory of Small Deaths), 2000, super 8 omgezet naar dvd, Kleur / super 8 transferred to dvd, colour, 10 min 45 sec, soundtrack: O Grivo

Ricardo Basbaum (1961, woont en werkt in Rio de Janeiro) is kunstenaar, schrijver en choreograaf. Basbaum neemt in zijn werk intermenselijke communicatie onder de loep en creëert choreografische ensceneringen. Hij zet mensen aan tot bepaald gedrag door ruimtelijke situaties te creëren of door mensen te instrueren in bepaalde patronen te lopen of zich op een bepaalde manier te bewegen. Voor zijn ruimtelijke situaties hanteert Basbaum kleine ijzeren hekjes of grote ijzeren kooien waarin bezoekers kunnen zitten om te converseren, een spel te spelen of tot rust te komen. De kooien zijn pacificerende kaders waarbinnen de interacties plaats kunnen vinden, maar ogen als een harde versie van Ernesto Neto's zacht getinte, antropomorfische nylon installaties.

Basbaums gebruik van de door hemzelf ontwikkelde NBP- (New Bases for Personality) vorm repeteert door het hele oeuvre van de kunstenaar als een soort mores, een mantra. Het is een tool, de illustratie van het basisidee van Basbaums werk. Het herinnert voortdurend aan de onzichtbare verbanden die er zijn tussen de ene persoon en de ander. Het bij de installaties behorende tekenwerk toont de patronen, routes en gedragingen die plaatsvinden bij menselijke interactie. In de openbare ruimte bestaan die condities uit ongeschreven regels, Basbaum bestudeert deze en legt ze vast in een soort routekaart. Mensen blijken hun eigen weg automatisch te optimaliseren. Stel: een voetganger komt naast iemand anders te lopen die even hard loopt. Een van de twee voetgangers zal harder of zachter gaan lopen om niet naast elkaar te hoeven lopen. Voetgangers blijken in de openbare ruimte diagonale stromen achter elkaar te vormen, ze passen hun snelheden aan aan de omgeving, doen aan strookvorming, ritsen en lopen gemiddeld 1,34 meter per seconde. Een danspas ontleedt Basbaum in mathematische codes die een handleiding vormen voor intermenselijke contact en tegelijkertijd onderstrepen hoe de mensen zich onderling gedragen.

Waar Oiticica in zijn **Penetrables**, **Parangolés** en **Bólides** de hoekige vormen steeds meer loslaat of laat samenvallen met organische structuren, hanteert Basbaum een grafische, heldere beeldtaal. De inhoud van zijn werk en de wijze waarop zijn idee geconceptualiseerd wordt, borduren echter verder op de ideeën waar Oiticica zich hard voor maakte. De kern van Basbaums kunstenaarschap ligt immers in zijn interesse in de mens, in de bezoeker, in de participant. Niet het object is belangrijk, maar het proces dat door middel van dit object zichtbaar wordt. Precies zoals Oiticica in de tweede helft van zijn carrière (denk aan **Eden**,

RICARDO BASBAUM

JAAP GULDEMOND / BREGJE VAN WOENSEL

RICARDO BASBAUM

Ricardo Basbaum (b. 1961, lives and works in Rio de Janeiro) is an artist, writer and choreographer. Basbaum's work scrutinizes communication between people and creates choreographic scenographies. He gets people to act in a certain way by creating spatial situations or by telling people how to walk in certain patterns or to move in a particular way. For his spatial situations Basbaum uses small iron fences or large iron cages in which visitors can sit to chat, play a game or chill out. The cages are pacifying frames within which the interactions can take place, but look like a hard version of Ernesto Neto's pastel-tinted, anthropomorphic nylon installations.

Basbaum's use of the New Bases for Personality that he devised himself is repeated throughout the oeuvre of the artist as a sort of moral or mantra. It is a tool, the illustration of the basic idea of Basbaum's work. It is a continual reminder of the invisible lines that separate one person from another. The drawings that form part of the installations show the patterns, routes and behaviour that take place in human interaction. Those conditions exist as unwritten rules in the public space; Basbaum studies them and records them on a kind of route map. People turn out to automatically optimize their own route. For instance, a pedestrian starts to walk next to someone else who is walking at the same pace. One of the two pedestrians will start to speed up or slow down to avoid having to walk side by side. In the public space pedestrians prove to form diagonal flows behind one another, to adapt their speed to their surroundings, to form strips or strings, and to walk at an average speed of 1.34 m per second. Basbaum breaks a dance sequence down into mathematical codes that form a manual for contact between people and at the same time underline how people behave in relation to one another, as if wanting to say: you are here.

While in Oiticica's **Penetrables, Parangolés** and **Bólides** the angular forms are increasingly relaxed or made to coincide with organic structures, Basbaum deploys a graphic, clear visual idiom. However, the contents of his work and the way in which his idea is conceptualized represent a further development of the ideas that Oiticica propagated. After all, the core of Basbaum's activity as an artist lies in his interest in people, visitors, participants. It is not the object that is important, but the process that this object brings to light. Like Oiticica in the second half of his career (take **Eden**, **Tropicália**, and the works that he made during his ten years in the USA), he offers opportuni-

Tropicália en de werken die hij tijdens zijn tienjarig verblijf in de Verenigde Staten maakte) door het aanreiken van sensorische mogelijkheden de propositie aan de toeschouwer liet prevaleren boven de objectmatige kant van het kunstwerk.

ties for the senses and allows the intentions of the viewer to prevail over the role of the work of art as object, the code.

Ricardo Basbaum Transatravessamento (Transcrossing), 2002, gemengde techniek / mixed media, 1209 x 909 x 240 cm, installatie tijdens de / installation presented at the 25e São Paulo Biennale

Ricardo Basbaum passagens (NBP) 2 (passageways [NBP] 2), 2001, gemengde techniek / mixed media,, object : 320 x 355 x 240 cm, installatie in het / installation view at the Museu Ferroviário da Vale do Rio Doce, Vitória

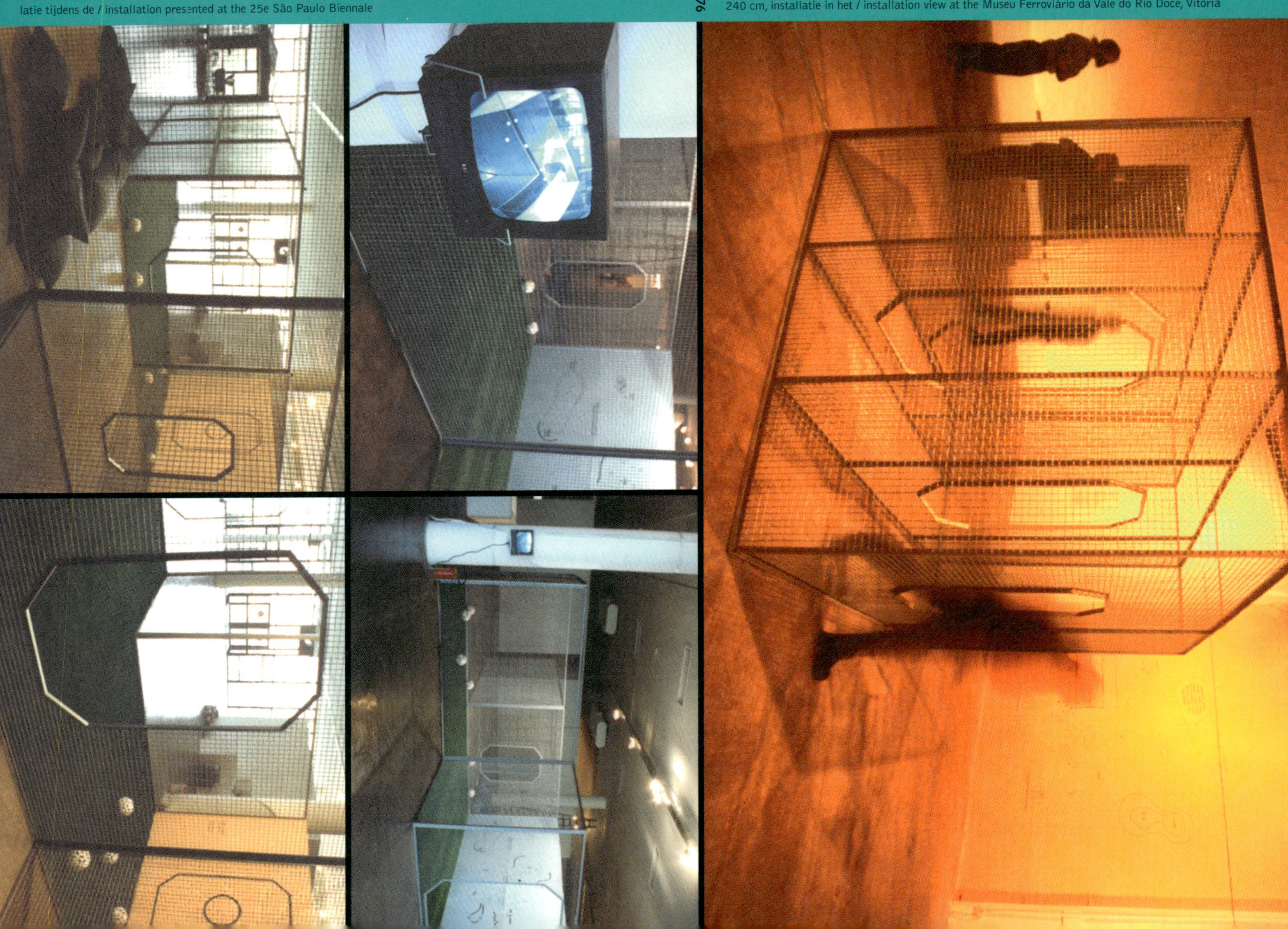

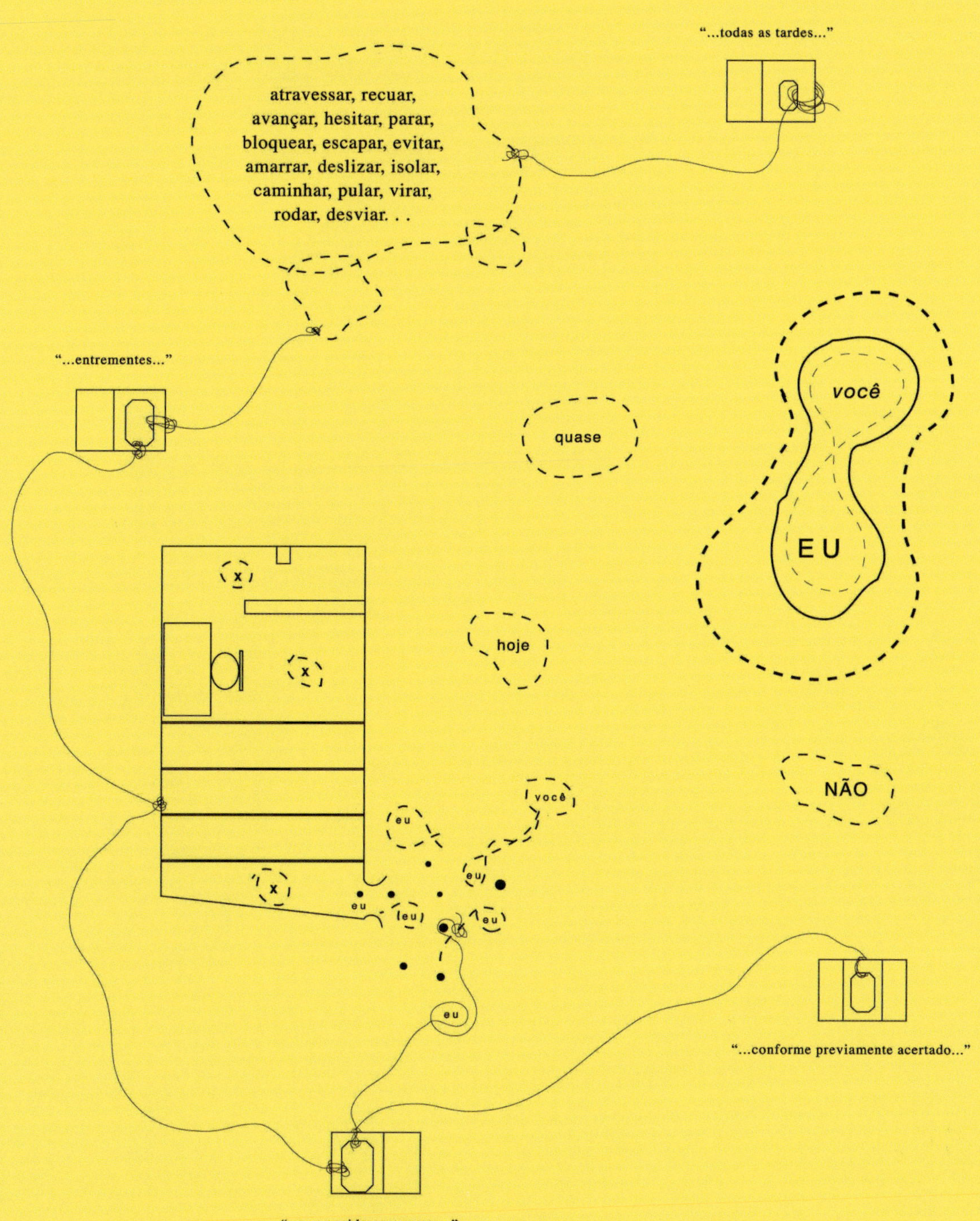

"...todas as tardes..."
atravessar, recuar,
avançar, hesitar, parar,
bloquear, escapar, evitar,
amarrar, deslizar, isolar,
caminhar, pular, virar,
rodar, desviar. . .
"...entrementes..."
você
quase
EU
hoje
NÃO
você
eu
eu
x
x
x
eu
(eu)
eu
eu
"...conforme previamente acertado..."
"...se considerarmos que..."

Ricardo Basbaum NBP – Novas Bases para a Personalidade (NBP - New Bases for Personality), 1993, vinyl, schuim, formica, zeefdruk / vinyl fabric, foam, formica, silkscreen, installatie in het / installation at the Centro Cultural Sergio Porto, Rio de Janeiro

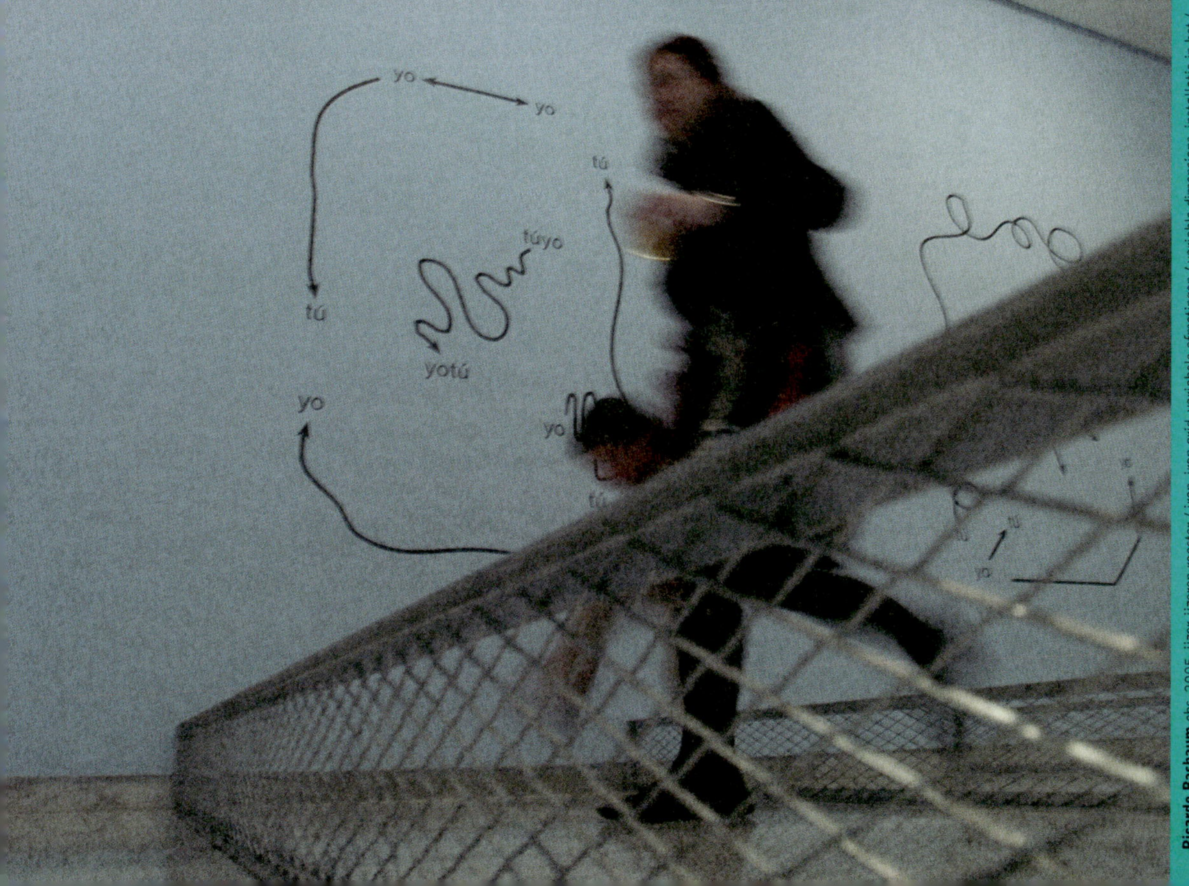

Ricardo Basbaum obs, 2005, ijzer, ijzeren rooster / iron, iron grid, variabele afmetingen / variable dimensions, installatie in het /
installation view at the CAAM, Las Palmas

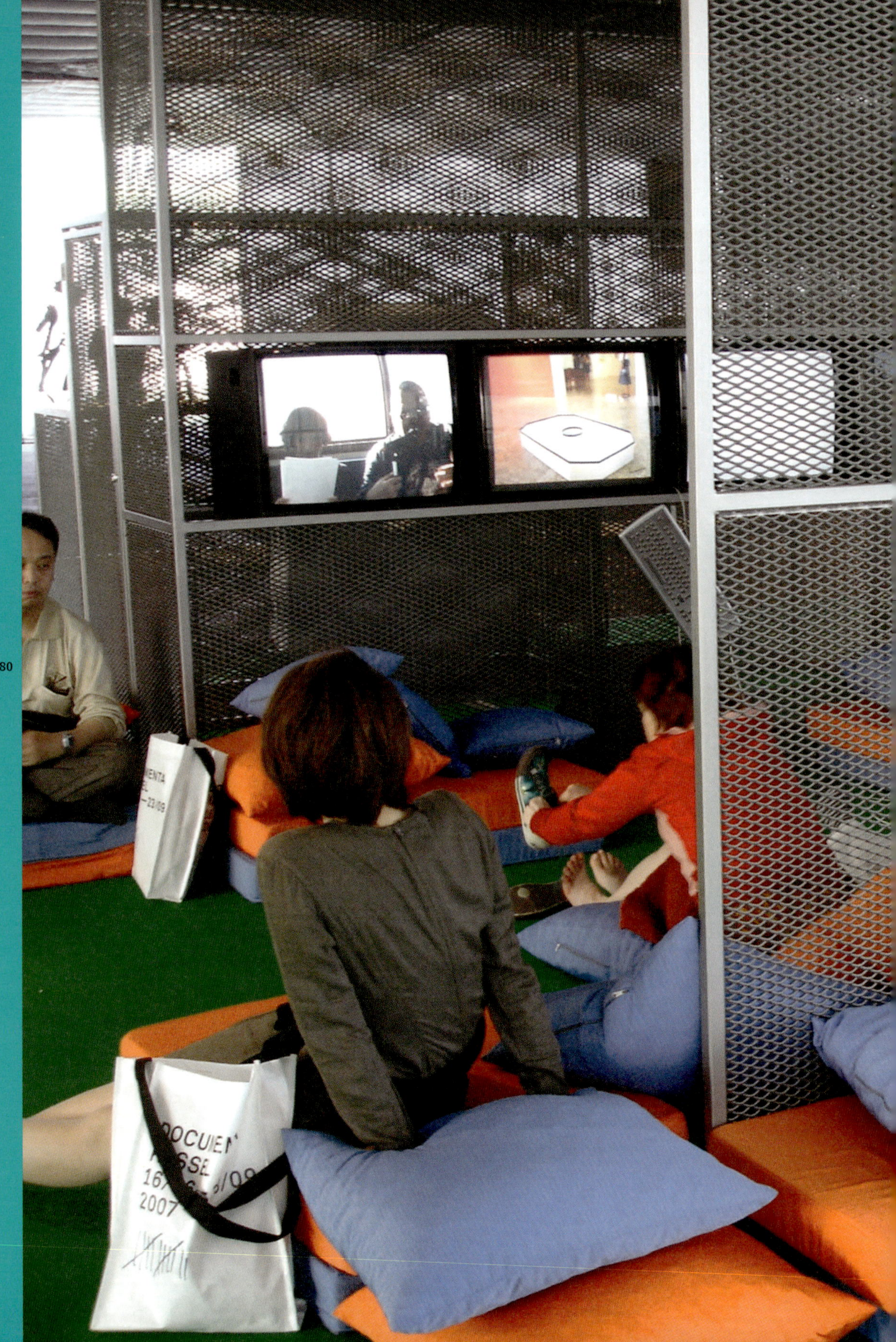

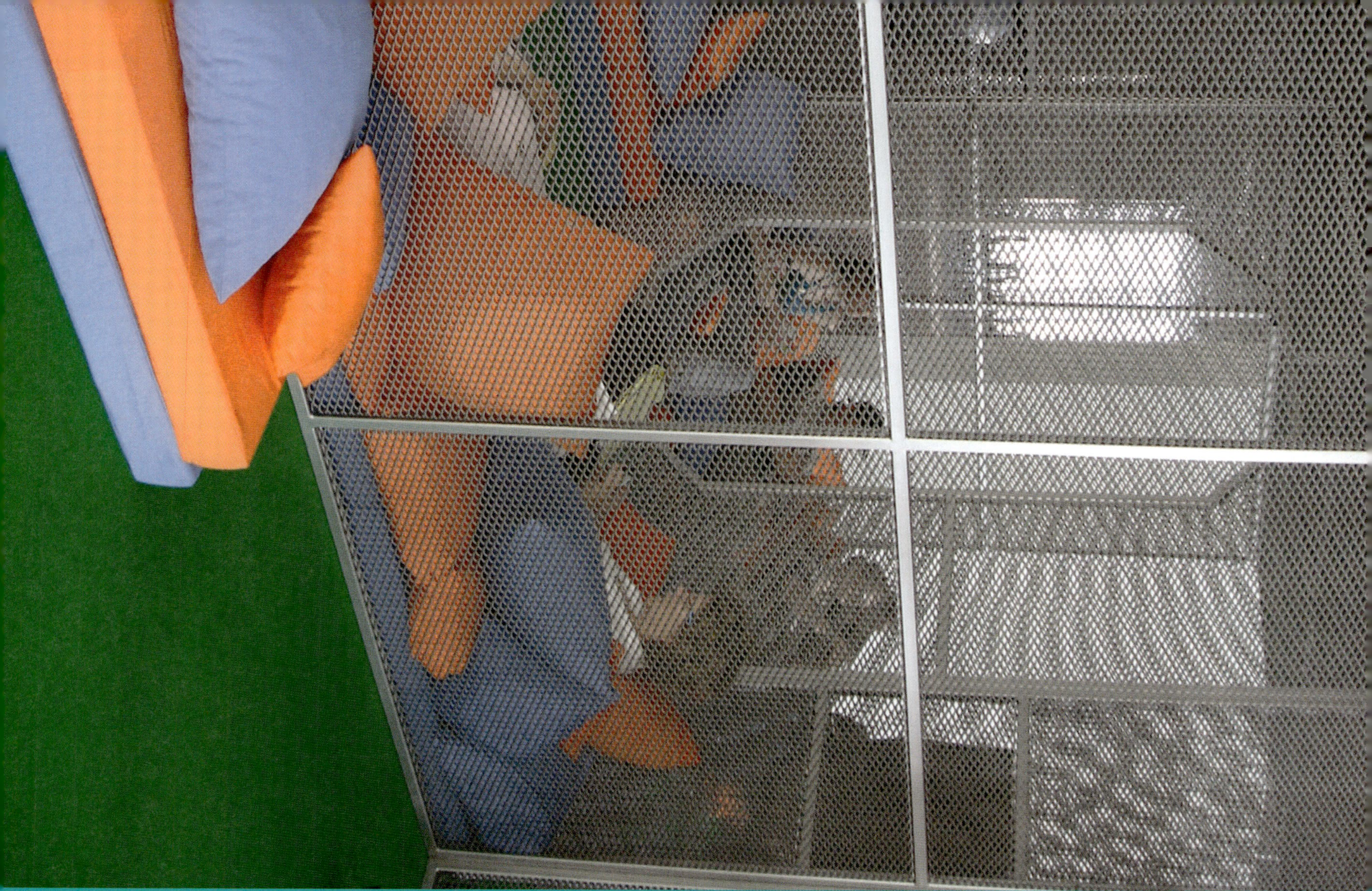

Ricardo Basbaum Você gostaria de participar de uma experiência artística? (Would you like to participate in an artistic experience?), 1994-2007, 20 geverfde stalen objecten reizend door Latijns Amerika, Europa en Afrika / 20 painted steel objects circulating in Latin America, Europe and Africa, object 125 x 80 x 18 cm, gemengde techniek / mixed media, installation view at the Aue-Pavillon, documenta 12, Kassel, 2007

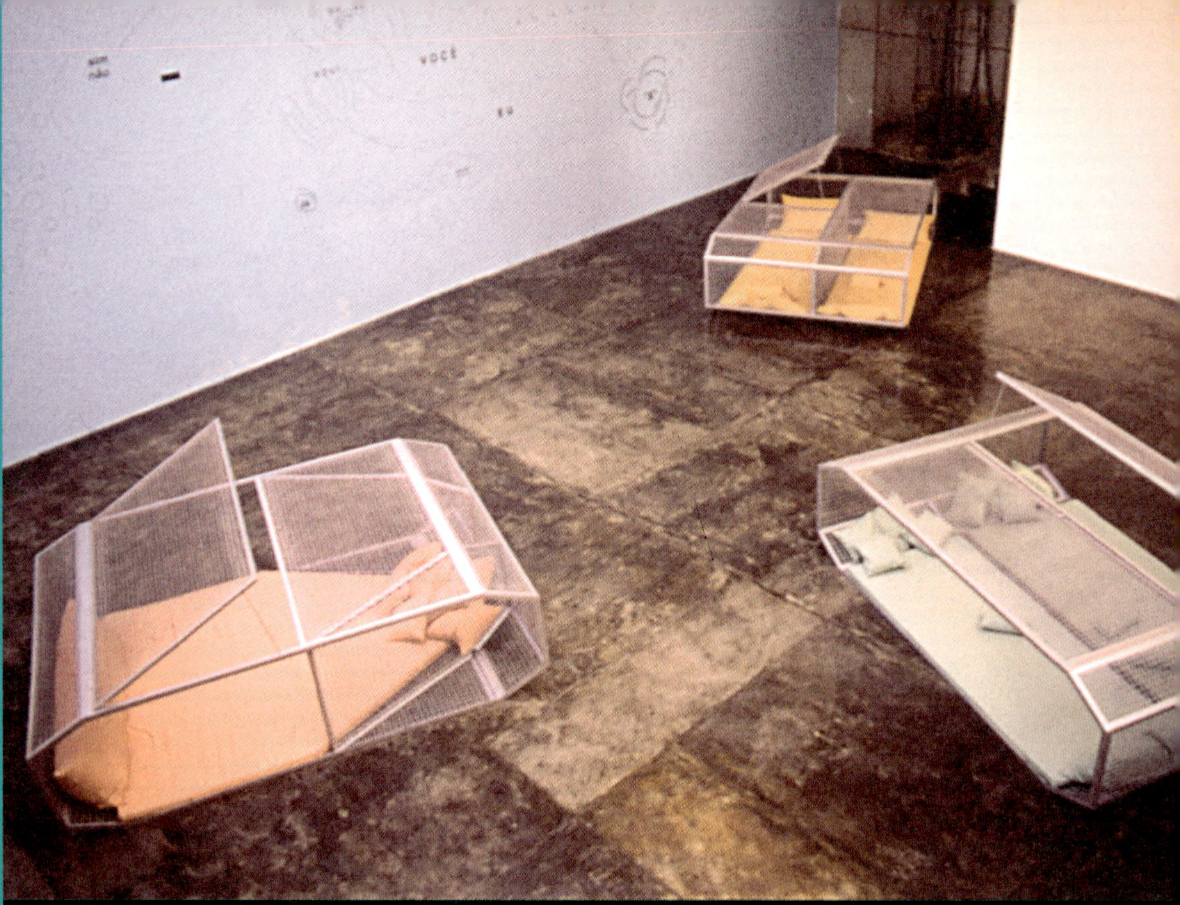

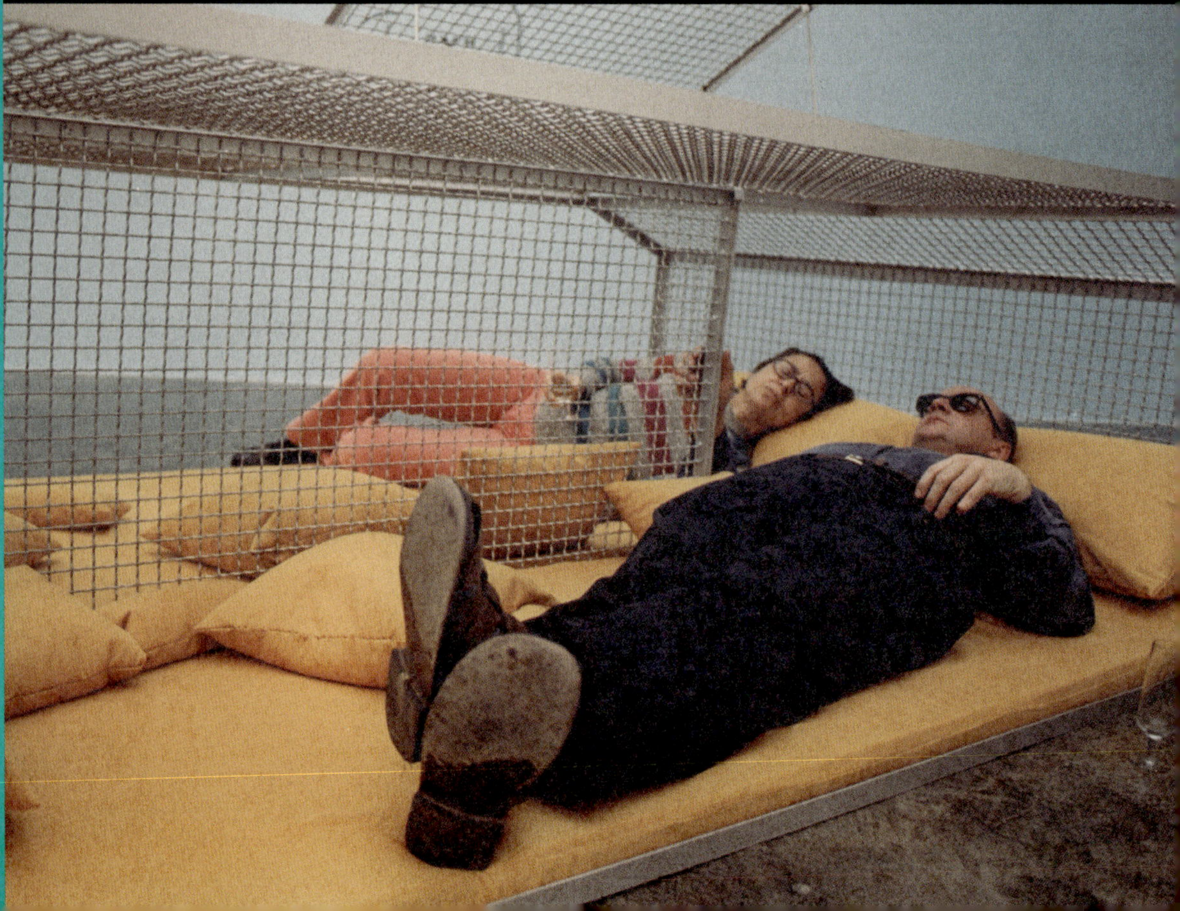

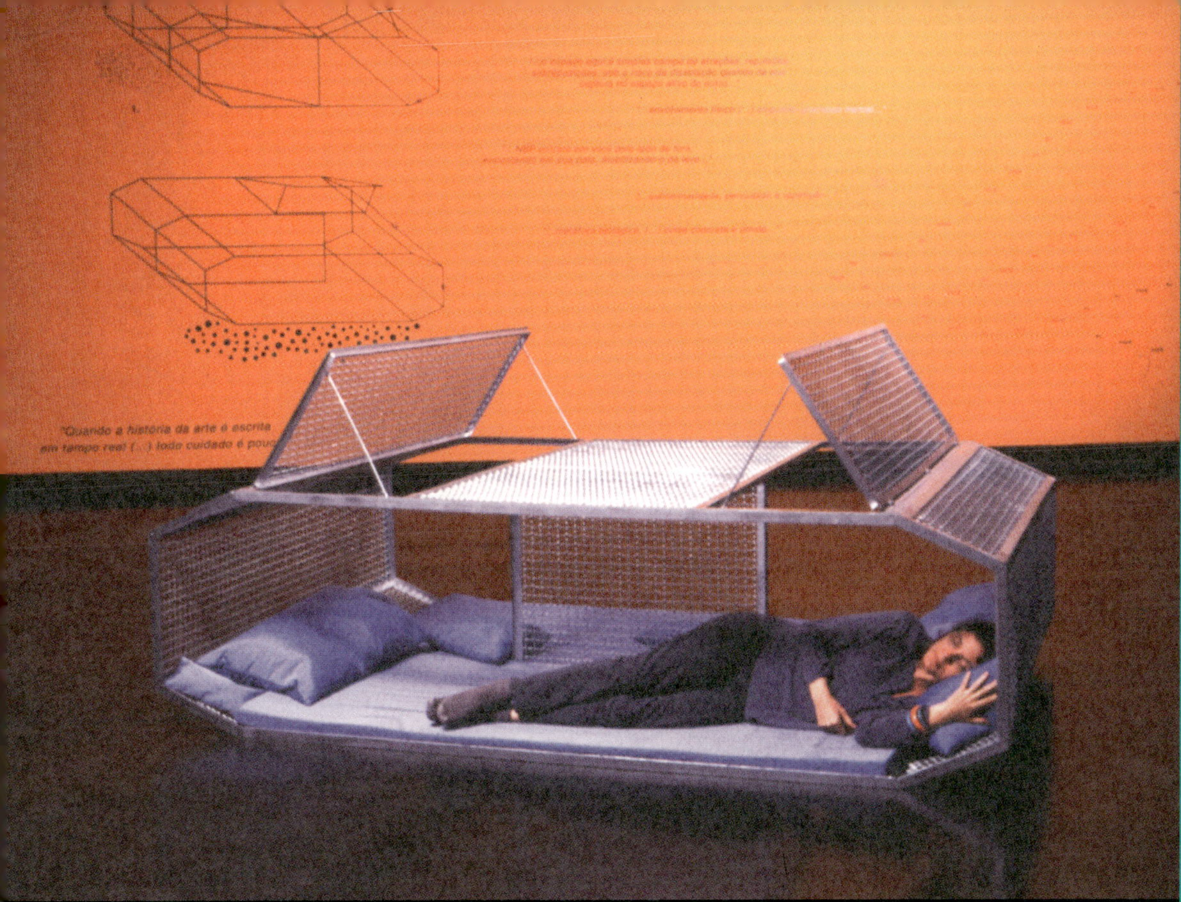

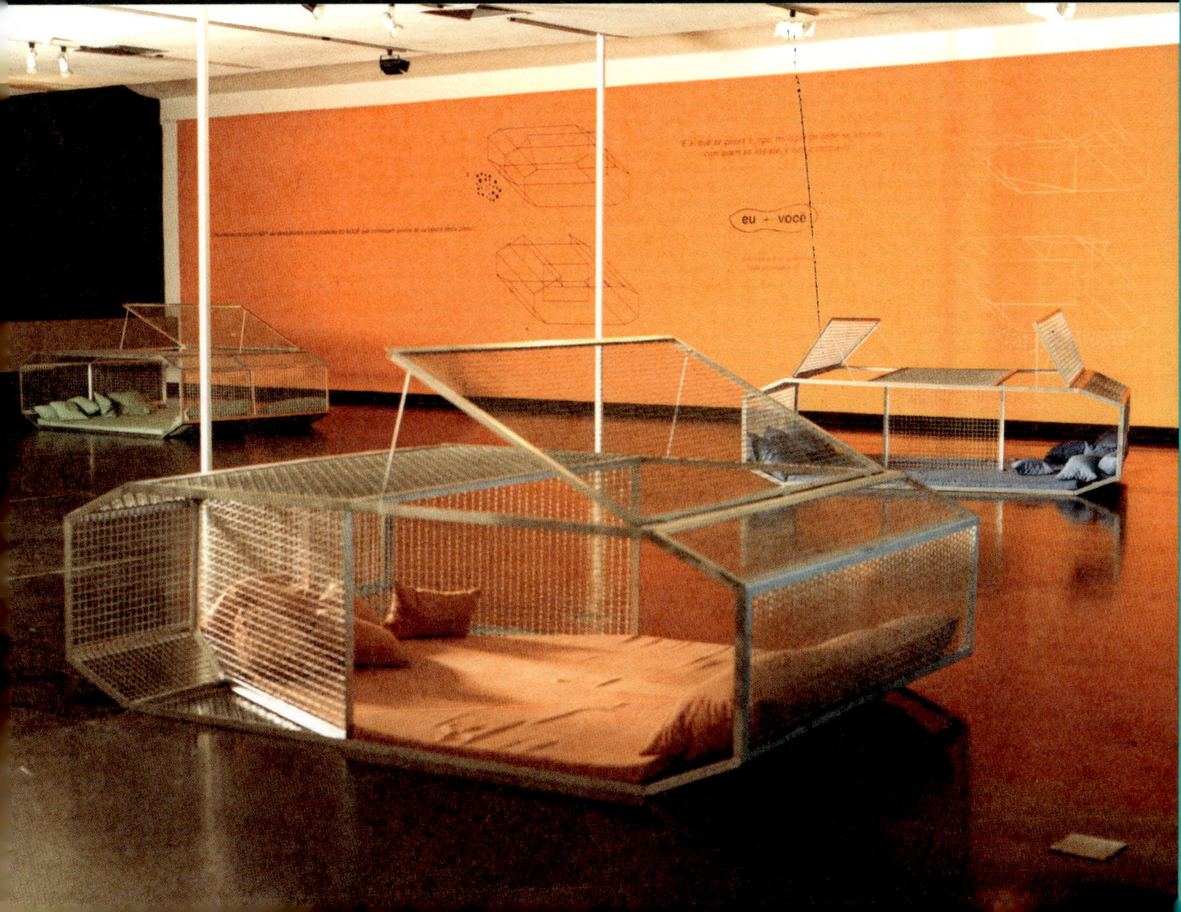

Ricardo Basbaum cápsula (NBP x eu-você) (capsule [NBP x me-you]), 2000, installatie met 4 capsules, 2 monochrome muurdiagrammen, soundtrack en boekje / installation comprising 4 capsules, 2 monochrome wall diagrams, soundtrack, booklet, capsules 180 x 264 x 80 cm elk/each, installatie in het / installation view at the Museu de Arte Moderna, Rio de Janeiro, 2000, The Tate Collection

Hélio Oiticica (1937–1980), een groot en belangrijk Braziliaans kunstenaar, werd in 1937 in Rio de Janeiro geboren als telg van een intellectuele en creatieve familie. Zijn multigetalenteerde vader José Oiticica Filho was ingenieur, wiskundeleraar, entomoloog, fotograaf en schilder, en zijn grootvader José Oiticica was taalkundige en een anarchistisch ingestelde filosoof.

Na voltooiing van zijn opleiding aan de Escola do Museum do Arte Moderna in Rio de Janeiro in 1954 begon Oiticica zijn loopbaan als jong talent in de avant-gardebeweging Grupo Frente (1955–1956) en werd hij lid van de neoconcrete beweging in Rio de Janeiro (1959–1960).

Oiticica was een product van de artistieke en culturele omwenteling van de jaren vijftig en zestig en werd de leider van de Braziliaanse avant-garde, een beweging op het gebied van poëzie, muziek, architectuur en de beeldende kunst. Zijn werk speelde een belangrijke rol in een aantal historische manifestaties van die tijd, zoals de tentoonstellingen 'Opinion 65', 'Opinion 66' en 'Brazilian New Objecthood', waaraan hij deelnam met zijn **Appropriations, Penetrables** en **Tropicália**, een van zijn beroemdste werken.

Oiticica was niet alleen beeldhouwer en performer, maar ook kunstenaar en denker. De schoonheid van zijn werken is onlosmakelijk verbonden met een hoogst originele conceptuele en theoretische structuur. Vanuit een positie tussen de avant-garde en de Braziliaanse volkscultuur, tussen de werkelijkheid van 'onderontwikkeling' enerzijds en het radicalisme van de jaren zestig anderzijds, slaagde hij erin om

BÓLIDES
DE TRANS-OBJECTS
VAN HÉLIO OITICICA

LUCIANO FIGUEIREDO

BÓLIDES:
HÉLIO OITICICA'S
TRANS-OBJECTS

Hélio Oiticica (1937-1980), a major and significant figure in Brazilian art, was born in Rio de Janeiro in 1937. He was the son of an intellectual and creative family – his multitalented father, José Oiticica Filho, was an engineer, maths teacher, entomologist, photographer and painter, and his grandfather, José Oiticica, a philologist and anarchist philosopher.

After completing his studies at the Escola do Museu do Arte Moderna in Rio de Janeiro, in 1954 Oiticica began his career as a young talent in the avant-garde movement Grupo Frente (1955-1956) and as one of the participants of the Neo-Concrete movement in Rio de Janeiro (1959-1960).

A product of the artistic and cultural explosion of the 1950s and '60s, Oiticica was a leader of the Brazilian avant-garde movement that incorporated poetry, music, architecture and the visual arts. His work played an important role in the historical events of the time such as the exhibitions 'Opinion 65', 'Opinion 66' and 'Brazilian New Objecthood', events where he presented his **Appropriations, Penetrables** and **Tropicália**, one of his most famous creations.

As well as being a sculptor and performer Oiticica was an artist and a thinker. It is difficult to separate the beauty of his works from their highly original conceptual and theoretical structures. Placed between the avant-garde and Brazilian 'popular culture', the realities of 'underdevelopment' and the radicalism of the 1960s, he managed to reflect in depth on the themes of art, creation and freedom in

diepgaand na te denken over wat kunst, het maken van kunst en vrijheid betekenen in de moderne samenleving. Hij wordt beschouwd als een van de meest vernieuwende kunstenaars van zijn generatie en hij geniet brede erkenning voor zijn bijdrage aan de ontwikkeling van de moderne kunst.

Van zijn vroege abstracte composities tot aan de **Spatial Reliefs** (zwevende kleurstructuren in de ruimte), **Penetrables** (grootschalige installaties), **Bólides** (de **Trans-Objects**) en zijn **Parangolés** (capes om te dragen) heeft het gebruik van kleur altijd een essentiële rol gespeeld bij alles wat hij maakte.

Eind jaren zestig woonde hij in Londen en daarna tien jaar lang in New York, waarna hij terugkeerde naar Brazilië. Na een beroerte die het gevolg was van hoge bloeddruk, overleed hij daar in 1980 op 43-jarige leeftijd.

Oiticica verwierf internationale erkenning met een retrospectieve tentoonstelling die in 1992 werd georganiseerd door Witte de With, centrum voor hedendaags kunst in Rotterdam en die daarna te zien was in andere instellingen in Europa en de Verenigde Staten. Tegenwoordig wordt zijn oeuvre bestudeerd door de belangrijkste musea ter wereld en wordt het beschouwd als onmisbaar voor de vorming van een nieuwe generatie kunstenaars.

Gedurende de laatste twintig jaar heeft Hélio Oiticica's rijke bijdrage aan de moderne en hedendaagse kunst geleidelijk brede internationale erkenning gekregen. Zowel in de oorspronkelijke Braziliaanse context als in spraakmakende presentaties in Europa en de Verenigde Staten vanaf 1989, is Oiticica's werk een onontkoombaar referentiepunt in het debat over de ontwikkeling van de kunst geworden.

De tentoonstelling 'Brazil Contemporary' is de eerste presentatie waarin van Oiticica uitsluitend de reeks werken te zien is die hij **Bólides** noemde; noch tijdens zijn leven, noch in een van de talrijke postume tentoonstellingen zijn deze apart van de rest van zijn werk te zien geweest. Dit biedt dan ook een mooie gelegenheid voor het formuleren van nieuwe beschouwingen en perspectieven die hopelijk zullen leiden tot nieuwe uitdagingen, zoals dat ook in de afgelopen vijfentwintig jaar is gebeurd bij andere tentoonstellingen van zijn werk.

Vanwege de conceptuele complexiteit van Oiticica's werk hebben eerdere tentoonstellingen buiten Brazilië niet alleen veel stof tot nadenken en debatteren opgeleverd; ze hebben ook bijgedragen tot inzicht in thema's die tot dan toe paradoxaal of tegenstrijdig leken of voor sommigen zelfs een verraad aan zijn werk inhielden. Wellicht geeft dit aan dat de gedachten en intenties van Oiticica zoals ze in veel van zijn werk naar voren komen, nog steeds niet volledig zijn doorgedrongen tot of begrepen zijn door de kenners van moderne en hedendaagse kunst.

Gedurende zijn hele loopbaan heeft Oiticica doelbewust bepaald welke tentoonstellingen en locaties het best pasten

contemporary society. He is regarded as one of the most innovative artists of his generation and his contribution to the development of modern art is widely acknowledged.

From his early abstract compositions to his **Spatial Reliefs** (suspended colour structures in space), **Penetrables** (large-scale installations), **Bólides** (the **Trans-Objects**) and his **Parangolés** (capes to be worn on the body) and throughout his entire life's work, his use of colour played a vital role in all of his creations.

In the late 1960s he lived in London, followed by a period of ten years in New York before returning to Brazil, where, in 1980, following a stroke resulting from hypertension, he died at the age of 43.

Oiticica's international recognition was established with his retrospective exhibition in 1992, organized by the Witte de With Center for Contemporary Art in Rotterdam, which was also presented in other galleries and institutions in Europe and the USA. His oeuvre today is studied by the most important museums in the world and is regarded as being of vital importance in the education of the new generation of artists.

Over the last two decades, Hélio Oiticica's rich contribution to modern and contemporary art has gradually gained widespread international recognition. From its original Brazilian context to the acclaimed and revealing presentations in Europe and in the USA beginning in 1989, Oiticica's work has transformed the role of museums worldwide and become an obligatory starting point of reference in the ongoing debate on the dynamics of art.

Because the current show is the very first public presentation exclusively dedicated to the series of works Oiticica called **Bólides**, it should be noted that, neither during his lifetime nor in any of the numerous posthumous exhibitions of his work have these pieces been showcased **apart** from the rest of his output. This is a wonderful opportunity for the formulation of fresh considerations and perspectives that will hopefully engender new challenges, as other exhibitions of his work have done over the past 25 years.

Because of the conceptual complexity of his work, the experience with previous exhibitions outside Brazil has not only provided much food for thought and debate; it has also helped to clarify themes that once appeared to be paradoxical, contradictory or – to some – an outright betrayal of his work. Perhaps this proves that Oiticica's thoughts and intentions as displayed in much of his work have yet to be fully absorbed and understood by students of modern and contemporary art.

Throughout his career Oiticica objectively assessed which events and venues were best suited to his own chosen paths and intangible criteria – to the extent that he may be said to have turned his back on an international career and claimed that he was not a 'career artist'.

bij de door hem gekozen weg en bij zijn conceptuele criteria. Hij ging daarin zover dat je zou kunnen zeggen dat hij een internationale carrière afwees omdat hij geen 'carrière-kunstenaar' wilde zijn.

Het kan daarbij relevant zijn om te proberen inzicht te krijgen in de situatie van de kunst in zijn tijd; hoe zijn werk beïnvloed werd door de **démarches** en utopische aspiraties van het internationale modernisme en door de worsteling om te komen tot een nieuwe traditie. Zijn werk dient te worden beschouwd in de context van de verschillende ideologische stromingen en de strijdbaarheid van de twintigste eeuw, en de systematische, maar soms chaotische aspiraties om te komen tot maatschappelijke en artistieke verandering.

Naast het feit dat hij nooit zijn onafhankelijkheid opofferde ten behoeve van de ideologische kaders van de bewegingen en tegenbewegingen binnen de twintigste-eeuwse kunst, was Hélio Oiticica een kunstenaar en denker die een belangrijke rol heeft gespeeld binnen deze cultuurhistorische setting.

Met zijn dood in 1980 is de Braziliaanse kunst, en de Zuid-Amerikaanse kunst in haar geheel, een krachtige, vernieuwende invloed kwijtgeraakt. Hij hoorde bij degenen die zich ontworstelden aan de invloed van de uitgeputte Europese esthetiek en die een nieuwe, levendige hedendaagse kunst ontwikkelden.

Aangezien zijn gehele oeuvre zich ontvouwde als een opeenvolging van werken en series van werken die steeds een rol speelden in de ontwikkeling van weer andere werken, beschouwde Oiticica zelden een reeks van projecten als voltooid. De twee grootste thema's in zijn kunst betroffen de verbeelding van ruimte en kleur, maar hoewel deze thema's door zijn hele werk heen spelen, beschouwde Oiticica ze niet als afzonderlijke stadia binnen een lineaire ontwikkeling.

Oiticica was in zijn werk een vurig aanhanger van het concept **work in progress**. Evenals andere modernisten als James Joyce, Ezra Pound en T.S. Eliot – die dit concept in hun poëzie toepasten – was hij diepgaand beïnvloed door de filosofische theorie van een eeuwigdurend **corso** en **ricorso**, zoals in de theorie van Giambattista Vico (1664–1714), de Italiaanse filosoof en schrijver van **Scienza Nuova**. Wellicht verklaart dat waarom Oiticica zo gedreven en uitvoerig over zijn eigen creatieve proces schreef. Hij sprak zijn conceptuele doelstellingen uit en verdedigde die. De 87 gepubliceerde (en 224 ongepubliceerde) teksten vormen samen met zijn notitieboeken, schetsboeken en dagboeken een schitterende aanvulling op wat hij ons heeft nagelaten.

De meest effectieve en ambitieuze uiting van zijn ideeën was zijn tentoonstelling in Londen in 1969 in de Whitechapel Gallery, waarvoor hij een ontwerp maakte dat al zijn artistieke ideeën tot dan toe 'in kaart bracht'. Hij noemde deze tentoonstelling ook wel de 'Whitechapel Experience'. Dit

286

It seems relevant, to try to understand the historical state of art in his time; how his work was affected by the **démarches** and utopian aspirations of international modernism, and by the struggle and making of what was to become a new tradition. His work needs to be considered in the context of the different ideological beliefs and militancy of the twentieth century and the systematic and sometimes chaotic aspirations of social and artistic change.

Regardless of the fact that he never compromised his independence in the pursuit of ideological frameworks espoused by the movements and counter-movements of twentieth century art, Oiticica was an artist and a thinker who played an important role in this cultural-historical setting.

His death in 1980 deprived Brazilian and all South American art of a bold and innovative influence. His was one of the emerging cultural spirits that led the way from the influence of outworn European aesthetics to the development of a new and vibrant contemporary art.

Because his entire oeuvre evolved in a succession of works and groups of works, each of which played a part in the development of the others, Oiticica seldom regarded any series of projects as being complete. Two of his great aesthetic concerns were with the depiction of space and colour, but although these themes run throughout his work, Oiticica did not regard them as being part of a single aspect developing within his output.

Oiticica's work passionately embraced the concept of **work in progress**. He, like other modernists such as James Joyce, Ezra Pound and T.S. Eliot – who applied the concept to their poetry – was deeply influenced by the philosophical theory of a perpetual **corso** and **ricorso**, as demonstrated by Giambattista Vico (1664-1714), the Italian philosopher and author of **Scienza Nuova**. This might explain why Oiticica wrote obsessively and at great length about his creative process. He was declaring and defending his conceptual aims. The 87 published (and 224 unpublished) texts and his notebooks, sketchbooks and diaries are an additional – and outstanding – legacy.

The most effective and ambitious demonstration of this was his 1969 London show at the Whitechapel Gallery, for which he prepared an outline that 'mapped' all his artistic propositions to that date. He referred to the show as the 'Whitechapel Experience'. It marked the end of the 1960s in England with a radical artistic experiment which is still studied as part of British art history. The memories and documents of that event can still surprise us today when we examine the way he formulated and devised an exhibition. They are also frustrating because representing, as they do, a specific period in the artist's career, they cannot be replicated in any contemporary museum or gallery. In the Whitechapel exhibition, Oiticica's works could be freely touched and experienced by the public, and it would be dif-

radicale artistieke experiment was een markante gebeurtenis aan het eind van de jaren zestig in Engeland en krijgt nog
steeds veel aandacht als onderdeel van de Britse kunstgeschiedenis. De herinnering aan dat evenement en de documentatie erover zijn ook vandaag nog verrassend als we kijken naar de manier waarop hij een tentoonstelling bedacht
en ontwierp. Tegelijkertijd zijn ze frustrerend, omdat ze nu
eenmaal alleen over een specifiek moment in zijn loopbaan
gaan en niet opnieuw verwerkelijkt kunnen worden in een
hedendaagse kunstinstelling of galerie. Bij de tentoonstelling in de Whitechapel Gallery kon het publiek Oiticica's werk
vrijelijk aanraken en ervaren, en het zou heel moeilijk zijn,
en waarschijnlijk onmogelijk, om een dergelijke presentatie
te herhalen. Slechts het reconstrueren van een situatie stelt
ons in staat om te ervaren wat dergelijke creatieve uitingen
te bieden hebben en voor ons kunnen betekenen.

ficult, probably impossible, to repeat such a presentation.
Rarely, in a reconstruction of the environment, are we able
to experience what such creations offer and mean to us.

Van 1963 tot 1969 heeft Hélio Oiticica 61 werken gemaakt die hij rubriceerde onder de noemer **Bólides** of **Trans-Objects**.

Het woord **bólide** ontleende hij aan de natuurkunde en de sterrenkunde, waar het de term is voor een lichaam dat door de ruimte beweegt. Met deze toepasselijk titels onderscheidde hij deze nieuwe werken van die uit de periode 1957–1962: **Metaesquemas** (een uitgebreide reeks schilderingen op papier), **Spatial Reliefs**, **Bilaterals** en **Nuclei** (gekleurde houtstructuren zwevend in de ruimte), **Monochromes** (olieverfschilderijen op hout), en de eerste **Penetrables** (hutjes en doolhoven van kleur waar mensen omheen konden lopen of echt konden binnengaan om direct in contact te komen met de verschillende elementen van de installatie – een ervaring op een architectonische schaal).

Met het benadrukken van de vitaliteit van deze vroege periode wil ik de aandacht vestigen op het feit dat de belangrijkste elementen ervan samenvallen met zijn betrokkenheid bij de groep avant-gardistische kunstenaars in Rio de Janeiro die bekendstaat als de Neoconcrete Groep (1959–1961). Deze groep bouwde voort op de geometrisch abstracte kunst en bedacht vernieuwende concepten zoals 'publieksparticipatie' en de 'interrelatie van de kunsten' – concepten die zouden leiden tot het einde van het schilderij binnen de lijst en de herintroductie van subjectiviteit en die afweken van de gebruikelijke principes van de Europese concrete kunst.

DE VROEGE BÓLIDES: BINNEN HANDBEREIK

THE EARLY BÓLIDES: WITHIN HAND'S REACH

From 1963 to 1969, Hélio Oiticica constructed and classified 61 pieces that he called **Bólides** or **Trans-Objects**.

He drew the word **bólide** from the worlds of physics and astronomy. It is used to define a body moving through space, and very effectively defined and distinguished the novelty of these creations from his earlier works of 1957-1962: **Metaesquemas** (an extensive series of paintings on paper), **Spatial Reliefs**, **Bilaterals** and **Nuclei** (wooden colour structures suspended in space), **Monochromes** (oil paintings on wood), and the earliest of the **Penetrables** (cabins and labyrinths of colour through and around which individuals could circulate or actually enter, in direct contact with its parts – experiences conducted on an architectural scale).

I should like to stress the vitality of this early period to draw attention to the fact that its main features correspond to his contribution and participation in the avant-garde group of Rio de Janeiro artists known as the Neo-Concrete group (1959-1961). This group emerged from geometric abstractionism to propose such innovative new concepts as **spectator participation** and the **inter-relation of the arts** – concepts that would eventually bring about the end of painting within the frame and the re-introduction of subjectivity in opposition to the orthodox principles of European concrete art.

The very first **Bólide** was a yellow box called **Carte-

De allereerste **Bólide** was een gele doos met de titel **Cartesian**, met een afmeting van 31 x 24 cm en gemaakt in 1963. Het was een klein, gedetailleerd object dat in verschillende tinten geel was geschilderd, met een luikje of 'schuifdeur' dat de toeschouwer – of 'deelnemer', in de toenmalige terminologie van de kunstenaar – kon openen om de binnenkant te bekijken. Bovenin zat een L-vormige spleet waardoor licht naar binnen viel. Door de doos op te tillen, kon je hem vlak voor je gezicht houden en erin kijken.

Daarmee zijn twee belangrijke kwesties aan de orde gesteld: de schaal van het object en het onderzoek naar kleur.

Het schaalaspect is bijzonder interessant, want voordat hij deze doos maakte, had Oiticica in de grote constructies die hij **Penetrables** en **Nuclei** noemde al het principe van de **kleur in de ruimte** geformuleerd. De onderlinge samenhang tussen de werken bij de ontwikkeling van een nieuw concept, zoals hierboven vermeld, waarbij Oiticica 'terugkeerde' of verwees naar een eerder concept, was waarschijnlijk de reden waarom hij in 1963 pas op de plaats maakte met zijn grootschalige projecten en begon met deze verwarrend kleinschalige en intimistische constructies.

De **Bólides** kwamen pas in beeld toen Oiticica de mogelijkheid van het creëren van een totaalomgeving had ontdekt, een nadere uitwerking van het idee van 'schilderen buiten de lijst'. In zijn eigen woorden: 'Ik probeer "complete environments" te maken en te onderzoeken, van verschillende orde, van oneindig klein tot architecturaal of voor de stedelijk ruimte.'[1]

Je zou je kunnen voorstellen dat toen hij eenmaal de mogelijkheden van kleur in grootschalige projecten had ontdekt, de kunstenaar zou doorgaan met nog grotere vormen, zoals die van zijn maquette uit 1961 voor het **Hunting Dogs Project** – een park van 80 bij 80 meter met daarin vijf verschillende, verplaatsbare **Penetrables** en grote stukken zand en grind voor de presentatie van theater en poëzie van de hand van onder anderen kunstenaar-dichter Ferreira Gullar en journalist-dichter Reynaldo Jardim.

Dit was een schoolvoorbeeld voor de utopie van kunst in het dagelijks leven, die onherroepelijk doet denken aan Vladimir Tatlins **Monument voor de Derde Internationale** (1920) of aan de projecten **Stad met luchthaven** (1928), **Brug voor Antwerpen** (1928) en **Luchthaven** (1928) van Georges Vantongerloo. Het roept ook associaties op met de **Merzbau** van Kurt Schwitters in z'n diverse vormen van opbouw en afbraak tussen 1923 and 1937 (in 1982 in Hannover gereconstrueerd door Harald Szeemann).

Het kleurgebruik in de eerste reeks **Bólide Boxes** vloeide rechtstreeks voort uit Oiticica's monochrome schilderijen, met name de reeks van tweeënveertig werken getiteld **Inventions** (1959–1961). In die reeks olieverfschilderijen van 30 x 30 cm vond Oiticica een manier om het dilemma

sian, measuring 31 x 24 cm, made in 1963. It was an elaborate little construction painted in shades of yellow with an opening panel or sliding 'door' to allow the viewer – or 'participator', to use the term coined by the artist during this period – to open it and visually explore its interior, the upper part of which contains an L-shaped slit to allow the penetration of light within the interior of the box. In manipulating the box, the viewer could hold it in his hand and close to his face so that he could peer into its interior.

Thus we are confronted by two important issues: the object's scale; and the problem of its colour.

The aspect of scale is intriguing because, prior to the making of this particular box, Oiticica had already formulated the idea of **environmental colour** in the large constructions that he called **Penetrables** and **Nuclei**. And it was probably the back-and-forth movement of progression towards a new concept, discussed above, that 'returned' or referred back to a previous one that led him to pause in his development of large-scale projects to begin making his disconcertingly small-scale and **intimiste** constructions of 1963.

The **Bólides** did not effectively appear until Oiticica had discovered the possibility of environmental painting, a further development of the idea of 'painting beyond the frame'. In his own words: 'It is the search for "environmental totalities" that would be created and explored in all their orders, from the infinitesimally small to architectural or urban space, etc.'[1]

One might imagine that, soon after having discovered the possibilities for colour in large-scale projects, the artist would move on to even larger formats, such as that of his 1961 model for the **Hunting Dogs Project** – an enormous public garden measuring 80 x 80 m that contained five different **Penetrables** for circulation, including large areas of sand and gravel along with proposals for theatre and poetry to be supplied by collaborators such as artist and poet Ferreira Gullar and journalist and poet Reynaldo Jardim.

This was a quintessential example of **art and life** utopia that inevitably reminds us of Vladimir Tatlin's **Monument to the Third International (1920)** or the Georges Vantongerloo projects **City and Airport** (1928), **Bridge for Antwerp** (1928) and **Airport** (1928). It is also reminiscent of the **Merzbau** of Kurt Schwitters in its several constructions and destructions between 1923 and 1937 (ultimately reconstructed in Hanover by Harald Szeemann in 1982).

The use of colour in the first series of **Bólide Boxes** is a direct result of Oiticica's monochromatic paintings – in particular the series of 42 pieces he named **Inventions** (1959-1961). It was in this series of 30 x 30-cm oil paintings that Oiticica found a way to overcome the dilemma of

van kleur in het platte vlak te overwinnen en dit was een bepalend moment in de ontwikkeling van zijn kleurenfilosofie. Door het aanbrengen van meerdere, verschillende lagen van een bepaalde kleur wist hij zich definitief te bevrijden van het platte oppervlak van het doek. Een kleur werd intens en transparant, zelfs als deze zich losmaakte van de wand en zich door de ruimte ging bewegen. Deze ontdekking over kleur zou hij later overbrengen en toepassen op een klein object, de eerste **Box Bólide**.

'Dit was mijn conclusie na een crisis met betrekking tot het schilderen. Mijn laatste schilderijen waren monochromen geweest, en die kon ik moeilijk de rest van mijn leven blijven schilderen. Ik werd ook beïnvloed door de [neoconcrete] groep via de Lygia's [Clark en Pape] en de neoconcrete dichters. Die waren allen van plan het vlak afzweren. Dat was in feite mijn eerste ontdekking van een vinding... Kijk, mijn laatste doeken waren monochromen, monochrome vierkanten, waarbij het schilderij doorloopt achter het vierkant dat iets van de wand af hangt en daardoor op de wand weerspiegeld wordt... Ik noemde die schilderijen **Inventions** – die vierkanten van kleur vormden een soort schilderkunstige metataal. Vanuit die **Inventions** kwam ik op Invention [Uitvinding].'²

Oiticica ontwierp variaties in verschillende kleuren van deze kleine doos, met beweegbare rechthoekige delen. Hij maakte ook ronde constructies. De reeks **Bólides** zou uit-

eindelijk ook gevonden objecten bevatten, zoals glasplaten, glazen potten, glazen flessen, spiegels, pigmentpoeders, plastic, kolen, schelpen, grind, aarde, water en verschillende soorten textiel.

De tweede vorm van constructie noemde Oiticica **Glass Bólide**. Vanaf dat moment ontstonden vele types **Bólides**, waaronder **Poem Bólides**, **Basin Bólides**, **Can Bólides**, **Water Bólides**, een **Light Bólide**, een **Bed Bólide**, een **Tin Bólide**, een **Sac Bólide** en **Nest Bólides**.

Deze nieuwe werken waren concretiseringen van Oiticica's opvatting van **Bólides** als **Trans-Objects**. Door dit werk zag hij het einde van de schilderkunst voor zich als een glazen fles met daarin een rood pigment; als een houten blad met geel pigment; als een glazen pot met aarde vanuit het idee dat kleur moest kunnen worden aangeraakt en in tastbare zin gevoeld; of als een glazen fles gevuld met een gele vloeistof met stukjes beschilderd nylongaas rond de hals (de **Glass Bólide Homage to Mondrian**) – door deze werken kwam Oiticica uit bij wat hij 'de substantie van kleur' noemde.

'Ik zocht eigenlijk altijd naar kleur die samensmolt met licht. Ik probeerde structuren te schilderen waarin kleur een fysiek onderdeel van het object was, waarin de objecten als het ware waren bezeten door of gloeiden van kleur. Daarom gebruik ik het woord 'bolide' voor de **Bólides**. Ik kwam erop toen ik zat te kijken naar **Ganga Bruta** [1933], een

colour within the plane and it signalled a key moment in his philosophy of colour. By painting several different layers of a given hue, he found his definitive liberation from the flat surface of the canvas. Colour took on a quality of saturation and transparency even as it became detached from the wall and began its movement into space itself. It is this discovery of colour that would later be transported and applied to a small object, the first **Box Bólide.**

'I arrived at that after a crisis with regard to painting. The last pictures I painted were monochromes ... I couldn't very well continue to paint those for the rest of my life. I was also influenced by the [Neo-Concrete] group through the Lygias [Clark and Pape] and the Neo-Concrete poets. They all shared this intention to forswear the plane. That was actually my earliest discovery of invention ... I mean, the last pictures I painted were monochromes, monochromatic squares, and the painting continues behind the square that is slightly detached from the wall, casting a reflection onto the wall ... I called mine **Inventions** – those squares of color were a sort of pictorial meta-language. I then moved from the **Inventions** to Invention.'²

Oiticica made variations of this small box in different colours with movable rectangular parts. He also made round constructions. The **Bólides** series would eventually incorporate the use of found objects such as sheets of glass, glass jars, glass bottles, mirrors, powder pigments, plastic,

coal, seashells, gravel, earth, water and different varieties of textiles.

As a second formal construction Oiticica called the new pieces **Glass Bólides**. From then on there would be the many types of **Bólides** including **Poem Bólides**, **Basin Bólides**, **Can Bólides**, **Water Bólides**, a **Light Bólide**, a **Bed Bólide**, a **Tin Bólide**, a **Sac Bólide**, **Nest Bólides**, and so forth.

These new pieces concretized Oiticica's idea of **Bólides** as **Trans-Objects**. Through them, he envisioned the end of painting as a glass bottle containing red pigment; a wood tray containing yellow pigment; a glass jar containing earth proposing that colour be **touched** and **felt in a tactile sense**; or a glass bottle containing yellow liquid with pieces of painted nylon mesh attached to its neck (the **Glass Bólide Homage to Mondrian**) – these works definitively allowed Oiticica to arrive at what he called 'the body of colour'.

'Actually I always wanted color to consume with light. I was attempting to paint structures in which color was a physical part of the object, in which the objects would be possessed or inflamed by color, as it were. That's why I used the word 'bólide' for the **Bólides**. The idea came to me while I was watching **Ganga Bruta**, a [1933] film by [canonic Brazilian film maker] Humberto Mauro in which the characters wear white and their white costumes catch

film van [de toonaangevende Braziliaanse filmmaker] Humberto Mauro, waarin de personages witte kleding dragen die het licht vangt en reflecteert. Mauro belichtte die in het wit geklede acteurs en in een bepaalde scène waarin ze over een grasveld rolden, had dat het effect van vuurballen. Ik wil de dingen die ik maak transformeren, ze laten versmelten met licht via de kleur. Ik beschouw kleur nu als iets wat volledig verbonden is met een proces van vinding, door kleur daadwerkelijk op zo'n manier te manipuleren dat het een element wordt tussen alle andere elementen, terwijl kleur in de jaren zestig het beginpunt van alles was.'[3]

Door de informele aard van de **Bólide** kon Oiticica's het potentieel aanboren dat besloten lag in zijn belangstelling voor mythen en dat leidde tot nog radicalere ideeën zoals de **Parangolés**: een samensmelting van het lichaam met kleur, die het lichaam inlijft. Hoewel **Bólides** en **Parangolés** verschillende typen werk zijn, hebben ze een vergelijkbare betekenis en bieden ze een eendere ervaring van kleur en ruimte, die gerelateerd is aan de traditie van de schilderkunst. Als we een **Box Bólide** of **Glass Bólide** oppakken, bewegen we stukken kleur en krijgen we een belevenis die radicaal anders is dan bij de beschouwing van een schilderij, dat we alleen maar kunnen zien. Als we een **Parangolé** omslaan en omhuld worden door lagen van geschilderd materiaal, ervaren we een volledig verlies van objectiviteit en bijna een gedeeltelijk verlies van ons gezichtsvermogen – alleen maar beschouwen kan niet meer en wat we ervaren zijn gewaarwordingen van bewegende kleurenmassa's binnen de volumes die geen enkele focus hebben.

De **Bólide** is nauw verwant aan de **Parangolé** en aan Oiticica zelf – hij staat voor een ervaring die het tegenovergestelde van schilderen is. Als logisch vervolg daarop richtte Oiticica zich steeds meer op het experimentele als een veld van expressie en raakte hij steeds verder verwijderd van een traditionele esthetiek.

Bij nadere bestudering zien we dat de **Box Bólides** – met hun geschilderde textiel of plastic stroken – een aanduiding zijn van het overgangspotentieel van de vrije structuur en van de zelfoverstijgende mogelijkheden daarvan. Uitgebreide versies van de **Bólides** brachten Hélio Oiticica er uiteindelijk toe om mythe te zien als een manier om het eind van de esthetiek te bevestigen en tegelijkertijd de notie van kunst en leven naar een nieuwe dimensie te brengen.

Hoe kunnen we anders de kracht verklaren van een **Basin Bólide**, die bestaat uit een plastic kuip gevuld met aarde? Of de dynamische gevolgen van het met plastic handschoenen in de aarde wroeten en een plastic zak met nog meer aardpigment vinden? Hoe kunnen we anders een tweede versie van deze **Bólide** interpreteren waarin we worden uitgenodigd met alleen maar modder te spelen – de **Basin Bólide** met de titel **Senso**, als eerbetoon aan de neorealistische film van de Italiaan Luchino Visconti?

and reflect the light. Mauro lit his actors wearing white and, as they rolled across a lawn in this one scene, the effect was very much one of fireballs. I want to transform the things I'm making, to consume them with light through color. Nowadays, for me, color is totally connected to a process of invention, in its concrete manipulation, in such way that it is one element among others, whereas in the 1960s it was the starting point for everything.'[3]

By its informal nature, the **Bólide** enabled the development of the potential implicit in Oiticica's interest in myth and the appearance of even more radical ideas such as the **Parangolés**: a fusion and incorporation of the body with colour. Although **Bólides** and **Parangolés** are distinct types of works, they possess similar meanings and experiences of colour and space relating to the tradition of painting. When we hold a **Box** or **Glass Bólide**, our hands move pieces of colour, and we are afforded a sensation radically different from the contemplation of a painting which we only see. When we wear a **Parangolé** and become immersed in its layers of painted materials, we experience a total loss of objectivity and almost a partial loss of sight – mere contemplation is no longer possible and what we experience are sensations of moving masses of colour in volumes with no focus at all.

The **Bólide** is closely linked to the **Parangolé** and to Oiticica – it represents an experience that is the opposite of painting. Subsequently, Oiticica's progression towards the experimental as a field of expression and his detachment from traditional aesthetics increased.

Close observation reveals that the **Box Bólides** – with their painted textiles or strips of plastic – clearly signal the transitional potential of the free-born structure and its capabilities beyond itself. Amplified versions of the **Bólides** eventually led Hélio Oiticica to propose **myth** as a way to affirm the end of aesthetics and, in a single stroke to move the idea of art and life to another dimension.

If not, how could we explain the power of a **Basin Bólide** which consists of a plastic basin containing earth? Or the dynamic consequences of donning plastic gloves to dig up earth with our own hands to find a plastic bag of more earth pigment? How can we interpret a second version of this **Bólide** when we are invited to play with nothing but mud – the **Basin Bólide** which was titled **Senso** in homage to the neorealist Italian film by Luchino Visconti?

This phenomenon was underscored with **Bólides-Appropriations** that operated as a sort of loop: the understanding and incorporation of living environments within the artistic experience like in his **Snooker Room, Homage to Van Gogh** of 1968 or the **Fire Bólide** that consisted of an actual fire can used as night lighting in the streets of Rio de Janeiro during the 1960s.

Dit fenomeen werd nog eens onderstreept met **Bóli-des-Appropriations**, die als een soort lus werkten: het doorgronden van levende omgevingen en die inlijven bij de kunstzinnige ervaring, zoals in zijn **Snooker Room, Homage to Van Gogh** uit 1968 of de **Fire Bólide**, die bestond uit een vuurblik dat in de jaren zestig in Rio de Janeiro soms werd gebruikt als een soort straatverlichting.

Wat bewoog Oiticica, als de zintuiglijke en bovenzintuiglijke ervaringen waarmee hij zich later bezighield hun oorsprong hadden in het maken van deze **Bólides**? **Bólides** betekenden heel veel voor hem in een tijd waarin kunstenaars in Europa (en met name in Frankrijk) zich bezighielden met het object als een manier om te ontkomen aan de traditionele opvatting van beeldhouwwerken op sokkels. Hij was gegrepen door de ideeën en het werk van kunstenaars als Yves Klein met zijn **Monochromes**, de opeenhopingen in Armans **Poubelle Boxes**, Césars fenomeen van samenpersen en uitdeuken en door het vraagstuk van het object zoals dat tot uitdrukking komt in de **Combined Paintings** van de Amerikaanse kunstenaars Robert Rauschenberg en Jasper Johns, maar ook door de opkomst van de zogenoemde **Shaped Canvases**, die zo'n belangrijke rol zouden spelen in het minimalisme.

Oiticica zag in dat sommige van deze werken affiniteit hadden met zijn eigen experimenten, maar de **Bólides** bevatten vaak een poëtisch eerbetoon aan de personen die het dichtst bij zijn kunst stonden (zijn vader José Oiticica, Mondriaan, Malevich, Pierre Restany, Guy Brett en vrienden als Nildo uit de favela Mangueira in Rio de Janeiro, en ook Cara de Cavalo, die destijds te boek stond als een gevaar voor de samenleving).

Zoals ik al zei, heeft Hélio Oiticica zijn **Bólides** nooit apart tentoongesteld, noch in Brazilië, noch ergens anders. Hij maakte altijd combinaties van zijn werken om ze als het ware te presenteren als 'samengestelde' werken. De enige uitzondering is een presentatie van de **Box Bólide Homage to Cara de Cavalo** (1965–1966) in de School of Design in Rio de Janeiro in 1968, het donkerste jaar van de militaire dictatuur die van 1964 tot 1984 over Brazilië heerste. Deze **Bólide**, die wordt beschouwd als een van zijn meesterwerken, was een eerbetoon aan deze beroemde bandiet die door een doodseskader van de Braziliaanse politie was vermoord.

In een brief, gedateerd 12 mei 1967, schreef Oiticica aan zijn vriend, de Britse kunstcriticus Guy Brett:

'Nu zal ik je de andere doos met foto's en woorden uitleggen: dit is geen gedicht, maar een soort beeld-gedicht-eerbetoon (het doet me denken aan **Lycidas** van Milton, waarin hij een vriend herdenkt die in zee verdronken is) aan Cara de Cavalo (de dode op alle foto's). Maar los van enige subjectieve sympathie voor de persoon zelf, vormde het voor mij een 'ethisch moment' dat een krachtige weerslag had op alles wat ik daarna heb gemaakt: het onthulde voor

What was Oiticica's motivation when the **sensorial** and **suprasensorial** experiences which he later explored had their start in the making of these **Bólide** objects? **Bólides** were highly significant to him at a time when artists in Europe (and especially in France) were exploring the object as a way out of the traditional idea of sculptures on pedestals. He was impressed by the ideas and works of artists such as Yves Klein's **Monochromes**, the **accumulations** of Arman's **Poubelle Boxes**, César's phenomenon of **compression** and **expansion** and the problem of the object as expressed in the **Combined Paintings** of US artists Robert Rauschenberg and Jasper Johns, as well as the introduction of so-called **Shaped Canvases** that came to play an important part in minimalism.

Oiticica acknowledged some of these works as having affinities with his own experiments, but the **Bólides** include poetic tributes to the figures that were dearest to his art (his father José Oiticica, Mondrian, Malevich, Pierre Restany, Guy Brett and friends like Nildo from the favela community of Mangueira in Rio de Janeiro, as well as Cara de Cavalo, a public enemy of the day).

As previously mentioned, Hélio Oiticica never exhibited his **Bólides** alone in Brazil or anywhere else. He always blended his creations together to present them as 'compound' works, as it were. However, he did show the **Box Bólide Homage to Cara de Cavalo** (1965-1966) during a symposium at Rio de Janeiro's School of Design in 1968, the darkest year of the military dictatorship that lasted from 1964 to 1984. This **Bólide**, considered one of Oiticica's masterpieces, was a tribute to a famous outlaw assassinated by a Brazilian police death squad.

In a letter dated 12 May 1967, Oiticica wrote to his friend, the British art critic Guy Brett:

'I want now to explain the other box with photographs and words: this is not a poem but a kind of image-poem-homage (it makes me remember Milton's **Lycidas**, in which he paid homage to a friend who died in the sea) to Cara de Cavalo (the one dead in each of the photos). But apart from any subjective sympathy for the person himself, it represented for me an 'ethic moment' that reflected powerfully in everything I made afterwards: it revealed to me more an ethic problem than anything related to aesthetics. I wanted here to pay homage to what I think is the individual social revolt: that of the so-called bandit. Such thinking is very dangerous but something necessary to me: there is a contrast, an ambivalent character in the behaviour of the marginalized man: besides a great sensibility, lies a violent character, and many times, in general, crime is a kind of desperate search for happiness. I knew Cara de Cavalo personally, and I can say he was my friend, but for society he was public enemy number one, wanted for audacious crimes and assaults – what perplexed me

mij eerder een ethisch probleem dan dat het iets met esthetiek te maken had. Ik wilde hiermee eer betonen aan wat ik
zie als de individuele maatschappelijke opstand: die van de
zogenaamde bandiet. Dat soort gedachten zijn gevaarlijk,
maar voor mij noodzakelijk: er zit een contrast, een ambivalent element in het gedrag van randfiguren: naast een
grote sensibiliteit bezitten ze een gewelddadige aard en dikwijls, in het algemeen, is een misdaad een soort wanhopig
zoeken naar geluk. Ik kende Cara de Cavalo persoonlijk en
beschouwde hem als mijn vriend, maar de samenleving zag
hem als een groot gevaar, iemand die werd gezocht wegens
brutale misdaden en overvallen – ik was destijds verbijsterd
over het contrast tussen wat ik van hem wist als vriend,
als iemand met wie ik in de context van het dagelijks leven
omging als met ieder ander, en het beeld dat de samenleving van hem schetste, of de manier waarop zijn gedrag de
samenleving en iedereen beïnvloedde... Dit eerbetoon is een
anarchistische opstelling tegen alle soorten strijdkrachten:
politie, leger, et cetera. Ik maak protestgedichten (in capes
en dozen) die meer maatschappelijk gericht zijn, maar deze
doos voor Cara de Cavalo weerspiegelt een belangrijk, voor
mij beslissend, ethisch moment, want het is een weergave
van een individuele opstand tegen elke soort maatschappelijke conditionering.'[4]

Zoals we hebben gezien, bleef Oiticica altijd **Bólides**
maken, waarmee hij een soort basis legde voor zijn creatieve

kosmogonie, zoals blijkt uit zijn productie gedurende de tien
jaar dat hij in New York woonde en werkte (1970–1980) en
uit het werk dat hij in zijn laatste twee levensjaren (1978–
1980) in Brazilië maakte, toen hij het concept van de **Bólide**
vernieuwde met **Counter Bólides I** en **II: To Return Earth
to Earth** en **Yours on Mine** in 1979 bij verschillende groeps-
evenementen in samenwerking met andere kunstenaars.

Zijn gevoel dat de wereld een museum is, werd versterkt
doordat hij steeds dingen en objecten vond in de straten van
Rio de Janeiro die door de 'wereld' waren afgedankt: grote
stukken asfalt, aarde, baksteen en stukjes steen waarmee
hij tuintjes maakte in de badkamer van zijn eigen flat of bij
vrienden thuis. Deze laatste **Bólides** definieerde hij als **Bólide-Appropriations**: alledaagse voorwerpen zoals plastic
bakjes gevuld met zeewater van Ipanema Beach, of met een
handje aarde uit de favela Mangueira, of met stukjes asfalt
of alleen maar lucht. Uiteindelijk vormden de **Bólides** een
integraal onderdeel van de esthetische revolutie van Hélio
Oiticica.

1. Luciano Figueiredo (red.), **Hélio Oiticica: a pintura depois do quadro**,
Rio de Janeiro 2008, p. 169.
2. Idem, p. 33.
3. Ibid.
4. Hélio Oiticica, 'Letter to Guy Brett' (12 april 1967), in: Guy Brett (red.),
Hélio Oiticica, Whitechapel Gallery, Londen 1969.

then was the contrast between what I knew of him as a
friend, as someone I talked to in an everyday life context
as we do with anyone else, and the image made by society,
or the way his behaviour effected society and everybody
else.... This homage is an anarchic attitude against all kind
of armed forces: police, army, etc. I make protest poems
(in capes and boxes) that have a more social sense, but in
this box to Cara de Cavalo, an important ethical moment
is reflected, decisive for me, for it reflects an individual
revolt against every kind of social conditioning.'[4]

As we have seen, Oiticica continued to produce
Bólides throughout his career, providing a sort of foundation for his creative cosmogony, as shown by his output during the ten years he lived and worked in New York (1970-
1980) and the work he produced during his last two years
in Brazil (1978-1980) when he renewed the concept of the
Bólide by creating **Counter Bólides I** and **II: To Return
Earth to Earth** and **Yours on Mine** in 1979 at several
group events in collaboration with other artists.

He intensified his sense that the world is a museum by
continuing to find things and objects rejected by the 'world'
in the streets of Rio de Janeiro: large pieces of asphalt,
earth, bricks and stones from which he constructed small
gardens in the bathroom of his flat or in friends' homes.
He defined the final **Bólides** as **Bólide-Appropriations**:
common objects such as plastic containers variously filled

with sea water from Ipanema Beach, a handful of earth
from the favela of Mangueira, little bits of asphalt or nothing but air. Ultimately, the **Bólides** were an integral com-
ponent of Hélio Oiticica's aesthetic revolution.

1. Luciano Figueiredo (ed.), **Hélio Oiticica: a pintura depois do quadro**
(Rio de Janeiro: Silvia Roesler Edições de Arte, 2008), 169.
2. Ibid., 33.
3. Ibid.
4. Hélio Oiticica, 'Letter to Guy Brett' (12 April 1967), in: Guy Brett (ed.),
Hélio Oiticica, exhibition catalogue (London: Whitechapel Gallery, 1969).

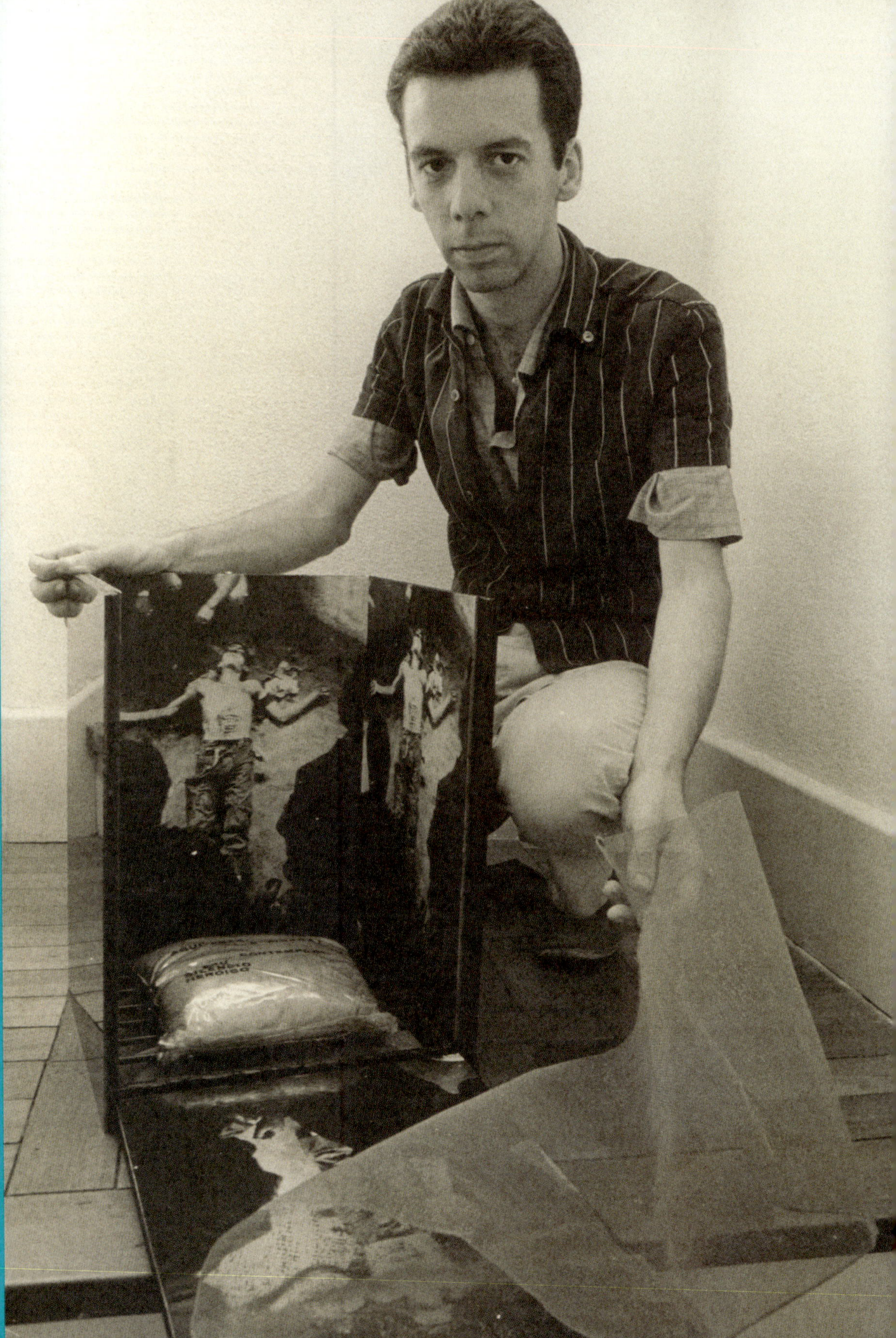

Hélio Oiticica met / with B33 Box Bolide 19 Box Poem 2 'Homenagem a Cara de Cavalo', 1965-1966, glas, hout, foto's, ijzeren staven, geverfd nylon gaas, zak met rode pigment met inscriptie: / glass, wood, photographs, iron bars, painted nylon mesh, bag with red pigment with inscription: 'Aí está e ficará / contemplai o seu silêncio heróico', collectie / collection Museu de Arte Moderna, Rio de Janeiro

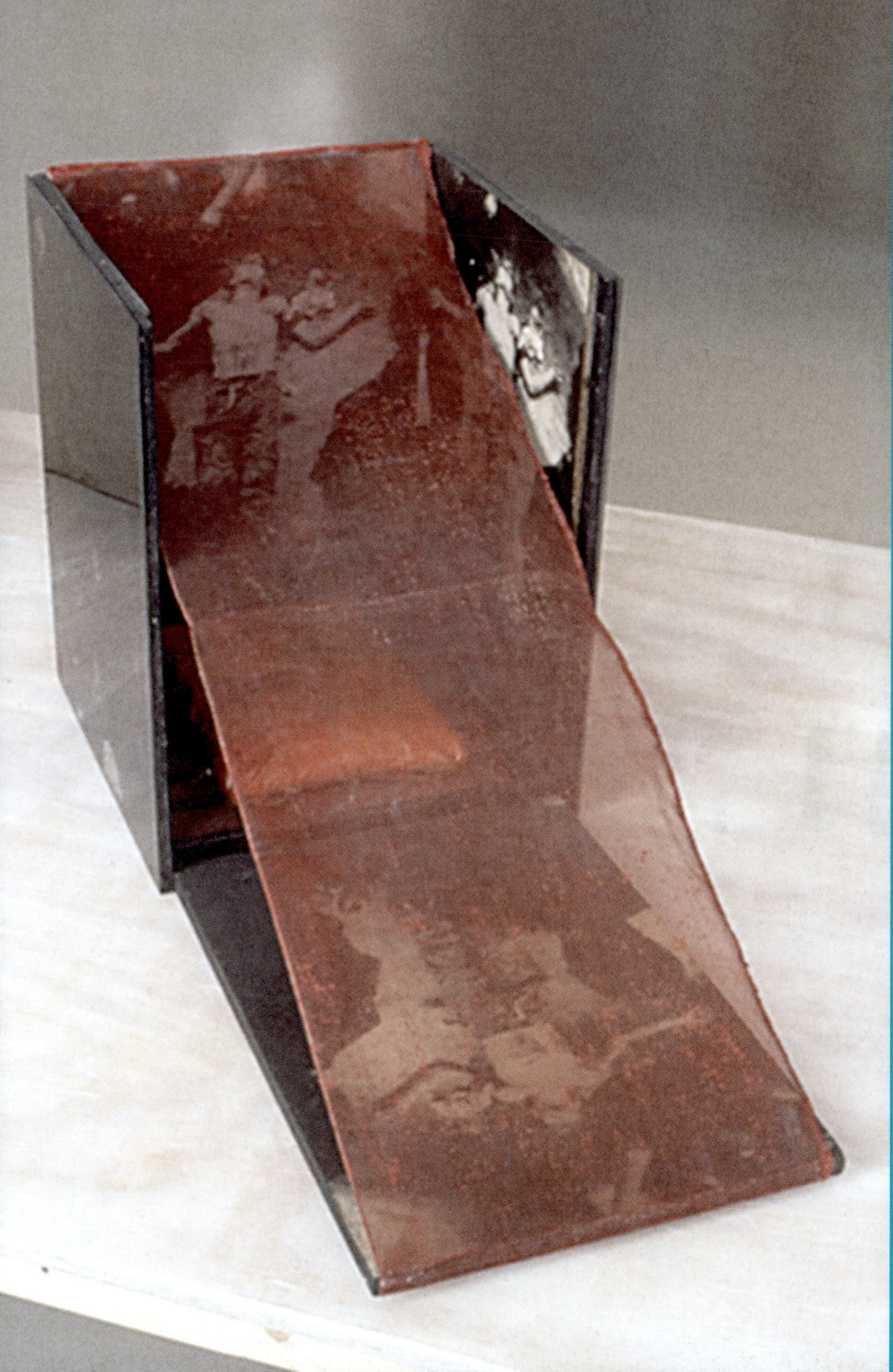

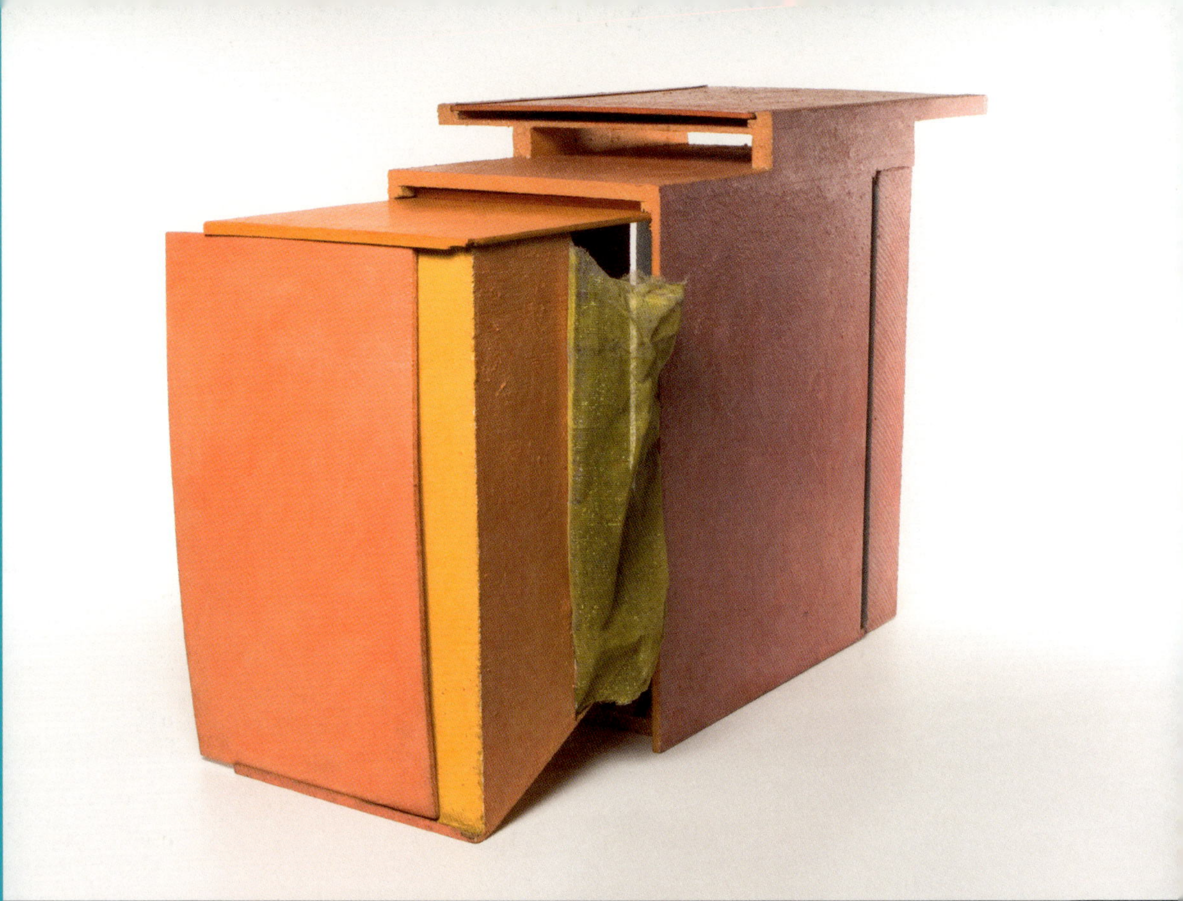

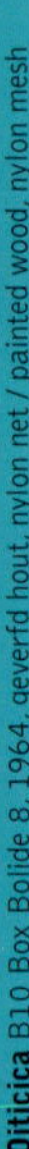

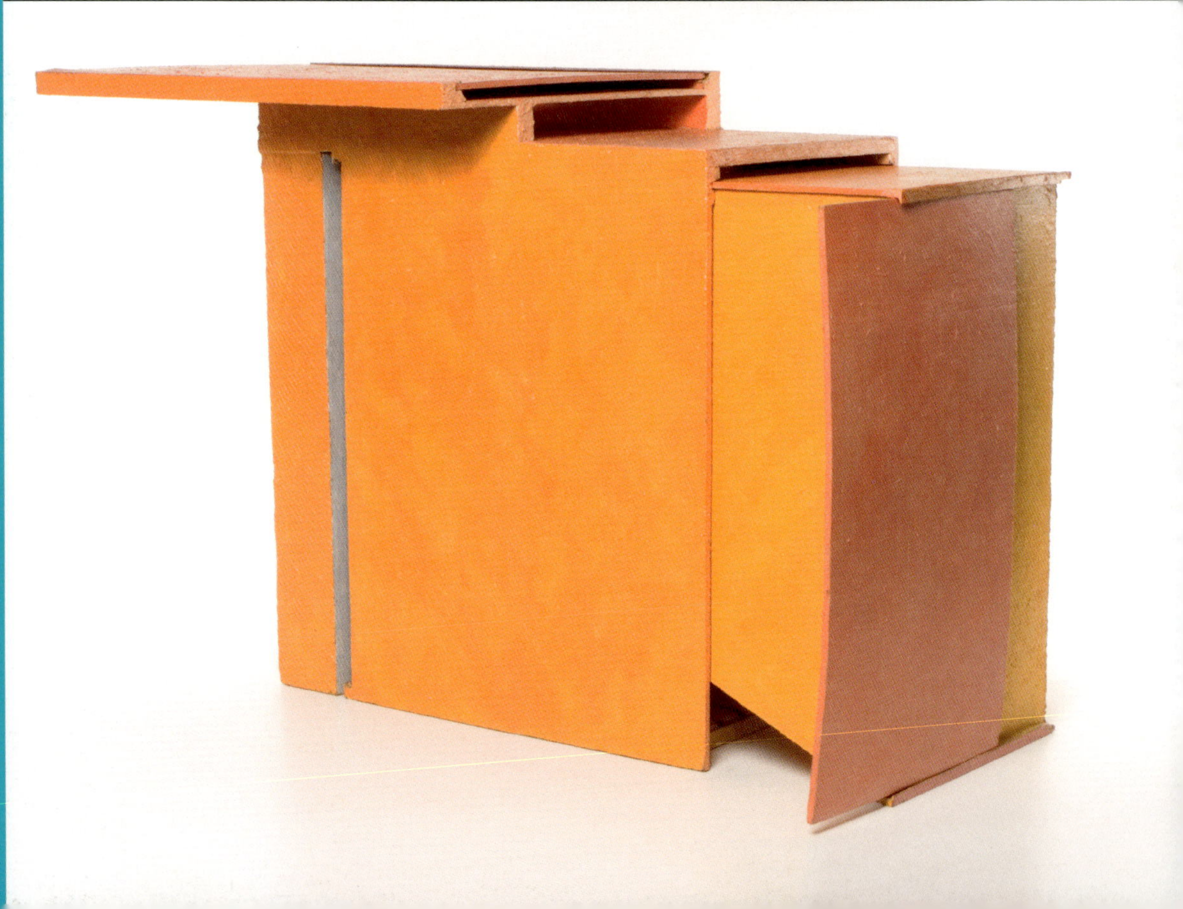

Hélio Oiticica B10 Box Bolide 8, 1964, geverfd hout, nylon net / painted wood, nylon mesh

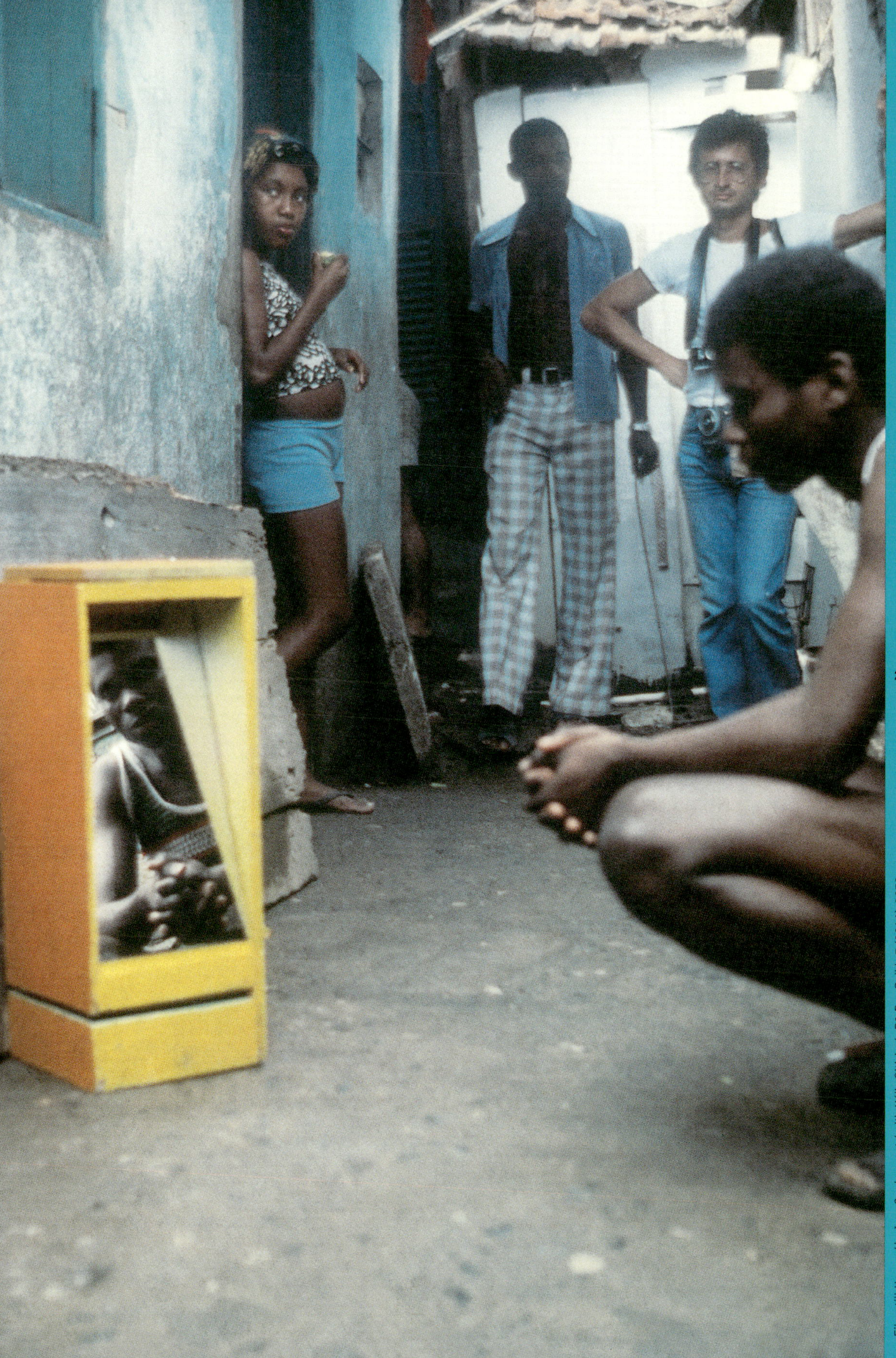

Film still / Ho van / by Ivan Cardoso met / with Hélio Oiticica's B9 Box Bólide 7 (1964), 1979

297

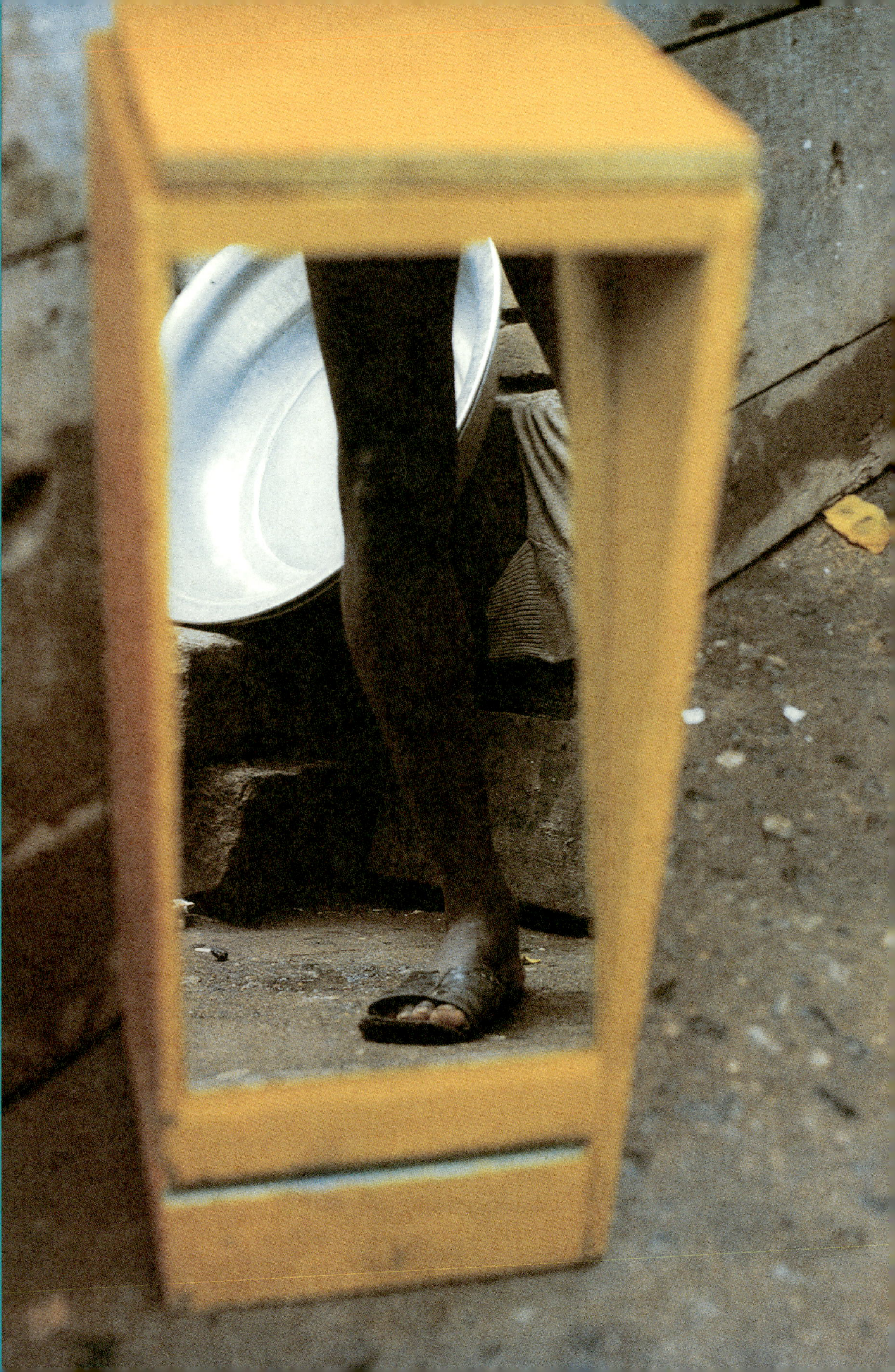

Film still Ho van / by Ivan Cardoso met / with Hélio Oiticica's B9 Box Bólide 7 (1964), 1979

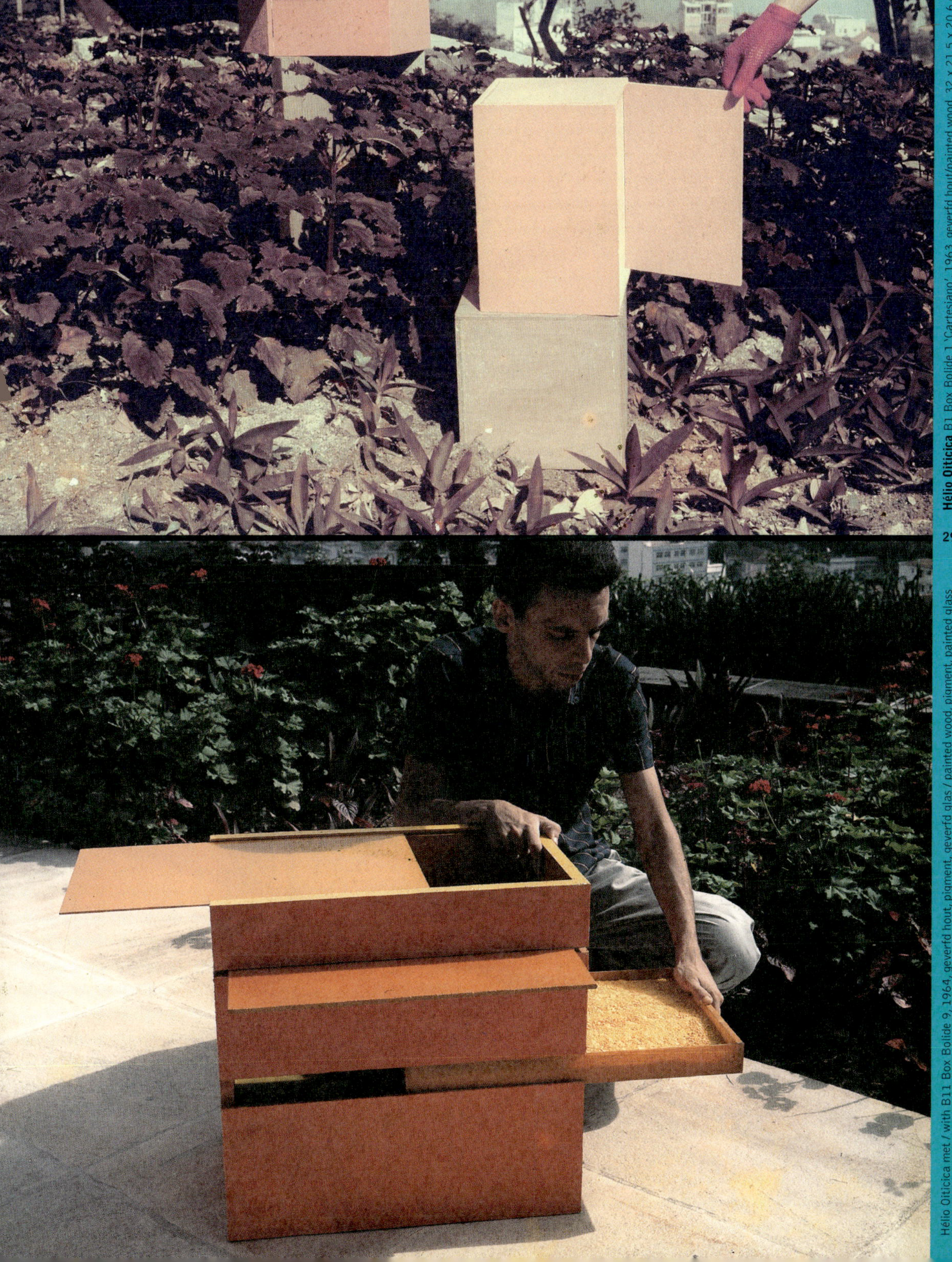

Hélio Oiticica B1 Box Bolide 1 'Cartesiano', 1963, geverfd hout/painted wood, 32 x 21,5 x 20,6 cm en / and, B2 Box Bolide 2 'Platônico', 1963, geverfd hout / painted wood, 33,8 x 27 x 20,9 cm

Hélio Oiticica met / with B11 Box Bolide 9, 1964, geverfd hout, pigment, geverfd glas / painted wood, pigment, painted glass 49,8 x 50 x 34 cm, Tate Collection

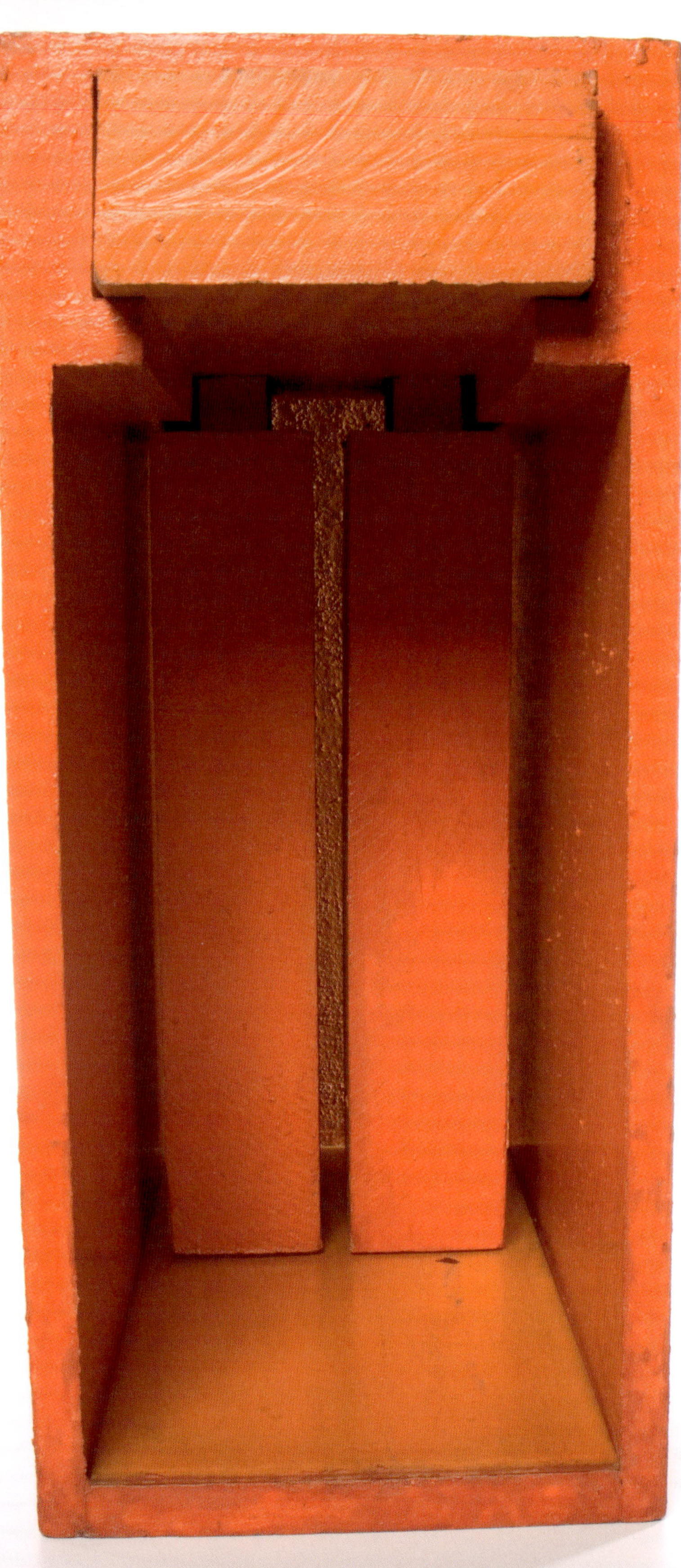

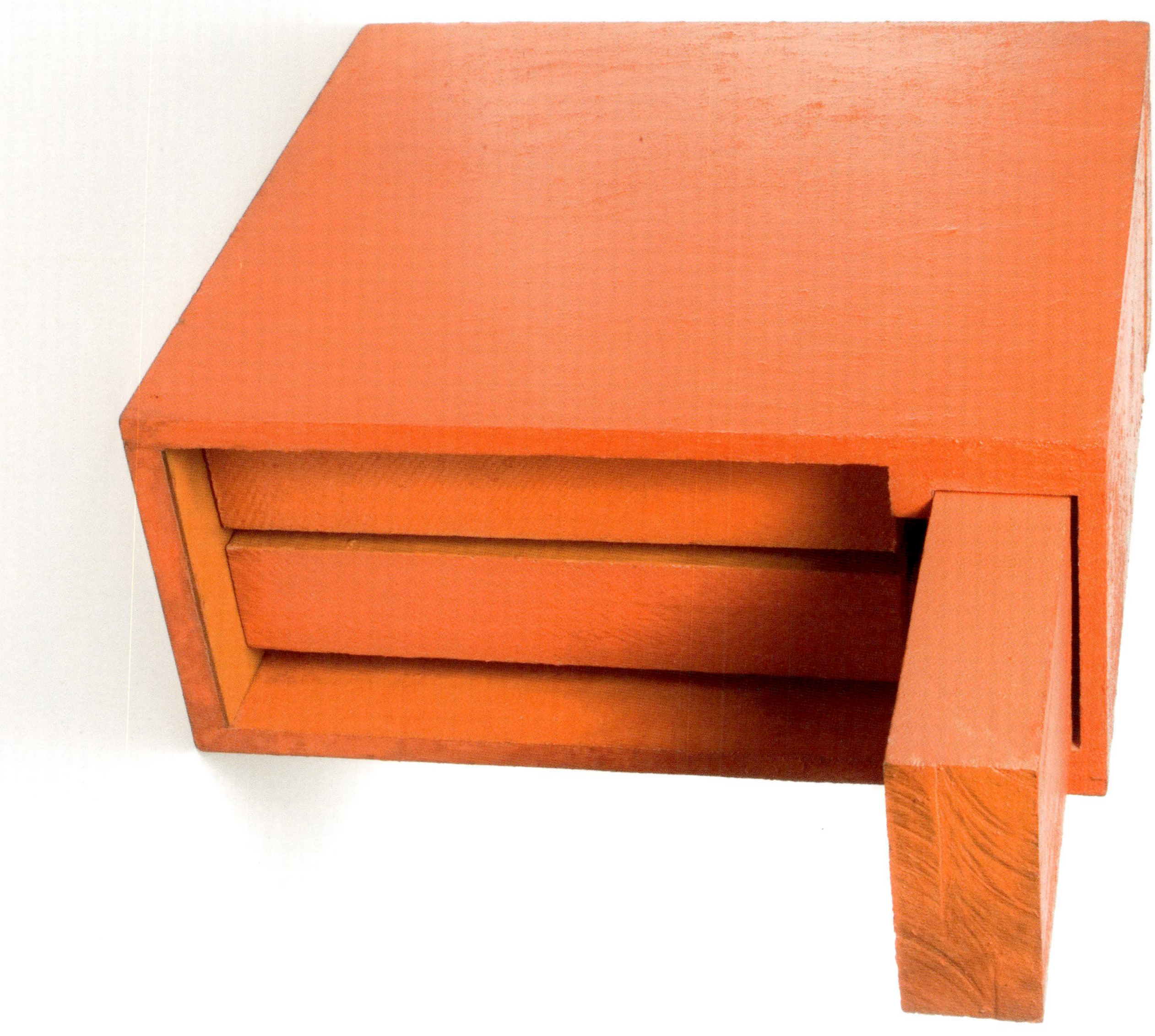

Hélio Oiticica B6 Box Bolide 6 'Egípcio', 1963-1964, geverfd hout / painted wood, 55,7 x 24 x 57,4 cm

Hélio Oiticica B17 Glass Bolide 5 'Homenagem a Mondrian', 1965, glas, gele vloeistof, geverfd nylon gaas, jute / glass yellow liquid, painted nylon mesh, burlap, 31 x 33 x 33 cm; B18 Glass Bolide 6 'Metamorphose', 1965, glas, geverfd nylon gaas, pigmenten, plastic, doek / glass, painted nylon mesh, pigments, plastic, fabric, 30,5 x 28,8 x 22,3 cm

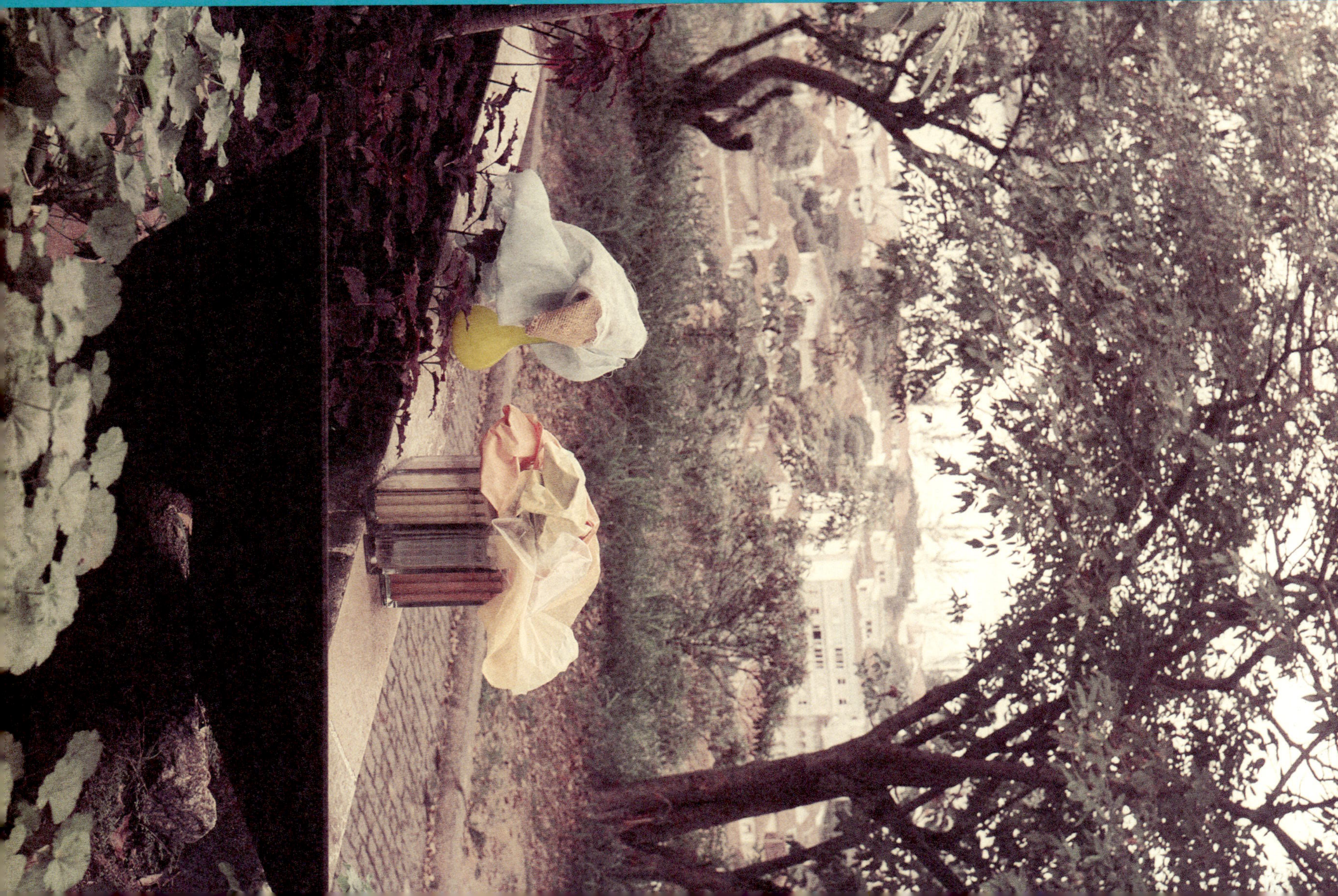

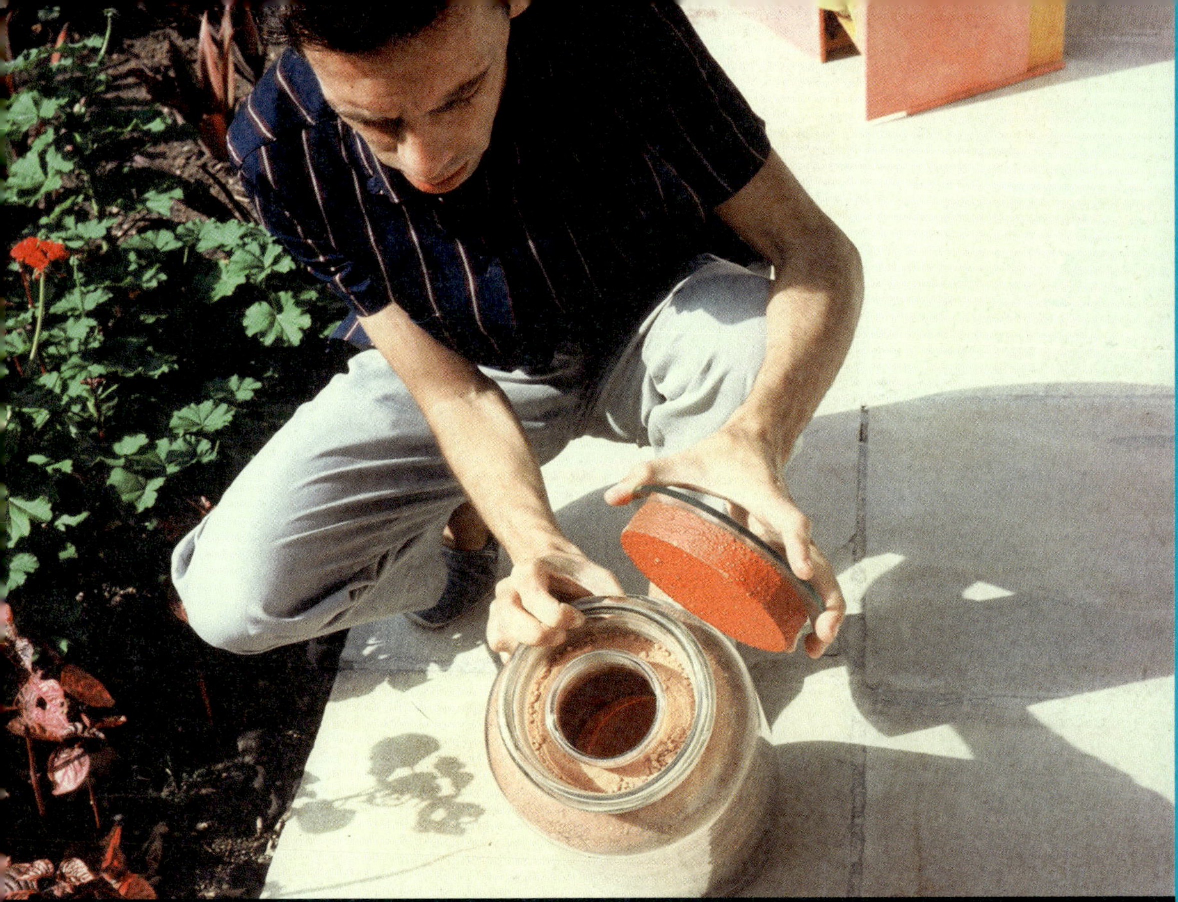

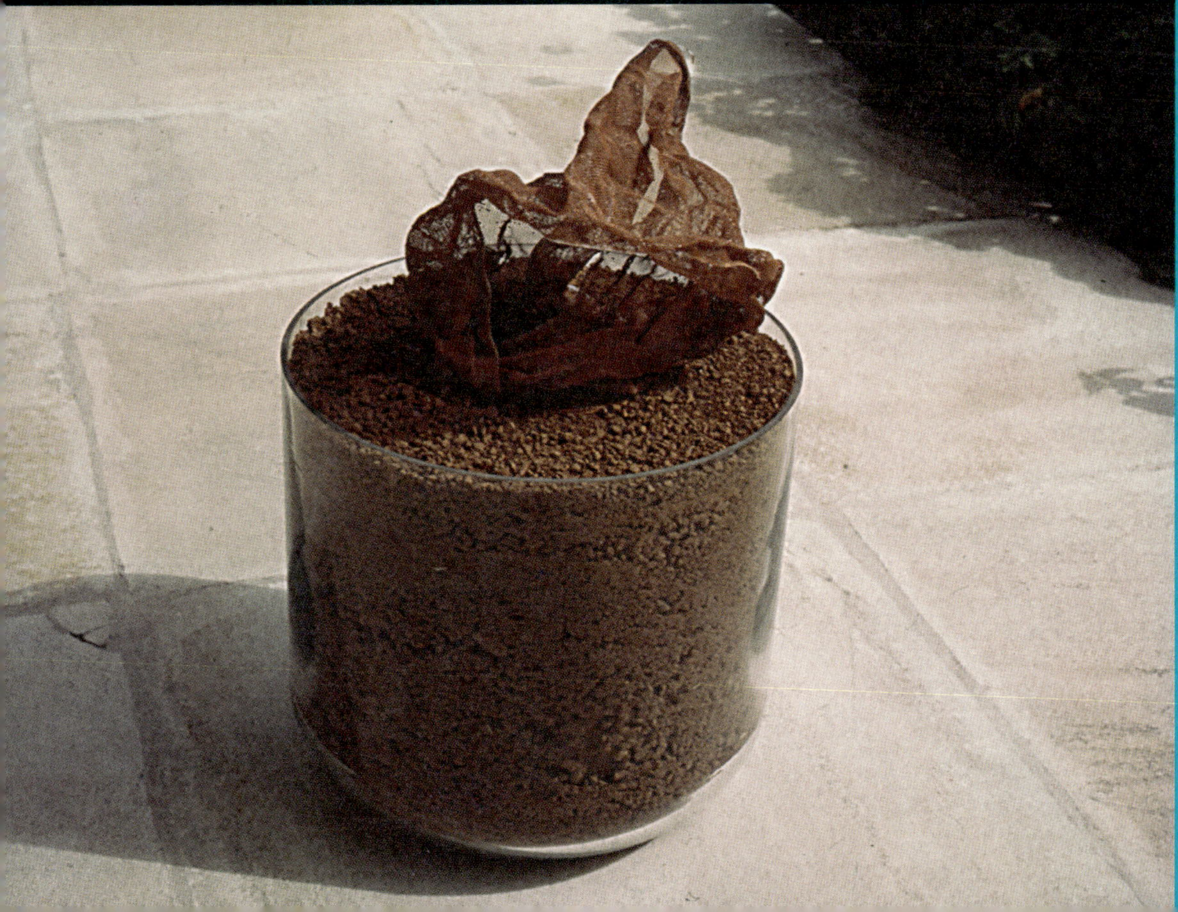

Hélio Oiticica B15 Glass Bolide 4 'Terra', 1964, glas, rode aarde, geverfd nylon net / glass, red earth, painted nylon mesh, 42 cm h x 28 cm Ø

Hélio Oiticica met / with B7 Glass Bolide 1, 1963, glas, vermalen baksteen, pigment / glass, grinded brick, pigment, h. 38 cm

Hélio Oiticica B22 Glass Bolide 10 'Homenagem a Malevitch' Gemini 1, 1965, glas, gekleurde vloeistof, geverfde plastic dopjes / glass, coloured liquid, painted plastic lids, 20,2 x 8,3 x 9,3 cm

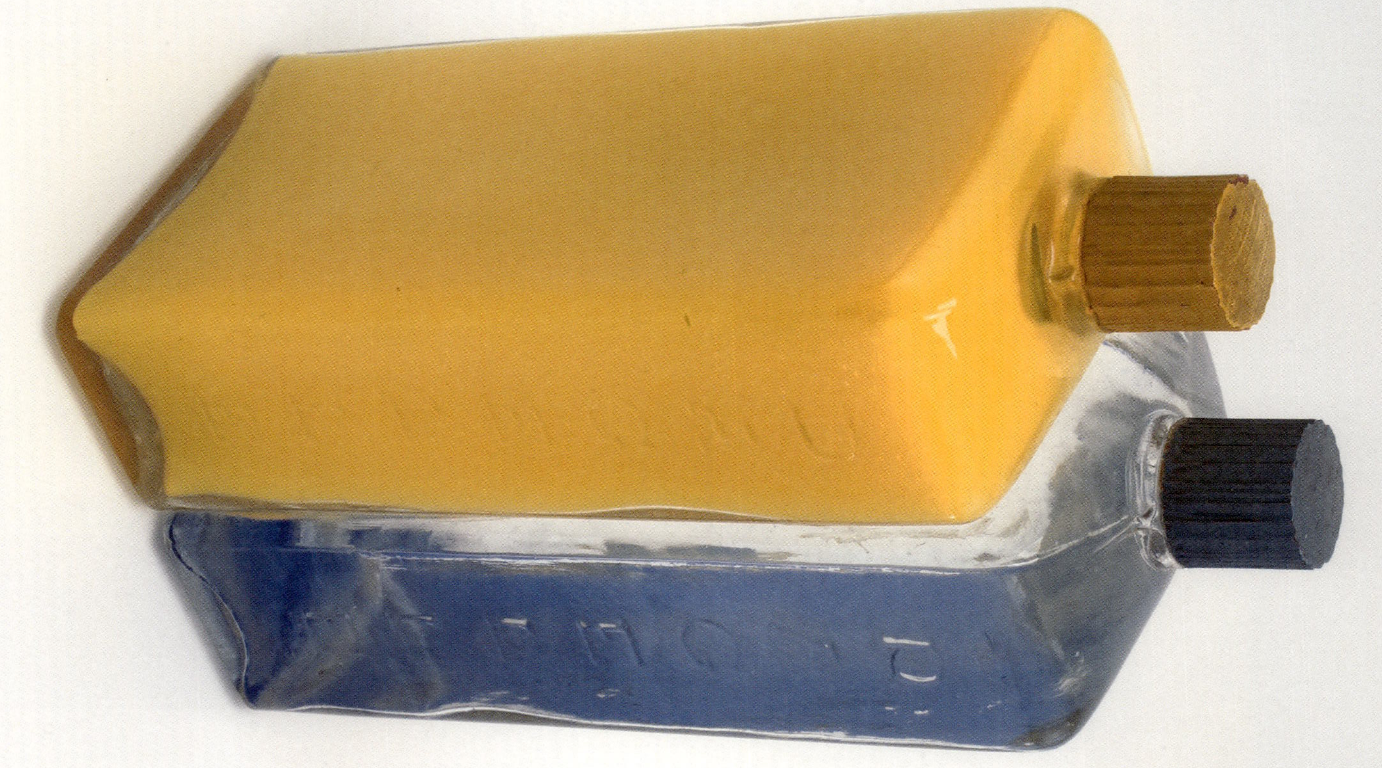

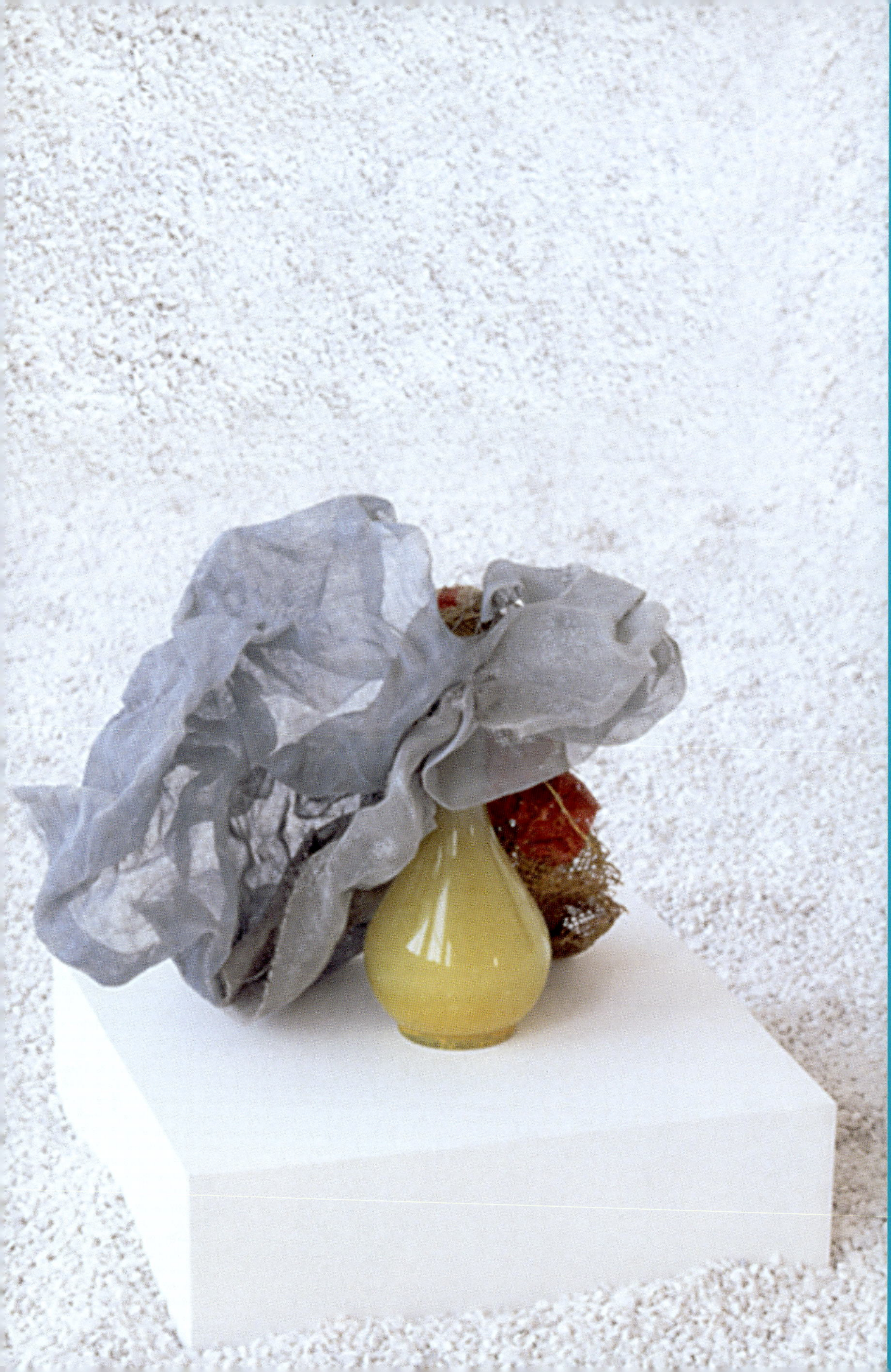

Hélio Oiticica B17 Glass Bolide 5 'Homenagem a Mondrian', 1965, glas, gele vloeistof, geverfd nylon gaas, jute / glass yellow liquid, painted nylon mesh, burlap, 31 x 33 x 33 cm

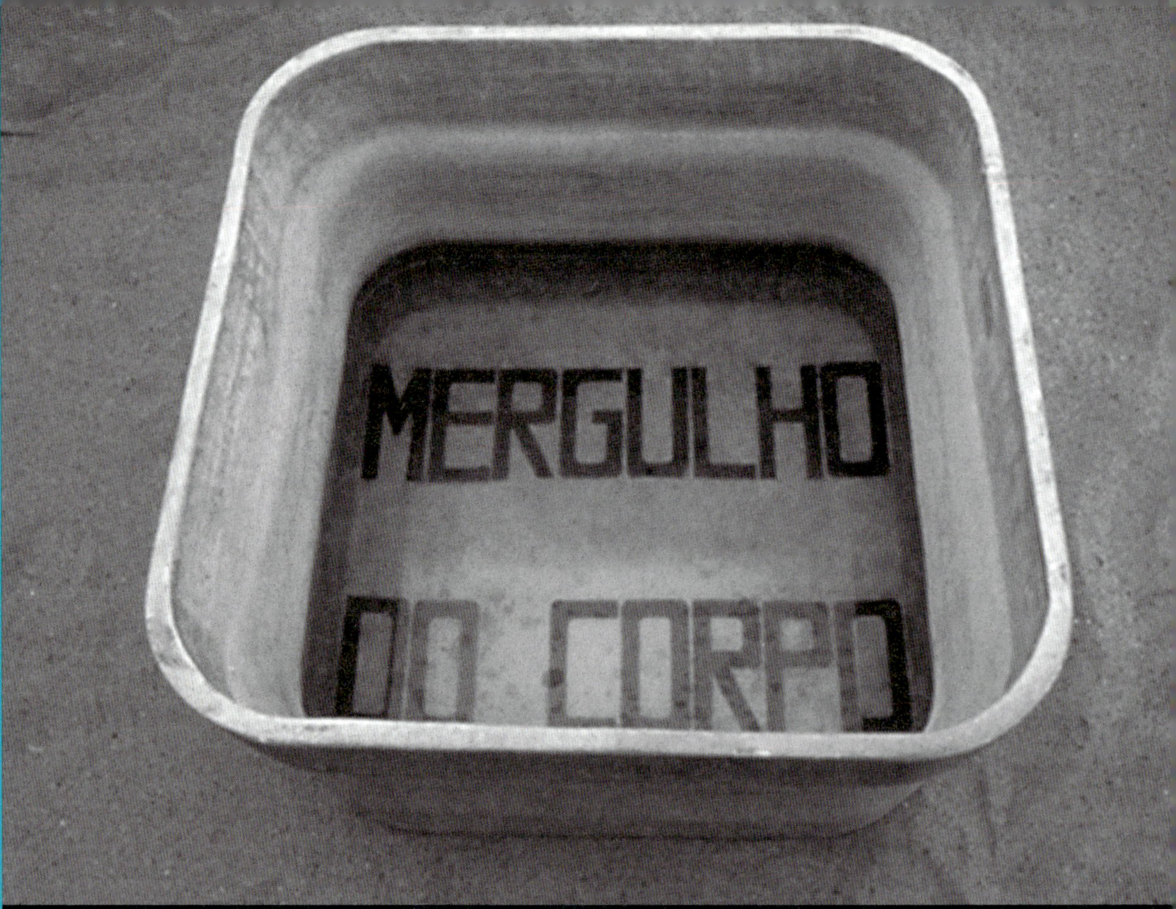

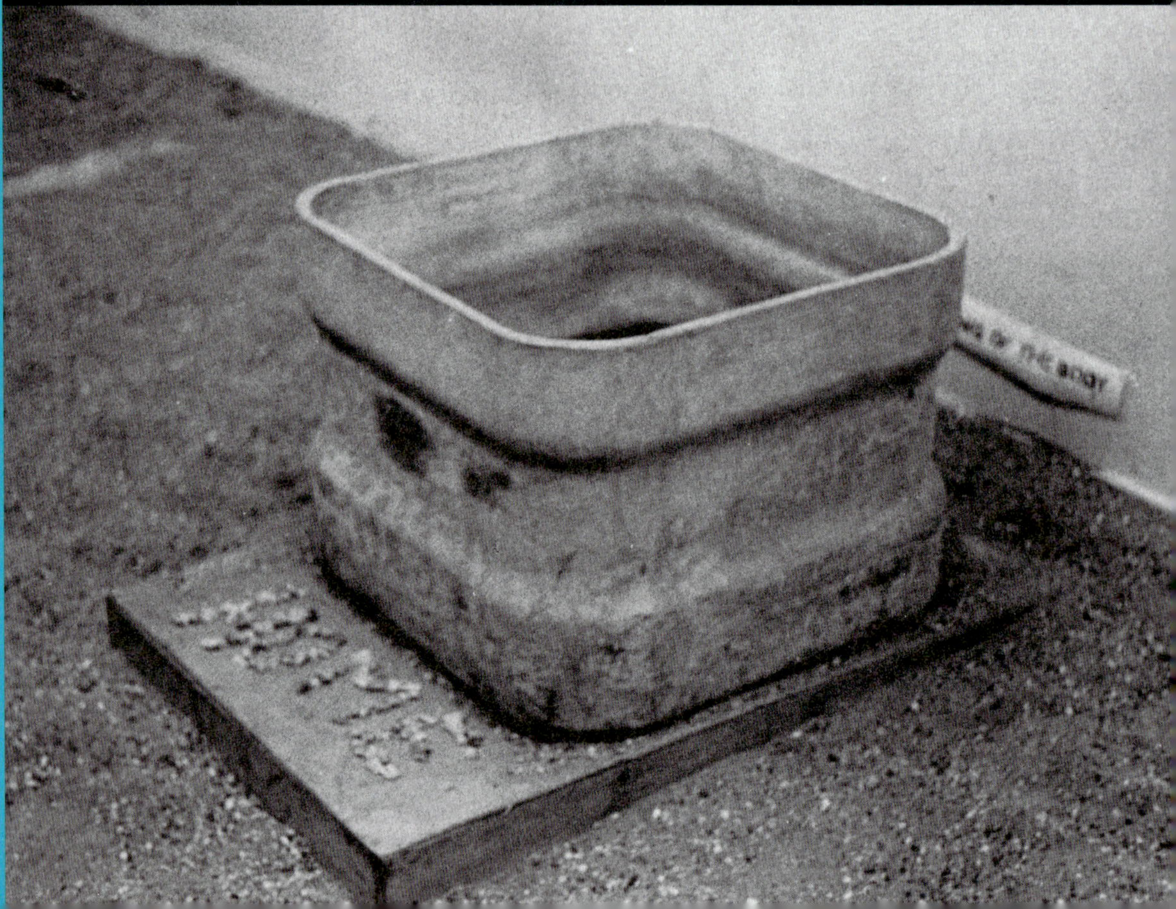

Hélio Oiticica B47 Box Bolide 22 'Mergulho do Corpo', 1966-1967, waterbak met inscriptie van zwart rubberen letters / water tank with inscription made out of black rubber lettering 'Mergulho do corpo', 47,3 x 55 x 55 cm

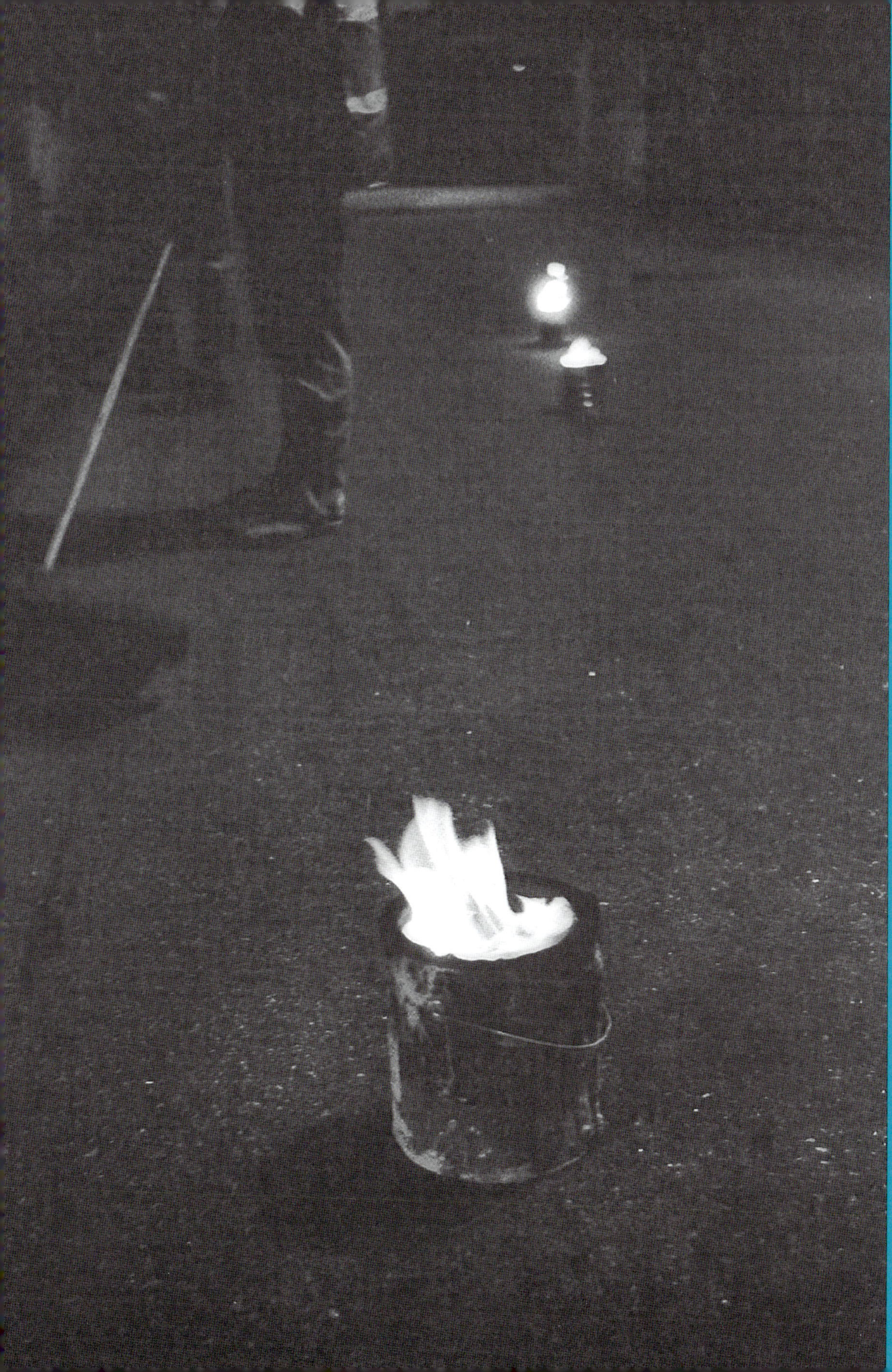

Hélio Oiticica B38 Can Bolide 1 Apropriation 2, 1966, blik met olie, doek en vuur / can with oil, cloth, fire

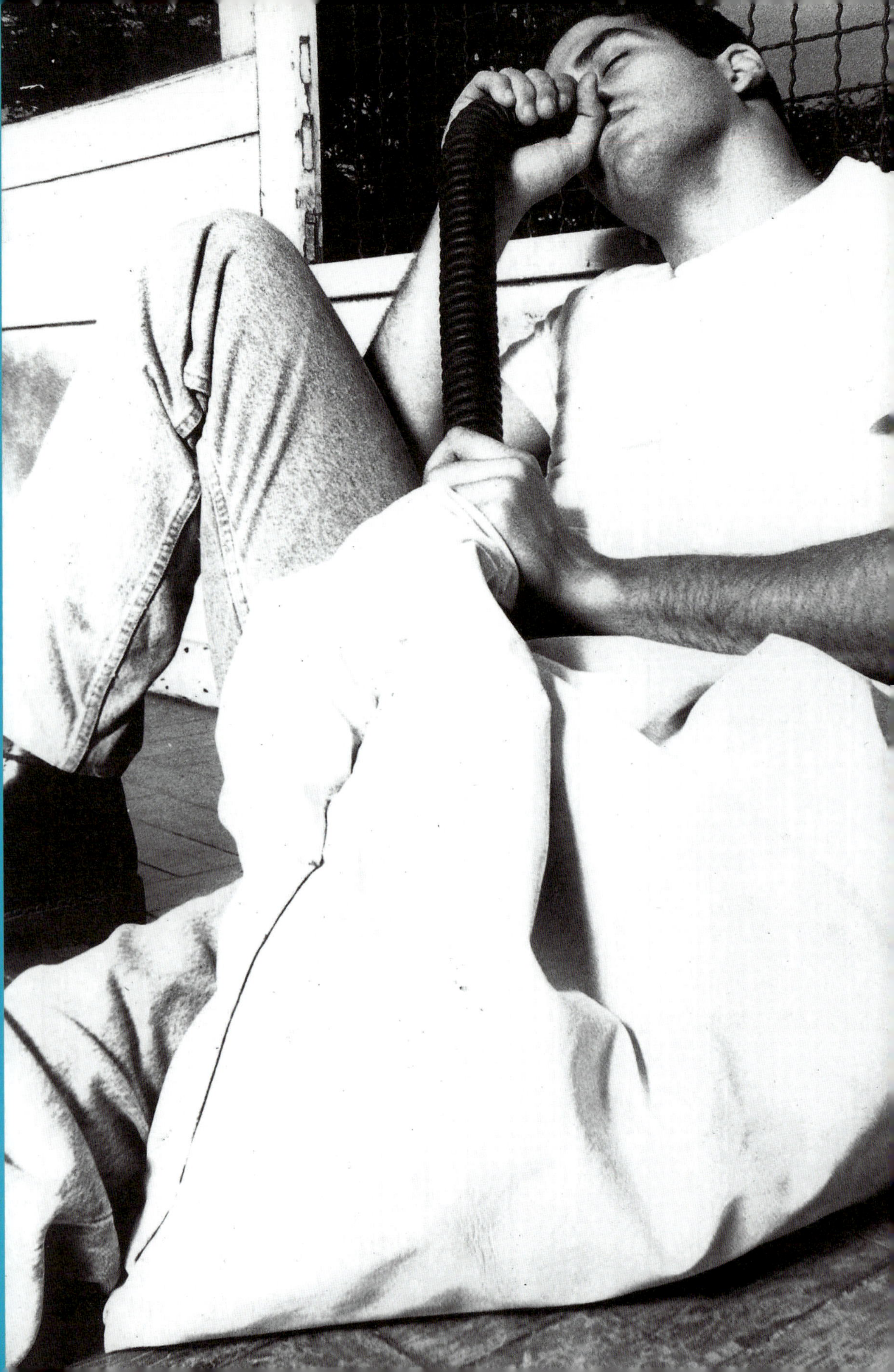

Hélio Oiticica B50 Sac Bolide 2 'Olfatic', 1967, plastic zak, koffie, rubberen buis / plastic bag, coffee, rubber tube, 60,5 x 52,5 x 2,5 cm

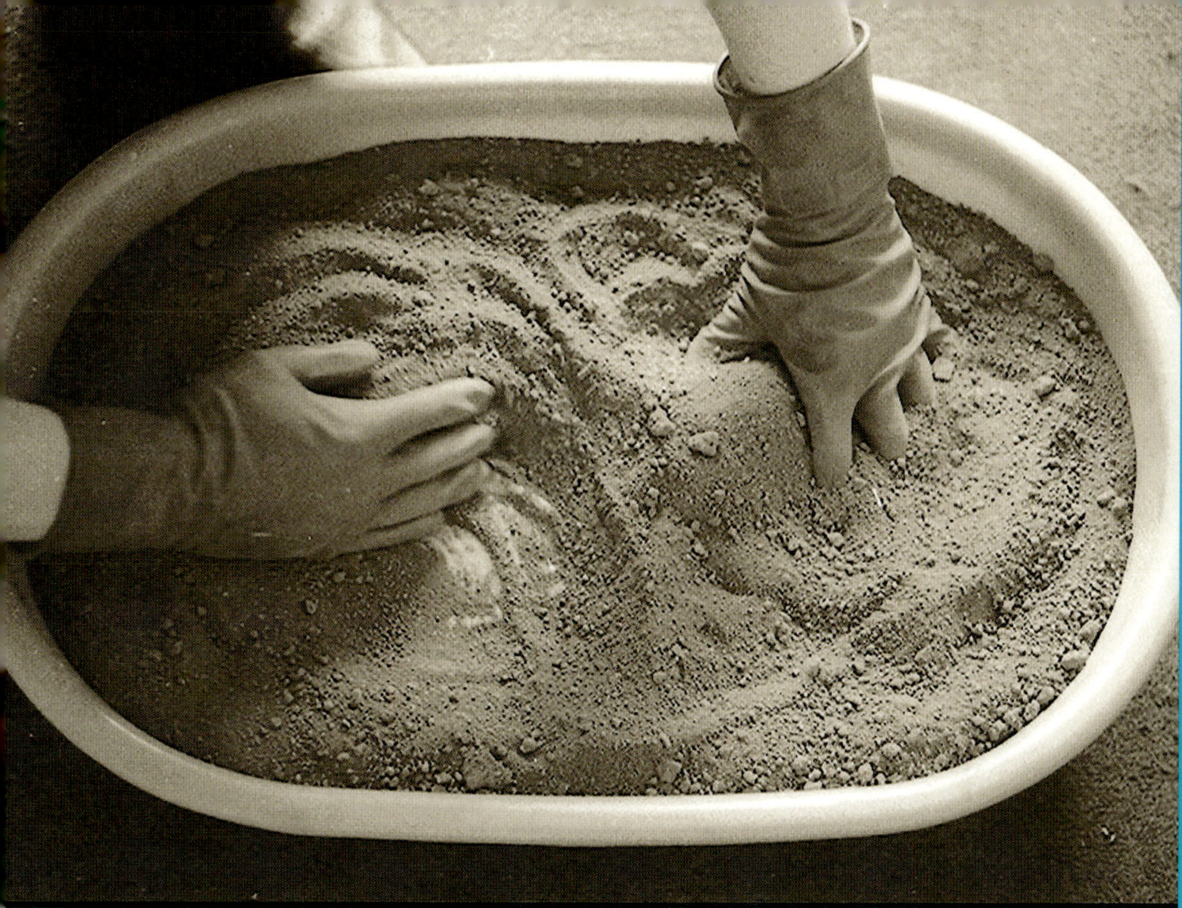

Hélio Oiticica B34 Basin Bolide 1, 1965-1966, plastic, aarde, rubberen handschoen / plastic, earth, rubber glove, 15 x 62,8 x 40,2 cm

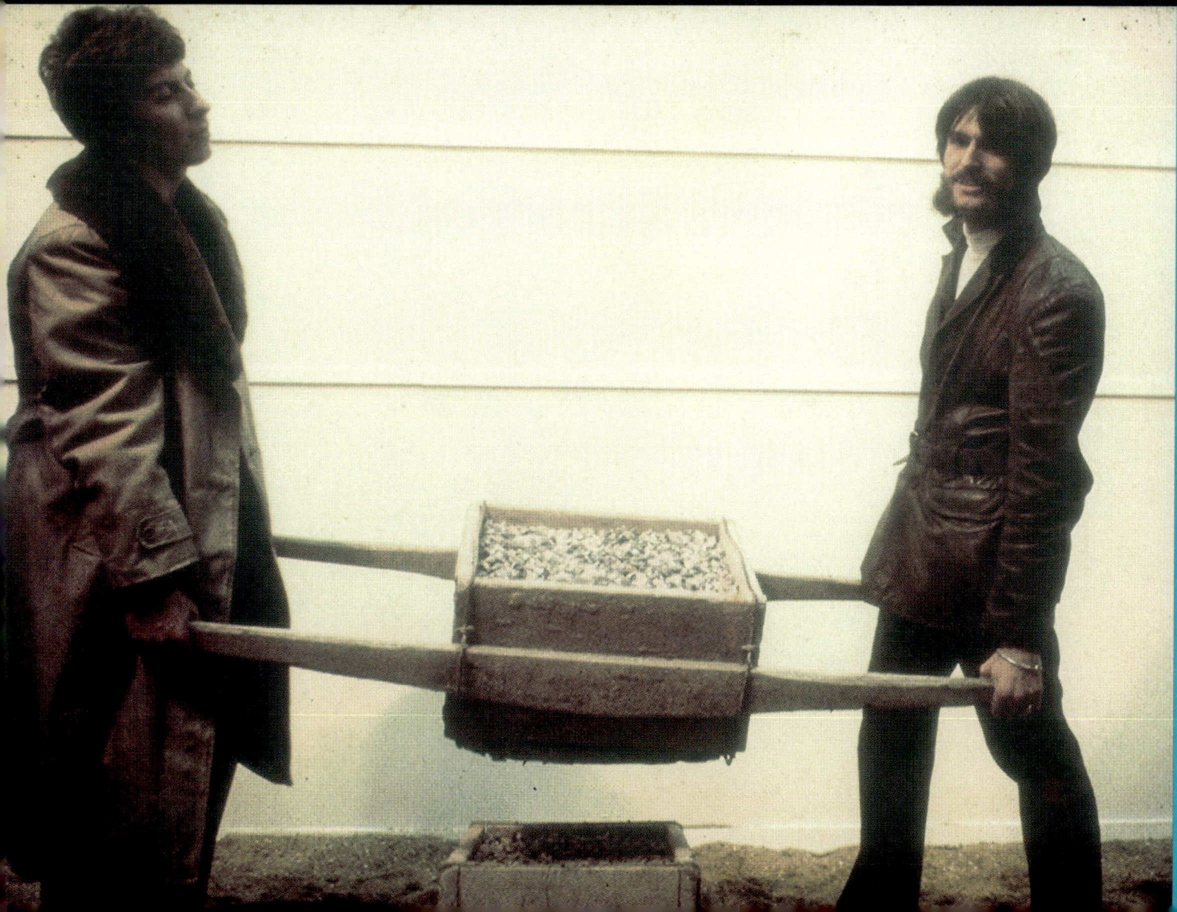

Hélio Oiticica B36 Box Bolide 19 Apropriation 1, 1966, 'Whitechapel Experience' Londen / London, 1969, houten doos, gravel / wooden box, gravel

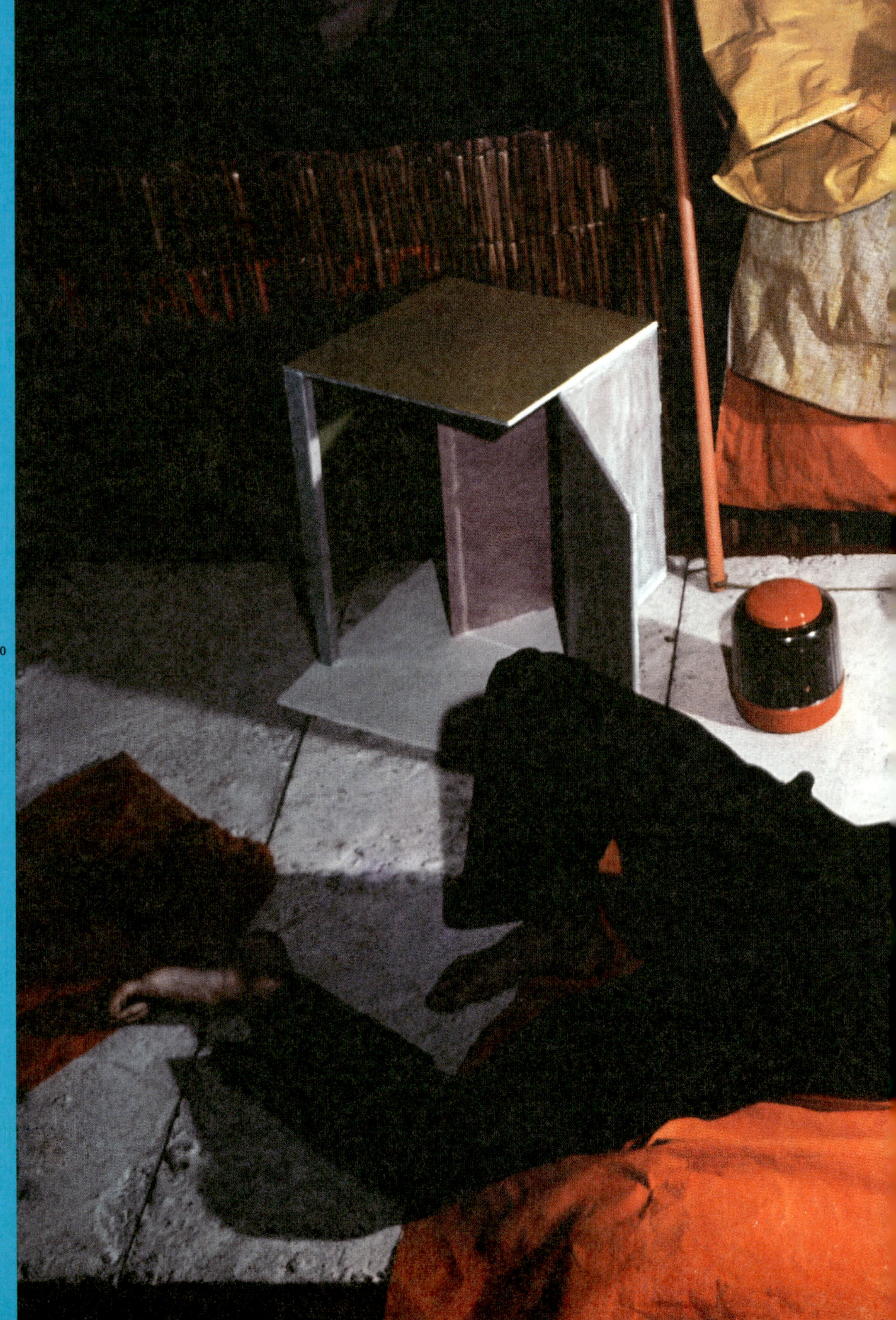

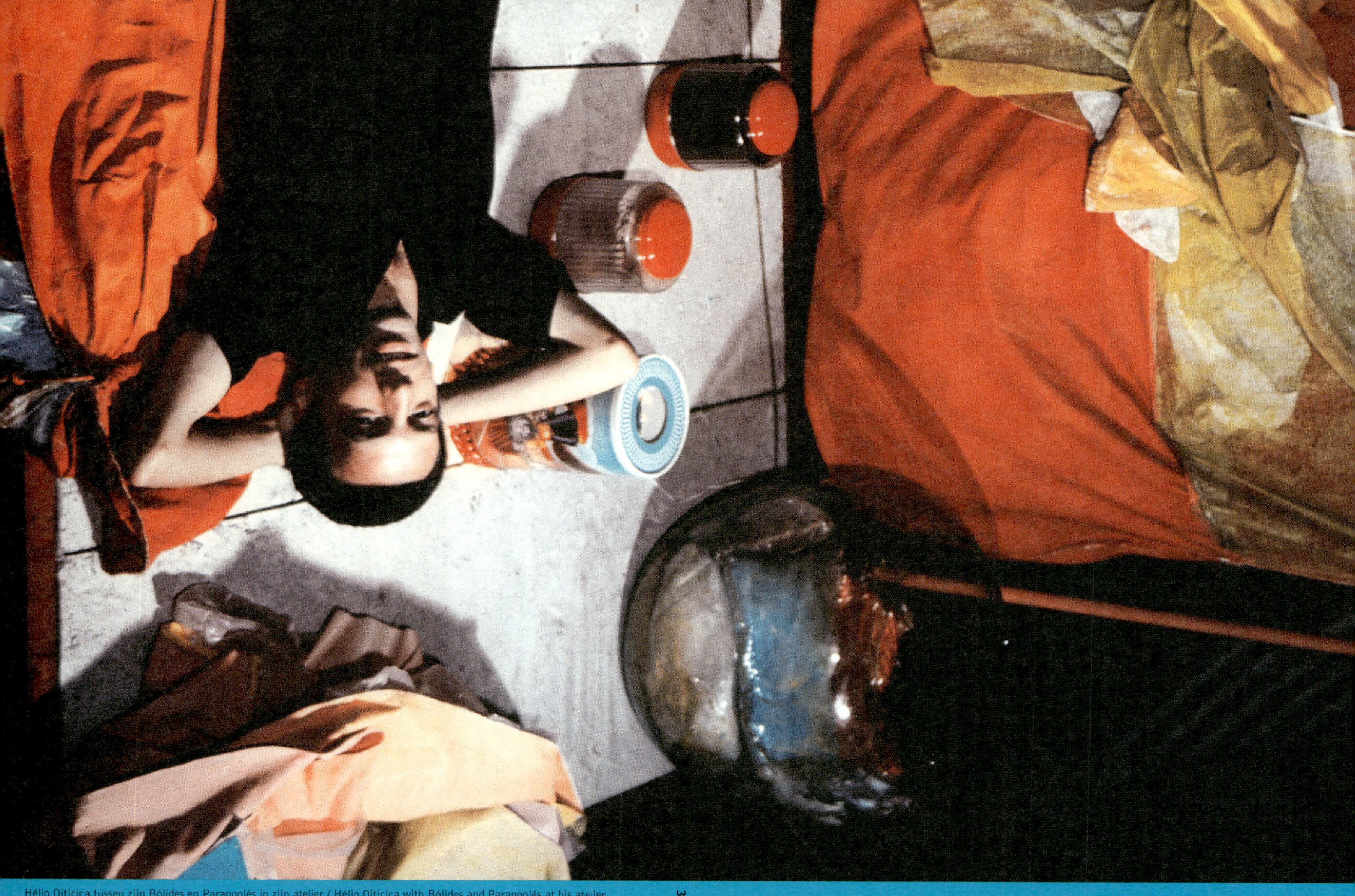

Hélio Oiticica tussen zijn Bólides en Parangolés in zijn atelier / Hélio Oiticica with Bólides and Parangolés at his atelier

Colofon / Acknowledgements

Deze publicatie verschijnt naar aan-
leiding van de tentoonstelling **Brazil
Contemporary** gepresenteerd in /
This publication appears on the
occasion of the exhibition **Brazil
Contemporary** at

Nederlands Architectuurinstituut,
Rotterdam
Museum Boijmans Van Beuningen,
Rotterdam
Nederlands Fotomuseum,
Rotterdam

23 mei – 23 augustus 2009 /
23 May – 23 August 2009

Publicatie / Publication

Tekst/Text:
Luciano Figueredo, Frits Gierstberg,
Jaap Guldemond, Ineke Holtwijk,
Paul Meurs, Ruud Visschedijk,
Bregje van Woensel

Tekstredactie/Copy editing:
Els Brinkman, D'Laine Camp
Vertalingen/Translations:
Dutch-English:
Donald Gardner (Paul Meurs)
Peter Mason ('Brazil Contemporary'
Guldemond/Van Woensel)
Andrew May (Ineke Holtwijk,
essay Guldemond/Van Woensel)
David McKay, Beverley Jackson
(Frits Gierstberg)
Engels-Nederlands:
Leo Reijnen (Luciano Figueredo)

Vormgeving/Design: Thonik
Druk en lithografie/Printing and
lithography: Drukkerij Die Keure,
Brugge/Bruges
Papier: Arctic Volume, 130 grs
Projectleiding/Project coordination:
Caroline Gautier, Barbera van Kooij,
Linda Schaefer, NAi Uitgevers/
Publishers
Uitgever/Publisher: NAi Uitgevers/
Publishers, Rotterdam

Illustratieverantwoording/
Photocredits
Architectuur/Architecture:

Collectie/Collection Edifício Copan,
São Paulo: 72-1, 72-2
Collectie/Collection Silvana Romano
Santos, São Paulo: 69-1, 69-2
Benedito Junqueira Duarte, collectie/
collection SAN/DPH/SMC/PMSP:
68-4
Folha Imagem: Lalo de Almeida
109-1; Marlene Bergamo 106,
122-123; Rogério Cassimiro 107;
Fernando Donasci 120-1, 121;
Flávio Florido 105-2; Foto de Choque
110; Antônio Gaudério 114-1, 114-2;
Alexandre Genga 118-119-1;
Moacyr Lopes Junior 108, 112;
Ricardo Nogueira 120-2;
Raimundo Pacco 105-1; Rodrigo
Paiva 111; Almeida Rocha 115-1,
116-117; Ciete Silvério 94-3;
Juca Varella 118-119-2; Tuca Vieira
115-2
Nelson Kon, São Paulo: 32, 33, 34-35,
36-37, 39, 40, 44, 46-47, 50-51, 53,
54, 55, 58, 59, 60, 72-3, 73, 74, 75,
77, 78-79, 80-81, 82, 83, 84-85,
86-87, 88-89, 90-91, 92, 93, 94-1,
94-2, 95, 96-97, 98, 99, 100-101,
102-103, 109-2, 113
Archief/Archive Rino Levi,
FAU PUC-Campinas: 70-71
Collectie/collection Memorial do
Imigrante, São Paulo: 67, 68-1,
68-2, 68-3

Beeldcultuur/Visual Culture:
Courtesy Ateliê de Imagem:
Daniela Dacorso
Courtesy FILE: Marcio Ambrosio
Courtesy Galeria Vermelho: Cia de
Foto, Lia Chaia, Marcelo Cidade
Frits Gierstberg: 139, 141
Rodrigo Lopes: 201
Courtesy ONG Morrinho: TV Morrinho
Courtesy Videobrasil: Kiko Goifman,
Marco Del Fiol, Estudio Bijari

Kunst / Art:
Desdemone Bardin: 236, 302, 303-1
Guy Brett: 309-1
Christopher Burke Studio: 252, 253-1
Edson Chagas: 276-1
Bob Goedewaagen: 243, 245, 246, 295, 305, 306-1
John Goldblatt: 306-2, 310, 311
Nacho González: 297-2
Andy Keate: 257
Keizo Kioku: 250
Pablo Mason: 247
Daniela Mattos: 280
Vicente de Mello: 261-1, 278
Wilton Montenegro: 279-1, 282, 283
Kenji Morita: 251
Claudio Oiticica: 238, 294
César Oiticica Filho: 296, 299-1, 300, 301, 304
Eduardo Ortego: 248
Andreas Valentin: 297, 298
Jean Vong Photography: 253-2
Courtesy Ernesto Neto: Tanya Bonakdar Gallery, New York; Galeria Fortes Vilaça, São Paulo: 245-253
Courtesy Rivane Neuenschwander: Galeria Fortes Vilaça, São Paulo; Stephen Friedman Gallery, London; Tanya Bonakdar Gallery, New York: 256-263
Courtesy Cao Guimarães & Rivane Neuenschwander: Galeria Fortes Vilaça; Stephen Friedman Gallery, London; Tanya Bonakdar Gallery, New York: 265, 268-270

NAi Uitgevers, Mauritsweg 23, 3012 JR Rotterdam, www.naipublishers.nl / It was not possible to find all the copyright holders of the illustrations used. Interested parties are requested to contact NAi Publishers, Mauritsweg 23, 3012 JR Rotterdam, The Netherlands.

NAi Uitgevers is een internationaal georiënteerde uitgever, gespecialiseerd in het ontwikkelen, produceren en distribueren van boeken over architectuur, beeldende kunst en verwante disciplines. / NAi Publishers is an internationally orientated publisher specialized in developing, producing and distributing books on architecture, visual arts and related disciplines.
www.naipublishers.nl
info@naipublishers.nl

Available in North, South and Central America through D.A.P./Distributed Art Publishers Inc, 155 Sixth Avenue 2nd Floor, New York, NY 10013-1507, tel +1 212 627 1999, fax +1 212 627 9484, dap@dapinc.com

Available in the United Kingdom and Ireland through Art Data, 12 Bell Industrial Estate, 50 Cunnington Street, London W4 5HB, tel +44 208 747 1061, fax +44 208 742 2319, orders@artdata.co.uk

Printed and bound in Belgium

ISBN 978-90-5662-677-8

Tentoonstelling / Exhibition

Het project **Brazil Contemporary** is mede mogelijk gemaakt door: Gemeente Rotterdam, Rotterdam Festivals, Ministerie van OCW, Mondriaan Stichting, SNS Reaal Fonds, Prins Bernhard Cultuurfonds, Hivos NCDO Cultuurfonds, Holland 2009-2010 Art Cities.

The **Brazil Contemporary** project was made possible through the generous support of: City of Rotterdam, Rotterdam Festivals, Dutch Ministry of Education, Culture and Science, Mondriaan Foundation, SNS Reaal Fonds, Prins Bernhard Cultuurfonds, Hivos NCDO Cultuurfonds, Holland 2009-2010 Art Cities.

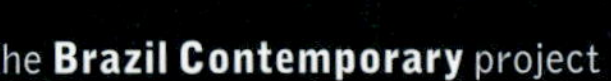

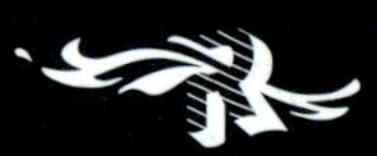

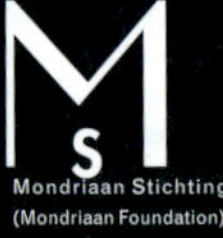

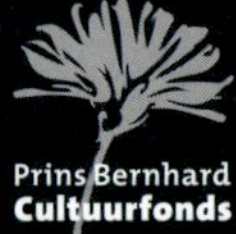

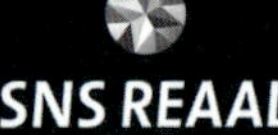

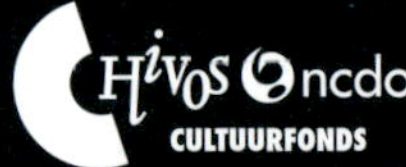

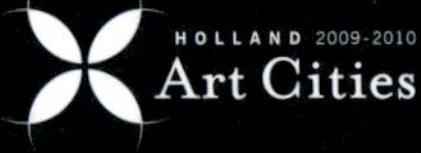

Samenstellers/Curators:

Nederlands Architectuurinstituut:
Paul Meurs
Museum Boijmans Van Beuningen:
Jaap Guldemond, Bregje van Woensel
Nederlands Fotomuseum:
Frits Gierstberg

Projectteam Nederlands Architectuurinstituut

Supervisie/Supervisor: Ole Bouman, Linda Vlassenrood
Curator: Paul Meurs (Urban Fabric)
Projectleiding/Project management: Arianne van der Veen
Redactie/Editorial team: Johanna van Doorn, Lara Voerman, Hannelore Geeraerts, Joyce Langezaal, Eva Rius van Teeseling, Arianne van der Veen
Research: Silvana Romano Santos, Abilio Guerra, Ana Paula Koury, Carolina Heldt D'Almeida, Felipe de Araújo Contier, Marina Rodrigues Amado (Portal Vitruvius e Romano Guerra Editora)
Tentoonstellingsontwerp/Exhibition design: Joyce Langezaal, Eva Rius van Teeseling
Grafisch Ontwerp/Graphic design: Thonik
Regie & Montage/Direction & editing: André van der Hout, Laura Beijn (De Aanpak)
Video: André van der Hout, Laura Beijn (De Aanpak), Helena Guerra, Guilherme Severo, Cecilia Fonseca, Andreia Fischer, Andre Soler, Leo Zaia, Rodrigo Levy, Daniel Belinky (Fundação Armando Alvares Penteado - FAAP)
Interviews: Pedro Gorski, Marcelo Kron, Alan Fabio Gomes, Marcello Bozzini
Fotografie/Photography: Nelson Kon, Folha Imagem
Communicatie/Communication: Martine Heijnen
Educatie/Education: Annemiek Snelders
Platformactiviteiten/Lectures and debates: Esther Deen
Projectassistentie/Project assistance: Huck Chuah
Techniek/Technical production: Arnold Bastiaanse (AB Geluidstechniek), Jeroen Vallenduuk
Met dank aan/With thanks to: Gilberto Kassab, Heitor Frúgoli Jr, Ciro Pirondi, Nádia Somekh, Ciro Pirondi, Carlos Bratke, Nabil Bonduki, Heloisa Deniz de Rezenda, Beatriz Bezerra Tone, Alexandre Delijaicov,

Carina Neubern de Souza Almeida,
Leticia Neubern de Souza Almeida,
Caio Romano Guerra, Renata
Roizman, Marco Antonio Ramos de
Almeida, Caroline Santos Silva, Lilian
Alves Gisoldi, Dagmar Garroux,
Children of Casa do Zezinho, Rinske
Brand (Brand Communicatie!),
Landstra & De Vries

**Projectteam Museum Boijmans
Van Beuningen**
Directeur/Director: Sjarel Ex
Hoofd tentoonstellingen/
Head of exhibitions: Cathy Jacob
Project management: Erica van
Buchem, Annemiek Mast
Techniek/Technical production:
Wouter Louman, Bob van Lieshout

Met dank aan/Acknowledgements:
César & Maria Oiticica; César Oiticica
Filho; Luciano Figueiredo; Projeto
Hélio Oiticica: Ariane Figueiredo,
Daniela Matera Lins Gomes; Galeria
A Gentil Carioca: Marcio Botner;
Galeria Vermelho: Eliana Finkel-
stein, Edu Brandao; Solange Farkas;
Adriana Varejao; Gia Bahia: Ludmilla,
Marc, Everton, Piton, Zito, Pedro;
Mauricio Dias & Walter Riedweg;
Iran Do Espiritu Santo; Lucia Koch;
Marcelo Cidade; Rubens Mano;
Renata Lucas; Marepe; Ana Tavares;
Martin Grossmann; Paolo Herkenhoff;
Barbera van Kooij; Carlos Asfora;
Ana Pato; Galeria Casa, Triangulo:
Gabriela Inui; Galeria Nara Roesler:
Daniel Roesler; Galeria Fortes Vilaça:
Márcia Fortes, Alexandre Gabriel,
Márcia de Moraes; Stephen Friedman
Gallery; Gallery Tanya Bonakdar;
Gallery Max Hetzler; Galeria Brito
Cimino: Luciana Brito, Fabio Cimino;
Inhotim: Jochen Volz, Rodrigo Moura;
Victoria Miro Gallery:
Glenn Scott Wright; Ricardo Resende;
Ricardo Sardenberg; Lili Neto;
Carolina Cordeiro; Bernardo Paz;
Galeria Luisa Strina; Art Unlimited
Sao Paolo: Pieter Tjabbes

**Projectteam Nederlands
Fotomuseum**
Directeur/Director: Ruud Visschedijk
Hoofd tentoonstellingen/
Head of exhibitions: Frits Gierstberg
Tentoonstellingsmedewerkers/
Exhibition production managers:
Caroline von Courten,
Rianne Schoonderbeek

Met dank aan/Acknowledgements:
Sanne Bovenlander, Capacete (Denise
Milfont, Helmut Batista), Galeria
Vermelho (Eliana Finkelstein, Marina
Buendia, Marcos Gallon), Galeria
Largo das Artes (Martha Pagy, Miguel
Sayad), FILE (Paula Perissimotto,
Ricardo Barreto), Galeria CasaTriân-
gulo (Gabriela Inui, Ricardo Trevisan),
Galeria Tempo (Marcia Mello), Viva
Rio (Walter Mesquita), Videobrasil
(Marina Torre), Milton Guran, Ateliê
de Imagem (Patricia Gouvea), Zupi
(Allan en Símon Szacher), Galeria
Brito Cimino (Deborah and Joyce),
Museu da Imagem e do Som (Daniela
Bousso, Gisela Domschke), Neder-
lands Consulaat São Paulo (Louis
Piët, Paul van Doorn), Bea Correa
(Mindwhatyouwear), Adélia Borges,
Mariana Mansur, Pieter Tjabbes,
Iatã Cannabrava, Felipe Taborda,
Paula Acioli

In samenwerking met/
in collaboration with:
FILE, Videobrasil, Galeria Vermelho,
Viva Rio, Zupi